# Game Programming für Dummies - Schummelseite

## Systemanforderungen für die Spieleprogrammierung

| | |
|---|---|
| Computer: | Pentium-Klasse |
| Speicher: | 32 MB RAM |
| Grafik: | 2D- oder 3D-Grafikbeschleunigungskarte mit mindestens 1 MB RAM |
| Sound: | Sound Blaster |
| Eingabegeräte: | Maus, Tastatur und möglichst digitaler Joystick |
| Compiler: | Microsoft Visual C++ 6.0 oder höher, Borland C++Builder 5.0 oder höher oder Watcom C/C++ 11.0 oder höher |
| DirectX: | DirectX 8.0 oder höher |

## Die wichtigsten DirectX-Komponenten

| | |
|---|---|
| DirectGraphics | Die kombinierten DirectDraw- und Direct3D-Schnittstellen |
| DirectAudio | Die kombinierten DirectSound- und DirectMusic-Schnittstellen |
| DirectDraw | Die Rendering-Komponente (in DirectX 8.0+ nicht mehr unterstützt) |
| DirectSound | Die digitale Sound-Komponente |
| DirectMusic | Die digitale Musik-Komponente |
| DirectInput | Die Komponente für die Eingabegeräte |
| DirectSetup | Für die Installation der Laufzeitumgebung von DirectX |
| DirectPlay | Die Netzwerk-Komponente |
| Direct3D | Die 3D-Rendering-Komponente |

## Dateien, die man für die Kompilierung der meisten DirectX-Programme braucht

| | |
|---|---|
| DDRAW.LIB\|H | Die wichtigste DirectDraw-Import-Bibliothek bzw. Header |
| DSOUND.LIB\|H | Die wichtigste DirectSound-Import-Bibliothek bzw. Header |
| DINPUT.LIB\|H | Die wichtigste DirectInput-Import-Bibliothek bzw. Header |
| DINPUT8.LIB | Die zweite 8.0+ DirectInput-Import-Bibliothek |
| WINMM.LIB | Windows Multimedia-Bibliothek |

# Game Programming für Dummies - Schummelseite

## Bibliotheksdateien für die Spiele-Engine

GPDUMB1.CPP|H      Teil I der Quelldateien für die Spiele-Engine
GPDUMB2.CPP|H      Teil II der Quelldateien für die Spiele-Engine

## Die wichtigsten DirectX-Datenstrukturen

| | |
|---|---|
| LPDIRECTDRAW7 | // das DirectDraw-Hauptobjekt |
| LPDIRECTDRAWSURFACE7 | // eine DirectDraw-Oberfläche |
| LPDIRECTDRAWPALETTE7 | // eine DirectDraw-Palette |
| LPDIRECTDRAWCLIPPER | // ein DirectDrawClipper |
| PALETTEENTRY | // ein einzelner RGBF-Paletteneintrag |
| HRESULT | // allgemeines DirectX-Ergebnis |
| DDSURFACEDESC2 | // eine DirectDraw-Oberflächenbeschreibung |
| DDSCAPS2 | // Struktur für die DirectDraw-Oberflächenfunktionsmerkmale |
| LPDIRECTSOUND | // DirectSound-Hauptobjekt |
| DSBUFFERDESC | // DirectSound-Beschreibung |
| DSCAPS | // Struktur für die DirectSound-Funktionsmerkmale |
| DSBCAPS | // DirectSound-Puffermerkmale |
| LPDIRECTSOUNDBUFFER | // ein allgemeiner Sound-Puffer |
| LPDIRECTINPUT8 | // DirectInput-Hauptobjekt |
| LPDIRECTINPUTDEVICE8 | // allgemeines Eingabegerät |
| UCHAR char[256] | // Tastaturstatustabelle |
| DIMOUSESTATE | // Maus-Datensatz |
| DIJOYSTATE | // Joystick-Datensatz |

## URL der Microsoft DirectX-Website

http://www.microsoft.com/windows/directx/default.asp

# Game Programming
# für Dummies

André LaMothe

# Game Programming für Dummies

Übersetzung aus dem
Amerikanischen
von Judith Muhr

**Bibliografische Information Der Deutschen Bibliothek**
Die Deutsche Bibliothek verzeichnet diese Publikation
in der Deutschen Nationalbibliografie;
detaillierte bibliografische Daten sind im Internet über
<http://dnb.ddb.de> abrufbar.

ISBN 3-8266-3073-4
1. Auflage 2003

Alle Rechte, auch die der Übersetzung, vorbehalten. Kein Teil des Werkes darf in irgendeiner Form (Druck, Fotokopie, Mikrofilm oder einem anderen Verfahren) ohne schriftliche Genehmigung des Verlages reproduziert oder unter Verwendung elektronischer Systeme verarbeitet, vervielfältigt oder verbreitet werden. Der Verlag übernimmt keine Gewähr für die Funktion einzelner Programme oder von Teilen derselben. Insbesondere übernimmt er keinerlei Haftung für eventuelle aus dem Gebrauch resultierende Folgeschäden.

Die Wiedergabe von Gebrauchsnamen, Handelsnamen, Warenbezeichnungen usw. in diesem Werk berechtigt auch ohne besondere Kennzeichnung nicht zu der Annahme, dass solche Namen im Sinne der Warenzeichen- und Markenschutz-Gesetzgebung als frei zu betrachten wären und daher von jedermann benutzt werden dürften.

Übersetzung der amerikanischen Originalausgabe:
André LaMothe: Windows Game Programming For Dummies, 2nd Edition

Original English language edition text and art copyright © 2002 by Hungry Minds, Inc.
All rights reserved including the right of reproduction in whole part or in part in any form.
This edition published by arrangement with the original publisher, Hungry Minds, Inc.,
909 Third Avenue, New York, NY 10022, USA.

© Copyright 2003 by mitp-Verlag/Bonn,
ein Geschäftsbereich der verlag moderne industrie Buch AG & Co.KG/Landsberg

Printed in Germany

# Cartoons im Überblick
## von Rich Tennant

„Auffällig ist nur, dass er 9 Stunden lang seinen Schreibtisch aufgeräumt hat, bevor er seinen Computer für die Spieleprogrammierung aufgebaut hat."

Seite 25

„Verdammt! - Ich weiß, dass die Animation etwas zu schnell läuft, aber irgendwann finde ich schon noch raus, wie die Funktion ›Schlendern‹ geht!"

Seite 91

„Meinst du wirklich, dass der beste Sound beim Einschalten ist?"

Seite 241

„Komm schon, Herbert - wir brauchen dich als physisches Modell für unser Bungee-Spiel!"

Seite 331

Seite 395

**Fax:** 001-978-546-7747
**Internet:** www.the5thwave.com
**E-Mail:** richtennant@the5thwave.com

# Inhaltsverzeichnis

## Einführung 19

Wer sind Sie eigentlich? 19
Informationen zu diesem Buch 20
Konventionen in diesem Buch 20
Informationen zu Windows 95/98/Me/XP/2000 und DirectX 8.0+ 21
Informationen zur Spieleprogrammierung 22
Der Aufbau dieses Buches 22
Symbole in diesem Buch 23

## Teil I
## Einführung in die Windows-Programmierung 25

### Kapitel 1
### Spieleprogrammierung unter Windows 9x/XP/2000 - Vorbereitungen 27

Die ultimative Workstation für die Spieleprogrammierung 27
DirectX und den SDK installieren 28
Den C/C++-Compiler einrichten 29
Multimedia-Werkzeuge verwenden 31
    Malprogramme 31
    3D-Modeller 31
    Soundprogramme 31

### Kapitel 2
### Grundlagen des Videospiel-Designs 33

Vor langer, langer Zeit in einer fernen Galaxie ... 33
Videospiel-Design 36
    Eine Idee entwickeln 36
    Storyboarding 37
    Details berücksichtigen 37
    Aufbau eines Design-Dokuments 38
Lebendige Rätsel! 39
Elemente des Spiels 41
    Spielschleifen 41
    Endliche Automaten (Finite State Machines, FSMs) 47
Algorithmen, Datenstrukturen und Optimierung 54

## Kapitel 3
### Große Ereignisse werfen ihre Schatten unter die Augen   57

    Ihr erstes echtes Windows-Programm   57
    Ereignisverarbeitung im Windows-Stil   60
        Die Nachricht WM_PAINT und das GDI   61
        Eigene Nachrichten senden   63
    Input! Input! Ich brauche Input!   65
        Die Tastatur   65
        Die Maus   69
        Der Joystick   71

## Kapitel 4
### Feinheiten bei der Programmierung unter Windows 9x/XP/2000   73

    Timing ist alles!   73
        Zeit für Timer   74
        Zählen mit Windows   76
    Und das Menü?   77
        Eine Anmerkung zu den Windows-Ressourcen   77
        Die Karte, bitte!   78
    Play it again, Sam: Sound und Musik   83
    Hier werden Sie geholfen: Informationen ermitteln   86
    Die WinX-Spielekonsole   87

# Teil II
# Alles wird gut mit DirectX!   91

## Kapitel 5
### Die Architektur von DirectX und das gefürchtete COM   93

    DirectX – Grundlagen   93
        Was zum Teufel ist COM?   95
        Die Komponenten von DirectX   99
    Die Arbeit mit Schnittstellen   105
    COM mit DirectX und C/C++ verwenden   108
    DirectX/Win32-Applikationen entwickeln: Ja, das geht!   111

## Kapitel 6
### DirectDraw   113

    DirectDraw – Einführung   113
    Schnittstellen zu DirectDraw   114

| | |
|---|---:|
| Ein DirectDraw-Objekt mit C/C++ anlegen | 116 |
| Mit Windows gut auskommen: Kooperation | 118 |
| Auswahl von Grafikmodi | 120 |
| Bringen Sie DirectX online! | 121 |

## Kapitel 7
## Die DirectDraw-Farbstifte                                     123

| | |
|---|---:|
| Auf die Leinwand zeichnen: DirectDraw-Oberflächen | 123 |
| Die Arbeit mit primären Oberflächen | 125 |
| Sekundäre Oberflächen erstellen | 137 |
| Oberflächen erzeugen, die noch nicht auf dem Bildschirm angezeigt werden | 141 |
| Paletten | 142 |
| Paletten erstellen | 143 |
| Paletteneinträge dynamisch ändern | 145 |
| Paletteneinträge abfragen | 146 |

## Kapitel 8
## Details zu DirectDraw: Animation und Bitmaps                  147

| | |
|---|---:|
| Aalglatte Animationstechniken | 147 |
| Doppel-Puffern | 149 |
| Seiten-Flipping mit Oberflächen | 151 |
| Mit Hilfe eines Blitters füllen | 154 |
| Bitmaps | 158 |
| Bitmaps erzeugen | 160 |
| Bitmaps laden | 162 |
| Bitmaps einlesen | 165 |
| Bits jonglieren mit dem Blitter | 169 |

## Kapitel 9
## Tauchen wir tiefer in DirectDraw ein:
## fortgeschrittene Funktionsmerkmale                            173

| | |
|---|---:|
| Farbschlüssel und Transparenz | 173 |
| Transparenz | 173 |
| Farbschlüssel | 177 |
| Kleine Bitmap-Objekte erstellen | 179 |
| Vorbereitungen für ein BOB | 180 |
| Ein BOB erzeugen | 181 |
| Ein BOB mit Bitmap-Daten laden | 182 |
| Ein BOB zeichnen | 183 |
| Ein BOB zerstören | 185 |
| Die Funktionen bitten zum BOB-Tänzchen | 185 |

| | |
|---|---|
| Tricks mit Farben | 186 |
| Palettenanimation | 186 |
| Farbrotation | 188 |
| Auf der 50-Yard-Linie geschnitten | 190 |
| Der DirectDrawClipper – Einführung | 192 |
| Eine Funktion für alles | 194 |
| GDI mit DirectDraw kombinieren | 196 |
| Und jetzt die Praxis | 197 |
| Dinge zeichnen | 198 |
| Fenstermodi | 199 |
| Lassen Sie DirectDraw antworten | 201 |
| GetCaps() vom DirectDraw-Hauptobjekt | 201 |
| GetCaps() für ein DirectDraw-Oberflächenobjekt | 202 |
| GetCaps() für ein DirectDraw-Palettenobjekt | 202 |

## Kapitel 10
## Die Spiele-Engine GPDUMB, Teil I — 203

| | |
|---|---|
| Der Entwurf der GPDUMB-Engine | 203 |
| Die #defines | 205 |
| Die Makros | 207 |
| Typen und Datenstrukturen | 208 |
| Globale Variablen – überall! | 210 |
| Mission Impossible: Eine einfache DirectDraw-Schnittstelle | 212 |
| Funktionen zum Sperren und zum Aufheben der Sperren | 216 |
| Elementare Grafik: Irgendwer muss es ja machen! | 218 |
| Bunt, bunt, bunt sind alle meine Kleider! | 221 |
| Ein bisschen GDI | 224 |
| Unterstützung Ihrer lokalen BMP | 226 |
| Grundlegende Bitmap-Grafik | 227 |
| BOB: Die nächste Generation | 230 |
| Wie spät ist es? | 237 |
| Das war's, Leute! | 239 |

## Teil III
## Das letzte Teil des Puzzles: Sound, Eingaben und Setup — 241

## Kapitel 11
## Machen wir Lärm: DirectSound! — 243

| | |
|---|---|
| Musik 0101: Die Grundlagen für Sound – Schall | 243 |
| Digital oder MIDI? Die Föderation und das Römische Reich ... | 247 |
| Digitaler Sound | 247 |

| | |
|---|---:|
| Synthetisierter Sound und MIDI | 249 |
| MIDI tritt auf den Plan | 250 |
| Sound-Hardware | 250 |
|     Wave-Table-Synthese | 250 |
|     Wave-Guide-Synthese | 251 |
| Digitale Aufzeichnung: Werkzeuge und Techniken | 251 |
|     Sounds aufzeichnen | 252 |
|     Sounds verarbeiten | 252 |
| DirectSound-Ouvertüre | 253 |
| DirectSound verwenden | 256 |
|     Ein DirectSound-Objekt anlegen | 256 |
|     Primäre und sekundäre Sound-Puffer | 258 |
|     Sounds manipulieren, zerstückeln und beherrschen | 264 |
|     DirectSound abfragen | 267 |
|     Die Jams von der Festplatte lesen | 268 |

## Kapitel 12
## *Was Sie schon immer über DirectInput wissen wollten*     273

| | |
|---|---:|
| Das Innenleben von DirectInput | 274 |
| DirectInput verwenden | 275 |
| DirectInput aktivieren | 276 |
| Tastatureingaben mit der Geschwindigkeit X | 277 |
|     Ein Tastatur-Gerät erzeugen | 277 |
|     Die Kooperationsebene festlegen | 280 |
|     Das Datenformat festlegen | 281 |
|     Daten von der Tastatur lesen | 282 |
| Eine Mausefalle | 285 |
|     Das Maus-Gerät erzeugen | 285 |
|     Zusammenarbeit ist alles! | 285 |
|     Das Datenformat festlegen | 286 |
|     Fang die Maus! | 287 |
|     Da quietscht die Maus! | 288 |
| Joysticks, Yokes und andere Freud'sche Eingabegeräte | 290 |
|     Joysticks unter DirectInput | 290 |
|     Joysticks einrichten | 291 |
|     Suche nach Joysticks | 292 |
|     Callback-Funktion | 293 |
|     Das Gerät erzeugen | 295 |
|     Die Eigenschaften richtig setzen | 296 |
|     Die 1834. Regel der Joystick-Aktivierung | 297 |
|     Den Stick abfragen | 297 |

## Kapitel 13
### Zur Installation klicken Sie auf OK: DirectSetup & AutoPlay          299

    Der Installations-Blues                                          299
    DirectSetup – Grundlagen                                        302
        Der Aufruf                                 303
        DirectSetup spricht mit Ihnen!             304
        Informationen direkt ermitteln             306
    AutoPlay                                                        307

## Kapitel 14
### GPDUMB Teil II - Der endgültige Konflikt                            309

    Was ist neu in GPDUMB2?                                         309
        Der Header                                 311
        Globales Bewusstsein                       312
    Sound – leicht gemacht                                          313
    Ein verallgemeinertes DirectInput-System                        318
    Ein Hauch von Grafik                                            323
    Das Sechs-Millionen-Dollar-BOB                                  325
    But when worlds collide …                                       327
    Star Ferret Deluxe                                              330

# Teil IV
# Wie sich alles zusammenfügt                                           331

## Kapitel 15
### Herunter kommen sie alle: Physische Modellierung                    333

    Grundlegende Gesetze und Konzepte                               334
        Masse (m)                                  335
        Zeit (t)                                   335
        Position (s)                               336
        Geschwindigkeit (v)                        338
        Beschleunigung (a)                         339
        Kraft (F)                                  343
    Einfache Kollisionen (und ich meine einfach …)                  344
    Schwerkraft: Ein schwarzes Loch!                                347
        Die Mathematik der Schwerkraft             348
        Die Mathematik fallender Objekte           350
    Reibung bremst!                                                 352

## Kapitel 16
### Die Spiele-Engine in der Praxis: Underworld — 355

- Das Spiel möge beginnen! — 355
- Design macht Spaß! — 356
- Die fünf Elemente des Spiels — 357
- Die Datei mit den Level-Informationen — 358
- Artwork und Sound — 358
- Änderungen und Neukompilierung — 359

## Kapitel 17
### Spiele vermarkten — 361

- Eigene Veröffentlichung — 362
- Kommerzielle Shareware/Valueware — 363
- Professionelle Veröffentlichung — 364

## Kapitel 18
### Künstliche Intelligenz - die ganze Wahrheit! — 365

- Künstliche Intelligenz – Einführung — 365
- Einfache deterministische Algorithmen — 367
- Zufällige Bewegung — 368
  - Tracking – Verfolgungen — 369
  - Flucht — 370
- Muster und Skripten — 371
  - Grundlegende Muster — 372
  - Muster mit bedingter Logik — 375
- Verhaltensstatussysteme — 377
  - Verwendung einfacher Automaten — 379
  - Mehr Persönlichkeit! — 383
- Gedächtnis und Lernen — 385
- Ihr ganz eigener Frankenstein — 387
- Neuronale Netze, genetische Algorithmen und andere esoterische Leckerbissen für 1000 Euro — 388
  - Künstliche neuronale Netze — 389
  - Genetische Algorithmen — 392
  - Fuzzy-Logik — 394

## Teil V
## Der Top-Ten-Teil                                                          395

### Kapitel 19
### Zehn Grundregeln des Spiele-Designs                                      397

    Sie brauchen eine gute Story und eine gute Idee                       397
    Bringen Sie Ihren Entwurf zu Papier!                                   398
    Nehmen Sie den Mund nicht zu voll!                                     398
    Sprechen Sie ein Publikum an – und bleiben Sie dabei!                  399
    Sie brauchen eine neue Idee                                            399
    Seien Sie flexibel!                                                    400
    Entwerfen Sie für die Zukunft!                                         400
    Fortsetzung folgt!                                                     400
    Inhalt ist alles!                                                      400
    Setzen Sie den Spielern Ziele!                                         401
    Seien Sie nicht dumm!                                                  401

### Kapitel 20
### Die zehn größten Fehler, die Spieleprogrammierer machen können           403

    Ein schlechtes Geschäft                                                403
    Nicht gesicherte Arbeit!                                               404
    Verpassen Sie nicht Weihnachten!                                       404
    Schlechte Testphasen                                                   404
    Alte Technologie                                                       405
    Entwicklung für DOS                                                    405
    Unehrlichkeit gegenüber der Öffentlichkeit                             405
    Versäumte Werbung                                                      406
    Viele Köche verderben den Brei!                                        406
    Fehlende Kommentare in Ihrem Code                                      406

### Kapitel 21
### Die zehn besten Ressourcen für die Spieleprogrammierung im Web           407

    Sites zur Spieleprogrammierung                                         407
    Heiße Downloads                                                        408
    3D-Engines                                                             408
    Coole Bücher                                                           408
    Microsoft DirectX Multimedia Expo                                      408
    Usenet Newsgroups                                                      409
    Was passiert – Blue's News                                             409
    Zeitschriften zur Spieleprogrammierung                                 409
    Meine Site!                                                            410

## Anhang
## Die CD-ROM zum Buch 411

Systemanforderungen 411
    Die CD unter Windows nutzen 411
Auf der CD 412
Probleme? 413
    Installation 413
    Allgemeine Probleme bei der Ausführung 413

## Stichwortverzeichnis 415

# Einführung

Willkommen bei *Game Programming für Dummies*. Sie werden jetzt mit mir auf eine wunderbare Reise gehen! Dabei werden Sie erfahren, wie man ein Videospiel zum Leben erweckt. Darüber hinaus werden Sie Spiele unter Verwendung der neuesten und besten Technologie von Microsoft entwickeln, bekannt unter dem Codenamen *DirectX*. Microsoft hat damit etwas wirklich Großartiges geschaffen – und heute funktioniert DirectX sogar! Tatsächlich ist es das beste API (Application Program Interface) für die Spieleentwicklung auf PCs.

Die Spieleprogrammierung wirklich bis ins Detail zu verstehen, würde ein Leben lang dauern, aber ich glaube, ich habe eine Möglichkeit gefunden, das erforderliche Wissen in dieses kleine schwarz-gelbe Buch zu verpacken. Damit bin ich vielleicht daran schuld, wenn in Ihrer unmittelbaren Umgebung plötzlich irgendwo ein Wurmloch auftaucht – aber wie heißt es so schön: No Pain, No Gain! Lesen Sie das Buch von vorne nach hinten, dann werden auch Sie irgendwann Sätze mit Sätzen jonglieren, wie etwa »Für die Vordergrundanimation habe ich einen transparent-codierten Sprite-Blitter verwendet und den virtuellen Puffer mittels DMA auf das Display gebracht.«

## Wer sind Sie eigentlich?

Die Spieleprogrammierung ist eine Wissenschaft für sich, und wenn Sie Spiele programmieren wollen, sollten Sie verrückter Wissenschaftler und echter Freak in einer Person sein. Das sind die wichtigsten Voraussetzungen. Wer sitzt schon 130 Stunden in der Woche vor einem Computer und starrt auf den Bildschirm? Gleichzeitig ist die Spieleprogrammierung unglaublich befriedigend und eröffnet Ihnen Zugang zu den von Ihnen selbst geschaffenen Welten. Sie sollten also völlig offen denken und davon besessen sein, Spiele zu machen. Das sind die wichtigsten Eigenschaften. Jeder kann die Technik dafür beherrschen, aber Sie sollten wissen, dass für die Erstellung eines Spiels unzählige Details zu berücksichtigen sind.

Nachdem wir das verrückt-professorale Syndrom erwähnt haben, sollen Sie wissen, was auf Sie zukommt:

✔ Sie sollten in C programmieren können – vielleicht auch ein bisschen in C++. Das bedeutet nicht, dass Sie Compiler-Entwickler oder dergleichen sein müssen, sondern nur, dass diese Sprache in diesem Buch verwendet wird. Sie verwenden einen C++-Compiler, aber das Ausmaß an hier verwendetem C++-spezifischen Code geht fast gegen NULL, machen Sie sich also keinen Kopf, wenn Sie sich noch nicht dem objekt.orientierten.trend() angeschlossen haben. Wenn Sie zusätzliche Informationen über C++ brauchen, lesen Sie am besten *Visual C++ .NET für Dummies* von Michael Hyman und Bob Arnson (auch beim mitp-Verlag erschienen).

✔ Sie sollten mit einem 32-Bit-Windows-Betriebssystem vertraut sein (z.B. 95/98/Me/XP/ 2000), und ein wenig auch mit DOS.

✔ Sie können addieren und multiplizieren und vielleicht sogar eine oder zwei Zahlen quadrieren – das sind alle mathematischen Fertigkeiten, die Sie beherrschen müssen. Fundiertere Mathematikkenntnisse schaden jedoch nicht – insbesondere für die 3D-Spieleprogrammierung, und sei es nur, um Ihre Freunde zu beeindrucken!

Kurz gesagt, Sie müssen wissen, wie man in C programmiert, und Sie müssen den Wunsch verspüren, die Spieleprogrammierung genauer kennen zu lernen. Dieses Buch kümmert sich um den Rest.

## Informationen zu diesem Buch

Dieses Buch ist vielleicht etwas anders als die anderen *Dummies*-Bücher. Es beschreibt gleichzeitig Windows-Programmierung, DirectX, Spieleprogrammierung, Musik, Kunst, künstliche Intelligenz und vieles andere mehr. Die Spieleprogrammierung ist ein komplexes Thema – und absolut nicht linear. Außerdem ist sie vollkommen parallel; Sie müssen alles wissen, um überhaupt etwas zu schaffen. Auch wenn dieses Buch ein gutes Nachschlagewerk für Sie darstellen kann, ist es hauptsächlich ein Handbuch für Anfänger zum Thema der Spieleprogrammierung.

Wenn Sie andererseits (was nicht unüblich ist) ein DOS-Spieleprogrammierer der alten Schule (oder ein Linux-Programmierer) sind, der einfach auf Windows und DirectX umsteigen will, dann ist dieses Buch bestens für Sie geeignet. Ich werde nur die wichtigsten Teile der DirectX- und Windows-Spieleprogrammierung aufnehmen, und zwar in einer Form, die Ihnen ermöglicht, sich sehr schnell auf der Windows/DirectX-Plattform zurechtzufinden. Um diese wichtigen Teile zu erkennen, musste ich für Sie jeden einzelnen Satz in jedem einzelnen DirectX-SDK-Release durchlesen, damit Sie das nicht mehr tun müssen. Und ich habe immer noch Alpträume davon ...

Sie fragen sich vielleicht, welche Art Spiele Sie programmieren können, nachdem Sie dieses Buch gelesen haben. Die Antwort ist ganz von Ihnen abhängig, aber im Allgemeinen sollten Sie fast jedes 2D-Spiel programmieren können, das Sie sich nur vorstellen können, wenn Sie nur die Zeit haben, es fertig zu stellen. Sie werden nicht unbedingt *Quake* oder *HALO* Konkurrenz machen, aber vielleicht Spiele entwickeln, die mit *Space Invaders*, *Defender* oder *Pac-Man* vergleichbar sind. (Wenn Sie *Quake* entwickeln wollen, klinken Sie sich für die nächsten fünf Jahre aus Ihrem Leben aus und kaufen Sie einen sehr bequemen Schreibtischstuhl!)

## Konventionen in diesem Buch

Die meisten Konventionen, die ich in diesem Text verwende, kennen Sie bereits aus Standard-Programmierhandbüchern. Nichtsdestotrotz nehme ich diesen Abschnitt hier auf, falls irgendwelche Aliens Sie gekidnappt hatten und Sie in den letzten 20 Jahren auf Titan in Fortran programmieren mussten. So versuche ich, uns beiden das Leben leichter zu machen:

- ✔ **Code**: Code-Elemente, wie beispielsweise Funktionen, werden im Fließtext wie folgt ausgezeichnet: GetDC. Die Codeblöcke, die ich als Beispiele angebe, erstrecken sich größtenteils über mehrere Zeilen, etwa wie folgt:

```
// Kooperationsebene festlegen
lpdd->SetCooperativeLevel(hwnd, DDSCL_ALLOWREBOOT |
        DDSCL_ALLOWMODEX | DDSCL_FULLSCREEN |
        DDSCL_EXCLUSIVE );
```

- ✔ **Abkürzung für die Bildschirmauflösung**: Im Allgemeinen verwende ich zwei Schreibweisen für die Angabe der Bildschirmauflösung. (Breite x Höhe x Gesamtfarbenzahl) oder (Breite x Höhe x Bits pro Pixel). 320 x 240 x 256 ist also dasselbe wie 320 x 240 x 8; analog dazu ist 640 x 480 x 65536 dasselbe wie 640 x 480 x 16. Manchmal ist die eine, manchmal die andere Form zu bevorzugen, abhängig vom jeweiligen Kontext.

- ✔ **Ungarische Notation**. Der von Microsoft verwendeten Konvention gemäß verwende ich die ungarische Notation, um darauf hinzuweisen, wie ein Programmierelement im Code verwendet wird. Beispielsweise besagt das *lp* in lpdd, dass es sich bei diesem Element um einen 32-Bit-Zeiger (*long pointer*) auf irgendetwas handelt.

## *Informationen zu Windows 95/98/Me/XP/2000 und DirectX 8.0+*

Ich habe dieses Buch für Windows 98/XP/2000 mit dem Microsoft-Compiler Visual C++ 6.0 geschrieben. DirectX habe ich in den Versionen 7.0 und 8.1 verwendet. Im Allgemeinen sind die C/C++-Compiler sowie DirectX ausreichend fortgeschritten, d.h., neuere Releases und Versionen arbeiten alle sehr ähnlich. Der einzige Unterschied ist, dass Microsoft in DirectX 8.0+ DirectDraw mit Direct3D kombiniert hat; das Ergebnis ist *DirectGraphics*. Analog dazu wurden DirectSound und DirectMusic zu *DirectAudio* kombiniert. Leider ist DirectDraw per se nicht in DirectX 8.0+ enthalten, aber wir können es dennoch benutzen, indem wir die früheren Schnittstellen von DirectX 7.0 aufrufen. Alles eine Frage der Organisation.

DirectX ist unter anderem deshalb so cool, weil DirectX-1.0-Applikationen unter DirectX 8.0+ immer noch laufen. Diese Flexibilität liegt darin begründet, dass DirectX auf dem Component Object Model (COM) basiert, das Sie in Kapitel 5 kennen lernen werden. Machen Sie sich keine Gedanken, wenn Sie eine neuere Version von DirectX verwenden; die Techniken, die Sie in diesem Buch verwenden, können auch damit genutzt werden. Darüber hinaus zeigt dieses Buch seine Beispiele anhand der grundlegenden Funktionalität von Windows und DirectX, deshalb werden die neueren Versionen mit den cooleren Funktionen keinen großen Unterschied ausmachen, es sei denn, Sie planen 3D oder eine andere komplexe Programmierung damit.

## Informationen zur Spieleprogrammierung

Und jetzt werde ich Sie infizieren! Die Spieleprogrammierung ist das Beste überhaupt. Ich kenne nichts, was mehr Spaß macht, als Spiele zu programmieren. Spiele sind die ultimative Kunstform – kleine Universen, die von anderen Leuten entdeckt werden können. Und als Spieleprogrammierer entwerfen Sie ganze Welten, die nur Sie selbst sich geschaffen haben, und die Sie anderen zeigen können.

Nachdem Sie dieses Buch gelesen haben, wird es kein Geheimnis mehr für Sie sein, wie ein Computerspiel funktioniert. Sie werden genau wissen, wie man ein solches Spiel erzeugt. Und wer weiß, vielleicht werden Sie das nächste *Doom*, *Quake* oder *HALO* programmieren!

Außerdem macht nichts mehr Spaß, als wenn Sie sehen, wie Ihre Freunde Ihre Spiele lieben – und vielleicht sogar 20 € dafür an Sie zahlen!

## Der Aufbau dieses Buches

Dieses Buch besteht aus fünf Teilen. Jeder dieser Teile enthält Informationen, von denen ich glaube, dass sie in einer dieser Gruppen zusammengefasst werden können:

- ✔ **Teil I: Einführung in die Windows-Programmierung**: In diesem Teil richten Sie Ihre Workstation für die Spieleprogrammierung ein. Dabei werden Sie Ihren Compiler einstellen, DirectX installieren und sich auf die Programmierung und die Ausführung der Demos vorbereiten. Ich stelle alle Komponenten vor, aus denen sich ein Spiel zusammensetzt, und erkläre, in welcher Beziehung sie zueinander stehen. Die restlichen Kapitel in diesem Teil konzentrieren sich auf die Windows-Programmierung und die Erstellung von Software, um die Spieleprogrammierung in dieser Umgebung einfacher zu gestalten.

- ✔ **Teil II: Einführung in DirectX**: In diesem Teil finden Sie Informationen über DirectX, eine der komplexesten Technologien, die je für die Spieleprogrammierung geschaffen wurden. Sie werden erfahren, wie und warum DirectX funktioniert, und in welcher Beziehung es zu COM und dem Windows API (Win32) steht. Nach dieser Einführung geht es richtig los: Sie werden mit DirectDraw (der 2D-Rendering-Komponente von DirectX) arbeiten, bis Ihr Gesicht eine nette Blauschattierung (R=0,G=0,B=255) angenommen hat. Und schließlich werden Sie alle Informationen aus diesem Teil kombinieren, um verschiedene Funktionen zu entwickeln. Diese Funktionen bilden einen Teil der Bibliothek, die Sie im Laufe dieses Buchs anlegen werden und die Sie für die Programmierung eigener Spiele nutzen können.

- ✔ **Teil III: Der Rest des Puzzles: Sound, Input und Setup**: In diesem Teil werden Sie die restlichen Teile von DirectX kennen lernen (zumindest die interessantesten), wie beispielsweise DirectSound, DirectInput, DirectSetup und schließlich AutoPlay. Nachdem Sie Ihre kleinen grauen Zellen mit all diesen neuen Informationen aufgefüllt haben, können Sie den letzten Schliff an der Spielebibliothek vornehmen, indem Sie ihr die neue Funktionalität dieser DirectX-Subsysteme hinzufügen.

✔ **Teil IV: Die Magie der Spiele**: In diesem Teil werden Sie nicht mehr spielen, sondern Spiele entwickeln! Sie erhalten detaillierte Informationen über die Spieleprogrammierung, die Sie nutzen, um die Physik der von Ihnen geschaffenen Spielewelt zu steuern. Außerdem wird hier mit Hilfe aller bereits vorgestellten Konzepte ein echtes Videospiel erstellt, *Underworld*. Außerdem erfahren Sie, wie Sie Ihr eigenes Spieleunternehmen gründen – und wie Sie diese Spiele verkaufen können! Und last but not least finden Sie hier ein Kapitel über künstliche Intelligenz.

✔ **Teil V: Der Top-Ten-Teil**: Teil V enthält den traditionellen Teil der Zehn; vielleicht sollte er in diesem Buch besser »Teil der 00001010« heißen! Hier finden Sie die zehn Grundregeln des Spieleentwurfs, die zehn häufigsten Fehler der Spieleprogrammierer sowie die zehn besten Quellen für die Spieleprogrammierung im Web.

## Symbole in diesem Buch

Eine Tradition der *Dummies*-Bücher ist, am Rand der Seiten spezielle Symbole zu benutzen, um Ihre Aufmerksamkeit auf bestimmte Situationen, Fallen oder Gefahren zu lenken – und Ihnen zu helfen, Licht in das Dunkel der Technologie zu bringen. In diesem Buch werden die folgenden Symbole verwendet:

Dieses Symbol weist auf praktische Tipps, Tricks und gute Restaurants hin.

Vorsicht beim Auftauchen dieses Symbols! Die Operation, die Sie ausführen werden, kann ernsthafte Konsequenzen haben, falls Sie die Warnung in diesem Absatz ignorieren.

Wenn Sie dieses Symbol sehen, wissen Sie, dass irgendwelches C++ auf Sie zukommt.

Dieses Symbol teilt Ihnen mit, dass es sich um einen sehr technisch orientierten Abschnitt handelt, und Sie sollten sich fragen, ob Sie sich dieser Information wirklich ausliefern wollen.

Achten Sie auf dieses Symbol: Die Informationen in dem auf diese Weise markierten Abschnitt sind extrem cool, und Sie sollten ruhig ein wenig darüber nachdenken.

Das mit diesem Symbol im Text markierte Konzept sollten Sie sich merken – es ist wichtig.

Dieses Symbol teilt Ihnen mit, dass der Absatz Informationen über Dateien oder Programme enthält, die Sie auf der CD-ROM zu diesem Buch finden.

# Teil I

# Einführung in die Windows-Programmierung

»Auffällig ist nur, dass er 9 Stunden lang seinen Schreibtisch aufgeräumt hat, bevor er seinen Computer für die Spieleprogrammierung aufgebaut hat.«

## In diesem Teil ...

In diesem Teil erfahren Sie, was man braucht, um ein Videospiel zu programmieren, und wie man alles dafür vorbereitet. Sie tauchen in die wunderbare Welt der Windows-Programmierung ein – alles, was Sie je darüber gehört haben, stimmt! Ich werde es Ihnen jedoch so einfach wie möglich machen und Ihnen zeigen, was Sie für die Entwicklung von Spielen unter Windows brauchen. Falls Sie DOS-Programmierer sind, werden Sie froh sein zu erfahren, dass Sie praktisch genau das tun werden, was Sie schon immer getan haben ... jetzt eben mit 32 Bit!

Ich werde hier auf Windows-Grundlagen, die GDI-Eingabe (Graphic Device Interface), Multimedia und natürlich die Verwendung des Compilers eingehen. Folgen Sie den in diesem Teil gezeigten Schritten, um sich eine vollständige Windows-Shell zu schaffen, die unter beliebigen 32-Bit-Windows-Plattformen genutzt werden kann.

# Spieleprogrammierung unter Windows 9x/XP/2000 - Vorbereitungen

## In diesem Kapitel

- Richten Sie Ihre Workstation ein
- Installieren Sie DirectX
- Arbeiten Sie mit Ihrem Compiler
- Lernen Sie Werkzeuge für die Spieleprogrammierung kennen

Dieses Kapitel beginne ich mit einigen Informationen darüber, was Sie in diesem Buch erwartet. Außerdem erfahren Sie hier, welche Hardware und Software Sie für die Kompilierung der Demos brauchen (falls Sie diese ändern wollen), und wie Sie den auf der CD zum Buch bereitgestellten Windows-Code nutzen.

## Die ultimative Workstation für die Spieleprogrammierung

Besuchen Sie doch einmal ein Unternehmen gewinnbringender Größe, wo Spiele entwickelt werden – Sie werden den Eindruck haben, sich in einem Filmstudio zu befinden! Sie sehen alle möglichen Gerätschaften, verteilt auf verschiedene Büros, nicht zu sprechen von den seltsam anmutenden Menschen. Hauptsächlich sehen Sie jedoch Computer – in beliebiger Menge.

Das grundlegende Werkzeug eines Spieleprogrammierers ist der Computer – ganz einfach. Je leistungsfähiger Ihr Computer ist, desto besser. Um Spiele zu spielen, brauchen Sie nur ein einziges Computersystem – die Entwicklung steht auf einem ganz anderen Blatt, und Sie brauchen dafür einen sehr viel komplexeren Computer. Bei der Entwicklung von Spielen führen Sie größtenteils mehrere Applikationen gleichzeitig aus, und Sie werden häufig Code kompilieren und abändern. Beachten Sie deshalb die nachfolgende Liste der *Mindestsystemanforderungen*:

- ✔ Pentium-Computer mit 166 MHz oder mehr
- ✔ Mindestens Windows 95 (bevorzugt 98), XP oder 2000
- ✔ 32 MB internes RAM mit einer 2-GB-Festplatte
- ✔ 16-Bit-Soundkarte
- ✔ Eine gute Maus – sehr wichtig!

- ✔ Joystick – bevorzugt ein neues, digitales Modell
- ✔ Ein möglichst großer Bildschirm (Sie werden viel auf den Bildschirm sehen, deshalb gilt: je größer, desto besser; ratsam sind mindestens 17 Zoll, besser jedoch mehr)
- ✔ Ein Drucker für den Ausdruck von Code zur genaueren Betrachtung
- ✔ CD-ROM-Laufwerk (8x oder besser)

Falls Sie nicht alle auf der Liste aufgeführten Hardware-Komponenten besitzen, sollten Sie sich keine Sorgen machen; vielleicht schaffen Sie es auch ohne sie. Die Spieleprogrammierung ist jedoch Schwerstarbeit für Ihren Computer, und die Verwendung guter Hardware kann nur helfen. Damit Sie sich vorstellen können, wie ein professionelles Entwicklungssystem aussieht, hier die Konstellation, die ich für die Entwicklung von 3D-Spielen verwende:

- ✔ Pentium 4 mit 2,4 GHz
- ✔ 2,0 GB RAM
- ✔ 240,0 GB Ultra DMA 133-Festplatte(n)
- ✔ 52x CD-ROM
- ✔ Multiboot-System für Windows 98, Windows XP und Windows 2000
- ✔ Soundkarte Sound Blaster Environmental Audio 512
- ✔ Digitaler Joystick mit Force-Feedback
- ✔ Multisync-Bildschirm, 21 Zoll
- ✔ Zweiter Computer für ein Remote-Debugging
- ✔ Farbdrucker Hewlett-Packard DeskJet 970Cxi

Außerdem brauchen Sie eine Netzwerkumgebung, Wechsellaufwerke, Scanner, ein 3D-Soundsystem, ein Grafiktablett und was immer für Hilfsmittel Sie sonst für die Entwicklung Ihrer Spiele für nötig erachten.

## DirectX und den SDK installieren

Die Installation von DirectX ist einfach. Gehen Sie auf der CD zum Buch in den Ordner DIRECTX\. Öffnen Sie das Verzeichnis und lesen Sie die Datei README.TXT. Sie beschreibt die Installation von DirectX und des DirectX SDK. Im Wesentlichen führen Sie dazu einfach das Setup- oder Installationsprogramm aus. Es lädt die DirectX-Laufzeitumgebung und das SDK (Software Development Kit) in ein Verzeichnis – normalerweise MSSDK\ – auf Ihrer Festplatte. Wie Sie sehen, besteht DirectX aus zwei Komponenten: den Laufzeitdateien und dem SDK. Sie brauchen beides, weil Sie DirectX-Applikationen ausführen und selbst schreiben wollen.

Darüber hinaus stellt der Autorun-Installer auf der CD Links bereit, die Sie für die Installation von DirectX verwenden können.

Falls Sie Laufzeitumgebung und SDK von DirectX 8.0 oder höher bereits auf Ihrem System haben, installieren Sie sie nicht noch einmal. Andernfalls sollten Sie DirectX installieren, sonst funktioniert nämlich überhaupt nichts.

Nachdem Sie DirectX installiert haben, sehen Sie sich die Verzeichnisse an und ermitteln die Position der Bibliotheken; nehmen Sie Dateien, Hilfe und Beispiele auf, falls Sie sie brauchen – und das werden Sie. Ich empfehle Ihnen, das SDK-Hilfesystem auf Ihrem Desktop abzulegen, so dass Sie es jederzeit nutzen können. Wenn Sie darüber hinaus mit der Kompilierung von Programmen beginnen, müssen Sie die Pfade zu den .LIB-Dateien und den .H-Dateien für den SDK kennen; stellen Sie also sicher, dass Sie die Positionen dieser Dateien kennen. Beide befinden sich im Verzeichnis SDK\ unter den Unterverzeichnissen LIB\ und INCLUDES\.

Alle Informationen und Konzepte aus diesem Buch sind mit allen zukünftigen Versionen von DirectX kompatibel, halten Sie also ein Auge auf die DirectX-Website von Microsoft, wo Sie Updates für DirectX finden: www.microsoft.com/windows/directx/default.asp.

## *Den C/C++-Compiler einrichten*

Nachdem Sie Ihre Hardware beisammen haben und DirectX auf Ihren Computer geladen ist, kümmern Sie sich um die restliche Software. Die wichtigste Software ist Ihr Compiler, weil Sie damit Ihre Spieleprogramme kompilieren – ebenso wie den Code aus diesem Buch. Ich empfehle Ihnen Microsoft Visual C++ Version 6.0 oder höher. Die Compiler von Microsoft erzeugen wirklich guten Windows-Code. Ich gebe zu, dass Watcom bessere Arbeit für DOS 32 leistet, aber meiner Ansicht nach ist Visual C++ für die Windows-Entwicklung das Beste.

Stellen Sie sicher, dass Sie sowohl für Ihren Compiler als auch für Ihre Windows-Version die neuesten Updates von Microsoft besitzen. Ein Service Pack für VC++ 6.0 korrigiert viele seiner Fehler. Gehen Sie dazu auf die Website http://windowsupdate.microsoft.com/default.htm und probieren Sie es aus.

Sie können einen ganz normalen Microsoft-Visual-C++-Compiler für ein paar Hundert Euro von Ihrem Software-Händler verwenden, was ich als Weg des geringsten Widerstands empfehle. Wenn Sie zu den Borland-Fans gehören, empfehle ich Ihnen Version 5.0 (oder höher) von C++.

Egal, welchen Compiler Sie auswählen – die Bedienung wird sicherlich nicht ganz intuitiv sein. Die Visual-Compiler sind relativ komplex und machen die Arbeit nicht immer ganz einfach. Ich empfehle Ihnen, ein wenig im Benutzerhandbuch zu lesen (alles, was man braucht, ist ein Plan!), bis Sie wissen, wie man Projekte anlegt, Konsolenapplikationen erstellt und Win32-Applikationen kompiliert.

Falls Sie keine Erfahrung mit der Windows-Programmierung haben, machen Sie sich keine Gedanken; ich werde die Grundlagen in den Kapiteln dieses ersten Teils des Buches vorstellen. Sie sollten sich jedoch mit der Oberfläche Ihres Compilers auskennen, deshalb empfehle ich Ihnen, zumindest herauszufinden, wie man ein DOS-ähnliches Konsolenprogramm kompiliert, bevor Sie sich an die Arbeit mit diesem Buch machen. Normalerweise erklären das Benutzerhandbuch oder die Schnellstarthilfe für jeden Compiler, wie man ein einfaches Projekt erstellt und das Programm »Hello, World!« schreibt.

Dieses Wissen ist so wichtig, weil nichts frustrierender ist, als ständig Compiler- und Linker-Fehler zu erhalten, die mit einem einfachen Mausklick zu korrigieren sind – Sie aber den richtigen Klick nicht kennen. Nehmen Sie sich also die Zeit, Ihren Compiler genauer kennen zu lernen – Sie werden noch froh darüber sein.

Beachten Sie bei der Kompilierung der Projekte für dieses Buch, dass Sie Win32-Applikationen programmieren, indem Sie die DirectX-Bibliotheken verwenden. Das bedeutet, Sie müssen immer die Win32-Applikation als Ziel auswählen, und Sie müssen bei Bedarf die DirectX-Bibliotheken in Ihr Projekt einbinden. Nachfolgend sind die Bibliotheken aufgelistet, die Sie aus DirectX brauchen (Sie finden sie im Ordner \SDK der Installation):

- ✔ DDRAW.LIB: DirectDraw
- ✔ DINPUT.LIB und DINPUT8.LIB: DirectInput
- ✔ DSOUND.LIB: DirectSound

Außerdem brauchen Sie immer wieder die Windows Multimedia Library (WINMM.LIB). Sie sollte sich in einem der Bibliotheksverzeichnisse Ihres C/C++-Compilers befinden, stellen Sie also sicher, dass Sie sie in Ihrer Link-Liste haben.

Neben den Bibliotheksdateien brauchen Sie die Header, die sich ebenfalls im Unterverzeichnis SDK\ der Hauptinstallation des DirectX SDK befinden:

- ✔ DDRAW.H: DirectDraw
- ✔ DINPUT.H: DirectInput
- ✔ DSOUND.H: DirectSound

Ich werde Sie im Laufe dieses Buches immer wieder an die Bibliotheken und Header erinnern, machen Sie sich also keine Sorgen, falls Sie noch keinen kompletten Überblick haben.

Für die Kompilierung der Programme auf der CD sollten Sie den Quellcode und die Dateien von der CD auf Ihre Festplatte kopieren. Ich empfehle Ihnen, einfach das gesamte Verzeichnis SOURCE\ von der CD auf Ihre Festplatte zu ziehen. Dieses Verzeichnis enthält für jedes Kapitel im Buch ein Unterverzeichnis, so dass Sie den Quellcode und die benötigten Dateien schnell finden.

## Multimedia-Werkzeuge verwenden

Alles klar! Sie haben DirectX installiert, der Compiler ist bereit, aber irgendetwas fehlt. Sie brauchen noch Support-Software, wie beispielsweise Malprogramme, 3D-Modeller, Soundeditoren und alles andere, was Sie für Ihre Arbeit als nötig erachten.

Glücklicherweise konnten wir ein paar Leute davon überzeugen, Demos bzw. Shareware-Versionen ihrer Software für die CD bereitzustellen. Sie können also einfach anfangen und brauchen dazu nur die CD zu diesem Buch. Schauen Sie sich zuvor aber genauer an, was mit den verschiedenen Programmen möglich ist.

## Malprogramme

Ein Künstler verwendet ein Malprogramm, um die Bitmap-Objekte für ein Spiel zu erstellen. Ich habe das Killer-Malprogramm – Paint Shop Pro von Jasc Systems – für dieses Buch bekommen. Es ist eines meiner Lieblingsmalprogramme. Sie können damit alle Ihre Bitmaps und Animationen für Ihre Spiele erstellen.

Nicht jeder ist ein Künstler (ja, ich meine dich, Joel!), deshalb habe ich mehrere Bitmap-Dateien mit allen möglichen coolen Oberflächenstrukturen, Explosionen und Kreaturen aus meinen Kunstarchiven für Sie bereitgestellt. Die Dateien befinden sich im Ordner ARTWORK\ im Verzeichnis \SOURCE auf der CD.

## 3D-Modeller

Die so genannten *3D-Modeller* sind Programme, die Ihnen ermöglichen, vollständige 3D-Objekte zu erstellen und sie dann als Bitmaps zu rendern. Mit dieser Technik erzeugen Sie fotorealistische Bilder. Das Coole bei der Verwendung von 3D-Modellern ist, dass Sie auf ganz einfache Weise mehrere Sichten auf ein Objekt erzeugen können – Änderungen an Ihren Objekten sind sehr schnell möglich. Wenn Sie sich selbst nicht für einen Künstler halten, sollten Sie einen Modeller ausprobieren, weil damit wirklich jeder etwas erstellen kann, was professionell aussieht.

## Soundprogramme

Als Letztes brauchen Sie jetzt noch einen Soundeditor – Software, mit der Sie digitale Sounds aufzeichnen und verarbeiten können. Glücklicherweise brauchen Sie kein Musiker zu sein, um mit Soundeffekten zu arbeiten oder sie aufzuzeichnen, aber Sie brauchen Zugriff auf Soundeffekte und/oder eine gute Stimme (oder Sie kennen jemanden, der eine solche besitzt).

Um Sie mit Rohmaterial zu unterstützen, stelle ich auf der CD eine Bibliothek mit Sounds bereit, die ich für Sie angelegt habe, damit Sie sie in Ihren Spielen verwenden können. Die Bibliothek befindet sich im Verzeichnis SOUNDS\. Darüber hinaus finden Sie hier den besten Soundeditor, den es für diesen Bereich gibt: Sound

Forge XP. Dieses Programm ist erstaunlich umfangreich und bietet Ihnen viel mehr Soundverarbeitung und algorithmische Effekte, als Sie je brauchen. Selbst ich kenne immer noch nicht alle Funktionen, die dieses Programm unterstützt.

So weit meine Vorreden – und jetzt fangen wir endlich an.

# Grundlagen des Videospiel-Designs

## In diesem Kapitel

- Erhalten Sie einen historischen Überblick
- Lernen Sie Design-Techniken kennen
- Erfahren Sie mehr über die Rätsel, die Ihr Spiel verbessern
- Geht es darum, was alles zu einem Spiel gehört
- Finden Sie wichtige Informationen über die Spieleprogrammierung und Datenstrukturen

---

*E*in Videospiel ist mehr als die Summe seiner Einzelkomponenten; ein Spiel hat Synergie, die es nach seiner Fertigstellung zu etwas wirklich Einzigartigem macht. Um diese Synergie zu erzeugen, brauchen Sie viel technisches Wissen und ein Gefühl für Design und Kunst. Eigentlich sollten Sie da Vinci und Einstein in einer Person sein. In diesem Kapitel finden Sie einige Highlevel-Konzepte für den Entwurf von Videospielen sowie einige Lowlevel-Konzepte, wie etwa Techniken für die Echtzeitprogrammierung und die korrekte Verwendung von Datenstrukturen.

## Vor langer, langer Zeit in einer fernen Galaxie ...

Videospiele gibt es schon, so lange es Computer gibt. Die meisten Computer-Historiker sind sich einig, dass die ersten Computerspiele (das waren üblicherweise textbasierte Adventures oder Militärspiele) in den 60er und 70er Jahren für UNIX-Mainframes existierten.

Die Revolution im Spielebereich für PCs kam Ende der 70er Jahre mit der Einführung des Atari 800 und des Apple II – die ersten PCs, die realistische Farbe, ausreichenden Ton und eine vernünftige Grafikleistung aufwiesen. Spieleprogrammierer schrieben Atari- und Apple-Spiele in BASIC oder reiner *Maschinensprache*, das ist die eigene Binärsprache der CPU (Central Processing Unit) des Computers.

Der Atari 800 und der Apple II behielten die Hoheit über Spieleprogrammierer und Spielespieler – bis 1984. In diesem Jahr begann der Verkauf des IBM Personal Computer – als *PC* bezeichnet und nie als gute Spielplattform erachtet –, und der Verkauf lief gut. Glücklicherweise unterstützte der IBM PC bald Hardware, die die Programmierer für die Entwicklung guter Spiele nutzen konnten: Der Prozessor 80286 erschien auf dem Markt, es gab die EGA-Karte (Enhanced Graphics Adapter), und die VGA-Karte (Video Graphics Array) war unterwegs.

Dennoch war der IBM-kompatible PC längst noch keine ideale Spielemaschine – *aber* er war populär und wurde allgemein eingesetzt, so dass viele Programmierer anfingen, Spiele dafür zu schreiben. Ende der 80er Jahre gab es den Prozessor 80386, die VGA-Karte sowie die Soundkarte Sound Blaster für die PC-Spieler – und der IBM-PC drang weit in den Spielemarkt vor, trotz seiner schlechten Grafik-Hardware (im Vergleich zu anderen, spieleorientierteren 16-Bit-Maschinen, wie beispielsweise dem Atari ST und dem Amiga 500). Zu diesem Zeitpunkt beherrschten die PCs den Markt; wenn man versuchte, Spiele nur für den engen Markt der spielfreundlichen Maschinen zu verkaufen, war das reiner Selbstmord für ein Unternehmen. Leider erkannten viele Unternehmen die Zeichen der Zeit nicht früh genug; sie entwickelten weiterhin Software für Atari und Amiga – und ihre Imperien gehören längst der Vergangenheit an.

1990 schrieben nur noch wenige Programmierer Spiele für eine *andere* Plattform als den PC, auch wenn sehr viele von ihnen mit seiner Leistung nicht zufrieden waren. Der frühe IBM-PC war ein Alptraum für die Spieleentwicklung. Man musste ein Computer-Genie sein, um Leistung aus der Maschine herauszuholen, und man brauchte Informationen für die Programmierung, die einfach nicht dokumentiert waren.

Und eines Tages, es war 1991, veröffentlichte id Software, Inc. das schnellste 3D-Spiel, das es je für den IBM-PC und Kompatible gegeben hatte. Dieses durchschlagende Spiel war *Wolfenstein 3D* (ein Beispiel dafür sehen Sie in Abbildung 2.1).

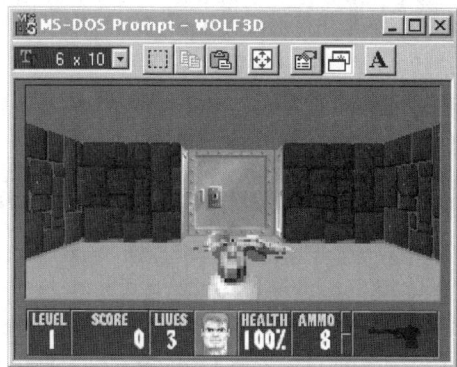

*Abbildung 2.1: Ein Screenshot aus Wolfenstein 3D*

Obwohl mehrere Millionen Kopien dieses Spiels verkauft wurden, wusste die Öffentlichkeit nicht besonders viel über *Wolfenstein 3D*, weil es unter Anwendung des *Shareware*-Konzepts verkauft wurde – keine Kampagnen oder andere Werbung –, so dass dieses Juwel der Technologie nur von den Spielern dieser Welt gespielt wurde, und die Allgemeinheit keinen Schimmer hatte, was ihr entging.

Die Bedeutung von *Wolfenstein 3D* für die Entwicklung der Industrie war größer als die jedes anderen Computerspiels (sogar *Doom*), aber die meisten Leute erkannten das zum damaligen Zeitpunkt noch nicht. Die Spieleprogrammierer fegten es vom Platz, obwohl *Wolfenstein 3D* schneller und beeindruckender war als jedes andere Spiel. Grundsätzlich war das Spiel nur einen Schritt von *Doom* entfernt. Die für die Erstellung von *Wolfenstein 3D* angewendete

Technologie unterschied sich wesentlich von der für *Doom*, aber man spielte auf demselben Gelände – und das war der Schlüssel. Hätte ein größeres Unternehmen als id Software diese Tatsache erkannt, wäre *Doom* nicht das erste Spiel gewesen, das den PC-Spielemarkt geändert und neu definiert hat.

1993 veröffentlichte id Software *Doom*; einen Screenshot des Spiels, das die Welt der Computerspiele revolutioniert hat, sehen Sie in Abbildung 2.2.

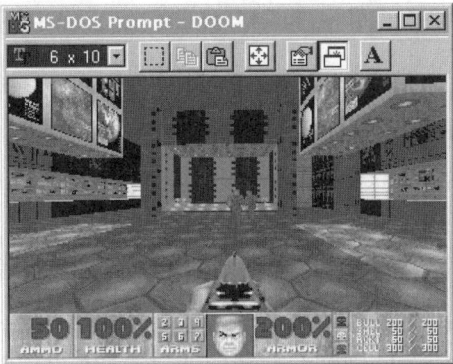

*Abbildung 2.2: Ein Screenshot von Doom*

*Doom* war schnell, sah gut aus, hatte großartige Grafiken und eine verlässliche Spiel-Engine, ausgezeichnete Soundeffekte und machte extrem viel Spaß. Außerdem gab *Doom* das Tempo für die Spieleprogrammierung der nachfolgenden Jahre vor.

Seit der Veröffentlichung von *Doom* hat die Gemeinde der Spieleprogrammierer erkannt, dass ein PC fast gar nichts kann, was man für ein Spiel braucht. Die Hersteller von Hardware und Software nahmen sich dieses Problem zu Herzen – und heute haben wir den modernsten Spielecomputer mit einem PC, der mit einem 2,4 GHz Pentium 4 mit 3D-Beschleunigung, Wave Table-Synthesized auf einer 32-Bit-Plattform läuft. In Kombination mit der neuen Microsoft-DirectX-Technologie kann dieser PC fast alles, was ein Spieler braucht.

Der Höhepunkt der Computerspielprogrammierung ist bereits überschritten, aber heute haben wir die *Star Trek*-Ära der Spieleprogrammierung. Die Spiele machen einen Anteil von mehreren Milliarden Euro in einer Industrie aus, die ständig wächst und in neue Märkte vordringen wird. (Wären Sie nicht auch glücklich, wenn einige dieser Milliarden auf Ihr Konto überwiesen würden?)

Wir kennen die Sagen und Märchen aus dem Spielereich im Silicon Valley. Vielleicht können Sie sich in Ihren kühnsten Gedanken einige der grandiosen Dinge ausmalen, die passiert sind (und Sie lägen dabei sicher nicht falsch) – und sind wahrscheinlich fest entschlossen, noch *viel* coolere Dinge passieren zu lassen. Lesen Sie weiter ...

## Videospiel-Design

Die grundlegende Abfolge beim Entwurf von Spielen sieht wie folgt aus:

✔ Sie finden eine Idee für ein Spiel.

✔ Sie erzeugen Storyboards und Grobskizzen Ihrer Spielewelt, dann die Hauptcharaktere und die Handlung.

✔ Sie schreiben sich die Details Ihres Spiels auf und berücksichtigen dabei alle Einzelheiten des Spiel-»Universums«.

✔ Schließlich kombinieren Sie alle diese Konzepte zu einem *Design-Dokument*, ähnlich einem Filmskript, das alle Informationen über Ihr Spiel enthält.

Die nachfolgenden Unterabschnitte beschreiben diese Schritte im Detail.

### Eine Idee entwickeln

Bevor Sie ein Spiel schreiben, brauchen Sie eine Idee – eine Story, von der Sie ausgehen können. Gehen Sie also in sich und finden Sie die Idee für ein Spiel; sie sollte locker auf etwas basieren, das zumindest im Entferntesten an eine Story erinnert. Anschließend legen Sie die Ziele des Spiels fest. Stellen Sie sich selbst Fragen, wie beispielsweise »Was macht der Spieler dann?« oder »Wie macht der Spieler das?«

Vielleicht fragen Sie sich jetzt, woher Sie Ideen für Spiele nehmen sollen. Ich habe kein Geheimrezept für Sie, aber hier einige Anregungen:

✔ **Andere Spiele**: Sie sollten natürlich keine anderen Spiele kopieren, aber Verbesserungen sowie die Schaffung neuer Perspektiven innerhalb eines Spiels sind durchaus in Ordnung.

✔ **Filme und Videos**: Sehen Sie so viele Science Fiction-Filme wie möglich, vielleicht können Sie Ideen und Inhalte für Ihre Spiele nutzen. Natürlich brauchen Sie die Erlaubnis des Filmherstellers, wenn Sie Figuren oder Storylines aus diesen Filmen übernehmen.

✔ **Echte Spiele**: Sie können sich ein reales Spiel wie beispielsweise Hockey vornehmen und eine Computerversion daraus machen, oder vielleicht eine völlig futuristische Version.

✔ **Träume und Alpträume**: Eine Goldgrube! In Gedanken kann man alles ausprobieren. Legen Sie sich ins Bett und denken Sie beim Einschlafen an Spiele, Dämonen, Monster oder was auch immer, vielleicht haben Sie den Killer-Traum, der Ihnen Ideen für ein Spiel liefert. (Das hört sich verrückt an, aber betrachten Sie nur *Doom* und *Quake*; ich glaube nicht, dass diese Ideen aus irgendwelchen Kinderbüchern stammen!)

Nachdem Sie die Idee für Ihr Spiel haben, skizzieren Sie die Story.

## Storyboarding

Am besten können Sie sich ein Spiel vorstellen, indem Sie ein *Storyboard* dafür anlegen – eine Folge aus Zeichnungen, die die verschiedenen Levels bzw. verschiedene Szenen und Ziele des Spiels zeigen. Jedes Storyboard sollte einen oder zwei Textabschnitte enthalten, die beschreiben, was passiert. Abbildung 2.3 zeigt ein grundlegendes Storyboard für ein imaginäres Ballerspiel.

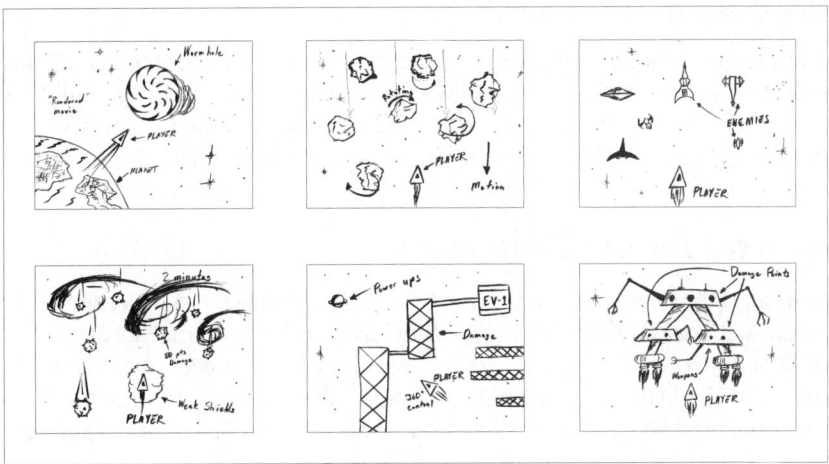

*Abbildung 2.3: Ein typisches Spiele-Storyboard*

Wie Sie sehen, besteht das Storyboard aus sechs Einzelbildern. Jedes dieser Bilder stellt einen anderen Level des Spiels dar, und das letzte Bild ist das Ziel. Beachten Sie, dass die Storyboards nur skizziert sind und noch völlig unübersichtlich sein dürfen. Storyboard-Skizzen werden nur für das Brainstorming gebraucht, und um den allgemeinen Spielablauf zu Papier zu bringen. (Das hier Gezeigte ist so unordentlich, weil ich während des Zeichnens *Fury III* gespielt habe.)

## Details berücksichtigen

Nachdem Sie Storyboards angelegt haben, halten Sie die Details des Spielentwurfs fest. In dieser Phase wird das Ganze komplex. Sie müssen sich jedes mögliche Detail vorstellen und etwas darüber schreiben. Während Sie Ihr Spiel entwickeln, sind Sie ein Gott – zumindest ein Halbgott. Wenn Sie ein bestimmtes Detail nicht programmieren, dann passiert auch nichts.

Sie müssen sich alle Regeln sowie die Struktur des Spiels vorstellen. Berücksichtigen Sie dabei beispielsweise die folgende Checkliste:

✔ Was kann die Spielfigur? Kann sie fliegen, schwimmen oder teleportieren?

✔ Gegen wie viele verschiedene Feinde kämpft der Held?

✔ Welche Art(en) von Waffen stehen zur Verfügung?

✔ Können mehrere Spieler gleichzeitig spielen? Und welche neuen Situationen entstehen daraus?

✔ Handelt es sich bei der Perspektive des Spiels um eine Ansicht von der Seite oder von oben, Single-Player oder vollständiges 3D?

✔ Welche Art Soundtrack soll verwendet werden? Rock, Rap, Techno?

✔ Welchen Charakter hat die Hauptfigur?

Dies sind nur ein paar wenige Beispiele für die Details, die Sie berücksichtigen können. Wichtig ist, die Figuren, Regeln, Gesetze und Ziele Ihres Spieleuniversums so detailliert wie möglich zu definieren. Das ist erforderlich, weil Sie selbst das künstliche Universum erzeugen werden, in dem dies alles existiert. Je mehr Details Sie aufnehmen, desto besser wird das Spiel.

## Aufbau eines Design-Dokuments

Nachdem Sie alle Storyboards und Details des Spiels aufgeschrieben haben, legen Sie ein *Design-Dokument* an. Ziel dieses Dokuments ist, alle Ihre Ideen in einem Format aufzuzeichnen, das an ein Filmskript erinnert. Dies ist eine rein organisatorische Komponente, aber Sie erhalten damit noch einmal die Möglichkeit, sich Dinge anders zu überlegen, zu erkennen, ob bestimmte Regeln oder Ereignisse völlig unsinnig sind oder ob Sie noch ein Spielelement einfügen wollen.

Mit der Entwicklung des Design-Dokuments wird Ihre imaginäre Welt in Ihrem Kopf lebendig. Wenn Sie anfangen, mit sich selbst darüber zu sprechen, was in dem Spiel passiert, wenn Ihre imaginäre Welt so greifbar und detailgetreu geworden ist, dass Sie sie sehen können, ist es viel einfacher, ein Spiel um diese Vorstellung herum zu schreiben, weil Sie dann während der Entwicklung keine Entwurfsentscheidungen mehr treffen müssen. Eine klare Vorstellung der Spielewelt ist eine der wichtigsten Voraussetzungen beim Spieleentwurf.

Das von Ihnen geschaffene Universum muss konsequent durchdacht sein; es muss so gut sein, dass es ebenso durchgängig erscheint wie unser eigenes (oder noch besser). Wenn Ihr Spieleuniversum stimmig ist, verlieren sich die Spieler darin; sie schalten ab und haben Spaß. Wenn Sie andererseits nur eine halb durchdachte Idee haben und sie erst während der Programmierung ausarbeiten, wird Ihr Spiel zusammengewürfelt erscheinen, was nicht besonders einladend wirkt. Ohne ein bisschen Nachdenken und Planung wird Ihre Welt die Spieler nicht in ihren Bann ziehen, und sie spielen Ihr Spiel nicht!

Nachdem Ihnen das Design-Dokument vorliegt, sind Sie in einer viel besseren Ausgangsposition, ein solides Spiel zu entwickeln. Während Sie an dem Spiel arbeiten, werden Sie sicher immer wieder versucht sein, impulsiv Elemente einzuführen, die ungeeignet sind oder außerhalb Ihrer Spielewelt liegen.

Verstehen Sie mich nicht falsch. Sie dürfen Ihren Entwurf natürlich jederzeit ändern und ergänzen, aber *stellen Sie unbedingt sicher, dass alle Elemente sinnvoll aufeinander abgestimmt sind*. Wenn die Spieler nicht durch Inkonsistenzen in Ihrem Spieleuniversum gestört werden, können sie sich voll in die Figuren und die Situationen hineindenken.

## Lebendige Rätsel!

Bevor ich weiter auf die technischen Aspekte eingehe, will ich meiner Verantwortung gegenüber zukünftigen Spieleprogrammierern sorgfältig gerecht werden, um die Dumpfheit zu beenden. »Welche Dumpfheit?«, fragen Sie sich. Die Dumpfheit der Spiele, die keine Rätsel enthalten! Obwohl es viel einfacher ist, Spiele ohne Rätsel zu erstellen, sind Spiele *mit* Rätseln viel erfolgreicher, weil die Menschen es einfach lieben, ein wenig knobeln zu müssen, selbst während sie alles Mögliche in die Luft jagen!

Viele Spiele sind mehr oder weniger hirnlos, und Spiele, in denen man schwer nachdenken muss, sind häufig zu schwierig, um sie wirklich genießen zu können. Um ein wirklich gutes Spiel zu erstellen, müssen Sie einen Mittelweg finden, d.h. Rätsel in Spiele einbauen, wann und wo sie gebraucht werden, so dass etwas anderes als Gemetzel und Zerstörung zum Ziel wird.

Ehrlich gesagt, enthalten alle Spiele Rätsel; sie sind nicht immer offensichtlich, aber sie sind da. Beispielsweise ist *MYST* ganz offensichtlich ein einziges großes Rätsel, aber Spiele wie etwa *Doom* oder *Quake* tragen ebenfalls Rätsel in sich. Die Rätsel liegen in Form verborgener Schalter, Muster oder Folgen vor, sowie bestimmter Ausrüstung, die auf spezielle Weise genutzt werden muss. Die Eleganz dieser Rätsel ist, dass sie so nahtlos in das Spiel eingebaut sind, dass Sie nicht einmal erkennen, dass Sie ein Rätsel lösen. Obwohl viele Leute denken, First-Person-Schützen seien hirnlos, betrachten Sie einfach einmal *Half-Life*, *Red Faction* und *HALO*. Auch dies sind attraktive Spiele mit unzähligen Rätseln und Problemen, die gelöst werden müssen.

Wenn Sie Ihr Spiel entwerfen, denken Sie sich Rätsel um das Spiel herum aus, so dass die Spieler ein wenig nachdenken müssen. Gleichzeitig sollten Sie versuchen, Rätsel zu entwerfen, die nicht ganz offensichtlich sind. Angenommen, Sie erzeugen ein Side-Scrolling-Spiel und der Spieler muss zwischen zwei Klippen über einen Abgrund springen. Als Erstes versucht der Spieler, mit der Figur über die Klippen zu springen. Das schlägt fehl und die Figur springt in den Tod. Der Spieler erkennt, dass es möglich sein muss, über den Abgrund zu springen, und sucht deshalb nach einer Lösung. Er könnte versuchen, die Steine so umzuschichten, dass sie einen Weg bilden, oder an verschiedenen Positionen auf und ab springen, in der Hoffnung, einen verborgenen Schalter zu aktivieren. Irgendwann geht der Spieler zurück zu der Klippe, sieht auf die andere Seite und bemerkt plötzlich ein rot blinkendes Licht. Der Spieler feuert seine Waffe auf das rote Blinklicht ab, ratz-fatz wird eine Brücke heruntergelassen und das Rätsel ist gelöst.

Dieses Beispiel beschreibt ein sinnvolles Rätsel, das Teil des Spiels ist. Man hat einen Schalter auf der anderen Seite der Klippe, der bei Aktivierung eine Brücke bereitstellt, was konsistent zur Spiellogik ist. Der Spieler muss nur herausfinden, wie er den Schalter betätigt. Sie könnten die Aufgabe natürlich leichter gestalten, indem Sie dem blinkenden Licht eine Beschriftung geben, aber Sie können sich jetzt zumindest vorstellen, wie Rätsel funktionieren sollen.

Jetzt will ich ein Beispiel für ein schlechtes Rätsel anführen. Stellen Sie sich dasselbe Szenario vor. Wenn der Spieler zur Brücke kommt, wird das Spiel unterbrochen und dem Spieler wird eine Mathematikaufgabe gestellt. In bestimmten Spielen ist das vielleicht ganz sinnvoll, aber das hier angeführte ist sicher keines davon! Eine Mathematikaufgabe hat nichts mit dem Spiel zu tun, ruiniert das Feeling und wirft den Spieler aus seiner Denkwelt. Machen Sie also Ihre Rätsel zum Teil des Spiels, und führen Sie sie nicht als irgendwelche inkonsistenten AddOns ein. Ihr Ziel ist, ein gutes Rätsel zu erschaffen, aber es sollte auch zum Rest passen.

Die folgende Liste beschreibt einige grundlegende Rätselarten. Denken Sie darüber nach, welche für Ihr Spiel am besten geeignet ist:

- ✔ **Einfache Schalter und Muster**: Diese Rätsel setzen sich aus einem einzigen Steuerelement oder mehreren Steuerelementen zusammen, die auf irgendeine bestimmte Weise bedient werden müssen. Diese Art Rätsel findet man häufig in First-Person-3D-Spielen.

- ✔ **Zeitliche Abfolgen**: Diese Art Rätsel hat etwas mit der Zeit zu tun, genauer gesagt, mit der ablaufenden Zeit. Sie müssen starten, stoppen oder etwas tun, um die Uhr – oder etwas anderes – zu bezwingen.

- ✔ **Unorthodoxe Verwendung bestimmter Objekte**: Diese Rätsel setzen immer einen guten Spielentwurf voraus. Der Spieler kann ein Objekt für einen Zweck nutzen, den der Entwickler so nicht vorgegeben hat. Beispielsweise könnte der Spieler in der Lage sein, seine Waffe so zu laden, dass er sie als Bombe benutzen kann, um eine Türe aufzusprengen.

- ✔ **Schrittweiser Aufbau einer Lösung**: Rätsel dieses Typs sind normalerweise schwer einzurichten, können für den Spieler aber sehr attraktiv sein. Der Spieler muss aus Teilen oder Objekten im Spiel eine Lösung aufbauen. Beispielsweise könnte er mit Hilfe eines Drachens, den er aus einem Stück Pappe und einem Seil gemacht hat, von einem Berg herunterfliegen.

- ✔ **Echte Worträtsel**: Diese Rätsel werden dem Spieler normalerweise als Text oder Audio präsentiert, und der Spieler muss die richtige Lösung eingeben.

- ✔ **Passcodes**. Der Spieler muss Informationen bereitstellen, wie beispielsweise Passwörter, Symbolfolgen usw., um diese Rätsel zu lösen. Sie stellen eine gute Möglichkeit dar, den Spieler daran zu hindern, auf einen anderen Level zu gelangen, ohne alle wichtigen Teile zu besitzen, die er braucht, um das gesamte Spiel zu lösen.

- ✔ **Ursache und Wirkung**: Diese Rätsel sollen den Spieler zwingen, zu überlegen: »Wenn ich dies mache, könnte das passieren, was wiederum dies bewirkt, was zu jenem führt ...« usw. Beispielsweise war das Klippen-Beispiel im obigen Abschnitt ein Ursache/Wirkung-Rätsel. Der Spieler schießt mit seinem Blaster auf das Bedienfeld, so dass dieses die Brücke herunterlässt.

- ✔ **Zufallsrätsel**: Diese Rätsel haben keine offensichtliche Lösung. Der Spieler muss die richtige Antwort einfach erraten. Beispielsweise könnten dem Spieler drei Türen präsentiert werden, aber nur eine davon führt nach draußen. Dabei kann es sein, dass der Spieler alle drei Türen ausprobieren muss. Wenn Sie diese Art Rätsel verwenden, sollten Sie den Spieler für eine fehlerhafte Auswahl nicht zu hart bestrafen, weil er keine Informationen hatte, auf denen eine sinnvolle Auswahl hätte basieren können.

 Verwenden Sie keine Rätsel, für deren Lösung man mindestens Luft- und Raumfahrttechniker sein muss. Damit werden Sie den Spieler nicht beeindrucken; Sie ärgern ihn nur, und er wird zu der Überzeugung gelangen, dass Ihr Spiel blöd ist und keinen Spaß macht.

## Elemente des Spiels

Ein professionelles Videospiel kann zwischen 7.500 und über 500.000 Codezeilen umfassen. Für *Tetris* beispielsweise sind etwa 7.500 Zeilen erforderlich, für *Doom* sind es etwa 200.000, und *Quake Arena* benötigte 1.000.000 (inklusive aller Tools). Obwohl sie alle unterschiedlich aussehen und ihre Technologien Lichtjahre voneinander entfernt sind, sind diese Programme von ihren Elementen und ihrer Struktur her relativ ähnlich.

Spiele haben spezielle Eigenschaften, die sie von anderen Applikationen abheben:

- ✔ **Ein Spiel ist eine *Echtzeit*-Applikation**: Das Spiel reagiert unmittelbar auf Ihre Eingaben, so dass alles scheinbar gleichzeitig passiert. Beispielsweise können Sie gleichzeitig feuern, sich bewegen und beobachten, wie Dinge in die Luft fliegen. Das Spiel wird nicht unterbrochen, um eine Explosion zu zeigen, einen Sound abzuspielen, Ihnen eine Bewegung zu ermöglichen und dann zu feuern. Alle Aktionen finden gleichzeitig statt – zumindest hat es den Anschein.

- ✔ **Ein Spiel ist eine *Multitasking*-Applikation**: Jeder Task ist Teil des Spiels; das Programm springt schnell genug von einer Situation zur anderen, um den Anschein von Gleichzeitigkeit zu erwecken. Natürlich ist das Multitasking nicht neu – es war eines der großen Verkaufsargumente von Windows 3.x, die halfen, PCs so beliebt zu machen –, denn PC-Spiele gibt es schon seit der DOS-Zeit. Das liegt daran, dass die Spieleprogrammierer (und nicht das Betriebssystem) ein Spiele-spezifisches Multitasking implementiert haben (und dies immer noch tun). Glücklicherweise ist die Implementierung dieses Multitaskings nicht so schwer, wie Sie sich vielleicht vorstellen.

## Spielschleifen

Im Grunde genommen ist ein Spiel nichts weiter als eine Endlosschleife, die alle Objekte im Spiel verarbeitet und dann den nächsten Animationsframe zeichnet. Abbildung 2.4 zeigt eine typische Spielschleife als Flussdiagramm.

### Genauere Analyse einer Spielschleife

Nachfolgend sehen Sie die elf allgemeinen Abschnitte einer typischen Spielschleife sowie die Beschreibung, wofür sie gut sind:

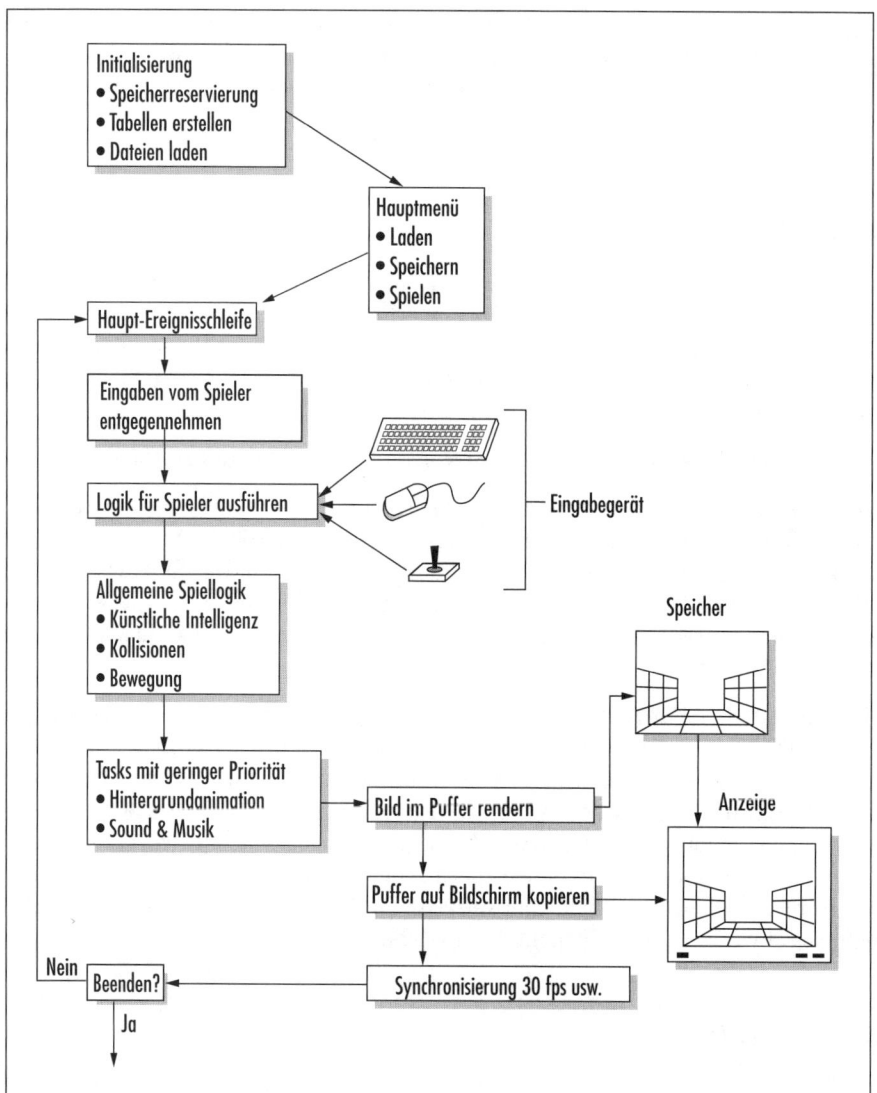

*Abbildung 2.4: Eine typische Spielschleife*

- ✔ **Abschnitt 1**: In diesem Abschnitt wird das Spiel gestartet und alle seine Variablen werden initialisiert. Hier richtet das Programm Datenstrukturen ein, es reserviert Speicher, sperrt Ressourcen und lädt Grafiken und Sounddateien.

- ✔ **Abschnitt 2**: Normalerweise tritt das Spiel in eine Hauptmenüschleife ein. Hier kann der Spieler Spieloptionen auswählen und das gesamte Spielverhalten steuern. Dieser Abschnitt besteht häufig aus einer einzigen Funktion, die in einer Endlosschleife läuft, bis der Spieler ein neues Spiel startet (in die Hauptschleife eintritt) oder zurück zum Betriebssystem geht.

- ✔ **Abschnitt 3**: Nachdem der Spieler ein Spiel gestartet hat, aktiviert das Programm die Hauptspielschleife. Dies ist der Höhepunkt der Spielschleife, wo die Spiellogik für den nächsten Frame festgelegt wird. Hier werden die Grafikanzeige gelöscht und/oder Objekte für den nächsten Animationsframe gezeichnet. (Ein Videospiel erzeugt den Eindruck von Bewegung, indem der Grafikbildschirm in schneller Abfolge häufig neu gezeichnet wird – normalerweise 15- bis 70-mal in der Sekunde.)

- ✔ **Abschnitt 4**: Hier nimmt das Programm Eingaben vom Spieler entgegen.

- ✔ **Abschnitt 5**: In Reaktion auf die Eingaben des Spielers führt das Programm entsprechend der Spielerlogik Aktionen aus. Dabei werden unter anderem der Spieler bewegt, Waffen abgefeuert oder auf Kollisionen geprüft.

- ✔ **Abschnitt 6**: Abhängig von den Aktionen des Spielers führt das Programm die interne Spiellogik aus. Das Programm bewegt alle Objekte, verarbeitet die gesamte künstliche Intelligenz, führt die Kollisionserkennung durch usw.

- ✔ **Abschnitt 7**: An dieser Stelle hat das Programm die gesamte Spielerlogik und alle Objekte verarbeitet und führt jetzt die Tasks mit geringerer Priorität aus.

- ✔ **Abschnitt 8**: Der aktuelle Animationsframe kann jetzt gerendert werden, wofür das Programm die Spielfigur des Spielers sowie alle Objekte in einen unsichtbaren Speicherabschnitt zeichnet (auch als *Double-* oder *Virtual*-Speicher bezeichnet).

- ✔ **Abschnitt 9**: Das Programm rendert im Hintergrund das Grafikbild, das den nächsten Frame für die sichtbare Anzeige darstellt.

- ✔ **Abschnitt 10**: Die Synchronisierungsphase ist der letzte Schritt in der Spielschleife. Hier legt die Hauptschleife eine bestimmte Frame-Geschwindigkeit für das Spiel fest, so dass es auf allen Maschinen mit konsistenter Geschwindigkeit ausgeführt wird. Dazu verwendet das Programm eine Verzögerung oder andere Timing-Techniken.

- ✔ **Abschnitt 11**: Dies ist der Abschlussabschnitt. Das Spiel ist beendet und es ist Zeit, aufzuräumen. In diesem Abschnitt geben Sie alle Ressourcen frei, versetzen die Dinge wieder in ihren Ausgangszustand (wie Sie es zu Hause gelernt haben) und kehren zum Betriebssystem zurück.

Wow! Das scheint eine größere Aktion zu sein. Ja und Nein. Wenn Sie das Spiel sorgfältig und modular entwickeln, funktioniert diese Abfolge großartig. Wenn Sie dagegen die Hauptschleife in Spaghetti-Code schreiben, werden Sie irgendwann wünschen, Sie wären an diesem Tag im Bett geblieben.

Bevor ich weitermache, will ich Sie noch auf einen ganz wichtigen Aspekt aufmerksam machen. Die zuvor in diesem Kapitel skizzierte Schleife ist nur ein Modell; Sie müssen nicht genau diese Reihenfolge einhalten oder diese Anzahl an Schritten verwenden. So lange das Endergebnis dasselbe ist, ist es egal, welchen Ansatz Sie anwenden. Beispielsweise könnten

Sie festlegen, zuerst die Logikverarbeitung vorzunehmen, dann Eingaben vom Spieler entgegenzunehmen und dann den nächsten Frame zu rendern. Weil die Spielschleife mit etwa 30 fps (Frames pro Sekunde) ausgeführt wird, spielt die Reihenfolge, in der Sie die Zwischenschritte ausführen, keine Rolle.

## *Eine Spielschleife codieren*

Damit Sie sich an die Codestruktur einer Spielschleife gewöhnen, lernen Sie in diesem Abschnitt ein ganz einfaches Beispiel kennen. Weil in diesem Kapitel bisher nichts über die Grafikprogrammierung oder zu Windows oder DirectX erwähnt wurde, habe ich hier eine *Konsolenapplikation* gewählt, die Sie ganz einfach nachvollziehen können, indem Sie beim Anlegen eines neuen Projekts in Ihrem C/C++-Compiler einfach eine Konsolenapplikation statt einer Win32-Applikation auswählen.

Normalerweise werden Konsolenapplikationen verwendet, um ein wenig zu experimentieren, oder für reine Textapplikationen, falls keine Grafik benötigt wird. Wenn Sie jedoch lange genug in der Win32-SDK-Dokumentation lesen, werden Sie feststellen, dass Sie Text in beliebiger Farbe und Position auf dem Konsolenausgabefenster darstellen können. Ich konnte ein einfaches Grafiksystem erstellen, das mir erlaubte, Zeichengrafik darzustellen – genug Leistung für eine Demo.

Unterschätzen Sie die Leistung von Konsolenapplikationen nicht. Sie können sie nutzen, um auf alle Ressourcen des Computers zuzugreifen, so wie in einer Standard-Win32-Applikation – inklusive des gesamten Speichers und der 32-Bit-Adressierung!

Als einfaches Demoprogramm habe ich ein kleines Raumschiff und ein sich vertikal bewegendes Sternenfeld erzeugt. Machen Sie sich keine Gedanken, wenn Sie die jeweiligen Aufrufe für die Konsole noch nicht verstehen. Betrachten Sie die Funktion `main()` und die Details auf abstrakter Ebene. Das Programm heißt PROG2_1.CPP; Sie finden sowohl Quelltext als auch Programmdatei auf der CD-ROM. Das Schiff wird wie folgt gesteuert:

A – Nach links bewegen

S – Nach rechts bewegen

Q – Beenden

Und hier der Code:

```
// PROG2_1.CPP - ein einfaches Konsolenspiel zur
// Demonstration einer generischen Spielschleife
// INCLUDES //////////////////////////////////////
#include <stdio.h>
#include <stdlib.h>
#include <ctype.h>
#include <conio.h>
#include <windows.h>
#include <time.h>
```

## 2 ► Grundlagen des Videospiel-Designs

```c
// DEFINES //////////////////////////////////////////
#define MAX_X        77   // max. x-Position für Spieler
#define SCROLL_POS   24   // Punkt, wo das Scrolling stattfindet
// PROTOTYPEN ///////////////////////////////////////
void Init_Graphics(void);
inline void Set_Color(int fcolor, int bcolor);
inline void Draw_String(int x,int y, char *string);
// GLOBALS //////////////////////////////////////////
CONSOLE_SCREEN_BUFFER_INFO con_info;   // enthält Bildschirm-Info
HANDLE hconsole;             // Konsolen-Handle
int    game_running = 1;     // Spielstatus, 0=fertig, 1=läuft
// FUNKTIONEN ///////////////////////////////////////
void Init_Graphics(void)
{
// Initialisiert die Grafik-Engine der Konsole
COORD console_size = {80,25}; // Größe der Konsole
// Zufallszahlengenerator mit der Zeit starten
srand((unsigned)time(NULL));
// I/O-Channel auf Konsolenbildschirm öffnen
hconsole=CreateFile("CONOUT$",GENERIC_WRITE | GENERIC_READ,
         FILE_SHARE_READ | FILE_SHARE_WRITE,
         0L, OPEN_EXISTING, FILE_ATTRIBUTE_NORMAL, 0L);
// Sicherstellen, dass wir uns in 80x25 befinden
SetConsoleScreenBufferSize(hconsole,console_size);
// Details für Konsolenbildschirm abfragen
GetConsoleScreenBufferInfo(hconsole,&con_info);
} // end Init_Graphics
////////////////////////////////////////////////////////
inline void Set_Color(int fcolor, int bcolor=0)
{
// Legt die Farbe der Konsolenausgabe fest
SetConsoleTextAttribute(hconsole,(WORD)((bcolor << 4) |
                       fcolor));
} // Set_Color
////////////////////////////////////////////////////////
inline void Draw_String(int x,int y, char *string)
{
// Zeichnet eine Zeichenkette an
// die vorgegebene x,y-Position
COORD cursor_pos; // für die Koordinatenübergabe
// Ausgabeposition festlegen
cursor_pos.X = x;
cursor_pos.Y = y;
SetConsoleCursorPosition(hconsole,cursor_pos);
// Zeichenkette in der aktuellen Farbe ausgeben
printf("%s",string);
} // end Draw_String
////////////////////////////////////////////////////////
inline void Clear_Screen(void)
{
// Löscht den Bildschirm
// Farbe auf Weiß oder Schwarz setzen
Set_Color(15,0);
```

```c
// Bildschirm löschen
for (int index=0; index<=25; index++)
    Draw_String(0, SCROLL_POS,"\n");
} // end Clear_Screen
// HAUPTSPIELSCHLEIFE /////////////////////////////
void main(void)
{
char key;              // Eingabedaten vom Spieler
int  player_x = 40;    // x-Position des Spielers
// ABSCHNITT: Initialisierung
// Konsolen-Textgrafiksystem einrichten
Init_Graphics();
// Bildschirm löschen
Clear_Screen();
// ABSCHNITT: Hauptereignisschleife; hier findet die gesamte Action statt
// die Hauptschleife erledigt Löschen/Bewegen/Zeichnen
while(game_running)
    {
    // ABSCHNITT: alle Objekte löschen oder Bild-
    // schirm löschen.
    // in unserem Fall ist nichts zu löschen
    // ABSCHNITT: Spielereingaben
    if (kbhit())
        {
        // Tastaturdaten entgegennehmen und filtern
        key = toupper(getch());
        // wenn der Spieler beenden will -> beenden
        if (key=='Q' || key==27)
            game_running = 0;
        // der Spieler will nach links
        if (key=='A')
            player_x--;

        // der Spieler will nach rechts
        if (key=='S')
            player_x++;
        } // end if
    // ABSCHNITT: Spiellogik und weitere Verarbeitung

    // Sicherstellen, dass der Spieler auf dem Bildschirm bleibt
    if (++player_x > MAX_X)
        player_x=MAX_X;
    if (--player_x < 0)
        player_x=0;
    // ABSCHNITT: Alles zeichnen
    // Nächsten Stern an zufälliger Position zeichnen
    Set_Color(15,0);
    Draw_String(rand()%80, SCROLL_POS,".\n");
    // Spieler zeichnen
    Set_Color(rand()%15,0);
    Draw_String(player_x,0,"<-*->");
    Draw_String(0,0,"");
    // ABSCHNITT: bei konstanter Frame-Geschwindigkeit
```

```
        // synchronisieren
        Sleep(40);
        } // end while
// ABSCHNITT: Beenden und aufräumen
Clear_Screen();
printf("\nG A M E  O V E R \n\n");
} // end main
```

Betrachten Sie die Funktion `main()`. Zunächst initialisiert sie die Konsolengrafik und löscht den Bildschirm. Anschließend startet das Programm die Hauptereignisschleife. Beachten Sie, dass das Programm die Steuervariable `game_running` als Exit-Flag für die Hauptschleife verwendet. Im Allgemeinen sollten Sie den aktuellen Status des Spiels in einer oder mehreren Variablen verwalten; auf diese Weise ist es einfach, von einem Codeabschnitt in einen anderen zu springen. In jedem Fall tritt das Programm in die Hauptereignisschleife ein und fragt dann mit `kbhit()` und `getch()` die Tastatur ab; wenn der Benutzer eine Taste drückt, wird seine Position auf dem Bildschirm entsprechend aktualisiert.

Der nächste Abschnitt der Hauptereignisschleife ist die allgemeine Logikverarbeitung. In diesem Fall stellt die Funktion hauptsächlich sicher, dass sich das Raumschiff nicht über den Bildschirm hinausbewegt, der 80 Zeichen breit und 25 Zeichen hoch ist. Nachdem das Programm den Kollisionstest durchgeführt hat, startet es den Hauptabschnitt für das Rendering und zeichnet den Spieler und die Sterne. (Eigentlich zeichnet das Programm nur einen neuen Stern pro Frame, aber der Bildschirm wird gescrollt.) Schließlich verwendet die Funktion noch eine Zeitverzögerung, um das Spiel so zu verlangsamen, dass es dem Benutzer nicht nur wie ein aufflimmernder Schatten erscheint, und die Schleife wird endlos durchlaufen – zumindest so lange, bis Sie `Esc` oder `Q` drücken.

Experimentieren Sie einfach ein wenig mit dieser einfachen Demo, bis Sie mit den Konzepten von Echtzeitapplikationen und Spielschleifen vertraut sind.

## Endliche Automaten (Finite State Machines, FSMs)

Etwa 90 % der Spieleprogrammierung hat mit Grafik und Sound zu tun, und die *anderen* 90 % mit der Logikprogrammierung – und nein, das ergibt zusammen nicht 100 % (ich wollte damit nur sagen, dass man leicht den Eindruck hat, die Programmierung mache doppelt so viel Arbeit, wie es tatsächlich der Fall ist.) Durch Anwendung solider Programmiertechniken und sauberer Software-Strukturen können Sie jedoch ohne größeren Aufwand ein Spiel mit 100.000 Zeilen schreiben.

### Codierung eines endlichen Automaten (Beispiele)

Wir beginnen unsere Betrachtung der soliden Programmiertechniken mit einem der grundlegendsten Software-Konstrukte: dem endlichen Automaten (Finite State Machine, deshalb auch als *FSM* bezeichnet). Eine FSM ist eine abstrakte Maschine, die Sie mit Hilfe von Software (oder Hardware) modellieren. Betrachten Sie Abbildung 2.5. Die FSM geht abhängig vom aktuellen Zustand und den empfangenen Eingaben jeweils in einen anderen Zustand über.

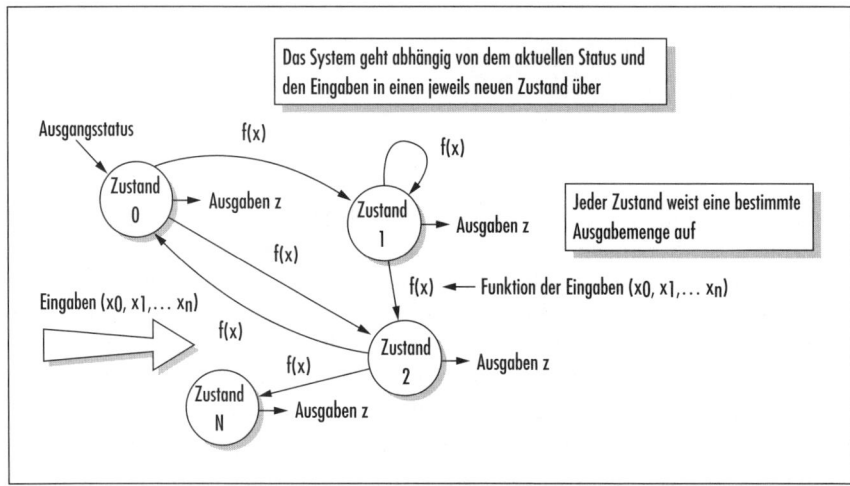

*Abbildung 2.5: Ein abstrakter endlicher Automat*

Eine FSM kann ihre Eingaben aus Zählern, Logikfunktionen oder von anderen FSMs entgegennehmen. Die FSM arbeitet, indem sie ihren aktuellen Zustand, die Eingaben und die Regeln für die Statusübergänge auswertet; nach dieser Analyse nimmt die FSM dann die jeweils entsprechende Aktion vor. Diese Selbstanalyse erfolgt nach jedem Zeittakt oder (bei Videospielen) nach dem Zeichnen eines neuen Frames.

Die meisten Funktionen und Objekte, die Sie in einem Videospiel erzeugen, sind FSMs. Angenommen, Sie wollen, dass ein kleines grünes Licht auf der Steuerkonsole des Spielers blinkt. Für dieses Vorhaben ist eine FSM perfekt geeignet. Das Licht kann nur zwei Zustände annehmen: AN und AUS. Darüber hinaus ist die Eingabe für den Schalter zwischen den Zuständen eine *Zeit*. Beispielsweise könnten Sie den Status der Licht-FSM nach Ablauf jeweils einer Sekunde umschalten (Abbildung 2.6 zeigt ein Beispiel für diese FSM).

Das nachfolgende Listing zeigt, wie Sie die FSM für ein Blinklicht codieren könnten:

```
int light_state = -1; // Statuszustand des Lichts; global
void Light_Object(void)
{
// diese Funktion schaltet den Statuszustand des Lichts jeweils
// alle 30 Frames um; es werden 30 fps angenommen
static int counter = 0; // verwaltet den internen Status
// Test, ob der Statuszustand geändert werden soll
if (++counter >= 30)
    {
    // Zähler zurücksetzen
    counter=0;
    // Lichtstatus umschalten
    light_state=-light_state;
    } // end if
} // end Light_Object
```

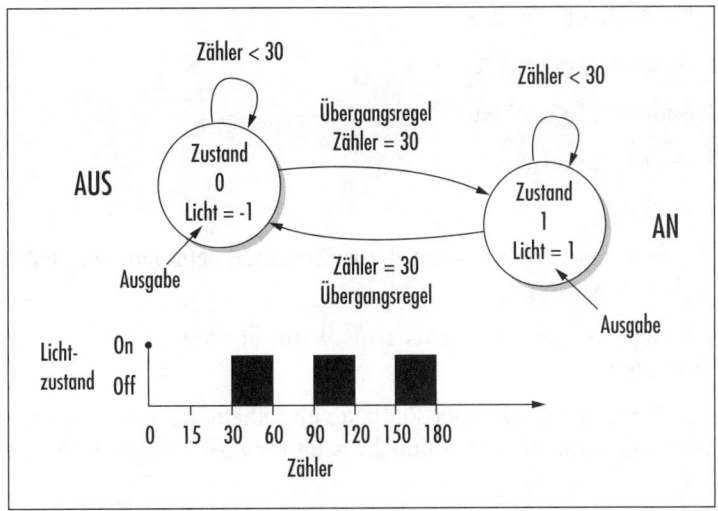

*Abbildung 2.6: Eine FSM für ein Blinklicht*

 Falls Sie C++-Programmierer sind, erkennen Sie vielleicht, dass ein endlicher Automat zum Teil die Funktionalität eines *Objekts in C++* emuliert.

Die Funktion Light_Object() merkt sich Informationen, die für die Steuerung von irgendetwas anderem verwendet werden können. In diesem Fall wird der Zähler als Zustandskontrolle verwendet, um den Status einer globalen Variablen zu ändern. Sie verwenden diese Funktion, indem Sie sie einfach in Ihrer Hauptereignisschleife aufrufen, z.B. wie folgt:

```
while(game_running)
    {
    // Löschen
    // Bewegen
    // Logik
    Light_Object();
    // Zeichnen
    Draw_Light(light_state);
    } // end while
```

Damit dieser Code wirklich funktional wird, brauchen Sie natürlich den Rest der Ereignisschleifenlogik, und Sie müssen Draw_Light() schreiben, um das Licht auch darzustellen, aber Sie haben das Wichtigste verstanden; man kann sich die Funktion Light_Object() als abgeschlossene Einheit vorstellen, die asynchron ausgeführt wird (ohne Überwachung von der Steuerlogik).

Warum schauen Sie so gequält? Vielleicht sollte ich Ihnen im nächsten Beispiel eine komplexere FSM vorstellen, die verwendet werden kann, um einen computergesteuerten Panzer zum Fahren zu bringen. Angenommen, der Panzer kann die folgenden fünf Zustände annehmen:

✔ Zustand 0: Nördlich ausgerichtet

✔ Zustand 1: Westlich ausgerichtet

✔ Zustand 2: Südlich ausgerichtet

✔ Zustand 3: Östlich ausgerichtet

✔ Zustand 4: Stationär

Der Panzer kann sich jederzeit in einem dieser Zustände befinden. Die Regeln für die Zustandsänderung lauten wie folgt:

✔ Wenn der Panzer auf ein Hindernis trifft, kann er sich nach links oder im Gegenuhrzeigersinn drehen.

✔ Falls sich der Panzer mehr als 1.000 Zeittakte im selben Zustand befindet, wird ein zufälliger Zustand angenommen. Abbildung 2.7 zeigt die Zustands- und Übergangsregeln der Panzer-FSM.

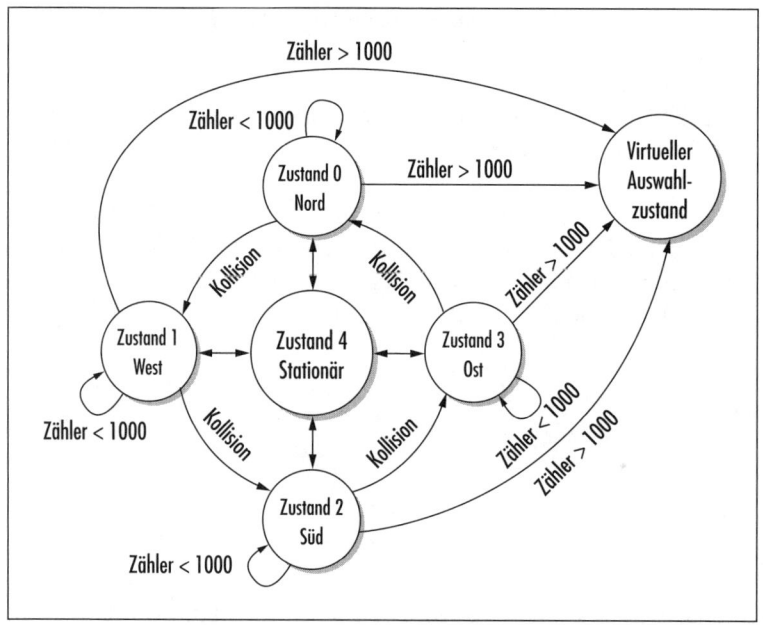

*Abbildung 2.7: Die Panzer-FSM*

Die folgende Software-FSM modelliert den Panzer:

```
#define TANK_NORTHBOUND  0
#define TANK_WESTBOUND   1
#define TANK_SOUTHBOUND  2
#define TANK_EASTBOUND   3
```

```
#define TANK_STATIONARY   4
int tank_state = TANK_NORTHBOUND;
void Tank_Object(void)
{
static int counter = 0; // zählt die Frames; sind
              // 1000 erreicht, wird ein zufälliger Zustand angenommen
// Test auf Statusübergang Kollisionsregel
if (Tank_Collision())
  {
  // Panzer im Gegenuhrzeigersinn drehen
  if (++tank_state > TANK_EASTBOUND)
    tank_state = TANK_NORTHBOUND;
  } // end if
// Test auf Statusübergang 1000-Takt-Regel
if (++counter >= 1000)
  {
  // Zähler zurücksetzen
  counter=0;
  // Neuen Status zufällig auswählen
  tank_state = rand()%(TANK_STATIONARY+1);
  } // end Tank_Object
```

Die Funktion `Tank_Object()` ist eine Software-Implementierung der FSM-Spezifikation für den Panzer. Die Funktion hat fünf Zustände, befolgt die Regeln und ist ganz einfach. Die Funktion ist unter anderem aufgrund der überlegten Auswahl der Zustandswerte so übersichtlich; die Werte liegen in numerischer Reihenfolge vor, so dass 0, 1, 2, und 3 im Gegenuhrzeigersinn angeordnet sind. Diese Anordnung macht die Übergänge von einem Zustand in einen anderen relativ trivial; die Funktion muss jeweils nur 1 zum aktuellen Zustand des Panzers addieren, so dass dieser sich nach links dreht, wenn er auf ein Hindernis trifft.

Beachten Sie, dass sich die Funktion ihren internen Zustand merkt und in der Variablen *counter* ablegt. Darüber hinaus ändert sie den globalen Panzerzustand ab. Beachten Sie außerdem, dass eine FSM völlig abgeschlossen sein kann, selbst wenn das im oben gezeigten Code nicht deutlich wird. Ich habe einfach eine globale Variable verwendet, die den Zustand aufnimmt, so dass andere Funktionen den Zustand des Panzers »sehen« können. (Das können Sie so handhaben oder nicht; es bleibt Ihnen und der Situation überlassen.)

## Einen endlichen Automaten erstellen (die Entscheidungen ...)

Um einen endlichen Automaten zu erstellen, legen Sie zunächst mehrere Zustände an, die ein Objekt oder ein Prozess annehmen kann. Anschließend legen Sie eine Regelmenge fest, die die Übergänge von einem Zustand in einen anderen steuert. Schließlich implementieren Sie die FSM mit Hilfe einer sinnvollen Funktion oder Funktionsmenge. Das Ergebnis sind autonome, abgeschlossene Objekte, die ihre Aufgaben ohne Hilfe von außen ausführen – z.B. durch andere Objekte oder die Hauptereignisschleife, die über sie wachen.

 Die Autonomie von Videospielobjekten und -Prozessen ist ein wichtiger Aspekt bei der Entwicklung von Spielesoftware. Sie müssen jedes Objekt und jeden Prozess so selbstständig und abgeschlossen wie möglich entwerfen. In der realen Welt brauchen ein Felsen und ein Hund auch keine Zeiger aufeinander, um sich gegenseitig zu fragen, wie sie sich verhalten sollen. Der Felsen weiß, wie man Felsen ist, und der Hund weiß, wie ein Hund zu sein hat.

Betrachten Sie jetzt eine realistischere Spielschleife, bei der es sich wiederum um eine FSM handelt. Ein Spiel ist letztlich ebenfalls ein Objekt, das viele andere Objekte enthält. Sie sollten also die Hauptereignisschleife als FSM implementieren, so dass das Spiel seine Zustände selbst wechseln kann.

Im Allgemeinen kann sich ein Spiel in etwa sechs Hauptzuständen befinden. Ein Spiel kann initialisiert werden, sich in Ausführung oder im Hauptmenü befinden, gerade heruntergefahren werden usw. Sie erzeugen eine Hauptschleife, die jeden dieser Zustände enthält und dann Übergänge zwischen diesen Zuständen erlaubt. Damit ist gleichzeitig eine saubere Abtrennung zwischen den einzelnen Zuständen möglich, in denen sich die Hauptschleife befindet, und die Hauptschleife wird dadurch einfacher zu programmieren. Betrachten Sie beispielsweise die folgenden Zustandsmengen:

```
#define GAME_STATE_INIT
#define GAME_STATE_MENU
#define GAME_STATE_START
#define GAME_STATE_RUN
#define GAME_STATE_SHUTDOWN
#define GAME_STATE_EXIT
```

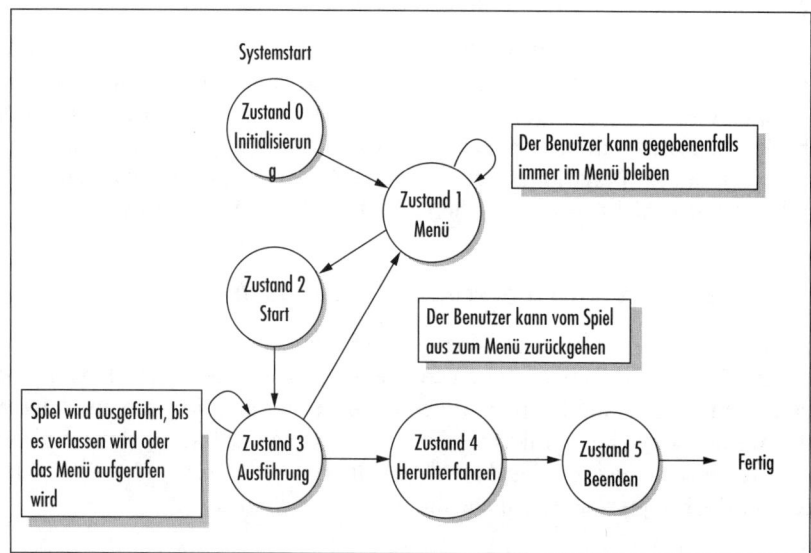

*Abbildung 2.8: Der endliche Automat für eine Hauptschleife*

## 2 ➤ Grundlagen des Videospiel-Designs

Jetzt betrachten Sie die einzelnen Zustände und schreiben eine Hauptschleife, die sie berücksichtigt. Abbildung 2.8 zeigt eine grafische Darstellung dieser FSM.

Der nachfolgende Code implementiert die FSM für eine Hauptschleife:

```
int game_state = GAME_STATE_INIT; // Spiel wird in diesem Status gestartet
void main(void)
{
// Eintritt in die Hauptereignisschleife
while(game_state!=GAME_STATE_EXIT)
    {
    // In welchem Status befinden wir uns?
    // Hier hätte man auch if verwenden können
    switch (game_state)
        {
        case GAME_STATE_INIT:
          {
          // Initialisierungen
          Init_Game();
          // Status in Hauptmenü wechseln
          game_state = GAME_STATE_MENU;
          } break;
        case GAME_STATE_MENU:
          {
          // In diesem Abschnitt rufen Sie die Menü-
          // Funktion auf; sie gibt den neuen Status
          // des Spiels zurück (start, exit)
          game_state = Main_Menu();
          } break;
        case GAME_STATE_START:
          {
          // Dieser Status bereitet die Ausführung des
          // Spiels vor; Sie rufen noch die letzten dafür
          // erforderlichen Funktionen auf und wechseln
          // dann in den Ausführungsstatus
          Startup_Work();
          game_state = GAME_STATE_RUN;
          } break;
        case GAME_STATE_RUN:
          {
          // In diesem Status führen Sie das Spiel aus;
          // Sie könnten hier die gesamte Spielschleife
          // unterbringen, oder eine Funktion von diesem
          // Status aus aufrufen (das Spiel kann von hier
          // aus im Allgemeinen nur in den Menüstatus
          // gelangen.
          game_state = Run_Game();
          } break;
        case GAME_STATE_SHUTDOWN:
          {
          // Dies ist das Ende der Straße; gelangt das
          // Spiel in diesen Status, gibt es alle
          // Ressourcen frei und wechselt in den
```

```
            // Exit-Status
            Do_Cleanup();
            // Spiel beenden
            game_state = GAME_STATE_EXIT;
            } break;
        default:break;
        } // end switch
    } // end while
} // end main
```

Cool! Diese Software-Struktur ist das Modell, dem Sie bei der Entwicklung von Spielen größtenteils folgen. Natürlich können Sie mehr oder weniger Zustände verwenden – oder andere Logiksteuerelemente –, aber die Struktur bleibt grundsätzlich immer dieselbe.

## Algorithmen, Datenstrukturen und Optimierung

Sicher hatten Sie schon Einblick in die Abgründe der Windows-Programmierung. Hier werden Sie ein paar Tipps für die Verwendung von Algorithmen und Datenstrukturen in der Spieleprogrammierung erhalten.

Die Spieleprogrammierung arbeitet immer mit den neuesten Techniken und in Höchstgeschwindigkeit. Spieleprogrammierer können ihre Programme nicht immer auf die sauberste und traditionellste Weise implementieren. Berücksichtigen Sie also die folgende Liste mit Tipps, Regeln und Philosophien für Spieleprogrammierer:

- ✔ Sie *können* globale Variablen verwenden, müssen es aber nicht.

- ✔ Verwenden Sie keine GOTO-Anweisungen, es sei denn, das ist wirklich zwingend erforderlich; in der Regel gibt es auch eine bessere Lösung, die Operation auszuführen.

Wenn Sie nicht wissen, wie viel Speicher eine Variable oder andere Elemente benötigen, reservieren Sie dynamisch ein Array mit Datensätzen. Vermeiden Sie verkettete Listen und Bäume. Machen Sie Ihre Datenstrukturen so einfach wie möglich.

- ✔ Verwenden Sie hauptsächlich 32-Bit-Datentypen; versuchen Sie nicht, Speicher zu sparen, indem Sie 8- oder 16-Bit-Datentypen verwenden. Geschwindigkeit hat oberste Priorität, und 32-Bit-Daten sind auf 32-Bit-Prozessoren viel schneller.

- ✔ Übergeben Sie Funktionen nicht übermäßig viele Variablen; legen Sie diese in einer Struktur ab und übergeben Sie einen Zeiger, der auf diese Struktur verweist.

- ✔ Verwenden Sie lange, aussagekräftige Variablennamen; ein wenig Schreibarbeit erspart Ihnen viel Kopfzerbrechen.

- ✔ Stellen Sie sich alles als Objekt vor und halten Sie die Kommunikation zwischen Objekten so knapp wie möglich. Machen Sie Code nicht von anderem Code abhängig, der in keiner Beziehung dazu steht.
- ✔ Verwenden Sie modulare Programmiertechniken: Header-Dateien, Defines und Typedefs.
- ✔ Initialisieren Sie immer alle Variablen.
- ✔ Versuchen Sie, keine Fließkomma-Berechnungen vorzunehmen. Integer sind schneller.
- ✔ Kommentieren Sie Ihren gesamten Code. Am besten schreiben Sie in jede Zeile einen Kommentar.
- ✔ Optimieren Sie Ihren Code nicht beim Schreiben. Programmieren Sie effizient, aber optimieren Sie später.
- ✔ Ein guter Algorithmus ersetzt Tausend Zeilen einer unübersichtlichen Assemblersprache. Wenn eine Prozedur langsam ist, versuchen Sie, eine bessere Lösungsmöglichkeit zu finden, bevor Sie auf Assembler ausweichen.
- ✔ Halten Sie immer einen gewissen Vorrat an koffeinhaltigen Getränken bereit.
- ✔ Verwenden Sie für kleine Funktionen, die häufig aufgerufen werden, *inline*-Funktionen.
- ✔ Programmieren Sie defensiv. Erstellen Sie von Anfang an ein Fehlerverarbeitungssystem, das für jede Funktion ein Fehlerprotokoll anlegt. Aktivieren bzw. deaktivieren Sie es mit Hilfe bedingter Kompilierung, wie nachfolgend gezeigt:

```
#ifdef ERROR_ON
// Fehlerverarbeitung ausführen
#endif
```

- ✔ Vermeiden Sie komplexe C/C++-Funktionen. Wenn Sie den Code schreiben können, den Sie brauchen, dann tun Sie das. C/C++-Bibliotheken sind schnell – aber nicht sehr schnell!
- ✔ Wenn Sie kleine Daten-Arrays reservieren müssen, aber wissen, dass diese niemals mehr als 16 bis 256 Elemente aufnehmen, legen Sie statische Arrays an. Sie brauchen Ihren Code für diese kleinen Datenelemente nicht mit der Komplexität der Speicherreservierung und Speicherfreigabe zu belasten.
- ✔ Wenn Sie gerne Objekte und Klassen aus C++ verwenden, tun Sie das, aber legen Sie nicht Klasse um Klasse an. Sorgen Sie für einfache und konkrete Klassen. Die besten Programme haben keine Klassen.

# Große Ereignisse werfen ihre Schatten unter die Augen

## In diesem Kapitel

▶ Erstellen Sie ein Windows-Programm

▶ Verarbeiten Sie Ereignisse

▶ Steuern Sie Eingaben

---

In diesem Kapitel geht es um die Ereignisverarbeitung in Windows. Windows ist ein ereignisbasiertes Betriebssystem; statt es fragen zu müssen, was passiert, teilt es Ihnen alles selbstständig mit.

Wenn Sie ein Spiel unter Windows entwickeln, sollten Sie Ihre Programme so schreiben, dass sie das Windows-Messaging berücksichtigen. Windows ist wie Ihr alzheimernder Onkel Alfred; wenn Sie nur lange genug vor ihm sitzen, erzählt er Ihnen alles, egal, ob Sie es wissen wollten oder nicht. Sie können jedoch ein gutes Programm in Windows erstellen, ohne auf seine Beschwerden zu achten – gewöhnen Sie sich also daran, so wie an Ihren Onkel Alfred.

In diesem Kapitel geht es auch um die Grundlagen, wie Sie Eingaben direkt aus Windows heraus steuern können, ohne die DirectX-Funktionalität verwenden zu müssen. Hauptsächlich steuert man die Eingabe von Geräten wie beispielsweise der Tastatur oder des Joysticks durch die Verwendung von DirectInput (das ich in Kapitel 12 vorstellen werde), aber Sie sollten die Windows-Gerätefunktionen kennen, um grundlegende Programme erstellen zu können, wie beispielsweise die in diesem Kapitel vorgestellten.

## Ihr erstes echtes Windows-Programm

Sie wissen, wie ein ganz einfaches Windows-Programm erzeugt wird – andernfalls lesen Sie in der Windows-SDK-Hilfe nach. Wenn Sie solche Programme mühelos selbst schreiben können oder wenn die bisherige Information für Sie zu einfach war und Sie Ihre Zeit mit attraktiveren Codeblöcken verbringen wollen, sind Sie hier genau richtig.

Sie wollten bestimmt *schon immer* ein echtes Windows-Programm erstellen. Genau wie ich! Nachfolgend finden Sie ein komplettes Windows-Programm, das ein 320 x 200 Pixel großes Fenster erzeugt, es auf dem Bildschirm anzeigt und Ihnen erlaubt, es zu verschieben.

```
// PROG3_1.CPP - Ein vollständiges Windows-Programm
// INCLUDES ///////////////////////////////////////
#define WIN32_LEAN_AND_MEAN
#include <windows.h>
```

```c
#include <windowsx.h>
#include <stdio.h>
#include <math.h>
// DEFINES ///////////////////////////////////////
// Defines für Fenster
#define WINDOW_CLASS_NAME "WINCLASS1"
// GLOBALE VARIABLEN /////////////////////////////
HWND main_window_handle = NULL; // Fenster-Handle speichern
// FUNKTIONEN ////////////////////////////////////
LRESULT CALLBACK WindowProc(HWND hwnd,
                            UINT msg,
                            WPARAM wparam,
                            LPARAM lparam)
{
// Hauptnachrichtenverarbeitung des Systems
PAINTSTRUCT         ps;   // wird in WM_PAINT verwendet
HDC                 hdc;  // Handle für Gerätekontext
// Was ist in der Nachricht enthalten?
switch(msg)
    {
    case WM_CREATE:
        {
        // hier erfolgt die Initialisierung
        return(0);
        } break;
    case WM_PAINT:
        {
        // Fenster einfach anzeigen
        hdc = BeginPaint(hwnd,&ps);
        EndPaint(hwnd,&ps);
        return(0);
        } break;
    case WM_DESTROY:
        {
        // Applikation abbrechen
        PostQuitMessage(0);
        return(0);
        } break;
     default:break;
    } // Ende der switch-Anweisung
// nicht verarbeitete Nachrichten verarbeiten
return (DefWindowProc(hwnd, msg, wparam, lparam));
} // Ende WinProc
// WINMAIN ///////////////////////////////////////
int WINAPI WinMain(HINSTANCE hinstance,
            HINSTANCE hprevinstance,
            LPSTR lpcmdline,
            int ncmdshow)
{
WNDCLASS winclass;   // nimmt die von uns erzeugte Klasse auf
HWND hwnd;           // generischer Fenster-Handle
MSG msg;             // generische Nachricht
// Fensterklassenstruktur füllen
```

```
winclass.style         = CS_DBLCLKS | CS_OWNDC |
                         CS_HREDRAW | CS_VREDRAW;
winclass.lpfnWndProc   = WindowProc;
winclass.cbClsExtra    = 0;
winclass.cbWndExtra    = 0;
winclass.hInstance     = hinstance;
winclass.hIcon         = LoadIcon(NULL, IDI_APPLICATION);
winclass.hCursor       = LoadCursor(NULL, IDC_ARROW);
winclass.hbrBackground = (HBRUSH)GetStockObject(BLACK_BRUSH);
winclass.lpszMenuName  = NULL;
winclass.lpszClassName = WINDOW_CLASS_NAME;
// Fensterklasse registrieren
if (!RegisterClass(&winclass))
    return(0);
// Fenster erstellen
if (!(hwnd = CreateWindow(WINDOW_CLASS_NAME, // Klasse
                "Hello Dave",       // Titel
           WS_OVERLAPPEDWINDOW | WS_VISIBLE,
                0,0,    // x,y
                320,200, // Breite, Höhe
                NULL,   // Handle f. übergeord. Fenster
                NULL,   // Handle für Menü
                hinstance,// Instanz
                NULL)))  // Parameter für Erstellung
return(0);
// Fenster-Handle in einer globalen Variablen speichern
main_window_handle = hwnd;
// Eintritt in die Hauptereignisschleife
while(1)
    {
    if (PeekMessage(&msg,NULL,0,0,PM_REMOVE))
        {
        // prüfen, ob Beenden (Quit) angefordert wurde
        if (msg.message == WM_QUIT)
            break;
        // Beschleunigungstasten übersetzen
        TranslateMessage(&msg);
        // Nachricht an die Fensterprozedur senden
        DispatchMessage(&msg);
        } // Ende der if-Struktur

    // Hier erfolgt die Hauptverarbeitung
    } // Ende while
// zurück zu Windows, etwa wie folgt
return(msg.wParam);
} // Ende WinMain
///////////////////////////////////////////////////////
```

Um eine ausführbare Datei zu erstellen, die den hier aufgelisteten Code verwendet, brauchen Sie nur die Quelldatei PROG4_1.CPP. Legen Sie ein neues Win32-Projekt an, fügen Sie die Quelldatei ein und erstellen Sie eine ausführbare Programmdatei.

Bei der Ausführung von PROG4_1.EXE sehen Sie die in Abbildung 3.1 gezeigte Bildschirmanzeige.

*Abbildung 3.1: Ihr erstes echtes Windows-Programm*

Das Fenster soll den Titel Hello Dave 320 x 200 Pixel groß und an der Position (0,0) anzeigen, das ist die linke obere Bildschirmecke. Experimentieren Sie ein bisschen mit dem Programm, indem Sie den Code ändern. Beispielsweise können Sie mit ein paar kleinen Eingaben existierenden Code ändern oder den Code ergänzen:

✔ Position und Größe des Fensters ändern

✔ Den Fenstertitel ändern

✔ Die Fenster-Flags sowohl direkt in der Klasse als auch im Aufruf von CreateWindow() ändern

✔ Die Hintergrundfarbe des Fensters ändern

✔ Das Symbol und den Cursor des Fensters ändern

✔ Ein Nachrichtenfeld anzeigen, wenn das Fenster erzeugt, verschoben oder in der Größe geändert wird

## Ereignisverarbeitung im Windows-Stil

Der vorige Abschnitt zeigt Code für eine vollständige Ereignisverarbeitung und grundlegende Nachrichten, die er verarbeitet: WM_CREATE, WM_PAINT und WM_DESTROY. Dieser Abschnitt beschreibt detailliert die Entwicklung von Nachrichtenverarbeitungsroutinen.

Grundsätzlich sollten Sie die einfache switch-Struktur beibehalten, die im Codelisting PROG4_1.CPP in den Ereignisschleifen verwendet wurde. Um einen neuen Abschnitt mit Ereignisverarbeitung anzulegen, fügen Sie der switch-Hauptanweisung einfach eine weitere case-Anweisung hinzu und machen dort genau das, was für die Reaktion auf diese Nachricht erforderlich ist. Wenn Sie beispielsweise auf die WM_SIZE-Nachricht reagieren wollen, fügen Sie etwa die folgende case-Anweisung ein:

```
case WM_SIZE:
    {
    // Breite und Höhe des Fenster werden im oberen bzw.
    // unteren Teil von lParam abgelegt; verwenden Sie die
    // Makros LOWORD und HIWORD, um die Breite des
    // Client-Bereichs für das Fenster zu extrahieren
    int width = LOWORD(lParam);
    // Höhe des Client-Bereichs für das Fenster
    int height = HIWORD(lParam);
    // beliebige Berechnungen mit Breite und Höhe
    // Fenster informieren, dass Sie die Nachricht verarbeitet haben
    return(0);
    } break;
```

In C++ brauchen Sie am Anfang der Funktion keine globalen oder lokalen Variablen zu deklarieren; Sie können eine Variable fast überall im Coderumpf zuweisen (eine Technik, die man auch als *dynamische Variablendefinition* bezeichnet).

Dabei können die unterschiedlichsten Nachrichten gesendet werden, wie im Windows-SDK-Hilfesystem beschrieben. Lesen Sie die Details zur Nachrichtenübergabe in Ihrem bevorzugten Windows API oder im Hilfesystem des C/C++-Compilers nach. Normalerweise finden Sie in wParam und lParam der Nachricht zusätzliche Informationen, die Sie berücksichtigen müssen (wie im Codebeispiel dieses Abschnitts gezeigt). Weitere Beispiele finden Sie für den Zugriff auf Eingabegeräte in diesem Kapitel im Abschnitt *Input! Input! Ich brauche Input!*.

Natürlich ist es nicht einfach, alle erforderlichen Nachrichten und Reaktionen zu kennen, aber Spieleprogrammierer brauchen nur eine begrenzte Menge an Windows-Nachrichten. Nachdem Sie die grundlegenden Informationen über die Windows-Programmierung erfahren haben, werde ich Ihnen in Kapitel 4 eine Spielekonsolen-»Shell« bereitstellen, die Sie vor dem Windows-Aspekt der Windows-Programmierung abschirmt, so dass Sie sich auf die Logik des Spiels und seine Grafik konzentrieren können. Sie sollten jedoch verstehen, was in Windows passiert, bevor Sie eine Schnittstellenschicht über die Windows-Ereignisschleife legen.

## Die Nachricht WM_PAINT und das GDI

Die Arbeitsweise der Nachrichten WM_CREATE und WM_DESTROY ist offensichtlich – sie erzeugen und zerstören ein Fenster. Für die Nachricht WM_PAINT dagegen ist eine genauere Erklärung erforderlich. WM_PAINT wird gesendet, wenn Ihr Fenster *neu gezeichnet* werden muss. Das Neuzeichnen findet statt, wenn die Fenstergröße geändert wird, wenn das Fenster verschoben wird, wenn ein Fenster über Ihrem Fenster gezeichnet wird – also wenn der grafische Inhalt Ihres Fensters gestört oder verändert wird.

Windows weiß selbst nicht, wie der Inhalt Ihres Fensters (der *Client-Bereich*) gezeichnet werden soll, deshalb sendet es eine WM_PAINT-Nachricht an Ihr Programm, so dass dieses das Fenster neu zeichnet. Windows weiß, wie die restlichen Dinge gezeichnet werden müssen, wie etwa Fensterrahmen, Menüs und Steuerelemente, Sie brauchen sich also nur um den Client-Bereich zu kümmern.

Sie *können* auch das gesamte Fenster inklusive Rahmen, Menü und Steuerelementen neu zeichnen, aber die meisten Programmierer brauchen diese Art Kontrolle nicht. Sie können auf diese Weise jedoch einen neuen Fenstertyp kreieren, der ein ganz anderes Aussehen aufweist (beispielsweise 3D oder etwas, was an UNIX Motif erinnert).

Leider hat alles, was mit Grafik zu tun hat, auch mit *GDI* zu tun – dem *Graphics Device Interface (Grafische Geräteschnittstelle)*. GDI ist das API für Windows-Grafik (vor DirectX). Um Ihr Fenster neu zu zeichnen, müssen Sie mehr über GDI wissen. Weitere Informationen über das GDI finden Sie im Windows-SDK-Hilfesystem. Hier kann ich Ihnen nur die Grundlagen vermitteln.

GDI besteht aus einer Menge von Datenstrukturen, Typen und Funktionen für das Zeichnen von Grafik. GDI ist *geräteunabhängig*, d.h., Sie brauchen die Auflösung und die Anzahl der Farben für den Computer, auf dem Ihre Applikation ausgeführt wird, nicht zu kennen. GDI tut in allen Situationen sein Bestes – und diese Flexibilität ist wichtig. Beachten Sie jedoch, dass GDI vielleicht nicht genau das tut, was Sie gefordert haben, wenn Sie irgendetwas befehlen – was bei der Spieleprogrammierung immer problematisch ist.

Machen Sie das Meiste aus GDI! Verwenden Sie DirectX, um das eigentliche Spiel zu rendern – aber verwenden Sie GDI für das Hauptmenü, die Installation und andere Teile des Spiels, die nicht so grafikintensiv sind.

Für die Kommunikation mit GDI brauchen Sie einen *Graphics Device Context*, GDC (Grafikgerätekontext). Ein GDC ist eine Datenstruktur (oder ein Zeiger auf eine solche), die Informationen enthält, wie beispielsweise die Auflösung, den Speicher, die Farbtiefe usw. der Grafikkarte des Computers. Für die Ausgabe von Grafik brauchen die meisten Grafikfunktionen den GDC (oder einen Handle) als Parameter.

Für Grafik hat Windows das GDI-System (Graphics Device Interface). Um damit zu zeichnen, definieren Sie in Ihrem Programm einen Grafikkontext, der die vorhandene Hardware beschreibt. Anschließend können Sie GDI-Funktionen aufrufen.

Berücksichtigen Sie alles, was ich im Abschnitt über die Windows-Grafik beschreibe, und sehen Sie sich dazu die Hauptereignisverarbeitung des Abschnitts `WM_PAINT` von `PROG4_1.CPP` (dem Code im vorigen Abschnitt dieses Kapitels) an:

```
case WM_PAINT:
    {
    // Fenster einfach anzeigen
    hdc = BeginPaint(hwnd,&ps);
    EndPaint(hwnd,&ps);
    return(0);
        } break;
```

Wenn die `case`-Anweisung für `WM_PAINT` zutrifft, wird ein Handle für den aktuellen GDC ermittelt. Das wird mit `BeginPaint()` erledigt. Sie können das Handle `hdc` verwenden, um beliebige Zeichnungen zu erstellen (obwohl in diesem speziellen Fall nichts gezeichnet wird). Der Aufruf von `EndPaint()` teilt Windows mit, dass Ihr Programm mit dem Zeichnen fertig ist. Außerdem erkennt Windows daran, dass etwas neu gezeichnet werden musste und das Programm dies erledigt hat. Ohne ein `BeginPaint()..EndPaint()`-Paar würde Windows annehmen, dass Sie die Nachricht nicht erhalten haben, und weiterhin WM_PAINT-Nachrichten senden, selbst wenn das Fenster überhaupt nicht neu gezeichnet werden muss.

Betrachten Sie die beiden Datentypen aus demselben Beispiel:

```
PAINTSTRUCT         ps;     // wird in WM_PAINT verwendet
HDC                 hdc;    // Handle für Gerätekontext
```

Windows speichert die Position eines Fensters sowie weitere Informationen, die für ein Neuzeichnen möglicherweise benötigt werden, in der PAINTSTRUCT-Variablen ps. HDC hdc ist ein Handle auf einen Grafikgerätekontext, den Windows Ihrem Programm übergeben muss, so dass das Programm damit zeichnen kann.

Wenn Sie Grafik innerhalb einer anderen Nachricht zeichnen wollen, können Sie auf unterschiedliche Weisen einen Grafikgerätekontext ermitteln. Die gebräuchlichste Methode sieht wie folgt aus:

```
// Gerätekontext von Windows ermitteln
hdc = GetDC(hwnd);
// Grafik erstellen
// Gerätekontext an Windows zurückgeben
ReleaseDC(hwnd, hdc);
```

In diesem Codeausschnitt ist hdc der Handle für den Grafikgerätekontext, und hwnd ist der Fenster-Handle. Weitere Informationen zu GDI finden Sie im Windows-SDK-Hilfesystem. Lassen Sie jedoch zunächst die Grundlagen auf sich wirken.

## Eigene Nachrichten senden

Vielleicht fragen Sie sich, ob Sie auch selbst eine Fensternachricht senden und damit Windows veranlassen können, irgendetwas zu machen, statt immer auf Ereignisse reagieren zu müssen. Natürlich! Angenommen, Sie wollen ein Fenster schließen, Ihre Applikation abbrechen, ein Neuzeichnen veranlassen usw. Diese Aufgaben können auf die unterschiedlichsten Arten erfolgen, aber die einfachste Vorgehensweise ist die Verwendung von `PostMessage()` oder `SendMessage()`. `PostMessage()` sendet eine Nachricht an die Nachrichtenwarteschlange, wo sie ohne spezielle Priorität auf die Verarbeitung wartet und anschließend zum Aufrufer zurückkehrt. `SendMessage()` sendet eine Nachricht direkt an die Ereignisverarbeitung für das Fenster (wobei die Ereigniswarteschlange umgangen wird) und kehrt zurück, nachdem die Nachricht verarbeitet wurde. Abbildung 3.2 zeigt das Konzept.

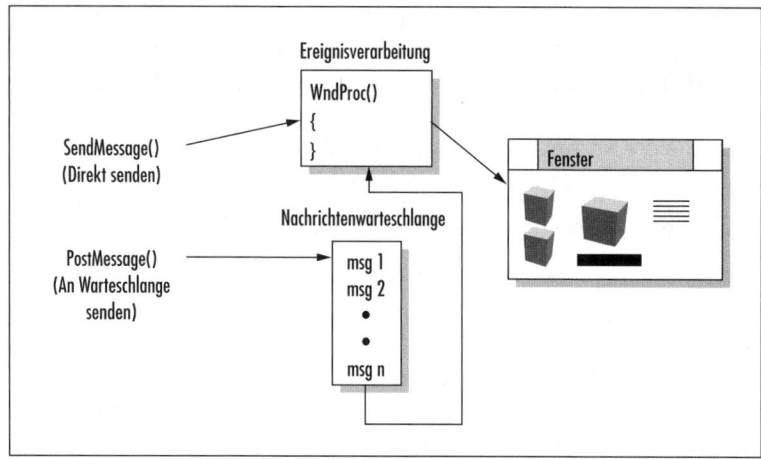

*Abbildung 3.2: Der Nachrichtenfluss*

Die Prototypen von `SendMessage()` und `PostMessage()` sind bis auf die Rückgabewerte gleich:

```
LRESULT SendMessage(
    HWND    hWnd,     // Handle des Ziel-Fensters
    UINT    Msg,      // zu sendende Nachricht
    WPARAM  wParam,   // erster Nachrichtenparameter
    LPARAM  lParam);  // zweiter Nachrichtenparameter
BOOL PostMessage(
    HWND    hWnd,     // Handle des Ziel-Fensters
    UINT    Msg,      // zu übergebende Nachricht
    WPARAM  wParam,   // erster Nachrichtenparameter
    LPARAM  lParam);  // zweiter Nachrichtenparameter
```

Sie senden einfach das Fenster-Handle, die Nachricht, `wParam` sowie `lParam`. Um beispielsweise eine `WM_PAINT`-Nachricht zu senden, gehen Sie wie folgt vor:

```
SendMessage(hwnd, WM_PAINT, 0, 0);
```

Sie können tatsächlich Ihre eigenen Nachrichten senden! Windows hat sogar einen speziellen Nachrichtentyp, mit dessen Hilfe Sie Ihre eigenen Nachrichten an ein Fenster senden – `WM_USER`. Um eine Nachricht dieses Typs zu senden, führen Sie einfach den folgenden Befehl aus:

```
SendMessage(hwnd, WM_USER, data_1, data_2);
```

Um `WM_USER` in der Hauptereignisverarbeitung zu verarbeiten, fügen Sie die folgende `case`-Anweisung ein:

```
case WM_USER: // eine Benutzernachricht
    {
    // data_1 ist in wparam
    // data_2 ist in lparam
    } break;
```

### 3 ➤ Große Ereignisse werfen ihre Schatten unter die Augen

Mit der WM_USER-Nachricht können Sie tun, was immer Sie wollen; achten Sie nur darauf, wParam und lParam zu setzen, bevor Sie sie verwenden, sonst erhalten Sie einen Fehler oder eine Warnung von Ihrem Compiler.

## Input! Input! Ich brauche Input!

DirectInput wurde in DirectX Version 3.0 eingeführt. Seit Version 5.0 ist es wirklich stabil geworden. DirectInput unterstützt Tastatur, Maus und Joystick über eine einheitliche Schnittstelle. Dennoch ist die grundlegende Unterstützung von Maus, Tastatur und Joystick in DirectInput schwierig einzurichten. Hier zeige ich Ihnen die altmodische Vorgehensweise unter Win32, Eingaben von diesen Geräten entgegenzunehmen.

Die Win32-Methode, Eingaben entgegenzunehmen, bedeutet die Verwendung von Nachrichten und Ereignissen, was leicht übertrieben erscheint, wenn Sie nur feststellen wollen, ob der Spieler die Eingabetaste gedrückt hat. Dennoch sind die in den folgenden Abschnitten skizzierten Techniken praktisch, um Demos und Beispiele zu erstellen. Zu diesem Zeitpunkt wollen Sie nur wissen, wie Sie Eingaben in Ihren Code übernehmen können, die Methode muss also nicht die schnellste und auch nicht die sauberste sein. Darüber hinaus müssen Sie wissen, wie Sie mit der Tastatur und der Maus »kommunizieren«, wenn Sie also nicht DirectX verwenden, ist es immer noch möglich, eine Windows-Applikation zu erstellen, die Eingaben entgegennimmt.

### Die Tastatur

Die Tastatur ist das vielleicht komplizierteste Eingabegerät am PC. Die Tastatur enthält einen kleinen Mikrocontroller-Chip, der erkennt, wenn eine Taste gedrückt wird, die Wiederholgeschwindigkeit und die Anzeige-LEDs steuert, Daten in einen seriellen Datenstrom umwandelt usw.

Die Entwickler des Windows-Tastatureingabesystems wollten die Entgegennahme von Eingaben von der Tastatur vereinfachen, deshalb nahmen sie einige Verallgemeinerungen vor:

✔ Weil es viele verschiedene Arten von Tastaturen gibt, ist es schwierig, festzustellen, welche Tasten sich auf einer bestimmten Tastatur befinden.

✔ Unterschiedliche Tastaturen können unterschiedliche Codes für dieselbe Taste senden.

Die sinnvolle Reaktion war, Standards zu schaffen. Der erste davon, der AT-101-Standard, gab vor, dass eine generische IBM-PC-Tastatur 101 Tasten haben sollte – denen jeweils ein eigener, spezifischer, konsistenter 8-Bit-Scancode zugeordnet ist. Wenn Sie eine Tastatur entwerfen, sollten Sie diesem Standard folgen. Sie können den Standard ergänzen, müssen aber zumindest die grundlegende Implementierung der AT-101-Tastatur unterstützen.

Cool. Aber wie funktioniert die Hardware? Wenn eine Taste auf der Tastatur gedrückt wird, sendet die Tastatur einen bestimmten Scancode. Leider haben Scancodes nichts mit ASCII-Codes zu tun. *ASCII* ist die Abkürzung für *American Standard Code for Information Inter-*

*change*. Es wird von den meisten Programmierern verwendet, um auf die Zeichen auf der Tastatur zu verweisen. (Beispielsweise entspricht der Buchstabe *A* dem ASCII-Code 65.) Scancodes sind größtenteils zufällig entstanden und wurden erzeugt, indem die Tasten der Tastatur gezählt wurden und ihnen jeweils eine Nummer zugewiesen wurde.

Die Windows-Designer wussten, dass die ständige Übersetzung von Scancodes in ASCII-Codes mühselig sein würde, deshalb stellen sie Funktionen bereit, die eine Umwandlung zwischen den beiden Codeprotokollen vornehmen. Darüber hinaus verwendet Windows *virtuelle Tastencodes* (das sind letztlich Windows-spezifische Scancodes), die in einer Header-Datei definiert sind und sich garantiert nie ändern.

Größtenteils verwenden Sie virtuelle Tastencodes oder ASCII-Codes in Ihren Programmen, aber manchmal verwendet man auch Scancodes (tastaturabhängig). Es gibt zu viele virtuelle Tastencodes, um sie hier alle anzuführen, aber Tabelle 3.1 zeigt einen Überblick über die wichtigsten Codes, die für einen Spieleprogrammierer praktisch sind. Obwohl in der Tabelle auch die ganzzahligen Werte für jeden virtuellen Tastencode angegeben sind, sollten Sie das definierte Symbol verwenden.

| Symbol | Wert (Hexadezimal) | Taste |
|---|---|---|
| VK_BACK | 08 | ← |
| VK_TAB | 09 | Tab |
| VK_RETURN | 0D | ↵ |
| VK_SHIFT | 10 | ⇧ |
| VK_CONTROL | 11 | Strg |
| VK_PAUSE | 13 | Pause |
| VK_ESCAPE | 1B | Esc |
| VK_SPACE | 20 | Leertaste |
| VK_PRIOR | 21 | Seite ↑ |
| VK_NEXT | 22 | Seite ↓ |
| VK_END | 23 | Ende |
| VK_HOME | 24 | Pos1 |
| VK_LEFT | 25 | ← (Pfeil nach links) |
| VK_UP | 26 | ↑ (Pfeil nach oben) |
| VK_RIGHT | 27 | → (Pfeil nach rechts) |
| VK_INSERT | 2D | Einfg |
| VK_DELETE | 2E | Entf |
| VK_HELP | 2F | Hilfe |
| VK_0 - VK_9 | 30 bis 39 | 0 bis 9 |
| VK_A - VK_Z | 41 bis 5A | A bis Z |
| VK_F1 - VK_F12 | 70 bis 7B | F1 bis F12 |

*Tabelle 3.1: Häufig genutzte virtuelle Tastencodes*

In den meisten Spielen werden Tasten der Tastatur als Steuerelemente verwendet, nicht als Buchstaben und Zahlen. Als Spieleprogrammierer kommen Sie in Ihren Programmen größtenteils mit virtuellen Codes aus und müssen diese nicht in irgendwelche Zeichen (wie beispielsweise *A* oder *D*) umwandeln, weil die Tasten *A* und *D* beispielsweise die Bedeutung »nach links drehen« oder »Torpedos bewaffnen« haben. Für die Programmierer sind die Tasten einfach nur Schaltflächen, auf denen sich Buchstaben befinden.

Windows sendet hauptsächlich drei Nachrichten für Tastaturereignisse. Sie sind nachfolgend beschrieben, zusammen mit den Datenwerten für `wParam` und `lParam`:

- ✔ `WM_CHAR`: Dies ist die Tastaturnachricht auf höchster Ebene; sie wird gesendet, wenn eine Taste gedrückt wird oder wenn eine Taste gedrückt ist und eine Tastenwiederholung beginnt. Diese Nachricht enthält den ASCII-Code sowie den Tastendatenstatus.
  - • `wParam`: Enthält den ASCII-Zeichencode.
  - • `lParam`: Enthält bitcodierte Tastendaten.

- ✔ `WM_KEYDOWN`: Diese Nachricht befindet sich auf einer niedrigeren Ebene als `WM_CHAR` und wird gesendet, wenn eine gedrückte Taste gedrückt bleibt. Die Nachricht enthält den virtuellen Tastencode sowie den Tastendatenstatus.
  - • `wParam`: Enthält den virtuellen Tastencode.
  - • `lParam`: Enthält bitcodierte Tastendaten.

- ✔ `WM_KEYUP`: Ähnlich wie `WM_KEYDOWN`, wird aber sofort gesendet, sobald eine gedrückte Taste losgelassen wird.
  - • `wParam`: Enthält den virtuellen Tastencode.
  - • `lParam`: Enthält bitcodierte Tastendaten.

Tabelle 3.2 enthält die Bit-Codierung für Tastendaten-Bits, die mit jeder Nachricht zurückgegeben werden.

| Bits | Beschreibung |
| --- | --- |
| 0 bis 15 | Enthält den Wiederholungszähler. |
| 16 bis 23 | Enthält den Scancode. Dieser Wert ist von dem Originalhersteller (OEM) der Tastatur abhängig. |
| 24 | Boolescher Wert, der angibt, ob es sich bei der Taste um eine Erweiterungstaste handelt, wie beispielsweise die Tasten Alt und Strg rechts auf erweiterten Tastaturen. |
| 25 bis 28 | Reserviert. |
| 29 | Boolescher Wert, der angibt, ob die Alt-Taste gedrückt ist. |
| 30 | Boolescher Wert, der den vorherigen Zustand darstellt; gibt an, ob die aktuelle Taste dieselbe ist wie die zuvor gedrückte. |
| 31 | Boolescher Wert, der den Übergangsstatus der Taste angibt. Der Wert 1 bedeutet, dass die Taste gerade gedrückt wird, 0 bedeutet, dass sie losgelassen wird. |

*Tabelle 3.2: Bitcodierte Tastendaten für* `WM_CHAR`*,* `WM_KEYUP` *und* `WM_KEYDOWN`

Mit all diesen Informationen gerüstet betrachten Sie, wie diese Nachrichten eingesetzt werden. Nachfolgend sehen Sie, wie eine `case`-Anweisung in die Hauptereignisverarbeitung für die Nachricht WM_CHAR eingefügt wird:

```
case WM_CHAR:
    {
    // ASCII-Code und Daten-Bits ermitteln
    int ascii_code = (int)wparam;
    int key_bits   = (int)lparam;
    // irgendetwas tun...
    // Windows mitteilen, dass Sie die Nachricht
    // verarbeitet haben
    return(0);
    } break;
```

Um die WM_KEYDOWN-Nachricht zu verarbeiten, geben Sie den folgenden Code ein:

```
case WM_KEYDOWN:
    {
    // virtuellen Tastencode und Daten-Bits ermitteln
    int virtual_code = (int)wparam;
    int key_bits     = (int)lparam;
    // Ich frage normalerweise den virtuellen Tastencode ab
    switch(virtual_code)
        {
        case VK_RIGHT:{ } break;
        case VK_LEFT: { } break;
        // ...
        default: break;
        } // end switch
    // Windows mitteilen, dass Sie die Nachricht verarbeitet haben
    return(0);
    } break;
```

Natürlich können Sie jede beliebige Technik einsetzen, um alle Tasten zu überprüfen, aber ich verwende am liebsten eine `switch`-Anweisung, wie hier gezeigt.

Das ist alles zum Lesen der Tastatur. Sie richten einfach eine Nachrichtenverarbeitung für die Tastaturnachrichten ein und verarbeiten dann die Nachricht.

Eine clevere Möglichkeit, das gesamte Nachrichtenübergabesystem zu umgehen, um Tastatureingaben entgegenzunehmen, ist die Verwendung der Funktion GetAsyncKeyState(). GetAsyncKeyState() nimmt den virtuellen Tastencode entgegen und gibt ein WORD zurück, das angibt, ob die Taste gedrückt ist. Mit Hilfe dieser Funktion können Sie die Windows-Nachrichten völlig vergessen. Darüber hinaus können Sie den Aufruf an beliebiger Stelle platzieren. Ich habe diese Makros um die Funktion herum geschrieben:

```
#define KEY_DOWN(vk_code) ((GetAsyncKeyState(vk_code) & 0x8000) ? 1 : 0)
#define KEY_UP(vk_code)   ((GetAsyncKeyState(vk_code) & 0x8000) ? 0 : 1)
```

## 3 ➤ Große Ereignisse werfen ihre Schatten unter die Augen

 Aufgrund des Layouts dieses Buches kann es vorkommen, dass sich eine Makrodefinition über zwei oder mehr Zeilen erstreckt. Stellen Sie jedoch sicher, dass die Makrodefinition in Ihrem Programm immer innerhalb einer Zeile liegt. Andernfalls erzeugt der Compiler einen Fehler.

Verwenden Sie Makros wie folgt:

```
if (KEY_DOWN(VK_ESCAPE))
   // Beenden
else
if (KEY_DOWN(VK_SPACE)) // Waffen abfeuern
if (KEY_UP(VK_ENTER)) // Schilder deaktivieren
```

## Die Maus

Wenn die Tastatur das komplizierteste Eingabegerät ist, dann muss die Maus das praktischste sein. Ohne die Maus oder ein vergleichbares Zeigegerät gäbe es Windows gar nicht. (Sie können Windows auch ohne Maus steuern, aber das ist extrem schwierig.) Dennoch ist die Maus etwas einfacher als die Tastatur. Sie können die Maus bewegen oder mit ihren Tasten klicken – deshalb unterstützt Windows für jedes dieser Ereignisse eine Nachricht.

Die Nachricht `WM_MOUSEMOVE` wird gesendet, wenn die Maus bewegt wird. Die Nachricht enthält nicht nur die (x,y)-Position der Maus relativ zur oberen linken Fensterecke, sondern auch den Status der Tasten. Abbildung 3.3 zeigt, wie die Mauskoordinaten zugeordnet werden.

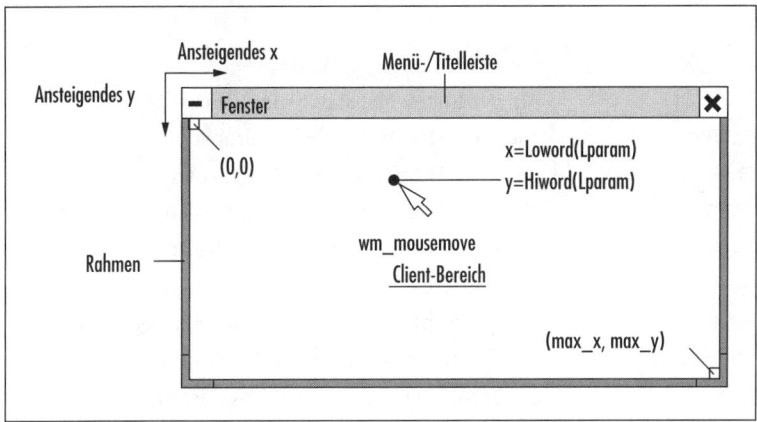

*Abbildung 3.3: Das Mauskoordinatensystem*

Nachfolgend die Details für `WM_MOUSEMOVE`:

✔ `wParam`: Enthält die Tasten-Flags, wie in Tabelle 3.3 gezeigt.

✔ `lParam`: Das `LOWORD` enthält die x-Position, das `HIWORD` die y-Position des Mauszeigers.

| Wert | Beschreibung |
|---|---|
| MK_LBUTTON | Gesetzt, wenn die linke Maustaste gedrückt ist. |
| MK_MBUTTON | Gesetzt, wenn die mittlere Maustaste gedrückt ist. |
| MK_RBUTTON | Gesetzt, wenn die rechte Maustaste gedrückt ist. |
| MK_CONTROL | Gesetzt, wenn die Strg-Taste gedrückt ist, während die Maustaste gedrückt ist. |
| MK_SHIFT | Gesetzt, wenn die Shift-Taste gedrückt ist, während die Maustaste gedrückt ist. |

*Tabelle 3.3: Die Maustastenkonstanten*

So würden Sie eine WM_MOUSEMOVE-Nachricht in der Hauptereignisverarbeitung verarbeiten:

```
case WM_MOUSEMOVE:
    {
    // x,y und Tasten ermitteln
    int mouse_x = (int)LOWORD(lParam);
    int mouse_y = (int)HIWORD(lParam);
    int buttons = (int)wParam;
    // Daten verarbeiten, beispielsweise:
    // Drückt der Benutzer die linke Maustaste?
    if (buttons & MK_LBUTTON) // irgendetwas tun...
    } break;
```

Das ist alles ganz einfach! Um nur auf die gedrückten Maustasten abzufragen, ohne dass die Maus bewegt wird, stellt Windows verschiedene Nachrichten zur Verfügung, wie in Tabelle 3.4 gezeigt.

| Nachricht | Bedeutung |
|---|---|
| WM_LBUTTONDBLCLK | Mit der linken Maustaste wurde doppelgeklickt. |
| WM_LBUTTONDOWN | Die linke Maustaste wurde gedrückt. |
| WM_LBUTTONUP | Die linke Maustaste wurde losgelassen. |
| WM_MBUTTONDBLCLK | Mit der mittleren Maustaste wurde doppelgeklickt. |
| WM_MBUTTONDOWN | Die mittlere Maustaste wurde gedrückt. |
| WM_MBUTTONUP | Die mittlere Maustaste wurde losgelassen. |
| WM_RBUTTONDBLCLK | Mit der rechten Maustaste wurde doppelgeklickt. |
| WM_RBUTTONDOWN | Die rechte Maustaste wurde gedrückt. |
| WM_RBUTTONUP | Die rechte Maustaste wurde losgelassen. |

*Tabelle 3.4: Allgemeine Maustastenereignisse*

Die Tastennachrichten sind genau so einfach; Sie schreiben einfach eine Nachrichtenverarbeitungsroutine, die sie abfragt, und wParam und lParam haben dieselbe Bedeutung wie für WM_MOUSEMOVE. Um beispielsweise auf einen Doppelklick mit der linken Maustaste abzufragen, geben Sie den folgenden Code ein:

```
case WM_LBUTTONDBLCLK:
    {
    // x,y und Tasten ermitteln
    int mouse_x = (int)LOWORD(lParam);
    int mouse_y = (int)HIWORD(lParam);
    // Irgendeine intelligente Verarbeitung
    // Windows mitteilen, dass wir fertig sind
    return(0);
    } // break;
```

Ich habe hier nicht genügend Platz, um ein vollständiges Beispiel für die Programmierung von Maus und Tastatur abzudrucken, Sie finden aber unter dem Namen PROG4_2.CPP eine Demo auf der CD-ROM zu diesem Buch. Dieses Programm beinhaltet sogar eine Grafik. Probieren Sie es aus!

## Der Joystick

Sie können mit dem Joystick unter Verwendung der Windows-Multimediabibliothek auch ohne DirectInput kommunizieren, aber weil Sie DirectInput für die Spieleprogrammierung nutzen werden, sehe ich keine Veranlassung, Sie damit zu quälen. Die Joystick-Schnittstelle von Windows Multimedia ist (gelinde gesagt) kompliziert und veraltet.

Wenn Sie Ihren Joystick *unbedingt* mit Windows programmieren wollen, sollten Sie die nachfolgenden Funktionen genauer betrachten.

Die Funktion joySetCapture aktiviert den Joystick:

```
MMRESULT joySetCapture(HWND hwnd,
                       UINT uJoyID,
                       UINT uPeriod,
                       BOOL fChanged);
```

Die Funktion joyGetDevCaps fragt die Eigenschaften des Joysticks ab:

```
MMRESULT joyGetDevCaps(UINT uJoyID,
                       LPJOYCAPS pjc,
                       UINT cbjc);
```

Die Funktion joySetThreshold legt fest, wie sensibel der Joystick reagieren soll:

```
MMRESULT joySetThreshold(UINT uJoyID, UINT uThreshold);
```

Die Funktion joyGetPosEx fragt den Joystick-Status ab und gibt ihn zurück:

```
MMRESULT joyGetPosEx(UINT uJoyID, LPJOYINFOEX pji);
```

# Feinheiten bei der Programmierung unter Windows 9x/XP/2000

## In diesem Kapitel

- Verwenden Sie Windows-Timer
- Manipulieren Sie Menüs
- Verwalten Sie Sound unter Windows
- Fragen Sie Informationen von Windows ab
- Lernen Sie die WinX-Spielekonsole kennen

Wenn Sie dieses Buch von hinten nach vorne lesen und dem Text sorgfältig gefolgt sind, dann atmen Sie auf – das Schlimmste haben Sie hinter sich. Andernfalls genießen Sie einfach die Beschreibungen einiger Windows-Programmiergrundlagen in diesem Kapitel: Timer, Menüs, Menünachrichten und Sound. Dabei handelt es sich jeweils um kleinere Themen, die wichtig sind, um vollständige Windows-Applikationen und Spiele entwickeln zu können.

Am Ende dieses Kapitels zeige ich Ihnen, wie Sie die hier vorgestellten Informationen nutzen können (und es spielen auch ein paar Aspekte aus den vorherigen Kapiteln bzw. Grundlagen der Windows-Programmierung hinein), um die WinX-Spielekonsole zu erzeugen. Sie verwenden diese Konsole, um Spiele zu schreiben, ähnlich als würden Sie DOS-Spiele entwickeln, aber unter Verwendung aller Ressourcen der 32-Bit-Programmierung und des Windows-Betriebssystems.

## Timing ist alles!

In der Spieleprogrammierung will man häufig eine bestimmte Aufgabe innerhalb eines bestimmten Zeitintervalls ausführen. Beispielsweise könnte man jede Sekunde den Sound eines Herzschlags ausgeben, alle 100 Millisekunden Eingabegeräte abfragen, alle fünf Sekunden die Gesundheit des Spielers verschlechtern usw. Oder vielleicht wollen Sie messen, wie lange etwas dauert – um etwa Code zu optimieren oder einen bestimmten Codeabschnitt zu zwingen, eine bestimmte Zeit lang zu warten. Ihr Programm muss also in der Lage sein, innerhalb vorgegebener Zeitintervalle zu reagieren – und zu zählen, wie lange etwas dauert.

Sie können Lowlevel-Code und Timing-Software schreiben, um diese Funktionen auszuführen. Die Entwicklung von Timing-Software ist jedoch relativ schwierig, und es ist nicht ganz einfach, sicherzustellen, dass sie auf jeder Maschine von einem 386er bis hin zu einem

Pentium 4 funktioniert. Die Lösung ist, die in Windows eingebauten Timing- und Zählfunktionen zu nutzen:

✔ **Windows-Timer-Ereignisse mit geringer Genauigkeit**: Werden in Form einer WM_TIMER-Nachricht an Ihre Applikation gesendet, um Sie darüber zu informieren, dass irgendetwas erledigt werden muss. Diese Methode funktioniert ausgezeichnet, aber die grundlegenden Windows-Timer sind nicht exakt – sie können mehrere Millisekunden vor- oder nachgehen.

✔ **Windows-Multimedia-Timer-Ereignisse mit höchster Genauigkeit**: Viel exakter als Windows-Timer-Ereignisse mit geringer Genauigkeit. Statt WM_TIMER-Nachrichten zu senden, ruft Windows eine Callback-Funktion auf, die Sie bereitstellen, um Ihre Timing-Aufgaben zu erledigen.

✔ **Zählen mit mittlerer Genauigkeit**: Eine eingebaute Uhr, die Sie abfragen können, wenn Sie zählen wollen, wie viele Millisekunden von einem Zeitpunkt bis zu einem anderen vergangen sind, oder um eine Verzögerung zu erzeugen. Leider ist diese Uhr ebenfalls nicht exakt, aber für organisatorische Aufgaben ist sie ausreichend genau.

Wenn Sie in Assembler programmieren, können Sie die nur auf dem Pentium unterstützte Anweisung RDTSC (Read Direct from Time-Stamp Counter) verwenden, wobei es sich um einen auf einen 64-Bit-CPU-Uhrtakt exakten Timer handelt. Die meisten Assembler unterstützen diesen Befehl nicht, aber Sie können die Anweisung selbst erstellen, indem Sie die Bytes für den op-Code (0 x 0F31) direkt in den Coderaum schreiben. Lesen Sie dazu Ihr Assemblerhandbuch oder die Unterlagen zum Intel Pentium.

## Zeit für Timer

Sie können beliebig viele Timer mit unterschiedlichen Zeitverzögerungen erstellen. Um einen Timer zu erzeugen, führen Sie einen Windows-API-Aufruf mit einer ID aus, unter der der Timer angesprochen werden soll. Anschließend erzeugt Windows den Timer und sendet Ihrer Ereignisverarbeitungsroutine WM_TIMER-Nachrichten zusammen mit der Timer-ID in wParam, wenn die Timer-Verzögerung (*Delay*) ansteht; Abbildung 4.1 zeigt die Timing-Schleife.

Um einen Timer zu erzeugen, verwenden Sie die Funktion SetTimer():

```
UINT SetTimer(HWND hWnd,        // Fenster-Handle
              UINT nIDEvent,// Timer-ID
              UINT uElapse, // Zeitverzögerung in Mikrosekunden
TIMERPROC lpTimerFunc); // Callback-Adresse
```

Um einen Timer zu erzeugen, senden Sie:

✔ das Fenster-Handle

✔ eine ID ungleich null

✔ die Verzögerung, angegeben in Millisekunden

✔ einen Zeiger auf eine Callback-Funktion für den Timer

## 4 ▶ Feinheiten bei der Programmierung unter Windows

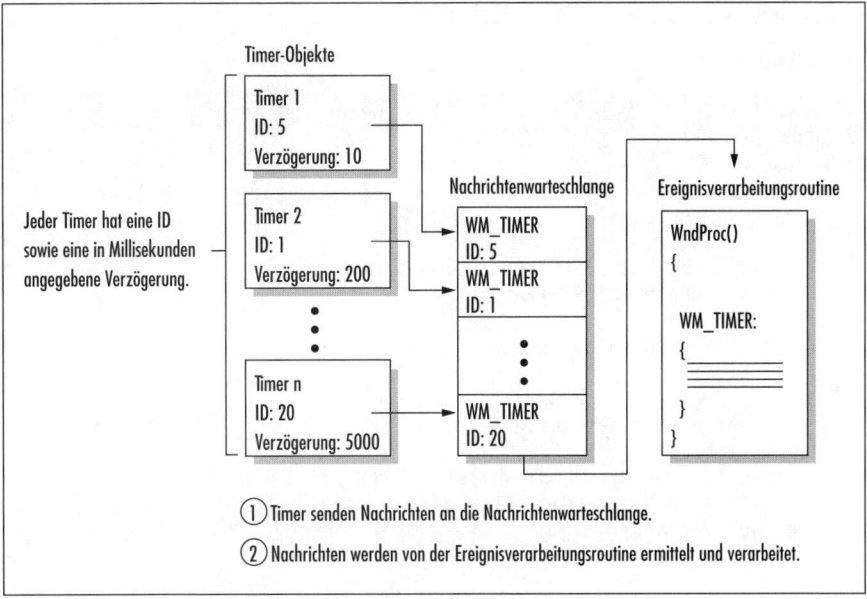

*Abbildung 4.1: Die Nachrichtenschleife für* WM_TIMER

Sie verwenden den Callback jedoch nicht, deshalb setzen Sie ihn immer auf NULL. War die Funktion erfolgreich, gibt sie die von Ihnen gesendete ID zurück, andernfalls 0. Sie benötigen diese ID, um den Timer zu zerstören, wenn Sie ihn nicht mehr brauchen. Und natürlich brauchen Sie die ID auch, um festzustellen, welcher Timer die WM_TIMER-Nachricht in Ihrer Ereignisverarbeitungsroutine gesendet hat, falls Sie mehrere Timer verwenden. Nachfolgend sehen Sie ein Beispiel, das zwei Timer anlegt, einen mit einer Verzögerung von einer Sekunde, den anderen mit einer Verzögerung von drei Sekunden:

```
// die Timer-IDs (völlig zufällig gewählt)
#define TIMER_ID1_SEC   1 // ID des 1-Sekunden-Timers
#define TIMER_ID3_SEC   2 // ID des 3-Sekunden-Timers
case WM_CREATE:
    {
    // 1-Sekunden-Timer anlegen
    SetTimer(hwnd, TIMER_ID1_SEC, 1000,NULL);
    // 3-Sekunden-Timer anlegen
    SetTimer(hwnd, TIMER_ID3_SEC, 3000,NULL);
    // Ereignisverarbeitungsroutine verlassen
    return(0);
    } break;
```

Kein Problem! Natürlich sollten Sie den Rückgabewert überprüfen, um sicherzustellen, dass er ungleich null ist und dass der Timer tatsächlich erstellt wurde.

Und so verarbeiten Sie die `WM_TIMER`-Nachricht:

```
case WM_TIMER:
    {
    // Timer-Ereignis liegt an; feststellen, welcher Timer
    // ausgelöst hat
    switch(wparam)
            {
            case TIMER_ID1_SEC:
                {
                // Code für das erste vom Timer
                // abhängige Element
                } break;
            case TIMER_ID3_SEC:
                {
                // Code für das zweite vom Timer
                // abhängige Element
                } break;
            // Test auf andere IDs; weiterer Code
            // für Ihre Programmieraufgabe
            default:break;
            } // end switch
} break;
```

Timer verbrauchen Ressourcen, lassen Sie sie also nicht einfach weiterexistieren – entfernen Sie sie, wenn Sie damit fertig sind, oder entfernen Sie sie in der `WM_DESTROY`-Nachricht. Um einen Timer zu beenden, rufen Sie die Funktion `KillTimer()` auf, die das Fenster-Handle und die ID des zu zerstörenden Timers entgegennimmt. Und so beenden Sie die Timer aus dem vorigen Beispiel:

```
KillTimer(hwnd,TIMER_ID1_SEC);
KillTimer(hwnd,TIMER_ID3_SEC);
```

Das Programm `PROG6_1.CPP` auf der CD ist ein Beispiel, das zwei Timer erstellt, so wie auch in diesem Beispiel gezeigt. In Reaktion auf den einen Timer wird Text ausgegeben, für den anderen wird ein Warnton ausgegeben.

## Zählen mit Windows

Es ist viel einfacher, in Windows einen Zähler zu erzeugen als Timer zu verwenden. Sie brauchen nur die aktuelle, auf Millisekunden genaue Zeit abzufragen und einen Vergleich mit Ihrer Anfangszeit durchzuführen. Ein Millisekunden-Timer wird mit der Funktion `GetTickCount()` abgefragt. Nachfolgend ein Beispiel, das 100 ms lang wartet:

```
// Nächste Zeile ermittelt den aktuellen Wert
DWORD frame_start_time = GetTickCount();
// Hier steht Ihr Code
// sicherstellen, dass Sie 100 Millisekunden gewartet haben
while(GetTickCount() - frame_start_time < 100);
```

 `GetTickCount()` ist relativ: Sie müssen Zeitdifferenzen vergleichen, keine absolute Zeit, weil `GetTickCount()` nicht auf 0 zurückgesetzt werden kann.

## Und das Menü?

Fast jedes Fenster hat ein Menü. Eine Applikation kann ein Hauptmenü sowie mehrere Popup-Menüs haben (klicken Sie irgendwo in Windows mit der rechten Maustaste, dann sehen Sie ein Popup-Menü). Ich werde hier zeigen, wie das Hauptmenü erzeugt wird, das es in den meisten Fenstern gibt, aber diese Techniken können auch für Popup-Menüs, Floating-Menüs usw. angewendet werden.

### Eine Anmerkung zu den Windows-Ressourcen

Bevor ich genauer erkläre, wie ein Menü angelegt wird, sollen Sie hier einige Informationen zu den *Ressourcen* erhalten – was Sie sich auch als Datenbank mit Medien und Informationen vorstellen könnten, die Sie erzeugen und Ihrem Programm zuordnen. Einer windowsbasierten Applikation können am Ende der .EXE-Datei beliebig viele Ressourcen angefügt werden, die zur Laufzeit geladen werden. Ressourcen stellen eine praktische Möglichkeit dar, Ihrer Applikation Daten mitzugeben, ohne selbst allzu viel Support-Code schreiben zu müssen.

Die nachfolgende Liste zeigt, welche Ressourcen Sie Ihren Applikationen hinzufügen können:

- Bitmaps
- Dialogfelder
- Icons (Symbole)
- Menüs
- Sounds
- Strings

Darüber hinaus beinhalten die meisten C/C++-Compiler so genannte *Ressourceneditoren*, die Ihnen helfen, Ressourcen zu erzeugen und Ihren Applikationen mittels Drag&Drop hinzuzufügen. Die Ressourcen werden in einer Ressourcendatei mit der Dateinamenerweiterung .RC beschrieben und später mit einem Ressourcen-Compiler (RC.EXE, RCPP.EXE) in eine .RES-Binärdatei kompiliert. Dieser Schritt bleibt jedoch normalerweise verborgen, wenn Sie eine Entwicklungsumgebung wie beispielsweise Microsoft Visual C++ oder Borland C++ Builder verwenden.

Natürlich müssen Sie keine Ressourcen verwenden, wenn Sie das nicht für erforderlich halten. Sie können auch alles von der Festplatte in einzelnen Dateien laden oder Dinge dynamisch erstellen, aber die Verwendung von Ressourcen ist eine coole Methode, Ihre Programme zu erstellen.

## Die Karte, bitte!

Um ein Menü für Ihr Fenster zu erzeugen, müssen Sie mehrere Schritte befolgen:

1. **Legen Sie ein Windows Ressourcen-Skript (.RC) an, in dem die Menüdefinition enthalten ist.**
2. **Legen Sie eine Header-Datei (.H) an, die Sie in Ihre Applikation aufnehmen, und die die verschiedenen Konstanten enthält, die Ihre Menüelemente definieren.**
3. **Fügen Sie Ihrem Projekt das Ressourcen-Skript hinzu.**
4. **Nehmen Sie den Ressourcen-Header zusammen mit den anderen .H-Dateien in Ihre C++-Datei auf.**
5. **Schreiben Sie Code, um das Menü in Ihre Applikation zu laden, und ordnen Sie das Menü Ihrem Fenster zu.**
6. **Schreiben Sie Code, um die WM_COMMAND-Nachrichten zur Menüauswahl zu verarbeiten, die gesendet werden, wenn ein Menüpunkt ausgewählt wird.**
7. **Kompilieren Sie Ihre Applikation zusammen mit dem Ressourcen-Skript zu einer einzigen ausführbaren Datei.**

Abbildung 4.2 zeigt eine grafische Darstellung dieser Abfolge, damit Sie die Zusammenhänge verstehen.

Der nachfolgende Abschnitt betrachtet die einzelnen Schritte detailliert.

### Ein Ressourcen-Skript und eine Header-Datei erstellen

Ein Menü ist mit einem kleinen Programm vergleichbar, das die Menüelemente sowie die Menüauswahlen für jedes Element beschreibt. Darüber hinaus kann ein Menü Untermenüs haben, so dass eine hierarchische Struktur entsteht. Die Sprache, in der Sie Windows-Menüs schreiben, basiert auf C und Pascal und ist sehr einfach, weil nur ein paar wenige Befehle erlernt werden müssen. Sie können Menüs mit den in den Compiler eingebauten Werkzeugen erstellen, aber zunächst betrachten wir die altmodische Vorgehensweise.

 Jeder Compiler (und übrigens auch fast jede Version desselben Compilers) erzeugt die Menüs anders. Ich zeige hier den »altmodischen« Weg, weil es nicht möglich ist, eine Methode für die Erstellung von Menüs zu beschreiben, die wirklich für jeden Compiler gültig ist.

Um eine .RC-Datei zu erstellen, müssen Sie einen reinen ASCII-Texteditor verwenden, wie beispielsweise den Editor, in dem Sie Ihren C/C++-Code schreiben. Innerhalb der Datei legen Sie das Menü an. Nachfolgend das Format eines Menüs (die Codewörter sind fett dargestellt):

```
MENU_NAME MENU DISCARDABLE
BEGIN
// Hier steht die Menüdefinition
END
```

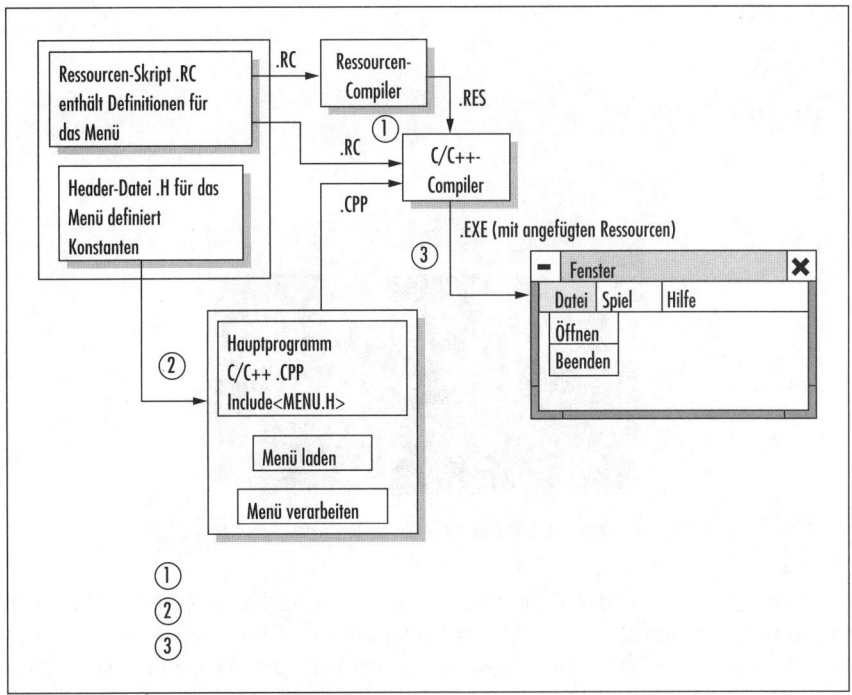

*Abbildung 4.2: Flussdiagramm für die Erstellung eines Menüs*

Obwohl hier noch eine Menge fehlt, erzeugt dieser Codeausschnitt die Shell für ein Menü. Die erste Zeichenkette ist der Name des Menüs, gefolgt von MENU DISCARDABLE, was für Windows bedeutet, dass eine Menüdefinition folgt und die Daten entladen werden können. Innerhalb des BEGIN..END-Paares erstellen Sie das Menü.

Das nächste Beispiel erzeugt ein Menü mit zwei Haupt-Menüeinträgen:

✔ **Datei** hat drei Einträge: **Öffnen, Schließen** und **Beenden**

✔ **Hilfe** hat nur einen Eintrag: **Info**

Abbildung 4.3 zeigt die Menüstruktur.

Sie erzeugen eine .RC-Datei mit dem nachfolgend gezeigten Inhalt – nennen wir sie MYMENU.RC. Alle Schlüsselwörter sind fett dargestellt, so dass Sie sie von den Dingen unterscheiden können, die Sie selbst eingeben:

```
MYMENU MENU DISCARDABLE
BEGIN
    POPUP "File"
    BEGIN
        MENUITEM "Öffnen",     1000
        MENUITEM "Schließen",  1001
```

```
            MENUITEM "Beenden",    1002
      END
      POPUP "Hilfe"
      BEGIN
            MENUITEM "Info",       2000
      END
END
```

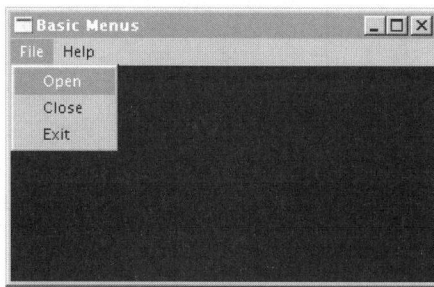

*Abbildung 4.3: Beispiel für eine Menüstruktur*

Als Erstes bemerken Sie die Hierarchie. Der Name des Menüs lautet MYMENU. Dieses Menü besteht aus zwei Popup-Menüs, DATEI und HILFE. Innerhalb von DATEI werden die Menübefehle mit dem Befehl MENUITEM und einer ihm zugeordneten ganzzahligen ID definiert. Diese ganzzahlige ID ist der Wert, den Windows an Ihre Applikation sendet, wenn der Menübefehl ausgewählt wird. Als ID kann ein beliebiger Wert angegeben werden, er muss jedoch kleiner als 0x7FFFF sein.

 Die beste Vorgehensweise für die Festlegung von IDs für Menüelemente ist die Verwendung von Vielfachen von 100 oder 1000 für jedes übergeordnete Menüelement und die Inkrementierung um 1 für jeden Menübefehl innerhalb jedes übergeordneten Menüs. Ihr Menü könnte beispielsweise vier Menübefehle haben, mit den IDs 100, 101, 102 und 103.

Natürlich können Sie jeder Menüauswahl beliebig viele Menübefehle hinzufügen, so viele übergeordnete Menüs einführen, wie Sie brauchen (solange sie nur auf den Bildschirm passen), und alle möglichen Gestaltungsmöglichkeiten für die einzelnen Menübefehle ausnutzen, wie beispielsweise graue Unterlegungen oder Linien und Abstände. (In der Windows-Dokumentation finden Sie Informationen darüber, wie diese Elemente programmiert werden.) Die einzige Option, die ich Ihnen hier vorstellen will, ist die Verwendung des Ampersand-Zeichens, &. Wenn Sie es innerhalb des Namens eines Menübefehls platzieren, wird das Zeichen, vor dem das Ampersand steht, zur Alt -Kurzwahl für den Zugriff auf diesen Menübefehl.

Wenn Sie beispielsweise wollen, dass das *B* in BEENDEN zu einer Kurzwahl wird, definieren Sie es wie folgt:

```
MENUITEM "&Beenden",    1002
```

Wenn der Menübefehl angezeigt wird, sehen Sie das Ampersand nicht. Stattdessen wird der Buchstabe, der die Kurzwahl darstellt, unterstrichen dargestellt, in diesem Fall also das *B*.

Wenn Sie Ihrer .RC-Ressource eine Header-Datei hinzufügen, muss Ihre Applikation keine fest codierten Nummern verwenden; im Wesentlichen definieren Sie alle IDs in der .RC-Datei mit #define, so dass Sie sie anstelle von Zahlen verwenden können – ein sehr programmiererfreundlicher Ansatz. Weiter im Beispiel. Jetzt erzeugen Sie einen .H-Header:

```
// MYMENU.H, Header mit Menü-IDs
// Beachten Sie die saubere Namensgebung für die IDs; Sie
// können auf diese Weise schnell Menü, Untermenü und
// Menübefehl unterscheiden
#define ID_MYMENU_FILE_OPEN     1000
#define ID_MYMENU_FILE_CLOSE    1001
#define ID_MYMENU_FILE_EXIT     1002
#define ID_MYMENU_HELP_ABOUT    2000
```

Anschließend binden Sie den Header in Ihre .RC-Datei ein und verwenden Namen statt der fest codierten Konstanten für Ihre IDs, etwa wie folgt:

```
#include "MYMENU.H"
MYMENU MENU DISCARDABLE
BEGIN
    POPUP "Datei"
    BEGIN
        MENUITEM "Öffnen",      ID_MYMENU_FILE_OPEN
        MENUITEM "Schließen",   ID_MYMENU_FILE_CLOSE
        MENUITEM "Beenden",     ID_MYMENU_FILE_EXIT
    END
    POPUP "Hilfe"
    BEGIN
        MENUITEM "Info",    ID_MYMENU_HELP_ABOUT
    END
END
```

## Ihrer Applikation die Ressourcen hinzufügen

Um die .RC-Datei in Ihre Applikation zu laden, fügen Sie sie Ihrem Projekt hinzu; den Rest erledigt der Compiler. Stellen Sie nur sicher, dass sich die Header-Datei innerhalb der Reichweite Ihres Compilers befindet. Natürlich können Sie den gesamten im vorigen Abschnitt beschriebenen Prozess auch komplett mit Hilfe des Ressourceneditors des Compilers erledigen, der die .RC-Datei zusammen mit der .H-Datei erzeugt, und Sie können stattdessen die künstlich erzeugten Dateien verwenden. Die Vorgehensweisen unterscheiden sich jedoch für die verschiedenen Compiler, deshalb sollten Sie Details in der Dokumentation Ihres eigenen Compilers nachlesen.

## Das Menü laden und Ihrem Fenster zuordnen

Nachdem Sie Ihre Menü-Ressourcendatei und die Header-Datei erzeugt haben, kann es losgehen. Natürlich müssen Sie den Menü-Header in Ihre C++-Datei einbinden, so dass sie Zugriff auf die ID-Referenzen hat; damit sind Sie bereit. Um das Menü jetzt zur Laufzeit in Ihre Applikation zu laden, gibt es drei Möglichkeiten, die in diesem Abschnitt beschrieben sind.

Die erste Möglichkeit ist, das Menü zu definieren, wenn Sie Ihre Windows-Klasse erzeugen:

```
// Menünamen auf den ASCII-Namen Ihres Menüs setzen
winclass.lpszMenuName = "MYMENU";
```

Die zweite Möglichkeit ist, für diese Variable den Wert NULL beizubehalten, und Ihr Menü bei der Erstellung Ihres Hauptfensters mit der Funktion LoadMenu() zuzuordnen, die eine Menüressource aus Ihrer .EXE laden kann. Und so verwenden Sie sie, wenn Sie das Fenster erzeugen, um das Menü zu laden (der fett ausgezeichnete Code kennzeichnet nur die Änderung gegenüber dem Standardaufruf von CreateWindow(), der an anderer Stelle in diesem Abschnitt verwendet wird):

```
// Fenster erzeugen
CreateWindow(WINDOW_CLASS_NAME,         // Klasse
    "Grundlegende Menüs",               // Titel
    WS_OVERLAPPEDWINDOW | WS_VISIBLE,   // Flags
    0,0,                                // x,y
    WINDOW_WIDTH,                       // Breite
    WINDOW_HEIGHT,                      // Höhe
    NULL,                               // Handle übergeord. Fenster
    LoadMenu(hinstance, "MYMENU"),      // Menü-Handle
    hinstance,                          // Instanz
    NULL);                              // Erstellungsparameter
```

Normalerweise ist LoadMenu nicht NULL, aber Sie können ein Menü zuordnen, indem Sie CreateWindow() ein Handle übergeben – HMENU. LoadMenu() macht genau das: Es nimmt eine Instanz der Applikation zusammen mit dem Menünamen entgegen und gibt ein Menü-Handle-Objekt HMENU zurück, das dann CreateWindow() übergeben wird. Fertig – Sie haben ein Menü in Ihrem Fenster.

Die letzte Möglichkeit, ein Menü zuzuordnen, ist der Zeitpunkt, nachdem das Fenster erzeugt wurde. Mit dieser Technik können Sie das Menü dynamisch ändern und Menüs beliebig anpassen, so lange diese sich in der Ressourcendatei befinden. Dazu ermitteln Sie zuerst mit LoadMenu() das Handle für Ihr Menü; anschließend ordnen Sie das Menü mit SetMenu() Ihrem Fenster zu. Nachfolgend ein Beispiel:

```
// Menü aus der Ressource laden und Handle dafür ermitteln
HMENU hmymenu = LoadMenu(hinstance, "MYMENU");
// Dem Fenster das Menü zuordnen und alles speichern
SetMenu(hwnd, hmymenu);
```

Der ASCII-Name für das von Ihnen erstellte Menü befindet sich in der .RC-Datei; dabei kann es sich um einen beliebigen Namen handeln. Ich verwende hier MYMENU, es könnte aber genauso gut HAUPT_MENUE_1 oder irgendetwas anderes sein. Dieser Name hat jedoch nichts mit dem Namen zu tun, den Windows für das Menü und Menübefehle anzeigt; diese Information wird in der Menüdefinition festgelegt.

## Verarbeiten der WM_COMMAND-Nachricht

Jetzt haben Sie Ihr Menü erzeugt, geladen und dem Fenster zugeordnet, aber es macht noch überhaupt nichts! Es verhält sich wie bei allen Windows-Konstrukten – ein Menüereignis sendet eine Nachricht, und die Nachricht heißt WM_COMMAND. Um die Menüauswahl zu verarbeiten, brauchen Sie also Ihrer Ereignisverarbeitungsroutine nur den WM_COMMAND hinzuzufügen und dann abhängig von wParam zu verzweigen, das die ID für den Menübefehl enthält.

Wenn Sie beispielsweise ein Fenster mit dem Menü MYMENU erstellen und der Benutzer dann den Menübefehl Datei|Schliessen auswählt, wird eine WM_COMMAND-Nachricht mit dem Wert ID_MYMENU_FILE_CLOSE gesendet, das ist der von uns zugewiesene Wert – in diesem Fall 1001, die ganzzahlige ID, die der Code in vorhergehenden Abschnitten eingerichtet hat. Nachfolgend sehen Sie ein Beispiel für die Nachrichtenverarbeitungsroutine, um das Beispielmenü aus den vorigen Abschnitten zu verarbeiten:

```
// Menünachrichten verarbeiten
case WM_COMMAND:
     {
     // Welches Menüelement?
     switch(wparam)
          {
          case ID_MYMENU_FILE_OPEN:
               { } break;
          case ID_MYMENU_FILE_CLOSE:
               { } break;
          case ID_MYMENU_FILE_EXIT:
               { } break;
          case ID_MYMENU_HELP_ABOUT:
               { } break;
          default: break;
          } // end switch
     } break;
```

PROG6_2.CPP ist ein Beispiel für ein vollständiges, menüfähiges Programm, das die Ressource MYMENU lädt und Ihnen dann erlaubt, auf einen der Menübefehle zu klicken. Wenn Sie auf einen Befehl klicken, wird eine Nachricht angezeigt. Sehen Sie sich den Code für File|Exit und Help|About an. Wenn Sie diese Applikation selbst erzeugen, nehmen Sie die Ressourcen-Datei MYMENU.RC in Ihr Projekt auf.

Sie wollen keinen Namen für Ihr Menü verwenden, der durch eine Zeichenkette dargestellt wird? Weisen Sie in Ihrem Header dem Menünamen eine ID zu und verwenden Sie überall in Ihrem Windows-Code, wo Sie MYMENU verwenden würden, stattdessen MAKEINTRESOURCE(MYMENU).

## Play it again, Sam: Sound und Musik

Der Sound-Teil dieses Buches konzentriert sich auf DirectSound (siehe Kapitel 11), und ich will Sie nicht mit den begrenzten Sound-Fähigkeiten von Windows langweilen (begrenzt natürlich im Vergleich zu DirectSound!). Die nachfolgenden Tricks ermöglichen Ihnen jedoch, sehr schnell Sounds zu laden und abzuspielen, was praktisch sein kann, wenn Sie mit Sounds experimentieren und ein hörbares Feedback brauchen oder wenn Sie einfach nur ein wenig Lärm machen wollen, ohne DirectSound zu verwenden.

Die sehr leistungsfähige Funktion PlaySound() kann einen Sound von der Platte oder als Ressource laden und abspielen. Nachfolgend der Prototyp dieser Funktion:

```
BOOL PlaySound(
        LPCSTR pszSound, // String, der den Sound identifiziert
        HMODULE hmod,    // ausführbares Modul zum Abspielen
        DWORD fdwSound); // Sound-Flags
```

Diese Parameter erscheinen Ihnen vielleicht ein wenig abstrakt, aber hier die Erklärung:

✔ pszSound: Zeiger auf eine Zeichenkette, bei der es sich um einen Dateinamen auf der Festplatte handelt, oder auf eine .WAV-Datei-Ressource, die Teil Ihrer Applikation ist

✔ hmod: Kontextabhängig; ist von den Einstellungen in den Flags abhängig

✔ fdsSound: Flags-Parameter; gibt an, wie pszSound interpretiert werden soll (Dateiname oder Ressourcen-ID), zusammen mit Eigenschaften, wie der Sound abgespielt werden soll

Tabelle 4.1 zeigt eine Liste häufig verwendeter Flags, die logisch OR-verknüpft werden können, um fdwSound zu erzeugen:

| Wert | Beschreibung |
| --- | --- |
| SND_FILENAME | Der Parameter pszSound ist ein Dateiname; in diesem Fall ist hmod gleich NULL. |
| SND_RESOURCE | Der Parameter pszSound ist eine Ressourcen-ID; in diesem Fall muss hmod die Instanz identifizieren, die die Ressource enthält. |
| SND_LOOP | Der Sound wird wiederholt abgespielt, bis PlaySound() erneut mit dem Parameter NULL aufgerufen wird. Außerdem müssen Sie das SND_ASYNC-Flag setzen, um ein asynchrones Sound-Ereignis zu kennzeichnen. |
| SND_NOWAIT | Falls der Sound-Treiber busy ist, kehrt er unmittelbar zurück, ohne den Sound abzuspielen. |
| SND_SYNC | PlaySound() kehrt zurück, nachdem das Sound-Ereignis abgeschlossen ist. |
| SND_ASYNC | PlaySound() kehrt unmittelbar nach Starten des Sounds zurück. |

*Tabelle 4.1: Steuer-Flags für* PlaySound()

Um die Funktion PlaySound() nutzen zu können, müssen Sie MMSYSTEM.H einbinden und die Bibliothek WINMM.LIB in Ihr Applikationsprojekt einfügen. Sie finden WINMM.LIB im untergeordneten Ordner \LIB Ihrer Compiler-Installation.

Es ist ganz einfach, eine .WAV-Datei von der Festplatte abzuspielen. Sie starten eine .WAV und setzen die Verarbeitung fort, warten, bis die Datei vollständig abgespielt ist, oder spielen sie in einer Schleife ab – wie in den folgenden Beispielen gezeigt:

✔ Um eine .WAV asynchron von der Festplatte abzuspielen:

    PlaySound("SOUND.WAV",NULL,SND_FILENAME | SND_ASYNC);

✔ Um eine .WAV im Schleifenmodus aus einer Datei abzuspielen:

    PlaySound("SOUND.WAV",NULL,SND_FILENAME | SND_ASYNC | SND_LOOP);

Natürlich muss sich die Datei SOUND.WAV auf der Festplatte in dem Ordner Ihrer Applikation befinden, aber Sie haben damit das Konzept kennen gelernt. Um einen Sound abzuspielen, bei dem es sich um eine Ressource handelt, geben Sie einfach den Ressourcennamen an. Nachfolgend dieselben Beispiele unter Verwendung einer Ressource:

✔ Um eine .WAV-Datei synchron aus einer Ressource abzuspielen (wobei SOUND_WAV die ganzzahlige ID der .WAV-Ressource ist):

    PlaySound(MAKEINTRESOURCE(SOUND_WAV),hinstance,SND_RESOURCE | SND_ASYNC);

✔ Um eine .WAV-Datei im Schleifenmodus aus einer Ressource abzuspielen:

    PlaySound(MAKEINTRESOURCE(SOUND_WAV),hinstance, SND_RESOURCE | SND_ASYNC |
              SND_LOOP);

PROG6_3.CPP enthält ein Beispiel für die Verwendung von PlaySound() in einem menügesteuerten Programm, wo im Hauptmenü unterschiedliche Soundeffekte ausgewählt und dann abgespielt werden können. Sie brauchen sowohl PROG6_3.RC als auch WINMM.LIB, wenn Sie das Programm selbst kompilieren wollen; andernfalls erhalten Sie kein Menü!

## Ich brauche mehr Speicher, Mann!

Ich gehe wenig auf die Speicherverwaltung ein, weil Sie sich unter Windows 9x/XP/2000 kaum darum kümmern müssen. Unter Windows 1.0 bis 3.0 stellte die Speicherzuweisung ein großes Problem bei der Programmierung dar; man musste mit speziellen Funktionen auf den Speicher zugreifen, ihn sperren usw. Es war ein Chaos. Aber die neueren Windows-Versionen verwenden C/C++-Standardfunktionen zur Speicherverwaltung, wie beispielsweise malloc() und free() (in C) oder new und delete (in C++).

In Windows 9x/XP/2000 gibt es keine Probleme mit der Speicherverwaltung, weil jede Applikation in ihrem eigenen virtuellen Adressraum von 4 GB (oder mehr) ausgeführt wird. Dies wurde durch die Speicherverwaltung von Windows und die neue *Hardware-Speicherverwaltung* von Intel für die Prozessoren ab dem 486 möglich.

Das Coole bei Windows ist, dass es einen virtuellen Speichermanager hat, d.h. (in vielen Fällen), Sie können mehr RAM-Speicher reservieren, als auf der Maschine zur Verfügung steht! (Der einzige Nachteil ist, dass Sie möglicherweise warten müssen, bis Ihre Maschine die daraus resultierenden Swap-Dateien jongliert hat.)

### Dateien ohne Eselsohren

Ich möchte schnell die Funktionen erwähnen, die für die Dateiein- und -ausgabe (I/O) unter Windows zuständig sind. Sie können verschiedene I/O-Funktionen in Windows verwenden. Aber Sie *müssen* sie nicht verwenden. Ich bevorzuge die Standard-C/C++-Datei und die Stream-I/O-Funktionen. Versuchen Sie jedoch nicht, die Funktionen auf DOS-Ebene zu verwenden – sie funktionieren nicht.

Aus Performancegründen in Hinblick auf das Caching und das Windows-Dateisystem verwenden Sie blockbasierten Datei-I/O, wie beispielsweise lread(), statt dem bytebasierten I/O, wie beispielsweise fgetc(). Sie können Ihre alten DOS-basierten Datei-I/O-Techniken und Bibliotheken verwenden, die Sie noch aus der Vergangenheit besitzen. Andererseits bietet Windows eine umfangreiche und robuste Menge an Datei-I/O-Funktionen. Wenn Sie ernsthaft arbeiten wollen, sollten Sie sie zumindest in der Windows-SDK-Hilfe genauer betrachten.

## *Hier werden Sie geholfen: Informationen ermitteln*

Windows ist ein komplexes System mit zahlreichen Einstellungen, Konfigurationen und Funktionsmerkmalen für die unterschiedlichen Computer. Das Windows API unterstützt mehrere Funktionen, die Informationen über den Computer und seine Umgebung abfragen. Eine vollständige Beschreibung dieser Funktionen würde das gesamte Kapitel füllen, deshalb werde ich hier nur die Richtung vorgeben und Ihnen die von mir bevorzugten Funktionen vorstellen. (Ja! Ich habe bevorzugte Funktionen ...)

Das Win32-API beinhaltet etwa 150 bis 200 Get-Funktionen – für wirklich fast alles, was Sie über den PC oder Windows wissen wollen. Nachfolgend eine Liste mit Beispielen praktischer Informationsfunktionen:

- ✔ GetCommandLine(): Ermittelt Befehlszeileninformationen
- ✔ GetCurrentProcess(): Ermittelt Informationen über einen Prozess der in Ausführung befindlichen Applikation
- ✔ GetCurrentTime(): Ermittelt die aktuelle Zeit
- ✔ GetExceptionCode(): Ermittelt den letzten Ausnahmecode (Fehler)
- ✔ GetFileAttributes(): Ermittelt die Attribute einer Datei
- ✔ GetSystemMetrics(): Ermittelt Informationen über verschiedene Windows-Einstellungen

GetSystemMetrics() ist die einzige Funktion, auf die ich hier detailliert eingehen werde. Diese Funktion kann abhängig von dem übergebenen Befehl die unterschiedlichsten Informationstypen anfordern, sie vereinigt also hundert Funktionen in einer. Und hier ihr Prototyp:

```
int GetSystemMetrics(
        int nIndex);    // ID der zu ermittelnden Systemmetrik
```

Tabelle 4.2 zeigt eine Liste der häufig genutzten IDs für Informationen über die Systemmetrik, die Sie anfordern können. Sie rufen die Funktion mit einer ID auf und erhalten als Rückgabewert die betreffende Information.

| Wert | Beschreibung |
| --- | --- |
| SM_CMOUSEBUTTONS | Anzahl der Maustasten, oder null, falls keine Maus installiert ist |
| SM_CXBORDER, SM_CYBORDER | Breite und Höhe des Fensterrahmens |
| SM_CXSCREEN, SM_CYSCREEN | Breite und Höhe des Bildschirms |
| SM_CXMIN | Mindestbreite des Fensters |
| SM_CYMIN | Mindesthöhe des Fensters |
| SM_SLOWMACHINE | TRUE, wenn der Computer einen langsamen Prozessor hat, andernfalls FALSE |

Tabelle 4.2: Praktische Informations-IDs für GetSystemMetrics()

## Die WinX-Spielekonsole

Wenn Sie dem Buch durchgängig bis an diese Stelle gefolgt sind, sollten Sie sich mit der Windows-Programmierung bereits bestens auskennen. Tatsächlich ist Windows eine der komplexesten Programmierumgebungen aller Zeiten, und es dauert Jahre, sie wirklich zu beherrschen. Sie kennen jedoch die Grundlagen, und ich bin sicher, dass Sie schon eine ganze Windows-Applikation mit Menüs, Grafik und Sound erstellen können.

Die ersten Kapitel dieses Buches (sowie die ersten Abschnitte dieses Kapitels) beziehen sich direkt auf die Grundlagen der Windows-Programmierung. Dieser Abschnitt geht über die Grundlagen hinaus zu den Kernelementen, die jeder Spieleprogrammierer unter Windows benötigt: eine Windows-Spielekonsole, das ist das Programmier-Äquivalent zu einer Hülle um Windows, und WinMain, die Ihr Spiel auf unterschiedlichste Weise von Windows-Befehlen isoliert. Die Spieleprogrammierung, die Sie später in diesem Buch kennen lernen, verwendet diese Konsole, so dass Sie, wenn Sie DirectX einsetzen, um Grafik, Sound und Eingaben zu steuern, kaum merken werden, dass Sie in Windows programmieren.

Wie Sie an den Demo-Programmen auf der CD für dieses und die vorigen Kapitel gesehen haben, enthalten Windows-basierte Applikationen eine Menge redundanten Code. Sie müssen immer eine Windows-Klasse anlegen, sie registrieren, ein Fenster öffnen, eine Ereignisverarbeitungsroutine schreiben usw. Diese Operationen unterscheiden sich für die verschiedenen Applikationen kaum; es ändert sich wirklich nur, wie sie Nachrichten verarbeiten, und welche Nachrichten sie verarbeiten.

Sie sollten in der Lage sein, eine Schablone anzulegen, und von dieser auszugehen, um eine vollständige Windows-Applikation zu schreiben. Als ich die Demos für dieses Buch erstellt habe, habe ich genau das gemacht. Ich habe das erste funktionierende Windows-Programm genommen, ein Gerüst daraus erstellt, daraus die nächste Demo erstellt usw. Jetzt werde ich einen Schritt weiter gehen und eine Windows-basierte Spielkonsolen-Shell erzeugen – der ich den Namen WinX gegeben habe –, die alle Details von Windows unter ihrer Abstraktion verbirgt.

Das Ziel dabei ist, Spiele zu erstellen, die unter Verwendung von DirectX unter Windows laufen. Weil Sie keine Windows-Dinge für Ihre Spiele brauchen, müssen Sie keine exakte Schnittstelle für Ihren *Spielecode* zu der Windows-Minimalapplikation haben. Sie erzeugen also eine funktionierende Schablone einer Windows-Applikation, die ein leeres Fenster ohne jegliche Ausgaben erzeugt. Die Applikation verarbeitet nur grundlegende Nachrichten, aber sie funktioniert. Anschließend erzeugen Sie ein paar Funktionen und rufen sie aus der Funktion WinMain() heraus auf. Aus Ihrer Perspektive werden die neuen Shell-Funktionen von Windows aufgerufen (wie eine DOS-C/C++-main()-Funktion); Sie können den Spielecode in ihnen platzieren, so dass Sie vor den Details der Windows-Programmierung abgeschirmt werden.

Wenn Sie dem Windows-Teil Ihrer Applikation mehr Code- oder Nachrichtenverarbeitung hinzufügen wollen, ist das möglich – aber nicht zwingend erforderlich. Betrachten Sie Abbildung 4.4, die die Software-Architektur der WinX-Spielekonsole skizziert.

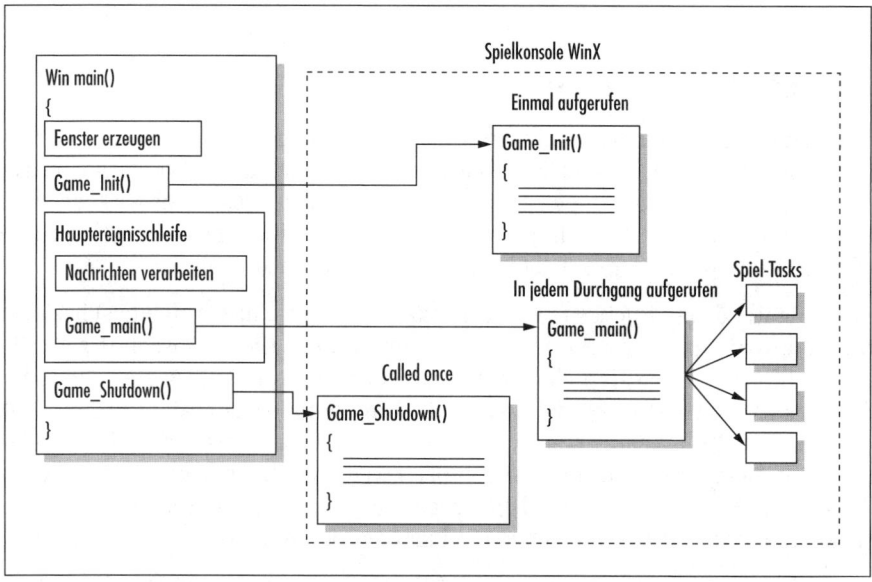

*Abbildung 4.4: Die Architektur der WinX-Spielekonsole*

Im Wesentlichen besteht die WinX-Konsole aus nichts anderem als drei Funktionen, die strategisch innerhalb eines minimalen Windows-Programms angeordnet sind. Die drei Funktionen sind:

```
int Game_Init(void *parms=NULL);
int Game_Shutdown(void *parms=NULL);
int Game_Main(void *parms=NULL);
```

Beachten Sie die etwas eigenartigen Prototypen mit gleichzeitiger Initialisierung. In C++ spricht man von *Standardparametern*. C++ ermöglicht Ihnen, Ihren Parametern Standardwerte zuzuweisen, so dass Sie diese in den Funktionsaufrufen nicht angeben müssen. Betrachten Sie die drei Funktionen: Sie müssen `parms` nichts zuweisen; Sie können die Funktionen auch ganz ohne Parameter aufrufen. Beispielsweise wird beim Aufruf von `Game_Init()` der Parameter `parms` standardmäßig als `NULL` angenommen. Sie können aber auch einen Parameter übergeben: `Game_Init(&x)`; in diesem Fall enthält `parms` die Adresse von *x*.

`Game_Init()` wird einmal aufgerufen, nachdem die gesamte Windows-Initialisierung abgeschlossen ist. Dort nehmen Sie die gesamte Initialisierung für Ihr Spieleprogramm vor. `Game_Shutdown()` wird aufgerufen, nachdem die Applikation alle Windows-Angelegenheiten aufgeräumt hat und beendet werden kann. Hier platzieren Sie den gesamten Code zum Herunterfahren sowie die Freigabe von Ressourcen.

`Game_Main()` schließlich ist die `main()`-Funktion eines Standard-C-Programms; sie wird in der Hauptereignisschleife aufgerufen, wenn Windows eine Nachricht nicht verarbeitet. Innerhalb dieser Funktion findet das gesamte Spiel statt, so wie in `main()` in einem C-Programm. Der einzige Unterschied ist, dass `Game_Main()` nicht endlos ausgeführt wird. Sie müssen einen Durchgang verarbeiten und die Funktion dann beenden, aber das ist kein größerer Aufwand.

Auf der CD zum Buch finden Sie den vollständigen Quellcode für die Spielekonsole. Der Code für die Spiele-Shell heißt `WINX.CPP`. Wenn Sie `WINX.EXE` ausführen, sehen Sie nur ein 320 x 200 Pixel großes Fenster, das keine Menüs enthält.

Ich verwende `WINX.CPP` als Codeausgangspunkt für alle Demos in den restlichen Kapiteln dieses Buchs.

Nachfolgend sehen Sie den Hauptereignisabschnitt für die WinX-Konsole. Die einzigen Änderungen gegenüber anderen Demos sind die Hauptereignisschleife von `WinMain()` sowie der zusätzliche Funktionsaufruf für die Spielekonsole. Nachfolgend sehen Sie die Neuerungen in `WinMain()` (die neuen Aufrufe sind fett ausgezeichnet, um sie deutlicher hervorzuheben):

```
// Alle für die Spielekonsole spezifischen Initialisierungen vornehmen
Game_Init();
// Eintritt in die Hauptereignisschleife
while(1)
    {
    if (PeekMessage(&msg,NULL,0,0,PM_REMOVE))
       {
       // Prüfen, ob beendet werden soll
       if (msg.message == WM_QUIT)
          break;
```

```
            // Tastenkürzel übersetzen
            TranslateMessage(&msg);
            // Nachricht an die Fensterprozedur senden
            DispatchMessage(&msg);
            } // end if
    // Hier beginnt die Hauptverarbeitung für das Spiel
    Game_Main();
    } // end while
// Spiel beenden und Ressourcen freigeben
Game_Shutdown();
// Zurück zu Windows
return(msg.wParam);
```

Und nachfolgend sehen Sie die eigentlichen Funktionen der Spielekonsole:

```
int Game_Init(void *parms)
{
// In dieser Funktion erfolgt die gesamte Initialisierung
// für Ihr Spiel
// Hier steht Ihr Code
// Erfolg zurückmelden
return(1);
} // end Game_Init
//////////////////////////////////////////////////////////
int Game_Shutdown(void *parms)
{
// Spiel beenden und die in dieser Funktion reservierten
// Ressourcen freigeben
// Hier steht Ihr Code
// Erfolg zurückmelden
return(1);
} // end Game_Shutdown
//////////////////////////////////////////////////////////
int Game_Main(void *parms)
{
// Dies ist das Arbeitspferd Ihres Spiels; es wird ständig in Echtzeit
// aufgerufen, wie main() in C; hier erfolgen alle Aufrufe für Ihr Spiel!
// Hier steht Ihr Code
// Erfolg zurückmelden
return(1);
} // end Game_Main
```

Diese Shell-Technologie nimmt Ihnen letztlich alle Arbeit ab. Ihre drei Funktionen, unter anderem `Game_Main()`, werden von Windows aufgerufen. In sie schreiben Sie Ihren eigentlichen Code – der auf DirectX basiert, nicht auf Windows.

Ein einfaches Zeichenprogramm, DRAW.CPP, verwendet die Shell als Ausgangspunkt. Sie bewegen den Pinsel mit Hilfe der Pfeiltasten, drücken C, um die Farben zu ändern, und Esc, um das Programm zu beenden. Ich habe GDI statt DirectX verwendet, aber lesen Sie weiter (falls Sie das noch nicht getan haben). Sie werden nicht mehr lange DirectX-frei sein!

# Teil II

# Alles wird gut mit DirectX!

»Verdammt! - Ich weiß, dass die Animation etwas zu schnell läuft, aber irgendwann finde ich schon noch raus, wie die Funktion ›Schlendern‹ geht!«

## In diesem Teil ...

Nachdem Sie Windows unter Kontrolle haben, können Sie sich mit den wirklich interessanten Themen beschäftigen – DirectX. Zuerst werden Sie das Component Object Model (oder COM) kennen lernen, auf dem DirectX basiert. Ich bleibe dabei hauptsächlich bei DirectDraw, weil das die größte aller DirectX-Komponenten ist. Machen Sie sich mit DirectDraw vertraut, dann können Sie schrittweise den Aufbau des ersten Teils der Spiele-Engine GPDUMB nachvollziehen.

Am Ende dieses Teils finden Sie alles, was ich hier vorgestellt habe, in einem Spiel zusammengefasst, *Star Ferret*, das auf der Spiele-Engine GPDUMB basiert. Experimentieren Sie einfach ein bisschen mit diesem Beispiel für ein echtes Windows-Spiel herum.

# Die Architektur von DirectX und das gefürchtete COM

## In diesem Kapitel

▶ Erfahren Sie, wie sich alles zusammenfügt
▶ Finden Sie eine Einführung in COM – das Component Object Model
▶ Lernen Sie die Architektur von DirectX und seine Schnittstellen kennen
▶ Schreiben Sie DirectX-Applikationen

GDI, das Windows Graphics Device Interface, ist viel zu langsam, als dass man damit Echtzeit-Actionspiele entwickeln könnte. Natürlich können Sie ein Adventure oder ein Kartenspiel mit GDI erstellen, aber das ist auch schon alles. Weil GDI nur begrenzt brauchbar ist, wurde DirectX geschaffen, um den PC-Programmierern die Werkzeuge an die Hand zu geben, die sie brauchen, um *echte* Spiele zu schreiben – wie in Abbildung 5.1 gezeigt –, sowie andere Multimedia-Applikationen, die mit der Leistung von DOS32-Applikationen konkurrieren können. Dieses Buch will Ihnen zeigen, wie Sie Spiele entwickeln, die unter Windows laufen, ohne GDI zu verwenden.

DirectX erfüllt den Traum von einem Lowlevel-API, das nahtlos in Windows und das Win32-API integriert ist. Mit Hilfe von DirectX können Sie auf Video, Audio, Eingabegeräte und Netzwerkfunktionen zugreifen, ohne auch nur eine Zeile GDI schreiben oder die Win32-Standardbibliotheken benutzen zu müssen. Und wenn Sie DirectX verwenden, um mit einem dieser Systeme zu arbeiten, entstehen keine Konflikte mit GDI, Windows oder Win32.

Dieses Kapitel ist hauptsächlich eine Einführung in die Konzepte und Begriffe. Damit DirectX funktioniert, müssen mehrere Untersysteme miteinander kommunizieren, wie beispielsweise COM oder das Win32-API. Darüber hinaus besitzt DirectX mehr Komponenten als nur DirectDraw. Sie sollten diese Aspekte der Arbeit mit DirectX kennen, damit Sie verstehen, wie sich alles zusammenfügt.

## DirectX - Grundlagen

Windows ist ein gemeinsam genutztes, kooperatives Multitasking-Betriebssystem, d.h., alle Applikationen müssen Ressourcen wie beispielsweise die Maus, die Bildschirmanzeige, die Soundkarte usw. gemeinsam nutzen. Videospiele brechen diese Regel – es liegt in ihrer Natur. Ein Spiel übernimmt normalerweise vollständig die Kontrolle, und weil ein Spiel hohe Leistung benötigt, führen Sie normalerweise jeweils nur ein Spiel gleichzeitig aus.

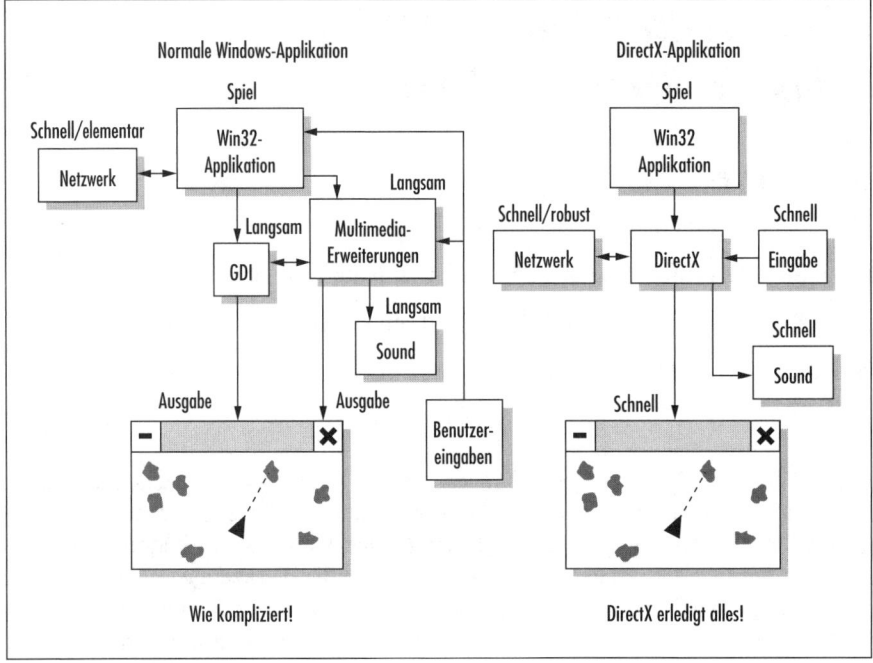

*Abbildung 5.1: DirectX unterstützt hochleistungsfähige Spiele unter Windows.*

DirectX bietet Ihnen eine Abkürzung gegenüber der Hardware, ohne dabei durch die normalen Windows-Kanäle zu gehen, wie in Abbildung 5.2 gezeigt. DirectX besteht aus mehreren .DLLs (Dynamic Link Libraries) und Gerätetreibern auf unterster Ebene, die die Möglichkeit bieten, alle Aspekte des PCs ohne größere Hilfe durch das GDI oder die Win32-Standardbibliothek zu kontrollieren. Um eine DirectX-Applikation zu erzeugen, brauchen Sie nur die Header-Dateien, die DirectX-Bibliotheken und die .DLLs auf Ihrer Maschine. Sie können sich DirectX auch als AddOn-Bibliothek vorstellen, die diese Möglichkeiten unterstützt.

.DLLs sind in Windows die Grundlage für vieles. Sie erlauben, Software-Bibliotheken nach Bedarf zu laden, und können mit anderen Applikationen gemeinsam genutzt werden. Darüber hinaus können .DLLs aktualisiert oder ersetzt werden, ohne dass die Applikationen, die sie nutzen, neu kompiliert werden müssen oder nicht mehr funktionieren, solange die .DLLs weiterhin dieselbe Funktionalität wie die älteren Versionen implementieren.

DirectX ist jedoch viel mehr als eine Sammlung von Bibliotheken. Es handelt sich dabei um eine Zusammenstellung von Standards und Philosophien, denen andere Software- und Hardware-Hersteller folgen. Fast jedes Software-Unternehmen hat DirectX-Applikationen entwickelt, und fast jeder Hardware-Hersteller hat DirectX-Treiber für seine Hardware geschrieben. Das Ergebnis ist eine massive Infrastruktur, auf die Sie zählen können, um jetzt und auch noch in Zukunft im Geschäft zu sein.

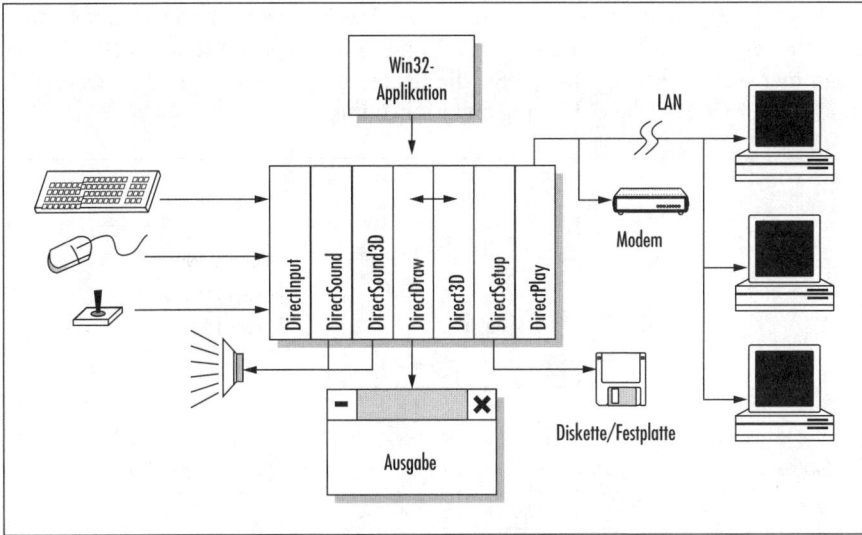

*Abbildung 5.2: Ein Überblick über DirectX und die Systemkomponenten*

Damit diese magische DirectX-Technologie funktioniert, musste Microsoft neue Techniken und Konventionen entwickeln, um DirectX sehr robust zu machen. Mit anderen Worten, ein Spiel, das für DirectX 1.0 entwickelt wurde, sollte auch auf einem Computer mit DirectX 3.0, 6.0, 8.0 oder einer beliebigen anderen Version lauffähig sein. Darüber hinaus wusste Microsoft, dass sich eine Technologie wie DirectX sehr schnell durchsetzen würde, wenn sie mit ausreichender Weitsicht und Planung entwickelt wurde. Man brauchte also eine Möglichkeit, Software zu schreiben, die objektorientiert, aktualisierbar und unter unterschiedlichen Sprachen lauffähig ist und die dem Programmierer wie eine Black Box erscheint. Ein unlösbares Problem? Die Lösung ist COM – das Component Object Model.

## Was zum Teufel ist COM?

COM (Component Object Model) ist eine Technologie, die vor mehreren Jahren nur ein Artikel in einer Zeitschrift war (den ich mittlerweile nicht mehr finde), der mehrere Programmiertechniken beschrieb, um Komponenten-Software zu entwickeln, vergleichbar mit Computer-Chips. Ich will es kurz erklären: Das Coole bei der Verwendung digitaler Computer-Chips ist, wie in Abbildung 5.3 gezeigt, dass jeder Chip eine definierte Menge an Ein- und Ausgaben hat. Wenn Sie unter Verwendung digitaler Chips entwickeln, ist es egal, was sich innerhalb der Chips befindet, ob das nun Silizium ist oder ob ein kleiner Elf darin sitzt. Sie brauchen nur die Regeln der Chip-Schnittstelle zu beachten, damit der Chip funktioniert.

Wenn Sie darüber hinaus die Ausgabe eines Chips mit der Eingabe eines anderen Chips verbinden und solange Eingaben und Ausgaben im richtigen Format vorliegen (dasselbe Logiksystem und dieselben Spannungen), können die Chips zusammenarbeiten. Diese Analogie ist die Grundlage für Komponentensoftware und COM. Das Konzept von COM ist, Software-Komponenten zu erzeugen, die sich wie Computer-Chips oder Legosteine verhalten, die man einfach zusammenstecken kann. Solange Sie die Regeln befolgen, funktionieren sie. (COM war die Grundlage für *OLE* – Object Linking and Embedding.)

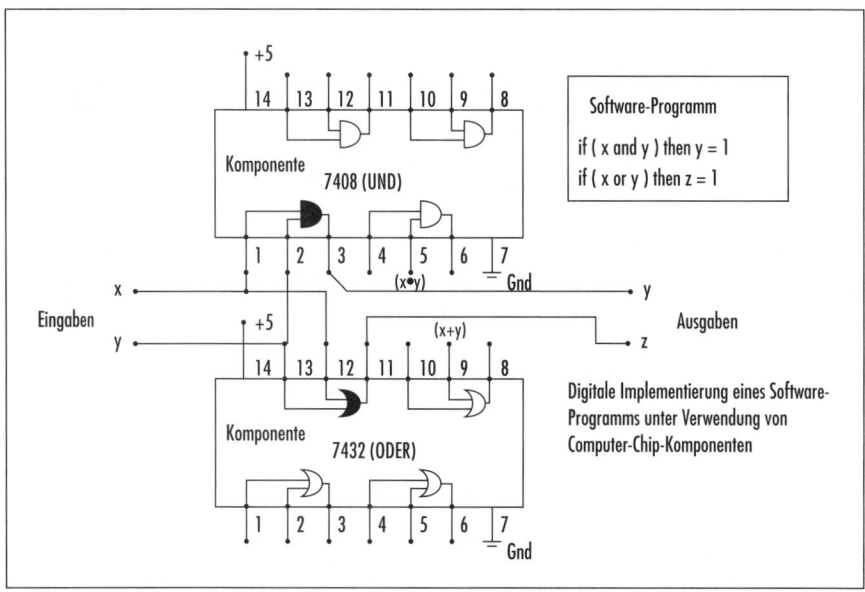

*Abbildung 5.3: Digitale Computer-Chips – das ultimative Plug&Play*

Das alles ist theoretisch wunderbar, aber die Software ist im Allgemeinen ein Chaos. Der folgenden Beschreibung entnehmen Sie, was Sie wissen müssen – konzentriert auf die Microsoft-Version von COM.

COM setzt sich aus mehreren Techniken und Konventionen zusammen, um wiederverwendbare Software-Komponenten zu erzeugen, die mit jeder beliebigen Sprache zusammenarbeiten und die den Eindruck von Computer-Chips oder Legosteinen machen (nur, dass Sie keine Burgen damit bauen können). Der wichtigste Vorteil ist, dass COM-Objekte ausgetauscht und aktualisiert werden können, ohne dass sie neu kompiliert werden müssen.

Angenommen, ein Software-Ingenieur erzeugt eine Applikation, die ein bestimmtes COM-Objekt verwendet. Er verkauft die Applikation zusammen mit dem COM-Objekt (das normalerweise in einer .DLL implementiert ist), und der Benutzer lädt die Applikation auf seine Maschine und benutzt sie.

Kurze Zeit später beschließt der Software-Ingenieur, dass er der Applikation weitere Fähigkeiten hinzufügen will, aber er will nicht das gesamte Produkt erneut ausliefern. Mit Hilfe von COM braucht er das auch nicht. Das neue COM-Objekt, das die Änderungen implementiert, wird vom Benutzer heruntergeladen. Fertig. Die Applikation kann es benutzen. Dieses Szenario ist

## 5 ➤ Die Architektur von DirectX und das gefürchtete COM

möglich, weil COM-Objekte dynamisch von der Client-Applikation geladen werden, die sie verwendet – Sie können also eine Applikation erzeugen, die mehrere COM-Objekte verwendet, und sie später durch neuere, aktuellere COM-Objekte ersetzen, wie in Abbildung 5.4 gezeigt.

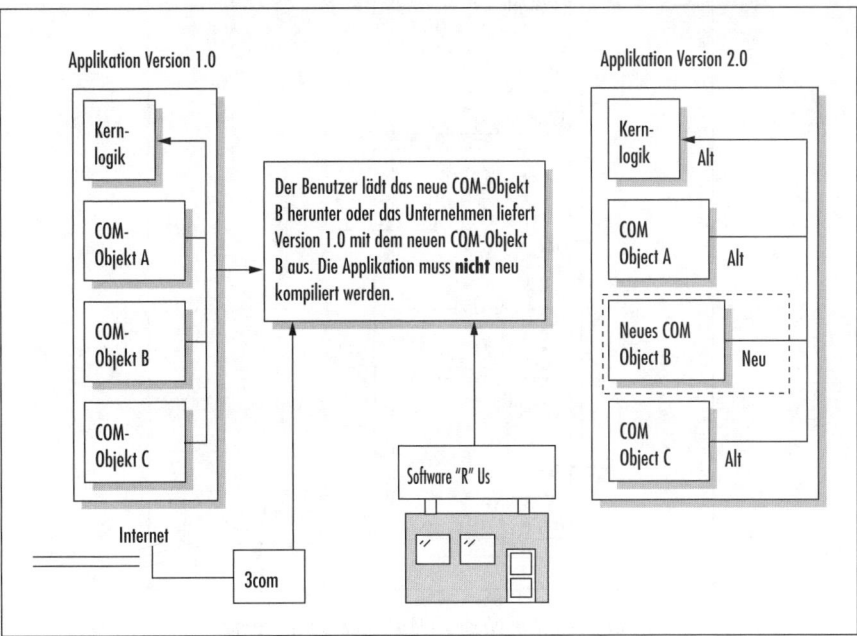

*Abbildung 5.4: Aktualisierungen mit COM*

 Die folgende Erläuterung enthält sehr viel C++-Terminologie. Versuchen Sie, mir zu folgen, aber machen Sie sich keine Sorgen, wenn es für Sie wie Klingonisch klingt – das geht am Anfang fast jedem so!

Sie wissen jetzt, was COM für Sie tut, aber wie genau legen Sie ein COM-Objekt an? Diese Frage hat eine sehr umfangreiche Antwort, aber zunächst will ich Ihnen einen allgemeinen Eindruck verschaffen, wie es geht: Ein COM-Objekt ist eigentlich eine C++-Klasse, die mehrere Schnittstellenklassen enthält. Diese Schnittstellen sind rein und virtuell und müssen in einer Container-Klasse implementiert werden. Jede Schnittstellenklasse enthält die von dem COM-Objekt unterstützten Funktionen, so dass ein COM-Objekt eine oder mehrere Schnittstellen haben kann, mit denen Sie kommunizieren und über die Sie Funktionen aufrufen. Abbildung 5.5 zeigt die Beziehung zwischen dem COM-Objekt und den darin enthaltenen Schnittstellen.

Eine Schnittstelle kann beispielsweise Methoden zum Zeichnen von Objekten enthalten, eine andere Schnittstelle kann Methoden zur Soundausgabe enthalten usw. Jede Schnittstelle ist jedoch eine rein virtuelle Klasse, für die Sie in ihrer Definition nur eine Schablone erstellen; mit der Implementierung der Schnittstelle warten Sie, bis Sie die eigentliche Komponente definieren.

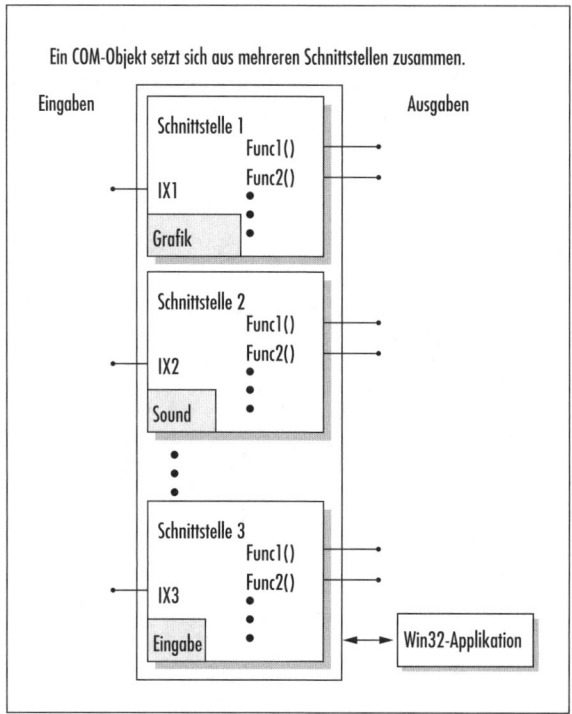

*Abbildung 5.5: Die Struktur eines COM-Objekts und seine Schnittstellen*

Es gibt viele Möglichkeiten, mehrere Schnittstellenklassen zu implementieren und sie dann alle in eine Container-Klasse aufzunehmen, aber die COM-Spezifikation gibt genau vor, wie Sie diese Implementierung vornehmen und worin die Schnittstellenklassen enthalten sein sollen. Darüber hinaus erklärt die COM-Spezifikation genau, wie eine Client-Applikation mit einem COM-Objekt kommuniziert, wie man ein COM-Objekt erzeugt, wie man es zerstört usw. Die COM-Spezifikation erklärt also alle Details der Implementierung, so dass Sie nur noch die Schnittstellen und den entsprechenden Code erstellen müssen.

Weil COM-Objekte dynamisch gelinkt werden können, müssen Sie etwas wie eine .DLL verwenden, die sie aufnimmt. Das ist zwar nicht zwingend erforderlich, stellt aber die einfachste Vorgehensweise dar. Weil COM-Objekte mit jeder beliebigen Sprache zusammenarbeiten müssen, weisen sie darüber hinaus eine exakte binäre Spezifikation auf, d.h., Sie müssen sicherstellen, dass Ihr Compiler genau die binäre Information erzeugt, die auch ein Windows C++-Compiler erzeugen würde, wenn er virtuelle Klassen erzeugt. Sie fragen sich vielleicht, was zum #$%@ ich damit meine, aber diese Konzepte werden Ihnen klarer sein, sobald Sie mit COM-Objekten arbeiten.

Eine weitere Version von COM, *DCOM* (Distributed COM), ist noch fortgeschrittener als COM und erlaubt nicht nur die Verwendung von Komponenten auf Ihrer Maschine, sondern auch von Komponenten auf anderen Maschinen in einem Netzwerk. Genial, oder?

## Die Komponenten von DirectX

Die verschiedenen Komponenten von DirectX wirken sich auf jeden Entwurfsaspekt von Videospielen aus – Grafik, Sound, Eingaben, 3D und Netzwerke. Dieses Buch kann nicht auf alle DirectX-Komponenten eingehen, sondern konzentriert sich auf die grundlegenden – DirectDraw (siehe Kapitel 6), DirectSound (siehe Kapitel 11) und DirectInput (siehe Kapitel 12) – sowie auf einige Quasi-DirectX-Komponenten, wie etwa DirectSetup (siehe Kapitel 13) und AutoPlay (siehe Kapitel 13). Sie sollten jedoch zumindest alle Komponenten von DirectX kennen, so dass Sie auf Partys bei Ihren Freunden ein wenig Eindruck schinden können.

Abbildung 5.6 zeigt die wichtigsten DirectX-Komponenten und ihre Beziehung zu Win32, GDI und der Hardware. Beachten Sie, dass sich GDI und DirectX auf unterschiedlichen Seiten des Zauns befinden: Jeder hat Zugriff auf den jeweils anderen und die Hardware. Die Blöcke von DirectX, die als HAL (Hardware Abstraction Layer) und HEL (Hardware Emulation Layer) bezeichnet sind, sind ebenfalls sehr wichtig, wie ich nachfolgend beschreiben werde.

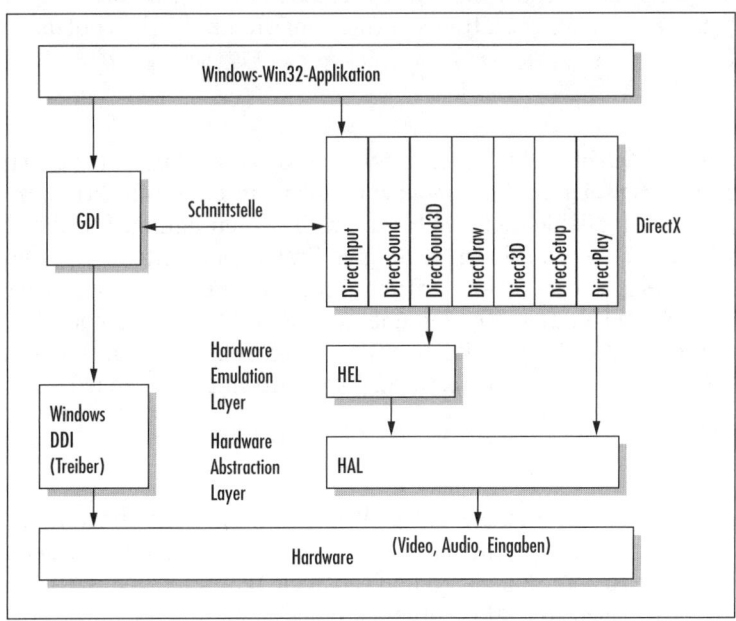

*Abbildung 5.6: DirectX in seiner ganzen Pracht*

### HAL: Hardware Abstraction Layer (Hardware-Abstraktionsschicht)

Die HAL (Hardware Abstraction Layer) ist die unterste Software-Schicht in DirectX, die aus den vom Hersteller bereitgestellten Hardware-Treibern besteht, um die Hardware direkt zu kontrollieren. Diese Software-Schicht bietet Ihnen höchste Leistung, weil sie direkt mit der Hardware kommuniziert. Natürlich brauchen Sie die Aufrufe der HAL nicht selbst durchzuführen; das erledigt DirectX für Sie.

## HEL: Hardware Emulation Layer (Hardware-Emulationsschicht)

Die HEL (Hardware Emulation Layer, Hardware-Emulationsschicht) setzt auf der HAL auf. Im Allgemeinen ist DirectX darauf ausgelegt, die Hardware zu nutzen, falls diese vorhanden ist, aber DirectX funktioniert auch dann, wenn die Hardware nicht zur Verfügung steht. Angenommen, Sie schreiben Grafikcode, der voraussetzt, dass die verwendete Hardware Bitmap-Rotationen und Skalierungen unterstützt. Sie machen also Aufrufe von DirectX, um Bitmaps zu skalieren und zu drehen. Auf Hardware, die Drehungen und Skalierungen unterstützt, wird Ihr Code mit voller Geschwindigkeit ausgeführt und er nutzt die vorhandene Hardware, aber wenn Sie ihn auf einer Hardware ausführen, die das nicht unterstützt, was dann?

Und hier kommt die HEL ins Spiel. Die HEL emuliert die Funktionalität der HAL mit Hilfe von Software-Algorithmen, so dass Sie den Unterschied nicht erkennen. Der Code wird viel langsamer ausgeführt, weil er emuliert wird, aber er ist lauffähig. Das ist die Daseinsberechtigung für die HEL. Einige Programmierer fragen die Hardware ab, ermitteln genau, welche Fähigkeiten sie hat, und verwenden dann ihre eigenen Routinen statt den in der DirectX HEL bereitgestellten, aber Sie können stattdessen auch einfach nur die HEL nutzen.

## DirectDraw

DirectDraw ist die vielleicht wichtigste Komponente von DirectX überhaupt, wenn Sie anfangen, Spiele zu programmieren. Sie ermöglicht Ihnen, auf die Grafikkarte zuzugreifen und bietet verschiedene Möglichkeiten zur Hardware-Beschleunigung. Darüber hinaus weiß DirectDraw, wie man die verschiedenen benötigten Grafikmodi einstellt, selbst hoch auflösende und TrueColor-Modi, so dass Sie sich darüber keine Gedanken machen müssen. Außerdem unterstützt DirectDraw Paletten, Clipping und Animation. Beachten Sie jedoch, dass Direct-Draw in DirectX 8.0+ entfernt bzw. mit Direct3D »verschmolzen« wurde. Um also DirectDraw nutzen zu können, müssen Sie die DirectDraw-7-Schnittstellen verwenden.

## Direct3D

Diese Komponente von DirectX ist die einzige Verbindung zwischen Ihnen und der 3D-Hardware. Direct3D ermöglicht Ihnen, ein Standard-API zu verwenden, um mit jeder 3D-Hardware auf einheitliche Weise zu kommunizieren und genau die Hardware zu nutzen, die Sie in Ihren Computer eingebaut haben. Das API wurde auf einer Grafik-Engine aufgebaut, die von der Firma Rendermorphics entwickelt wurde (Microsoft hat die Engine gekauft), aber momentan hat das alte Rendermorphics-Direct3D-API nur noch wenig mit DirectX 8.0+ zu tun. Direct3D ist heute ein sehr robustes und fortgeschrittenes 3D-API.

Der Kampf zwischen Direct3D und OpenGL ist so gut wie beendet. Direct3D-Treiber nutzen die neueste Hardware-Technologie, aber OpenGL steht ihm kaum nach; ich empfehle Ihnen einfach Direct3D zu verwenden, wenn Ihre Zielplattform ein Windows-PC ist.

*up ...*

# ... up ... update

**Nutzen Sie den UPDATE-SERVICE des mitp-Teams bei vmi-Buch. Registrieren Sie sich jetzt!**

Unsere Bücher sind mit großer Sorgfalt erstellt. Wir sind stets darauf bedacht, Sie mit den aktuellsten Inhalten zu versorgen, weil wir wissen, dass Sie gerade darauf großen Wert legen. Unsere Bücher geben den topaktuellen Wissens- und Praxisstand wieder.

Um Sie auch über das vorliegende Buch hinaus regelmäßig über die relevanten Entwicklungen am IT-Markt zu informieren, haben wir einen besonderen Leser-Service eingeführt.

Lassen Sie sich professionell, zuverlässig und fundiert auf den neuesten Stand bringen.

**Registrieren Sie sich jetzt auf www.mitp.de** oder **www.vmi-buch.de** und Sie erhalten zukünftig einen E-Mail-Newsletter mit Hinweisen auf Aktivitäten des Verlages wie zum Beispiel unsere aktuellen, kostenlosen Downloads.

Ihr Team von mitp

## DirectGraphics

DirectGraphics ist der neue Name der kombinierten DirectDraw/Direct3D-Schnittstellen in DirectX 8.0 und höher. Ganz einfach. Im Grunde genommen hat Microsoft beschlossen, dass in DirectX 8.0+ alles 3D sein sollte – und selbst wenn Sie 2D-Grafik erstellen, müssen Sie die 3D-Beschleunigung und 3D-Schnittstellen verwenden. Damit ändert sich natürlich nicht viel, weil Sie stattdessen DirectX-7.0-Schnittstellen verwenden können, die immer noch 2D-Grafik und DirectDraw unterstützen.

## DirectShow

DirectShow ist das DirectX-API für das Abspielen und die Aufzeichnung von Videos. Technisch betrachtet, ist DirectShow nicht wirklich Teil des ursprünglichen DirectX-Systems; es wurde in DirectX eingebaut. Eigentlich ist DirectShow Teil der alten DirectMedia-Dienste, die größtenteils in DirectX 5.0–6.0 eingeführt wurden und die jetzt verschoben und umgewandelt wurden. Ich werde hier nicht auf DirectShow eingehen; es ist relativ kompliziert und nur für die Arbeit mit Multimedia oder Video von Bedeutung.

## DirectSound

DirectSound ist eine der besten Erfindungen der Welt. Es ist fast unmöglich, Sound-Treiber für den PC zu schreiben; man kann gar nicht alle existierenden Soundkarten berücksichtigen, deshalb ist es wirklich ein Fulltime-Job, Sound-Software zu entwickeln. In der Vergangenheit haben die meisten Spieleprogrammierer (also wirklich fast alle) eine Sound-Engine unter Lizenz von einem Drittanbieter eingesetzt, wie beispielsweise John Miles Sound System oder DiamondWare Sound ToolKit. Und diese Sound-Engines waren nicht billig! Mit DirectSound hat sich die Situation völlig geändert.

DirectSound kann mit jeder Sound-Karte zusammenarbeiten. Es unterstützt das rein digitale Mischen mehrerer Kanäle in Echtzeit. Darüber hinaus unterstützen die neueren Versionen von DirectSound auch MIDI-Musik. Aber MIDI ist langsam ausgestorben, nachdem auch rein digitale Musik CD-Qualität bietet und der Speicher so billig geworden ist. Andererseits führen Wave-Table- und Wave-Guide-Synthesizer zu einem MIDI-Comeback, so dass die Unterstützung von MIDI hilft, Kompatibilität zu wahren.

## DirectSound3D

DirectSound3D basiert auf DirectSound und ist eine Implementierung von 3D-Sound. Die Theorie hinter 3D-Sound ist, dass Sie simulieren können, wie sich ein reales Objekt an einer beliebigen Position im Raum verhält, solange Sie die Eingaben in jedes Ohr steuern können. Sie steuern die Eingaben, indem Sie die Frequenz des Sounds und seine Amplitude, Obertöne und Timing verschieben – all das basierend auf mathematischen Modellen, die nachbilden, wie sich Sound in Hinblick auf die Geometrie Ihres Kopfes verhält, und abhängig davon, wie er durch den Raum fließt.

DirectSound übernimmt die gesamte Mathematik für Sie und ermöglicht Ihnen, Sounds im virtuellen 3D-Raum zu platzieren. Auf diese Weise können Sie beispielsweise ein Monster hinter dem Spieler platzieren, der es dann so schreien hört, als stünde es wirklich hinter ihm. Eine Umwandlung hier, eine Fourier-Transformation da – und schon haben Sie 3D-Sound!

## DirectMusic

DirectMusic wurde in DirectX 6.0 eingeführt. Im Grunde genommen handelt es sich dabei um ein API, das Ihnen erlaubt, MIDI-Dateien und andere Medientypen durch einen Software-Synthesizer abzuspielen, dessen Klangqualität so gut ist wie die eines Wave-Table- oder Wave-Guide-Synthesizers. Dazu werden herunterladbare Sound-Dateien (DLS) verwendet, die die Sounds eines MIDI-Instrumentensatzes beschreiben. Ich werde in diesem Buch nicht genauer auf DirectMusic eingehen – aber Sie wissen jetzt, dass es dieses Werkzeug gibt.

## DirectAudio

DirectAudio ist nichts Neues – nur ein Name für ein neu vereinheitlichtes, enger gekoppeltes Sound-System. DirectAudio ist die neue Schnittstelle, die DirectSound, DirectSound3D und DirectMusic kombiniert. Sie können gegebenenfalls jedoch weiterhin die alten Schnittstellen verwenden.

## DirectInput

DirectInput ist eine lange ersehnte Ergänzung von DirectX. In den frühen Releases von DirectX wurde die Eingabe von Windows und dem Win32-API realisiert. Seit Version 3.0 unterstützt DirectX DirectInput, das einem Programm erlaubt, Daten auf einheitliche Weise von Tastatur, Maus und Joystick anzufordern. Seit DirectX 5.0 unterstützt DirectInput auch Force-Feedback-Geräte – vibrierende Joysticks.

Cool bei DirectInput ist die Joystick-Unterstützung. In den 80er Jahren gab es nur eine Sorte Joystick, aber heute gibt es Hunderte davon – digital, analog und mit den dubiosesten Tastenkombinationen. Um die verschiedenen Joysticks zu unterstützen, brauchen Sie normalerweise die Spezifikationen der Hersteller und müssen einen Treiber schreiben, aber mit DirectInput schreibt der Hersteller einen DirectInput-Treiber für Sie!

## DirectPlay

DirectPlay ist wahrscheinlich die am wenigsten genutzte aller DirectX-Komponenten, weil sie schwieriger zu verstehen ist als die anderen. DirectPlay bietet Netzwerkunterstützung für Spiele. Mit einer sehr robusten Menge an Funktionen und Systemen ermöglicht Ihnen DirectPlay, Netzwerkcode für direkte Verbindungen, lokale Netzwerke und Internet-Spiele zu schreiben, ohne dazu Winsock oder Ihren eigenen Code verwenden zu müssen.

Leider ist DirectPlay schwer zu erlernen – Sie brauchen dafür so lange wie für alle anderen DirectX-Komponenten zusammen, aber wenn Sie Netzwerkspiele schreiben wollen, ist es die Zeitinvestition wert. Sie könnten gar nicht den gesamten dafür erforderlichen Code selbst schreiben, glauben Sie mir!

### DirectSetup und AutoPlay

Bei diesen beiden Komponenten handelt es sich eigentlich nicht wirklich um DirectX-Objekte. DirectSetup ist ein einfaches API, das Sie für die Installation und Einrichtung von DirectX und Ihrem Spiel auf Client-Maschinen verwenden. AutoPlay ist die Windows-Standardunterstützung, die bewirkt, dass CDs automatisch gestartet werden, wenn sie in den Rechner eingelegt werden. Microsoft wollte AutoPlay wahrscheinlich DirectPlay nennen, aber das wurde bereits für Netzwerke verwendet. Vielleicht hätte man AutoPlay als DirectLoad bezeichnen sollen? (Ich glaube, ich werde mir diesen Namen patentieren lassen!)

## Die Arbeit mit Schnittstellen

DirectX ist in Form mehrerer Komponenten implementiert, die jeweils mehrere Schnittstellen besitzen. Um DirectX zu verwenden, müssen Sie wissen, wie COM und die Schnittstellen funktionieren – auf diese Weise wird DirectX viel einfacher, als wenn Sie selbst Hüllen um die eigentlichen DirectX-COM-Dinge legen müssen.

Eine Komponente besteht aus einer oder mehreren Schnittstellen. Jede Schnittstelle verhält sich wie ein Kommunikationsanschluss, den Sie verwenden, um die Funktionen innerhalb der Schnittstelle aufzurufen. In diesem Abschnitt zeige ich Ihnen eine sehr einfache Implementierung eines COM-Objekts – sie funktioniert, und Sie werden danach besser verstehen, worum es geht.

Zunächst müssen Sie Ihre Schnittstellenklassen definieren. Jede Schnittstelle enthält eine Liste der Methoden, die Sie später implementieren, aber nichtsdestotrotz werden die Methoden von der Schnittstelle unterstützt.

Alle Schnittstellen leiten sich von der Wurzel-Schnittstelle ab, `IUnknown`. Für dieses und alle folgenden Beispiele verwende ich viele Schlüsselwörter und Definitionen, die Ihnen bei der Programmierung bisher vielleicht noch nicht begegnet sind, lesen Sie also die Kommentare sorgfältig.

*GUIDs* (sprich »Gu-ei-dies«) und *IIDs* (sprich »ei-ei-dies«) sind spezielle Nummern, die sehr lang (128 Bits) und garantiert eindeutig sind. Jedes existierende COM-Objekt braucht eine eigene GUID oder IID. Darüber hinaus darf es keine zwei IIDs geben, die gleich sind. Wenn Sie also ein COM-Objekt mit mehreren Schnittstellen veröffentlichen (es also der Welt zur Verfügung stellen), muss jede Schnittstelle ihre eigene IID haben. Diese Nummern werden von einem von Microsoft (mit den meisten Compilern) bereitgestellten Programm angelegt, `GUIDGEN.EXE`, das mathematisch garantiert, dass niemals zwei identische GUIDs

erzeugt werden. Im Grunde genommen ist die Verwendung von GUIDs eine Methode, COM-Objekten und Schnittstellen eindeutige Namen zu geben.

```
// Beachten Sie, dass alle Methoden rein virtuell sind,
// und dass sie __stdcall oder die Pascal-Stack-Aufruf-
// konvention verwenden, statt des standardmäßigen _cdecl;
// die Schnittstelle IUnknown ist wie folgt von Windows
// definiert
struct IUnknown
{
// Diese Methode wird für den Zugriff auf die Schnittstelle
// verwendet
virtual HRESULT __stdcall QueryInterface(const IId& iid,
(void **)ip)=0;
// Diese Methode erhöht den Referenzzähler der Schnittstelle
virtual ULONG __stdcall Addref() = 0;
// Diese Methode verringert den Referenzzähler der Schnittstelle
virtual ULONG __stdcall Release()=0;
};
```

IUnknown ist die Basisklasse, von der alle Schnittstellen abgeleitet werden müssen; aus diesem Grund müssen alle Schnittstellen mindestens QueryInterface(), Addref() und Release() implementieren:

✔ QueryInterface(): Fordert einen Zeiger auf die gewünschte Schnittstelle an. Sie müssen eine Schnittstellen-IID zusammen mit einem Zeiger übergeben, um die von der Funktion zurückgegebene Schnittstelle aufzunehmen. Die einzige Möglichkeit, Zugriff auf eine Schnittstelle zu erhalten, ist die Verwendung dieser Methode. Sie müssen sie nur ganz selten verwenden, nämlich wenn DirectX keine Hüllfunktion oder kein Makro hat, das dies für Sie übernimmt.

✔ Addref(): Erhöht den internen Referenzzähler des COM-Objekts. Alle COM-Objekte nehmen die Speicherreservierung und -freigabe für sich selbst über *Referenzzähler* vor (Sie brauchen sich also nicht darum zu kümmern). Wenn ein Objekt erzeugt wird, wird sein interner Referenzzähler inkrementiert; wenn eine Referenz auf ein Objekt nicht mehr benötigt wird, wird sein Referenzzähler dekrementiert. Durch die Auswertung des Referenzzählers eines Objekts erkennen Sie, wie viele andere Objekte es verwenden. Ist der Referenzzähler gleich null, wird das Objekt nicht mehr genutzt und kann gelöscht werden. Sie brauchen Addref() überhaupt nicht zu verwenden – es wird von allen COM-Objekten intern aufgerufen.

✔ Release(): Dekrementiert den Referenzzähler eines COM-Objekts – eine sehr wichtige Methode, die Sie ständig verwenden, nachdem Sie mit der Arbeit mit einer Schnittstelle oder Komponente fertig sind.

Und so erzeugen Sie mit IUnknown mehrere Schnittstellen:

```
// eine Grafikschnittstelle
struct IGraphics : IUnknown
{
```

```
virtual int InitGraphics(int mode)=0;
virtual int SetPixel(int x, int y, int c)=0;
// weitere Methoden ...
};
// eine Sound-Schnittstelle
struct ISound : IUnknown
{
virtual int InitSound(int driver)=0;
virtual int PlaySound(int note, int vol)=0;
// weitere Methoden ...
};
```

Für C++-Programmierer: `struct`s sind dasselbe wie Klassen, außer dass ihr Standardgültigkeitsbereich `Public` ist; deshalb verwende ich auch `struct` anstelle von `class`.

Jetzt haben Sie zwei Schnittstellen, aber immer noch kein COM-Objekt. Um ein COM-Objekt zu erzeugen, müssen Sie die Schnittstellen in eine Container-Klasse aufnehmen und den Code für jede unabhängige Schnittstelle implementieren, etwa wie folgt:

```
// Basierend auf den beiden Schnittstellenklassen
// eine neue Klasse erzeugen
class CDumbX: public IGraphics, public ISound
{
public:
// hier IUnknown implementieren
virtual HRESULT __stdcall QueryInterface(const IId& iid,
(void **)ip)
{ /* Implementierung */ }
// Diese Methode erhöht den Referenzzähler der Schnittstellen
virtual ULONG __stdcall Addref()
{ /* implementation */}
// Diese Methode verringert den Referenzzähler der Schnittstellen
virtual ULONG __stdcall Release()
{ /* Implementierung */}
// Die einzelnen Schnittstellen implementieren
virtual int InitGraphics(int mode)
            { /* Implementierung */}
virtual int SetPixel(int x, int y, int c)
            { /* Implementierung */}
virtual int InitSound(int driver)
            { /* Implementierung */}
virtual int PlaySound(int note, int vol)
            { /* Implementierung */}
private:
// lokale Deklarationen..
};
```

Für die Implementierung sind natürlich Milliarden anderer Details erforderlich, aber zumindest erkennen Sie hier, wie COM-Objekte aussehen. Um die COM-Objekte zu vervollständigen, fügen Sie den Code für alle Funktionen ein und implementieren dann die Schnittstelle IUnknown, d.h., Sie berechnen eindeutige IIDs (unter Verwendung des Microsoft-Programms

GUIDGEN.EXE) für die beiden Schnittstellen und veranlassen dann QueryInterface(), einen Zeiger auf die gewünschte Schnittstelle zu ermitteln. Und schließlich brauchen Sie noch eine Möglichkeit, das eigentliche COM-Objekt zu erzeugen – CDumbX. Ob Sie eine .DLL oder etwas anderes verwenden, ist von der endgültigen Implementierung des COM-Objekts abhängig; in den meisten Fällen heißt die Funktion, die das ursprüngliche COM-Objekt erzeugt, von dem alle Schnittstellen erzeugt werden, CreateInstance(), aber es sollte nicht erforderlich sein, diese Funktion in DirectX zu benutzen. DirectX erzeugt Hüllen um alle COM-Dinge herum, um Ihnen die Arbeit zu erleichtern.

## COM mit DirectX und C/C++ verwenden

Kapitel 6 wird Ihnen die Details der Verwendung von COM in DirectX erklären, aber hier sollen Sie einen Überblick erhalten, wie man ein DirectX-COM-Objekt erzeugt und verwendet, ohne sich den Kopf über COM-Aspekte und Zeiger zerbrechen zu müssen.

Wie Sie sich nach der obigen Beschreibung von COM sicher vorstellen können, passieren sehr viele virtuelle Dinge, und Sie werden sehr viele Funktionszeiger verwenden, um auf die Funktionen der COM-Schnittstellen zuzugreifen. Ein Funktionszeiger ist nichts anderes als ein normaler Zeiger, außer dass er nicht auf eine Variable oder einen Datensatz, sondern auf eine Funktion verweist. Praktisch bei einem Funktionszeiger ist, dass Sie damit auf unterschiedliche Funktionen verweisen und sie aufrufen können, ohne auch nur eine Zeile Code zu ändern. Abbildung 5.7 zeigt, wie Funktionszeiger arbeiten.

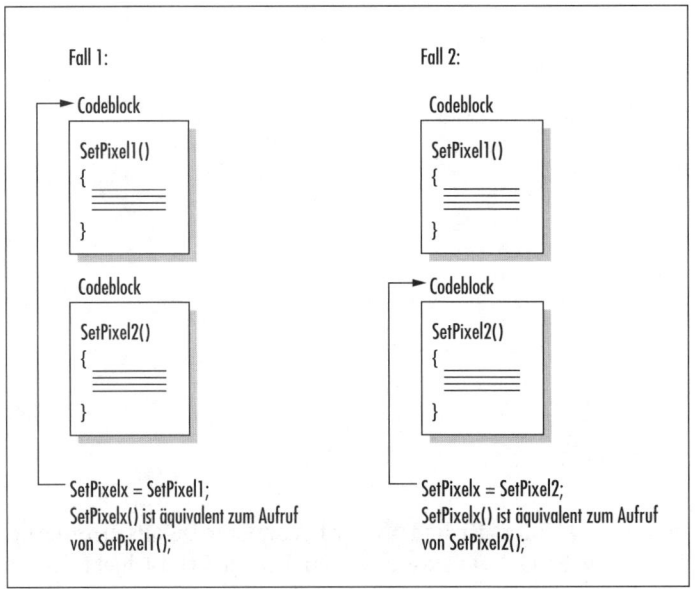

Abbildung 5.7: Funktionszeiger in der Anwendung

# 5 ➤ Die Architektur von DirectX und das gefürchtete COM

Angenommen, Sie haben eine Funktion, die ein Pixel auf einem Anzeigegerät ausgibt, `SetPixelX(int x, int y, int color)`. Die Funktion nimmt *x, y* und die Farbe des Pixels entgegen. Stellen Sie sich weiterhin vor, Sie haben 3 oder sogar 300 unterschiedliche Anzeigegeräte. Es wäre schrecklich, müssten Sie Ihre Applikation so schreiben, dass sie den gesamten Code durchsucht, um jedes einzelne Vorkommen des Aufrufs der Grafikfunktion zu finden, um anzugeben, welches Anzeigegerät gerade verwendet wird. Wenn Sie dagegen ein `SetPixelX()` für beliebige Anzeigegeräte schreiben, können Sie einen Funktionszeiger verwenden, um den Aufruf vorzunehmen, statt einen expliziten Aufruf zu machen. Wenn Sie jetzt den Funktionszeiger auf die entsprechende Funktion im Initialisierungsabschnitt Ihres Programms setzen, müssen Sie nicht mehr Hunderte von Änderungen in Ihrem Code vornehmen. Hier ein Beispiel:

```
int SetPixel1(int x, int y, int color)
{ /* Setzt ein Pixel auf einem Raster-Bildschirm /*}
int SetPixel2(int x, int y, int color)
{ /* Setzt ein Pixel auf einem Plotter */ }
// dies ist ein Funktionszeiger; achten Sie auf
// die Position des *
int (* SetPixelX)(int x, int y, int color);
```

Mit den realen Funktionen und dem Zeiger an der Hand können Sie den Funktionszeiger auf eine beliebige Funktion setzen, etwa wie folgt:

```
SetPixelX  SetPixel1;
```

oder

```
SetPixelX = SetPixel2;
```

In Ihrem Code rufen Sie die Anzeigefunktion wie folgt auf:

```
SetPixelX(x, y, c);
```

Aber die Funktion kann entweder auf `SetPixel1()` oder auf `SetPixel2()` zeigen, und das ist das wirklich Coole daran. Sie sehen, wie leistungsfähig Funktionszeiger sind und warum COM virtuelle Funktionen verwendet. COM erzeugt eine Liste von Funktionszeigern in der so genannten *VTABLE*. Diese VTABLE können Sie nutzen, um auf beliebige Funktionen zuzugreifen, die dort eingetragen sind. Ich weise nur deshalb auf diesen Punkt hin, weil C keine Möglichkeit hat, implizit auf VTABLEs zuzugreifen, weil es nicht weiß, was eine Klasse ist – und in C++ erfolgt der Zugriff automatisch.

Und so verwenden Sie COM, um ein COM-DirectDraw-1.0-Objekt zu erzeugen:

```
LPDIRECTDRAW lpdd; // ein Zeiger auf die DirectDraw-Schnittstelle
// Komponente erzeugen und einen Zeiger auf die Schnittstelle erhalten
DirectDrawCreate(NULL,&lpdd,NULL);
```

Und um eine DirectDraw7-Schnittstelle zu erzeugen, verwenden Sie die neuere Funktion `DirectDrawCreateEx()`:

```
LPDIRECTDRAW7 lpdd; // Zeiger auf die DirectDraw-Schnittstelle
// Komponente erzeugen und einen Zeiger auf die Schnittstelle erhalten
DirectDrawCreateEx(NULL, (void **)&lpdd, IID_IDirectDraw7, NULL)
```

Hinter den Kulissen wird also eine Funktion wie etwa `CreateInstance()` aufgerufen, um das COM-Objekt zu erzeugen, und eine .DLL wird geladen, aber dieser Prozess wird durch Makros und Hüllfunktionen verborgen. Nach dem Aufruf verweist `lpdd` auf die DirectDraw-Schnittstelle und kann für den Zugriff auf die von DirectDraw unterstützten Methoden oder Funktionen genutzt werden. Eine solche Funktion dient beispielsweise der Veränderung der Grafikauflösung, `SetDisplayMode()`. Und so verwenden Sie den Schnittstellenzeiger für den Aufruf:

```
// Anzeigemodus festlegen
lpdd->SetDisplayMode(width,height,bits_per_pixel,0,0);
```

Im Allgemeinen sehen die meisten DirectX-Aufrufe wie folgt aus:

```
schnittstellen_zeiger->funktions_name(parameter...);
```

Das ist alles. Nur ein winziger Zeiger! DirectDraw beinhaltet natürlich selbst eine Menge Schnittstellen, aber Sie erreichen sie alle von dem ursprünglichen `lpdd`-Schnittstellenzeiger aus. Das ist eine der Regeln von COM: Nachdem Sie eine Schnittstelle haben, können Sie alle anderen Schnittstellen innerhalb der Komponente von dieser Schnittstelle aus erreichen.

Nachdem Sie mit der Arbeit mit einer Schnittstelle fertig sind, rufen Sie noch `Release()` dafür auf, etwa wie folgt:

```
lpdd->Release();
```

### Die Zukunft von DirectX

Wie wir es von allen Microsoft-Produkten kennen, unterliegt DirectX keinerlei Versionskontrolle. Zum Zeitpunkt der Drucklegung dieses Buches ist eine neue Version vielleicht schon veraltet. Nach Version 3.0 war die Basis von DirectX jedoch relativ solide, und ab Version 5.0 funktionierte alles wirklich gut. Als angehender Spieleprogrammierer werden Sie kaum mehr nutzen als das, was in Version 6.0 zur Verfügung stand, deshalb können Sie die Finger von all den abenteuerlichen Dingen aus Version 8.0+ lassen.

In zukünftigen Spielen und Grafiken werden Sie mehr Direct3D sehen; heute ist es das API der Wahl.

Es bleibt zu hoffen, dass bald eine Version von OpenGL (Graphics Language) für DirectX, DirectGL, veröffentlicht wird. Darüber hinaus werden DirectX-fähige Spiele bald HDMs (Head Mounted Displays) und Applikationen für die virtuelle Realität unterstützen, die jetzt eine Renaissance erfahren, nachdem wir endlich die erforderliche Technologie dafür besitzen. Das nächste coole Ding werden Handheld-Versionen von DirectX für PocketPCs und SmartPhones sein.

## DirectX/Win32-Applikationen entwickeln: Ja, das geht!

DirectX, Win32, Windows und COM arbeiten sehr gut zusammen. Sie schreiben einfach ein Gerüst für eine Windows-Applikation (wie etwa `WINX.CPP` in Kapitel 4) und erzeugen dann Ihre reale Applikation, indem Sie die Funktionalität von DirectX anstelle von GDI verwenden. Wenn Sie GDI oder Win32 verwenden müssen, ist das auch ohne weitere Probleme möglich.

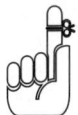

DirectX ist nicht in jedem Computer vorhanden. Es handelt sich dabei um eine AddOn-.`DLL`-Bibliothek, die von Ihnen, dem Spieleprogrammierer, auf der Client-Maschine geladen werden muss, oder vielleicht zuvor von dem Benutzer oder einem anderen Spiel. Sie sollten also sicherstellen, dass die Spieler Ihres Spiels DirectX erhalten, falls sie es noch nicht besitzen. Dieser Aspekt wird jedoch immer weniger wichtig, weil in neueren Betriebssystemversionen, wie beispielsweise Windows Me, XP und 2000 DirectX bereits eingebaut ist. Ein Großteil aller neuen Computer, die nach dem Release dieser Betriebssysteme verkauft wurden (wenn nicht sogar alle), enthalten also DirectX standardmäßig. Wenn Sie mit Windows 95/98 arbeiten, müssen Sie es möglicherweise installieren. Darüber hinaus unterstützt Windows NT nur DirectX 3.0 – fertig!

# DirectDraw

## In diesem Kapitel

▶ lernen Sie DirectDraw kennen

▶ erstellen Sie Objekte

▶ arbeiten Sie mit Windows zusammen

▶ ändern Sie Grafikmodi

▶ bringen Sie DirectX online

---

DirectDraw ist die Zeichenkomponente von DirectX und die wichtigste aller Komponenten für angehende Spieleprogrammierer. DirectDraw erlaubt Ihnen nicht nur, hoch auflösende 32-Bit-Spiele zu erstellen, sondern auch, Windows so gut wie es geht zu umgehen und, was noch besser ist, GDI loszuwerden. Wenn auch Sie ein »DOS Forever«-Tattoo auf Ihrer Brust tragen, werden Sie erfreut sein zu hören, dass Sie mit DirectDraw eine DirectX-Applikation erzeugen, die auf einer Shell wie etwa WINX.CPP basiert, was einer DOS-Applikation ganz ähnlich ist. (Weitere Informationen über WINX.CPP finden Sie in Kapitel 4.)

Als einer der umfangreichsten Bestandteile von DirectX (nur kleiner als Direct3D) ist DirectDraw sehr leistungsfähig. Sie müssen jedoch nicht alles darüber wissen, um effektiv damit arbeiten zu können. Dieses Kapitel beschreibt die wichtigsten Aspekte von DirectDraw. Komplexere Themen wie beispielsweise die Animation werden in Kapitel 8 beschrieben. Wenn Sie sich mehr dafür interessieren, stellen diese Kapitel einen guten Ausgangspunkt dar.

## DirectDraw - Einführung

DirectDraw ist in der Laufzeitumgebung als .DLL oder in Form mehrerer .DLLs implementiert. So lange DirectX auf dem Computer installiert ist, brauchen Sie sich über die physische Implementierung der DirectX-COM-Objekte keine Gedanken zu machen; das Einzige, um was Sie sich kümmern müssen, sind die Schnittstellen. (Falls Sie mit der Terminologie in diesem Abschnitt noch nicht zurechtkommen, lesen Sie in Kapitel 5 nach.) Abbildung 6.1 zeigt die Beziehungen zwischen den Laufzeitmodulen, der Spieleprogrammdatei und dem Compiler.

Um eine DirectX-Applikation zu schreiben, die DirectDraw verwendet, brauchen Sie nur zwei Dateien in Ihrem Projekt:

✔ DDRAW.H: Die Header-Datei für DirectDraw

✔ DDRAW.LIB: Die Bibliotheksdatei, die den gesamten Code, Imports und das COM-Objekt .DLL-Loader enthält

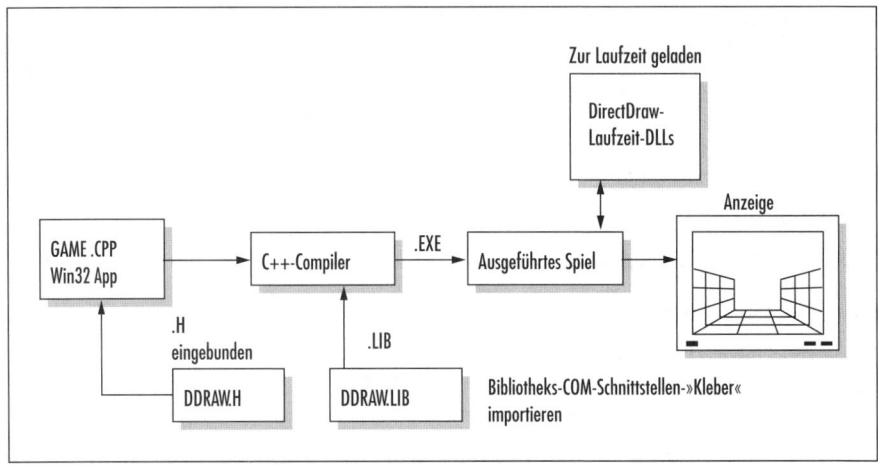

*Abbildung 6.1: Das DirectDraw-Netzwerk*

Sie finden beide Dateien im Unterordner \SDK Ihrer DirectX-Installation unter \INC und \LIB. Abhängig von Ihrem Compiler müssen Sie die Dateien entweder in Ihr lokales Arbeitsverzeichnis kopieren oder mit den Include- und Bibliotheksverzeichnissen Ihres Compilers darauf verweisen. (Ich verwende für gewöhnlich die letztgenannte Methode und setze die Suchpfade des Compilers entsprechend.) In jedem Fall müssen Sie DDRAW.H in alle Ihre Programmprojekte aufnehmen, und Sie *müssen den C++-Compiler verwenden*, nicht den C-Compiler. Darüber hinaus müssen Sie Ihrem Projekt DDRAW.LIB hinzufügen, es sei denn, Sie weisen Ihren Compiler an, es mit der Standardbibliotheksliste zu verlinken.

 Sie müssen entweder die Zeile #define INITGUID oben in Ihr Programm aufnehmen oder die Bibliotheksdatei DXGUID.LIB einbinden. Andernfalls kann der Compiler keine Schnittstellen-GUIDs oder IDs auflösen.

## Schnittstellen zu DirectDraw

Jede COM-Komponente hat mehrere Schnittstellen, und DirectDraw bildet keine Ausnahme. Sie können nur über diese Schnittstellen mit den Komponenten kommunizieren. Abbildung 6.2 zeigt alle DirectDraw-Schnittstellen.

Aus der Perspektive des Software-Designs sind die Schnittstellen von DirectDraw scheinbar zufällig gewählt, was ihre Namen und ihre Funktionalität angeht. Ich finde, die Designer hätten die Schnittstellen auch anders benennen können, aber all meine wohlgemeinten Anrufe zeigten keinerlei Wirkung; Sie müssen also mit einer zufälligen Schnittstelle mit DirectDraw zurechtkommen. Jede Schnittstelle soll einen anderen Teil des Grafiksystems darstellen oder *modellieren*:

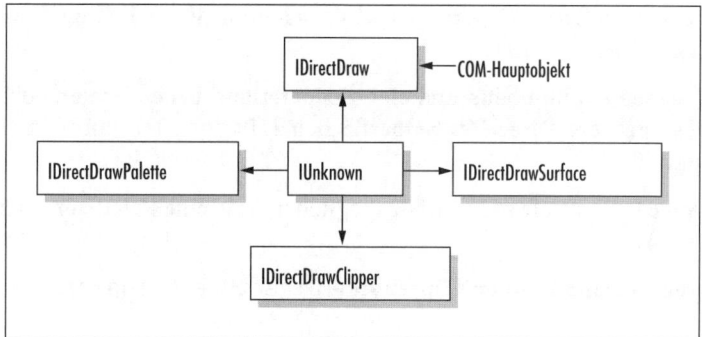

*Abbildung 6.2: Die DirectDraw-Schnittstellen*

✔ IUnknown: Die Schnittstellenklasse, von der alle anderen Schnittstellen abgeleitet werden müssen

✔ IDirectDraw7: Stellt die Grafikkarte dar. Verwenden Sie diese Schnittstelle, um Grafikmodi auszuwählen und die allgemeine Ebene für die Systemkooperation festzulegen. IDirectDraw7 ist die Hauptschnittstelle (der Kern) des COM-Objekts, das Sie erzeugen; von dort aus fordern Sie andere Schnittstellen an. Möglicherweise haben Sie mehrere DirectDraw-Objekte; aus diesem Grund können Sie mehrere Grafikkarten und Anzeigen auf demselben Computer steuern – MMS (Multiple Monitor Support, Unterstützung mehrerer Bildschirme). Beachten Sie die Verwendung von Version 7.0 der Schnittstelle.

✔ IDirectDrawSurface7: Stellt den Grafikspeicher der Zeichenoberfläche(n) dar, auf der bzw. denen Sie arbeiten. DirectDraw-Oberflächen können jedoch auch im Systemspeicher angelegt werden, so dass Sie die Grafik vom Systemspeicher mit Hilfe von Hardware in den Grafikspeicher übertragen. Beachten Sie die Verwendung von Version 7.0 der Schnittstelle, um mit IDirectDraw7 konform zu sein.

✔ IDirectDrawPalette: Stellt die der Zeichenoberfläche zugeordnete Farbpalette dar. Diese Schnittstelle ist in 256-Farben-Modi sowie in Windows-Modi mit Paletten am wichtigsten. In HighColor- oder TrueColor-Modi ist sie weniger relevant.

✔ IDirectDrawClipper: Stellt einen DirectDraw*Clipper* dar, das ist eine Menge aus Rechtecken, in die DirectDraw zeichnen kann. Diese Schnittstelle verwaltet Clipping-Rechtecke und verhält sich wie ein Rendering-Filter. IDirectDrawClipper ist am wichtigsten für die Arbeit mit Fenstermodi.

Natürlich müssen Sie alle Funktionen innerhalb jeder Schnittstelle kennen. Ich zeige Ihnen alle wichtigen Funktionen (oder *Methoden*, falls Sie C++-Fan sind); falls Sie mehr darüber wissen wollen, lesen Sie im wunderbar ausführlichen Hilfesystem des DirectX SDK nach.

Nachfolgend finden Sie einen schnellen Überblick, wie die einzelnen Schnittstellen zu verwenden sind:

1. Legen Sie ein DirectDraw-Objekt an und verschaffen Sie sich Zugriff auf die Hauptschnittstelle, `IDirectDraw7`.
2. Richten Sie einen Grafikmodus und eine Kooperationsebene ein; von dort an erzeugen Sie eine oder mehrere DirectDraw-Oberflächen (`IDirectDrawSurface7`), auf denen Sie zeichnen.
3. Abhängig von der Farbtiefe müssen Sie möglicherweise eine Palette erzeugen (`IDirectDrawPalette`).
4. Legen Sie gegebenenfalls einen Clipper an (`IDirectDrawClipper`).

## Ein DirectDraw-Objekt mit C/C++ anlegen

Weil DirectX und Windows so gut integriert sind, brauchen Sie, um DirectDraw zu benutzen, nur ein DirectDraw-Objekt anzulegen, indem Sie eine minimale Windows-Applikation und ein einziges Fenster für DirectDraw (und DirectX) erstellen, in dem es verankert wird.

Das Fenster ist letztlich nur eine Formalität, aber es stellt die Leitung dar, über die alle DirectX-Komponenten miteinander kommunizieren. Angenommen, Sie haben ein Fenster erzeugt und besitzen eine funktionierende Windows-Applikation, die gar nichts macht – ähnlich `WINX.CPP`, das Sie auf der CD zu diesem Buch finden. Jetzt fügen Sie Ihrer Applikation einfach die Header-Datei `DDRAW.H` und die Bibliothek `DDRAW.LIB` hinzu, und Sie können anfangen, zu codieren. Natürlich enthalten alle auf der CD enthaltenen Demos alle erforderlichen Header (die Sie in Ihrem Arbeitsverzeichnis ablegen sollten, wenn Sie sie kompilieren wollen). Bevor Sie ein DirectDraw-Objekt erzeugen, sollten Sie Folgendes über Datenstrukturen wissen:

DirectX und DirectDraw haben eine Unmenge an Datenstrukturen, und diese Datenstrukturen sind verschachtelt und enthalten unzählige Felder – manchmal ein ineffizientes Design, das jedoch in der Berücksichtigung zukünftiger Entwicklungen begründet ist. Ich werden Ihnen alles zeigen, was Sie brauchen.

Die wichtigste Regel für DirectX-Datenstrukturen ist, dass fast jede davon ein `dwSize`-Feld hat, das die Größe der Datenstruktur angibt und das verwendet wird, um die Länge variabel langer Datenstrukturen zu berechnen, die DirectX verwendet. Sie müssen selbst einen Wert in dieses Feld eintragen – gehen Sie nicht davon aus, dass Windows das für Sie macht. Die meisten DirectX-Probleme entstehen dadurch, dass hier eine entsprechende Zuweisung vergessen wurde.

Um ein DirectDraw7-COM-Objekt zu erzeugen, verwenden Sie die Funktion `DirectDrawCreateEx()`, die den folgenden Prototyp hat:

```
HRESULT DirectDrawCreateEx(GUID FAR *lpGUID,
                           LPVOID *lplpDD,
                           refiid iid,
                           IUnknown FAR *pUnkOuter);
```

- ✔ lpGUID: Eine GUID (Globally Unique Identifier, global eindeutige ID), mit der Sie den Typ des zu verwendenden Grafiktreibers festlegen – das ist der aktuelle Treiber.

- ✔ lplpDD: Hier platziert die Funktion die Adresse der COM-Schnittstelle, falls sie erfolgreich ausgeführt werden konnte. Beachten Sie, dass lplpDD den Typ LPVOID hat, es muss also gecastet werden.

- ✔ iid: Die Schnittstellen-ID der angeforderten Schnittstelle, in diesem Fall IID_IDirectDraw7.

- ✔ pUnkOuter: Ein komplexes Funktionsmerkmal; setzen Sie es immer auf NULL.

Beachten Sie, dass der Rückgabetyp gleich HRESULT ist, ein Standardrückgabetyp für viele DirectX-Aufrufe. Sie müssen den Rückgabewert mit vordefinierten Konstanten und nicht auf TRUE, FALSE oder NULL vergleichen. Wenn eine Funktion erfolgreich war, gibt sie normalerweise DD_OK zurück, andernfalls irgendetwas anderes. Testen Sie also immer auf DD_OK, um zu überprüfen, ob eine Funktion erfolgreich war. Darüber hinaus können Sie mit Hilfe des Makros FAILED() testen, ob eine DirectX-Funktion fehlgeschlagen ist. Schließen Sie einfach einen beliebigen DirectX-Funktionsaufruf in das Makro FAILED() ein.

Nachfolgend finden Sie den Code zum Erzeugen eines DirectDraw-Objekts:

```
LPDIRECTDRAW7 lpdd; // Zeiger auf Schnittstellenobjekt
// Objekt erstellen und auf Fehler prüfen
if (DirectDrawCreateEx(NULL, (void **)&lpdd, IID_IDirectDraw7, NULL)!=DD_OK)
    { /* Fehler */ }
```

War der Aufruf erfolgreich, verweist lpdd auf eine gültige DirectDraw-Objektschnittstelle, und Sie können lpdd für den Aufruf von Funktionen verwenden. Beachten Sie jedoch, dass sich alle Funktionen (Methoden) in einer virtuellen Funktionstabelle (VTABLE) befinden; Sie müssen also die Syntax für die Zeigerdereferenzierung verwenden:

```
lpdd->funktion(parameter...);
```

Wenn Sie die DirectDraw-Schnittstelle nicht mehr brauchen, geben Sie sie frei, wenn Ihre Applikation beendet wird, nämlich so:

```
lpdd->Release();
```

PROG8_1.CPP auf der CD zum Buch ist ein Beispiel dafür, wie ein DirectDraw-Objekt erzeugt und zerstört wird. Dieses Programm basiert auf der WinX-Spielekonsolen-Shell (siehe Kapitel 4), so dass das Objekt in GameInit() erzeugt wird, etwa wie folgt:

```
int Game_Init(void *parms)
{
// Spiel hier initialisieren
// Objekt erzeugen und auf Fehler prüfen
if (DirectDrawCreateEx(NULL, (void **)&lpdd, IID_IDirectDraw7, NULL)!=DD_OK)
    return(0);
```

```
                // Erfolg zurückmelden
                return(1);
                } // end Game_Init
```

Das DirectDraw-Objekt wird in `Game_Shutdown()` freigegeben:

```
int Game_Shutdown(void *parms)
{
// Hier beenden und Ressourcen freigeben
// DirectDraw-Objekt freigeben
if (lpdd!=NULL)
   lpdd->Release();
// Erfolg zurückmelden
return(1);
} // end Game_Shutdown
```

Beachten Sie den Vergleich, der prüft, ob `lpdd` ungleich `NULL` ist – gute defensive Programmierung. Die Freigabe eines `NULL`-Objekts muss nicht weh tun, kann es aber, deshalb ist dieser Vergleich eine Absicherung. Möglicherweise verursacht die Freigabe eines `NULL`-COM-Objekts irgendwann in der Zukunft ein Wurmloch oder etwas ähnlich Bedrohliches, gehen Sie also auf Nummer sicher, damit Sie nicht im Delta-Quadranten landen.

## Mit Windows gut auskommen: Kooperation

Nachdem Sie ein DirectDraw-Objekt erstellt haben, müssen Sie die *Kooperationsebene* festlegen. Windows ist eine kooperative, gemeinsam genutzte Umgebung, deshalb muss DirectDraw (so wie das gesamte DirectX) mit Windows zusammenarbeiten – es kann nicht einfach das gesamte Grafiksystem übernehmen, zumindest nicht, ohne Windows zuvor Bescheid zu sagen!

Durch die Festlegung der Kooperationsebene steuern Sie die folgenden Dinge:

✔ Ob Ihre Applikation in einem Fenster oder über den gesamten Bildschirm ausgeführt wird

✔ Ob Sie Mode-X-Grafikmodi verwenden wollen (320 x 200, 320 x 240)

✔ Ob der Benutzer das Spiel mit `Strg`+`Alt`+`Entf` verlassen kann

Die Funktion für die Festlegung der Kooperationsebene ist `SetCooperativeLevel()` – ein guter Name! Hier der Prototyp:

```
HRESULT SetCooperativeLevel(HWND hWnd,  // Fenster-Handle
            DWORD dwFlags); // Flags für die Kooperationsebene
```

Tabelle 6.1 beschreibt die wichtigsten Flag-Einstellungen.

| Wert | Beschreibung |
|---|---|
| DDSCL_ALLOWMODEX | Erlaubt die Verwendung von Mode-X-Anzeigemodi. Dieses Flag muss in Kombination mit den Flags DDSCL_EXCLUSIVE und DDSCL_FULLSCREEN verwendet werden. |
| DDSCL_ALLOWREBOOT | Erlaubt, dass die Tastenkombination [Strg]+[Alt]+[Entf] im Ausführungsmodus (Vollbild) aktiviert ist. |
| DDSCL_EXCLUSIVE | Fordert ausschließlichen Zugriff. Dieses Flag muss in Kombination mit dem Flag DDSCL_FULLSCREEN verwendet werden. |
| DDSCL_FULLSCREEN | Zeigt an, dass DirectDraw die gesamte Grafikanzeige aktualisiert und GDI nicht auf die Anzeige schreibt. Dieses Flag muss in Kombination mit dem Flag DDSCL_EXCLUSIVE verwendet werden. |
| DDSCL_NORMAL | Zeigt an, dass sich die Applikation wie eine reguläre Windows-Applikation verhält. Dieses Flag kann nicht in Kombination mit DDSCL_ALLOWMODEX, DDSCL_EXCLUSIVE oder DDSCL_FULLSCREEN verwendet werden. |
| DDSCL_MULTITHREADED | Fordert Multithread-sicheres DirectDraw-Verhalten an. Veranlasst Direct3D, den global kritischen Abschnitt häufiger zu übernehmen. |
| DDSCL_NOWINDOWCHANGES | Legt fest, dass DirectDraw das Applikationsfenster bei der Aktivierung nicht minimieren oder wiederherstellen kann. |

*Tabelle 6.1: Flags für die Kooperationsebene von DirectDraw*

Auf den ersten Blick erscheinen Ihnen die Flags vielleicht verwirrend, aber nachfolgend finden Sie einige allgemeine Regeln.

✔ Um eine DirectX-Applikation zu erzeugen, die in einem Fenster ausgeführt wird, verwenden Sie DDSCL_NORMAL und setzen die Kooperationsebene wie folgt, wobei lpdd die DirectDraw-Schnittstelle ist und hwnd das Handle auf das Zielfenster (normalerweise das einzige Fenster in Ihrer Applikation):

```
LPDIRECTDRAW7 lpdd; // ein DirectDraw-Objektzeiger
// Fenster erzeugen und Handle in hwnd laden.
// directdraw7-Objekt erzeugen
if (DirectDrawCreateEx(NULL, (void **)&lpdd, IID_IDirectDraw7, NULL)!=DD_OK)
   { /* Fehler */ }
// Kooperationsebene auf normalen Fenstermodus setzen
lpdd->SetCooperativeLevel(hwnd,DDSCL_NORMAL);
```

✔ Um eine Vollbild-Applikation zu erzeugen, verwenden Sie DDSCL_ALLOWMODEX | DDSCL_FULLSCREEN | DDSCL_EXCLUSIVE | DDSCL_ALLOWREBOOT. Auch wenn Ihre Applikation möglicherweise nicht Mode X verwendet, macht es keine Probleme, das Flag zu setzen. Und so setzen Sie die Kooperationsebene:

```
HRESULT SetDisplayMode(
    DWORD dwWidth,      // Breite des Modus, in Pixel
    DWORD dwHeight,     // Höhe des Modus, in Pixel
```

```
DWORD dwBPP,         // Bits pro Pixel
DWORD dwRefreshRate, // Wiederholfrequenz, auf 0 gesetzt
DWORD dwFlags);      // Flags, auf 0 gesetzt
```

Mit dieser Flag-Einstellung kann Ihre Applikation in den Mode X gehen, ebenso wie in die normalen Grafikmodi. Darüber hinaus kann der Benutzer die Applikation mit Strg + Alt + Entf abbrechen, was ein praktisches Funktionsmerkmal ist, weil die meisten Spiele seit Anfang aller Zeiten bis heute dem Benutzer erlauben, das Spiel zu verlassen, indem er Strg + Alt + Entf drückt.

Nachfolgend sehen Sie ein letztes Beispiel dafür, wie man ein DirectDraw-Objekt erzeugt und die Kooperationsebene festlegt:

```
LPDIRECTDRAW7 lpdd; // ein DirectDraw-Objektzeiger
// Fenster erzeugen und Handle in hwnd laden
// directdraw-Objekt erzeugen
if (DirectDrawCreateEx(NULL, (void **)&lpdd, IID_IDirectDraw7, NULL)!=DD_OK)
    { /* Fehler */ }
// Kooperationsebene auf normalen Fenstermodus setzen
lpdd->SetCooperativeLevel(hwnd,DDSCL_ALLOWMODEX |
    DDSCL_FULLSCREEN | DDSCL_EXCLUSIVE | DDSCL_ALLOWREBOOT);
// Anzeigemodus festlegen
if ((lpdd->SetDisplayMode(640,480,8,0,0))!=DD_OK)
    { /* Fehler */ }
```

Um die Arbeit mit SetCooperativeLevel() zu verfolgen, führen Sie PROG8_2.CPP aus, das Sie auf der CD zum Buch finden. Dieses Programm implementiert die Einstellung der Kooperationsebene. Der Code befindet sich in den Funktionen Game_Init() und Game_Shutdown() der WinX-Konsole. Das Programm macht nicht besonders viel; es sitzt einfach nur herum.

Wenn Sie im DirectX SDK nach SetCooperativeLevel() suchen, sehen Sie etwas wie IDirectDraw7::SetCooperativeLevel(...), was für C-Programmierer recht exotisch aussieht. Wenn Sie C++-Programmierer sind, sollte es Ihnen vertraut vorkommen, aber was ist IDirectDraw7? Es ist die siebte Version der Originalschnittstelle IDirectDraw. Mit jeder neuen Version von DirectX ändert Microsoft den Code. Die Änderung einer Schnittstelle ist nicht erlaubt, deshalb muss Microsoft eine neue Schnittstelle einführen, die die Stelle der vorherigen einnimmt – und genau daher stammt die Bezeichnung IDirectDraw7. Sie brauchen sich keine Gedanken darüber zu machen – wenden Sie einfach die Funktion SetCooperativeLevel() an, den Rest erledigt COM für Sie.

## Auswahl von Grafikmodi

Die Änderung des Grafikmodus ist ein wichtiges Funktionsmerkmal von DirectDraw. Im Win32-API ist die Änderung des Grafikmodus möglich, aber das ist fast, als würde man Materie mit Antimaterie mischen – man macht es einfach nicht. Mit DirectDraw ist diese Aufgabe leicht zu bewältigen.

Der Grafikmodus wird mit der Funktion `SetDisplayMode()` geändert, und Sie verwenden sie, um die horizontale und vertikale Auflösung sowie die Farbtiefe in Bit pro Pixel festzulegen. Wenn Ihre Grafikkarte den gewählten Modus unterstützt und genügend Speicher dafür vorhanden ist, berechnet DirectDraw die richtigen Parameter, um sie an den Grafiktreiber für den angeforderten Modus zu senden. Und Simsalabim – der Bildschirm wechselt den Modus. Nachfolgend der Prototyp von `SetDisplayMode()`:

```
HRESULT SetDisplayMode(
    DWORD dwWidth,          // Breite des Modus, in Pixel
    DWORD dwHeight,         // Höhe des Modus, in Pixel
    DWORD dwBPP,            // Bits pro Pixel
    DWORD dwRefreshRate,    // Wiederholfrequenz, auf 0 gesetzt
    DWORD dwFlags);         // Flags, auf 0 gesetzt
```

Am Ende der Funktionssignatur finden Sie mehrere zusätzliche Parameter: `dwRefreshRate` und `dwFlags`, wobei es sich um komplexe Funktionsmerkmale handelt, um die Sie sich nicht zu kümmern brauchen. Setzen Sie sie auf 0 oder lassen Sie sie weg – der Standardwert ist 0.

## *Bringen Sie DirectX online!*

Nachfolgend finden Sie ein vollständiges Beispiel, wie Sie ein DirectDraw-Objekt erzeugen, die Kooperationsebene festlegen und den Grafikmodus 640 x 480 mit 8-Bit-Farbe anfordern:

```
LPDIRECTDRAW7 lpdd; // ein DirectDraw-Objektzeiger
// Fenster erzeugen und Handle in hwnd laden
// directdraw-Objekt erzeugen
if (DirectDrawCreateEx(NULL, (void **)&lpdd, IID_IDirectDraw7, NULL)!=DD_OK)
    { /* Fehler */ }
// Kooperationsebene auf normalen Fenstermodus setzen
lpdd->SetCooperativeLevel(hwnd,DDSCL_ALLOWMODEX |
    DDSCL_FULLSCREEN | DDSCL_EXCLUSIVE | DDSCL_ALLOWREBOOT);
// Anzeigemodus festlegen
if ((lpdd->SetDisplayMode(640,480,8,0,0))!=DD_OK)
    { /* Fehler */ }
```

Dieser Code überprüft das Ergebnis des Funktionsaufrufes dahingehend, ob ein Fehler aufgetreten ist. Dabei wird nur *geprüft*, ob ein Fehler vorliegt. Wenn Sie weitere Informationen brauchen, vergleichen Sie `HRESULT` mit mehreren Fehlerkonstanten, die `SetDisplayMode()` möglicherweise zurückgibt. (Weitere Informationen über Fehlercodes finden Sie in Ihrem DirectX SDK.)

Darüber hinaus brauchen Sie das Flag `DDSCL_ALLOWMODEX` nicht, es sei denn, Sie wollen Mode-X-Modi unterstützen, aber das macht keinerlei Probleme, selbst wenn Sie das nicht tun. Der Mode-X-Modus 320 x 240 mit 256 Farben wird wie folgt angefordert:

```
if ((lpdd->SetDisplayMode(320,240,8,0,0))!=DD_OK)
    { /* Fehler */ }
```

Der nachfolgende Befehl fordert einen Modus von 800 x 600 mit 16-Bit-HighColor an:

```
if ((lpdd->SetDisplayMode(800,600,16,0,0))!=DD_OK)
   { /* Fehler */ }
```

Für diesen Modus ist es erforderlich, dass mindestens 800 x 600 x 2 Byte (960.000) Grafikspeicher vorhanden ist. Sie brauchen also mindestens eine 1-MB-Grafikkarte.

`SetDisplayMode()` ist eine einfache DirectDraw-Funktion. Sie können den Grafikmodus jederzeit wechseln. Normalerweise entsteht bei jedem Wechseln ein hässlicher Schluckauf für den Bildschirm.

Um glatte Grafikmoduswechsel zu erzielen, erzeugen Sie Ihr Hauptfenster als `WS_POPUP`, nicht als `WS_OVERLAPPEDWINDOW`. Damit erzeugen Sie ein Fenster ohne Rahmen und Steuerelemente, das wie eine Darstellung im Vollbildmodus aussieht. Wenn Sie das Fenster erzeugen, machen Sie es so groß wie den aktuellen Grafikmodus. Mit `GetSystemMetrics()` fragen Sie die aktuelle Bildschirmgröße ab. Hier ein Beispiel:

```
// Vollbild-Popup-Fenster erzeugen
if (!(hwnd = CreateWindow(WINDOW_CLASS_NAME, // Klasse
          "WinX Game Console",     // Titel
          WS_POPUP | WS_VISIBLE,   // Flags
          0,0,                     // x,y-Position
          GetSystemMetrics(SM_CXSCREEN), // max. Breite
          GetSystemMetrics(SM_CYSCREEN), // max. Höhe
          NULL,      // Handle übergeordnetes Fenster
          NULL,      // Handle für das Menü
          hinstance,// Instanz
          NULL)))    // Parameter für die Erstellung
   return(0);
```

PROG8_3.CPP enthält ein Beispiel. Das Programm erzeugt ein DirectDraw-Objekt, legt die Kooperationsebene fest und setzt den Grafikmodus auf 640 x 480 mit 8-Bit-Farbe und dem Flag `WS_OVERLAPPEDWINDOW`, um Fensterrahmen anzuzeigen. Um die Rahmen zu entfernen, ersetzen Sie das Flag `WS_OVERLAPPEDWINDOW` durch `WS_POPUP`. (Versuchen Sie, das Programm so umzuformulieren, dass sich der Grafikmodus durch einen Tastendruck oder einen Menübefehl ändert!)

# Die DirectDraw-Farbstifte

*In diesem Kapitel*

- Erstellen Sie Oberflächen
- Manipulieren Sie die Farbpalette
- Zeichnen Sie mit DirectDraw

In diesem Kapitel zeige ich Ihnen, wie Sie DirectDraw in der Praxis einsetzen und etwas auf den Bildschirm zeichnen. Sie sehen, wie man Pixel ausgibt, Farben ändert, mit Oberflächen arbeitet und vieles andere mehr. Seien Sie sorgfältig – dieses Kapitel enthält viele wichtige Informationen und neues Vokabular, das Sie kennen sollten, nehmen Sie sich also wirklich Zeit, bis Sie alles verstanden haben.

## Auf die Leinwand zeichnen: DirectDraw-Oberflächen

DirectDraw bezeichnet den darstellbaren Speicher als *Oberflächen*. Hier zeichnen Sie Ihre Bilder, egal ob in 2D oder in 3D. Abbildung 7.1 verdeutlicht das Konzept der Oberflächen. Normalerweise haben Sie mindestens eine Oberfläche – die *primäre* Oberfläche –, die den sichtbaren Grafikbildschirm darstellt und die in der Realität direkt auf den Grafikspeicher auf der Grafikkarte (VRMA) abgebildet wird.

Obwohl es sich bei einer Oberfläche letztlich nur um Speicher handelt, müssen mehrere Konzepte berücksichtigt werden:

- ✔ **Eine Oberfläche kann beliebig groß sein.** Die primäre Oberfläche muss dieselbe Größe wie die aktuelle Bildschirmauflösung haben, aber andere Oberflächen können beliebige Größen annehmen, wie in Abbildung 7.2 gezeigt.

- ✔ **Sie können Oberflächen im Grafikmodus (wenn Sie Platz dafür haben) oder im Systemspeicher erzeugen.** Natürlich sind viele Operationen schneller, wenn sie im Grafikspeicher ausgeführt werden, aber wenn Ihnen der Grafikspeicher ausgeht, können Sie Oberflächen auch im Systemspeicher erzeugen.

Speicheroperationen, die innerhalb des Grafikspeichers ausgeführt werden, sind in vielen Fällen schneller, weil der Speicher on-board verschoben werden kann, ohne dass dafür der langsame Systembus benutzt werden muss. Darüber hinaus unterstützen viele Grafikkarten multi-ported VRAM (Video RAM), so dass Sie auf den Speicher zugreifen können, während er als Grafik gerastert wird.

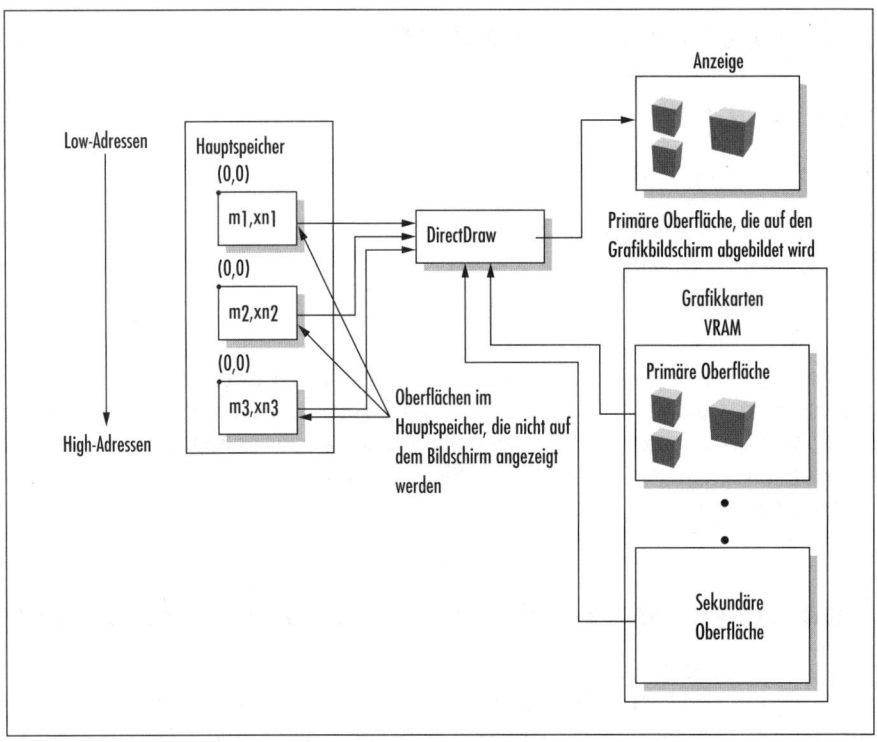

*Abbildung 7.1: Das Konzept der DirectDraw-Oberflächen im Detail*

✔ **Alle Oberflächen haben dieselben Eigenschaften, was Bittiefe und Farbraum betrifft.** Wenn Sie eine Oberfläche erzeugen, ist sie mit der primären Oberfläche kompatibel (wenn Sie sie aus demselben DirectDraw-Objekt erzeugt haben), und Sie können Daten zwischen den Oberflächen kopieren. Diese Kompatibilität ist erforderlich, weil die Daten auf jeder Oberfläche dasselbe Format haben müssen – DirectDraw wäre verwirrt, würden Sie es anweisen, ein Bild von einer Oberfläche mit 8 Bit auf eine Oberfläche mit 24 Bit zu kopieren.

Ein typisches Windows-Programm weist die folgenden Komponenten auf:

✔ **Primäre Anzeigeoberfläche:** Wie ich in der Einführung zu diesem Abschnitt bereits erwähnt habe, stellt die primäre Oberfläche den sichtbaren Grafikbildschirm dar und wird direkt auf den Grafikspeicher auf der Grafikkarte (VRAM) abgebildet.

✔ **Sekundäre Anzeigeoberfläche für die Animation.** Diese Oberfläche, die auch als *Backbuffer* bezeichnet wird, hat dieselbe Struktur wie die primäre Oberfläche, aber ihr Inhalt wird nicht auf dem Bildschirm angezeigt und sie wird als Arbeitsbereich verwendet, um den nächsten Animationsframe zu rendern.

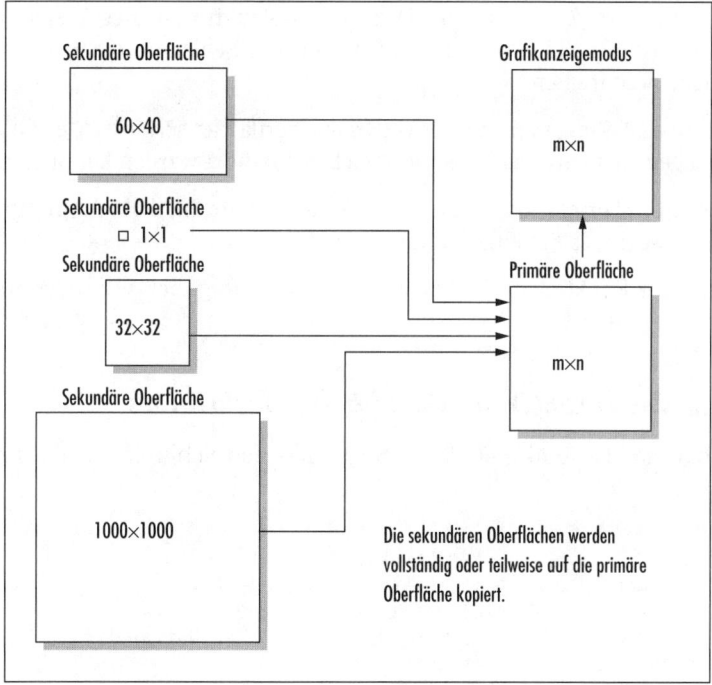

*Abbildung 7.2: Oberflächen haben viele Größen und Formen.*

✔ **Oberflächen, die nicht auf dem Bildschirm angezeigt werden:** Diese reinen Oberflächen enthalten Bitmaps, Sprites oder Bildschirmelemente (beispielsweise Schrift oder Raumschiffe), die Sie schnell mit Hilfe der Hardware-Beschleunigung anzeigen wollen.

## Die Arbeit mit primären Oberflächen

Wenn Sie irgendetwas zeichnen, müssen Sie mindestens eine primäre Oberfläche erstellen. Um eine beliebige Oberfläche zu erstellen, füllen Sie eine DDSURFACEDESC-Datenstruktur mit den entsprechenden Werten und rufen die Funktion CreateSurface() auf, die die Oberfläche dafür erzeugt.

Betrachten Sie zuerst die Funktion CreateSurface(). Anschließend werde ich Ihnen die Details der Datenstrukturen erklären.

```
HRESULT CreateSurface(
        LPDDSURFACEDESC2 lpDDSurfaceDesc,
        LPDIRECTDRAWSURFACE7 FAR *lplpDDSurface,
        IUnknown FAR *pUnkOuter);
```

- ✔ lpDDSurfaceDesc: Zeiger auf eine DirectDraw-Struktur zur Beschreibung der Oberfläche. Innerhalb dieses Zeigers setzen Sie verschiedene Felder, die die von Ihnen gewünschte Oberfläche beschreiben.

- ✔ lplpDDSurface: Zeiger auf eine DirectDraw-Oberflächenschnittstelle, die von der Funktion zurückgegeben wird, falls sie erfolgreich ausgeführt werden konnte.

- ✔ pUnkOuter: Ein komplexes Funktionsmerkmal, das für die COM-Aggregation verwendet wird; setzen Sie dieses Feld immer auf NULL.

Wie immer gibt die Funktion DD_OK zurück, falls sie erfolgreich war, oder andernfalls verschiedene andere Konstanten.

## Die Struktur des DirectDraw-Oberflächendeskriptors

Jetzt betrachten Sie die DDSURFACEDESC-Struktur – den Schlüssel für das Erzeugen einer Oberfläche:

```
typedef struct _DDSURFACEDESC2 {
    DWORD dwSize;   // Größe dieser Struktur, in Byte;
                    // dieses Feld müssen Sie selbst setzen
    DWORD dwFlags;  // Flags-Feld, das angibt, welche Felder
                    // dieser Struktur gültige Daten enthalten
    DWORD dwHeight; // Breite der Oberfläche
    DWORD dwWidth;  // Höhe der Oberfläche
    union
    {
    LONG   lPitch;        // Anzahl der Bytes pro Zeile
    DWORD  dwLinearSize;  // für die Komprimierung verwendet
    } DUMMYUNIONNAMEN(1);
    DWORD  dwBackBufferCount; // Anzahl der Backbuffer
    union
    {
    DWORD dwMipMapCount;  // Anzahl der mip-Ebenen
    DWORD dwRefreshRate;  // Wiederholfrequenz in Hz
    } DUMMYUNIONNAMEN(2);
    DWORD  dwAlphaBitDepth; // Anzahl Bits für Alpha
    DWORD  dwReserved;
    LPVOID lpSurface;       // Zeiger auf Oberflächenspeicher
    union
    {
    DDCOLORKEY ddckCKDestOverlay; // Farbschlüssel für Ziel-Overlay
    DWORD      dwEmptyFaceColor;  // 3D-Dinge
    } DUMMYUNIONNAMEN(3);
    DDCOLORKEY ddckCKDestBlt;    // Farbschlüssel für Ziel-Blitter
    DDCOLORKEY ddckCKSrcOverlay; // Farbschlüssel für Overlay
    DDCOLORKEY ddckCKSrcBlt;     // Farbschlüssel für Quell-Blitter
    DDPIXELFORMAT ddpfPixelFormat; // allgemeines Pixelformat
    DDSCAPS2 ddsCaps;            // Bits für die Funktionsmerkmale
    DWORD    dwTextureStage;     // 3D-Dinge
} DDSURFACEDESC2, FAR* LPDDSURFACEDESC2;
```

Tabelle 7.1 listet die verschiedenen Flag-Einstellungen auf, mit denen definiert wird, welche Elemente von `DDSURFACEDESC2` gültig sind.

| Wert | Bedeutung, wenn es gesetzt ist |
| --- | --- |
| DDSD_ALL | Alle Eingabeelemente sind gültig. |
| DDSD_ALPHABITDEPTH | Das Element `dwAlphaBitDepth` ist gültig. |
| DDSD_BACKBUFFERCOUNT | Das Element `dwBackBufferCount` ist gültig. |
| DDSD_CAPS | Das Element `ddsCaps` ist gültig. |
| DDSD_CKDESTBLT | Das Element `ddckCKDestBlt` ist gültig. |
| DDSD_CKDESTOVERLAY | Das Element `ddckCKDestOverlay` ist gültig. |
| DDSD_CKSRCBLT | Das Element `ddcdCKSrcBlt` ist gültig. |
| DDSD_HEIGHT | Das Element `dwHeigth` ist gültig. |
| DDSD_LINEARSIZE | Nicht genutzt. |
| DDSD_LPSURFACE | Das Element `lpSurface` ist gültig. |
| DDSD_MIPAPCOUNT | Das Element `dwMipMapCount` ist gültig. |
| DDSD_PTICH | Das Element `lPitch` ist gültig. |
| DDSD_PIXELFORMAT | Das Element `ddpfPixelFormat` ist gültig. |
| DDSD_REFRESHRATE | Das Element `ddRefreshRate` ist gültig. |
| DDSD_WIDTH | Das Element `dwWidth` ist gültig. |
| DDSD_ZBUFFERBITDEPTH | Das Element `dwZBufferBitDepth` ist gültig. |

*Tabelle 7.1: Flag-Einstellungen für DDSURFACEDESC2-dwFlags*

Wie Sie sehen, ist `DDSURFACEDESC2` relativ komplex. Sie verwenden es als Kommunikationskanal zur Oberfläche. Sie können Felder darin setzen, um eine Oberfläche zu erzeugen oder zu ändern, und Sie können anfordern, dass Felder entsprechend einer bestimmten Oberfläche gefüllt werden. Ich beschreibe hier nicht *alle* Felder, sondern nur diejenigen, die Sie momentan brauchen. Die wichtigsten Felder sind:

✔ `dwSize`: Muss von Ihnen auf die Größe der `DDSURFACEDESC`-Struktur gesetzt werden.

✔ `dwFlags`: Enthält die Flags für gültige Feldinformationen. Mit anderen Worten, Sie müssen das Flags-Feld auf den Wert aller mit `ODER` verknüpften Felder setzen, die Sie ändern oder lesen wollen. Tabelle 7.2 listet die gültigen Flags auf.

✔ `dwHeight`: Enthält die Höhe der Oberfläche, angegeben in Pixel.

✔ `dwWidth`: Enthält die Breite der Oberfläche, angegeben in Pixel.

✔ `lpSurface`: Enthält einen Zeiger auf das VRAM der Oberfläche, wenn die Oberfläche gesperrt ist. Das *Sperren* weist DirectDraw darauf hin, dass Sie einen Teil des Oberflächenspeichers anderweitig verwenden werden.

✔ `dwBackBufferCount`: Gibt die Anzahl der Offscreen-Puffer oder Seiten an. DirectDraw erlaubt, mehrere Oberflächen zu erzeugen, so dass Sie eine glatte Animation realisieren können, indem Sie eine Oberfläche schon zeichnen, während die andere noch angezeigt wird.

✔ `lPitch`: Enthält den *Speicher-Pitch* der Oberfläche, d.h. die Anzahl der Bytes pro Zeile.

✔ `ddsCaps`: Enthält weitere Funktionsmerkmale der Oberfläche. Dabei handelt es sich letztlich um ein `DWORD`-Flags-Register, wie nachfolgend gezeigt:

```
typedef struct _DDSCAPS2 {
    DWORD    dwCaps;
    DWORD    dwCaps2;
    DWORD    dwCaps3;
    DWORD    dwCaps4;
} DDSCAPS2, FAR* LPDDSCAPS2;
```

✔ `dwCaps*`: Enthält die Funktionsmerkmale, die Sie für eine Oberfläche wünschen. Die meisten davon sind komplex. Tabelle 7.2 zeigt nur einen Auszug aus der Liste für das `dwCaps`-Element (das größtenteils das einzige ist, das Sie brauchen), aber das sollte für Ihre ersten Schritte ausreichend sein. Die anderen Elemente, `dwCaps2-4`, sind für komplexe 3D-Aktionen vorgesehen.

| Wert | Bedeutung |
| --- | --- |
| DDSCAPS_BACKBUFFER | Die Oberfläche ist in einer Flipping-Kette (d.h., es wird zwischen den verschiedenen Puffern umgeschaltet) ein Backbuffer. |
| DDSCAPS_COMPLEX | Die Oberfläche ist Teil einer komplexen Oberfläche, die aus mehr als nur einer primären Oberfläche besteht. |
| DDSCAPS_FLIP | Für diese Oberfläche ist ein Flipping möglich. |
| DDSCAPS_FRONTBUFFER | Diese Oberfläche ist die erste, oder der *Frontbuffer* (das ist der sichtbare Teil des Bildspeichers), in einer Flipping-Struktur. |
| DDSCAPS_MODEX | Es handelt sich um eine 320x200- oder 320x240-Mode-X-Oberfläche. |
| DDSCAPS_OFFSCREENPLAIN | Die Oberfläche ist eine beliebige Offscreen-Oberfläche, bei der es sich nicht um eine Overlay-, Textur-, Z-Buffer-, Frontbuffer, Backbuffer- oder Alpha-Oberfläche handelt. Normalerweise wird dieses Flag für Sprites und Bitmaps verwendet. |
| DDSCAPS_OWND | Der Oberfläche ist für lange Zeit ein Kontext für ein Windows-Gerät zugewiesen. |
| DDSCAPS_PRIMARYSURFACE | Die Oberfläche ist die primäre Oberfläche, d.h., sie ist sichtbar und kann gerendert werden. |
| DDSCAPS_STANDARDVGAMODE | Die Oberfläche ist eine Standard-VGA-Modus-Oberfläche, keine Mode-X-Oberfläche. |
| DDSCAPS_SYSTEMMEMORY | Der Oberflächenspeicher soll im Systemspeicher reserviert werden. |

*Tabelle 7.2: Flags für die DDSCAPS-Oberflächenmerkmale in DirectDraw*

Nachdem Sie all diese Datenstrukturen und Flags betrachtet haben, sind Sie vermutlich vollends verwirrt. Wenn nicht, lesen Sie noch einmal nach, bis Sie es sind. Microsoft war auf diesem Gebiet vielleicht etwas übereifrig, aber Sie müssen wirklich nur sehr wenig über diese Dinge wissen, um etwas zum Laufen zu bringen.

## *Eine primäre Oberfläche erzeugen*

Um eine primäre Oberfläche zu erzeugen, müssen Sie eine `DDSURFACEDESC2`-Beschreibungsstruktur einrichten, mit den entsprechenden Einstellungen und Flags innerhalb der untergeordneten `DDSCAPS2`-Struktur, und dann `CreateSurface()` aufrufen. Nachfolgend sehen Sie die Abfolge für das Erzeugen einer Oberfläche ohne Fehlerüberprüfung:

```
// Zeiger auf DirectDraw-Objekt
LPDIRECTDRAW7 lpdd;
// Nimmt die DirectDraw-Oberflächenbeschreibung auf
DDSURFACEDESC2 ddsd;
// hier wird der Schnittstellenzeiger abgelegt,
// wenn die Oberfläche erzeugt ist
LPDIRECTDRAWSURFACE7 lpddsprimary;
// DirectDraw-Objekt erzeugen
DirectDrawCreateEx(NULL, (void **)&lpdd, IID_IDirectDraw7, NULL);
// Kooperationsebene festlegen
lpdd->SetCooperativeLevel(hwnd, DDSCL_ALLOWREBOOT |
        DDSCL_ALLOWMODEX | DDSCL_FULLSCREEN |
        DDSCL_EXCLUSIVE );
// Anzeigemodus festlegen; Konstanten werden als definiert
// angenommen
lpdd->SetDisplayMode(SCREEN_WIDTH,SCREEN_HEIGHT,
            SCREEN_BPP,0,0);
// die primäre Oberfläche erzeugen
// Größe manuell festlegen -- sehr wichtig!
ddsd.dwSize  = sizeof(ddsd);
// das einzige Feld, das Sie ändern, deshalb müssen Sie in den
// Flags angeben, dass Sie eine primäre Oberfläche erzeugen
// wollen; in diesem Fall müssen Sie sonst nichts definieren,
// weil DirectDraw die Auflösung sowie die Farbe des Grafikmodus
// bereits kennt
ddsd.dwFlags = DDSD_CAPS;
// Funktionsmerkmale für Ihre primäre Oberfläche festlegen
ddsd.ddsCaps.dwCaps = DDSCAPS_PRIMARYSURFACE;
// Oberfläche erzeugen und auf Fehler prüfen
if (lpdd->CreateSurface(&ddsd,&lpddsprimary,NULL)!=DD_OK)
    { /* Fehler */ }
```

Die Fehlercodes für `CreateSurface()` sind im DirectX SDK beschrieben, wie üblich, aber im Allgemeinen reicht eine Überprüfung auf `DD_OK` aus, es sei denn, Sie wollen wirklich genau wissen, was schief gelaufen ist.

Als guter Spieleprogrammierer müssen Sie immer daran denken, jede COM-Schnittstelle mit `Release()` freizugeben. Weil sich in diesem Fall die Oberfläche vom DirectDraw-Objekt ableitet, müssen Sie zuerst die Oberflächen-Schnittstelle und dann das eigentliche DirectDraw-Objekt freigeben, wie in einem Stapel. Und das geht so:

```
// Zuerst Oberfläche freigeben, aber auf NULL prüfen
if (lpddsprimary)
    lpddsprimary->Release();
// jetzt das eigentliche DirectDraw-Objekt freigeben
if (lpdd)
    lpdd->Release();
```

Dieser Code erzeugt eine DirectX-Applikation in beliebiger Auflösung, mit einer ihr zugeordneten Zeichenoberfläche, auf die `lpddprimary` verweist. Betrachten Sie als Beispiel dafür `PROG9_1.CPP` auf der CD zum Buch, das diesen Code implementiert und die Grafikkarte in den 800x600x16-Modus versetzt. Falls Ihre Karte diesen Modus nicht unterstützt, informiert das Programm Sie darüber. Natürlich sehen Sie nur einen leeren Bildschirm, weil Sie noch nicht wissen, wie man auf die primäre Oberfläche zeichnet.

Ich verwende im Allgemeinen zwei verschiedene Konventionen für die Angabe der Auflösung: (Breite x Höhe x Farbgesamtzahl) und (Breite x Höhe x Bits pro Pixel). 320 x 240 x 256 ist also dasselbe wie 320 x 240 x 8; analog dazu ist 640 x 480 x 65536 dasselbe wie 640 x 480 x 16. Manchmal ist die eine Form praktischer, manchmal die andere – abhängig vom Kontext.

## Linearer oder nicht linearer Speicher

Eine *Oberfläche* ist ein Speicherabschnitt, der sich auf der Grafikkarte oder im Systemspeicher befindet, der aber nicht unbedingt linear sein muss (wie im vorigen Abschnitt angenommen wurde). Abbildung 7.3 zeigt eine Oberfläche mit 640 Bytes pro Zeile und 480 Zeilen. Diese Zahlen sind für Grafikmodi mit linearem Speicher korrekt, nicht aber für *nicht linearen Speicher*.

Falls Ihre Grafikkarte den von Ihnen angeforderten Modus im linearen Speichermodus unterstützen kann, ist der *horizontale Pixel-Pitch* gleich dem *horizontalen Speicher-Pitch*. Wenn Sie also eine Auflösung haben, die 640 Pixel breit ist und 8-Bit-Farben verwendet, entstehen 640 Byte Speicher pro Grafikzeile. In nicht linearen Modi muss das jedoch nicht der Fall sein.

Es gibt Grafikkarten, die hoch auflösende Grafikmodi nicht linear adressieren können. Selbst wenn Sie also glauben, ein 640x480x256-Farbmodus habe einen Speicher-Pitch von 640 Byte pro Zeile, muss dies nicht der Fall sein! Um in die nächste Grafikzeile zu gelangen, müssen Sie aufgrund der internen Organisation des Grafik-RAMs und Cachings möglicherweise etwa 1.024 statt 640 addieren. Hier ein Beispiel:

```
UCHAR *video_buffer;
// Grafikpuffer auf primäre Oberfläche zeigen lassen ...
// (lesen Sie dazu auch den folgenden Abschnitt zu den Details
// der Darstellung auf der primären Oberfläche)
// 1 Pixel schreiben; die Farbe ist ein Palettenindex
video_buffer[x + 1024*y] = color;
```

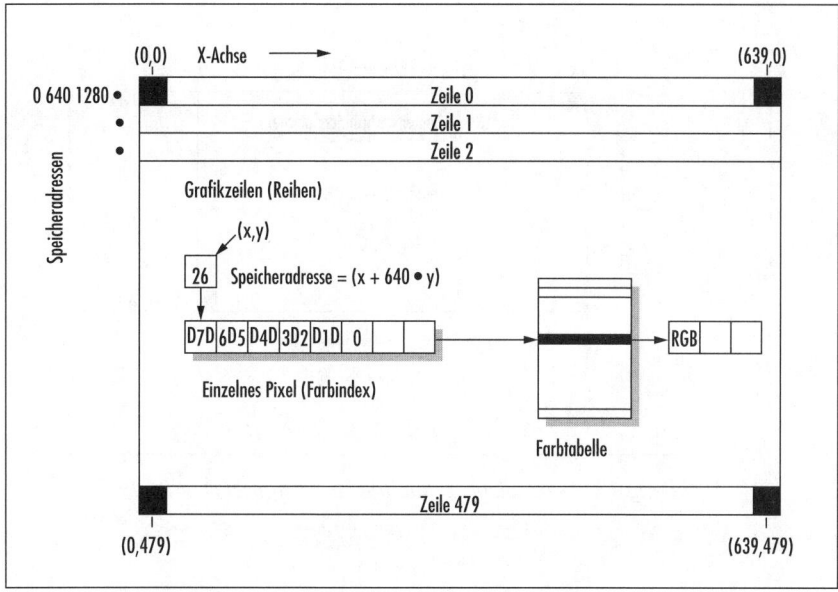

*Abbildung 7.3: Das Layout eines linearen 640x480x256-Farbmodus*

Noch schlimmer ist, dass nicht alle Oberflächen nicht linear sind, wenn eine Karte keinen linearen Speicher unterstützt. Mit anderen Worten, es können *heterogene* Speicheroberflächen auftreten. Beispielsweise ist eine Systemspeicheroberfläche, die Sie erzeugen, immer linear, und wenn Sie mehr als eine Oberfläche auf der Grafikkarte erzeugen, kann die Oberfläche auch linear sein, solange es sich nicht um die primäre Oberfläche handelt.

Wie Sie sehen, kann die Verwendung von Oberflächen sehr viele Komplikationen bereithalten. DirectDraw unterstützt Variablen (wie etwa `lpitch`), die Sie zur Laufzeit abfragen können oder mit denen Sie in Ihrem Code arbeiten können. Verwenden Sie diese Variablen, um die zeilenweise Linearität des Grafikmodus sicherzustellen, so dass Sie korrekt auf die Oberfläche schreiben können. (Weitere Informationen über diese Variablen finden Sie in Kapitel 8.)

## Einfaches Zeichnen auf die primäre Oberfläche

Um auf die primäre Oberfläche zu zeichnen, greifen Sie wie auf einen fortlaufenden Speicherbereich darauf zu, wobei jede Grafikzeile im Speicher von links nach rechts und von oben nach unten dargestellt wird, wie in Abbildung 7.4 gezeigt. Um auf den Bildschirm zu zeichnen, brauchen Sie also einen Zeiger auf den Grafikspeicher (Oberfläche); anschließend können Sie darauf schreiben.

Nehmen wir beispielsweise an, Sie verwenden einen linearen 640x480x8-Modus – 1 Byte pro Pixel und 640 Byte pro Zeile. Um auf ein bestimmtes Pixel (x,y) auf dem Bildschirm zuzugreifen, schreiben Sie den folgenden Code:

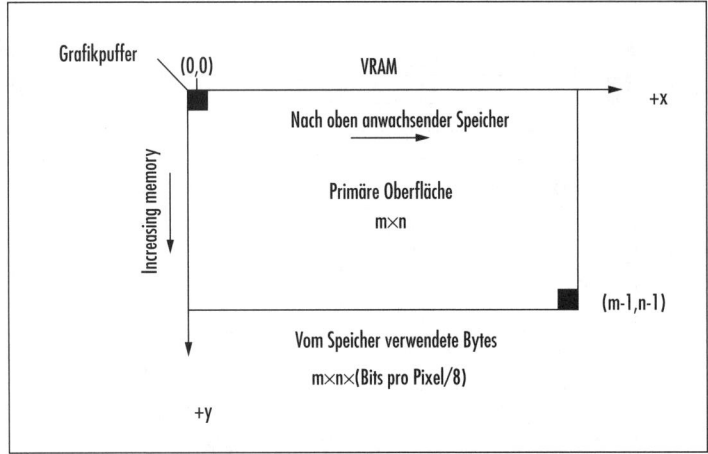

*Abbildung 7.4: Die Speicherabbildung der primären Oberfläche*

```
// wird für den Zugriff auf Daten verwendet
UCHAR *video_buffer;
// video_buffer auf primäre Oberfläche zeigen lassen ...
// (lesen Sie dazu auch den folgenden Abschnitt zu den Details
// der Darstellung auf der primären Oberfläche)
// 1 Pixel schreiben; die Farbe ist ein Palettenindex
video_buffer[x + 640*y] = color;
```

Falls Sie einen 640x480x16-Bit-Farbmodus eingestellt haben, enthält jeder Pixelwert die RGB-Werte (mit je 5 Bit) für die Farbe, und jede Zeile umfasst 1.280 Bytes, weil Sie mit 2 Byte pro Pixel (640 x 2) arbeiten. Beachten Sie, dass 8-Bit-Grafikmodi 256 Farben unter Verwendung einer Palette unterstützen, aber 16-Bit- und höhere Farbmodi codieren die Farbe normalerweise im Bitmuster. Um ein Pixel in diesem Modus zu schreiben, gehen Sie wie folgt vor:

```
// jetzt verwenden Sie einen 16-Bit-Short-Zeiger
USHORT *video_buffer;
// video_buffer auf primäre Oberfläche zeigen lassen ...
// 1 Pixel schreiben; die Farbe ist ein Palettenindex
video_buffer[x + 640*y] = color;
```

Dieser Code funktioniert, weil `video_buffer` jetzt ein 16-Bit-USHORT-Zeiger ist, und kein 8-Bit-UCHAR-Zeiger. Die gesamte für den `video_buffer` ausgeführte Zeigerarithmetik wird um den Faktor 2 vergrößert (2 Byte für einen USHORT), so dass der Code korrekt funktioniert.

## Details für das Rendering der primären Oberfläche

Zeichnen in DirectDraw ist etwas anders als Zeichnen in GDI. GDI unterstützt Hunderte von Funktionen, um Bilder zu zeichnen, Farben zu ändern usw. DirectDraw bietet relativ wenig Rendering-Informationen – durch sein Design bedingt. Die meisten Spieleprogrammierer schreiben ihre eigenen Grafik-Engines und Bibliotheken; DirectDraw bietet dem Spieleprogrammierer nur grundlegende Farbunterstützung, Zugriff auf den Grafikpuffer sowie Filling und Blitting in Hochgeschwindigkeit, via Hardware-Beschleunigung (falls vorhanden).

Die grundlegendste Grafikfunktion ist die Ausgabe eines einzelnen Pixels. Wenn Sie ein Pixel zeichnen können, können Sie alles zeichnen. Die primäre Oberfläche wird auf den Grafikbildschirm speicherabgebildet, mit (0,0) in der oberen linken Ecke, und x nach rechts und y nach unten anwachsend (siehe Abbildung 7.4). Um also irgendwo ein Pixel zu zeichnen, brauchen Sie nur die (x,y)-Position, den Speicher-Pitch pro Zeile sowie das Pixelformat. Beachten Sie, dass das Pixelformat entweder ein einzelnes Byte in Paletten-Modi oder ein 16-Bit-, 24-Bit- oder 32-Bit-Wort in RGB-Modi ist.

### *In Palettenmodi zeichnen*

Im Palettenmodus wird jedes Pixel auf der Anzeigeoberfläche durch ein einzelnes Byte dargestellt. Jedes Byte ist ein Index in der CLUT (Color Lookup Up Table, Farbsuchtabelle), die die aktuellen RGB-Werte für jede Farbe enthält. Palettenmodi kann man sich also wie »Malen nach Zahlen« vorstellen. Jedes Byte auf der Bildschirmanzeige ist eine Nummer, und anhand dieser Nummer wird in einer Farbtabelle nach der Farbe gesucht. Ich werde später im Abschnitt *Paletten* genauer erklären, wie man eine Palette verwaltet, aber hier gehen wir einfach davon aus, dass die Farbpalette sinnvolle Standardwerte enthält – vielleicht ist 26 ein Blau, 190 ein Grün usw. Die Details sind an dieser Stelle nicht relevant.

Um auf die primäre Oberfläche zu zeichnen, egal ob mit Palette oder RGB, müssen Sie als Erstes mit der Lock()-Funktion einen Zeiger darauf anfordern. Mit diesem Zeiger können Sie auf den Anzeigespeicher zugreifen und etwas in ihn schreiben oder daraus lesen. Nachdem Sie auf den Speicher zugegriffen haben, heben Sie die Sperre mit Unlock() auf, so dass DirectDraw wieder darauf zugreifen kann. Nachfolgend sehen Sie die Prototypen für Lock() und Unlock() – beide sind Teil der IDirectDrawSurface-Schnittstelle:

```
HRESULT Lock(
LPRECT lpDestRect,      // zu sperrendes Rechteck; mit NULL wird
                        // die ganze Oberfläche gesperrt
LPDDSURFACEDESC2 lpDDSD, // gibt die Eigenschaften der zu sperrenden
                        // Oberfläche zurück
DWORD dwFlags,          // Steuer-Flags
HANDLE hEvent);         // nicht genutzt; auf NULL setzen
```

Die Funktion gibt DD_OK zurück, wenn sie erfolgreich ausgeführt wurde. Grundsätzlich übergeben Sie Lock() den rechteckigen Bereich, der gesperrt werden soll (NULL sperrt die gesamte Oberfläche), zusammen mit der Adresse der DDSURFACEDSC-Struktur, die nach der Rückkehr der Funktion Informationen über die gesperrte Oberfläche und schließlich über die Sperr-Flags enthalten soll. Diese Flags, die in Tabelle 7.3 aufgelistet sind, steuern, wie die Oberfläche gesperrt wird.

| Wert | Beschreibung |
|---|---|
| DDLOCK_READONLY | Die Oberfläche ist schreibgeschützt gesperrt. |
| DDLOCK_SURFACEMEMORYPTR | Die gesperrte Oberfläche gibt in lpSurface einen Speicherzeiger auf den Oberflächenspeicher zurück. Diese Standardaktion erfolgt, wenn Sie keine Flags übergeben. |
| DDLOCK_WAIT | Wenn die Oberfläche nicht gesperrt werden kann, wird gewartet, bis das möglich ist. |
| DDLOCK_WRITEONLY | Auf die zu sperrende Oberfläche wird nur geschrieben. |

*Tabelle 7.3: Flags für* Lock()

Wenn Sie eine von Ihnen gesperrte Oberfläche nicht mehr brauchen, müssen Sie die Sperre aufheben, etwa wie folgt:

```
HRESULT Unlock(LPRECT lpRect); // Zeiger auf das Rechteck, für das
                               // die Sperre aufzuheben ist
```

In diesem Prototyp ist lpRect der Zeiger auf das Rechteck, das ursprünglich Lock() übergeben wurde.

Sie können Unlock() auch NULL übergeben, wenn Sie ursprünglich die gesamte Oberfläche gesperrt haben, was der Fall ist, wenn Sie im LPRECT-Feld NULL übergeben haben.

 Bei der Berechnung von Adressen im Anzeigespeicher sollten Sie vorsichtig sein. Obwohl die meisten Grafikkarten linearen Anzeigespeicher unterstützen, gibt es auch welche, die dies nicht tun, deshalb müssen Sie den korrekten Speicher-Pitch für den Modus berechnen, in dem Sie sich befinden.

Nachfolgend finden Sie die Schritte für die Ausgabe eines einzelnen Pixels:

1. **Sperren Sie die Oberfläche.**
2. **Ermitteln Sie einen Zeiger auf die Anzeigeoberfläche.**
3. **Berechnen Sie die Pixeladresse.**
4. **Schreiben Sie das Pixel.**
5. **Heben Sie die Sperre für die Oberfläche auf.**

Nachfolgend sehen Sie ein Beispiel, das alle Aufrufe für das Standard-Setup von DirectDraw enthält, um ein Pixel an der Stelle (x,y) mit der Farbe col auszugeben:

```
// Zeiger auf DirectDraw-Objekt
LPDIRECTDRAW7 lpdd;
// Mit dieser Funktion greifen Sie auf den Oberflächenspeicher zu
UCHAR video_buffer = NULL;
// Nimmt die DirectDraw-Oberflächenbeschreibung auf
DDSURFACEDESC2 ddsd;
// Primäre Oberfläche
```

## 7 ▶ Die DirectDraw-Farbstifte

```
LPDIRECTDRAWSURFACE7 lpddsprimary;
// DirectDraw-Objekt erzeugen
DirectDrawCreateEx(NULL, (void **)&lpdd, IID_IDirectDraw7, NULL);
// Kooperationsebene festlegen
lpdd->SetCooperativeLevel(hwnd, DDSCL_ALLOWREBOOT |
        DDSCL_ALLOWMODEX | DDSCL_FULLSCREEN |
        DDSCL_EXCLUSIVE );
// Jetzt Anzeigemodus auf 800 x 600 x 256 setzen
lpdd->SetDisplayMode(800,600,8,0,0);
// Datenstruktur für die Erzeugung der primären Oberfläche
// einrichten
ddsd.dwSize  = sizeof(ddsd);
ddsd.dwFlags = DDSD_CAPS;
ddsd.ddsCaps.dwCaps = DDSCAPS_PRIMARYSURFACE;
// Primäre Oberfläche erzeugen
lpdd->CreateSurface(&ddsd,&lpddsprimary,NULL);
// Oberflächenbeschreibung so einrichten, dass die
// Oberfläche gesperrt wird
// Datenstruktur mit Nullen füllen und Größe festlegen
memset(&ddsd,0,sizeof(ddsd));
ddsd.dwSize = sizeof(ddsd);
// Primäre Oberfläche sperren
lpddsprimary->Lock(NULL,&ddsd,
            DDLOCK_SURFACEMEMORYPTR | DDLOCK_WAIT,NULL);
// Grafikzeiger ermitteln
video_buffer = (UCHAR *)ddsd.lpSurface;
// Mit Hilfe des Grafikzeigers in den Speicher schreiben
// Beachten Sie die Verwendung von lPitch (linearer Pitch)
video_buffer[x + y*ddsd.lPitch] = col;
// Sperre für die Oberfläche aufheben
lpddsprimary->Unlock(NULL);
```

Der Code ist ganz einfach. Die Schlüsselelemente sind die Schritte zum Sperren sowie zur Aufhebung der Sperre. Beachten Sie außerdem die Verwendung von lPitch in der Adressberechnung, um sicherzustellen, dass der Zugriff auf den Speicher korrekt erfolgt.

Um den Code live zu sehen, probieren Sie das Programm PROG9_2.CPP aus, das Sie auf der CD zum Buch finden. Es zeichnet in den primären Puffer, wie im vorigen Code-Beispiel gezeigt.

### In RGB-Modi zeichnen

Der einzige Unterschied zwischen dem Zeichnen in RGB-Modi und in Paletten-Modi ist die Einstellung der einzelnen Pixel. Die Daten sind hier kein Index einer Farbtabelle, sondern die Farbe ist ein echtes RGB-Datenwort im 16-Bit-, 24-Bit- oder 32-Bit-Format. Sie können den Code aus dem vorigen Abschnitt mit ein paar kleinen Änderungen verwenden. Sie brauchen jedoch ein Makro, um die RGB-Daten zu erstellen. Nachfolgend sehen Sie ein Makro zur Einrichtung eines 16-Bit-RGB-Worts in den Formaten 1.5.5.5 und 5.6.5:

```
#define _RGB16BIT(r,g,b) ((b%32)+((g%32)<<5)+((r%32)<<10))
// erzeugt einen 16-Bit-Farbwert im Format 5.5.5 (1-Bit-Alpha-Modus)
#define _RGB16BIT555(r,g,b) ((b & 31) + ((g & 31) << 5) + ((r & 31) << 10))
// erzeugt einen 16-Bit-Farbwert im Format 5.6.5 (grün-dominanter Modus)
#define _RGB16BIT565(r,g,b) ((b & 31) + ((g & 63) << 5) + ((r & 31) << 11))
```

Beachten Sie, dass es im 16-Bit-Modus ein zusätzliches Bit gibt. Entweder wird das zusätzliche Bit nicht genutzt (wie im Format 1.5.5.5), oder es wird als zusätzliches Grün-Bit für ein 5.6.5-Format verwendet, deshalb füllen Sie diese Makros mit der entsprechenden Verschiebung. 99 % aller Grafikkarten verwenden jedoch das RGB-Format 5.6.5, so dass Sie es eigentlich voraussetzen können. Um auf eine primäre Oberfläche zu zeichnen, die 16-Bit-Farben oder höher verwendet, müssen Sie die Oberfläche erzeugen, sie sperren und schließlich wie zuvor darauf schreiben. Die einzigen Änderungen betreffen das Schreiben des Pixels sowie die Berechnung der Speicheradresse.

## Auf die primäre Oberfläche schreiben

Dieser Abschnitt beschreibt, wie Sie auf die primäre Oberfläche zeichnen. (Code für das Erstellen des DirectDraw-Objekts und der Oberfläche finden Sie in Kapitel 6.) Nachfolgend sehen Sie ein Beispiel dafür, wie an die Position (x,y) mit der Farbe (r,g,b) in einem 640x480x16-Modus geschrieben wird:

```
// Angenommen, Sie haben eine 640x480x16-Bit-Farboberfläche
// erzeugt;
// Die Oberflächenbeschreibung wird so eingerichtet, dass die
// Oberfläche gesperrt wird
memset(&ddsd,0,sizeof(ddsd));
ddsd.dwSize = sizeof(ddsd);
// Primäre Oberfläche sperren
lpddsprimary->Lock(NULL,&ddsd,
            DDLOCK_SURFACEMEMORYPTR | DDLOCK_WAIT,NULL);
// Grafikzeiger ermitteln
video_buffer = (USHORT *)ddsd.lpSurface;
// unter Verwendung des Grafikzeigers in den Speicher schreiben
// Beachten Sie die Verwendung von lPitch (linearer Pitch)
// sowie die Division durch 2 (>>1);
// dies ist für eine korrekte Adressierung erforderlich, weil
// wir USHORT-Zeiger verwenden, und lPitch immer in Byte
// ausgedrückt wird
video_buffer[x + (y*ddsd.lPitch >> 1)]=
                    (USHORT)_RGB16BIT565(r,g,b);
// Sperre für die Oberfläche aufheben
lpddsprimary->Unlock(NULL);
```

Sie können diesen Code auf jeder 16-Bit-Oberfläche verwenden.

Achten Sie genau darauf, wie der endgültige Array-Index berechnet wird. Statt einfach die y-Koordinate mit lPitch zu multiplizieren, musste ich sie durch 2 dividieren. Der Grund dafür ist, dass die gesamte Zeigerarithmetik an 16-Bit-Grenzen erfolgt, wenn Sie USHORTs verwenden, lPitch aber immer in Byte angegeben wird. Ein lPitch von 1.280 (was für einen 16-Bit-Modus mit linearen 640

Wörtern pro Zeile korrekt ist) würde also in 2 * 1.280 oder 2.560 Byte pro Zeile umgewandelt, wenn der Index für ein USHORT-Array berechnet wird! Abhängig davon, wie Sie Ihre Zeigerarithmetik handhaben, kann dieser Fehler unangenehme Folgen haben.

Eine weitere, einfachere Methode, ein Pixel im 8-Bit-Modus zu schreiben, ist die Verwendung eines UCHAR-Zeigers, wie folgt:

```
UCHAR video_buffer = (UCHAR *)ddsd.lpSurface;
video_buffer[x*2 + ddsd.lPitch*y] = color;
```

Jetzt müssen Sie nicht mehr dividieren, weil Sie 8-Bit-Daten verwenden. x ist jedoch um den Faktor 2 zu klein, deshalb müssen Sie damit multiplizieren. Das scheint ein Problem zu sein – ist es aber nicht. Sie berechnen oben in Ihrer Rendering-Schleife die korrekten Werte für die Speicheradressierung und verwenden dann einfach nur die Konstanten. Um auf eine 24- oder 32-Bit-Oberfläche zu schreiben, brauchen Sie ein neues Makro, um das Farb-WORD zu erstellen. Ein 24-Bit-Farbmakro könnte beispielsweise wie folgt aussehen:

```
#define _RGB24BIT(a,r,g,b) ((b) + ((g) << 8) + ((r) << 16) )
```

Beachten Sie, dass Makros innerhalb einer Zeile stehen müssen!

Viele Grafikkarten verwenden auch für 24-Bit-Modi 32 Bit, deshalb sind die oberen 8 Bit immer 0 – Sie müssen 32 Bit schreiben, und jedes Pixel liegt auf einer 32-Bit-Grenze.

Das ist alles, was Sie zum Schreiben auf Oberflächen wissen müssen. Solange Sie auf die Speicheradressierung achten und daran denken, dass die Oberfläche gesperrt bzw. entsperrt werden muss, haben Sie keine Probleme.

Als weiteres Beispiel erzeugt PROG9_3.CPP, das Sie auf der CD zum Buch finden, eine 640x480x16-Bit-Anzeige und schreibt darauf. Probieren Sie, sie in einen 24-Bit-Modus umzuschreiben.

In den bisher gezeigten Codes habe ich die Fehlerüberprüfung weggelassen. Überprüfen Sie das HRESULT so oft wie möglich – wenn Sie weitere Aufrufe mit fehlerhaften Ergebnissen vornehmen, führt das zu Abstürzen oder Deadlocks. Darüber hinaus geben viele der Funktionen aussagekräftige Fehlercodes zurück, schlagen Sie diese also nach, um zu sehen, ob sie Ihnen helfen, intelligenteren Code zu schreiben.

## Sekundäre Oberflächen erstellen

Jetzt will ich Ihnen zeigen, wie man eine sekundäre (oder Backbuffer-) Oberfläche erzeugt, die der primären Oberfläche für die Animation zugeordnet wird.

Sie verwenden *sekundäre Oberflächen* (Backbuffer) unter anderem zur Unterstützung einer glatten Animation, indem Sie den folgenden allgemeinen Schritten folgen:

1. **Erzeugen Sie eine primäre Oberfläche sowie eine einzelne sekundäre Oberfläche aus der primären Oberfläche.**
2. **Zeichnen Sie auf die sekundäre Oberfläche, während die primäre Oberfläche angezeigt wird.**
3. **Tauschen Sie die beiden Oberflächen unmittelbar aus, so dass die sekundäre zur primären Oberfläche wird und umgekehrt (»Flipping«), so dass eine glatte Animation entsteht.**

Abbildung 7.5 zeigt diese Vorgehensweise.

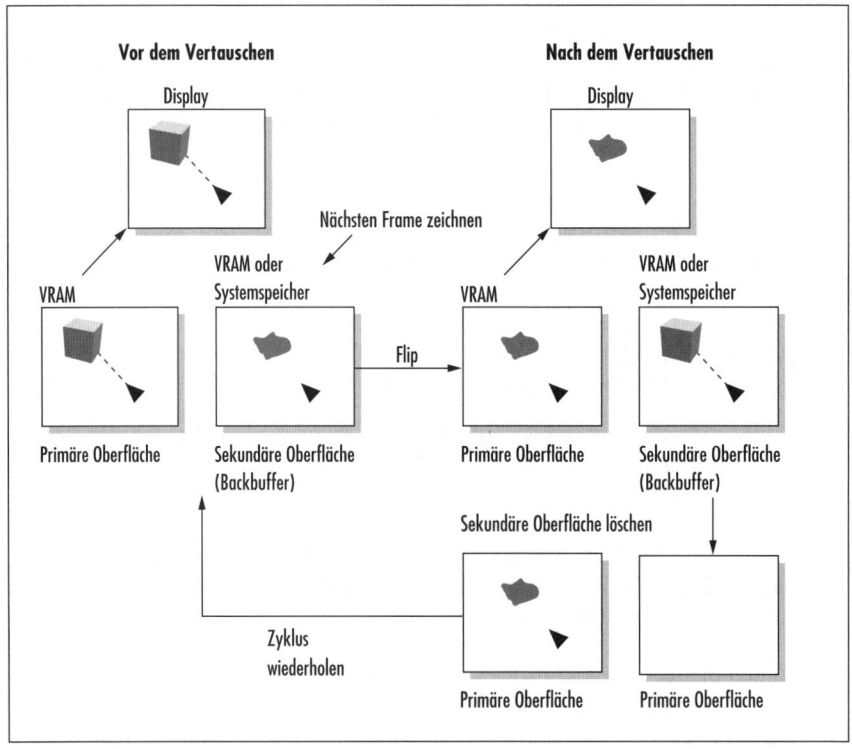

*Abbildung 7.5: Seiten-Flipping mit mehreren Oberflächen*

Um eine sekundäre Oberfläche aus der primären Oberfläche zu erzeugen, brauchen Sie nur einen neuen Aufruf: `GetAttachedSurface()`. Im Wesentlichen erzeugen Sie eine *komplexe* primäre Oberfläche, d.h., sie hat mehrere Oberflächen – also mindestens eine sekundäre Oberfläche, auch als *Backbuffer* bezeichnet. Nachdem Sie die primäre Oberfläche erzeugt haben, fragen Sie sie nach der zugehörigen Oberfläche ab. Das hört sich sehr viel komplizierter ist, als es eigentlich ist. Betrachten Sie einfach den Code (ich habe Bereiche, die mit der Einrichtung der sekundären Oberfläche zu tun haben, auch als *Backbuffer* bezeichnet, fett ausgezeichnet):

```
// DirectDraw-Oberflächenbeschreibung
DDSURFACEDESC2 ddsd;
// Struktur für die Funktionsmerkmale des Geräts, wird
// unter anderem für die Abfrage des sekundären
// Backbuffers verwendet
DDSCAPS2 ddscaps;
LPDIRECTDRAWSURFACE7 lpddsprimary,   // primäre Oberfläche
                     lpddssecondary; // sekundäre Backbuffer-Oberfläche
// Vorbereitung zur Erstellung der primären Oberfläche
// mit einem Backbuffer
memset((void *)&ddsd,0,sizeof(ddsd));
ddsd.dwSize = sizeof(ddsd); // DDSURFACEDESC würde auch funktionieren
// Flags setzen, um sowohl das Feld für die Funktionsmerkmale
// als auch das Feld für den Backbuffer-Zähler auszuwerten
ddsd.dwFlags = DDSD_CAPS | DDSD_BACKBUFFERCOUNT;
// DD muss wissen, dass Sie eine komplexe flipping-fähige
// Oberflächenstruktur brauchen;
// setzen Sie die Flags entsprechend
ddsd.ddsCaps.dwCaps =
    DDSCAPS_PRIMARYSURFACE | DDSCAPS_FLIP | DDSCAPS_COMPLEX;
// Backbuffer-Zähler auf 1 setzen
ddsd.dwBackBufferCount = 1;
// Primäre Oberfläche erzeugen
lpdd->CreateSurface(&ddsd,&lpddsprimary,NULL);
// Auf Backbuffer oder sekundäre Oberfläche abfragen
// Beachten Sie, dass die Verwendung von DDSCAPS_ anzeigt,
// was Sie anfordern
ddscaps.dwCaps = DDSCAPS_BACKBUFFER;
// Oberfläche ermitteln
lpddsprimary->GetAttachedSurface(&ddscaps,&lpddsback);
```

Wenn Sie dieser Codeausschnitt etwas verwirrt, sorgen Sie sich nicht – ich wollte Sie nur ein wenig erschrecken, auch wenn Sie noch nicht alle Datenstrukturen gesehen haben. Nach der Ausführung dieses Codes haben Sie eine Oberflächenstruktur, wie in Abbildung 7.6 gezeigt. Die primäre Oberfläche hat einen einzigen Backbuffer, d.h. eine einzige sekundäre Oberfläche, auf der Sie rendern können; anschließend können Sie die Oberflächen austauschen.

Um die sekundäre Oberfläche lpddsback zu rendern, verwenden Sie Lock() und Unlock(), so wie Sie es von der primären Oberfläche kennen:

```
// Für den Zugriff auf den sekundären Grafikpuffer
UCHAR *video_buffer;
// Sekundäre Oberfläche sperren
lpddsback->Lock(NULL,&ddsd,
            DDLOCK_SURFACEMEMORYPTR | DDLOCK_WAIT,NULL);
// auf die Oberfläche zeichnen: ddsd.lpSurface und
// ddsd.lPitch sind gültig -- wie zuvor
video_buffer = (UCHAR *)ddsd.lpSurface;
// Sperre für die Oberfläche aufheben
lpddsback->Unlock(NULL);
```

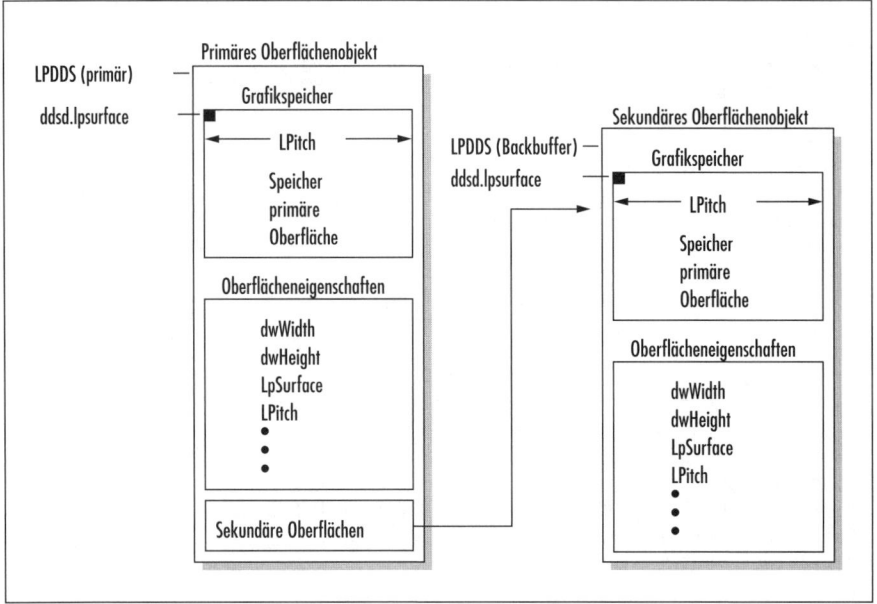

*Abbildung 7.6: So sieht es aus, wenn eine sekundäre Oberfläche erzeugt wird.*

Nachdem Sie den Frame auf die sekundäre, »unsichtbare« Oberfläche gezeichnet haben, vertauschen Sie die primäre Oberfläche mit der sekundären Oberfläche. Dazu verwenden Sie den Aufruf Flip(), wie nachfolgend gezeigt:

```
HRESULT Flip(
LPDIRECTDRAWSURFACE7 lpDDSurfaceOverride,  // immer NULL
DWORD dwFlags); // immer DDFLIP_WAIT
```

Sie rufen Flip() immer von der Schnittstelle für die primäre Oberfläche aus auf, nie von der sekundären aus. Darüber hinaus schlägt der Funktionsaufruf möglicherweise fehl, wenn die Oberflächen zu dem Zeitpunkt, zu dem Sie sie anfordern, nicht ausgetauscht werden können. Deshalb verwenden Sie normalerweise eine while-Schleife, wie nachfolgend gezeigt:

```
// primäre und sekundäre Oberfläche vertauschen
while(lpddsprimary->Flip(NULL, DDFLIP_WAIT)!=DD_OK);
```

Die Funktion ist möglicherweise nicht beim ersten Aufruf erfolgreich, aber diese while-Schleife ruft sie so lange auf, bis sie erfolgreich war.

Nachdem die primäre und die sekundäre Oberfläche ausgetauscht wurden, ist nur ihr Speicher ausgetauscht – das sollten Sie unbedingt wissen. Die primäre Oberfläche ist immer noch die sichtbare Oberfläche, die sekundäre Oberfläche ist immer noch unsichtbar, wie in Abbildung 7.7 gezeigt.

# 7 ➤ Die DirectDraw-Farbstifte

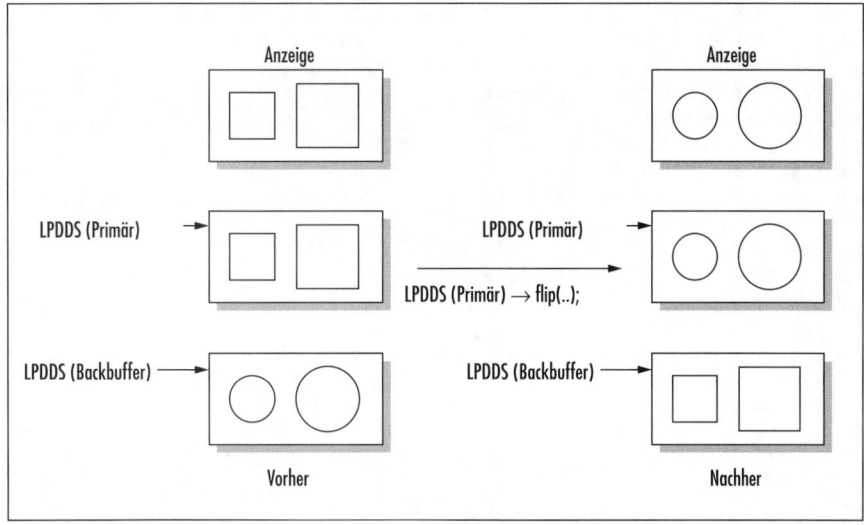

*Abbildung 7.7: Vor und nach dem Tauschen*

## Oberflächen erzeugen, die noch nicht auf dem Bildschirm angezeigt werden

In einem typischen Spiel haben Sie eine primäre Oberfläche, eine sekundäre Oberfläche für die Animation, sowie mehrere Bitmap-Bilder oder Sprites als Spielobjekte. DirectDraw unterstützt so genannte *einfache Offscreen-Oberflächen*, wobei es sich im Grunde genommen um einfache Bitmaps handelt, die dieselbe Farbtiefe und dieselben Eigenschaften wie die primäre Hauptoberfläche haben, die jedoch nur im Systemspeicher oder im VRAM existieren.

 Ein *Sprite* ist einfach ein kleines Objekt, das sich in einem Videospiel über den Bildschirm bewegt. Größtenteils handelt es sich dabei um eine Bitmap. Der Begriff wurde vor langem von einem Apple-II-Spieleentwickler geprägt – vor wirklich sehr langer Zeit.

Cool bei den Offscreen-Oberflächen ist, dass es sich dabei um DirectDraw-Objekte handelt; damit weiß DirectDraw, wie es sie für Sie zeichnen soll. Wenn Sie darüber hinaus eine Hardware-Beschleunigung besitzen, kann DirectDraw sie unter Verwendung des Hardware-*Blitters* (*Bl*ock *I*mage *T*ransfer) sehr schnell zeichnen. Ich will hier nicht ins Detail gehen; ich will Ihnen nur zeigen, wie Sie eine Offscreen-Oberfläche erzeugen, die mit der aktuellen primären Oberfläche kompatibel ist.

Angenommen, Sie haben bereits ein DirectDraw-Objekt und eine primäre Oberfläche gezeichnet. So erzeugen Sie eine einfache Offscreen-Oberfläche einer bestimmten Größe (Breite x Höhe) im VRAM:

```
// ... wir setzen voraus, dass DirectDraw bereits eingerichtet usw. wurde
DDSURFACEDESC2 ddsd; // ein DirectDraw-Oberflächendeskriptor
LPDIRECTDRAWSURFACE7 lpwork; // die Arbeitsoberfläche
// Größenparameter setzen -- wie immer
memset(&ddsd,0,sizeof(ddsd));
ddsd.dwSize    = sizeof(ddsd);
// Flags setzen -- sehr wichtig!
// Beachten Sie, dass Sie die Flags für die Felder setzen
// müssen, die gültig sein sollen
ddsd.dwFlags   = DDSD_CAPS | DDSD_WIDTH | DDSD_HEIGHT;
// Größe der neuen Oberfläche festlegen
ddsd.dwWidth   = width;
ddsd.dwHeight  = height;
// Art der Offscreen-Oberfläche: Systemspeicher oder VRAM
// Standard ist VRAM
ddsd.ddsCaps.dwCaps = DDSCAPS_OFFSCREENPLAIN;
// Oberfläche erstellen und auf Fehler überprüfen
if (lpdd->CreateSurface(&ddsd,&lpwork,NULL)!=DD_OK)
    { /* Fehler */ }
```

Ganz einfach! Jetzt müssen Sie etwas mehr auf die Fehlercodes in diesem Funktionsaufruf achten als zuvor. Wenn der Aufruf von `CreateSurface()` fehlschlägt, liegt das möglicherweise daran, dass nicht genügend VRAM vorhanden ist, um Oberflächen zu erzeugen. Beachten Sie, dass Sie größtenteils nur 16 MB bis 32 MB zur Verfügung haben, es kann also nicht mit dem System-RAM verglichen werden. Sie müssen die Oberfläche möglicherweise im Systemspeicher erzeugen, nämlich wie folgt:

```
// Flags für einfache Offscreen-Systemspeicher-Oberfläche setzen
ddsd.ddsCaps.dwCaps =
             DDSCAPS_OFFSCREENPLAIN | DDSCAPS_SYSTEMMEMORY;
// Oberfläche erstellen und auf Fehler überprüfen
if (lpdd->CreateSurface(&ddsd,&lpwork,NULL)!=DD_OK)
    { /* error */ }
```

Sie können beliebig viele einfache Oberflächen erzeugen. Anschließend können Sie sie unter Verwendung der Hardware-Beschleunigung sehr schnell auf die primäre (oder sekundäre) Oberfläche kopieren (das ist der eigentliche Sinn von DirectDraw) – ich werde in Kapitel 8 noch genauer darauf eingehen.

Wenn Sie sich jetzt immer noch den Kopf kratzen, sollten Sie es mit einem neuen Shampoo probieren – oder Kapitel 8 lesen, wo Sie eine detaillierte Beschreibung von Oberflächen finden.

## Paletten

Diese ganze Sache mit den DirectDraw-Paletten kann Sie ganz schön im Regen stehen lassen, und vielleicht haben Sie sie immer noch nicht begriffen, aber folgen Sie mir einfach – ich bin Ihr Meister! Paletten in DirectDraw können ein sehr komplexes Thema sein. Glücklicherweise erzeugen Sie größtenteils Vollbild-Applikationen, wofür die Palettenverwaltung sehr viel einfacher ist, weil man keine Farben mit Windows gemeinsam nutzen muss. (Warum es so schwierig ist, Farben mit Windows gemeinsam zu nutzen, ist im Windows-SDK-Hilfesystem beschrieben.)

In einem 256-Farben-Modus enthält eine Palette die RGB-Werte für die einzelnen Farben. Wenn Sie in den Grafikspeicher schreiben, stellt jedes Byte einen Farbindex dar, wie in Abbildung 7.8 gezeigt. Beim grundlegenden Zeichnen auf die primäre Oberfläche erkennen Sie, wie in den Grafikspeicher geschrieben wird; jetzt werde ich Ihnen zeigen, wie Sie eine DirectDraw-Palette anlegen und sie der primären Oberfläche zuweisen.

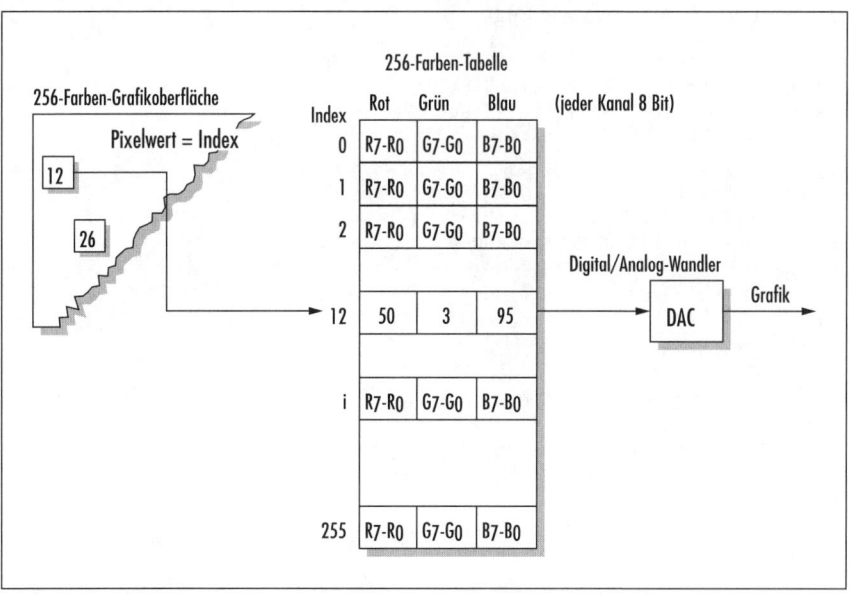

*Abbildung 7.8: Die Farbtabelle und ihre Beziehung zu 256-Farben-Oberflächen*

## Paletten erstellen

DirectDraw-Paletten werden mit Hilfe der `IDirectDrawPalette`-Schnittstelle bearbeitet, Sie müssen also ein `IDirectDrawPalette`-Objekt erzeugen, wenn Sie mit Paletten arbeiten wollen. Um eine DirectDraw-Palette zu erzeugen, legen Sie zunächst die Paletten-Datenstruktur an, die die RGB-Werte für jeden Paletteneintrag enthält. Glücklicherweise verwendet DirectDraw die `PALETTEENTRY`-Standardstruktur, um die einzelnen Farben aufzunehmen:

```
typedef struct tagPALETTEENTRY { // pe
    BYTE peRed;    // 8 Bit der Rot-Komponente
    BYTE peGreen;  // 8 Bit der Grün-Komponente
    BYTE peBlue;   // 8 Bit der Blau-Komponente
    BYTE peFlags;  // Steuer-Flags
} PALETTEENTRY;
```

Zunächst legen Sie ein Array mit 256 PALETTEENTRYs an, um die gesamte Palette aufzunehmen, etwa wie folgt:

PALETTEENTRY palette[256];

Anschließend können Sie die Elemente mit beliebigen RGB-Werten füllen. Sie müssen jedoch das Feld peFlags auf PC_NOCOLLAPSE setzen, um DirectDraw anzuweisen, die Einträge nicht zu verändern und sie so zu interpretieren, wie sie vorliegen, ohne eine Komprimierung oder Optimierung dafür vorzunehmen. Erzeugen Sie also eine Palette mit 64 Schattierungen Rot, Grün, Blau und Grau, etwa wie folgt:

```
// Zuerst alle Einträge löschen; defensive Programmierung
memset(palette,0,256*sizeof(PALETTEENTRY));
// eine R,G,B,GR-Gradientenpalette erzeugen
for (int index=0; index<256; index++)
    {
    if (index < 64) // Rotschattierungen
        palette[index].peRed = index*64;
    else            // Grünschattierungen
    if (index >=64 && index <128)
        palette[index].peGreen = (index-64)*4;
    else            // Blauschattierungen
    if (index >=128 && index <192)
        palette[index].peBlue = (index-128)*4;
    else            // Grauschattierungen
    if (index >=192 && index <256)
        palette[index].peRed = palette[index].peGreen =
        palette[index].peBlue = (index-192)*4;
    // Flags setzen
    palette[index].peFlags = PC_NOCOLLAPSE;
    } // end for index
```

Nachdem Sie die Daten für die Palette erzeugt haben, sind noch zwei Schritte erforderlich, damit sie auch funktioniert:

1. **Erzeugen Sie ein DirectDraw-Palettenobjekt mit den Palettendaten.**
2. **Weisen Sie die Palette der primären Oberfläche zu.**

Mit der Funktion CreatePalette() erzeugen Sie eine DirectDraw-Palette:

```
HRESULT CreatePalette(
  DWORD dwFlags,                    // Flags für das Erstellen
  LPPALETTEENTRY lpColorTable,      // Zeiger auf Palettendaten
  LPDIRECTDRAWPALETTE FAR *lplpDDPal,// Zeiger auf Paletten-Schnittstellenobjekt
  IUnknown FAR *pUnkOuter);         // immer NULL
```

dwFlags definiert, welche Art Palette erzeugt werden soll. In diesem Fall verwenden Sie immer DDPCAPS_8BIT | DDPCAPS_INITIALIZE | DDPCAPS_ALLOW256, womit DirectDraw darüber informiert wird, dass Sie eine 8-Bit-Palette mit 256 Farben anlegen wollen und dass Sie die Werte übergeben, mit denen sie initialisiert werden soll. Schließlich gibt die Funktion ein Schnittstellenzeigerobjekt in lplpDDPal zurück, das Sie für die Kommunikation mit der Palette verwenden. Wie üblich gibt die Funktion DD_OK zurück, wenn sie erfolgreich war, andernfalls irgendeinen anderen Wert. Sie können beliebig viele Paletten erzeugen, aber einer Oberfläche kann zu jedem Zeitpunkt jeweils nur eine einzige Palette zugeordnet werden. Nachfolgend sehen Sie, wie Sie das Palettenobjekt erzeugen. Beachten Sie, dass das Palettenobjekt aus dem Haupt-DirectDraw-Objekt erzeugt wird:

```
LPDIRECTDRAWPALETTE lpddpal; // das Palettenobjekt
// die Palette erzeugen
if ((lpdd->CreatePalette(
    DDPCAPS_8BIT | DDPCAPS_INITIALIZE | DDPCAPS_ALLOW256,
    palette,&lpddpal,NULL))!=DD_OK)
  { /* Fehler */ }
```

Um die Palette einer Oberfläche zuzuordnen, rufen Sie die Funktion SetPalette() auf. Sie ist Teil der IDirectDrawSurface-Schnittstelle. Die Funktion arbeitet wie folgt:

```
lpddsprimary->SetPalette(lpddpal);
```

Wenn Sie SetPalette() aufrufen, wird die Palette sofort im nächsten Frame verwendet. Sie sollten die Palette also normalerweise im Initialisierungsabschnitt Ihres Programms einrichten.

## *Paletteneinträge dynamisch ändern*

Es ist nicht kompliziert, Paletten anzulegen, aber was machen Sie, um eine oder mehrere Paletteneinträge während der Programmausführung zu ändern, um Animation, ein schimmerndes Licht oder irgendetwas anderes zu simulieren? Es gibt noch eine Funktion, SetEntries():

```
HRESULT SetEntries(
  DWORD dwFlags,            // Steuer-Flags, immer 0
  DWORD dwStartingEntry,    // Startindex für die Änderung
  DWORD dwCount,            // Anzahl der zu ändernden Farben
  LPPALETTEENTRY lpEntries); // Zeiger auf Daten
```

Diese Funktion können Sie nutzen, um einen oder mehrere Paletteneinträge in der Palette zu ändern. Nachfolgend sehen Sie, wie Sie einen einzelnen Eintrag irgendwo in der Palette ändern:

```
// eine einzelne Farbe erzeugen; beachten Sie das Flag
static PALETTEENTRY color = {10,0,20,PC_NOCOLLAPSE};
// Paletteneintrag an der Position 'index' ändern
lpddpal->SetEntries(0,index,1,&color);
```

Beachten Sie, dass der Funktionsaufruf vom Palettenschnittstellenobjekt erledigt wird, nicht von dem DirectDraw-Objekt oder der Oberfläche. Wenn Sie die ganze Palette ändern wollen, gehen Sie beispielsweise wie folgt vor:

```
// Die neue Palette definieren und initialisieren ...
PALETTEENTRY new_palette[256];
// Die gesamte Palette ändern
lpddpal->SetEntries(0,0,256,new_palette);
```

Wenn Sie unbedingt funktionale Hüllen um all diese DirectDraw-Funktionen legen wollen, dann tun Sie das. Ich habe bereits einige davon in meinen Programmen verwendet. Kapitel 10 zeigt, wie Sie alle diese Funktionen in eine große Spieleprogrammierbibliothek einkapseln – GPDUMB.LIB.

## Paletteneinträge abfragen

Um festzustellen, welchen Wert ein Paletteneintrag hat, rufen Sie die Funktion GetEntries() auf. Sie verhält sich genau wie SetEntries(), außer dass sie das von Ihnen übergebene Array mit Daten füllt, statt die Palette auf die übergebenen Daten zu setzen. Und hier der Prototyp:

```
HRESULT GetEntries(
  DWORD dwFlags,              // Steuer-Flags, immer 0
  DWORD dwStartingEntry,      // Startindex für den Abruf
  DWORD dwCount,              // Anzahl der zu ermittelnden Farben
  LPPALETTEENTRY lpEntries);  // Zeiger auf Datenspeicher
```

GetEntries() kann einen oder mehrere Einträge aus der Palette abfragen und die Zieldatenstruktur mit den Daten füllen. Nachfolgend sehen Sie ein Beispiel, wie Sie die aktuelle Palette für die spätere Nutzung speichern und sie wiederherstellen:

```
// Datenspeicher für die Palette
PALETTEENTRY save_palette[256];
// Palette speichern
GetEntries(0,0,256,save_palette);
// aktuelle Palette manipulieren
// alte Palette wiederherstellen
SetEntries(0,0,256,save_palette);
```

Das war alles zum Thema Paletten. Das ist natürlich gelogen – aber die Wahrheit ist immer so ernüchternd! Wenn Sie Fragen haben, lesen Sie auch hier im DirectDraw SDK nach. Dort finden Sie weitere Informationen. Um die Beschreibung der Paletten zu vervollständigen, habe ich zwei Programme geschrieben, die Sie auf der CD zum Buch finden: PROG9_4.CPP und PROG9_5.CPP. Das erste erzeugt eine abgestufte Palette und zeichnet dann einige farbige Balken. Das zweite macht dasselbe, animiert jedoch die Palettenfarben mit Hilfe der Funktionen SetEntries() und GetEntries().

# Details zu DirectDraw: Animation und Bitmaps

## In diesem Kapitel

- Verwenden Sie DirectDraw für den Zugriff auf die Hardware-Beschleunigung
- Lernen Sie Animationen kennen
- Laden Sie Bitmaps
- Verwenden Sie den Blitter

Nach der Einführung der SVGA-Grafikkarte ist 2D- und 3D-Hardware zur Alltäglichkeit geworden. DirectDraw erlaubt Ihnen, völlig unproblematisch auf die Hardware-Beschleunigung zuzugreifen. Wenn Sie lediglich den primären Puffer sperren und Pixel hintereinander in den Puffer zeichnen, nutzen Sie nur einen sehr kleinen Teil der Möglichkeiten, die DirectDraw bietet.

Weil DirectDraw hauptsächlich ein 2D-Grafiksystem ist, brauchen Sie nicht besonders viel zu beschleunigen, aber wenn Sie die Hardware-Beschleunigung so gut wie möglich nutzen, hat die Haupt-CPU weniger mit der Grafik zu tun und hat mehr Zeit, sich auf künstliche Intelligenz, Spielelogik, Physik usw. zu konzentrieren.

Dieses Kapitel beschreibt einige der komplexeren Funktionsmerkmale von DirectDraw, die mit der Hardware-Beschleunigung zu tun haben: Animation und Bitmap-Grafik.

## Aalglatte Animationstechniken

Ein Videospiel erzeugt häufig den Eindruck, als handle es sich um einen Film oder ein Video, d.h. es enthält aufeinander folgende Einzelbilder in stetiger Animation, wobei Sie nicht erkennen, wann Bilder gezeichnet bzw. gelöscht werden. Sie erzeugen diese Illusion mit einer von zwei Methoden:

- ✔ **Seiten-Flipping**: Wie in Kapitel 7 beschrieben, erzeugen Sie zwei Oberflächen – primär und sekundär – und zeigen diese abwechselnd an. Ursprünglich sprach man vom Seiten-Flipping, wenn der Speicher der Grafik-Hardware zwei oder mehr Grafikseiten enthielt: Die Grafik wird auf eine dieser Grafikseiten gezeichnet, die Seiten werden ausgewechselt, die Grafiken werden auf die andere gezeichnet usw. Hat jedoch eine Grafikkarte nicht genügend Speicher, um zwei ganze Seiten in der gewünschten Auflösung und Farbe im VRAM bereitzustellen, wird eine andere Technik angewendet, das so genannte *Doppel-Puffern*.

✔ **Doppel-Puffern**: Diese Technik ist dem Seiten-Flipping sehr ähnlich, aber die Grafikkarte enthält nur einen einzigen primären Puffer, und der Systemspeicher hat nur einen einzigen Doppel-Puffer, wie in Abbildung 8.1 gezeigt. Mit dem Doppel-Puffern nehmen *Sie* das Seiten-Flipping manuell vor und verwenden dazu den Systemspeicher, statt es der Hardware zu überlassen.

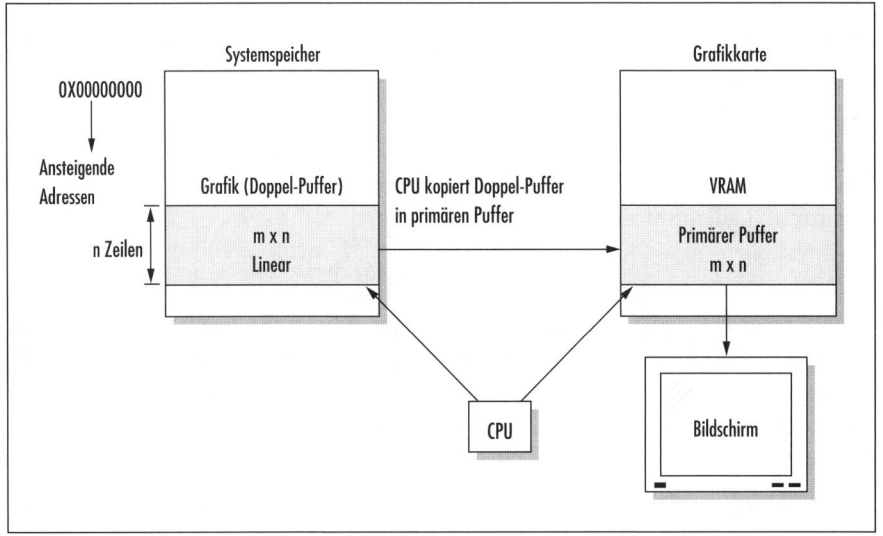

*Abbildung 8.1: Doppel-Puffern in der Praxis*

 Bei DirectDraw brauchen Sie sich keine Gedanken über die Verwendung des doppelten Puffers zu machen. Wenn Sie nicht genügend Grafikspeicher haben, simuliert DirectX das Seiten-Flipping für Sie. Und Sie erkennen dabei noch nicht einmal einen Unterschied. Wenn Sie DirectDraw anweisen, die Seiten zu tauschen, kopiert DirectDraw die Seite aus dem Systemspeicher in den primären Puffer, statt die Hardware zu verwenden, um damit festzulegen, welche Seite angezeigt wird. Wenn Sie im nächsten Abschnitt erfahren, wie das Doppel-Puffern funktioniert, werden Sie das Seiten-Flipping besser verstehen, das Sie möglicherweise brauchen, wenn Sie von Aliens entführt werden, die von Ihnen verlangen, ein DOS-Spiel zu entwickeln!

Ein einfaches Ausfüllen ist für eine nicht lineare Grafikkarte nicht mehr ausreichend. DirectDraw übernimmt auch das für Sie, indem es den Blitter für einfaches Füllen und Löschen verwendet.

## Doppel-Puffern

Um ein Doppel-Puffern zu erzielen, speichern Sie Ihren Animations-Frame im Doppel-Puffer (im Systemspeicher), der offscreen (also nicht auf dem Bildschirm angezeigt) ist, und kopieren diesen Frame in den primären Puffer – normalerweise mit memcpy() oder einer anderen Funktion zum Verschieben des Speichers. Der gesamte Frame wird schnell kopiert, so dass er sichtbar ist, und die Animation zwischen den Frames ist glatt. Der Spieler sieht nie, wie der Frame aufgebaut wird, sondern immer sofort den gesamten Frame, der in den primären Puffer kopiert wurde.

Angenommen, Sie haben eine einzige primäre Oberfläche eingerichtet, mit einer Größe von 640 x 480 mit 256 Farben, auf die lpddsprimary verweist, und Sie wollen das Doppel-Puffern verwenden, um in einen Doppel-Puffer zu zeichnen und diesen dann mit jedem neuen Frame in den primären Puffer zu kopieren. (Wenn Sie mit dem Konzept der »Oberflächen« noch nicht zurechtkommen, lesen Sie in Kapitel 7 nach, wo Sie weitere Informationen finden.) Gehen Sie wie folgt vor:

1. **Reservieren Sie Speicher für den Doppel-Puffer, so dass er dieselbe Größe (Breite und Höhe) hat, in Pixel angegeben, wie der primäre Puffer.**
2. **Löschen Sie in der Hauptschleife das Bild im Doppel-Puffer.**
3. **Führen Sie die Spielelogik aus.**
4. **Rendern Sie den nächsten Frame in den Doppel-Puffer.**
5. **Kopieren Sie den Doppel-Puffer in den primären Puffer.**
6. **Synchronisieren Sie die Anzeige mit einer bestimmten Frame-Geschwindigkeit.**
7. **Gehen Sie wieder zu Schritt 2, bis die CPU nur noch Quarks sieht.**

Das nachfolgende Beispiel richtet DirectDraw und einen Doppel-Puffer ein und tritt in eine Rendering-Schleife ein. Ich habe den Code für den Doppel-Puffer fett ausgezeichnet, damit Sie ihn besser erkennen. Die Code-Deklarationen für die DirectDraw-Datenstrukturen habe ich weggelassen. Sie könnten die Funktionalität des folgenden Codes in die entsprechenden Abschnitte zerlegen: Game_Init(), Game_Main() und Game_Shutdown().

```
// Der Doppel-Puffer
UCHAR *double_buffer = NULL,
      *primary_buffer = NULL;
// DirectDraw-Objekt erzeugen und auf Fehler überprüfen
if (DirectDrawCreateEx(NULL, (void **)&lpdd, IID_IDirectDraw7, NULL)!=DD_OK)
    return(0);
// Kooperationsebene auf normalen Fenstermodus setzen
if (lpdd->SetCooperativeLevel(main_window_handle,
         DDSCL_ALLOWMODEX | DDSCL_FULLSCREEN |
         DDSCL_EXCLUSIVE | DDSCL_ALLOWREBOOT)!=DD_OK)
    return(0);
// Anzeigemodus auf 640 x 480 x 8 setzen
if (lpdd->SetDisplayMode(640,480,8,0,0)!=DD_OK)
```

```c
   return(0);
// die primäre Oberfläche erzeugen
memset(&ddsd,0,sizeof(ddsd));
ddsd.dwSize                 = sizeof(ddsd);
ddsd.dwFlags                = DDSD_CAPS;
ddsd.ddsCaps.dwCaps = DDSCAPS_PRIMARYSURFACE;
if (lpdd->CreateSurface(&ddsd,&lpddsprimary,NULL)!=DD_OK)
   return(0);
// jetzt den 640 x 480-Doppel-Puffer erzeugen
double_buffer = (UCHAR *)malloc(640*480);
// Eintritt in die Hauptereignisschleifen
while(1)
   {
   if (PeekMessage(&msg,NULL,0,0,PM_REMOVE))
      {
      // Prüfen, ob beendet werden soll
      if (msg.message == WM_QUIT)
         break;
      // Tastaturkürzel übersetzen
      TranslateMessage(&msg);
      // Nachricht an die Fensterprozedur senden
      DispatchMessage(&msg);
      } // end if
   // Hier erfolgt die Hauptverarbeitung für das Spiel
   // Doppel-Puffer löschen
   memset(double_buffer,0, 640*480);
   // Spielelogik ausführen ...
   // Nächsten Frame in den Doppel-Puffer zeichnen
   // 1000 zufällige Pixel ausgeben
   for (int index=0; index<1000; index++)
       {
       int x = rand()%640;
       int y = rand()%480;
       UCHAR col = rand()%256;
       double_buffer[x+y*640] = col;
       } // end for index
   // Doppel-Puffer in den primären Puffer kopieren
   memset(&ddsd,0,sizeof(ddsd));
   ddsd.dwSize = sizeof(ddsd);
   // Primäre Oberfläche sperren
   lpddsprimary->Lock(NULL,&ddsd,
         DDLOCK_SURFACEMEMORYPTR | DDLOCK_WAIT,NULL);
   // Grafikzeiger auf primäre Oberfläche ermitteln
   primary_buffer = (UCHAR *)ddsd.lpSurface;
   // Prüfen, ob der Speicher linear ist
   if (ddsd.lPitch == SCREEN_WIDTH)
      {
      // Speicher aus den Doppel-Puffer in den primären
      // Puffer kopieren
      memcpy(primary_buffer, double_buffer,
            SCREEN_WIDTH*SCREEN_HEIGHT);
      } // end if
   else
```

```
            { // nicht linear
                // Kopie der Quell- und Zieladressen anlegen
                dest_ptr = primary_buffer;
                src_ptr = double_buffer;
                // Speicher ist nicht linear: zeilenweise kopieren
                for (int y=0; y<SCREEN_HEIGHT; y++)
                    {
                    // Nächste Zeile kopieren
                    memcpy(dest_ptr, src_ptr, SCREEN_WIDTH);
                    // Zeiger in die nächste Zeile weiterschalten
                    dest_ptr+=ddsd.lPitch;
                    src_ptr+=SCREEN_WIDTH;
                    } // end for
            } // end else
        // Sperre für primären Puffer aufheben
        lpddsprimary->Unlock(NULL);
        // Grafik mit konstanter Frequenz synchronisieren
        Sleep(30);
        } // end while
// Doppel-Puffer freigeben
free(double_buffer);
```

Wenn Sie sehen wollen, wie dieser Code arbeitet, führen Sie `PROG10_1.CPP` aus (die 16-Bit-Version heißt `PROG10_1_16b.CPP`). Das Programm implementiert diese Logik und erzeugt eine Anzeige, die wie ein Plasmafeuer aussieht.

Der oben gezeigte Code überprüft auf die Linearität des Speichers und führt abhängig von diesem Ergebnis einen Codeblock aus, der entweder den gesamten Doppel-Puffer in einem einzigen Aufruf kopiert, oder, falls es sich um nicht linearen Speicher handelt, diesen zeilenweise kopiert, indem er den Speicher-Pitch berücksichtigt, um jeweils in die nächste(n) Zeile(n) zu gelangen.

## Seiten-Flipping mit Oberflächen

Hier erfahren Sie, wie eine sekundäre Oberfläche erzeugt wird (weitere Informationen finden Sie in Kapitel 9).

Als Erstes erzeugen Sie eine primäre Oberfläche mit den zusätzlichen Funktionsmerkmalen `DDSCAPS_PRIMARYSURFACE | DDSCAPS_FLIP | DDSCAPS_COMPLEX` und einem Backbuffer-Zähler von 1, etwa wie folgt:

```
// DirectDraw-Oberflächenbeschreibung
DDSURFACEDESC2 ddsd;
// Struktur für die Funktionsmerkmale des Geräts; Abfragen
// auf sekundären Backbuffer und anderes
DDSCAPS2 ddscaps;
LPDIRECTDRAWSURFACE7 lpddsprimary,  // primäre Oberfläche
        lpddssecondary;             // sekundäre Backbuffer-Oberfläche
// Vorbereitung, primäre Oberfläche mit 1 Backbuffer zu erzeugen
memset(ddsd,0,sizeof(ddsd));
```

```
ddsd.dwSize = sizeof(ddsd);
// Flags setzen, um die Felder für die Funktionsmerkmale
// und den Backbuffer-Zähler zu aktivieren
ddsd.dwFlags = DDSD_CAPS | DDSD_BACKBUFFERCOUNT;
// DD muss wissen, dass Sie eine komplexe, Flipping-fähige
// Oberflächenstruktur brauchen; Flags werden entsprechend gesetzt
ddsd.ddsCaps.dwCaps =
   DDSCAPS_PRIMARYSURFACE | DDSCAPS_FLIP | DDSCAPS_COMPLEX;
// Backbuffer-Zähler auf 1 setzen
ddsd.dwBackBufferCount = 1;
// Primäre Oberfläche erzeugen
lpdd->CreateSurface(&ddsd,&lpddsprimary,NULL);
```

Jetzt können Sie die einzige zugeordnete Oberfläche abfragen, die zu ihrer sekundären Oberfläche wird. Hier dieser Teil:

```
// Auf Backbuffer oder sekundäre Oberfläche abfragen
// Beachten Sie die Verwendung von ddscaps, womit Sie
// angeben, was Sie brauchen
ddscaps.dwCaps = DDSCAPS_BACKBUFFER;
// Oberfläche ermitteln
lpddsprimary->GetAttachedSurface(&ddscaps,&lpddsback);
```

Damit haben Sie eine primäre und eine sekundäre Oberfläche, auf die Sie mit den Zeigern lpddsprimary bzw. lpddsback zugreifen. Die primäre Oberfläche ist immer sichtbar, die sekundäre Oberfläche ist immer unsichtbar (offscreen). Um zwischen den beiden Oberflächen zu wechseln, rufen Sie die Funktion Flip() vom Schnittstellenzeiger der primären Oberfläche auf, etwa wie folgt:

```
// Primäre und sekundäre Oberfläche austauschen
while(lpddsprimary->Flip(NULL, DDFLIP_WAIT)!=DD_OK);
```

Das nachfolgende Beispiel übernimmt den Code für den Doppel-Puffer aus dem vorigen Abschnitt und ersetzt den Doppel-Puffer-Algorithmus durch Seiten-Flipping und eine sekundäre Oberfläche. Diese Änderungen sind fett ausgezeichnet (ich habe hier nicht gezeigt, wie primäre und sekundäre Oberfläche erzeugt werden, weil Sie das bereits im vorigen Abschnitt gesehen haben):

```
// Ein allgemeiner Grafikpuffer
UCHAR *video_buffer;
// DirectDraw einrichten und Oberflächen erzeugen ...
// Eintritt in Hauptereignisschleife
while(1)
    {
    if (PeekMessage(&msg,NULL,0,0,PM_REMOVE))
       {
       // Prüfen, ob beendet werden soll
       if (msg.message == WM_QUIT)
          break;
       // Tastenkürzel übersetzen
       TranslateMessage(&msg);
       // Nachricht an die Fensterprozedur senden
```

# 8 ▶ Details zu DirectDraw: Animation und Bitmaps

```
        DispatchMessage(&msg);
      } // end if
   // Hier erfolgt die Hauptverarbeitung für das Spiel
   // Sekundäre Oberfläche löschen
   // Sekundäre Oberfläche sperren
   lpddsback->Lock(NULL,&ddsd,
         DDLOCK_SURFACEMEMORYPTR | DDLOCK_WAIT,NULL);
   // Grafikzeiger auf sekundäre Oberfläche ermitteln
   video_buffer = (UCHAR *)ddsd.lpSurface;
   // Speicher löschen; lpitch berücksichtigen
   for (int row=0; row<480; row++)
         memset(video_buffer+row*ddsd.lPitch, 0, 640);
   // Spielelogik ...
   // Nächsten Frame in den Backbuffer zeichnen
   // 1000 zufällige Pixel ausgeben
   for (int index=0; index<1000; index++)
      {
      int x = rand()%640;
      int y = rand()%480;
      UCHAR col = rand()%256;
      video_buffer[x+y*ddsd.lPitch] = col;
      } // end for index
   // Sperre für die sekundäre Oberfläche aufheben
   lpddsback->Unlock(NULL);
   // Primäre und sekundäre Oberflächen vertauschen
   while(lpddsprimary->Flip(NULL, DDFLIP_WAIT)!=DD_OK);
   // Grafik mit konstanter Frequenz synchronisieren
   Sleep(30);
   } // end while
```

Viel einfacher als die Verwendung eines Doppel-Puffers, oder? Hässlich ist, dass der Speicher gefüllt werden muss, um die sekundäre Oberfläche zu löschen. Dieser Code hat ein potenzielles Problem mit nicht linearen Grafikkarten (wie im Abschnitt *Doppel-Puffer* in diesem Kapitel bereits beschrieben), ein einfaches Füllen wird also nicht ausreichend sein. Sie müssen Zeile für Zeile füllen. Und hier die Lösung: DirectDraw kann eine Oberfläche mit Hilfe der *Blitter*-Hardware füllen (oder der Hardware-Emulationsschicht, falls diese Hardware nicht zur Verfügung steht). Der nächste Abschnitt zeigt, wie der Blitter für einfaches Füllen und Löschen verwendet wird.

 Ein Beispiel für das Seiten-Flipping zeigt das Programm PROG10_2.CPP. Es wechselt zwischen zwei Seiten mit zufällig gesetzten Pixeln. Die Demo auf der CD löscht den Backbuffer mit dem besseren Algorithmus, indem die Linearität überprüft wird und dann entweder der gesamte Speicher oder zeilenweise gefüllt wird. Diese Methode vergeudet jedoch nur 480 oder, im schlimmsten Fall vielleicht 1.000 Takte. Heute ist das nichts mehr.

Ich möchte die allgemeine Beschreibung des Blittings erst im nächsten Abschnitt aufnehmen, aber hier wollen wir betrachten, wie einfaches Füllen und Löschen mit Hilfe eines Blitters möglich ist.

 Lesen Sie den nächsten Abschnitt *Mit Hilfe eines Blitters füllen*, bevor Sie den Abschnitt *Bitmaps* lesen. Die Beschreibung der Blitter-Verwendung baut von diesem Abschnitt bis zum nächsten schrittweise auf. Wenn Sie dieses Buch als Nachschlagewerk nutzen, beachten Sie also, dass die Beschreibung des Füllens mit Hilfe eines Blitters und der Bitmaps zusammengehören.

## Mit Hilfe eines Blitters füllen

Normalerweise verwenden Sie die Bit-Blitter-Hardware, um Bitmap-Bilder von einer Quelle zu einem Ziel (das ist normalerweise die primäre Oberfläche) zu kopieren. Darüber hinaus wollen Sie vielleicht, dass die Bitmaps skaliert, gedreht oder unter Verwendung verschiedener anderer Effekte dargestellt werden. Neben all den tollen Dingen, die mit dem Blitter möglich sind, kann man damit aber auch einfach einen Speicherbereich löschen oder mit einem Wert füllen.

Um auf den Bit-Blitter zuzugreifen, verwenden Sie eine der folgenden Funktionen:

✔ Blt(), wenn Sie die Kanten des Bildschirms nicht abschneiden müssen.

✔ BltFast(), wenn Sie die Kanten des Bildschirms abschneiden müssen.

Nachfolgend der Prototyp für die Funktion Blt():

```
HRESULT Blt(
   LPRECT lpDestRect,     // das Zielrechteck
   LPDIRECTDRAWSURFACE7 lpDDSrcSurf,  // die Quelloberfläche
   LPRECT lpSrcRect,      // das Quellrechteck
   DWORD  dwFlags,        // Steuer-Flags
   LPDDBLTFX lpDDBltFx);  // die spezielle fx-Struktur
```

Die Funktion gibt DD_OK zurück, wenn sie erfolgreich ausgeführt werden konnte, oder einen bestimmten Fehlercode, falls sie fehlschlägt. Die Parameter sind etwas kompliziert:

✔ lpDestRect: Zeiger auf eine RECT-Struktur, die das Zielrechteck enthält, in das das Blitting ausgeführt werden soll, wie in Abbildung 8.2 gezeigt. Ist dieser Zeiger gleich NULL, wird die gesamte Zieloberfläche verwendet. Darüber hinaus kann das Zielrechteck eine andere Größe als die Quelle haben, dann werden die Daten so skaliert, dass sie beim Blitting passen. Steht jedoch keine Hardware-Beschleunigung zur Verfügung, um die Skalierungsoperation zu unterstützen, wird die Software-Emulation verwendet – die nicht unbedingt das Schnellste auf der Welt ist.

✔ lpDDSrcSurf: Schnittstellenzeiger auf die Quelloberfläche

✔ lpSrcRect: Zeiger auf eine RECT-Struktur, der das Quellrechteck enthält, in das das Blitting durchgeführt werden soll, wie in Abbildung 8.2 gezeigt. Ist dieser Zeiger gleich NULL, wird die gesamte Quelloberfläche verwendet.

✔ dwFlags: Das Flag-Wort für die Hauptsteuerung, das dem Blitter sagt, was zu tun ist. Tabelle 8.1 zeigt eine Liste der wichtigsten Einstellungen. Beachten Sie, dass Sie diese Einstellungen ODER-verknüpfen können.

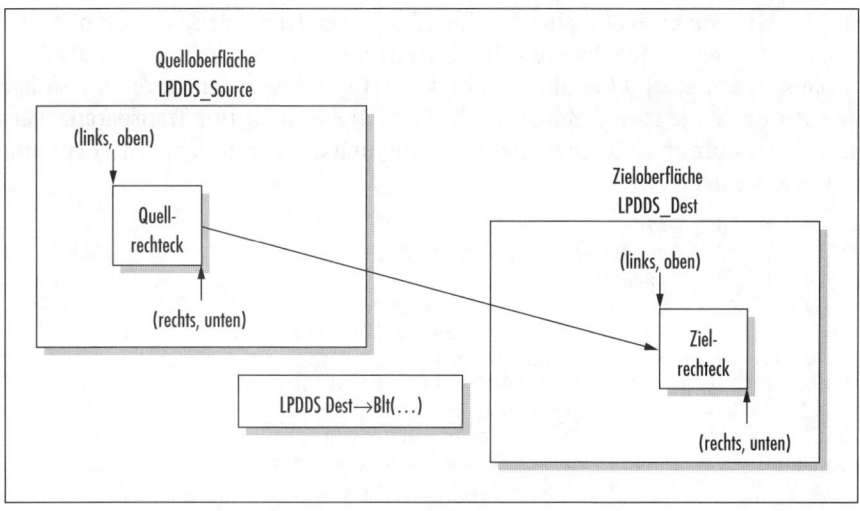

*Abbildung 8.2: Blitting von der Quelle zum Ziel*

✔ lpDDBltFx: Zeiger auf eine DDBLTFX-Struktur; das Feld lpDDBltFx enthält weitere Informationen, die die Funktion Blt() für bestimmte Operationen benötigt, wie beispielsweise Füllen und Drehen.

| Wert | Beschreibung |
| --- | --- |
| DDBLT_COLORFILL | Verwendet das Element dwFillColor der DDBLTFX-Struktur als RGB-Farbe, mit der das Zielrechteck auf der Zieloberfläche gefüllt wird. |
| DDBLT_DDFX | Verwendet das Element dwDDFX der DDBLTFX-Struktur, um die für dieses Blitting gewünschten Effekte anzugeben. |
| DDBLT_DDROPS | Verwendet das Element dwDDROPS der DDBLTFX-Struktur, um die Rasteroperationen (ROPs) anzugeben, die nicht Teil des Win32-API sind. |
| DDBLT_KEYDEST | Verwendet den der Zieloberfläche zugeordneten Farbschlüssel. |
| DDBLT_KEYSRC | Verwendet den der Quelloberfläche zugeordneten Farbschlüssel. |
| DDBLT_ROP | Verwendet das Element dwROP der DDBLTFX-Struktur für die ROP für dieses Blitting; diese ROPs sind dieselben wie die im Win32-API definierten. |
| DDBLT_ROTATIONANGLE | Verwendet das Element dwRotationAngle der DDBLTFX-Struktur als Rotationswinkel (in 1/100 Grad angegeben) für die Oberfläche. |
| DDBLT_WAIT | Weist den Blitter an, zu versuchen, die Blitting-Operation so lange zu probieren, bis sie erfolgreich ist; auf diese Weise erhalten Sie keine Fehlermeldungen, wenn der Blitter gerade beschäftigt ist. |

*Tabelle 8.1: Auszug aus der Liste der Steuerflags für Blt()*

Die `DDBLTFX`-Struktur enthält mehrere Felder, die verwendet werden, um komplexere Blitter-Funktionalität weiter zu qualifizieren. Die Struktur ist umständlich, aber glücklicherweise müssen Sie sich um etwa 90 % aller Felder keine Gedanken machen, die für so komplexe Funktionsmerkmale wie etwa Z-Buffer (für 3D) und Alphakanäle (für Transparenz) verwendet werden. Nichtsdestotrotz ist diese Struktur wichtig und direkt mit dem Blitter verknüpft, Sie sollten sie also kennen:

```
typedef struct _DDBLTFX{
  DWORD dwSize;    // Größe dieser Struktur in Byte
  DWORD dwDDFX;    // Typ des Blitter Fx
  DWORD dwROP;     // Unterstützte Win32-Rasteroperationen
  DWORD dwDDROP;   // Unterstützte DirectDraw-Rasteroperationen
  DWORD dwRotationAngle; // Rotationswinkel
  DWORD dwZBufferOpCode;    // Z-Buffer-Felder für 3D
  DWORD dwZBufferLow;       // komplexer Parameter
  DWORD dwZBufferHigh;      // komplexer Parameter
  DWORD dwZBufferBaseDest;  // komplex
  DWORD dwZDestConstBitDepth; // komplex
  union
    {
    DWORD             dwZDestConst;     // komplex ...
    LPDIRECTDRAWSURFACE lpDDSZBufferDest; // komplex ...
    };
  DWORD dwZSrcConstBitDepth;            // komplex ...
  union
    {
    DWORD             dwZSrcConst;      // komplex ...
    LPDIRECTDRAWSURFACE lpDDSZBufferSrc; // komplex ...
    };
  DWORD dwAlphaEdgeBlendBitDepth; // Alpha-Dinge (komplex)
  DWORD dwAlphaEdgeBlend;         // komplex ...
  DWORD dwReserved;               // komplex ...
  DWORD dwAlphaDestConstBitDepth; // komplex ...
  union
    {
    DWORD             dwAlphaDestConst; // komplex ...
    LPDIRECTDRAWSURFACE lpDDSAlphaDest;  // komplex ...
    };
  DWORD dwAlphaSrcConstBitDepth;        // komplex ...
  union
    {
    DWORD             dwAlphaSrcConst;  // komplex ...
    LPDIRECTDRAWSURFACE lpDDSAlphaSrc;   // komplex ...
    };
  union // die Folgenden sind sehr wichtig
    {
    DWORD dwFillColor; // Farbwort für das Füllen
    DWORD dwFillDepth; // Z-Füllen (komplex)
    DWORD dwFillPixel; // Farbfüllwort für RGB(Alpha)-Fülloperationen
    LPDIRECTDRAWSURFACE lpDDSPattern;
    };
```

## 8 ➤ Details zu DirectDraw: Animation und Bitmaps

```
// die Folgenden sind sehr wichtig
DDCOLORKEY ddckDestColorkey; // Zielfarbschlüssel
DDCOLORKEY ddckSrcColorkey;  // Quellfarbschlüssel
} DDBLTFX,FAR* LPDDBLTFX;
```

Eine detailliertere Beschreibung und Definition der oben gezeigten Strukturen finden Sie in der DirectX-SDK-Hilfe. Diese Strukturen sind extrem kompliziert und kontextabhängig.

Weil das Füllen eine Operation ist, die sich nur auf das Ziel bezieht – ohne eine Quelle, nur mit einer Füllfarbe –, sind die `Blt()` übergebenen Parameter eher einfach im Vergleich zu einer Vollbitmap-Blitting-Operation. Der einzige Aufwand ist, die Funktion `Blt()` korrekt einzurichten, um einen Speicher zu füllen. Sie verwenden dazu das Flag `DDBLT_COLORFILL` (siehe Tabelle 8.1), ebenso wie `DDBLT_WAIT`, was eine allgemeine Vorsichtsmaßnahme darstellt, die den Blitter anweist, es so lange zu versuchen, bis er die Anforderung erfüllen kann. Um das Flag `DDBLT_COLORFILL` korrekt zu verwenden, stellen Sie eine `DDBLTFX`-Struktur bereit, wobei `dwFillColor` auf den Farbindex (oder den RGB-Wert, falls Sie 16-Bit-, 24-Bit- oder 32-Bit-Modi verwenden) der Füllfarbe gesetzt ist. Nachfolgend sehen Sie ein Beispiel, das zeigt, wie eine Farbfüllung mit der Funktion `Blt()` durchgeführt wird:

```
DDBLTFX ddbltfx; // enthält die DDBLTFX-Struktur
RECT fill_area;  // enthält das Zielrechteck
// Struktur löschen und das Größenfeld setzen
memset(&ddbltfx,0,sizeof(DDBLTFX));
ddbltfx.dwSize = sizeof(DDBLTFX);
// das Feld dwfillcolor auf die gewünschte Farbe setzen;
// h wird als index bei 256 Farben oder als RGB-Wert im
// 16-, 24- oder 32-Bit-Modus verwendet
ddbltfx.dwFillColor = color; // Ihre Daten, 8-, 16- oder 24-Bit
// Zielrechteckdaten eintragen (Ihre Daten)
fill_area.top    = top;
fill_area.left   = left;
fill_area.bottom = bottom;
fill_area.right  = right;
// Bereit für Blitting auf die Oberfläche, in diesem Fall die primäre
lpddsprimary->Blt(&fill_area, // Zeiger auf Zielrechteck
       NULL,            // Zeiger auf Quelloberfläche, NA
       NULL,            // Zeiger auf Quellrechteck, NA
       DDBLT_COLORFILL | DDBLT_WAIT,   // Füllen und warten
       &ddbltfx);       // Zeiger auf DDBLTFX-Struktur
```

Beachten Sie, dass der Aufruf von `Blt()` relativ zur Zieloberfläche erfolgt, das ist in diesem Fall `lpddsprimary`. Dieses Detail ist sehr wichtig; Sie müssen `Blt()` immer vom Zieloberflächenzeiger aus aufrufen.

Und so funktioniert der Code:

1. **Löschen Sie die `DDBLTFX`-Struktur, um sicherzustellen, dass sie keinen Müll enthält, der den Blitter anweist, etwas zu tun, was Sie gar nicht wollen.**

2. **Setzen Sie das Feld `dwSize` auf die Größe der `DDBLTFX`-Struktur und setzen Sie das Feld `dwFillColor` auf den Farbdeskriptor.**

Die Einstellung der Farbe ist sehr wichtig und kontextabhängig. Wenn Sie sich in einem 256-Farben-Modus befinden, wird der Wert in `dwFillColor` als Farbindex interpretiert. Befinden Sie sich dagegen in einem RGB-Modus – z.B. 16-Bit –, werden die Daten in `dwFillColor` als RGB-Wert interpretiert. In jedem Fall werden die Daten als Füllwort verwendet.

3. **Füllen Sie die `RECT`-Struktur `fill_area`, die einfach das umschließende Rechteck des zu füllenden Bereichs darstellt. Wenn Sie den ganzen Bildschirm füllen wollen, tragen Sie in dieses Feld `NULL` ein.**

4. **Rufen Sie die Funktion `Blt()` mit allen Parametern und den richtigen Flags auf.**

Sie können diesen Code verwenden, um beliebige Oberflächen mit beliebiger Farbe zu füllen, wofür die Hardware-Beschleunigung verwendet wird (falls verfügbar) – das ist sehr cool. Die Hardware erledigt nicht nur das Füllen, sondern jetzt muss die CPU nicht mehr 64 K, 128 K, 256 K oder egal wie viele Speicherabschnitte füllen, und die Fülloperation kann parallel zur Arbeit der Haupt-CPU erfolgen, nachdem das Füllen initiiert wurde.

Als Beispiel für die Verwendung von Blitter für einfaches Ausfüllen erzeugt `PROG10_3.CPP` auf der CD ein 640 x 480 großes 16-Bit-Modus-Fenster und füllt die primäre Oberfläche unter Verwendung des Blitters mit beliebig großen, farbigen Rechtecken.

## Bitmaps

Ende der 70er und Anfang der 80er Jahre verwendeten viele Spiele, wie beispielsweise auch *Tail Gunner* (eines meiner Lieblingsspiele, siehe Abbildung 8.3) Vektorgrafik-Anzeigen – Anzeigen, die sich aus Linien zusammensetzen. Nach einer Weile wurden jedoch alle Vektorgrafikspiele durch Rasteranzeigen ersetzt, die Bitmaps zeichneten. Die Hauptsäule vieler 2D- und einiger 3D-Computerspiele ist die *Bitmap*, eine 2D-Matrix farbiger Pixel, die ein einzelnes Bild darstellt, wie in Abbildung 8.4 gezeigt.

Sie erzielen eine Animation, indem Sie eine oder mehrere Bitmaps eines Objekts zeichnen und diese dann schnell hintereinander anzeigen, um den Eindruck von Bewegung oder Änderung zu erzeugen. Abbildung 8.5 beispielsweise zeigt mehrere 56x72-Bitmaps eines animierten Skeletts. Wenn Sie ein Programm schreiben, das diese einzelnen Bitmaps in schneller Abfolge zeichnet und die Bitmaps dann in jedem Frame über den Bildschirm bewegt, entsteht der Eindruck, das Skelett würde laufen. *Das* ist Animation.

Sie können Bitmaps überall auf die sekundäre oder primäre Oberfläche laden und anzeigen. Anschließend schreiben Sie Software, um die Bitmaps zu animieren, sie zu bewegen, auf Kollisionen zu überprüfen und sie allgemein zu steuern, als handelte es sich dabei um Spielobjekte. Sie verwenden das Blitting, um Bitmaps von einer Oberfläche auf eine andere zu kopieren, wie im Abschnitt *Bit-Jonglieren mit dem Blitter* später in diesem Kapitel beschrieben wird. Aber wie erzeugt und lädt man die Bitmaps?

# 8 ➤ Details zu DirectDraw: Animation und Bitmaps

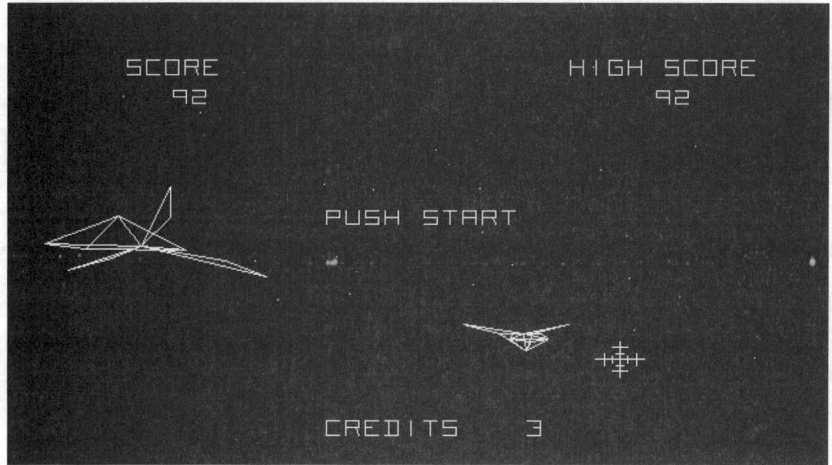

Abbildung 8.3: Tail Gunner, ein altes Spiel, in dem Vektorgrafik eingesetzt wurde

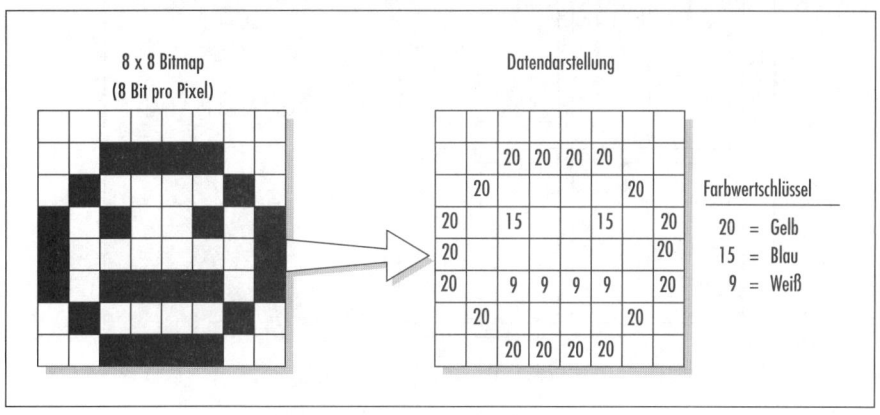

Abbildung 8.4: Eine codierte Bitmap

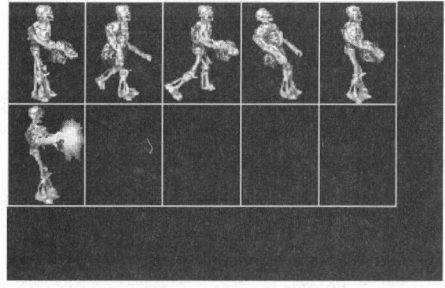

Abbildung 8.5: Bitmap-Animation eines Skeletts

## Bitmaps erzeugen

Um Bitmaps zu erzeugen, müssen Sie vor allem ein Künstler sein, und am besten verwenden Sie ein Malprogramm – Jasc Paint Shop Pro, Corel PHOTO-PAINT usw. –, um Ihre Bitmaps zu zeichnen. Darüber hinaus können Sie Ihre Bitmaps gewissen Konventionen folgend zeichnen, so dass sie einfach geladen und manipuliert werden können. Die meisten Spieleprogrammierer zeichnen ihre Bitmaps in Schablonen.

Abbildung 8.6 zeigt eine 8 x 8 Pixel große Standard-Bitmapschablone. Ich habe mehrere 2x2-Rechtecke (Zellen) erzeugt, die jeweils eine 8x8-Pixel-Bitmap enthalten. Die Rechtecke verhalten sich wie Platzhalter, wenn ich also meine verschiedenen Bitmaps in die Rechtecke zeichne und die Bitmaps dann aus den Rechtecken lade, habe ich mehrere Bitmaps derselben Größe mit dem gewünschten Bild darin. Darüber hinaus kann ich auf jede Zelle oder Bitmap unter Verwendung eines Koordinatenpaars (cx, cy) zugreifen, das ist die obere linke Ecke jeder Zelle.

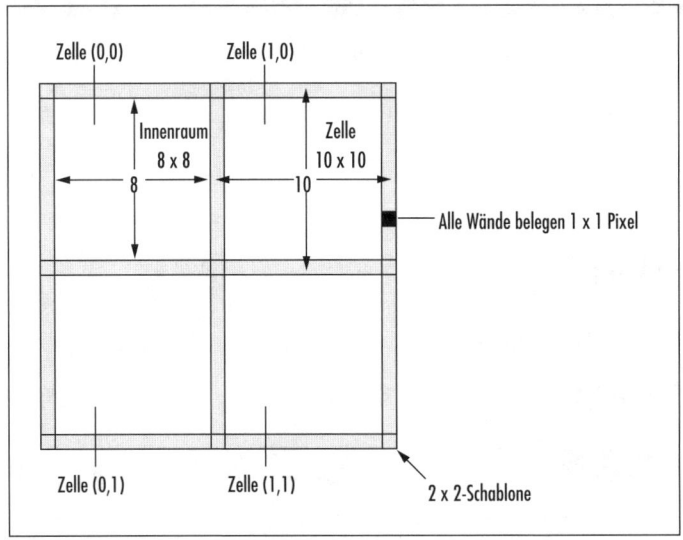

*Abbildung 8.6: Eine 8x8-Pixel-Schablone mit 2 x 2 Zellen und 1 Pixel breiten Trennwänden*

Nachfolgend einige Aspekte, die Sie beim Erstellen von Bitmaps sorgfältig beachten sollten:

✔ **Farbe:** Sie müssen festlegen, wie viele Farben Ihre Bitmaps haben, und sie dann alle in denselben Farbraum zeichnen. Wenn Sie beispielsweise einen 256-Farben-Modus mit 8 Bit verwenden wollen, müssen Sie alle Ihre Bitmaps mit derselben 256-Farben-Palette zeichnen – Sie können nicht eine Palette für die Guten und eine für die Bösen verwenden! Wenn Sie analog dazu beschließen, 16 Bit pro Pixel beim Zeichnen Ihrer Bitmaps zu benutzen, müssen alle Ihre Bitmaps 16 Bit pro Pixel verwenden. Eine Figur kann dann nicht plötzlich 24 Bit pro Pixel verwenden. Beachten Sie, dass das Spiel nur in einem einzigen Videomodus ausgeführt wird und dass die gesamte Grafik sowie alle Bitmaps auf dieselbe Weise angezeigt werden müssen.

✔ **Größe**: Zeichnen Sie alle Bitmaps in Größen, die Zweierpotenzen darstellen – 2 x 2, 4 x 4, 8 x 8, 16 x 16, 32 x 32 usw. Durch Einhaltung dieser Konvention unterstützen Sie den Blitter, und Sie können dadurch verschiedene Optimierungen in Ihren Spielen vornehmen. Sie müssen nicht quadratisch sein, aber jede Achse sollte eine Zweierpotenz sein; 8 x 16 ist in Ordnung, 7 x 5 dagegen nicht.

Wenn Sie eine Seite mit Bitmaps erzeugen, verwenden Sie für alle Bitmaps dieselbe Größe; kombinieren Sie nicht verschiedene Größen auf verschiedenen Seiten. Angenommen, Sie erzeugen ein großes, 800 x 600 großes Bitmap-Bild in Ihrem Malprogramm. Sie werden alle Ihre 32x32-Pixel-Bitmaps auf diesem einzelnen Bild in einer hübschen Schablone unterbringen, die beispielsweise 16 x 16 Zellen hat, wie in Abbildung 8.7 gezeigt. Anschließend erkennen Sie, dass noch Platz in dem Bild ist – Sie könnten noch ein paar 4x4-Pixel-Bilder einfügen. Das ist *keine* sehr gute Idee. Legen Sie eine weitere große Bitmap an, um die kleineren Bitmaps aufzunehmen, ebenso wie für alle anderen Größen, die Sie vielleicht noch verwenden wollen. Vermischen Sie nicht Ihre Bitmap-Größen auf einer einzigen Bildseite.

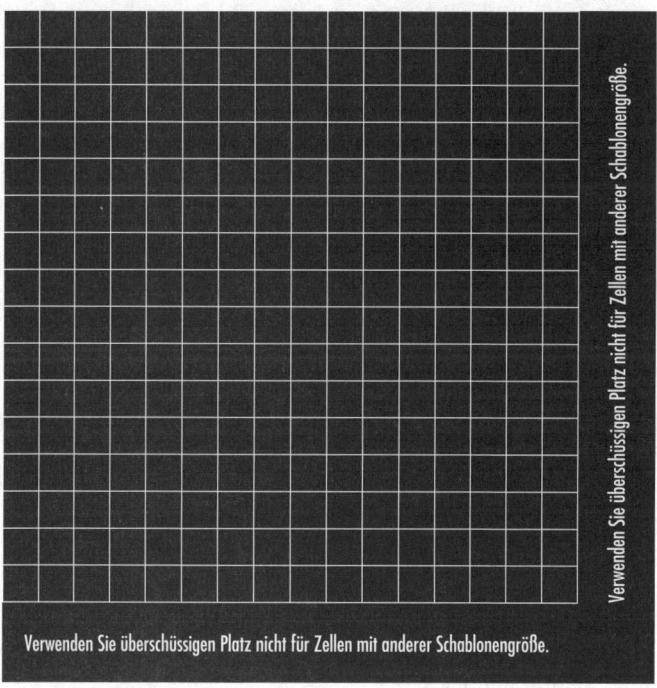

*Abbildung 8.7: Eine 32 x 32 große Bitmap-Schablone mit überschüssigem Platz*

Wenn Sie sehr detailorientiert sind, sollten Sie erkennen, dass die Zellen, wenn die Bitmaps, die sie umschließen, beispielsweise 32 x 32 groß sind, je 34 x 34 groß sein und je eine gemeinsame Trennwand (1 Pixel breit) aufweisen müssen. Das ist ein wichtiger Aspekt bei der Erstellung von Schablonen.

Auf der CD zum Buch finden Sie mehrere Schablonen mit den Namen BMPNxN.BMP für Bitmaps unterschiedlicher Größe. Sie befinden sich alle im 256-Farben-Modus, wenn Sie also höhere Farbmodi verwenden wollen, müssen Sie diese Schablonen in 16, 24 oder 32 Bit umwandeln.

Sie erzeugen also eine oder mehrere große Bitmap-Dateien, die Ihre Bilder für Ihr Spiel enthalten. Möglicherweise haben Sie eine Datei, in der alle Ihre Raumschiffe enthalten sind, und eine mit allen Explosionen, eine andere für die Umgebung usw. Anschließend laden Sie alle Bitmaps in den Speicher (wie im nächsten Abschnitt beschrieben) und zeigen programmgesteuert die Bitmaps an, wann und wo sie erscheinen sollen. Offensichtlich habe ich hier die Details weggelassen, aber im Abschnitt *Bit-Jonglieren mit dem Blitter* später in diesem Kapitel werden Sie erfahren, wie man Bitmaps anzeigt.

## Bitmaps laden

Leider ist es nicht ganz einfach, Bitmaps zu laden. Bitmaps können Hunderte von Dateiformaten haben – .TGA, .GIF, .JPG, .TIFF und viele andere mehr –, die alle unterschiedliche Eigenschaften aufweisen können. Das gebräuchlichste Bitmap-Dateiformat unter Windows ist .BMP. Wenn Sie aus Speichergründen ein anderes Dateiformat bevorzugen oder wenn Ihr Lieblingsmalprogramm .BMP nicht unterstützt, wandeln Sie einfach alle Ihre Bitmap-Bilddateien in .BMP um, bevor Sie versuchen, sie mit der Software zu laden, die Sie in diesem Abschnitt schreiben werden. (Übrigens, Paint Shop Pro von Jasc kann nicht nur ausgezeichnet Dateiformate, sondern auch den Farbraum konvertieren.)

Das Dateiformat .BMP unterstützt sehr viel Funktionalität, wie beispielsweise große Bitmaps, Komprimierung und verschiedene Farbtiefen. Der .BMP-Datei-Reader, den Sie in diesem Abschnitt kennen lernen, zeigt Ihnen jedoch nur, wie Sie das pure Minimum des Dateiformats nutzen – er kann .BMP-Dateien lesen, die in 8-Bit und mit indizierten Farben oder in 16- oder 24-Bit mit RGB-Farben vorliegen, und das ist schon alles. Handelt es sich um ein 24-Bit-RGB-Bild, wandelt der Code es in ein 16-Bit-RGB-Bild um. Darüber hinaus dürfen die .BMP-Dateien für unseren Loader *nicht* komprimiert sein. Der Loader kann jedoch Dateien beliebiger Größe laden, solange es sich um eine sinnvolle Größe handelt.

Eine genaue Erklärung, wie .BMP-Dateien eingelesen werden, würde ein ganzes Kapitel füllen, deshalb zeige ich Ihnen einen Schnellüberblick über die wichtigsten Punkte und stelle Ihnen dann eine Funktion vor, mit der Sie eine Bitmap in einen Speicherbereich laden können. Sobald sich die Bitmap im Speicher befindet, können Sie sie selbst weiter manipulieren. Am besten beginnen Sie mit den Headern.

## 8 ➤ Details zu DirectDraw: Animation und Bitmaps

Windows unterstützt eine Funktion, mit der Sie Bitmaps laden können. Sie fügen Ihrem Projekt eine Bitmap-Ressource hinzu, wie Sie es schon von den Menüs her kennen, und laden sie dann mit `LoadBitmap()`. Das einzige Problem bei dieser Methode ist, dass die .EXE-Datei mit den neuen Bitmap-Daten aktualisiert und damit neu kompiliert werden muss, wenn Sie neue Bitmaps einfügen wollen, weil diese Teil dieser Datei sind. Aus diesem Grund bevorzugen die meisten Spieleprogrammierer etwas mehr Flexibilität und laden die .BMP-Dateien manuell. Sie können jedoch `LoadBitmap()` verwenden.

Jedes Dateiformat der Welt (auch des Planeten, von dem ich komme) beginnt mit einem Header-Abschnitt, der die Datei beschreibt, so dass der Datei-Reader die Datei laden kann. .BMP-Dateien haben zwei Header-Abschnitte, gefolgt von den binären Daten, wie in Abbildung 8.8 gezeigt. Die Definitionen der Header-Abschnitte sind BITMAPFILEHEADER und BITMAPINFO.

BITMAPFILEHEADER beschreibt den Bitmap-Typ, die Gesamtgröße und den Offset in Byte für den BITMAPINFO-Bereich. Nachfolgend die Strukturdefinition:

```
typedef struct tagBITMAPFILEHEADER { // bmfh
  WORD  bfType;       // Bitmap-Typ; 0x4D42 bedeutet .BMP
  DWORD bfSize;       // Gesamtgröße der Datei, in Byte
  WORD  bfReserved1;  // immer 0
  WORD  bfReserved2;  // immer 0
  DWORD bfOffBits;    // Anzahl der Bytes von dieser Struktur, um auf die
                      // BITMAPINFO zuzugreifen; im Grunde genommen ein Offset
} BITMAPFILEHEADER;
```

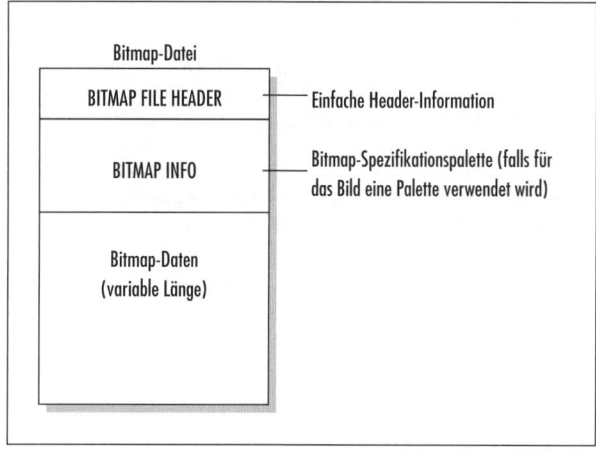

*Abbildung 8.8: Die Struktur der Bitmap-Datei, .BMP*

In BITMAPINFO befinden sich alle Informationen. Es beschreibt die .BMP-Datei detailliert – Größe, Bits pro Pixel, Palette (falls der 256-Farben-Modus verwendet wird) sowie alles andere. Eigentlich setzt sich diese Struktur aus zwei verschachtelten Datenstrukturen zusammen, wie in Abbildung 8.9 gezeigt: aus BITMAPINFOHEADER und der Farbpalette. Falls es eine

Farbpalette gibt, liegt sie in Form von 256-RGB-Farbdeskriptoren vor, ganz ähnlich den DirectDraw-Standardpaletten, aber mit einem Unterschied: Die Palettendaten setzen sich aus RGBQUADs zusammen, die sich leicht von den PALETTEENTRYs unterscheiden, wie ich gleich erklären werde.

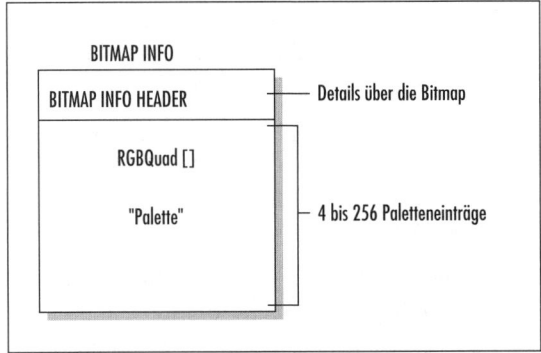

*Abbildung 8.9: Die verborgene Information in* BITMAPINFO

Die BITMAPINFO-Struktur ist mehr eine Container-Struktur als alles andere. Sie kann jedoch eine variable Größe haben. Wenn in der Datei eine Palette vorhanden ist, enthält das Array bmiColors[] die Palette, andernfalls ist dieses Array leer. Nachfolgend die Definition der BITMAPINFO-Struktur:

```
typedef struct tagBITMAPINFO
{
  BITMAPINFOHEADER bmiHeader;     // enthält alle Datenfelddefinitionen
                                  // der .BMP-Datei
  RGBQUAD          bmiColors[1];  // die Farbpalette
} BITMAPINFO;
```

Im obigen Code enthält RGBQUAD einen einzigen RGB-Flags-Eintrag, aber die Reihenfolge der Daten ist BGRF (Blau, Grün, Rot, Flags), statt RGBF (Rot, Grün, Blau, Flags). Der folgende Code zeigt die RGBF-Reihenfolge:

```
typedef struct tagRGBQUAD { // RGBQ-Struktur
BYTE rgbBlue;         // die Blaukomponente
    BYTE rgbGreen;    // die Grünkomponente
    BYTE rgbRed;      // die Rotkomponente
    BYTE rgbReserved; // Flags; muss null sein
} RGBQUAD;
```

Ein RGBQUAD ist vergleichbar mit einem PALETTEENTRY, aber in umgekehrter Reihenfolge. Sie müssen die Palette (falls vorhanden) vorverarbeiten und sicherstellen, die RGB-Werte korrekt zu extrahieren.

Und schließlich hier noch die endgültige BITMAPINFOHEADER-Struktur:

# 8 ➤ Details zu DirectDraw: Animation und Bitmaps

```
typedef struct tagBITMAPINFOHEADER{
 DWORD   biSize;             // Anzahl der Bytes in dieser Struktur
 LONG    biWidth;            // Breite der Bitmap
 LONG    biHeight;           // Höhe der Bitmap
 WORD    biPlanes;           // Anzahl der Farbebenen (immer 1)
 WORD    biBitCount          // Bits pro Pixel (1,4,8,16,24 oder 32)
 DWORD   biCompression;      // Kompressionstyp; immer BI_RGB für
                             // nicht komprimierte Bitmaps
 DWORD   biSizeImage;        // Größe des Bildes in Byte
 LONG    biXPelsPerMeter;    // x-Auflösung der Zielanzeige
 LONG    biYPelsPerMeter;    // y-Auflösung der Zielanzeige
 DWORD   biClrUsed;          // gibt an, wie viele Farben verwendet werden
 DWORD   biClrImportant;     // Anzahl wichtiger Farben; nur für Windows-Apps
} BITMAPINFOHEADER;
```

## Bitmaps einlesen

Sie brauchen nur die im vorigen Abschnitt gezeigten Datenstrukturen. Um eine .BMP-Datei einzulesen, verwenden Sie eine beliebige Datei-I/O-Technik, aber das Ziel ist, den ersten Abschnitt der Datei (den Abschnitt, der die Header-Information enthält) in diese Datenstrukturschablonen zu laden, und dann die eigentlichen Bitmapdaten (wobei es sich um reine Bytedaten handelt) in einen Speicherabschnitt, der durch die Farbtiefe und die Größe festgelegt wird, die Sie aus dem Header-Abschnitt extrahieren.

PROG10_4.CPP enthält den (recht umfangreichen) Code für diese Prozedur. Das Programm ist eine Konsolenapplikation, kompilieren Sie sie also entsprechend! Wenn Sie das Programm ausführen, erlaubt es Ihnen, .BMP-Dateien von der Befehlszeile aus zu laden, wertet sie aus und gibt dann ihre Header-Informationen aus.

Der einfachste Ansatz ist, eine simple Container-Struktur zu erzeugen, um alle relevanten Datenstrukturen aufzunehmen, nämlich wie folgt:

```
typedef struct BITMAP_FILE_TAG
{
 BITMAPFILEHEADER bitmapfileheader;
 BITMAPINFOHEADER bitmapinfoheader;
 PALETTEENTRY     palette[256];  // die 256-Farben-Palette
 UCHAR            *buffer;       // Zeiger auf Daten
} BITMAP_FILE, *BITMAP_FILE_PTR;
```

Um Bitmaps zu laden, habe ich zwei Funktionen erzeugt:

✔ Load_Bitmap_File(): Lädt die Bitmap und füllt die Struktur BITMAP_FILE.

✔ Unload_Bitmap_File(): Entlädt die Bitmap und gibt den für sie reservierten Speicher frei.

Nachfolgend die Prototypen:

```
int Load_Bitmap_File(BITMAP_FILE_PTR bitmap,
                     char *filename)
int Unload_Bitmap_File(BITMAP_FILE_PTR bitmap)
```

 Unter Windows sind .BMP-Standardbilder vertikal invertiert, wie in Abbildung 8.10 gezeigt. Wenn Sie eine .BMP-Datei geladen haben, müssen Sie die Bilddaten programmgesteuert vertikal invertieren. (Sie können Ihre Bilder aber auch auf dem Kopf stehend ausgeben.) `Load_Bitmap_File()` ruft eine weitere Funktion auf, `Flip_Bitmap()`, die die .BMP-Dateien für Sie invertiert.

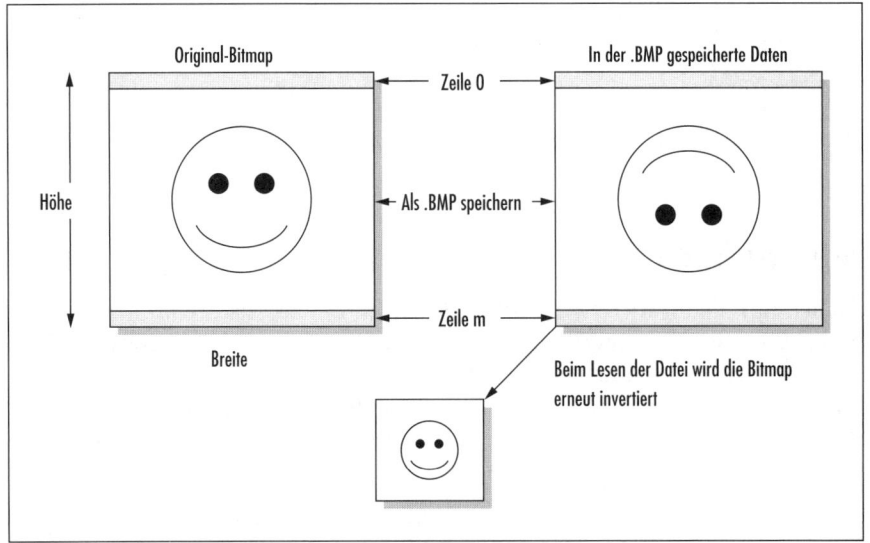

*Abbildung 8.10: Invertierte .BMP-Daten*

Beide Funktionen geben TRUE zurück, wenn sie erfolgreich ausgeführt werden konnten, andernfalls FALSE. Die Funktionen laden eine Bitmap in den Speicher und löschen sie, sobald sie damit fertig sind. Die Bitmap-Datei kann im 8-Bit-, 16-Bit- oder 24-Bit-Format vorliegen; die Funktion wandelt 24-Bit-Bilder in 16-Bit-RGB-Bilder um. Nachfolgend ein Beispiel für das Laden einer .BMP-Datei:

```
BITMAP_FILE bitmap1; // die Bitmap-Datei
If (!Load_Bitmap_File(&bitmap1, "ANDRE.BMP"))
    { /* Fehler */ }
// Bitmap manipulieren ...
// Bitmap entladen und den gesamten Speicher freigeben
Unload_Bitmap_File(&bitmap1);
```

Dieser Ausschnitt lädt die Datei ANDRE.BMP in die Bitmap-Datei `bitmap1` und löscht die Bitmap-Daten, sobald das Programm mit der Verarbeitung fertig ist. Weil Sie die Bitmap erstellt haben, kennen Sie Breite, Höhe und Farbtiefe des Bildes bereits; Sie könnten also schummeln und diese Werte direkt in Ihren Code aufnehmen. Das ist aber kein guter Programmierstil. Um sicherzugehen, schreiben Sie den Code so, dass das Programm die Eigenschaft jeder Bitmap, die Sie laden, aus dem Header liest und diese Werte verwendet. Nachfolgend sehen Sie, wie Sie auf Breite, Höhe und die Anzahl der Bits pro Pixel von `bitmap1` zugreifen:

# 8 ➤ Details zu DirectDraw: Animation und Bitmaps

```
bitmap1.bitmapinfoheader.biWidth
bitmap1.bitmapinfoheader.biHeight
bitmap1.bitmapinfoheader.biBitCount
```

Für die .BMP-Datei eines 256-Farben-Bildes mit Palette können Sie mit Hilfe des Arrays `bitmap1.palette[index]` auf die Paletteneinträge zugreifen. Dieses Beispiel liest die Komponenten des Eintrags, indiziert durch `index`:

```
red   = bitmap1.palette[index].peRed;
blue  = bitmap1.palette[index].peBlue;
green = bitmap1.palette[index].peGreen;
```

## *16-Bit-HighColor-Bitmaps laden*

Obwohl wir in dieser Phase der Spieleprogrammierung noch weit von der Verwendung des Bit-Blitters zum Zeichnen animierter Bitmaps entfernt sind, haben Sie ausreichend viele Informationen an der Hand, ein Bitmap-Dump-Programm zu erstellen, wenn die Bitmaps eine bestimmte Größe und Farbtiefe haben (so dass sie in den Grafikmodus passen). Sie laden eine Bitmap und kopieren die Bits in den primären Puffer. Nachfolgend ein Beispiel für den 640x480-Bildschirmmodus in 16-Bit-Farben:

```
// Vorausgesetzt wird, DirectDraw ist eingerichtet und
// lppdsprimary ist die primäre Oberfläche für den
// Zugriff auf den 16-Bit-Grafikspeicher
UCHAR *primary_buffer = NULL;
// die Bitmap-Datei, in die Sie das Bild laden werden
BITMAP_FILE bitmap16bit;
// Bitmap laden
Load_Bitmap_File(&bitmap16bit, "ANDRE16.BMP");
// primäre Oberfläche sperren
// Oberflächenbeschreibung einrichten, um die
// Oberfläche zu sperren
memset(&ddsd,0,sizeof(ddsd));
ddsd.dwSize = sizeof(ddsd);
lpddsprimary->Lock(NULL,&ddsd,
            DDLOCK_SURFACEMEMORYPTR | DDLOCK_WAIT,NULL);
// Grafikzeiger ermitteln
primary_buffer = (UCHAR *)ddsd.lpSurface;
// Jede Bitmap-Zeile in den primären Puffer kopieren,
// unter Berücksichtigung nicht linearer Grafikmodi
// und des Speicher-Pitchs lPitch
for (int y=0; y<480; y++)
  {
  // Zeile kopieren
  memcpy(&primary_buffer[y*ddsd.lPitch], // Zieladresse
         &bitmap16bit.buffer[y * 640*2], // Quelladresse
         640*2);                         // zu kopierende Bytes
  } // end for y
// Sperre für die Oberfläche aufheben
lpddsprimary->Unlock(NULL);
// Bitmap löschen
Unload_Bitmap_File(&bitmap16bit);
```

Der Code berücksichtigt den lPitch des Grafikmodus, was praktisch ist, wenn die Grafikkarte keine linearen Speichermodi unterstützt. Andernfalls können Sie die Breite des Grafikmodus multipliziert mit den Bytes pro Pixel verwenden, um von Grafikzeile zu Grafikzeile zu gelangen.

Ein Beispiel für die Ausführung des Codes finden Sie in PROG10_5.CPP auf der CD zum Buch.

## 8-Bit-256-Farben-Bitmaps laden

Das nächste Beispiel lädt ein 256-Farben-Bild mit einer Palette. Der Loader lädt die Bitmap und die Palette (und korrigiert die umgekehrten BGR-Einträge in RGB), aber Sie müssen die Palettendaten manuell aus der Bitmap-Datei-Palette in eine DirectDraw-Palette laden. Dieses Beispiel lädt ein 640 x 480 großes 256-Farbbild und zeigt es auf dem Bildschirm an (nachfolgend ist das Laden der Palette fett ausgezeichnet):

```
// Es sei vorausgesetzt, dass DirectDraw eingerichtet ist
// und lppdsprimary die primäre Oberfläche für den Zugriff
// auf den 8-Bit-Grafikspeicher ist
UCHAR *primary_buffer = NULL;
// Bitmap-Datei, in die Sie das Bild laden werden
BITMAP_FILE bitmap8bit;
// Bitmap laden
Load_Bitmap_File(&bitmap8bit, "ANDRE8.BMP");
// jetzt die Palette in DirectDraw laden; angenommen, die
// Palette wurde angelegt und der primären Oberfläche zugeordnet
lpddpal->SetEntries(0,0,256,bitmap8bit.palette);
// die primäre Oberfläche sperren
// die Oberflächenbeschreibung einrichten, um die
// Oberfläche zu sperren
memset(&ddsd,0,sizeof(ddsd));
ddsd.dwSize = sizeof(ddsd);
// die primäre Oberfläche sperren
lpddsprimary->Lock(NULL,&ddsd,
            DDLOCK_SURFACEMEMORYPTR | DDLOCK_WAIT,NULL);
// Grafikzeiger ermitteln
primary_buffer = (UCHAR *)ddsd.lpSurface;
// jede Bitmap-Zeile in den primären Puffer kopieren,
// unter Berücksichtigung nicht linearer Grafikmodi
// und des Speicher-Pitchs lPitch
for (int y=0; y<480; y++)
   {
   // die Zeile kopieren
   memcpy(&primary_buffer[y*ddsd.lPitch], // Zieladresse
         &bitmap16bit.buffer[y * 640],    // Quelladresse
         640);                             // zu kopierende Bytes
   } // end for y
// Sperre für die Oberfläche aufheben
```

```
lpddsprimary->Unlock(primary_buffer);
// die Bitmap löschen
Unload_Bitmap_File(&bitmap8bit);
```

Die einzigen Unterschiede zwischen diesem Ausschnitt und der 16-Bit-Version liegen im Zugriff auf den Primärpuffer und im Aufruf von `SetEntries()`, um die Palette mit der Palette der Bitmap zu aktualisieren.

PROG10_6.CPP zeigt die Ausführung der 8-Bit-Version des Loaders.

`BltFast()` ist die schnellere der Blitting-Funktionen – `Blt()` und `BltFast()` – ohne Hardware-Beschleunigung, weil sie kein Clipping vornimmt. In jeder anderen Hinsicht sind die beiden Funktionen identisch. Weitere Informationen über das Bitmap-Clipping finden Sie in Kapitel 10.

## Bits jonglieren mit dem Blitter

Der *Blitter* ist eine Hardware (bzw. eine Software-Emulation), die Bitmaps von einer Quelle auf ein Ziel kopiert. Darüber hinaus kann der Blitter den Speicher mit einem bestimmten Wort (Farbe) füllen, und viele Blitter unterstützen Funktionsmerkmale wie beispielsweise Rotation, Skalierung oder andere spezielle Effekte.

Sie erzeugen also kleine Bitmap-Oberflächen, die jeweils ein Einzelbild darstellen, und blitten sie nach Bedarf in den Grafikspeicher. Sie müssen eine Bitmap in den Speicher laden (wie im vorigen Abschnitt beschrieben), den Inhalt der Bitmap in eine sekundäre Backbuffer-Oberfläche kopieren und den Blitter dann anwenden, um einen beliebigen Ausschnitt der Bitmap in den primären Puffer zu kopieren. Hier die einzelnen Schritte:

1. **Erzeugen Sie eine DirectDraw-Applikation – z.B. 640 x 480, 8-Bit-Farben.**
2. **Erzeugen Sie eine primäre und eine sekundäre Oberfläche gleicher Größe.**
3. **Laden Sie die Bitmap in den sekundären (offscreen) Oberflächen-Speicher.**
4. **Laden Sie die Paletteninformation in die der primären Oberfläche zugeordneten Palette.**
5. **Legen Sie beliebige rechteckige Bereiche auf der sekundären Oberfläche fest und blitten Sie sie an zufälligen Positionen auf die primäre Oberfläche.**

Normalerweise verwenden Sie den sekundären Backbuffer nur für das Seiten-Flipping, aber der Demonstration halber verwende ich ihn hier als Quelle für den Blitter, um ihn mit Eingaben zu versorgen, weil ich gerade keine andere Oberfläche zur Verfügung habe.

## Der Backbuffer

Ich bezeichne die sekundäre Oberfläche häufig als *Backbuffer* oder als *sekundären Backbuffer*, wenn ich betonen will, dass er sekundär ist. Sie können die Oberfläche als Backbuffer bezeichnen, aber manchmal ist sie sekundär – deshalb spreche ich von einem sekundären Backbuffer. Es ist jedoch auch eine sekundäre Oberfläche, die ich so abstrahiere, dass man sie sich als Backbuffer vorstellen kann. Das ist DirectX-Sprache; lassen Sie sich nicht davon verwirren.

Das folgende Programm blittet Bits von der sekundären auf die primäre Oberfläche. Der Aufruf von Blt() steht weiter hinten im Programm, weil so viele Einstellungen dafür vorgenommen werden müssen.

```
// es sei vorausgesetzt, dass alle Variablen definiert sind ...
// Objekt erzeugen und auf Fehler überprüfen
if (DirectDrawCreateEx(NULL, (void **)&lpdd, IID_IDirectDraw7, NULL)!=DD_OK)
    return(0);
// Kooperationsebene auf normalen Fenstermodus setzen
if (lpdd->SetCooperativeLevel(main_window_handle,
        DDSCL_ALLOWMODEX | DDSCL_FULLSCREEN |
        DDSCL_EXCLUSIVE | DDSCL_ALLOWREBOOT)!=DD_OK)
    return(0);
// Anzeigemodus festlegen
if (lpdd->SetDisplayMode(640,480,8,0,0)!=DD_OK)
    return(0);
```

Anschließend erzeuge ich die primäre und die sekundäre Oberfläche:

```
// die primäre Oberfläche erzeugen
memset(&ddsd,0,sizeof(ddsd));
ddsd.dwSize  = sizeof(ddsd);
ddsd.dwFlags = DDSD_CAPS | DDSD_BACKBUFFERCOUNT;
// Sie müssen DirectDraw mitteilen, dass Sie eine komplexe,
// Flipping-fähige Oberflächenstruktur brauchen;
// setzen Sie die Flags entsprechend
ddsd.ddsCaps.dwCaps =
    DDSCAPS_PRIMARYSURFACE | DDSCAPS_FLIP | DDSCAPS_COMPLEX;
// Backbuffer-Zähler auf 1 setzen
ddsd.dwBackBufferCount = 1;
// die primäre Oberfläche erzeugen
lpdd->CreateSurface(&ddsd,&lpddsprimary,NULL);
// auf Backbuffer abfragen, d.h. die sekundäre Oberfläche
ddscaps.dwCaps = DDSCAPS_BACKBUFFER;
lpddsprimary->GetAttachedSurface(&ddscaps,&lpddsback);
```

Jetzt erzeugen Sie eine 256-Farben-Palette, füllen sie mit Schwarz (alle Werte 0, 0, 0) und ordnen sie der primären Oberfläche zu:

## 8 ► Details zu DirectDraw: Animation und Bitmaps

```
// Palette erzeugen
memset(palette,0,256*sizeof(PALETTEENTRY));
// Flags setzen
for (int index=0; index<256; index++)
    palette[index].peFlags = PC_NOCOLLAPSE;
// jetzt das Palettenobjekt erzeugen
if (lpdd->CreatePalette(DDPCAPS_8BIT | DDPCAPS_INITIALIZE | DDPCAPS_ALLOW256,
palette,&lpddpal,NULL)!=DD_OK)
    return(0);
// die Palette der primären Oberfläche zuordnen
if (lpddsprimary->SetPalette(lpddpal)!=DD_OK)
    return(0);
```

Im nächsten Schritt laden Sie die 8-Bit-256-Farben-Bitmap, richten die Palette ein und kopieren die Daten in die sekundäre Oberfläche:

```
// Bitmap laden
Load_Bitmap_File(&bitmap8bit, "ANDRE8.BMP");
// jetzt die Palette in DirectDraw laden
lpddpal->SetEntries(0,0,256,bitmap8bit.palette);
// sekundäre Oberfläche sperren
memset(&ddsd,0,sizeof(ddsd));
ddsd.dwSize = sizeof(ddsd);
lpddsback->Lock(NULL,&ddsd,
            DDLOCK_SURFACEMEMORYPTR | DDLOCK_WAIT,NULL);
// Grafikzeiger ermitteln
secondary_buffer = (UCHAR *)ddsd.lpSurface;
// Bitmap-Daten in sekundäre Oberfläche kopieren;
// jetzt nehmen wir einen linearen Speicher an
memcpy(secondary_buffer, bitmap8bit.buffer, 640*480);
// Sperre für den sekundären Backbuffer aufheben
lpddsback->Unlock(NULL);
```

Abbildung 8.11 zeigt den Systemstatus zu diesem Zeitpunkt. Die Quelldaten befinden sich auf der sekundären Oberfläche; die primäre Oberfläche ist die aktuelle Anzeige. Jetzt brauchen Sie eine kleine Schleife, die zufällige Rechtecke von der Quelle auf das Ziel blittet.

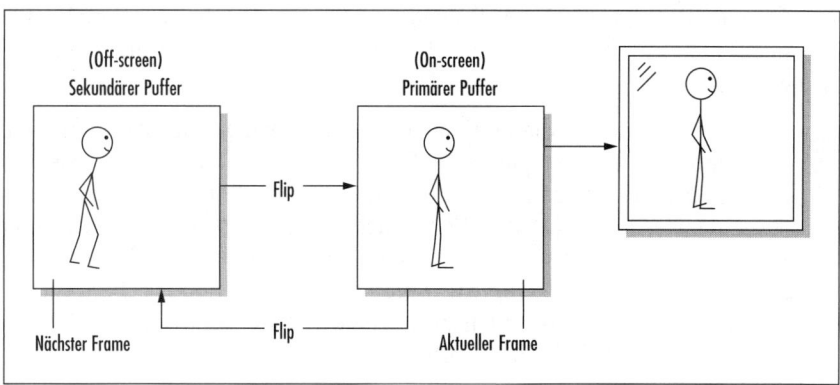

*Abbildung 8.11: Systemstatus beim Seiten-Flipping*

Der folgende Code zeigt diese Schleife. Der fett ausgezeichnete Code hat mit Color Keys zu tun (siehe Kapitel 9). Color Keys definieren Farben, die von der Quelle auf das Ziel geblittet werden, so dass Sie Löcher und transparente Objekte verwenden können.

```
// Quellposition auswählen, von der die Bitmap geladen werden soll
int source_x = rand()%640;
int source_y = rand()%480;
// Zielposition auswählen, wohin das Blitting erfolgen soll
int dest_x = rand()%640;
int dest_y = rand()%480;
// Breite und Höhe des Rechtecks festlegen
int width = rand()%640;
int height = rand()%480;
// Rechtecke einrichten
RECT source_rect, dest_rect;
source_rect.left   = source_x;
source_rect.top    = source_y;
source_rect.right  = source_x + width;
source_rect.bottom = source_y + height;
dest_rect.left   = dest_x;
dest_rect.top    = dest_y;
dest_rect.right  = dest_x + width;
dest_rect.bottom = dest_y + height;
// Farbschlüssel einrichten, so dass Farbindex 0 transparent ist.
/// Wenn Sie einen 16/24-Bit-Modus verwenden, verwenden Sie
// stattdessen die jeweiligen RGB-Werte für die transparente
// Farbe und platzieren DENSELBEN Wert im unteren und im
// oberen Farbschlüssel
DDCOLORKEY col_key;
col_key.dwColorSpaceLowValue  = 0; // RGB16BIT565(0,0,0) für 16 Bit
col_key.dwColorSpaceHighValue = 0; // RGB16BIT565(0,0,0) für 16 Bit
// Schlüssel festlegen
lpddsback->SetColorKey(DDCKEY_SRCBLT, &col_key);
// Blitting durchführen
lpddsprimary->Blt(&dest_rect, lpddsback, &source_rect, DDBLT_KEYSRC | DDBLT_WAIT,
            NULL);
```

Die Verwendung des Blitters zum Kopieren von Bitmaps ist einfach und schnell. Ich habe die Spiele-Engine für dieses Buch (siehe Kapitel 10 und 14) auf dem Blitter und ein paar anderen Kleinigkeiten aufgebaut.

 PROG10_7.CPP zeigt diesen Code in der Ausführung. Darüber hinaus enthält die CD eine 16-Bit-Version namens PROG10_7_16b.CPP. Dort sehen Sie die kleinen Änderungen beim Laden der Bitmaps und der Einstellung der Farbschlüssel; natürlich gibt es hier keine Palette. Versuchen Sie, die Programme aus diesem Kapitel so umzuschreiben, dass sie Befehlszeilenparameter für die Eingabedateien entgegennehmen. Bevor Sie in den DirectDraw-Vollbildmodus gehen, zeigen Sie ein Dialogfeld zur Dateiauswahl an und erlauben dem Benutzer, die .BMP-Datei auszuwählen, die geladen werden soll.

# Tauchen wir tiefer in DirectDraw ein: fortgeschrittene Funktionsmerkmale

## In diesem Kapitel

▶ Erledigen Sie komplexere Arbeiten mit Bitmap-Grafiken

▶ Verwenden Sie Offscreen-Grafiken

▶ Lernen Sie Techniken für die Farbanimation kennen

▶ Kombinieren Sie DirectDraw und GDI

▶ Verwenden Sie DirectDraw in Fenstermodi

▶ Nehmen Sie Informationen von DirectDraw entgegen

Dieses Kapitel beschreibt die fortgeschrittenere Phase bei der Arbeit mit Bitmap-Grafik so wie die letzten Details, die Sie brauchen, um eine komplett als Bitmap angelegte Sprite-Engine zu schreiben. Ich runde das Kapitel ab mit der Beschreibung von DirectDraw-Funktionsmerkmalen wie beispielsweise die Verwendung von GDI auf DirectDraw-Oberflächen und das Erstellen von DirectDraw-Applikationen im Fenstermodus. Das zuletzt Genannte ist wichtig für das Debugging und wenn Sie den Windows-»Look« in Ihren Spielen beibehalten, aber die Leistung von DirectDraw nutzen wollen. Mit diesen Konzepten gerüstet verstehen Sie den Aufbau der Bibliothek GPDUMB, die Sie in Kapitel 10 kennen lernen.

## Farbschlüssel und Transparenz

Die Entwicklung einer Bitmap-Grafik-Engine ist leicht. Sie kopieren dabei mehr oder weniger einfach nur Speicherbereiche von einem Ort in einen anderen. Das einzige Problem, das die Leute dabei haben, ist, die transparenten Pixel korrekt zu berücksichtigen. Nachdem Sie die Konzepte der Transparenz und der Farbschlüssel verstanden haben, ist es jedoch ein Kinderspiel, eine Bitmap-Engine zu schreiben.

### Transparenz

Transparenz hat die Menschen schon immer verwirrt. Angenommen, Sie zeichnen ein Bitmap-Bild einer Spielfigur. Diese Bitmap ist in einer 64 x 64 Pixel großen Bitmap enthalten, aber die Figur hat keinen gleichmäßigen Umriss: Sie hat einen Kopf, Arme, Beine usw. und sie belegt nicht die gesamte 64 x 64 Pixel große Bitmap. Der Bereich, in dem keine Farbe vorhanden ist, soll transparent sein – nur die Teile des Figurabbilds, die eine Farbe haben, sollen gezeichnet werden.

## Warum Transparenz manuell festlegen?

Sie fragen sich vielleicht, warum Sie überhaupt wissen müssen, wie man Bitmap-Transparenz erzielt. Schließlich enthält DirectDraw entsprechende Werkzeuge in seinen Farbschlüssel-Funktionen, so dass Sie niemals Code für einen transparenten Hintergrund schreiben müssen.

Sie brauchen jedoch immer noch die Information, die im Abschnitt *Transparenz* bereitgestellt wird. In einigen Fällen müssen Sie Bitmap-Funktionen und andere Algorithmen für die Bildverarbeitung schreiben. Lesen Sie also unbedingt die Abschnitte *Farbschlüssel* und *Transparenz*, die einander ergänzen; eine Methode, man kann nicht sagen, dass es eine allgemeingültige Methode gäbe, den Bitmap-Hintergrund transparent zu machen.

Abbildung 9.1 (links) zeigt ein Beispiel, bei dem eine Spielfigur ohne Transparenz auf einen Hintergrund geblittet wurde. (Wenn Sie das Wort *blitten* nicht verstehen, lesen Sie in Kapitel 8 nach, was es bedeutet.) Die gesamte Bitmap wird gezeichnet, inklusive des schwarzen Hintergrundes um die Spielfigur herum. Das Ergebnis ist ein großes schwarzes Rechteck um die Spielfigur herum – und das wollen wir nicht. Um das zu korrigieren, zeichnen Sie die Bitmap mit Transparenz, wie in Abbildung 9.1 rechts gezeigt. In diesem Fall wird nur die Figur gezeichnet, nicht der Hintergrund um sie herum; das Bild sieht gut aus.

*Abbildung 9.1: Blitten ohne Transparenz (links) und mit Transparenz (rechts)*

Es ist ganz einfach, Transparenz zu implementieren. Legen Sie einfach im Farbindex eine transparente Farbe fest. Die meisten Leute verwenden in RGB-Modi die RGB-Farbe Schwarz (0, 0, 0) oder in 256-Farben-Modi den Farbindex 0. Einige Leute legen ein schrilles Pink fest oder irgendeine andere Farbe, die anderweitig nicht in dem Spiel existiert, so dass zwischen der transparent dargestellten Farbe und dunklen oder fast schwarzen Farben unterschieden werden kann. Wenn Sie eine Blitting-Funktion mit Transparenz schreiben wollen, überprüfen Sie den transparenten Index oder RGB-Wert in jedem Pixel der von Ihnen gezeichneten Bitmap. Diese Überprüfung ist grundsätzlich immer erforderlich (ohne Vorverarbeitung oder Tricks).

Angenommen, Sie laden eine Bitmap, extrahieren die Pixel für eine 32 x 32 Pixel große Spielfigur und speichern die Pixel in einem linearen Byte-Array `image[]`. Sie wollen das Bild pixelweise zeichnen, aber mit Transparenz. Angenommen, Sie befinden sich im 8-Bit-Farbmodus und es ist bereits alles so eingerichtet, dass `primary_buffer` auf den Grafikspeicher verweist. Nachfolgend sehen Sie einen Codeausschnitt, der das Bitmap-Bild in den primären Puffer an die Position (x, y) zeichnet, wobei die Farbe 0 als transparente Farbe festgelegt ist:

```
// Diese beiden Schleifen blitten eine 32x32-Bitmap
for (int index_y=0; index_y<32; index_y++)
   {
   // nächste Pixelzeile kopieren
   for (int index_x=0; index_x<32; index_x++)
      {
      // das nächste Pixel ermitteln
      UCHAR pixel = image[index_x+index_y*32];
      // prüfen, ob das Pixel transparent ist
      if (pixel!=0)
            primary_buffer[x+index_x+(y+index_y)*ddsd.lPitch] =
                                                        pixel;
      // andernfalls nichts tun
      } // end for index_x
   } // end for index_y
```

Nachfolgend die 16-Bit-Version, die auf RGB(0, 0, 0) überprüft:

```
// Diese beiden Schleifen blitten eine 32x32-Bitmap
for (int index_y=0; index_y<32; index_y++)
   {
   // nächste Pixelzeile kopieren
   for (int index_x=0; index_x<32; index_x++)
      {
      // das nächste Pixel ermitteln
      USHORT pixel = image[index_x+index_y*32];
      // prüfen, ob das Pixel transparent ist
      if (pixel!=_RGB16BIT565(0,0,0))
            primary_buffer[x+index_x+(y+index_y)*(ddsd.lPitch/2)] =
                                                        pixel;
      // andernfalls nichts tun
      } // end for index_x
   } // end for index_y
```

Welche Farbe Sie als transparent auswählen, bleibt Ihnen überlassen, aber die meisten Programmierer verwenden die Farbe 0 oder RGB(0, 0, 0).

Der oben gezeigte Code ist langsamer, als es für Ihre Arbeit in Frage kommen sollte – eine Multiplikation für jedes Pixel in der inneren Schleife, wie hier gezeigt, sollte vermieden werden.

Vermeiden Sie im Grafikcode Multiplikationen, wo immer das möglich ist! Dividieren Sie nur, wenn das Ergebnis mit keinem anderen mathematischen Trick zu realisieren ist. Ich habe diese Codebeispiele ohne Optimierung und möglichst leicht nachvollziehbar gemacht; der Code in der `GPDUMB`-Bibliothek ist jedoch optimiert. Nachfolgend sehen Sie die 8-Bit-Version in einer optimierten Form ohne Multiplikation (die 16-Bit-Optimierung erfolgt auf ähnliche Weise):

```
// Alias für einen Zeiger auf das Bitmap-Quellbild
UCHAR *src_ptr = image;
// Anfangsadresse des Bitmap-Ziels suchen
UCHAR *dest_ptr =
      primary_buffer + x + y * ddsd.lPitch;
// diese beiden Schleifen blitten eine 32x32-Bitmap
for (int index_y=0; index_y<32; index_y++)
    {
    // nächste Pixelzeile kopieren
    for (int index_x=0; index_x<32; index_x++)
        {
        // nächstes Pixel ermitteln
        UCHAR pixel = *src_ptr;
        // prüfen, ob das Pixel transparent ist
        if (pixel!=0)
           *dest_ptr = pixel;
        // Zeiger weiterschalten
        src_ptr++;
        dest_ptr++;
        } // end for index_x
    // Ziel-Zeiger auf den Anfang der nächsten Zeile setzen
    dest_ptr+=(ddsd.lPitch - 32);
    } // end for index_y
```

Dieser Code sieht komplexer aus als der zuvor gezeigte, aber er ist 80- bis 100-mal schneller. Sie können auch die erste einfache Multiplikation vor der Schleife eliminieren, indem Sie *shiften* statt multiplizieren.

Im Allgemeinen ist das *Shiften* einer binären Zahl nach links äquivalent mit der Multiplikation mit 2, während das Shiften nach rechts äquivalent mit einer Division durch 2 ist, wie in Abbildung 9.2 gezeigt. Darüber hinaus sind mehrere Shifts kumulativ. Statt der Multiplikation player_x*64 können Sie auch player_x << 6 verwenden, weil $2^6$ gleich 64 ist. Die Multiplikation von player_x mit 100 kann in zwei Schritten erfolgen: (player_x << 6) + (player_x << 5); das funktioniert, weil player_x*100 = player_x*64 + player_x*32 = (player_x << 6) + (player_x << 5) – $2^6$ ist 64, $2^5$ ist 32.

Mit der Transparenz ist alles Mögliche möglich. Sie können eine beliebige Farbe als transparente Farbe auswählen, aber auch mehrere Farben, einen Farbbereich usw. Sie können die Tabellen umdrehen und in Hinblick auf das Ziel statt auf die Quelle planen – d.h., statt Software zu schreiben, die verhindert, dass transparente Farben geblittet werden, schreiben Sie sie so, dass Sie alle Farben von der Quelle blitten, solange die Pixel des aktuellen Ziels eine bestimmte Farbe haben. Beispielsweise könnten Sie unter Verwendung eines Zielschlüssels festlegen, dass das Blitten an jede Stelle im Zielbild erfolgen darf, die blau ist. Auf diese Weise scheinen sich die blauen Objekte immer im Vordergrund zu befinden. Diese Techniken werden verwendet, um Overlays und simulierte 3D-Schichten oder ein Parallaxen-Scrolling zu realisieren.

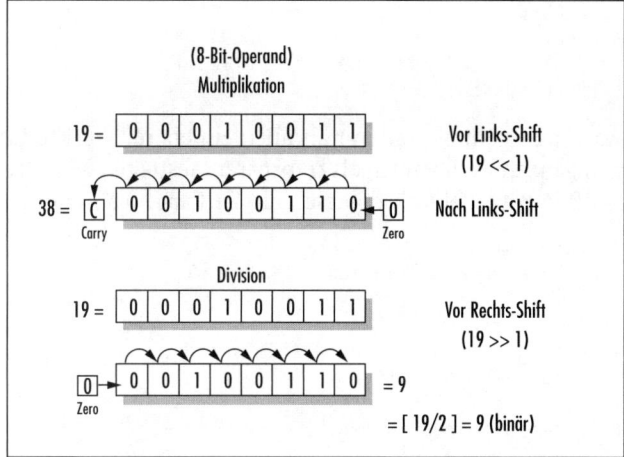

*Abbildung 9.2: Binäres Shiften für Multiplikation und Division*

## Farbschlüssel

DirectDraw bietet sehr viel komplexere Optionen für die Transparenz, als Sie sie je brauchen werden; diese Technologie wird auch als *Farbschlüssel* bezeichnet. Sie können damit steuern, welche Farben transparent sein sollen, welche nicht, die Z-Reihenfolge der Bitmaps festlegen und sehr viel mehr, aber ich kann hier nicht auf alles detailliert eingehen. Sie sollten nur wissen, dass *Quell-* und *Ziel*-Farbschlüssel verwendet werden.

## Quellschlüssel

Die Eleganz bei der Verwendung des Blittens liegt darin, dass Sie keine Software schreiben müssen, um das Blitten oder Transparenzeffekte vorzunehmen. DirectDraw übernimmt das für Sie; Sie müssen es natürlich entsprechend einrichten. *Quellfarbschlüssel* entsprechen dem Standardkonzept, transparente Farben zu definieren, wie im Codebeispiel des vorhergehenden Abschnitts gezeigt. Sie legen den Farbbereich fest, der transparent sein soll, und weisen den Blitter an, diesen Farbbereich nicht zu kopieren.

Um unter Verwendung eines Quellfarbschlüssels zu blitten, legen Sie den Farbschlüssel einfach mit der Funktion SetColorKey() fest:

```
HRESULT SetColorKey(DWORD dwFlags,    // Art des Schlüssels
       LPDDCOLORKEY lpDDColorKey);    // Bereich des Schlüssels
```

Die Funktion gibt DD_OK zurück, wenn sie erfolgreich war, andernfalls einen anderen Wert.

Um das Farbschlüsselsystem einzurichten, so dass Sie Farbschlüssel mit Quell-Blit verwenden können, setzen Sie dwFlags auf DDCKEY_SRCBLT und legen den Farbschlüsselbereich in einer DDCOLORKEY-Struktur fest:

```
typedef struct _DDCOLORKEY {
 DWORD dwColorSpaceLowValue; // Startfarbe (einschließlich)
 DWORD dwColorSpaceHighValue;// Endfarbe (einschließlich)
} DDCOLORKEY,FAR* LPDDCOLORKEY;
```

Der Grund dafür, warum sowohl ein unterer als auch ein oberer Wert festgelegt wird, ist der Fall, wenn man einen ganzen Farbbereich als transparent festlegen will. Das folgende Beispiel zeigt einen Standard-Blit mit Quellfarbschlüssel mit der Farbe 0 als transparenter Farbe:

```
DDCOLORKEY key; // Farbschlüssel
// transparenten Farbbereich auf 0 setzen
key.dwColorSpaceLowValue  = 0;
key.dwColorSpaceHighValue = 0;
// Farbschlüssel jetzt auf der Quell-Oberfläche setzen,
// das ist üblicherweise der Backbuffer
lpddsback->SetColorKey(DDCKEY_SRCBLT, &key);
// Vom Backbuffer in den primären Puffer blitten
lppddsprimary->Blt(...);
```

Um einen Farbbereich als transparent festzulegen, wie beispielsweise von den Farben 0 bis 3, setzen Sie `key.dwColorSpaceLowValue = 0` und `key.dwColorSpaceHighValue = 3`. Farbschlüsselbereiche sind jedoch nur innerhalb des indizierten 8-Bit-Modus sinnvoll. In 16- und 24-Bit-Modi sollten Sie einfach denselben RGB-Wert für den unteren und den oberen Wert verwenden. Andernfalls erhalten Sie möglicherweise unerwünschte Effekte.

Das Programm `PROG10_7.CPP` auf der CD zum Buch zeigt diese Technik in aller Ausführlichkeit.

## *Zielschlüssel*

Dieses Buch verwendet nicht so viel Zielschlüssel wie Quellschlüssel, weil Zielschlüssel für komplexere Bitmap-Techniken vorgesehen sind, wie beispielsweise zum Erstellen von Ebenen oder 3D-Simulationen. *Zielschlüssel* geben einen Farbbereich auf der Zieloberfläche vor, in den geschrieben werden kann. Sie können sich Zielschlüssel als Indikator vorstellen, der beschreibt, auf welche Farben im Zielbild geschrieben werden kann.

Das Flag für die Einrichtung eines Zielschlüssels ist `DDCKEY_DESTBLT`. Sie müssen eine `DDCOLORKEY`-Struktur mit dem Zielbereich einrichten, ähnlich wie im vorigen Beispiel gezeigt. Der einzige Unterschied ist, dass der Zielschlüssel in einer Beziehung zur Zieloberfläche steht, Sie müssen also den Farbschlüssel dieser Oberflächenschnittstelle setzen, und nicht den der Quelloberflächenschnittstelle. Als Beispiel sehen Sie nachfolgend, wie Sie einen Zielfarbschlüssel festlegen, der erlaubt, dass die ersten 250 Farbwerte überschrieben werden, nicht jedoch die Farben 250 bis 255:

```
DDCOLORKEY key; // Farbschlüssel
// überschreibbare Werte auf 0 bis 249 setzen
key.dwColorSpaceLowValue = 0;
key.dwColorSpaceHighValue = 249;
```

```
// Farbschlüssel jetzt auf der Zieloberfläche festlegen
lpddsprimary->SetColorKey(DDCKEY_DESTCBLT, &key);
// vom Backbuffer in den primären Puffer blitten, oder
// was immer die Quelloberfläche ist ...
lppddsprimary->Blt(...);
```

Das ist alles über die Farbschlüssel. Komplexere Funktionsmerkmale verwenden mehr Schlüsseltypen, und Sie brauchen sie sehr wahrscheinlich für Ihre Programme nicht. Die DirectX-SDK-Hilfe enthält weitere Informationen über die Unterstützung von 3D-Sprite-Overlays und Sprite-Z-Buffer.

## Kleine Bitmap-Objekte erstellen

Im Abschnitt *Transparenz* früher in diesem Kapitel haben Sie erfahren, wie Sie in einer Software-Schleife eine Bitmap laden und anzeigen. Im Abschnitt *Farbschlüssel* haben Sie eine weitere Methode kennen gelernt, eine Bitmap von der sekundären Oberfläche auf die primäre Oberfläche zu blitten, wobei die Transparenz mit Hilfe von DirectDraw realisiert wurde. Diese Methoden sind jedoch eher drastisch; Sie brauchen etwas mehr ... Lexus.

Ihr Ziel ist eine komplexe Bitmap-Grafik-Engine, die Hardware-Beschleunigung und Software-Rendering unterstützt. Dieser Abschnitt erzeugt keine komplette Sprite-Engine, sondern unternimmt nur Schritte in die richtige Richtung. Er zeigt Ihnen, wie Sie 8-Bit-, 16-Bit- oder 24-Bit-Bilder aus dem Speicher laden und jedes der Bitmap-Bilder aus der großen Bitmap-Schablone extrahieren können, wie in Abbildung 9.3 gezeigt. Grundsätzlich brauchen Sie eine Funktion, die die große Bild-Bitmap entgegennimmt, die Größe der einzelnen Container-Zellen sowie die Koordinaten einer zu extrahierenden Zelle. Die Funktion ermittelt die Bits aus dem Bild und platziert sie in einer kleineren Bitmap, die nur dieses Bild enthält.

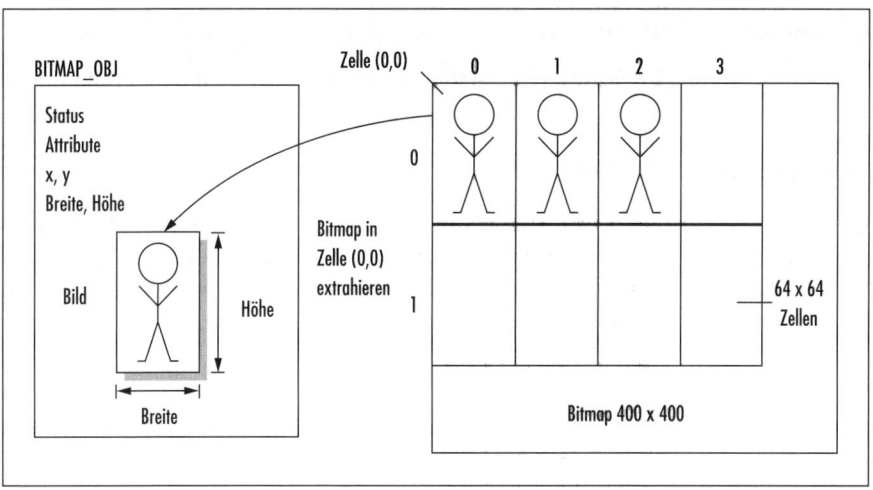

*Abbildung 9.3: Bitmaps aus der Schablone extrahieren*

Darüber hinaus sollen alle kleineren Bitmaps DirectDraw-Oberflächen sein, so dass Sie sie mit DirectDraw blitten können, statt selbst Software dafür schreiben zu müssen. Sie brauchen also eine Funktion, die die Auswertung vornimmt, eine Bitmap-Datenstruktur, die die Bitmap-Objekte aufnimmt, sowie einige weitere Funktionen, um die Objekte zu erzeugen und sie zu zeichnen.

 Das ist eine Menge Software. In diesem Kapitel zeige ich Ihnen nur die allerwichtigsten Funktionen und Datenstrukturen. Den vollständigen Quellcode finden Sie in `PROG11_1.CPP` auf der CD zum Buch.

Diese Version der Blitter-Objekt-Engine unterstützt Bitmaps sowohl mit 8- als auch mit 16-Bit-Farben. (Für die 16-Bit-Versionen der Funktionen habe ich am Ende der Funktionsnamen »16« angefügt; ich bezeichne also eine Funktion allgemein als `foo*()`, d.h. `foo()` und `foo16()`, falls es zwei Versionen dafür gibt.) In Kapitel 10 werde ich viel bessere BOBs erzeugen, die mehrere Frames, Bewegung, Kollision und mehr unterstützen, aber die folgenden BOBs sind für die Beschreibungen in diesem Kapitel ausreichend. Alle Funktionen geben `TRUE` zurück, wenn sie erfolgreich ausgeführt werden konnten, andernfalls `FALSE`.

Nachfolgend finden Sie die Schritte, die für ein kleines Beispiel erforderlich sind, eine kleine Bitmap-Objekt-Bitmap zu laden und anzuzeigen (ich spreche im weiteren von BOB, ich glaube, der Begriff stammt noch aus meiner Zeit mit dem Amiga 500, wo BOB für *Blitter-Objekt* stand):

1. **Richten Sie DirectDraw ein.**
2. **Laden Sie ein 8-Bit- oder 16-Bit-Farben-Bitmap-Bild mit den darin enthaltenen Objekten, wie in Kapitel 8 gezeigt.**
3. **Legen Sie mit `Create_BOB()` oder `Create_BOB16()` ein BOB an.**
4. **Laden Sie mit `Load_BOB()` oder `Load_BOB16()` ein Bild in das BOB.**
5. **Zeichnen Sie das BOB mit `Draw_BOB()` oder `Draw_BOB16()`.**
6. **Wenn Sie fertig sind, löschen Sie das BOB mit `Destroy_BOB()` oder `Destroy_BOB16()`.**

## Vorbereitungen für ein BOB

Wir beginnen mit der Datenstruktur, die das BOB aufnehmen soll. Wir beginnen mit etwas Einfachem, das nur die Oberfläche berücksichtigt, die die Bitmap enthält, die (x,y)-Position der Bitmap sowie ihre Breite und Höhe. Schließlich sollte die Struktur einen Status und Flags-Felder haben. Und so sieht sie aus:

```
typedef struct BITMAP_OBJ_TYP
{
int state;  // Status des Objekts (allgemein)
int attr;   // Attribute für das Objekt (allgemein)
int x,y;    // Position, an der die Bitmap angezeigt wird
int xv,yv;  // Geschwindigkeit des Objekts
```

```
int width, height;  // Breite und Höhe der Bitmap
LPDIRECTDRAWSURFACE7 image; // die eigentliche Bitmap-Oberfläche
} BITMAP_OBJ, *BITMAP_OBJ_PTR;
```

Und hier ein paar #defines für die Definition des Status jedes BOB:

```
// defines für BOBs
#define BOB_STATE_DEAD     0  // ein totes BOB
#define BOB_STATE_ALIVE    1  // ein lebendiges BOB
#define BOB_STATE_LOADED   2  // das BOB wurde geladen
```

 Was sind ein »totes BOB« und ein »lebendiges BOB«? *Lebendig* bedeutet in dieser Hinsicht, dass ein BOB von der Spielelogik verarbeitet wird; ein *totes* BOB wird nicht von der Spielelogik verarbeitet. Die Vorstellung dessen, wie ein BOB lebendig oder tot ist, hat absolut nichts mit den Begriffen zu tun, wie wir sie sonst verwenden. In meinem Spiel *Rex Blade* beispielsweise liegen Hunderte »toter« animierter Figuren herum, während der Spieler das Spiel durchläuft, und dennoch waren diese Animationen alle »lebendige Objekte«, d.h., sie mussten in KI, Logik und Rendering weiterhin berücksichtigt werden.

## Ein BOB erzeugen

Nachfolgend sehen Sie den Code für die 8-Bit-Version der Funktion, die ein BOB erzeugt; die 16-Bit-Version ist ähnlich, Sie finden sie in PROG9_1.CPP:

```
int Create_BOB(BITMAP_OBJ_PTR bob,     // das zu erzeugende BOB
               int width, int height,  // Größe des BOB
               int attr,               // Attribute
               int flags = 0)          // Speicher-Flag
{
// das BOB-Objekt erzeugen; beachten Sie, dass alle BOBs
// standardmäßig als Offscreen-Oberflächen im VRAM erzeugt
// werden; wenn Sie den Systemspeicher verwenden wollen,
// setzen Sie Flags auf DDSCAPS_SYSTEMMEMORY
DDSURFACEDESC2 ddsd; // für das Erzeugen der Oberfläche
// Status und Attribute des BOB festlegen
bob->state = BOB_STATE_ALIVE;
bob->attr  = attr;
bob->image = NULL;
// Position und Geschwindigkeit auf 0 setzen
bob->x = bob->y = bob->xv = bob->yv = 0;
// Zugriff auf Funktionsmerkmale, Breite Höhe erlauben
memset(&ddsd,0,sizeof(ddsd));
ddsd.dwSize  = sizeof(ddsd);
ddsd.dwFlags = DDSD_CAPS | DDSD_WIDTH | DDSD_HEIGHT;
// Größe der neuen Bitmap-Oberfläche festlegen
ddsd.dwWidth  = bob->width  = width;
ddsd.dwHeight = bob->height = height;
// Oberfläche offscreen setzen
ddsd.ddsCaps.dwCaps = DDSCAPS_OFF_SCREENPLAIN | flags;
// Oberfläche erzeugen
```

```
if (lpdd->CreateSurface(&ddsd,&(bob->image),NULL)!=DD_OK)
   return(0);
// Farbschlüssel auf die Farbe 0 setzen
DDCOLORKEY color_key; // used to set color key
color_key.dwColorSpaceLowValue  = 0;
color_key.dwColorSpaceHighValue = 0;
// jetzt Farbschlüssel für Quell-Blitting festlegen
(bob->image)->SetColorKey(DDCKEY_SRCBLT, &color_key);
// Erfolg zurückgeben
return(1);
} // end Create_BOB
```

Um `Create_BOB*()` zu verwenden, übergeben Sie der Funktion einfach das leere BOB und seine Parameter. `Create_BOB*()` erzeugt dann eine DirectDraw-Offscreen-Oberfläche, die groß genug ist, um Ihr BOB aufzunehmen, und setzt alle internen Variablen der Struktur. Das Anlegen einer Offscreen-Oberfläche ist viel einfacher, als einen sekundären Backbuffer anzulegen, weil Offscreen-Oberflächen nicht von der primären Oberfläche aus abgefragt werden müssen und nichts mit dem Seiten-Flipping zu tun haben. Grundsätzlich legt die Funktion `Create_BOB*()` die Breite und die Höhe der angeforderten Oberfläche fest, zusammen mit den Flags, die DirectDraw anweisen, die Oberfläche im Systemspeicher (`DDSCAPS_SYSTEMMEMORY`) oder im Grafik-RAM (Standard) zu erzeugen.

## *Ein BOB mit Bitmap-Daten laden*

`Load_BOB*()` ist vielleicht die komplizierteste dieser Funktionen – wenn man hier überhaupt von kompliziert sprechen kann. Ihr Ziel ist ganz einfach; schwierig ist, sie anzuwenden. Hier die 8-Bit-Version des BOB-Loaders:

```
int Load_BOB(BITMAP_OBJ_PTR bob, // BOB, das mit Daten geladen wird
BITMAP_FILE_PTR bitmap, // Bitmap, aus der die Bilddaten stammen
 int cx,int cy, // Zelle oder absolute Position des Bildes
 int mode)      // falls 0, ist cx,cy die Zellenposition, andernfalls
                // sind cx,cy absolute Koordinaten
{
// Diese Funktion extrahiert eine Bitmap aus einer Bitmap-Datei
UCHAR *source_ptr,   // Zeiger für die Arbeit
      *dest_ptr;
DDSURFACEDESC2 ddsd;  // DirectDraw-Oberflächenbeschreibung
// Extraktionsmodus auswerten: Zellen-basiert oder absolut
if (mode==0)
   {
   // x,y neu berechnen
   cx = cx*(bob->width+1) + 1;
   cy = cy*(bob->height+1) + 1;
   } // end if
// Bitmap-Daten extrahieren
source_ptr = bitmap->buffer +
       cy*bitmap->bitmapinfoheader.biWidth+cx;
// Adresse des Ziel-Oberflächenspeichers ermitteln
// Größe der Struktur festlegen
```

```
ddsd.dwSize = sizeof(ddsd);
// Anzeigeoberfläche sperren
(bob->image)->Lock(NULL,
                   &ddsd,
                   DDLOCK_WAIT | DDLOCK_SURFACEMEMORYPTR,
                   NULL);
// Einen Zeiger für die Speicheroberfläche festlegen, um
// sie manipulieren zu können
dest_ptr = (UCHAR *)ddsd.lpSurface;
// Die einzelnen Zeilen durchlaufen und Bitmap kopieren
for (int index_y=0; index_y<bob->height; index_y++)
    {
    // nächste Datenzeile auf das Ziel kopieren
    memcpy(dest_ptr, source_ptr,bob->width);
    // Zeiger weiterschalten
    dest_ptr   += (ddsd.lPitch);
    source_ptr += bitmap->bitmapinfoheader.biWidth;
    } // end for index_y
// Sperre für die Oberfläche aufheben
(bob->image)->Unlock(NULL);
// Status auf "geladen" setzen
bob->state |= BOB_STATE_LOADED;
// Erfolg zurückgeben
return(1);
} // end Load_BOB
```

Die Funktion nimmt als Parameter das Ziel-BOB und die Quell-Bitmap-Datei entgegen, aus der geladen werden soll. Anschließend wird die zu betrachtende Position mit (cx, cy) und mode festgelegt. Ist mode gleich 0, werden (cx, cy) als Zellenkoordinaten interpretiert, ist mode gleich 1, werden (cx, cy) als absolute Koordinaten in der Quell-Bitmap betrachtet. In jedem Fall passt die extrahierte Bitmap genau in das BOB, das als bob->width und bob->height definiert ist. Abbildung 9.4 wird das Ganze verdeutlichen.

## Ein BOB zeichnen

Als Nächstes brauchen Sie eine Funktion, mit der Sie ein BOB zeichnen können. Die 8-Bit- und 16-Bit-Versionen von Draw_BOB() sind identisch. Auf dieser Abstraktionsebene kümmert sich DirectDraw nicht mehr um Details – es muss nur die Quell- und die Zieloberfläche kennen, ebenso wie die Größe der zu kopierenden Rechtecke:

```
int Draw_BOB(BITMAP_OBJ_PTR bob, // zu zeichnendes BOB
    LPDIRECTDRAWSURFACE7 dest) // Oberfläche, auf die das BOB
                               // gezeichnet wird
{
// ein BOB an x,y zeichnen, wie im BOB auf der
// Zieloberfläche definiert, die in dest angegeben ist
RECT dest_rect,   // Zielrechteck
     source_rect; // Quellrechteck
// Zielrechteck füllen
dest_rect.left   = bob->x;
```

```
dest_rect.top    = bob->y;
dest_rect.right  = bob->x+bob->width;
dest_rect.bottom = bob->y+bob->height;
// Quellrechteck füllen
source_rect.left   = 0;
source_rect.top    = 0;
source_rect.right  = bob->width;
source_rect.bottom = bob->height;
// Auf Zieloberfläche blitten
dest->Blt(&dest_rect, bob->image,
          &source_rect,(DDBLT_WAIT | DDBLT_KEYSRC),
          NULL);
// Erfolg zurückgeben
return(1);
} // end Draw_BOB
```

Weil die Position des BOB intern für die Struktur ist, brauchen Sie keine Koordinaten zu übergeben, wo das BOB gezeichnet werden soll. Das Einzige, was die Funktion kennen muss, sind das zu zeichnende BOB und die Zieloberfläche, auf die gezeichnet werden soll (normalerweise ein Backbuffer oder die primäre Oberfläche).

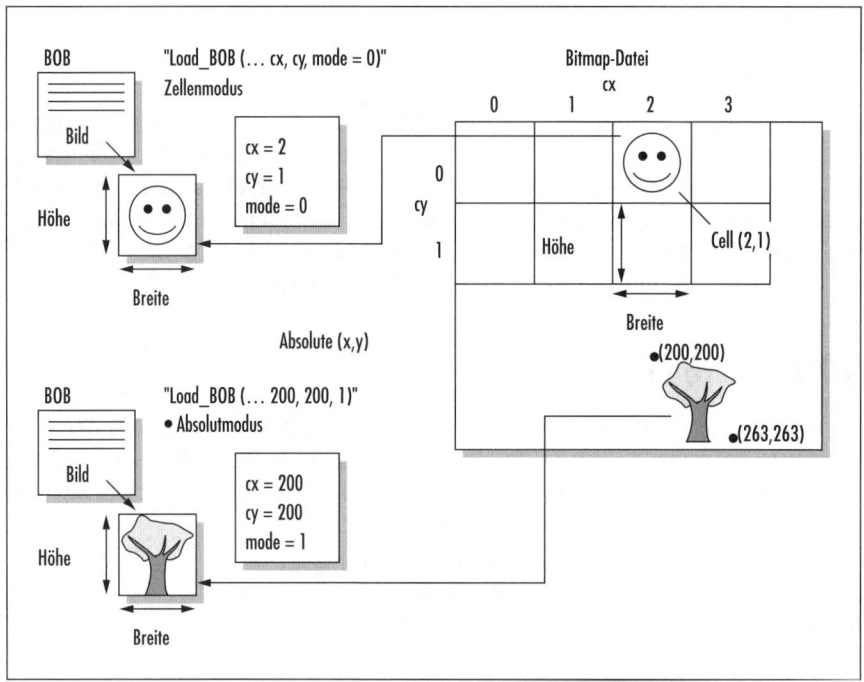

*Abbildung 9.4: Bitmaps mit* Load_BOB() *extrahieren*

## Ein BOB zerstören

Um ein BOB zu zerstören, wenn Sie damit fertig sind, rufen Sie Destroy_BOB() auf (die 8-Bit- und 16-Bit-Versionen sind gleich, aber sie werden in zwei Versionen verwendet, um die Namen einheitlich zu halten):

```
int Destroy_BOB(BITMAP_OBJ_PTR bob)
{
// das BOB zerstören; einfach die Oberfläche freigeben
if (bob->image)
   (bob->image)->Release();
else
   return(0);
// Erfolg zurückgeben
return(1);
} // end Destroy_BOB
```

## Die Funktionen bitten zum BOB-Tänzchen

Nachfolgend finden Sie die vollständige Abfolge von BOB-Funktionsaufrufen, die diese kleinen Kerlchen laden, anzeigen und zerstören (8-Bit-Version):

```
BITMAP_FILE bitmap; // Bitmap-Datei
BITMAP_OBJ car;     // das Bitmap-Objekt
// Bitmap laden
Load_Bitmap_File(&bitmap,"cars8.bmp");
// ein 32x32-VRAM-BOB erzeugen
Create_BOB(&car,32,32,0,0,0);
// das BOB mit der ersten Zelle des Bitmap-
// Schablonenbildes laden
Load_BOB(&car,0,0,0);
// Bitmap aus dem Speicher entfernen; Sie sind fertig damit
Unload_Bitmap_File(&bitmap);
// Position des BOB festlegen
car.x = 100;
car.y = 200;
// BOB auf primäre Oberfläche zeichnen
Draw_BOB(&car, lppdsprimary);
// Hier steht der Code Ihres Spiels ...
// BOB löschen
Destroy_BOB(&car);
```

Und hier dasselbe für die 16-Bit-Version:

```
BITMAP_FILE bitmap; // Bitmap-Datei
BITMAP_OBJ car;     // Bitmap-Objekt
// Bitmap laden
Load_Bitmap_File(&bitmap,"cars16.bmp");
// ein 32x32-VRAM-BOB erzeugen
Create_BOB16(&car,32,32,0,0,0);
// BOB mit der ersten Zelle des Bitmap-
// Schablonenbildes laden
```

```
Load_BOB16(&car,0,0,0);
// Bitmap aus dem Speicher entfernen; Sie sind damit fertig
Unload_Bitmap_File(&bitmap);
// Position des BOB festlegen
car.x = 100;
car.y = 200;
// BOB auf die primäre Oberfläche zeichnen
Draw_BOB16(&car, lppdsprimary);
// Hier steht Ihr Spielcode ...
// das BOB löschen
Destroy_BOB16(&car);
```

Das Programm `PROG11_1.CPP` zeigt eine Demonstration dieses Versuchs an Sprite-Objekten (für die 16-Bit-Version ist es `PROG11_1_16b.CPP`) – ein Asteroidenfeld aus BOBs.

## Tricks mit Farben

Vor langer Zeit war 2D-Beschleunigung teuer und die 3D-Beschleunigung steckte in den Kinderschuhen. Spieleprogrammierer wendeten Tricks an, so dass das Grafiksystem scheinbar mehr Farben anzeigte, als tatsächlich vorhanden waren, und sie benutzten spezielle Lichteffekte, die mit der verfügbaren Hardware eigentlich unmöglich zu sein schienen. Durch die heutige Technologie ist es mittlerweile möglich, diese Dinge auch ohne Tricks darzustellen, aber einige dieser Techniken stellen immer noch viel Attraktivität zu geringem Preis dar und gelten weiterhin für die Handheld-, Handy- und PDA-Spieleprogrammierung. Die folgenden Abschnitte stellen zwei Farbtricks der Spieleprogrammierergilde vor: Palettenanimation und Farbrotation.

### Palettenanimation

Die Palettenanimation ist eine Technik, die nur auf 8-Bit-Farbmodi anzuwenden ist. Das Konzept bei der Palettenanimation ist, dass ständig ein oder mehr Paletteneinträge in Echtzeit mit neuen Daten aktualisiert werden. Auf diese Weise wird jedes Pixel auf dem Bildschirm, das mit diesen Farben gezeichnet wird, unmittelbar animiert oder geändert. Diese Technik verwenden Sie, um blinkende Lichter, pulsierende Energiequellen, Explosionen usw. zu simulieren.

Der einzige Nachteil bei der Palettenanimation ist, dass Sie eine oder mehr Palettenfarben für die Animation reservieren müssen. Angenommen, Sie wollen drei Farben haben, die in Rot, Grün und Blau blinken. Sie müssen dafür drei Palettenwerte festlegen – etwa 253, 254 und 255 –, die Sie animieren werden. Dann aktualisieren Sie diese Paletteneinträge ständig mit neuen Werten, und jedes Pixel in Ihren Bildern, das eine dieser Farben hat, wird unmittelbar entsprechend geändert.

 Wenn Sie in palettengesteuerten Modi, wie beispielsweise dem 8-Bit-256-Farben-Modus, den Paletteneintrag ändern, ändern Sie jedes Pixel, das unter Verwendung dieses Eintrags gezeichnet wurde.

Angenommen, Sie schreiben ein Programm, das einen Bitmap-Hintergrund lädt – beispielsweise das Bild irgendeiner Maschine. Damit das Bild realistischer aussieht, wollen Sie, dass rote, grüne und blaue Lichter blinken. Laden Sie das Bitmap-Bild also in Ihr Malprogramm und zeichnen Sie die Lichter unter Verwendung der Farbindizes 253, 254 und 255 (welche Farben Sie in Ihrem Malprogramm verwenden, ist unwichtig, weil sie von der Software sowieso geändert werden; sie sind nur Platzhalter). Anschließend laden Sie das Bild und animieren die Farbeinträge (253 bis 255) mit einem einfachen Algorithmus, so dass sie aussehen, als würden sie blinken. Nachfolgend sehen Sie einen solchen Algorithmus, der voraussetzt, dass alle DirectDraw-Dinge wie üblich eingerichtet sind:

```
void Blink_Em(int r_rate, // Frequenz des roten Blinkens; in Takten
              int g_rate, // Frequenz des grünen Blinkens; in Takten
              int b_rate, // Frequenz des blauen Blinkens; in Takten
              int r_i, int g_i, int b_i) // Farbindizes
{
// Dies ist eine abgeschlossene, autonome Funktion
// Farben definieren
static PALETTEENTRY black={0,0,0,PC_NOCOLLAPSE},
                    red   = {255,0,0,PC_NOCOLLAPSE},
                    green = {0,255,0,PC_NOCOLLAPSE},
                    blue  = {0,0,255,PC_NOCOLLAPSE};
// Statusvariablen
static int red_count   = 0,
           green_count = 0,
           blue_count  = 0,
           red_state   = -1,
           blue_state  = -1,
           green_state = -1;
// Algorithmus starten
// Rot
if (++red_count>=r_rate)
   {
   // Status des roten Lichts umschalten
   red_state=-red_state;
red_count = 0;
   // Farbeintrag ändern
   if (red_state==1)
      lpddpal->SetEntries(0,r_i,1,&red);
   else
      lpddpal->SetEntries(0,r_i,1,&black);
   } // end if
// Grün
if (++green_count>=g_rate)
   {
   // Status des grünen Lichts umschalten
   green_state=-green_state;
```

```
      green_count = 0;
      // Farbeintrag ändern
      if (green_state==1)
         lpddpal->SetEntries(0,g_i,1,&green);
      else
         lpddpal->SetEntries(0,g_i,1,&black);
      } // end if
// Blau
if (++blue_count>=b_rate)
   {
   // Status des blauen Lichts umschalten
   blue_state=-blue_state;
   blue_count = 0;
   // Farbeintrag ändern
   if (blue_state==1)
      lpddpal->SetEntries(0,b_i,1,&blue);
   else
      lpddpal->SetEntries(0,b_i,1,&black);
   } // end if
} // end Blink_Em
```

Um die Funktion zu verwenden, übergeben Sie ihr die Blinkfrequenz für die roten, grünen und blauen Lichter, ebenso wie ihre Farbindizes. Wenn Sie beispielsweise wollen, dass jedes Licht mit einer Frequenz von 2, 4 und 8 Takten blinkt und die Farben 253, 254 und 255 animiert werden sollen, nehmen Sie in `Game_Main()` oder einer ähnlichen Position Ihres Spiels in jedem Durchlauf den folgenden Aufruf vor:

```
// Lichter blinken lassen
Blink_Em(2,4,8, 253,254,255);
```

Auf der CD zu diesem Buch finden Sie das Programm `PROG11_2.CPP`, das eine digitale Hardware animiert. Beachten Sie, dass der primäre Puffer in jedem Frame mit dem Hintergrundbild gefüllt wird. Auf diese Weise wird eine Anomalie neuerer 3D-Karten kompensiert, die gerne für jeden Frame den primären Puffer löschen.

## Farbrotation

Die Farbrotation stellt eine leistungsfähige Simulation der Bewegung dar. Haben Sie beispielsweise schon einmal ein Spiel mit einem Wasserfall, einem Fluss oder einem Fließband gesehen? Dieser Effekt wurde sehr wahrscheinlich durch Farbrotation erzielt. Außerdem sehen Sie diesen Trick auch in Kapitel 7; das Programm `PRO9_5.CPP` erzeugt einen RGB-Gradientenbildschirm und scrollt die Farben, so dass sie aussehen, als würden sie sich bewegen. Dieses Programm verwendet die Farbanimation mit dem folgenden Code:

```
// Farbpalette ermitteln
lpddpal->GetEntries(0,0,256,work_colors);
// Shiften und in 1 bis 255 speichern
lpddpal->SetEntries(0,1,255,work_colors);
// Farbe 255 an der Position 0 speichern
lpddpal->SetEntries(0,0,1,&work_colors[255]);
```

Ganz einfach! Bei der Farbrotation werden einfach Farben weitergeschoben, wie in Abbildung 9.5 gezeigt. Mit dieser Technik gibt man vielen Pixeln einfach das Aussehen, als würden sie sich bewegen, was in Wirklichkeit gar nicht der Fall ist.

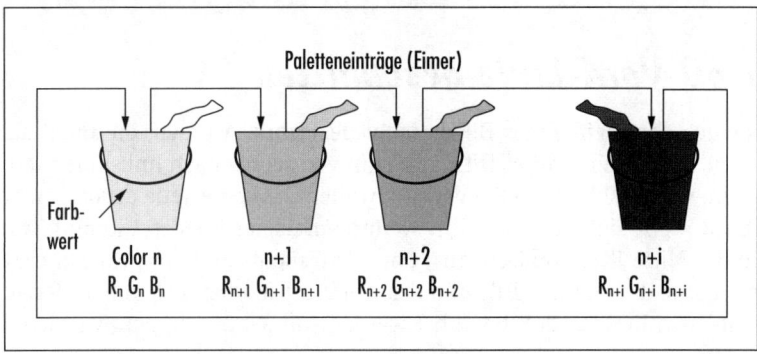

*Abbildung 9.5: Farbrotation in Action*

Die Farbrotation funktioniert nur für 256-Farben-Modi, weil die gesamte Basis des Algorithmus die Farbindirektion ist (siehe Kapitel 7). Eine Änderung der Tabelleneinträge ändert jedes Pixel sofort auf dem Bildschirm. In einem 16- oder 24-Bit-Standardfarbmodus ist keine Farbrotation möglich, weil diese Modi keine Indirektion unterstützen. Nachfolgend eine allgemeine Codefunktion, die einen Farbabschnitt in einem Schritt rotiert:

```
void Rotate_Colors(LPDIRECTDRAWPALETTE pal,
                   int start_index, // Start-Farbe
                   int colors) // Anzahl der Farben
{
// Diese Funktion rotiert die Farben zwischen Start und Ende
PALETTEENTRY work_pal[256]; // Arbeitspalette
// Farbpalette ermitteln
pal->GetEntries(0,start_index,colors,work_pal);
// Farben verschieben
pal->SetEntries(0,start_index+1,colors-1,work_pal);
// letzte Farbe korrigieren
pal->SetEntries(0,start_index,1,&work_pal[colors - 1]);
} // end Rotate_Colors
```

Die Funktion verschiebt die Farben in positiver Richtung nach rechts, so dass Sie sie umformulieren müssen, wenn sie sie in die andere Richtung verschieben soll. Um die Funktion zu verwenden, rufen Sie sie einfach mit der DirectDraw-Palette auf, die Sie rotieren wollen, sowie mit dem Startindex und der Anzahl der Farben.

Wenn Sie die blinkenden Lichter aus dem vorigen Beispiel rotieren wollen, gehen Sie wie folgt vor:

```
Rotate_Colors(lpddpal, 253, 3);
```

Anschließend blinken die Lichter und bewegen sich! Cool!

 Für die CD habe ich das beste Beispiel für die Farbrotation überhaupt geschrieben: einen 3D-Graben. Probieren Sie es aus: PROG11_3.CPP.

## Auf der 50-Yard-Linie geschnitten

*Clipping* bedeutet, dass Teile eines Bildes nicht gezeichnet werden, die nicht sichtbar sind. Wenn Sie beispielsweise ein großes Bitmap-Schiff von rechts nach links über den Bildschirm bewegen wollen, wie in Abbildung 9.6 gezeigt, wollen Sie keine Teile davon zeichnen, die auf dem Bildschirm nicht sichtbar sind. Ein weiteres Beispiel für das Clipping wäre etwa ein Steuerfeld in der Mitte Ihres Bildschirms, über dem nichts anderes gezeichnet werden darf; Sie veranlassen also, dass für alle Bilder, die das Steuerfeld überdecken könnten, ein Clipping für den betreffenden Bereich durchgeführt werden soll. Ohne Clipping würden Spiele recht dürftig aussehen.

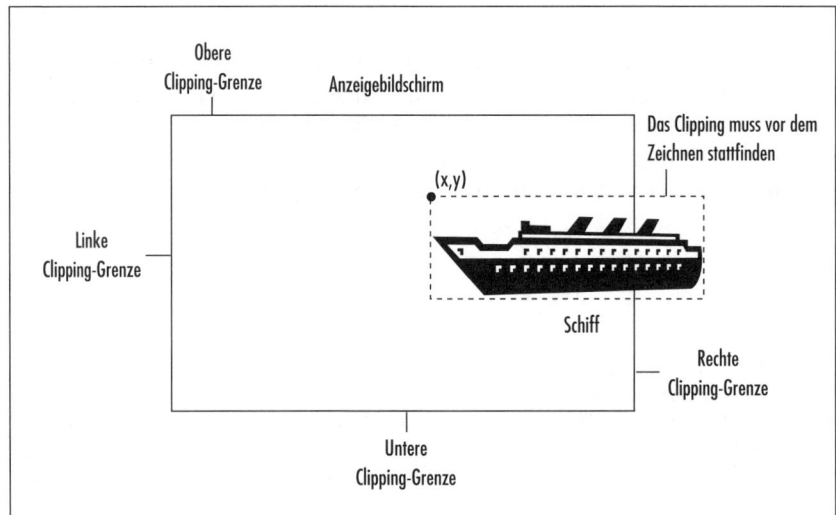

*Abbildung 9.6: Clipping*

Clipping gibt es in zwei Varianten:

✔ **Bild-Clipping**: Das Clipping für ein Bild, während es pixelweise gezeichnet wird. Diese Aufgabe ist zeitaufwändig und funktioniert normalerweise nur in Kombination mit der Hardware-Beschleunigung zufrieden stellend. Das Konzept dabei ist, dass Sie bei jedem Pixel des Objekts, das Sie zeichnen, überprüfen, ob es nicht in einem Bereich liegt, für den das Clipping gilt. Natürlich können Sie viele Optimierungen vornehmen. Während Sie beispielsweise eine Scan-Zeile zeichnen und ein Pixel links oder rechts geclippt werden muss, brauchen Sie für die übrigen Pixel nicht mehr zu testen.

✔ **Objekt-Clipping**: Analyse der Geometrie des zu zeichnenden Objekts und Berechnung, wie viel davon gezeichnet werden soll, statt es dem Zeichenalgorithmus zu überlassen, jedes Pixel mit dem Clipping-Bereich zu vergleichen. Diese Technik ist etwas mathematisch orientierter als das Bild-Clipping. Abbildung 9.7 zeigt Beispiele von Rechtecken, die auf den Bildschirm gezeichnet werden. Vorausgesetzt, der Bildschirm ist der Clipping-Bereich, bedeutet das, dass Sie Teile des Rechtecks nicht zu zeichnen brauchen, die außerhalb des Bildschirms liegen; die Endpunkte des Rechtecks werden neu berechnet, um sicherzustellen, dass sie sich auf dem Bildschirm befinden, und dann wird das Rechteck, für das vorab ein Clipping ausgeführt wurde, der Zeichen-Software übergeben und kann ohne weiteres Clipping gezeichnet werden.

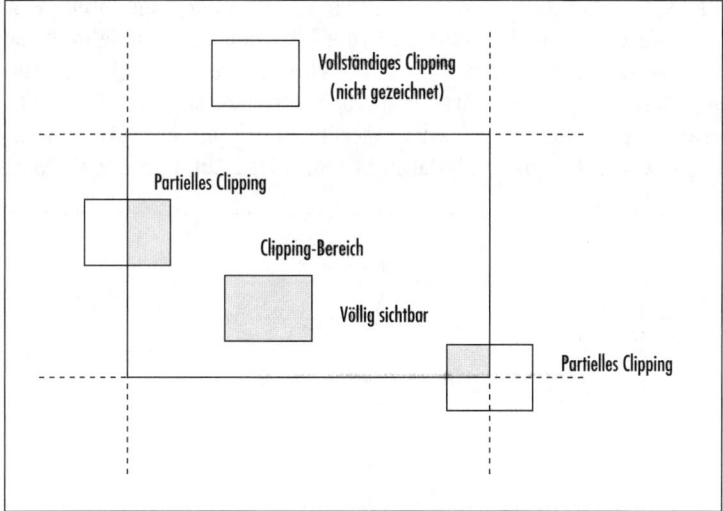

*Abbildung 9.7: Clipping-Beispiele*

Als Beispiel für das Objektraum-Clipping wollen wir annehmen, dass ein Rechteck mit der oberen linken Ecke (x1, y1) und der unteren rechten Ecke (x2, y2) definiert ist, und Sie dieses Rechteck in einen Bildschirm-Clipping-Bereich clippen wollen, der durch MIN_X, MIN_Y, MAX_X und MAX_Y definiert ist, wie in Abbildung 9.7 gezeigt. Verwenden Sie den folgenden Code:

```
// Zuerst auf triviale Ausschlüsse testen
// Befindet sich das Rechteck völlig außerhalb des Bildschirms?
if (x1 > MAX_X || x2 < MIN_X || y1 > MAX_Y || y2 < MIN_Y)
    { /* vollständig geclippt; nichts weiter tun */ }
// x-Koordinaten überprüfen
if (x1 < MIN_X) x1 = MIN_X;
else if (x2 > MAX_X) x2 = MAX_X;
// jetzt die y-Koordinaten
if (y1 < MIN_Y) y1 = MIN_Y;
else if (y2 > MAX_Y) y2 = MAX_Y;
// jetzt enthält (x1,y1) bis (x2,y2) das geclippte Rechteck ...
```

 Kurz gesagt bedeutet Clipping, dass Sie einfach nichts zeichnen, was auf dem Bildschirm nicht zu sehen ist.

## Der DirectDrawClipper - Einführung

DirectDraw unterstützt den DirectDrawClipper, der jeder Oberfläche zugeordnet werden kann, in die Sie blitten wollen (Clipping funktioniert nur für den Blitter). Darüber hinaus kann der Clipper mehrere Clipping-Bereiche haben.

 Das System hat jedoch eine kleine Tücke. Normalerweise stellen sich Grafikprogrammierer Clipping-Bereiche als die Bereiche vor, wo sie *nicht* zeichnen, aber DirectDraw stellt sie sich als die Bereiche vor, *wo* Sie zeichnen können. Die Clipping-Bereiche, die Sie DirectDraw bereitstellen, sind also die gültigen Zeichenbereiche, und alles andere wird abgeschnitten. Kein größeres Drama, aber es dauert ein wenig, bis man sich daran gewöhnt hat. Abbildung 9.8 erklärt das Ganze.

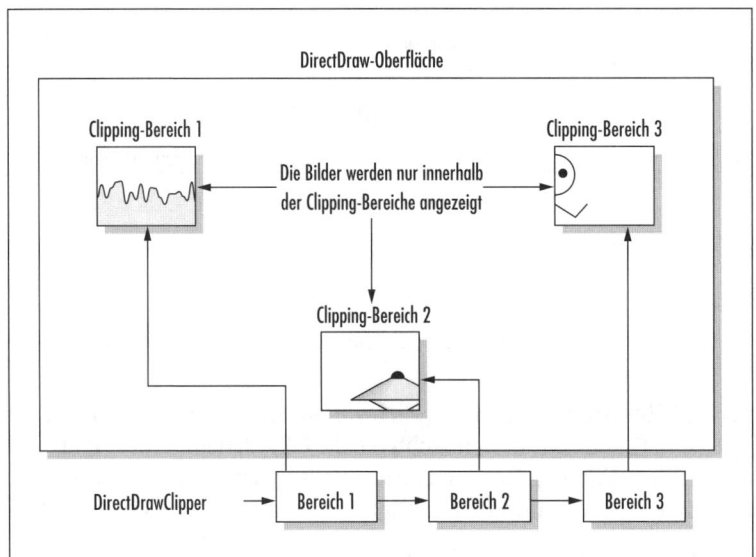

*Abbildung 9.8: Clipping-Bereiche in DirectDraw*

Nachfolgend die Schritte, einen DirectDrawClipper zu erzeugen:

1. **Erzeugen Sie das eigentliche DirectDrawClipper-Objekt.**
2. **Erzeugen Sie eine Liste der Clipping-Rechtecke und weisen Sie sie dem Clipper zu.**
3. **Ordnen Sie den Clipper einer Oberfläche zu.**

# 9 ► Tauchen wir tiefer in DirectDraw ein

Die Schritte 1 und 3 sind einfach. Schritt 2 könnte Ihnen etwas Kopfzerbrechen verursachen. Wie gewöhnlich versucht DirectDraw, Datenstrukturen zu verwenden, die in Win32 bereits zur Verfügung stehen, wodurch es schwieriger wird als nötig, weil die meisten dieser Datenstrukturen alt sind und nicht in Hinblick auf DirectX angelegt wurden.

## Den DirectDrawClipper erzeugen

Nachfolgend der Prototyp für DirectDrawClipper:

```
HRESULT CreateClipper(DWORD dwFlags, // nicht verwendet; auf 0 setzen
LPDIRECTDRAWCLIPPER FAR *lplpDDClipper, // Zeiger auf das Ergebnis
IUnknown FAR *pUnkOuter); // immer NULL
```

Um einen Clipper zu erzeugen, gehen Sie wie folgt vor:

```
LPDIRECTDRAWCLIPPER lpddclipper; // der Clipper
if ((lpdd->CreateClipper(0,&lpddclipper,NULL))!=DD_OK)
    return(NULL);
```

Damit wird momentan noch nicht viel erledigt, aber `lpddclipper` ist ein gültiges Clipper-Objekt.

## Die Clipping-Liste füllen

Wenn Sie den DirectDrawClipper erzeugt haben, füllen Sie die Clipping-Liste mit Daten – das ist der schwierigere Teil. Die Clipping-Liste ist in einer speziellen Datenstruktur enthalten, RGNDATA, wie nachfolgend gezeigt:

```
typedef struct _RGNDATA { // rgnd
 RGNDATAHEADER rdh; // der Header
 char Buffer[1]; // eine Liste mit RECTs, die das Clipping definieren
} RGNDATA;
```

`rdh` hat eine Art Header, und Sie sind sicher schon gespannt darauf. `Buffer[]` enthält eine Liste mit RECTs, die Clipping-Bereiche darstellen. Jetzt betrachten Sie das Feld `rdh`, wobei es sich um eine RGNDATAHEADER-Struktur handelt:

```
typedef struct _RGNDATAHEADER { // rgndh
 DWORD dwSize;     // Größe dieses Headers
 DWORD iType;      // muss RDH_RECTANGLES sein
 DWORD nCount;     // Anzahl der Rechtecke im Puffer
 DWORD nRgnSize;   // Größe des Puffers
 RECT  rcBound;    // Umschließendes Rechteck um alle Rechtecke
} RGNDATAHEADER;
```

Sie müssen eine Liste mit RECTs bereitstellen, die als Clipping-Bereich verwendet werden sollen, die RGNDATA- und RGNDATAHEADER-Strukturen ausfüllen und all diese Dinge DirectDraw in `SetClipList()` übergeben:

```
HRESULT SetClipList(
    LPRGNDATA lpClipList, // Zeiger auf RGNDATA
    DWORD dwFlags);       // nicht verwendet; muss 0 sein
```

Wenn Sie die Clipping-Liste erzeugt und die RGNDATA-Struktur korrekt eingerichtet haben, füllen Sie so die Clipping-Liste:

```
RGNDATA region_data; // nimmt die RECTs und den Daten-Header auf
// region_data ausfüllen ...
// Clipping-Liste einrichten
if ((lpddclipper->SetClipList(&region_data, 0))!=DD_OK)
    { /* Fehler */ }
```

## Den Clipper einer Oberfläche zuordnen

Wenn Sie das eigentliche DirectDrawClipper-Objekt erzeugt, eine Liste mit Clipping-Rechtecken angelegt und die Liste dem Clipper zugewiesen haben, müssen Sie DirectDraw mitteilen, für welche Oberfläche die Clipping-Liste verwendet werden soll. Dazu verwenden Sie die Funktion SetClipper():

```
HRESULT SetClipper(LPDIRECTDRAWCLIPPER lpDDClipper);
```

Aber wo ist die Oberfläche? SetClipper() ist eine Methode der Oberflächenschnittstelle IDIRECTDRAWSURFACE, rufen Sie also SetClipper() wie folgt auf, wobei lpdds ein Zeiger auf eine Oberfläche ist (primär, sekundär, offscreen usw.):

```
if ((lpdds->SetClipper(lpddclipper))!=DD_OK)
{ /* Fehler */ }
```

Ich bin jetzt ein wenig um die Einrichtung der Clipping-Liste und RGNDATA herumgetänzelt, aber Sie können sich den Code selbst ansehen – im nächsten Abschnitt.

## Eine Funktion für alles

Diese Funktion verwendet die Oberfläche, der Sie den Clipper (und die Clipping-Liste mit den Rechtecken) zuordnen wollen, um einen DirectDrawClipper zu erzeugen und ihn dieser Oberfläche zuzuordnen:

```
LPDIRECTDRAWCLIPPER
DD_Attach_Clipper(LPDIRECTDRAWSURFACE7 lpdds,
                  int num_rects,
                  LPRECT clip_list)
{
// Diese Funktion erzeugt einen Clipper aus der übergebenen
// Clipping-Liste und ordnet sie der übergebenen Oberfläche zu
int index;                          // Schleifenvariable
LPDIRECTDRAWCLIPPER lpddclipper;    // Zeiger auf den neu erzeugten
                                    // DD-Clipper
LPRGNDATA region_data;  // Zeiger auf die Bereichsdaten, die den
                        // Header und die Clipping-Liste enthalten
// zuerst den DirectDrawClipper erzeugen
if ((lpdd->CreateClipper(0,&lpddclipper,NULL))!=DD_OK)
    return(NULL);
```

```c
// Die Clipping-Liste aus den übergebenen Daten erzeugen
// Zuerst Speicher für Bereichsdaten reservieren
region_data = (LPRGNDATA)malloc(sizeof(RGNDATAHEADER) + num_rects*sizeof(RECT));
// Die Rechtecke in die Bereichsdaten kopieren
memcpy(region_data->Buffer, clip_list,
       sizeof(RECT)*num_rects);
// Felder des Headers einrichten
region_data->rdh.dwSize      = sizeof(RGNDATAHEADER);
region_data->rdh.iType       = RDH_RECTANGLES;
region_data->rdh.nCount      = num_rects;
region_data->rdh.nRgnSize    = num_rects*sizeof(RECT);
region_data->rdh.rcBound.left    =  64000;
region_data->rdh.rcBound.top     =  64000;
region_data->rdh.rcBound.right   = -64000;
region_data->rdh.rcBound.bottom  = -64000;
// Grenzen aller Clipping-Bereiche ermitteln
for (index=0; index<num_rects; index++)
    {
    // Prüfen, ob das nächste Rechteck vereinigt mit der aktuellen
    // Grenze größer ist
    if (clip_list[index].left <
               region_data->rdh.rcBound.left)
       region_data->rdh.rcBound.left =
                             clip_list[index].left;
    if (clip_list[index].right >
               region_data->rdh.rcBound.right)
       region_data->rdh.rcBound.right =
                             clip_list[index].right;
    if (clip_list[index].top <
               region_data->rdh.rcBound.top)
       region_data->rdh.rcBound.top = clip_list[index].top;
    if (clip_list[index].bottom >
               region_data->rdh.rcBound.bottom)
       region_data->rdh.rcBound.bottom =
                             clip_list[index].bottom;
    } // end for index
// Sie haben den umgrenzenden Rechteckbereich berechnet und die
// Daten eingerichtet; jetzt füllen Sie die Clipping-Liste
if ((lpddclipper->SetClipList(region_data, 0))!=DD_OK)
   {
   // Speicher freigeben und Fehler zurückmelden
   free(region_data);
   return(NULL);
   } // end if
// Den Clipper der Oberfläche zuordnen
if ((lpdds->SetClipper(lpddclipper))!=DD_OK)
   {
   // Speicher freigeben und Fehler zurückgeben
   free(region_data);
   return(NULL);
   } // end if
// Alles ist OK -> Speicher freigeben und Zeiger auf den neuen
// Clipper zurückgeben
```

```
free(region_data);
return(lpddclipper);
} // end DD_Attach_Clipper
```

Die Funktion gibt einen DirectDrawClipper zurück, den Sie später verwenden können, um auf die Clipping-Information zuzugreifen oder Änderungen vorzunehmen. Und so richten Sie eine Clipping-Liste auf der primären Oberfläche ein:

```
// Clipping-Liste mit (4) Rechtecken erzeugen
RECT cliplist[4] = { {0,0,100,100}, {200,200,300,300},
                     {400,100,500,200}, {500,400,550,450}};
// Clipper zuordnen und in lpddclipper speichern
lpddclipper = DD_Attach_Clipper(lpddsprimary,4,cliplist);
```

PROG11_4.CPP auf der CD zum Buch zeigt die Arbeitsweise der Clipper-Funktion (die 16-Bit-Version heißt PROG11_4_16B.CPP), die Clipping-Bereiche erzeugt und dann an zufällige Positionen auf dem Bildschirm blittet – aber Sie sehen nur Bilder innerhalb der eigentlichen Clipping-Bereiche, weil alles andere weggeschnitten wird.

## GDI mit DirectDraw kombinieren

GDI ist nicht besonders schnell. Es ist jedoch gut geeignet für langweilige Dinge, für die DirectX nicht besonders gut ist, wie beispielsweise die Ausgabe von Text, das Zeichnen von Diagrammen und Punktestandanzeigen oder das Zeichnen von Menüs und Dialogfeldern. Dieser Abschnitt beschreibt die Highlevel- (Verwendung von Nachrichtenfeldern, Menüs usw.) und Lowlevel-Kombinationen (Objekte und Text zeichnen) von Windows und DirectDraw, ebenso wie Fenstermodi.

Wenn Sie GDI und DirectDraw kombinieren, müssen Sie die Aufrufe selbst durchführen. Windows kann nicht auf Ihre Applikationsoberflächen zeichnen. Wenn eine andere Applikation ein Fenster oder ein Steuerelement zeichnen muss, sehen Sie das Bild der Applikation nie. Größtenteils setzen Sie die Kooperationsebene auf DDSCL_FULLSCREEN | DDSCL_EXCLUSIVE, das heißt für Windows, dass das Grafiksystem nicht erreichbar ist – womit Sie die totale Kontrolle über alle grafischen Dinge erhalten.

Mit dieser Information im Hinterkopf erkennen Sie, dass GDI fast nichts auf die Oberflächen Ihrer Applikationen zeichnen kann. Wenn Sie die elementaren Grafikfunktionen von GDI nutzen wollen, können Sie auf eine beliebige Grafikoberfläche zeichnen; Steuerelemente auf höherer Ebene, Dialogfelder und Objekte werden jedoch immer auf dem primären Puffer angezeigt.

Es gibt drei Möglichkeiten, GDI in DirectDraw zu verwenden:

✔ **Für Highlevel-Steuerelemente**: Die einfachste Möglichkeit, GDI zu verwenden, ist es, GDCs zu vermeiden – Graphics Device Contexts. Stattdessen verwenden Sie Highlevel-

Steuerelemente wie beispielsweise Nachrichtenfelder, Dialogfelder und Menüs. Ein GDC ist einfach ein Sonderfall eines HDC (Handle to Device Context).

✔ **Mit dem GDC:** Sie können einen GDC verwenden (das ist eine Beschreibung von Grafikmodus, Speicher, Auflösung, Farbraum usw.), um auf eine beliebige Oberfläche zu zeichnen. Sie fordern einen GDC von DirectDraw an, indem Sie eine Funktion aus IDIRECTDRAWSURFACE7 aufrufen.

✔ **Für Fenstermodi:** Sie können DirectDraw mit GDI durch Verwendung der Standard-Fenstermodi benutzen. Ein Großteil des Grafik-nutzenden Codes in diesem Buch übernimmt jeweils die Steuerung über die gesamte Grafikoberfläche und wechselt in den Grafikmodus. Manchmal will man das jedoch nicht, dann zeichnet man mit DirectDraw in ein Standardfenster auf dem Desktop.

## Und jetzt die Praxis

Um Highlevel-GDI-Steuerelemente (Nachrichtenfeld, Dialogfeld usw.) in DirectDraw zu verwenden, brauchen Sie nur das Fenster-Handle für die Ziel-GDI-Operatoren. DirectDraw und Windows übernehmen den Rest.

Wenn Sie beispielsweise ein Nachrichtenfeld auf einem Bitmap-Bild anzeigen wollen, das sich im Primär-Puffer befindet, könnten Sie etwa wie folgt vorgehen:

```
// Zeigt ein Nachrichtenfeld auf dem Bild an
if (KEY_DOWN('M'))
   {
   // Mauszeiger anzeigen
   ShowCursor(TRUE);
   // GDI-Nachrichtenfeld anzeigen
   MessageBox(main_window_handle,"What's Up Baby!",
              "Message Box Test",MB_OK);
   // Mauszeiger verbergen
   ShowCursor(FALSE);
   } // end if
```

Dieser Code wartet, bis der Benutzer die Taste [M] drückt, dann zeigt er ein Nachrichtenfeld an. Die globale Variable main_window_handle übernimmt die Kommunikation zwischen DirectDraw und Windows. Der Mauszeiger wird während der Anzeige des Nachrichtenfeldes vorübergehend aktiviert, so dass der Benutzer mit der Maus navigieren kann. (Im gesamten Code dieses Buchs deaktivieren Sie die Maus im Initialisierungsabschnitt des Codes, nachdem das Fenster erzeugt wurde.)

PROG11_5.CPP demonstriert diesen Code. Abbildung 9.9 zeigt das ausgeführte Programm. Drücken Sie die Taste [M], um das Nachrichtenfeld anzuzeigen; drücken Sie [Esc], um das Programm zu beenden. Verschieben Sie das Nachrichtenfeld mit Hilfe der Maus und beobachten Sie, was passiert.

*Abbildung 9.9: Ein Nachrichtenfeld, das von einer DirectDraw-Applikation gezeichnet wird*

## Dinge zeichnen

Um auf eine beliebige Oberfläche zu zeichnen, brauchen Sie nur einen GDC (Graphics Device Context). Und ein GDC ist nichts weiter als eine Beschreibung von Grafikmodus, Speicher, Auflösung, Farbraum usw. Sie fordern einen GDC von DirectDraw an, indem Sie die folgende Funktion aus `IDIRECTDRAWSURFACE7` aufrufen:

```
HRESULT GetDC(HDC FAR *lphDC); // Zeiger auf Grafikkontext
```

Wenn Sie mit dem GDC fertig sind, geben Sie ihn wie folgt frei:

```
HRESULT ReleaseDC(HDC hDC); // der freizugebende GDC
```

Sie können einen GDC von jeder beliebigen Oberfläche aus erhalten – primäre, sekundäre oder kleine Offscreen-Oberflächen. Nachdem Sie den GDC haben, können Sie mit Hilfe von Standard-GDI-Aufrufen beliebige Dinge auf die Oberfläche zeichnen. Beispielsweise zeichnet der nachfolgende Code mehrere zufällige Linien auf den sekundären Backbuffer:

```
HDC xdc; // ein DirectX GDC-Handle
HPEN old_pen, hpen; // Stifte zum Zeichnen
// DirectDraw-GDC-Handle von der Oberfläche ermitteln
lpddsback->GetDC(&xdc);
// Ein paar Linien zeichnen
for (int index=0; index<100; index++)
    {
    // einen Stift mit zufälliger Farbe erzeugen
    hpen = CreatePen(PS_SOLID,1,
            RGB(rand()%256,rand()%256,rand()%256));
    // den Stift in den Kontext aufnehmen
    old_hpen = (HPEN)SelectObject(xdc,hpen);
    // an eine zufällige Position verschieben
    MoveToEx(xdc, rand()%WINDOW_WIDTH,
            rand()%WINDOW_HEIGHT, NULL);
    // eine Linie zeichnen
    LineTo(hdc,rand()%WINDOW_WIDTH, rand()%WINDOW_HEIGHT);
    // den Stift löschen
    SelectObject(xdc,old_hpen);
    DeleteObject(hpen);
} // end for index
// den DirectDraw-kompatiblen GDC freigeben
lpddsback->ReleaseDC(xdc);
```

 Sie können beliebige GDI-Funktionen verwenden und damit Dinge erledigen, die sehr viel komplexer sind, als in diesem Code gezeigt. `PROG11_6.CPP` (die 16-Bit-Version heißt `PROG11_6_16b.CPP`) kombiniert GDI-Grafik und DirectDraw. Dieses Programm bewegt eine BOB-Figur auf dem Bildschirm von links nach rechts und verwendet GDI, um einen Text über der BOB-Figur auszugeben.

## *Fenstermodi*

Die letzte Möglichkeit, wie Sie DirectDraw in Kombination mit GDI verwenden können, ist der Standardfenstermodus. Überall in diesem Buch war der Code bisher dominierend und hat die gesamte Grafikoberfläche übernommen und in den Grafikmodus gewechselt. Wie zeichnen Sie also mit DirectDraw in ein Standardfenster auf dem Desktop? So einfach wie beim Zeichnen mit DirectDraw im Vollbildmodus. Erzeugen Sie einfach eine primäre Oberfläche (so geht es jedenfalls meistens) und zeichnen Sie nur in den Client-Bereich Ihres eigenen Fensters (es sei denn, Sie wollen das nicht).

Nachfolgend sehen Sie den Code, den Sie schon aus Kapitel 6 kennen, um eine zivilisiertere, eher kooperative DirectDraw-Fensterapplikation (ohne Fehlerüberprüfung) einzurichten:

```
// DirectDraw-Objekt erzeugen
DirectDrawCreateEx(NULL, (void **)&lpdd, IID_IDirectDraw7, NULL);
// Kooperationsebene auf normalen Fenstermodus setzen
lpdd->SetCooperativeLevel(main_window_handle,DDSCL_NORMAL);
// Primäre Oberfläche erzeugen
memset(&ddsd,0,sizeof(ddsd));
ddsd.dwSize = sizeof(ddsd);
ddsd.dwFlags = DDSD_CAPS;
ddsd.ddsCaps.dwCaps =    DDSCAPS_PRIMARYSURFACE ;
lpdd->CreateSurface(&ddsd,&lpddsprimary,NULL);
```

Wenn Sie die primäre Oberfläche mit `Lock()` sperren und darauf zeichnen, zeichnen Sie auf alle Desktop-Fenster. Das ist gut, wenn Sie einen Virus entwickeln, aber schlecht, wenn Sie in Ihrem eigenen Fenster bleiben wollen. Sie haben zwei Möglichkeiten: Sie richten einen DirectDrawClipper ein, um alle Ausgaben auf Ihren Client-Fensterbereich zuzuschneiden, oder Sie erledigen das Clipping selbst.

In jedem Fall müssen Sie herausfinden, wo auf dem Desktop sich Ihr Fenster befindet – d.h. seine Client-Koordinaten –, wozu Sie eine von zwei Funktionen verwenden: `GetClientRect()`, wenn Sie die Innenausmaße Ihres Fensters wissen wollen, oder `GetWindowRect()`, wenn Sie die tatsächlichen Bildschirmkoordinaten des Fensters relativ zum Bildschirm ermitteln wollen. Abbildung 9.10 zeigt den Unterschied.

Die Verwendung der Funktionen ist ganz einfach. Sie rufen sie mit Ihrem DirectDraw-Fenster-Handle und einem `RECT` auf, in dem die Daten gespeichert werden. Nachfolgend die Prototypen der Funktionen:

```
BOOL GetClientRect(HWND hWnd,      // Fenster-Handle
    LPRECT lpRect); // Zeiger auf RECT für Koordinaten
BOOL GetWindowRect(HWND hWnd,      // Fenster-Handle
    LPRECT lpRect); // Zeiger auf RECT für Koordinaten
```

Die Funktionen geben TRUE zurück, wenn sie erfolgreich ausgeführt werden konnten, andernfalls FALSE.

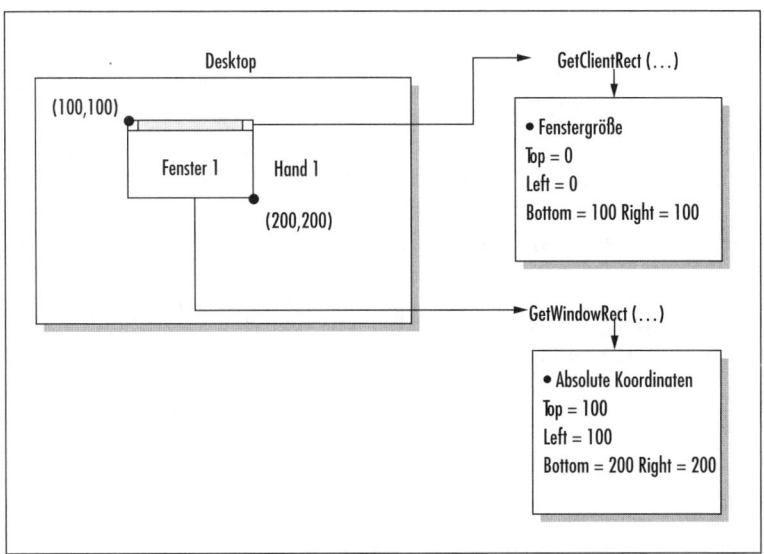

*Abbildung 9.10: Ermittlung der Fensterkoordinaten*

Als schnelles Beispiel stellen Sie sich vor, Sie haben eine DirectDraw-Applikation, die im Fenstermodus ausgeführt wird. Ihre Auflösung beträgt 800 x 600 Pixel mit 256 Farben. Sie wollen nur in den Client-Bereich Ihres Fensters zeichnen. Dazu gehen Sie wie folgt vor:

```
RECT ddclient; // enthält den Client-Bereich des Fensters
// Client-Rechteck des DirectDraw-Fensters ermitteln
GetWindowRect(main_window_handle, &ddclient);
// primären Puffer in primary_buffer sperren ...
// Anfangsadresse des Client-Bereichs an Pixel (0,0) ist
primary_buffer[ddclient.left+
            (ddclient.top*ddsd.lPitch)] = color;
// die untere rechte Ecke ist
primary_buffer[ddclient.right+
            (ddclient.bottom*ddsd.lPitch)] = color;
// Sperre für die primäre Oberfläche aufheben ...
```

Ein besserer Ansatz ist wahrscheinlich, herauszufinden, wo sich der Client-Bereich befindet; die blinde Einrichtung eines Clipping-Bereichs führt dazu, dass Sie größtenteils außerhalb der Oberfläche Ihres Fensters zeichnen. Darüber hinaus kann Ihr Fenster verschoben werden, so dass es nicht immer am selben Platz zu finden ist – und damit auch nicht der Clipping-Bereich.

 PROG11_7.CPP zeichnet zufällige Pixel in ein DirectDraw-Fenster im Fenstermodus. Das Programm erkennt automatisch 8-Bit-, 16-Bit-, 24-Bit- und 32-Bit-Grafikmodi. Sehen Sie sich den Code für die Ausgabe der Pixel genauer an, um zu sehen, wie ich die einzelnen Farbtiefen realisiert habe.

## Lassen Sie DirectDraw antworten

DirectX unterstützt zahlreiche Funktionen, die Informationen für DirectDraw und DirectX bereitstellen. Wenn die Information vorhanden ist, ermitteln Sie sie mit der Funktionsklasse Get_ von DirectDraw. Ich werde hier GetCaps() vorstellen; alle anderen Funktionen verhalten sich ähnlich.

GetCaps() steht für »Get Capabilities«, also Funktionsmerkmale ermitteln. Fast alle DirectX-Schnittstellen und -Objekte unterstützen die Funktion GetCaps(). Die folgenden DirectDraw-Schnittstellen verfügen über die Methode: DirectDraw, DirectDrawSurface7 und DirectDrawPalette. Sie können GetCaps() von jeder dieser Schnittstellen aus aufrufen. Natürlich bezieht sich die Information auf die jeweilige Schnittstelle. Alle GetCaps()-Funktionen geben DD_OK zurück, wenn sie erfolgreich waren, andernfalls einen anderen Wert.

### GetCaps() vom DirectDraw-Hauptobjekt

Die DirectDraw-Funktionsmerkmale von GetCaps() haben hauptsächlich mit den Funktionsmerkmalen der HAL (Hardware Abstraction Layer, Hardware-Abstraktionsschicht) und der HEL (Hardware Emulation Layer, Hardware-Emulationsschicht) zu tun, wie in Kapitel 5 bereits beschrieben. Und hier der Prototyp:

```
HRESULT GetCaps(
  LPDDCAPS lpDDDriverCaps,  // Hardware-Funktionsmerkmale
  LPDDCAPS lpDDHELCaps);    // Funktionsmerkmale der Software-Emulation
```

GetCaps() hat Zeiger auf zwei DDCAPS-Strukturen: eine für Hardware-Fähigkeiten, eine für Software-HEL-Fähigkeiten. Wenn Sie an keiner von beiden interessiert sind, übergeben Sie einen NULL-Zeiger. So fragen Sie alle Informationen ab:

```
// diese Variablen speichern alle Funktionsmerkmale
DDCAPS HELddcaps, HALddcaps;
// Funktionsmerkmale ermitteln
lpdd->GetCaps(&HALddcaps, &HELddcaps);
```

Nach dem Aufruf fragen Sie die DDCAPS-Strukturen ab und probieren einfach ein wenig herum. Wenn Sie beispielsweise wissen wollen, über wie viel VRAM die Grafikkarte verfügt, betrachten Sie die folgenden Variablen in HALddcaps:

```
HALddcaps.dwVidMemTotal  // Gesamter Grafikspeicher
HALddcaps.dwVidMemFree   // Freier Grafikspeicher
```

## GetCaps() für ein DirectDraw-Oberflächenobjekt

GetCaps() für eine DirectDraw-Oberfläche arbeitet logisch: Es gibt eine DDSCAPS-Struktur mit den Funktionsmerkmalen dieser Oberfläche zurück. Und hier der Prototyp (lpDDSCaps ist ein Zeiger auf den Datenspeicher für Ergebnisse von DirectDraw):

```
HRESULT GetCaps(LPDDSCAPS2 lpDDSCaps);
```

Kapitel 6 zeigt die DDSCAPS2-Struktur, die die Oberfläche beschreibt. Ist die Oberfläche komplex? Gibt es ein Alpha-Channeling? Und so weiter. Der Aufruf ist einfach. So erhalten Sie die Eigenschaften Ihrer primären Oberfläche:

```
DDSCAPS2 primaryddscaps; // nimmt die Funktionsmerkmale auf
// Daten ermitteln
lpddsprimary->GetCaps(&primaryddscaps);
```

## GetCaps() für ein DirectDraw-Palettenobjekt

Dieses GetCaps() ist vielleicht das einfachste von allen. Hauptsächlich gibt es die verschiedenen Paletten zurück, die unterstützt werden. Und hier der Prototyp:

```
HRESULT GetCaps(LPDWORD lpdwCaps);
```

Nach der Rückkehr enthält lpdwCaps die bitcodierten Flags, wie in Tabelle 9.1 aufgelistet.

| Wert | Beschreibung |
| --- | --- |
| DDPCAPS_1BIT | Unterstützt 1-Bit-Farben-Paletten. |
| DDPCAPS_2BIT | Unterstützt 2-Bit-Farben-Paletten. |
| DDPCAPS_4BIT | Unterstützt 4-Bit-Farben-Paletten. |
| DDPCAPS_8BIT | Unterstützt 8-Bit-Farben-Paletten. |
| DDPCAPS_8BITENTRIES | Unterstützt 8-Bit-Farben-Paletten. |
| DDPCAPS_ALLOW256 | Alle 256 Farben können definiert werden. |
| DDPCAPS_PRIMARYSURFACE | Die primäre Oberfläche kann eine Palette haben. |
| DDPCAPS_VSYNC | Unterstützt Palettenwechsel. |

*Tabelle 9.1: Bit-Codierung für Paletteneigenschaften*

Nachfolgend sehen Sie, ob die Paletten-Hardware 256-Farben-Paletten unterstützt:

```
DWORD pal_flags;
// Aufruf ausführen
lpddpal->GetCaps(&pal_flags);
// Flags auf 8-Bit überprüfen
if (pal_flags && DDPCAPS_8BIT)
    { /* tun, was zu tun ist */ }
```

# Die Spiele-Engine GPDUMB, Teil I

## In diesem Kapitel

- Entwerfen Sie die GPDUMB-Engine mit 8-Bit oder 16-Bit
- Erzeugen Sie eine einfache DirectDraw-Schnittstelle
- Binden Sie elementare Grafikfunktionen ein
- Manipulieren Sie Farben
- Fordern Sie Windows-GDI-Unterstützung an
- Verwenden Sie Bitmap-Grafik
- Erkunden Sie eine fortgeschrittenere BOB-Engine
- Überwachen Sie in Ihrem Spiel die Zeit

Frühere Kapitel dieses Buches haben sich mit der Windows-Programmierung, DirectDraw, Multimedia und vielem anderen mehr beschäftigt. In diesem Kapitel wenden wir alle diese Informationen an und erstellen eine Spiele-Engine-Bibliothek – GPDUMB.

Mit Hilfe der GPDUMB-Bibliothek können Sie sehr schnell ein ganzes Spiel schreiben. In Kapitel 14 vervollständigen Sie die Bibliothek und fügen Ihr Funktionalität für DirectInput, DirectSound und DirectSetup hinzu. Hier werde ich den Entwurf von Teil I der Bibliothek und der darin enthaltenen Funktionen vorstellen.

## Der Entwurf der GPDUMB-Engine

Beim Entwurf der GPDUMB-Engine hatte ich zwei Ziele: Ich wollte die Verwendung von DirectDraw und Windows vereinfachen und gleichzeitig eine Bibliothek schreiben, die Sie wirklich nutzen können! Deshalb habe ich eine Liste der Dinge angelegt, die ich in früheren Kapiteln des Buchs beschrieben habe, und diese Aufgaben dann in Gruppen eingeteilt. Anschließend habe ich mir Funktionen (so orthogonal wie möglich) ausgedacht, die Ihnen helfen sollen, diese Aufgaben zu bewältigen. Die resultierende Bibliothek besteht aus etwa 60 Funktionen, die diese Jobs erledigen.

Ich wollte jedoch mehr als nur eine Funktionssammlung erzeugen; ich hatte ein Entwurfsziel für die GPDUMB-Engine: 8-Bit- oder 16-Bit-Farbvideospiele auf dem PC zu erzeugen. Aus diesem Grund ist die Engine um ein Animationssystem herum aufgebaut, das einen primären Grafikpuffer sowie einen sekundären Backbuffer unterstützt, wie in Abbildung 10.1 gezeigt. Die gesamte Grafik wird in diesen Puffern gerendert. Darüber hinaus wird ein Großteil der Grafik durch BOBs und/oder einfache Elementarfunktionen zum Zeichnen dargestellt. (Weitere Informationen über BOBs finden Sie in Kapitel 9.) Ich wollte Ihnen die Möglichkeit bieten, DirectDraw einzurichten und sehr schnell Animation und Grafik zu erzeugen. Deshalb habe ich die im vorigen Kapitel vorgestellte BOB-Engine genommen und sie durch weitere Animationsfunktionen verbessert. Jetzt ist die BOB-Engine ein relativ vollständiges, Objekt-basiertes Animationspaket.

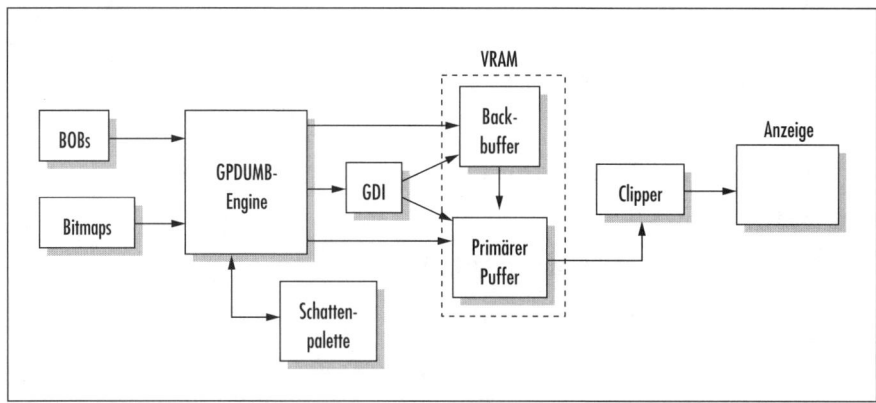

*Abbildung 10.1: Die Struktur der GPDUMB-Spiele-Engine*

Ich wollte keine langweiligen Utility-Funktionen schreiben, um Paletten zu manipulieren, Timing zu realisieren, das GDI zu nutzen usw. Neben dem hauptsächlichen BOB-Animationssystem habe ich deshalb mehrere Funktionen geschrieben, die fast alles machen, was Sie in einem vollständigen Spiel brauchen. Sie sind jedoch nicht auf die Verwendung dieser Funktionen festgelegt. Wenn Sie einfach nur DirectDraw starten und selbst in den primären Puffer bzw. in den Backbuffer schreiben wollen, ist auch das möglich. Sie nehmen einfach, was Sie brauchen, und den Rest ignorieren Sie. Um ehrlich zu sein, glaube ich nicht, dass Sie diese Funktionen einfach unverändert übernehmen. Ich hoffe, Sie können sie optimieren und an die Erfordernisse Ihrer eigenen Spiele anpassen. Diese Funktionen sollen einen Ausgangspunkt darstellen und Ihnen zeigen, welche Funktionalität eine Spiele-Engine haben sollte.

 Die Spiele-Engine besteht aus einer einzigen .CPP-Datei (GPDUMB1.CPP) und einem Header (GPDUMB1.H): Die Bibliothek unterstützt sowohl 8-Bit- als auch 16-Bit-Grafik; 16-Bit-Funktionen haben am Namensende »16« angefügt. Wenn ich in der Beschreibung darauf verweise, wird eine Funktion, die sowohl als 8-Bit- als auch als 16-Bit-Version vorliegt, als Funktionsname*(...); angegeben. Der * bedeutet, dass es eine Version mit »16« für 16-Bit-Modi gibt. Funktionsname(...) ist dann die 8-Bit-Version, Funktionsname16(...) ist die 16-Bit-Version. Das ist alles, was Sie über die Engine wissen müssen. Nehmen Sie den Header in Ihr Programm auf und stellen Sie sicher, dass Sie GPDUMB1.CPP in Ihr Projekt einbinden, dann funktioniert die Engine auch korrekt. Natürlich muss Ihre Applikation ein Fenster erzeugen, und Sie müssen den Code für Game_Init(), Game_Main() und Game_Shutdown() bereitstellen, aber das ist auch schon alles.

Als Beispiel für eine grundlegende Applikation, die Sie als Vorlage benutzen können, sehen Sie sich GPTEMP.CPP (8-Bit-Aufrufe) und GPTEMP16.CPP (16-Bit-Aufrufe) auf der CD an. Sie brauchen nur die Funktionen für die Spielekonsole einzufügen, dann erledigt diese Applikation den Rest. Grundsätzlich handelt es sich dabei um die WinX-Spielekonsolendatei (siehe Kapitel 4), mit ein paar Änderungen, um die Funktionen der GPDUMB-Bibliothek zu berücksichtigen. Abbildung 10.2 zeigt die Beziehung zwischen der WinX-Datei und der GPDUMB-Bibliothek, so dass Sie sich das Ganze besser vorstellen können.

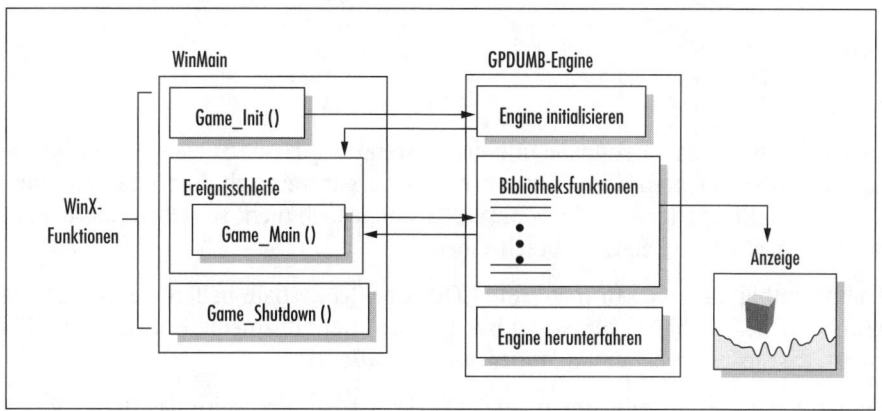

Abbildung 10.2: Die Beziehung zwischen WinX und GPDUMB

Die GPDUBM-Engine besteht aus mehreren #defines, Makros, Typen, Datenstrukturen, globalen Variablen und Funktionen, deshalb werde ich mit den #defines beginnen.

## Die #defines

Die #defines für die GPDUMB-Engine decken alles ab, von der Bildschirmgröße bis zu den BOB-Attributen. Einige davon sind für die zukünftige Verwendung reserviert; einige davon sollen einfach nur helfen, den Code sauberer zu gestalten. Und so sehen sie aus:

```
// Standardbildschirmgröße
#define SCREEN_WIDTH      640    // Bildschirmgröße
#define SCREEN_HEIGHT     480
#define SCREEN_BPP          8    // Bits pro Pixel
// Bitmap-defines
#define BITMAP_ID      0x4D42        // Universelle ID für eine Bitmap
#define BITMAP_STATE_DEAD      0 // Statuszustände von Bitmaps
#define BITMAP_STATE_ALIVE     1
#define BITMAP_STATE_DYING     2
#define BITMAP_ATTR_LOADED   128
#define BITMAP_EXTRACT_MODE_CELL  0
#define BITMAP_EXTRACT_MODE_ABS   1
// defines für BOBs
```

```
#define BOB_STATE_DEAD           0   // totes BOB
#define BOB_STATE_ALIVE          1   // lebendiges BOB
#define BOB_STATE_DYING          2   // sterbendes BOB
#define BOB_STATE_ANIM_DONE      1   // Status Animation fertig
#define MAX_BOB_FRAMES           64  // max. BOB-Frames
#define MAX_BOB_ANIMATIONS       16  // max. Animationssequenzen
#define BOB_ATTR_SINGLE_FRAME    1   // BOB hat einen einzigen Frame
#define BOB_ATTR_MULTI_FRAME     2   // mehrere Frames
#define BOB_ATTR_MULTI_ANIM      4   // mehrere Animationen
#define BOB_ATTR_ANIM_ONE_SHOT   8   // Animation einmal ausführen
#define BOB_ATTR_VISIBLE         16  // BOB ist sichtbar
#define BOB_ATTR_BOUNCE          32  // BOB prallt von den Kanten ab
#define BOB_ATTR_WRAPAROUND      64  // BOB wird an den Kanten umbrochen
#define BOB_ATTR_LOADED          128 // BOB wurde geladen
```

Im obigen Codeblock ist die Aufgabe und die Verwendung der #defines für Bildschirm und Bitmaps entweder in einem Kommentar erklärt oder ganz einfach durch den jeweiligen Namen abzuleiten. Einige der #defines für BOBs sind jedoch nicht so selbsterklärend, deshalb werde ich sie nachfolgend genauer beschreiben.

Die Engine enthält sehr viel Bitmap- und BOB-Aspekte, deshalb helfen diese #defines, die Eigenschaften dieser Objekte für Sie zu beschreiben. Der allgemeine Entwurf der GPDUMB-Engine ist, dass jedes Objekt einen *Status* und *Attribute* hat.

✔ **Status**: Ein Echtzeit-Indikator für das Objekt. Ist beispielsweise das BOB tot, lebendig oder sterbend? Diese Konzepte bleiben völlig Ihnen überlassen. Normalerweise bedeutet lebendig, dass sie herumrennen, sterbend bedeutet, dass sie bald tot sein werden. Und tot bedeutet natürlich, dass sie nicht mehr leben.

✔ **Attribute**: Definiert die Funktionsmerkmale, die ein Objekt aufweist, nachdem es erzeugt wurde.

Bitmap-Bilder sind nicht so intelligent, d.h., sie haben keine Statusinformationen, aber die neuen BOBs bieten eine umfangreiche Funktionalität zur Unterstützung der Animation. Sie können mehrere unterschiedliche BOB-Typen erzeugen:

✔ **Single Frame**: Das BOB hat einen einzigen Frame; vielleicht ist das BOB einfach ein Felsen.

✔ **Multiple Frames**: Das BOB hat mehrere Frames, animiert sie jedoch immer in linearer Abfolge. Betrachten Sie dazu Abbildung 10.3.

✔ **Multiple Animationen**: Das BOB hat mehrere Animationsframes, aber es gibt noch eine andere Steuerebene, eine so genannte Animationsfolge. Beispielsweise kann das BOB drei Frames für eine spazierende Animation haben (Frame 0 ist der linke Fuß nach vorne, 1 ist neutral, 2 ist der rechte Fuß nach vorne). Wenn Sie diese Animation immer wieder abspielen, sieht das BOB aus, als ob ihm ein Schritt fehlt – das zweite Vorkommen der neutralen Fußposition. Aber wenn Sie eine andere Liste mit den Animationsschritten 0, 1, 2, 1, 0 erzeugen, sieht das BOB aus, als ginge es spazieren, ohne dass ein Schritt fehlt. Darüber hinaus können Sie unter Verwendung von BOBs mit mehrfacher Animation 50 (bis zu 64) Frames laden und Animationen erzeugen, die Untermengen der Animationszellen sind.

Eine Animation könnte eine gehende Figur sein, eine andere eine Explosion usw. (Dieses Konzept wird deutlicher, wenn Sie die Funktionen im nächsten Abschnitt betrachten, *BOB: Die nächste Generation*.)

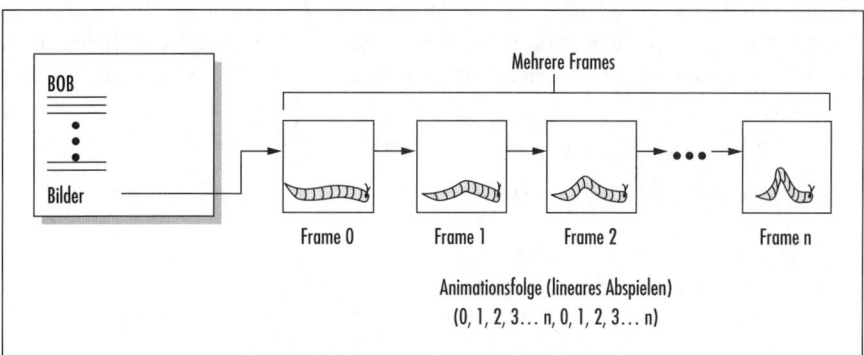

*Abbildung 10.3: Multiple-Frame-BOBs*

## Die Makros

In den Beispielprogrammen früherer Kapitel verwendete ich immer wieder Makros, um die Aufgaben zu vereinfachen. Ich habe die guten ein wenig verfeinert und für diesen Abschnitt noch ein paar weitere dazu geschrieben.

Die folgenden Makros lesen die Tastatur asynchron (ich erkläre in Kapitel 12, wie das mit DirectInput geht):

```
#define KEY_DOWN(vk_code) ((GetAsyncKeyState(vk_code) & 0x8000) ? 1 : 0)
#define KEY_UP(vk_code)   ((GetAsyncKeyState(vk_code) & 0x8000) ? 0 : 1)
```

Nachfolgend sehen Sie, wie man prüft, ob die [A]-Taste gedrückt wurde:

```
if (KEY_DOWN('A')) {/* hier wird's gemacht */ }
```

Die folgenden Makros erzeugen einen 16-Bit-, 24-Bit- oder 32-Bit-Farbwert.

```
// Erzeugt 16-Bit-Wert im 5.5.5-Format (1-Bit-Alphamodus)
#define _RGB16BIT555(r,g,b) ((b & 31) + ((g & 31) << 5) + ((r & 31) << 10))
// erzeugt 16-Bit-Wert im 5.6.5-Format (grün-dominanter Modus)
#define _RGB16BIT565(r,g,b) ((b & 31) + ((g & 63) << 5) + ((r & 31) << 11))
// Erzeugt einen 24-Bit-Farbwert im 8.8.8.-Format
#define _RGB24BIT(r,g,b) ((b) + ((g) << 8) + ((r) << 16) )
// erzeugt einen 32-Bit-Wert im A.8.8.8-Format (8-Bit-Alphamodus)
// dies ist das gebräuchlichste Format aller neuen Grafikkarten
#define _RGB32BIT(a,r,g,b) ((b) + ((g) << 8) + ((r) << 16) + ((a) << 24))
```

Nachfolgend erzeugen Sie ein strahlendes Grün im 16-Bit-Modus mit 5.6.5-RGB-Codierung:

```
USHORT green = _RGB16BIT565(0,63,0);
```

Der Maximalwert für ein 16-Bit-Farbwort mit 5.6.5-RGB-Codierung ist 31,63,31. Der maximale Wert für jedes 16-Bit-Farbwort mit 5.6.5-RGB-Codierung ist 31,31,31.

Nachfolgend sehen Sie ein paar praktische Makros, die ein Datenwort entgegennehmen und ein oder mehrere Bits im Wort abhängig von den Parametern setzen oder zurücksetzen:

```
#define SET_BIT(word,bit_flag) ((word)=((word) | (bit_flag)))
#define RESET_BIT(word,bit_flag) (word)=((word) & (~bit_flag)))
```

Um beispielsweise die 8-Bit in einem Datenwert counter zu setzen, schreiben Sie:

```
SET_BIT(counter, 0x0008);
```

Um den Wert auf 0 zurückzusetzen, schreiben Sie:

```
RESET_BIT(counter, 0x0008);
```

Schließlich war ich es leid, immer wieder die DirectDraw-Strukturen zu löschen und ihre Größe festzulegen, deshalb habe ich dafür folgendes Makro geschrieben:

```
#define DD_INIT_STRUCT(ddstruct) { memset(&ddstruct,0,sizeof(ddstruct));
        ddstruct.dwSize=sizeof(ddstruct); }
```

Verwenden Sie das Makro wie folgt:

```
DDSURFACEDESC2 ddsd; // beliebige DirectDraw-Datenstruktur
// Makro aufrufen
DD_INIT_STRUCT(ddsd);
```

Aufgrund der Druckbreite für das Buch sind einige der hier gezeigten Makros über mehrere Zeilen verteilt. Beachten Sie, dass das auf dem Bildschirm nicht der Fall ist; die Zeilen, die sehr weit eingerückt erscheinen, sollten sich eigentlich noch in der vorhergehenden Zeile befinden, und damit eine einzige, lange Zeile bilden. Betrachten Sie dazu den Quellcode auf der CD.

## Typen und Datenstrukturen

Ich habe ein paar Datenstrukturen für die Spiele-Engine erzeugt. Diese Strukturen sind nicht besonders effizient oder platzsparend, aber sie tun ihre Arbeit. Die Aufgabe jedes einzelnen Datenfeldes wird offensichtlicher, wenn Sie sich die Funktionen ansehen, aber die Kommentare erklären ihre Arbeitsweise. Zunächst haben wir ein paar einfache Typen:

```
// grundlegende vorzeichenlose Typen
typedef unsigned short USHORT;
typedef unsigned short WORD;
typedef unsigned char  UCHAR;
typedef unsigned char  BYTE;
```

Jetzt die Struktur für die Bitmap-Datei:

```
// Container-Struktur für Bitmaps .BMP-Datei
typedef struct BITMAP_FILE_TAG
{
 BITMAPFILEHEADER bitmapfileheader; // Header der Bitmap-Datei
 BITMAPINFOHEADER bitmapinfoheader; // Inform. zur Definition der Bitmap
 PALETTEENTRY     palette[256];     // hier wird eine Kopie der Palette
                                    // abgelegt
 UCHAR            *buffer;          // Zeiger auf Daten
} BITMAP_FILE, *BITMAP_FILE_PTR;
```

Nachdem ich die BOBs erzeugt hatte, erkannte ich, dass Sie einen einfacheren Code für Elemente wie beispielsweise den Hintergrund brauchen. Darüber hinaus wollte ich ein Grafik-Objekt, das aus einfachem Systemspeicher aufgebaut wird und nichts mit DirectDraw zu tun hatte, deshalb habe ich BITMAP_IMAGEs eingerichtet. Bei diesen Objekten handelt es sich um sehr einfache Single-Frame-BOBs, aber ohne jegliche Schnörkel. Nachfolgend die Datenstruktur:

```
// das einfache Bitmap-Bild
typedef struct BITMAP_IMAGE_TYP
         {
         int state;            // Status der Bitmap
         int attr;             // Attribute der Bitmap
         float x,y;            // Position der Bitmap
         int bpp;              // Bits pro Pixel
         int width, height;    // Größe der Bitmap
         int num_bytes;        // Gesamtzahl der Bytes der Bitmap
         UCHAR *buffer;        // Pixel der Bitmap
         } BITMAP_IMAGE, *BITMAP_IMAGE_PTR;
```

Ein BITMAP_IMAGE hat einen Status (lebend, tot oder sterbend), mehrere Attribute (im Code noch nicht gut definiert), eine Größe und eine Position. Das ist alles. Diese Objekte sind ausgezeichnet für Hintergründe und Elemente geeignet, die nicht animiert werden müssen.

Jetzt aber die wirklich große Datenstruktur – BOB:

```
// Blitter-Objekt-Struktur BOB
typedef struct BOB_TYP
  {
  int state;        // der Status des Objekts (allgemein)
  int anim_state;   // eine Variable für den Animationsstatus (Ihnen überlassen)
  int attr;         // Attribute des BOB-Objekts (allgemein)
  float x,y;        // Position, an der das BOB angezeigt wird
  float xv,yv;      // Geschwindigkeit des BOB
  int bpp;          // Bits pro Pixel
  int width, height; // Größe des BOB
  int width_fill;   // erzwingt 8*x breite Oberflächen
  int counter_1;    // allgemeine Zähler
  int counter_2;
  int max_count_1;  // allgemeine Schwellenwerte
  int max_count_2;
  int varsI[16];    // Stapel mit 16 Integern
  float varsF[16];  // Stapel mit 16 Floats
```

```
int curr_frame;          // aktueller Animations-Frame
int num_frames;          // Gesamtzahl der Animations-Frames
int curr_animation;      // Index der aktuellen Animation
int anim_counter;        // für das Timing von Animationsübergängen
int anim_index;          // Animationselementindex
int anim_count_max;      // Taktanzahl vor der Animation
int *animations[MAX_BOB_ANIMATIONS]; // Animationssequenzen
LPDIRECTDRAWSURFACE7 images[MAX_BOB_FRAMES]; // die DD-Oberflächen des Bitmap-
Bildes
} BOB, *BOB_PTR;
```

Mein lieber Schwan! Praktisch ist, dass Sie sich keine Gedanken über all diese Datenfelder zu machen brauchen – das macht die BOB-Engine für Sie. Und das ist die Eleganz des Ganzen. Aber für den Fall, dass Sie es wirklich wissen müssen, wurden neue Felder hinzugefügt, für die Steuerung des Anmiationsstatus, internes Timing und Zähler (so dass Sie keine Variablen von außen verwenden müssen), Animationstiming und Bewegung. Beachten Sie außerdem, dass es sich bei images[] um ein Array handelt, und nicht um ein einzelnes Bild, wie in der vorhergehenden BOB-Version in Kapitel 9. Das Array wurde angelegt, damit das BOB mehrere Frames umfassen kann.

 Im obigen Codeblock ist die Anzahl der Frames, die ein BOB aufnehmen kann, auf MAX_BOB_FRAMES begrenzt (das im Code im Abschnitt *Die #defines* auf 64 gesetzt wurde). Wenn Sie mehr Frames für Ihre BOBs brauchen, erhöhen Sie diese Konstante in der Datei GPDUMB1.H, die Sie auf der CD zum Buch finden.

Ich habe versucht, alle Objektdatenelemente zu berücksichtigen, die Sie überwachen wollen, und sie dann im BOB angelegt. Ich habe diese Elemente aufgenommen, so dass Sie keine Container-Struktur erzeugen müssen, um dem BOB mehr Funktionalität hinzuzufügen.

## Globale Variablen - überall!

Globale Variablen werden schon seit einer Ewigkeit verfolgt – zumindest einer Ewigkeit für Programmierer. Ich glaube, globale Variablen haben einfach einen schlechten Ruf. Sie sind gut, und Spieleprogrammierer verwenden sie häufig. Sie sind schnell, sie sind immer da, und sie sind einfach global!

Um die gesamte Aktion zu verwalten, braucht die Engine mehrere globale Variablen. Einige davon lesen Sie, einige schreiben Sie, aber die meisten davon werden intern verwendet, Sie brauchen sich also keine Gedanken darüber zu machen. Wenn Sie jedoch mit globalen Variablen Unsinn machen (und Sie wissen, wann das der Fall ist), erhalten Sie womöglich ein kleines Meldungsfeld mit der Nachricht »GPFAULT at 0x349fdc34« oder etwas Ähnliches. Nachfolgend sehen Sie die globalen Variablen aus GPDUBM1.CPP (ich habe die interessanteren globalen Variablen fett ausgezeichnet; beachten Sie, dass *dd* für DirectDraw steht):

```
LPDIRECTDRAW7        lpdd            = NULL; // dd-Objekt
LPDIRECTDRAWSURFACE7 lpddsprimary    = NULL; // primäre Oberfläche
LPDIRECTDRAWSURFACE7 lpddsback       = NULL; // Backbuffer
LPDIRECTDRAWPALETTE  lpddpal         = NULL; // dd-Palette
```

```
LPDIRECTDRAWCLIPPER lpddclipper   = NULL; // dd-Clipper
PALETTEENTRY        palette[256];         // Farbpalette
PALETTEENTRY        save_palette[256];    // Kopie der Palette
DDSURFACEDESC2      ddsd;         // dd-Oberflächenbeschr.struktur
DDBLTFX             ddbltfx;      // für das Füllen
DDSCAPS2            ddscaps;      // dd-Struktur für Oberfl.funktionsmerkmale
HRESULT             ddrval;       // Ergebnis von dd-Aufrufen
UCHAR       *primary_buffer = NULL; // primärer Grafikspeicher
UCHAR       *back_buffer    = NULL; // sekundärer Backbuffer
int         primary_lpitch  = 0;    // Speicherzeilen-Pitch
int         back_lpitch     = 0;    // Speicherzeilen-Pitch
BITMAP_FILE bitmap16bit;    // 16-Bit-Bitmap-Datei
BITMAP_FILE bitmap8bit;     // 8-Bit-Bitmap-Datei
DWORD       start_clock_count = 0; // für das Timing
// Damit ist das allgemeine Clipping-Rechteck definiert
int min_clip_x = 0, // Clipping-Rechteck
    max_clip_x = SCREEN_WIDTH-1,
    min_clip_y = 0,
    max_clip_y = SCREEN_HEIGHT-1;
// Diese werden von DD_Init() global überschrieben
int screen_width  = SCREEN_WIDTH,  // Bildschirmbreite
    screen_height = SCREEN_HEIGHT, // Bildschirmhöhe
    screen_bpp    = SCREEN_BPP;    // Bits pro Pixel
FILE *fp_error    = NULL;          // allgemeine Fehlerdatei
```

Alle globalen Variablen im Code sind wichtig, aber Sie arbeiten sehr wahrscheinlich am meisten mit den hier markierten. Sobald Sie DirectDraw eingerichtet haben, sind alle mit DirectDraw zusammenhängenden Schnittstellenzeiger gültig. `lpddsprimary` und `lpddsback` sind die Schnittstellenzeiger auf die primäre und die sekundäre Oberfläche, sie sind also wichtig. Wenn Sie den Grafikspeicher sperren, verweisen `primary_buffer` und `back_buffer` auf das lineare VRAM des primären bzw. sekundären Puffers. Darüber hinaus enthalten `primary_lpitch` und `back_lpitch` den Speicher-Pitch der Oberflächen, so dass Sie korrekt auf die Oberflächen zugreifen können.

Die nächste wichtige globale Variable ist `palette[]`, die eine Kopie der momentan aktiven Farbpalette enthält. Normalerweise muss man nicht direkt auf diese globale Variable zugreifen, weil es Funktionen gibt, die diese Aufgabe erledigen, aber die globale Variable steht zur Verfügung, falls Sie sie brauchen. `bitmap8bit` und `bitmap16bit` schließlich werden für das Laden von Bitmap-Dateien verwendet – mehr zur Bequemlichkeit als für alles andere.

Die Aufgabe der restlichen globalen Variablen wird durch ihre Namen deutlich; die meisten davon sind funktionierende globale Variablen, um Informationen zu ermitteln oder ähnliche Routineaufgaben zu erledigen. Die einzigen interessanteren Werte definieren das Clipping-Rechteck (`min_clip_x, min_clip_y...`), das das Clipping für die Elementarfunktion zum Zeichnen von Linien steuert.

So weit zu den Vorabinformationen, die Sie für die GPDUMB-Spiele-Engine brauchen. Im nächsten Abschnitt betrachten wir die Untersysteme der Engine im Detail.

## Mission Impossible: Eine einfache DirectDraw-Schnittstelle

Die Aufgabe, eine DirectDraw-Schnittstelle zu erzeugen, ist nicht ganz so einfach, wie Sie vielleicht glauben. Das Problem dabei ist, zu entscheiden, was die Schnittstelle unterstützen soll und was sie automatisieren kann, und das innerhalb der verfügbaren Zeit und des verfügbaren Raums. Letztlich habe ich versucht, die Schnittstelle so einfach wie möglich zu halten und ihr genügend Möglichkeiten mitzugeben, alles schnell einzurichten und zur Ausführung zu bringen. Nachfolgend eine Liste aller funktionalen Klassen, in zufälliger Reihenfolge aufgeführt:

✔ DirectDraw initialisieren

✔ DirectDraw herunterfahren

✔ Einfache Offscreen-Oberflächen erzeugen

✔ Seiten-Flipping der Oberflächen für die Animation

✔ Eine DirectDraw-Oberfläche mit einer Farbe füllen

✔ Oberflächen DirectDrawClipper zuordnen

✔ Auf die vertikale Aktualisierungspause (»Blank Period«) warten

✔ Den primären Puffer und den Backbuffer sperren

In diesem Abschnitt beschreibe ich alle Funktionsprototypen, erkläre ihre Aufgabe und zeige ein kurzes Beispiel für ihre Verwendung (falls möglich).

Falls nicht anders angegeben, geben alle Funktionen TRUE zurück, falls sie erfolgreich ausgeführt werden konnten, andernfalls FALSE.

### Funktionsprototyp DD_INIT(...)

```
int DD_Init(int width,  // Breite des Vollbild-Grafikmodus
            int height, // Höhe des Vollbild-Grafikmodus
            int bpp);   // Bits pro Pixel des Modus
```

**Aufgabe**: DD_Init() initialisiert das gesamte DirectDraw-System. Die Funktion erzeugt das DirectDraw-Objekt lpdd, legt die Kooperationsebene fest, setzt den Grafikmodus, erzeugt eine Palette, auf die über lpddpal zugegriffen wird, und erstellt die primäre und die sekundäre Oberfläche, die durch Aufruf von lpddsprimary und lpddsback zur Verfügung stehen. Dies ist die einzige Funktion, die Sie brauchen, um eine DirectDraw-Applikation zu starten. Nachfolgend sehen Sie ein Beispiel für die Einrichtung einer DirectDraw-Applikation mit 800 x 600 Pixel im 256-Farben-Modus:

```
if (!DD_Init(800,600,8)) { /* Fehler */ }
```

**Funktionsprototyp DD_Shutdown(...)**

```
int DD_Shutdown(void);
```

**Aufgabe:** `DD_Shutdown()` fährt DirectDraw herunter und gibt alle mit `DD_Init()` erzeugten DirectDraw-Schnittstellen frei. Rufen Sie `DD_Shutdown()` auf, wenn Ihre Spiele-Applikation beendet wird. Größtenteils platzieren Sie diesen Funktionsaufruf in `Game_Shutdown()`. Nachfolgend sehen Sie ein Beispiel für eine vollständige Abfolge des Startens und Herunterfahrens einer DirectDraw-Applikation:

```
DD_Init(640,480,16); // DirectDraw im 16-Bit-Modus starten
// ... irgendwas tun
DD_Shutdown(); // DirectDraw beenden
```

**Funktionsprototyp DD_Create_Surface(...)**

```
LPDIRECTDRAWSURFACE7 DD_Create_Surface(
                    int width,    // Breite der Oberfläche
                    int height,   // Höhe der Oberfläche
                    int bpp,      // Bits pro Pixel
                    int mem_flags); // Speicher-Flags
```

**Rückgabewert:** Diese Funktion gibt einen Schnittstellenzeiger auf die neu erzeugte Oberfläche zurück, falls sie erfolgreich ausgeführt wurde, andernfalls `NULL`.

**Aufgabe:** `DD_Create_Surface()` erzeugt eine einfache Offscreen-Oberfläche zur Verwendung für Ihre eigene interne Programmierung. Übergeben Sie der Funktion einfach die Breite und die Höhe (in Pixel) der gewünschten Oberfläche, ebenso wie die Speicherflags. Die Speicherflags sind standardmäßig `DDSCAPS_OFFSCREENPLAIN`, wodurch eine Oberfläche im VRAM erzeugt wird. Sie können beliebige andere Flags hinzufügen, wie beispielsweise `DDSCAPS_SYSTEMMEMORY`, um zu fordern, dass die Oberfläche im Systemspeicher angelegt wird. Das folgende Beispiel erzeugt eine 64x64-Oberfläche im VRAM:

```
LPDIRECTDRAWSURFACE7 lpddsplayer; // Oberfläche mit dem Spieler
// 64x64-Oberfläche mit 8 Bit pro Pixel erzeugen
if (!(lpddsplayer = DD_Create_Surface(64,64,8,0)))
    { /* Fehler */ }
```

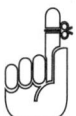

Natürlich muss die Oberfläche kompatibel mit der primären Oberfläche sein und sie muss dieselbe Palette verwenden. Darüber hinaus sollte der Farbindex 0 transparent für 8-Bit-Blit-Operationen oder RGB(0,0,0) im 16-Bit-Modus sein. (Weitere Informationen über die Verwendung der Transparenz finden Sie in Kapitel 8.)

Alle Oberflächen, die Sie mit diesem Code erzeugen, müssen eine Breite haben, die durch 8 zu dividieren ist. Dies ist eine Macke von DirectDraw.

**Funktionsprototyp DD_Flip(...)**

```
int DD_Flip(void);
```

**Aufgabe**: `DD_Flip()` wird verwendet, um die primäre und die sekundäre Oberfläche `lpdds_primary` und `lpdds_back` zu vertauschen. Sie rufen diese Funktion auf, nachdem Sie den nächsten Frame auf dem sekundären Backbuffer `lpddsback` gerendert haben. Nachfolgend ein Beispiel für den Aufruf:

```
// Nächsten Frame in lpdds_back zeichnen ...
// Oberflächen vertauschen
if (!DD_Flip()) { /* Fehler -- ernsthaftes Problem!!! */}
```

### Funktionsprototyp DD_FillSurface(...)

```
int DD_Fill_Surface(
      LPDIRECTDRAWSURFACE7 lpdds, // zu füllende Oberfläche
      int color);  // Farbe, mit der die Oberfläche gefüllt werden soll
```

**Aufgabe**: `DD_Fill_Surface()` nimmt einen Oberflächenzeiger und eine Farbe (Index für 8-Bit-Modi und RGB-Wert für 16-Bit-Modus) entgegen und füllt die gesamte Oberfläche. Diese Funktion erspart Ihnen einfach die Zeit, den Blitter zu verwenden, um die Oberfläche zu füllen – oder noch schlimmer, die Oberfläche zu sperren und auf diese Weise den Speicher zu füllen. Nachfolgend ein Beispiel, das die primäre Oberfläche mit der Farbe mit dem Index 25 füllt:

```
if (!DD_Fill_Surface(lpddsprimary,25)) { /* Fehler */ }
```

Nachfolgend sehen Sie, wie Sie die Oberfläche `lppdsplayer` (wie die, die Sie durch Aufruf der Funktion `DD_Create_Surface()` erzeugen) mit der Farbe 0 löschen:

```
if (!DD_Fill_Surface(lpddsplayer,0)) { /* Fehler */ }
```

### Funktionsprototyp DD_Attach_Clipper(...)

```
LPDIRECTDRAWCLIPPER DD_Attach_Clipper(
 LPDIRECTDRAWSURFACE7 lpdds, // Oberfläche, der der Clipper zugeord. wird
 int num_rects,   // Anzahl der Rechtecke in der Clipping-Liste
 LPRECT clip_list); // Liste der RECTS, aus denen die Clipping-Liste besteht
```

**Rückgabewert**: Diese Funktion gibt einen Zeiger auf den DirectDrawClipper zurück, nachdem sie ihn auf der Oberfläche erzeugt und dieser zugeordnet hat. Größtenteils haben Sie nur einen Clipper in Ihrer Applikation, deshalb können Sie den Rückgabewert dem globalen Clipper-Objekt `lpddclipper` zuweisen, um ihn zu verwalten. (Weitere Informationen über den DirectDrawClipper finden Sie in Kapitel 9.)

**Aufgabe**: `DD_Attach_Clipper()` wird verwendet, um ein Clipper-Objekt zu erzeugen, den Clipper einer Oberfläche zuzuordnen (wie in Kapitel 9 beschrieben) und die Clipping-Bereiche zu setzen – alles in einem einzigen Schritt. Größtenteils ordnen Sie den Clipper dem Backbuffer zu (sekundäre Oberfläche), weil Sie dort das meiste Blitting ausführen. Sie können der Funktion mehrere Clipping-Bereiche übergeben, aber normalerweise übergeben Sie nur einen: die Bildschirmbegrenzung. Nachfolgend sehen Sie ein Beispiel dafür, wie Sie einen Clipper einer sekundären Oberfläche zuordnen, die dieselbe Größe wie der Bildschirm hat:

```
// Bildschirmrechteck für 640x480-Grafikmodus definieren
RECT screen_rect = {0,0,640,480};
// Clipper erzeugen und der sekundären Backbuffer-Oberfläche zuordnen
if (!(lpddclipper = DD_Attach_Clipper(lpddsback,1,&screen_rect)))
   { /* Fehler */ }
// alle Blitter-Operationen für die sekundäre Oberfläche lpddsback
// werden geclippt
```

**Funktionsprototyp DD_Wait_For_Vsync(...)**

`int DD_Wait_For_Vsync(void);`

**Aufgabe:** DD_Wait_For_Vsync() wird verwendet, um auf den Start der vertikalen Aktualisierungspause (»Vertical Blank«) zu warten. Betrachten Sie dazu Abbildung 10.4. Das Bild auf Ihrem Computerbildschirm wird Zeile für Zeile gezeichnet, von links nach rechts und von oben nach unten. Dazu wird eine Elektronenkanone verwendet. Wenn das Bild gezeichnet ist, geht die Elektronenkanone wieder nach oben links und beginnt von vorne. Man spricht auch vom *vertikalen Retrace*. Der Zeitpunkt, zu dem die Kanone in die linke obere Ecke zurückgeht, ist der beste, um den Bildschirm zu aktualisieren, weil das Bild noch nicht gezeichnet wurde. DD_Wait_For_Vsync hilft Ihnen, diese Aufgabe zu erledigen.

 Am Ende Ihrer Grafikschleife unmittelbar vor dem Aufruf von `DD_Flip()` rufen Sie zuerst `DD_Wait_For_Vsync()` auf, um sicherzustellen, dass der vertikale Retrace begonnen hat, und dann `DD_Flip()`. Diese Methode stellt eine stabile Anzeige ohne Flackern und Wackeln sicher. Ein Beispiel:

```
DD_Wait_For_Vsync(); // auf Vsync warten
DD_Flip(); // Seiten vertauschen
```

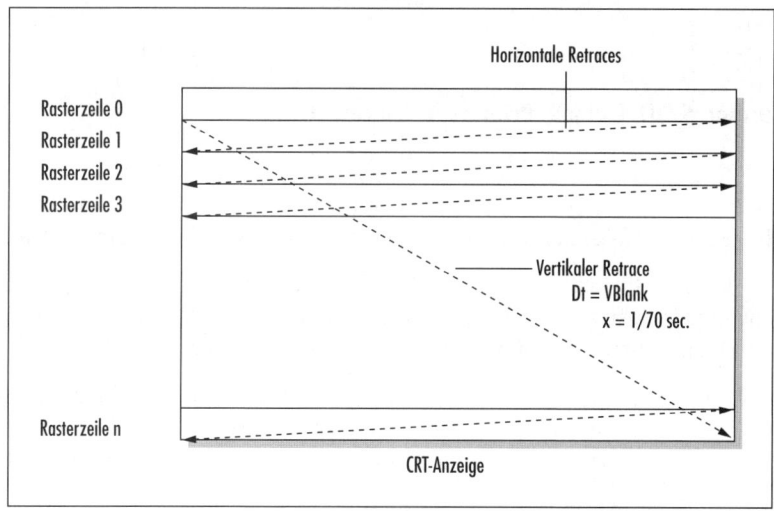

*Abbildung 10.4: Vertikaler Retrace und Rasterung*

## Funktionen zum Sperren und zum Aufheben der Sperren

Jetzt will ich Ihnen Funktionen zum Sperren und zum Aufheben der Sperren vorstellen. Im Wesentlichen gibt es zwei Grafikpuffer: den primären Puffer und den Backbuffer (sekundärer Puffer). Die Sperrfunktionen ermöglichen Ihnen, den Speicher zu sperren und einen Zeiger auf die Grafikpuffer zusammen mit dem jeweiligen Speicher-Pitch zu erhalten. Egal welche Farbtiefe Sie verwenden, sind die Zeiger immer UCHAR *, und der Pitch wird immer in Byte pro Zeile angegeben, Sie müssen also die Zeiger manuell in 16-Bit- oder höhere Modi casten.

**Funktionsprototyp DD_Lock_Primary_Surface(...)**

```
UCHAR *DD_Lock_Primary_Surface(void);
```

**Rückgabewert**: Diese Funktion gibt, wenn sie erfolgreich ausgeführt wurde, einen Zeiger auf den Grafikspeicher der primären Oberfläche zurück, andernfalls NULL. Darüber hinaus erzeugt die Funktion einen Alias für den Wert primary_buffer im Speicher und setzt primary_lpitch auf den Speicher-Pitch des primären Puffers.

**Aufgabe**: DD_Lock_Primary_Surface() sperrt die primäre Oberfläche, so dass Sie in den Speicher schreiben bzw. daraus lesen können. Nach dem Funktionsaufruf können Sie über den Zeiger primary_buffer auf den Oberflächenspeicher zugreifen, und der Speicher-Pitch wird in primary_lpitch abgelegt. Vor dem Sperren sind beide Werte ungültig, verwenden Sie sie also nicht, wenn Sie die Oberfläche nicht zu einem Zeitpunkt im Code gesperrt haben, der vor dem Punkt liegt, an dem Sie die Werte verwenden wollen. Nachfolgend sehen Sie ein Beispiel für das Sperren der primären Oberfläche und das Schreiben eines Pixels an der Stelle (x,y) in der Farbe col.

```
if (!DD_Lock_Primary_Surface()) // primären Oberflächenpuffer sperren
   { /* Fehler */}
primary_buffer[ x + y*primary_lpitch] = col; // das Pixel schreiben
```

**Funktionsprototyp DD_Unlock_Primary_Surface(...)**

```
int DD_Unlock_Primary_Surface(void);
```

**Rückgabewert**: Die Funktion gibt TRUE zurück, wenn sie erfolgreich ausgeführt werden konnte, FALSE, falls sie nicht erfolgreich war oder die Oberfläche zuvor nicht gesperrt war.

**Aufgabe**: DD_Unlock_Primary_Surface() hebt die Sperre für eine zuvor gesperrte primäre Oberfläche auf. Das ist erforderlich, wenn Sie Seiten austauschen wollen oder wenn Sie DirectDraw nutzen wollen, um auf die Oberfläche zu blitten oder zu zeichnen.

 Während Sie die Oberfläche gesperrt haben, können nur Sie sie manipulieren! Nachdem Sie also mit Ihrer Arbeit mit der primären Oberfläche fertig sind (wie im vorigen Beispiel), rufen Sie die Funktion zum Aufheben der Sperre auf:

```
if (!DD_Unlock_Primary_Surface()) {/* Fehler */}
```

## Funktionsprototyp DD_Lock_Back_Surface(...)

```
UCHAR *DD_Lock_Back_Surface(void);
```

**Rückgabewert**: Diese Funktion gibt, falls sie erfolgreich war, einen Zeiger auf den Grafikspeicher des Backbuffers zurück, andernfalls NULL. Darüber hinaus erzeugt die Funktion einen Alias für den Zeiger back_buffer auf den Speicher und setzt back_lpitch auf den Speicher-Pitch des primären Puffers.

**Aufgabe**: DD_Lock_Back_Surface() sperrt die sekundäre Backbuffer-Oberfläche, so dass Sie in den Speicher schreiben bzw. daraus lesen können. Nach dem Funktionsaufruf können Sie über den Zeiger back_buffer auf den Oberflächenspeicher zugreifen, und sein Speicher-Pitch wird in back_lpitch abgelegt. Vor dem Sperren sind beide Werte ungültig, verwenden Sie sie also nicht, bevor Sie die Oberfläche gesperrt haben. Nachfolgend sehen Sie ein Beispiel für das Sperren des Backbuffers und das Schreiben eines Pixels an der Stelle (x,y) in der Farbe col.

```
if (!DD_Lock_Back_Surface()) // sekundäre Backbuffer-Oberfl. sperren
   { /* Fehler */}
back_buffer[ x + y*back_lpitch] = col; // das Pixel schreiben
```

## Funktionsprototyp DD_Unlock_Back_Surface(...)

```
int DD_Unlock_Back_Surface(void);
```

**Rückgabewert**: Die Funktion gibt TRUE zurück, wenn sie erfolgreich ausgeführt werden konnte, FALSE, wenn sie fehlschlägt oder wenn die Oberfläche zuvor nicht gesperrt war.

Während Sie die Oberfläche gesperrt haben, kann nur Ihr Programm darauf zugreifen!

**Aufgabe**: DD_Unlock_Back_Surface() hebt einfach die Sperre für die zuvor gesperrte Backbuffer-Oberfläche auf. Das ist erforderlich, wenn Sie Seiten tauschen wollen oder wenn Sie mit DirectDraw auf die Oberfläche blitten oder zeichnen wollen. Wenn Sie also Ihre Arbeit mit dem Backbuffer beendet haben (wie im vorigen Beispiel gezeigt), nehmen Sie etwa folgenden Aufruf vor:

```
if (!DD_Back_Primary_Surface()) {/ *Fehler */}
```

## Funktionsprototyp DD_Lock_Surface(...)

```
UCHAR *DD_Lock_Surface(
          LPDIRECTDRAWSURFACE7 lpdds,  // zu sperrende Oberfläche
          int *lpitch); // Pitch der gesperrten Oberfläche
```

**Rückgabewert**: Diese Funktion gibt einen Zeiger auf den Speicher der gesperrten Oberfläche zurück.

**Aufgabe**: DD_Lock_Surface() sperrt eine allgemeine Oberfläche, die Sie möglicherweise zuvor erzeugt haben. Die Funktion nimmt die zu sperrende Oberfläche sowie einen Zeiger auf eine Variable entgegen, die den Speicher-Pitch der Oberfläche nach dem Sperren aufnimmt. Sobald Sie die Oberfläche gesperrt haben, können Sie beliebig davon lesen bzw. darauf schreiben. Angenommen, Sie wollen das Pixel (1,1) von der Oberfläche lpddsplayer lesen, die Sie zuvor in Ihrem Code in einem 16-Bit-Modus erzeugt haben:

```
USHORT *surface_buffer = NULL; // nimmt den Speicher auf
int memory_pitch; // nimmt den Speicher-Pitch auf
// Oberfläche sperren
if (!(surface_buffer=(USHORT*)DD_Lock_Surface(lpddsplayer,
                            &memory_pitch)))
{ /* Fehler */ }
USHORT pixel =
surface_buffer[1+1*memory_pitch/2]; // das Pixel lesen
```

**Funktionsprototyp DD_Unlock_Surface(...)**

```
int DD_Unlock_Surface(LPDIRECTDRAWSURFACE
        lpdds,                   // Zeiger auf Oberfläche
        UCHAR *surface_buffer);  // Zeiger auf Oberflächenspeicher
```

**Aufgabe:** DD_Unlock_Surface() hebt die Sperre für eine Oberfläche auf, die zuvor mit DD_Lock_Surface() gesperrt wurde. Sie übergeben der Funktion zusammen mit der eigentlichen Oberfläche einen Zeiger auf die Speicheroberfläche. Nachfolgend ein Beispiel für die Aufhebung der Sperre der Oberfläche, die mit einem Aufruf von DD_Lock_Surface gesperrt wurde:

```
DD_Unlock_Surface(lpddsplayer, surface_buffer); // Sperre für lpddsplayer
                                                // aufheben
```

## *Elementare Grafik: Irgendwer muss es ja machen!*

Die meisten 2D-Spiele verwenden nur Bitmap-Grafiken, aber es kann ganz praktisch sein, Linien, Rechtecke und Pixel zeichnen zu können. In diesem Abschnitt stelle ich einige Funktionen vor, die diese Aufgabe für Sie übernehmen.

Dieses Buch kann keine detaillierte Beschreibung von Algorithmen zum Zeichnen von Linien bieten, deshalb zeige ich Ihnen schnell, wie sie funktionieren. Betrachten Sie Abbildung 10.5. Sie zeigt eine einfache Linie vom Punkt (x1,y1) zum Punkt (x2,y2). Bisher haben Sie Windows-GDI verwendet, um Linien zu zeichnen, aber ich kann Ihnen versichern, dass das Zeichnen einer einfachen Linie nicht so einfach ist, wie es scheint. Es gibt mehrere Algorithmen dafür, aber der beliebteste ist der *Bresenham-Algorithmus*.

Wenn Sie eine Linie von Punkt zu Punkt zeichnen wollen, müssen Sie mit einzelnen Pixeln zeichnen. Beginnen Sie am Ausgangspunkt (x1,y1) und zeichnen Sie dazwischen die entsprechenden Punkte, bis Sie am Punkt (x2,y2) ankommen, und seien Sie dabei mathematisch so korrekt wie möglich.

Das Problem dabei ist, dass sich der Computerbildschirm aus einer Integer-Matrix aus Pixeln zusammensetzt und dass Sie keine Koordinaten zeichnen können, die mit Bruchzahlen angegeben werden, wie beispielsweise (23.5,34.6). Jeder gute Linienalgorithmus muss diese Beschränkung berücksichtigen. Der Algorithmus von Bresenham verwendet einen *Fehlerterm*: Der Algorithmus wählt diesem Bruchfehler entsprechend die Pixel aus, die die beste Annäherung zu der realen Linie darstellen.

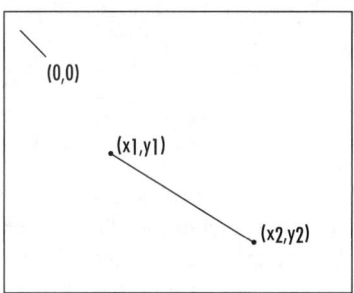

*Abbildung 10.5: Eine einfache Linie zeichnen*

Ich habe für Sie eine Version des Bresenham-Algorithmus geschrieben, Sie müssen sich also keine Gedanken über Linienalgorithmen machen. Wenn Sie mehr über das Zeichnen von Linien lernen wollen, betrachten Sie den Code meiner Funktion genauer. Er ist kurz, und wenn Sie lange genug hinsehen und sich ein paar Skizzen machen, werden Sie ihn auch verstehen.

Die folgenden Abschnitte beschreiben die Funktionen zur Ausgabe von Pixeln, Rechtecken und Linien.

 Alle Funktionen geben TRUE zurück, wenn sie erfolgreich ausgeführt wurden, andernfalls FALSE.

### Funktionsprototyp Draw_Pixel*(...)

```
int Draw_Pixel*(int x, int y,       // Position des Pixels
                int color,           // Farbe des Pixels
                UCHAR *video_buffer, // Zeiger auf Speicherpuffer
                int lpitch);         // horizontaler Speicher-Pitch
```

**Aufgabe**: Diese Funktion zeichnet ein einzelnes Pixel an der übergebenen Position und in der übergebenen Farbe im 8-Bit- oder 16-Bit-Modus in den Zielspeicherpuffer. Beachten Sie außerdem, dass Sie den Speicher-Pitch der Zieloberfläche übergeben müssen. Diese Funktion können Sie für den reinen Systemspeicher oder für DirectDraw-Oberflächen ausführen. Die Funktion erkennt den Unterschied nicht. Nachfolgend sehen Sie ein Beispiel, wie auf der primären Oberfläche ein Pixel an der Position (100,100) mit dem Farbindex 20 gezeichnet wird:

```
DD_Lock_Primary_Surface(); // primäre Oberfläche sperren
Draw_Pixel(100,100,20, primary_buffer, primary_lpitch); // Pixel zeichnen
DD_Unlock_Primary_Surface(); // Sperre für die primäre Oberfläche aufheben
```

### Funktionsprototypen Draw_Clip_Line*(...) und Draw_Line*(...)

```
int Draw_Clip_Line*(int x0,int y0, // Anfangspunkt
          int x1, int y1,      // Endpunkt
          int color,           // Farbe der Linie
          UCHAR *dest_buffer,  // Zielspeicher
          int lpitch);         // Speicher-Pitch des Zielspeichers
int Draw_Line*(int x0, int y0, // Anfangspunkt
          int x1,int y1,       // Endpunkt
          int color,           // Farbe der Linie
          UCHAR *vb_start,     // Zielspeicher
          int lpitch);         // Speicher-Pitch des Zielspeichers
```

**Aufgabe**: Die Funktionen Draw_Line*() und Draw_Clip_Line*() zeichnen eine Linie von (x0,y0) nach (x1,y1) auf der Zielspeicheroberfläche. Der einzige Unterschied ist, dass Draw_Clip_Line*() die Linie entsprechend einem durch min_clip_x, min_clip_y, max_clip_x, max_clip_y festgelegten Clipping-Rechteck abschneidet (siehe Abbildung 10.6).

Die Version Draw_Line() schneidet nichts ab und ist ein bisschen schneller. Wenn Sie jedoch Koordinaten übergeben, die außerhalb des korrekten Bereichs liegen, entsteht ein Chaos! Nachfolgend ein Beispiel für das Zeichnen auf den sekundären Backbuffer (ich setze dabei einen Grafikmodus von 640 x 480 x 16 voraus):

```
DD_Lock_Back_Surface(); // Backbuffer sperren
for (int index = 0; index<100; index++) // 100 Linien zeichnen
Draw_Line16(rand()%640, rand()%480, rand()%640,rand()%480,
        _RGB16BIT565(0,63,0),
        back_buffer, back_lpitch);
DD_Unlock_Back_Surface(); // Sperre für Backbuffer-Oberfl. aufheben
```

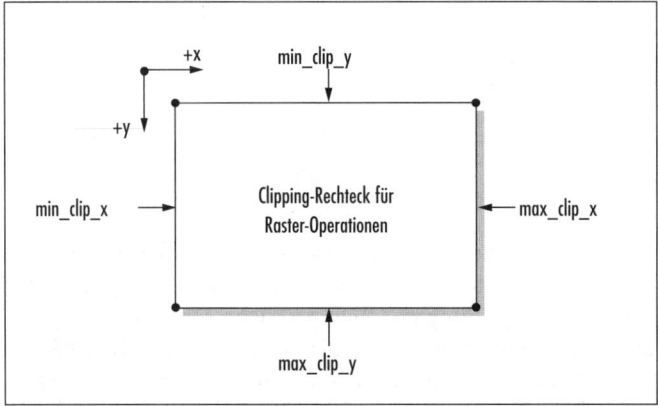

*Abbildung 10.6: Das GPDUMB-Clipping-Rechteck*

Nachfolgend sehen Sie dasselbe Beispiel, aber unter Verwendung der Clipping-Version mit einem Clipping-Rechteck in der Mitte des Bildschirms:

```
min_clip_x = 200; // globale Variablen für das Clipping-Rechteck
min_clip_y = 200;
max_clip_x = 500;
max_clip_y = 300;
DD_Lock_Back_Surface(); // Backbuffer sperren
for (int index=0; index<100; index++) // 100 Linien zeichnen
    Draw_Clip_Line16(rand()%640, rand()%480,
                     rand()%640,rand()%480,
                     _RGB16BIT565(0,63,0),
                     back_buffer, back_lpitch);
DD_Unlock_Back_Surface(); // Sperre für Backbuffer-Oberfläche freigeben
```

**Funktionsprototyp Draw_Rectangle(...)**

```
int Draw_Rectangle(
    int x1, int y1, // obere linke Ecke des Rechtecks
    int x2, int y2, // untere rechte Ecke des Rechtecks
    int color,      // Farbe des Rechtecks
    LPDIRECTDRAWSURFACE7 lpdds); // Zieloberfläche
```

**Aufgabe:** Draw_Rectangle() zeichnet ein ausgefülltes Rechteck auf einer DirectDraw-Oberfläche, statt mit zufälligen Speicherbereichen zu arbeiten (wie es in den vorhergehenden Linien- und Pixel-Funktionen der Fall war). Diese Funktion funktioniert sowohl im 8-Bit- als auch im 16-Bit-Modus. Sie nimmt die obere linke und die untere rechte Ecke des Rechtecks sowie die gewünschte Farbe entgegen und zeichnet es auf der Zieloberfläche. Wurde der Oberfläche ein Clipper zugeordnet, wird das Rechteck entsprechend zugeschnitten.

Diese Funktion zeichnet nur ausgefüllte Rechtecke. Wenn Sie ein Rechteck ohne Füllfarbe brauchen, müssen Sie aus den Funktionen zum Zeichnen von Linien eine eigene Funktion erstellen.

Nachfolgend ein Beispiel, in dem ein Quadrat zentriert um den Punkt (320,200) auf der primären Oberfläche mit dem Farbindex 10 gezeichnet wird:

```
Draw_Rectangle(320-50,200-50,320+50,200+50,10,lpddsprimary);
```

## Bunt, bunt, bunt sind alle meine Kleider!

Neben einem Animationssystem habe ich auch eine Farbschnittstelle für 8-Bit-Modi erzeugt, so dass Sie die Farbpalette manipulieren können. Dazu habe ich ein *Schattenpuffer*system (»Shadow Buffer«) eingerichtet, d.h., die Farbpalette ist im Speicher in einem Array mit PALETTEENTRYs abgelegt, palette[]. Sie sollten jedoch nicht direkt auf dieses Array zugreifen. Verwenden Sie stattdessen die von mir bereitgestellten Funktionen. Technisch betrachtet, lesen Sie immer aus dem Array, aber wenn Sie in das Array schreiben, erkennt GPDUMB nicht, dass Sie Daten in das Farb-Array geschrieben haben, und Sie desynchronisieren das Farbverwaltungssystem.

Das Farbsystem beinhaltet Funktionen zum Lesen und Schreiben einzelner Paletteneinträge oder der gesamten Palette. Darüber hinaus können Sie Paletten von der Festplatte lesen und in sie schreiben, was sehr praktisch ist, wenn Sie mehrere Paletten von einer Festplatte laden und Animationen damit ausführen wollen. Nachfolgend die globalen Variablen, die das Farbsystem verwaltet:

- ✔ `lpddpal`: Die DirectDraw-Palette
- ✔ `palette[]`: Die im Speicher abgelegte Farbpalette der DirectDraw-Palette
- ✔ `save_palette[]`: Eine praktische globale Variable für Sie, in der Sie die Palette ablegen können, wenn Sie sie vorübergehend zerstören oder abändern wollen

Nachfolgend finden Sie eine Auflistung der Funktionen. Wie üblich geben die Funktionen TRUE zurück, falls sie erfolgreich ausgeführt wurden, andernfalls FALSE.

### Funktionsprototyp Set_Palette_Entry(...)

```
int Set_Palette_Entry(
  int color_index,         // zu ändernder Farbindex
  LPPALETTEENTRY color);   // Zeiger auf RGB-Farbe
```

**Aufgabe:** `Set_Palette_Entry()` ändert einen einzigen Farbpaletteneintrag in der Palette. Sie übergeben der Funktion den Index der zu ändernden Farbe sowie einen Standard-PALETTEENTRY, und die Funktion erledigt den Rest. Nachfolgend ein Beispiel, wobei die Farbe 50 in reines Blau geändert wird:

```
// ein reines Blau wird definiert; beachten Sie das Flag PC_NOCOLLAPSE
PALETTEENTRY blue = {0,0,255,PC_NOCOLLAPSE};
Set_Palette_Entry(50, &blue); // Paletteneintrag festlegen
```

### Funktionsprototyp Get_Palette_Entry(...)

```
int Get_Palette_Entry(
  int color_index,         // zu ermittelnder Farbindex
  LPPALETTEENTRY color);   // Zeiger auf Farbeintragsspeicher
```

**Aufgabe:** `Get_Palette_Entry()` ermittelt die RGB-Komponenten eines Paletteneintrags in der aktiven Palette. Sie müssen der Funktion den zu ermittelnden Farbindex übergeben, ebenso wie einen Speicher, in dem das Ergebnis abgelegt wird. Der folgende Code, der eine Fehlerüberprüfung beinhaltet, zeigt, wie der Farbpaletteneintrag 100 gelesen wird:

```
PALETTEENTRY color; // hier das Ergebnis ablegen
if (!Get_Palette_Entry(100,&color)) // einen einzelnen Paletteneintrag
                                    // ermitteln
  { /* Fehler */ }
```

### Funktionsprototyp Save_Palette(...)

```
int Save_Palette(
  LPPALETTEENTRY sav_palette); // Array, in dem die Palette abgelegt wird
```

**Aufgabe:** Save_Palette() speichert die gesamte Farbpalette innerhalb eines einzigen Aufrufs. Sie sollten diesen Schritt vor allen Farbmanipulationen ausführen.

 Das Array, das Sie Save_Palette() übergeben, muss ausreichend viel Platz für 256 PALETTEENTRYs haben. Andernfalls bringen Sie möglicherweise den Computer zum Absturz!

Nachfolgend ein Beispiel, wie Sie die gesamte Palette speichern:

```
PALETTEENTRY old_palette[256]; // Speicher
Save_Palette(old_palette);    // Palette speichern
```

### Funktionsprototyp Set_Palette(...)

```
int Set_Palette(LPPALETTEENTRY set_palette); // 256-Farben-Palette, die
                                             // gesetzt werden soll
```

**Aufgabe:** Set_Palette() setzt die gesamte Palette oder stellt sie wieder her – mit einer zuvor gespeicherten oder algorithmisch erzeugten Palette. Rufen Sie die Funktion einfach mit einem Zeiger auf die 256 PALETTEENTRYs auf, dann wird die neue Palette geladen. Diese Methode ist praktisch für die Verwendung in Kombination mit Save_Palette() in auf einem Stack basierender Push/Pop-Analogie. Nachfolgend ein Beispiel, das die Palette speichert und wiederherstellt:

```
PALETTEENTRY old_palette[256]; // Speicher
Save_Palette(old_palette);    // Palette sichern
// Code, mit dem die Palette verändert wird
Set_Palette(old_palette);     // die Palette wiederherstellen
```

### Funktionsprototyp Load_Palette_From_File(...)

```
int Load_Palette_From_File(
        char *filename,        // Name der Datei, aus der die Palette
                               // gelesen werden soll
        LPPALETTEENTRY palette); // Zeiger auf den Zielpalettenspeicherbereich
```

**Aufgabe:** Load_Palette_From_File() lädt eine zuvor gespeicherte Palette von einer Datei auf der Festplatte. Das Format der Datendatei beträgt 256 Zeilen, die jeweils einen Farbeintrag für Rot, Grün, Blau, Flags (ohne Kommas) beinhalten. Nachfolgend ein Beispiel für das Dateiformat:

```
R0 G0 B0 F0
R1 G1 B1 F1
R2 G2 B2 F2
.
.
.
R255 G255 B255 F255
```

Sie übergeben der Funktion den Namen der Datei mit den Paletteninformationen sowie ein Speicherarray. Hier ein Beispiel, das eine Palette aus der Datei GPPAL.PAL liest:

```
PALETTEENTRY colors[256]; // Speicherpalette
// Palette laden; auf Fehler überprüfen: möglicherweise
// existiert die Datei nicht!
if (!Load_Palette_From_File("GPPAL.PAL",colors))
   { /* Datei nicht gefunden oder ein anderes ernsthaftes Problem */ }
```

### Funktionsprototyp Save_Palette_To_File(...)

```
int Save_Palette_To_File(
   char *filename,            // Name der Datei, wo die Palette
                              // gespeichert werden soll
   LPPALETTEENTRY palette);   // Array mit 256 Farben, das gespeichert
                              // werden soll
```

**Aufgabe**: Save_Palette_To_File() speichert eine Palette im Format .PAL auf die Festplatte. Sie rufen die Funktion mit einem Dateinamen und der zu speichernden Palette auf, den Rest erledigt Save_Palette_To_File. Das nachfolgende Beispiel zeigt, wie Sie die DirectDraw-Hauptpalette auf die Festplatte speichern:

```
if (!Save_Palette_To_File("GPPAL.PAL",palette)) // auf Festplatte
              // speichern; Fehler sind weniger wahrscheinlich
   { /* irgendein Fehler */ }
```

### Funktionsprototyp Rotate_Colors(...)

```
int Rotate_Colors(
    int start_index,   // Startindex für die zu rotierenden Farben
    int colors);       // Anzahl der zu rotierenden Farben
```

**Aufgabe**: Rotate_Colors() ist eine einfache Farbrotationsfunktion, die die angeforderten Farben jeweils um einen Eintrag im Uhrzeigersinn weiterschaltet, d.h. (0→1, 1→2, ..., n→n+1). Diese Funktion ist fast identisch mit der Farbrotation in der oben gezeigten Demo mit dem 3D-Graben (PROG9_3.CPP in Kapitel 9), wurde aber abgeändert, damit sie in das GPDUMB-System passt. Hier ein Beispiel, wie Sie die gesamte Palette um jeweils einen Eintrag drehen:

```
Rotate_Colors(0,256);
```

## Ein bisschen GDI

Ich verwende das Windows-GDI selten für andere Dinge als die Ausgabe von Text und vielleicht die Ausgabe ein paar taktischer Anzeigen, für die keine Echtzeitgeschwindigkeit erforderlich ist. Um auf GDI zuzugreifen, brauchen Sie nur einen kompatiblen GDC (Graphics Device Context) von der Oberfläche, auf die Sie zeichnen wollen. Hier ein Beispiel:

```
HDC xdc;
// Gerätekontext ermitteln, der mit den Fenstern von DirectDraw
// kompatibel ist
xdc = lpdds->GetDC(&xdc);
// hier xdc verwenden ...
lpdds->ReleaseDC(xdc); // Gerätekontext an Windows zurückgeben
```

Während Sie den Gerätekontext besitzen, ist die Oberfläche intern gesperrt. Weder DirectDraw noch Sie können auf die Oberfläche zeichnen, sondern nur noch GDI, passen Sie also auf!

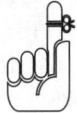
Wenn Sie Oberflächen sperren, sperren Sie die Oberfläche, erledigen Ihre Arbeit und heben die Sperre für die Oberfläche wieder auf. Auf diese Weise arbeiten alle Bibliotheksfunktionen reibungslos. Sie könnten die Sperre für eine Oberfläche beliebig lange aufrechterhalten, aber das ist keine besonders gute Idee.

Ursprünglich wollte ich mehrere Hüllfunktionen um die wichtigeren GDI-Funktionen herum erzeugen, aber ich habe erkannt, dass dieser Aufwand nicht sehr sinnvoll war, weil der Aufruf dieser Funktionen fast genau so einfach ist. Ich stelle Variationen einer einzigen Funktion bereit, Draw_Text_GDI, um Text zu zeichnen – die einzige Aufgabe, die Sie mit GDI erledigen sollten. Diese Funktionen müssen einen Gerätekontext von der übergebenen Oberfläche ermitteln; wenn Sie auf die primäre oder sekundäre Oberfläche zeichnen, sollten Sie unbedingt sicherstellen, dass diese nicht gesperrt sind! Die Versionen dieser Funktion geben TRUE zurück, wenn sie erfolgreich ausgeführt wurden, andernfalls FALSE.

**Funktionsprototypen Draw_Text_GDI(...)**

```
int Draw_Text_GDI(char *text,  // zu zeichnender Text
        int x,int y,    // Position des Texts
        COLORREF color, // RGB-Farbe des Texts
        LPDIRECTDRAWSURFACE7 lpdds); // Oberfl., auf die gezeichnet wird
int Draw_Text_GDI(char *text,  // zu zeichnender Text
        int x,int y,    // Position des Texts
        int color,      // RGB-Farbe des Texts
        LPDIRECTDRAWSURFACE7 lpdds); // Oberfl., auf die gezeichnet wird
```

**Aufgabe**: Draw_Text_GDI() verwendet GDI, um Text in beliebiger Farbe und an beliebiger Position auf eine DirectDraw-Oberfläche zu zeichnen. Die Funktion unterstützt zwei Versionen mit demselben Namen, die jedoch unterschiedliche Farbparameter entgegennehmen, deshalb sind sie laut C++ unterschiedlich. Diese Duplizierung wird auch als *Überladen von Funktionen* bezeichnet. Um die korrekte Version der Funktion zu verwenden, rufen Sie diese einfach mit einem Farbindex oder mit einer RGB-COLORREF auf; C++ sucht die richtige Version für Sie aus.

Nachfolgend ein Beispiel, das *Hello Dumb World* auf die primäre Oberfläche mit dem Farbindex 6 zeichnet:

```
if (!Draw_Text_GDI("Hello Dumb World",10,20,6,lpddsprimary))
   { /* Fehler */ }
```

Und hier ein Beispiel für die Verwendung der anderen, überladenen Version, die eine COLORREF verwendet, um den Text grün auszugeben:

```
if (!Draw_Text_GDI("Hello Dumb World", 10, 20, RGB(0,255,0),lpddsprimary))
   { /* Fehler */ }
```

 Es ist möglich, dass der obige Codeabschnitt funktioniert, aber nichts in Grün ausgibt. Wenn Sie von GDI eine RBG-Farbe anfordern, durchsucht es die Farbpalette im 256-Farben-Modus und ermittelt die beste Übereinstimmung. Wenn es kein Grün findet, nimmt es die beste Übereinstimmung (was je nach Palette durchaus auch Rot oder Blau sein kann!). Denken Sie also daran, mindestens je einen Rot-, Grün-, Blau-, Gelb-, Weiß-, Schwarz- und Braunwert in allen Ihren Paletten bereitzustellen, wenn Sie mit 8-Bit-Modi arbeiten. Auf diese Weise treten solche Probleme nicht auf! Am einfachsten ist es, die Option WINDOWS-FARBEN HINZUFÜGEN (Include Windows Colors) zu verwenden, wenn Sie Paletten erstellen. Die meisten Malprogramme unterstützen diese Option, wenn Sie von RGB-Farben in 256-Farben umwandeln.

## Unterstützung Ihrer lokalen BMP

Nachfolgend finden Sie die Grundlagen für Routinen zum Laden und Entladen von Bitmap-Dateien (weitere Informationen finden Sie in Kapitel 8):

✔ Eine .BMP-Datei ist ein Dateiformat, das ein digitales Bild enthält.

✔ Das Format besteht aus einem Header-Abschnitt und einem Datenabschnitt.

✔ Die Bitmapbilder können beliebige Größen habe, aber mein Bitmap-Loader unterstützt nur 8-Bit-, 16-Bit- und 24-Bit-Bilder. Ein 24-Bit-Bild wird jedoch standardmäßig immer in ein 5.6.5 16-Bit-Format umgewandelt.

Ich habe die Funktionen intern ein wenig gesäubert und sie der GPDUMB-Bibliothek hinzugefügt (siehe nachfolgende Abschnitte).

**Funktionsprototyp Load_Bitmap_File(...)**

```
int Load_Bitmap_File(
 BITMAP_FILE_PTR bitmap, // Bitmap-Dateiobjekt, um Daten zu speichern
 char *filename);        // Dateiname der zu ladenden .BMP-Datei
```

**Aufgabe:** `Load_Bitmap_File()` lädt eine .BMP-konforme Datei in den Speicher und füllt den übergebenen `BITMAP_FILE`-Datensatz mit den Headern, Daten und der Palette. Nachfolgend ein Beispiel für das Laden einer 8-Bit-Farbdatei namens `LASER.BMP`:

```
if (!Load_Bitmap_File(&bitmap8bit, "LASER.BMP")) { /* Fehler */ }
```

Wenn Sie die der Bitmap-Datei zugeordnete Palette laden wollen, gehen Sie wie folgt vor:

```
Set_Palette(bitmap8bit.palette);
```

Sie müssen die Ausführung auf Fehler überprüfen, um zu erkennen, ob die Datei geladen wurde; möglicherweise war der Dateiname fehlerhaft. In diesem Fall wollen Sie natürlich nicht, dass Ihr Programm die Daten benutzt. Beachten Sie außerdem die Verwendung der Variablen `bitmap8bit`. Diese Variable und `bitmap16bit` sind globale Variablen, die ich für Ihre Bequemlichkeit erzeugt habe. Verwenden Sie sie, wenn Sie sie brauchen können.

**Funktionsprototyp Unload_Bitmap_File(...)**

```
int Unload_Bitmap_File(BITMAP_FILE_PTR bitmap); // Bitmap-Objekt, das
                                                // entladen werden soll
```

**Aufgabe:** `Unload_Bitmap_File()` enthält eine Bitmap-Datei, die mit `Load_Bitmap_File()` geladen wurde, und gibt den für sie reservierten Speicher frei. Rufen Sie sie mit dem zuvor geladenen Bitmap-Dateiobjekt auf, etwa wie folgt:

```
Unload_Bitmap_File(&bitmap8bit); // bitmap8bit entladen
```

## Grundlegende Bitmap-Grafik

Der Loader für Bitmap-Dateien lädt eine Bitmap und ihre Palette (falls vorhanden) in den Speicher. Für die Daten gab es keine anderen sinnvollen Support-Funktionen, deshalb habe ich eine Bitmap-Engine erstellt. Die Bitmap-Engine kann BITMAP_IMAGE-Objekte erzeugen und lädt dann Bilder nacheinander in die einzelnen Objekte. Nach dem Laden der Bilder können Sie sie auf eine beliebige Oberfläche oder in einen beliebigen Zielpuffer zeichnen. Das Bitmap-System macht nicht besonders viel, aber Sie können damit ein Asteroidenfeld oder einen beweglichen Hintergrund anlegen. Es werden nur fünf Funktionen unterstützt, die alle TRUE zurückgeben, wenn sie erfolgreich ausgeführt werden konnten, andernfalls FALSE.

**Funktionsprototyp Create_Bitmap*(...)**

```
int Create_Bitmap*(
     BITMAP_IMAGE_PTR image,   //Zeiger auf das zu erzeugende Objekt
     int x, int y,             // Anfangsposition des Bitmap-Objekts
     int width, int height);   // Größe des Objekts
```

**Aufgabe:** Die Funktion `Create_Bitmap()` erzeugt ein BITMAP_IMAGE-Objekt im Speicher und füllt die internen Felder mit den übergebenen Daten. Verwenden Sie diese Funktion, um ein BITMAP_IMAGE-Objekt zu erzeugen und zu initialisieren. Nachfolgend sehen Sie ein Beispiel, mit dem Sie an der Position (100,100) ein Monster erzeugen, das 32 x 32 Pixel groß ist und 16-Bit verwendet:

```
BITMAP_IMAGE monster; // das Monster
if (!Create_Bitmap16(&monster, 100,100, 32,32)) // Objekt erzeugen
    { /* Fehler */ }
```

Nach dem Aufruf erscheinen in den Bitmapdaten Nullen, die Daten müssen also via `monster.buffer` von Ihnen oder über die Ladefunktion (`Load_Image_Bitmap`) geladen werden.

**Funktionsprototyp Destroy_Bitmap*(...)**

```
int Destroy_Bitmap*(BITMAP_IMAGE_PTR image); // zu zerstörendes
                                             // Bitmap-Bild
```

**Aufgabe:** `Destroy_Bitmap()` zerstört ein zuvor erzeugtes BITMAP_IMAGE-Objekt. Rufen Sie die Funktion einfach mit einem Zeiger auf das BITMAP_IMAGE auf, das Sie entfernen wollen. Das nachfolgende Beispiel zeigt, wie das im Beispiel für die Funktion Create_Bitmap() erzeugte Objekt zerstört wird:

```
if (!Destroy_Bitmap(&monster)) { /* Fehler, Objekt war nicht gültig */ }
```

**Funktionsprototyp Load_Image_Bitmap*(...)**

```
int Load_Image_Bitmap*(
  BITMAP_IMAGE_PTR image, // zu ladendes Bitmap-Bildobjekt
  BITMAP_FILE_PTR bitmap, // Bitmap-Datei, aus der Daten geladen werden
  int cx,int cy,// Zelle oder abs. Koord., aus denen Bilddaten geladen werden
  int mode);    // Lademodus (Zelle oder absolut)
                // if = BITMAP_EXTRACT_MODE_CELL
                // cx,cy sind Zellenkoordinaten
                // if = BITMAP_EXTRACT_MODE_ABS
                // cx,cy sind absolute Koordinaten
```

**Aufgabe:** Load_Image_Bitmap*() lädt ein Bild aus einer zuvor geladenen Bitmap-Datei aus dem eigentlichen Bitmap-Puffer. Die Parameter sind ganz einfach, außer vielleicht cx, cy und mode. Betrachten Sie dazu Abbildung 10.7. Ich habe das Zellen-basierte Schablonensystem bereits in Kapitel 8 vorgestellt, und hier treffen Sie es wieder. Wenn mode gleich BITMAP_EXTRACT_MODE_CELL ist, werden cx,cy als Zellkoordinaten interpretiert. Andernfalls werden cx,cy als absolute Koordinaten in der Quell-Bitmap-Datei betrachtet, und die Bitmap wird von diesem Punkt aus ausgewertet. In jedem Fall ist die Größe der ausgewerteten Bitmap gleich der ursprünglichen Breite und Höhe des BITMAP_IMAGE-Objekts.

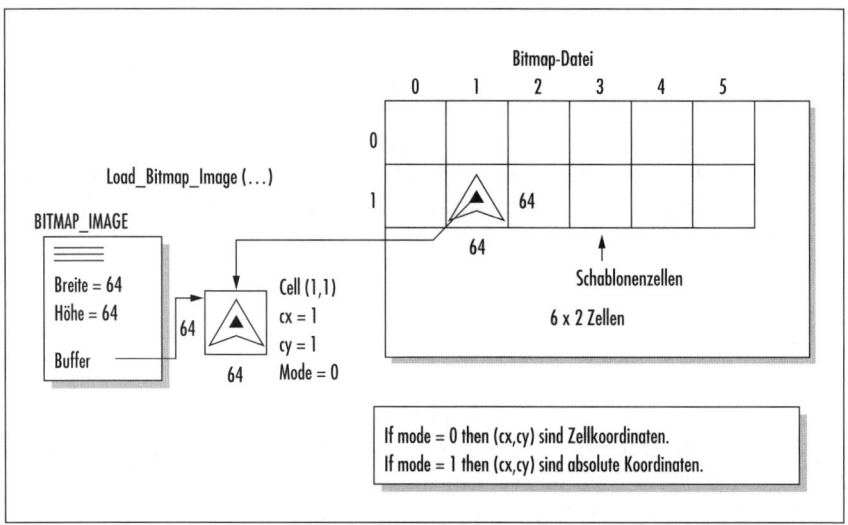

*Abbildung 10.7: Bitmap-Extraktion*

Als vollständigeres Beispiel sehen Sie nachfolgend, wie Sie ein BITMAP_IMAGE-Objekt erzeugen (in diesem Fall eine Grafik eines Monsters, das mit einer Größe von 32 x 32 im 8-Bit-

Modus vorliegt) und seine Bilddaten dann von den absoluten Koordinaten (0,0) der Datei TREK.BMP aus auswerten:

```
BITMAP_IMAGE monster; // Bild eines Monsters
if (!Load_Bitmap_File(&bitmap8bit, "TREK.BMP")) { /* Fehler */ }
// das Objekt erzeugen
if (!Create_Bitmap(&monster, 0,0, 32,32)) { /* Fehler */ }
// das Bild laden
if (!Load_Image_Bitmap(&monster, &bitmap8bit,0,0,BITMAP_EXTRACT_MODE_CELL ))
    { /* Fehler */ }
// bitmap8bit entladen, weil Sie damit fertig sind
Unload_Bitmap_File(&bitmap8bit);
// ... irgendetwas mit dem Objekt machen
if (!Destroy_Bitmap(&monster)) { /* Fehler */ }
```

**Funktionsprototyp Draw_Bitmap*(...)**

```
int Draw_Bitmap*(BITMAP_IMAGE_PTR source_bitmap, // Zeiger auf Bitmap-Objekt
    UCHAR *dest_buffer,  // Zielpuffer, in den gezeichnet wird
    int lpitch, // horizontaler Speicher-Pitch
    int trans); // if 1 then mit Farbe 0 transparent zeichnen;
                // else deckend zeichnen
```

**Aufgabe:** Draw_Bitmap*() zeichnet das Bitmap-Bild auf eine Speicheroberfläche mit dem horizontalen Speicher-Pitch lpitch. Falls das Ziel der Systemspeicher ist, ist lpitch gleich der Breite des Speichers – d.h. der virtuellen Breite, die Sie dafür festgelegt haben. Ist das Ziel jedoch eine DirectDraw-Oberfläche, die gesperrt wurde, kann der Speicher-Pitch ungleich der Breite sein. Ich habe in Kapitel 6 bereits auf das Problem mit dem Speicher-Pitch hingewiesen. Abbildung 10.8 zeigt dieses Problem mit der Zeilenlänge im Speicher grafisch.

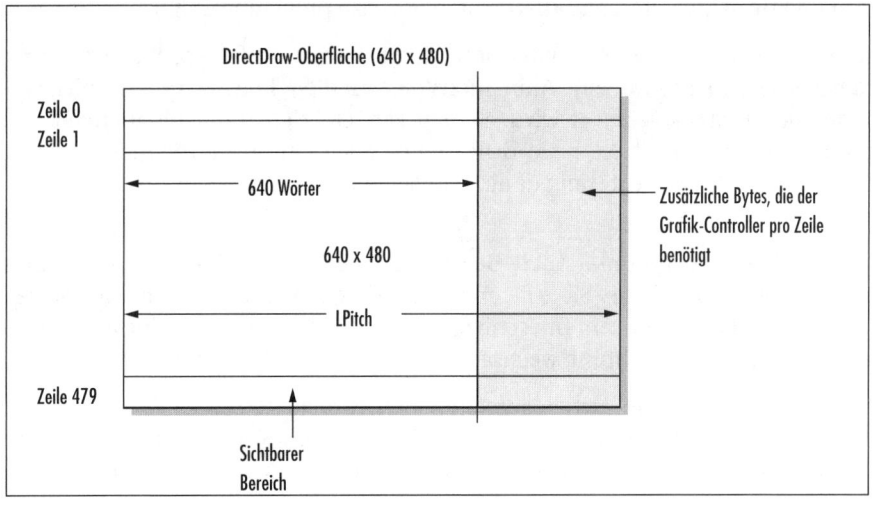

*Abbildung 10.8: DirectDraw-Oberflächen und Speicher-Pitch*

Der letzte Parameter für die Funktion aktiviert oder deaktiviert die Transparenz. Weil die Funktion Software verwendet, um die Bitmap zu zeichnen, übergebe ich ihr ein Flag, um sie anzuweisen, mit der Farbe 0 transparent oder deckend zu zeichnen. Wenn Sie also wollen, dass die Farbe 0 transparent ist, setzen Sie `trans` auf 1. Außerdem ist die transparente Version des Software-Blitters langsamer als die deckende Version, verwenden Sie sie also nur, wenn sich das Objekt im Vordergrund befindet. Angenommen, das Bitmap-Bildobjekt wurde bereits erzeugt (wie in den vorigen Beispielen), zeichnen Sie wie folgt das `BITMAP_IMAGE` an einer beliebigen Position (x,y) auf den Backbuffer-Bildschirm:

```
monster.x = x; // Position festlegen
monster.y = y;
Draw_Bitmap(&monster,back_buffer, back_lpitch,1); // Bitmap zeichnen
```

Wenn Sie noch nicht genug von Grafik haben, probieren Sie die neuen und verbesserten BOBs im nächsten Abschnitt aus; sie werden Ihren gesamten Animationsbedarf decken.

## BOB: Die nächste Generation

In Kapitel 9 haben Sie gesehen, wie Sie eine BOB-Engine anlegen, die ihre Arbeit erledigt, aber relativ beschränkt ist. Das neue `BITMAP_IMAGE`-System hat in etwa dieselben Funktionsmerkmale wie die alte BOB-Engine. Die neue BOB-Engine bietet zahlreiche praktische Funktionen und unterstützt 8-Bit- und 16-Bit-Grafikmodi (für die 16-Bit-Versionen der Funktionen ist am Namensende »16« angefügt):

✔ Die wichtigste Verbesserung ist, dass die in diesem Kapitel beschriebene BOB-Engine mehrere Animations-Frames unterstützt; auf diese Weise können Sie bis zu 64 Frames laden und sie dann animieren! (Betrachten Sie dazu Abbildung 10.9.)

✔ Die BOB-Engine in diesem Kapitel unterstützt Animationsfolgen. Sie können mehrere Frames laden, ebenso wie eine Animationsfolge, und die Folge wird abgespielt, während sie aus den Frames versorgt wird. Sehr praktisch! Neben der Möglichkeit, mehrere Frames zu laden, bietet die neue BOB-Engine auch ein objektorientiertes Feeling; ich habe Funktionen angelegt, um auf die Datenelemente zuzugreifen, so dass Sie das nicht tun müssen.

✔ Die neue BOB-Engine unterstützt Bewegung. Die BOB-Engine weist eine eingebaute Funktionalität auf, mit der Sie eine einfache Bewegung erzeugen können, wie beispielsweise ein Objekt, das auf dem Bildschirm herumspringt oder das in eine bestimmte Richtung fliegt und diese Richtung wechselt, wenn es auf ein Hindernis trifft.

✔ Ich habe die Engine-Funktionen aufgenommen, um die BOBs für Sie zu animieren und zu verschieben. Die Funktionen berücksichtigen, wie das BOB erzeugt wurde und in welcher Umgebung es sich befindet (dem Bildschirm), und tut jeweils das Richtige.

Die neue BOB-Engine unterstützt zahlreiche Funktionsmerkmale, die ich hier gar nicht alle beschreiben kann; der Code umfasst mehr als 20 Seiten! Ich zeige Ihnen jedoch eine Funktionsliste, in der jeweils eine Beispielanwendung für jede Funktion enthalten ist. Ich habe versucht, die Funktionen in eine bestmögliche Reihenfolge zu bringen. Wenn Sie etwas sehen, was Ihnen nicht sinnvoll erscheint, haben Sie Nachsicht mit mir, weil das Konzept klarer wird, während Sie die ganzen Funktionen kennen lernen. Achten Sie darauf, dass alle 8-Bit-Funktionen nur für 8-Bit-BOBs und 16-Bit-Funktionen nur für 16-Bit-BOBs verwendet werden.

Auf der CD zum Buch finden Sie ein Beispielprogramm, *Star Ferret* (Dateiname `STARFERR.CPP`; `STARFERR16.CPP` ist die 16-Bit-Version), das BOBs und viele andere Dinge in ein einfaches Spielchen einbindet, so dass Sie sie ausprobieren können. Wenn Sie das Demo-Programm selbst kompilieren wollen, binden Sie unbedingt die Bibliothek `GPDEMO1.CPP` sowie die DirectX-Bibliotheken `DDRAW.LIB`, `DSOUND.LIB`, `DINPUT.LIB` und `DINPUT8.LIB` ein.

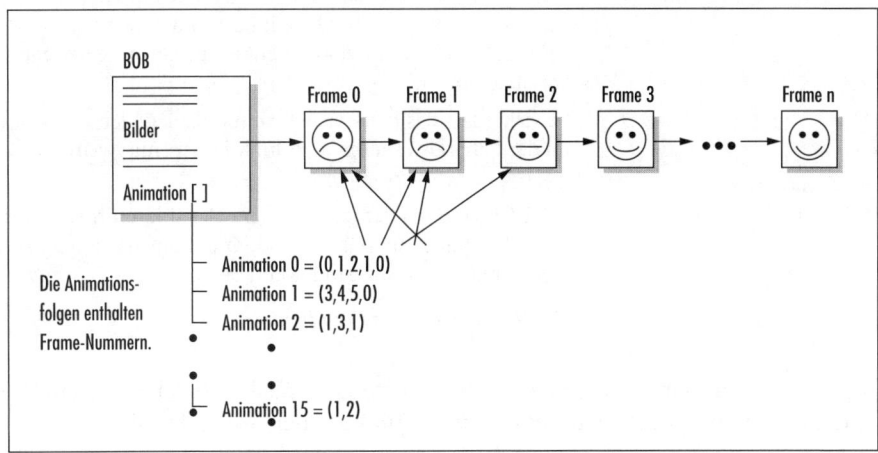

*Abbildung 10.9: Das Animationsfolgesystem mit mehreren BOBs*

Bevor Sie anfangen, kleben Sie sich ein Post-it auf die ersten paar Seiten in diesem Kapitel, so dass Sie die Datenstruktur für das BOB immer wieder nachschlagen können. Auch hier gilt, dass alle Funktionen TRUE zurückgeben, wenn sie erfolgreich ausgeführt wurden, andernfalls FALSE.

**Funktionsprototyp Create_BOB*(...)**

```
int Create_BOB*(BOB_PTR bob, // Zeiger auf zu erzeugendes BOB
    float x, float y,      // Anfangsposition des BOB
    int width, int height, // Größe des BOB
    int num_frames, // Gesamtzahl der Frames für das BOB
    int attr,       // Attribute des BOB
    int mem_flags); // Oberflächenspeicher-Flags; 0 ist VRAM
```

**Aufgabe:** `Create_BOB*()` erzeugt ein einzelnes 8-Bit- oder 16-Bit-BOB-Objekt und richtet es ein. Die Funktion richtet alle internen Variablen ein und erzeugt für jeden Frame eine separate DirectDraw-Oberfläche. Die meisten Parameter sind selbsterklärend; der einzige Wert, der genauer erklärt werden sollte, ist die Attributvariable `attr`. Tabelle 10.1 zeigt eine bessere Beschreibung der verschiedenen Attribute, die Sie logisch ODER-verknüpfen und in diesem Feld übergeben können.

| Wert | Beschreibung |
| --- | --- |
| BOB_ATTR_SINGLE_FRAME | Erzeugt ein BOB mit einem einzigen Frame. |
| BOB_ATTR_MULTI_FRAME | Erzeugt ein BOB mit mehreren Frames, aber die Animation des BOB ist eine lineare Abfolge der Frames 0 bis n. |
| BOB_ATTR_MULTI_ANIM | Erzeugt ein BOB mit mehreren Frames, das Animationsfolgen unterstützt. |
| BOB_ATTR_ANIM_ONE_SHOT | Richtet die Animationsfolge so ein, dass sie nur einmal abgespielt wird. An dieser Stelle wird die interne Variable `anim_state` gesetzt. Um die Animation erneut abzuspielen, setzen Sie diese Variable zurück. |
| BOB_ATTR_BOUNCE | Bewirkt, dass das BOB wie ein Gummiball an den Bildschirmrändern abprallt. Dieser Wert funktioniert nur, wenn Sie `Move_BOB*()` verwenden. |
| BOB_ATTR_WRAPAROUND | Das BOB wird auf der anderen Seite des Bildschirms weiter angezeigt, wenn es sich über den Bildrand hinaus bewegt. Dieser Wert funktioniert nur dann, wenn Sie `Move_BOB*()` verwenden. |

*Tabelle 10.1: Attribute für ein BOB.*

Nachfolgend sehen Sie einige Beispiele, die BOBs erzeugen. Als Erstes sehen Sie ein BOB mit einem Frame im 8-Bit-Modus an der Position (50,100) mit der Größe 96 x 64:

```
BOB car; // ein Auto-BOB
// BOB erzeugen
if (!Create_BOB(&car, 50,100,96,64,1,BOB_ATTR_SINGLE_FRAME,0))
    { /* Fehler */ }
```

Nachfolgend sehen Sie ein 16-Bit-BOB mit 8 Frames und einer Größe von 32 x 32:

```
BOB ship; // ein Raumschiff-BOB
// BOB erzeugen
if (!Create_BOB16(&ship, 0,0,32,32,8,BOB_ATTR_MULTI_FRAME,0))
    { /* Fehler */ }
```

Schließlich noch ein 8-Bit-BOB mit mehreren Frames, das Animationsfolgen unterstützt:

```
BOB greeny; // BOB für ein kleines grünes Männchen
// das BOB erzeugen
if (!Create_BOB(&greeny, 0,0,32,32,32,BOB_ATTR_MULTI_ANIM,0))
    { /* Fehler */ }
```

### Funktionsprototyp Destroy_BOB*(...)

```
int Destroy_BOB*(BOB_PTR bob); // Zeiger auf zu zerstörendes BOB
```

**Aufgabe:** Destroy_BOB*() zerstört ein zuvor erzeugtes BOB. Um beispielsweise das BOB mit dem grünen Männchen zu zerstören, das im vorigen Beispiel erzeugt wurde, schreiben Sie:

```
Destroy_BOB(&greeny);
```

### Funktionsprototyp Draw_BOB*(...)

```
int Draw_BOB*(BOB_PTR bob,   // Zeiger auf zu zeichnendes BOB
    LPDIRECTDRAWSURFACE7 dest); // Zieloberfläche für das Zeichnen
```

**Aufgabe:** Draw_BOB*() ist eine sehr leistungsfähige Funktion. Sie zeichnet das übergebene BOB auf die 8-Bit- oder 16-Bit-DirectDraw-Oberfläche, die Sie ihr übergeben. Das BOB wird an seiner aktuellen Position und mit seinem aktuellen Frame gezeichnet (wie durch die Animationsparameter definiert).

Damit diese Funktion ausgeführt werden kann, darf die Zieloberfläche *nicht* gesperrt sein.

Das nachfolgende Beispiel zeigt, wie ein Multiframe-BOB an der Stelle (50,50) positioniert wird. Es zeichnet den ersten Frame auf die Backbuffer-Oberfläche:

```
BOB ship; // ein Raumschiff-BOB
// das 8-Bit-BOB erzeugen
if (!Create_BOB(&ship, 0,0,32,32,8,BOB_ATTR_MULTI_FRAME,0))
// BOB-Bilder laden (siehe Load_Frame_BOB())
ship.x = 50; // Position und Frame des BOB festlegen
ship.y = 50;
ship.curr_frame = 0; // enthält den zu zeichnenden Frame
Draw_BOB(&ship, lpddsback); // BOB zeichnen
```

### Funktionsprototyp Draw_Scaled_BOB*(...)

```
int Draw_Scaled_BOB*(BOB_PTR bob, // Zeiger auf zu zeichnendes BOB
    int swidth, int sheight,      // neue Breite und Höhe des BOB
    LPDIRECTDRAWSURFACE7 dest);   // Zieloberfläche für das Zeichnen
```

**Aufgabe:** Draw_Scaled_BOB*() arbeitet genau wie Draw_BOB*(), außer dass Sie die neue Breite und Höhe übergeben, mit der das BOB gezeichnet werden soll. Wenn Sie mit einer Beschleunigung arbeiten, stellt diese Methode eine ausgezeichnete Möglichkeit dar, ein BOB zu skalieren, damit es wie 3D aussieht. Nachfolgend sehen Sie ein Beispiel, wie Sie das Raumschiff-BOB skaliert auf 128 x 128 Pixel zeichnen, auch wenn es nur für 32 x 32 Pixel erzeugt wurde.

```
Draw_Scaled_BOB(&ship, 128, 128, lpddsback);
```

### Funktionsprototyp Load_Frame_BOB*()

```
int Load_Frame_BOB*(
  BOB_PTR bob, // Zeiger auf das BOB, in das der Frame geladen wird
  BITMAP_FILE_PTR bitmap, // Zeiger auf Datei mit den Daten
  int frame,    // Frame-Nummer, in dem das Bild platziert wird (0,1,...)
  int cx,int cy, // Zellposition oder absolute Position für die Suche
  int mode);    // Suchmodus, wie Load_Frame_Bitmap()
```

**Aufgabe:** `Load_Frame_BOB*()` verhält sich ähnlich wie die Funktion `Load_Frame_Bitmap*()`. Die einzige Ergänzung ist die Möglichkeit, den Frame über einen Frame zu laden. Wenn Sie ein BOB erzeugen, das vier Frames hat, laden Sie die Frames nacheinander. Hier sehen Sie ein Beispiel, das vier Frames aus einer Bitmap-Datei im Zellmodus in ein 16-Bit-BOB lädt:

```
BOB ship; // BOB; natürlich anschließend create_bob aufrufen ...
// ... lädt die Frames 0,1,2,3 von Zellenposition (0,0), (1,0),
// (2,0), (3,0)
// aus Bitmap-Datei bitmap8bit; es wird angenommen, sie wurde geladen
for (int index=0; index<4; index++)
     Load_Frame_BOB16(&ship,&bitmap16bit, index, index,0,
                BITMAP_EXTRACT_MODE_CELL );
```

### Funktionsprototyp Load_Animation_BOB*(...)

```
int Load_Animation_BOB*(
    BOB_PTR bob,      // BOB, in das die Animation geladen wird
    int anim_index,   // die zu ladende Animation (0 bis 15)
    int num_frames,   // Anzahl der Frames der Animation
    int *sequence);   // Zeiger auf das Array, das die Sequenz enthält
```

**Aufgabe:** `Load_Animation_BOB*()` bedarf einiger Erklärung. Die Funktion wird verwendet, um eines von 16 Arrays intern für das BOB zu laden, das Animationsfolgen enthält. Jede Folge enthält ein Array mit Indizes oder Frame-Nummern, die nacheinander angezeigt werden sollen. Beispielsweise könnten Sie ein BOB mit 8 Frames (0,1,...,7) haben, aber vier Animationen, die etwa wie folgt aussehen:

```
int anim_walk[]  = {0,1,2,1,0};
int anim_fire[]  = {5,6,0};
int anim_die[]   = {3,4};
int anim_sleep[] = {0,0,7,0,0};
```

Um anschließend die Animationen in ein 8-Bit-BOB zu laden, gehen Sie wie folgt vor:

```
// BOB mit Mehrfach-Animation laden
if (!Create_BOB(&alien, 0,0,32,32,8,BOB_ATTR_MULTI_ANIM,0))
     { /* Fehler */ }
// hier die BOB-Frames laden ...
// Spaziergang in Animation 0 laden
Load_Animation_BOB(&alien, 0,5,anim_walk);
// Feuern in Animation 1 laden
Load_Animation_BOB(&alien, 1,3,anim_fire);
// Sterben in Animation 2 laden
Load_Animation_BOB(&alien, 2,2,anim_die);
// Schlafen in Animation 3 laden
Load_Animation_BOB(&alien, 3,5,anim_sleep);
```

Nachdem die Animationen geladen sind, legen Sie die aktive Animation fest und spielen sie mit Hilfe der Animationsfunktionen ab, die später in diesem Kapitel deklariert werden.

## Funktionsprototyp Set_Pos_BOB*(...)

```
int Set_Pos_BOB*(BOB_PTR bob,  // Zeiger auf BOB, um Position festzulegen
                 int x, int y);  // neue Position des BOB
```

**Aufgabe**: Set_Pos_BOB() bietet eine einfache Möglichkeit, die Position des BOB vorzugeben. Diese Funktion weist einfach die internen (x,y)-Variablen zu, was sehr praktisch ist. Nachfolgend sehen Sie, wie Sie die Position eines 16-Bit-Alien-BOB festlegen:

```
Set_Pos_BOB16(&alien, player_x, player_y);
```

## Funktionsprototyp Set_Vel_BOB*(...)

```
int Set_Vel_BOB*(BOB_PTR BOB,  // Zeiger auf BOB, um die Geschwindigkeit
                                // festzulegen
                 int xv, int yv);  // neue x,y-Geschwindigkeit
```

**Aufgabe**: Jedes BOB hat eine interne Geschwindigkeit, die in (xv,yv) enthalten ist. Set_Vel_BOB*() weist einfach die der Funktion übergebenen Werte neu zu. Die Geschwindigkeitswerte in den BOBs machen gar nichts, es sei denn, Sie verwenden die Funktion Move_BOB(), um Ihre BOBs zu verschieben. Aber selbst wenn Sie das nicht tun, können Sie (xv,yv) verwenden, um die Geschwindigkeit des BOB selbst zu verwalten. Nachfolgend sehen Sie ein Beispiel dafür, wie sich ein 8-Bit-BOB in einer streng horizontalen Linie bewegt:

```
Set_Vel_BOB(&alien, 10,0);
```

## Funktionsprototyp Set_Anim_Speed_BOB*(...)

```
int Set_Anim_Speed_BOB*(BOB_PTR bob,  // Zeiger auf BOB
                        int speed);    // Animationsgeschwindigkeit
```

**Aufgabe**: Set_Anim_Speed_BOB*() setzt die interne Animationsgeschwindigkeit für ein 8-Bit- oder 16-Bit-BOB auf anim_count_max. Je höher diese Zahl ist, desto langsamer ist die Animation. Je kleiner die Zahl ist (der niedrigste Wert ist 0), desto schneller ist die Animation. Diese Funktion ist jedoch nur relevant, wenn Sie die interne BOB-Animationsfunktion Animate_BOB() verwenden. Außerdem muss ein BOB dafür mehrere Frames haben. Das nachfolgende Beispiel legt die Geschwindigkeit mit einer Frame-Änderung alle 30 Frames eines 16-Bit-BOB fest:

```
Set_Anim_Speed_BOB16(&alien, 30);
```

## Funktionsprototyp Set_Animation_BOB*(...)

```
int Set_Animation_BOB(
         BOB_PTR bob,      // Zeiger auf BOB, für das die Animation
                           // festgelegt wird
         int anim_index);  // Index der betreffenden Animation
```

**Aufgabe**: `Set_Animation_BOB()` legt die aktuelle Animation fest, die das 8-Bit- oder 16-Bit-BOB abspielt. Im Beispiel für `Load_Animation_BOB*()` haben Sie vier Animationen erzeugt. Um Nummer 2 für ein 8-Bit-BOB zu aktivieren, schreiben Sie:

```
Set_Animation_BOB(&alien, 2);
```

 Dieser Schritt setzt außerdem die BOB-Animation auf den ersten Frame der Folge zurück.

### Funktionsprototyp Animate_BOB*(...)

```
int Animate_BOB*(BOB_PTR bob); // Zeiger auf zu animierendes BOB
```

**Aufgabe**: `Animate_BOB*()` animiert ein 8-Bit- oder 16-Bit-BOB. Normalerweise rufen Sie diese Funktion einmal pro Frame auf, um die Animation des BOB zu aktualisieren. Nachfolgend ein Beispiel für ein 16-Bit-BOB:

```
// hier alles löschen ...
// hier alles bewegen ...
Animate_BOB16(&alien); // alles animieren
```

### Funktionsprototyp Move_BOB*(...)

```
int Move_BOB*(BOB_PTR bob); // Zeiger auf zu bewegendes BOB
```

**Aufgabe**: `Move_BOB()` verschiebt das 8-Bit- oder 16-Bit-BOB um ein Delta (d.h. eine Änderung gegenüber der ursprünglichen Position) um (xv,yv) und lässt das BOB abhängig von den Attributen von den Wänden zurückprallen, auf der anderen Bildschirmseite wieder auftauchen, oder macht nichts von beidem. Analog zur Funktion `Animate_BOB*()` platzieren Sie den folgenden Aufruf einmal in der Hauptschleife unmittelbar nach (oder vor) `Animate_BOB*()`:

```
Animate_BOB(&alien); // 8-Bit-BOB animieren
Move_BOB(&alien);    // bewegen
```

### Funktionsprototyp Hide_BOB*(...)

```
int Hide_BOB*(BOB_PTR bob); // Zeiger auf zu verbergendes BOB
```

**Aufgabe**: `Hide_BOB*()` setzt das Unsichtbar-Flag für das 8-Bit- oder 16-Bit-BOB, so dass `Draw_BOB*()` es nicht anzeigt. Nachfolgend ein Beispiel für ein 8-Bit-BOB:

```
Hide_BOB(&alien);
```

### Funktionsprototyp Show_BOB*(...)

```
int Show_BOB(BOB_PTR bob); // Zeiger auf anzuzeigendes BOB
```

**Aufgabe**: `Show_BOB*()` setzt das Sichtbar-Flag für ein 8-Bit- oder 16-Bit-BOB, so dass es gezeichnet wird (damit wird der Aufruf von `Hide_BOB*()` rückgängig gemacht). Nachfolgend ein Beispiel für das Verbergen und Anzeigen eines BOB, wenn beispielsweise ein GDI-Objekt oder ein anderes Element angezeigt werden soll, das von dem BOB nicht überdeckt werden soll:

```
Hide_BOB(&alien); // 8-Bit-BOB verbergen
// Aufrufe von Draw_BOB und GDI usw.
Show_BOB(&alien);
```

**Funktionsprototyp Collision_BOBS(...)**

```
int Collision_BOBS*(BOB_PTR bob1,  // Zeiger auf erstes BOB
                    BOB_PTR bob2); // Zeiger auf zweites BOB
```

**Rückgabewert**: Die Funktion gibt TRUE zurück, wenn eine Kollision stattgefunden hat, andernfalls FALSE.

**Aufgabe**: Collision_BOBS*() erkennt, ob sich die umschließenden Rechtecke von zwei 8-Bit- oder 16-Bit-BOBs überlappen. Mit dieser Funktion erkennen Sie Kollisionen in einem Spiel, beispielsweise um festzustellen, ob ein Waffen-BOB ein Spieler-BOB getroffen hat. Das nachfolgende Beispiel prüft, ob ein Waffen-BOB ein Spieler-BOB im 16-Bit-Modus getroffen hat:

```
if (Collision_BOBS16(&missile, &player)) { /* Explosionssound abspielen */ }
```

## Wie spät ist es?

Zeit ist immer extrem wichtig – Spiele machen da keine Ausnahme. Mit Hilfe von Timern können Sie mit der Zeit arbeiten, die aktuelle Uhrzeit ermitteln usw. Jetzt werde ich Ihnen einige einfache Funktionen zeigen, mit der die millisekundengenaue Verwaltung der Zeit etwas einfacher wird.

Sie haben vielleicht schon bemerkt, dass ich in den Demo-Programmen häufig etwa Folgendes am Ende der Hauptschleife schreibe:

```
Sleep(10);
```

Damit wird Game_Main() verlangsamt und auf eine bestimmte Frame-Geschwindigkeit festgelegt. Schlafen ist jedoch nicht die beste Methode für ein Videospiel, die Zeit zu verwalten – man vergeudet Zeit und Rechenleistung. Eine exaktere Methode ist, die Zeit am Schleifenanfang aufzuzeichnen; am Schleifenende vergleicht man die aufgezeichnete Zeit mit der aktuellen Zeit, bis ein bestimmtes Zeitintervall vergangen ist. Die Größe des Intervalls spielt dabei keine Rolle, es ist immer noch besser als zu schlafen.

Und jetzt die Begründung. Angenommen, Sie wollen, dass Ihre Hauptschleife mit 30 Frames pro Sekunde (fps) läuft, d.h., jeder Frame sollte in 1/30 Sekunde oder etwa 33 Millisekunden vollständig gezeichnet sein. Wenn Sie am Ende der Schleife für 33 Millisekunden Sleep() aufrufen, funktioniert das auf einem superschnellen Pentium 4 2.0 GHz ganz ausgezeichnet, aber für einen Pentium mit 75 MHz können Sie es vergessen. Die fehlende Leistung entsteht, weil die Schleife auf einem Pentium mit 75 MHz selbst 20 bis 30 Millisekunden für die Ausführung benötigt, und wenn man dann noch einmal 33 Millisekunden wartet, erhält man schließlich insgesamt 53 bis 63 Millisekunden!

Eine bessere Lösung ist, die Zeit am Schleifenanfang aufzuzeichnen; am Schleifenende überprüft man die aktuelle Zeit und wartet dann, bis insgesamt 33 Millisekunden vergangen sind. Sind die 33 Millisekunden bereits vergangen, verlassen wir die Schleife, andernfalls warten wir noch. Auf diese Weise ist das Timing präziser, und langsamere Maschinen warten nicht länger als nötig.

Um diese Funktionalität zu realisieren, habe ich die Win32-API-Funktion `GetTickCount()` in eine Hüllfunktion eingebettet und eine globale Variable eingeführt, die die Zeit verwaltet. Anschließend habe ich die folgenden Funktionen geschrieben, um den Zähler zu starten, eine bestimmte Zeit lang zu warten oder den Zähler einfach zu lesen.

**Funktionsprototyp Start_Clock(...)**

```
DWORD Start_Clock(void);
```

**Rückgabewert**: Diese Funktion gibt den aktuellen Zählerwert in Millisekunden zurück. Der Absolutwert ist relativ zu einem beliebigen Ereignis, wie beispielsweise dem Starten des Computers, oder der Anzahl der Millisekunden, die seit 1970 vergangen sind, oder irgendetwas anderem. Das bedeutet: Sie müssen diesen Wert relativ zu einem anderen, in der Zukunft liegenden Wert betrachten und die Differenz berechnen.

**Aufgabe**: `Start_Clock()` zeichnet die aktuelle Zeit in der globalen Variablen für den Timer-Status auf. Diese Funktion wird am Anfang einer Timing-Schleife ausgeführt, mit der Sie eine genaue Zeit realisieren wollen. Am Anfang Ihrer Schleife führen Sie beispielsweise den folgenden Aufruf aus:

```
Start_Clock();
```

Sie brauchen sich nicht um den Rückgabewert zu kümmern, es sei denn, Sie brauchen ihn, weil er intern in einer globalen Variablen abgelegt wird.

**Funktionsprototyp Wait_Clock(...)**

**Rückgabewert**: Diese Funktion gibt den aktuellen Wert des Uhr-Timers zurück, wie oben bereits beschrieben.

**Aufgabe**: `Wait_Clock()` wartet, bis ein bestimmtes Zeitintervall vergangen ist. Wenn die Funktion aufgerufen wird, liest sie die Zeit, wann `Start_Time()` aufgerufen wurde, und wartet von diesem Zeitpunkt an `count` Millisekunden. Nachfolgend sehen Sie, wie Sie veranlassen, dass eine Schleife bei je 100 Millisekunden (oder 10 Frames pro Sekunde) einen Takt ausführt:

```
while(1)
    {
    // Timer hier starten; der aktuelle Uhrzähler wird aufgezeichnet
    Start_Clock();
    // beliebige Spiellogik usw.
    Wait_Clock(100); // erzwingen, dass 100 ms gewartet wird
    }// end while
```

**Funktionsprototyp Get_Clock(...)**

DWORD Get_Clock(void);

**Rückgabewert**: Die Funktion gibt den aktuellen Uhrzähler zurück, wie in der obigen Funktion.

**Aufgabe**: Sie verwenden Get_Clock(), wenn Sie nur den aktuellen Uhrzähler ermitteln wollen. Das Ergebnis ist identisch mit dem Aufruf von GetTickCount(). Hier ein Beispiel:

DWORD count = Get_Clock();

## Das war's, Leute!

Wenn Sie das ganze Kapitel gelesen haben, wissen Sie, dass GPDUMB eine vollständige Grafik-Engine ist, die einige sehr interessante Möglichkeiten bietet. Sie kann der fertigen Engine, die Sie später in diesem Buch kennen lernen werden, natürlich nicht das Wasser reichen, aber momentan ist es wirklich Hightech für Sie! Sehen Sie sich unbedingt das Demo-Programm von der CD zum Buch an, STARFERR.CPP (in der 16-Bit-Version STARFERR16.CPP), ebenso wie die begleitenden Programmdateien – ein ausgezeichnetes Beispiel für den Einsatz der Engine (siehe Abbildung 10.10).

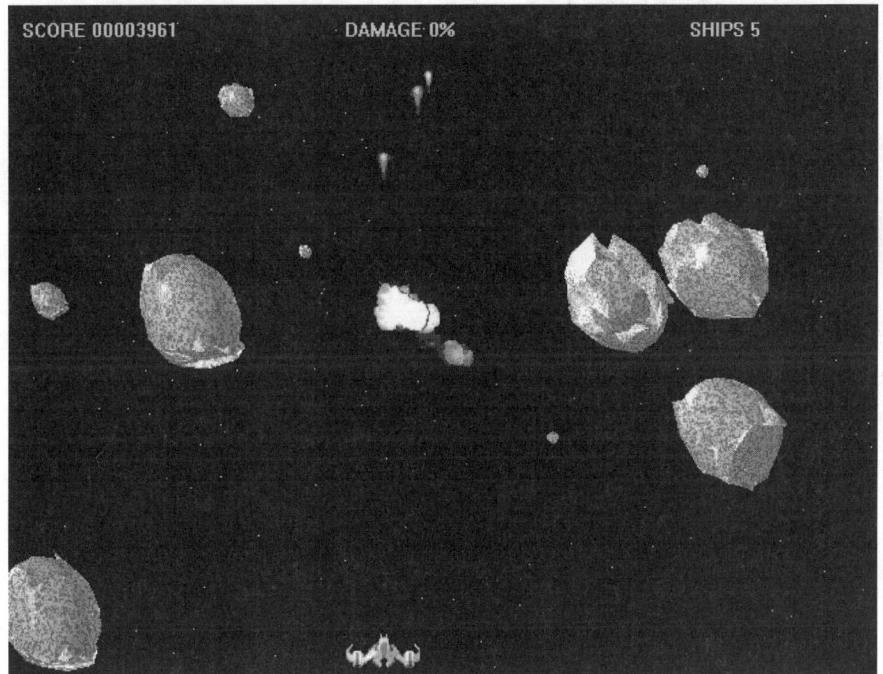

*Abbildung 10.10: Star Ferret – die Früchte Ihrer Arbeit!*

# Teil III

# Das letzte Teil des Puzzles: Sound, Eingaben und Setup

»Meinst du wirklich, dass das der beste Sound beim Einschalten ist?«

## *In diesem Teil ...*

Sie müssen ziemlich viel über DirectX wissen, um ein wirklich rundes Windows-Spiel schreiben zu können, und in diesem Teil finden Sie die fehlenden Teile des DirectX-Puzzles. Lesen Sie weiter – hier finden Sie alles über DirectSound, DirectInput und DirectSetup. Und schließlich werden Sie der Spiele-Engine GPDUMB den letzten Schliff geben.

Dies ist mein Lieblingsteil im ganzen Buch, weil Sie das Wissen über die Software-Programmierung nutzen können, das Sie in den vorhergehenden Teilen erworben haben, um etwas Interessantes zu schaffen. Hier sehen Sie die magische Kraft von DirectX in der Praxis.

Ich beende diesen Teil, indem ich *Star Ferret* zu einem vollständig spielbaren Spiel mit Sound, soliden Eingabesteuerelementen und einer Story aufrüste. Sie finden *Star Ferret Deluxe* auf der CD-ROM – probieren Sie es aus!

# Machen wir Lärm: DirectSound!

## In diesem Kapitel

▶ Lernen Sie die Grundlagen für die Arbeit mit Sound kennen
▶ Vergleichen Sie digitalen Sound mit synthetischem Sound
▶ Erfahren Sie mehr über Sound-Hardware
▶ Lernen Sie das DirectSound-API kennen
▶ Erfahren Sie mehr über Sound-Dateiformate

Die Programmierung von Sounds kann eine wirkliche Strafarbeit sein! Die Entwicklung eines Sound-Systems ist schwierig, weil Sie dazu nicht nur Sound und Musik verstehen müssen, sondern auch sicherstellen sollten, dass das Sound-System für jede erhältliche Soundkarte funktioniert – und genau das ist das Problem. In der Vergangenheit verwendeten die meisten Spieleprogrammierer Sound-Bibliotheken von Drittanbietern, wie beispielsweise Miles Sound System oder DiamondWare Sound Toolkit. Jedes System hatte (und hat) seine Vor- und Nachteile, aber das größte Problem ist immer noch der Preis. Eine Sound-Bibliothek, die sowohl für DOS als auch für Windows eingesetzt werden kann, kann Tausende von Euro kosten.

Glücklicherweise brauchen Sie sich nicht mehr mit DOS zu beschäftigen, aber es bleibt Windows. Windows bietet zwar Sound- und Multimedia-Unterstützung, aber es war nie darauf ausgelegt, diese ultra-hohe Leistung zu bieten, die man für ein Echtzeit-Videospiel benötigt. Glücklicherweise löst DirectSound alle diese Probleme – und viele andere mehr. DirectSound ist kostenlos, extrem leistungsfähig, unterstützt unzählige Soundkarten und bietet jetzt sogar 3D-Sound-Möglichkeiten – klatschen Sie also ruhig in die Hände, Ihr Leben wird dadurch wesentlich einfacher! In diesem Kapitel werde ich Ihnen die physischen Grundlagen für die Entwicklung von Sound vermitteln. Anschließend lernen Sie die Grundlagen für die Arbeit mit DirectSound kennen – und das wird nicht länger dauern als eine Viertelnote!

## Musik 0101: Die Grundlagen für Sound - Schall

Wenn Sie auf die Straße gehen und die Passanten befragen, was eigentlich Töne sind, werden Ihnen die meisten eine rekursive Definition präsentieren: »Hmmmm, das ist das, was man mit den Ohren hört, wie beispielsweise Töne und Lärm!« (Probieren Sie es einfach selbst aus!)

Diese Definition hilft Ihnen jedoch nicht, die tatsächliche Natur von Tönen zu verstehen, und dieses Konzept ist wichtig, wenn Sie Sound aufzeichnen, manipulieren, erzeugen und abspielen wollen.

Tauchen wir also wieder einen Moment lang in die Physik ein. Schall ist eine mechanische Druckwelle, die von einer Quelle emittiert wird, wie in Abbildung 11.1 gezeigt.

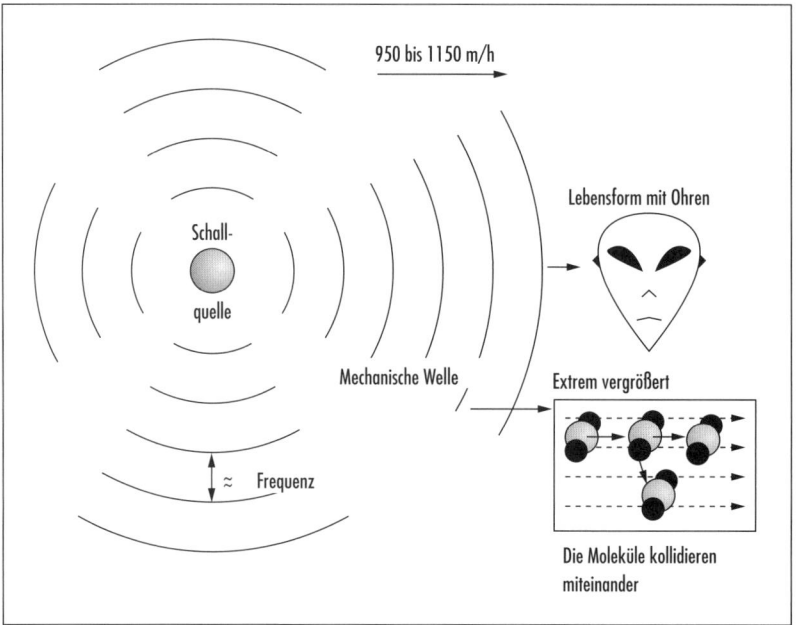

*Abbildung 11.1: Eine Schallwelle*

Schall kann nur in einer viskosen Umgebung existieren – wie beispielsweise in unserer Atmosphäre –, die mit Gasen gefüllt ist, wie etwa Stickstoff, Sauerstoff, Helium usw. Schall kann auch durch Flüssigkeiten oder Festkörper übertragen werden, aber nur mit sehr viel höheren Geschwindigkeiten.

Eine Schallwelle ist eigentlich das Ergebnis bewegter Moleküle. Wenn ein Sprecher zum Rhythmus von Musik summt, bewegt er die Luft nach innen und außen. Diese Bewegung wird mechanisch auf die umgebende Luft übertragen – durch den Kontakt der Moleküle –, und irgendwann erreicht die Schallwelle Sie.

Weil Schall jedoch übertragen wird, indem er sich als Welle mechanischer Kollisionen durch die Luft bewegt, dauert es eine gewisse Zeit, bis er Sie erreicht hat. Deshalb pflanzt sich Schall auch so langsam fort (relativ betrachtet). Sie sehen etwas passieren, aber hören eine oder zwei Sekunden lang nichts, wenn der Schall weit genug entfernt ist. Diese Verzögerung tritt auf, weil eine mechanische Welle oder Schallwelle nur mit 950 bis 1150 Kilometern pro Stunde fortgepflanzt werden kann (abhängig von der Dichte und der Temperatur der Luft).

Schall ist eine Welle, die mit konstanter Geschwindigkeit durch die Luft übertragen wird – mit (Sie haben es erraten!) Schallgeschwindigkeit. Eine fließende Schallwelle kann die beiden folgenden Parameter haben:

- **Amplitude**: Gibt an, welche Luftmenge transportiert wird. Ein großer Lautsprecher (oder jemand mit einem großen Mund) bewegt sehr viel Luft, deshalb sind die Töne stärker oder intensiver.

- **Frequenz**: Gibt an, wie viele vollständige Wellen oder Zyklen pro Sekunde von der Quelle ausgegeben werden (gemessen in *Hertz*, abgekürzt Hz, auch als *Zyklen pro Sekunde* bezeichnet). Die meisten Menschen hören im Bereich zwischen 20 und 20.000 Hz. Die durchschnittliche männliche Stimme bewegt sich zwischen 20 und 2.000 Hz; eine weibliche Stimme bewegt sich zwischen 70 und 3.000 Hz. Im Allgemeinen gilt: je höher die Frequenz, desto höher die Tonhöhe.

Eine Wellenform kann man sich als die Form der Amplitudenänderungen des Schalls vorstellen. Mit anderen Worten, einige Klänge gehen sanft auf und ab, während andere plötzlich ansteigen und dann wieder steil abfallen. Selbst wenn zwei Klänge dieselbe Amplitude und Frequenz haben, kann ihre unterschiedliche Form bewirken, dass sie sich unterschiedlich anhören.

Sounds haben charakteristische Umrisse; sie bewegen sich in unterschiedlichen Wellenformen, wie beispielsweise Sinuswellen, Rechteckwellen, Sägezahnwellen usw. Abbildung 11.2 zeigt die Amplitude und Frequenz einiger Standard-Wellenformen.

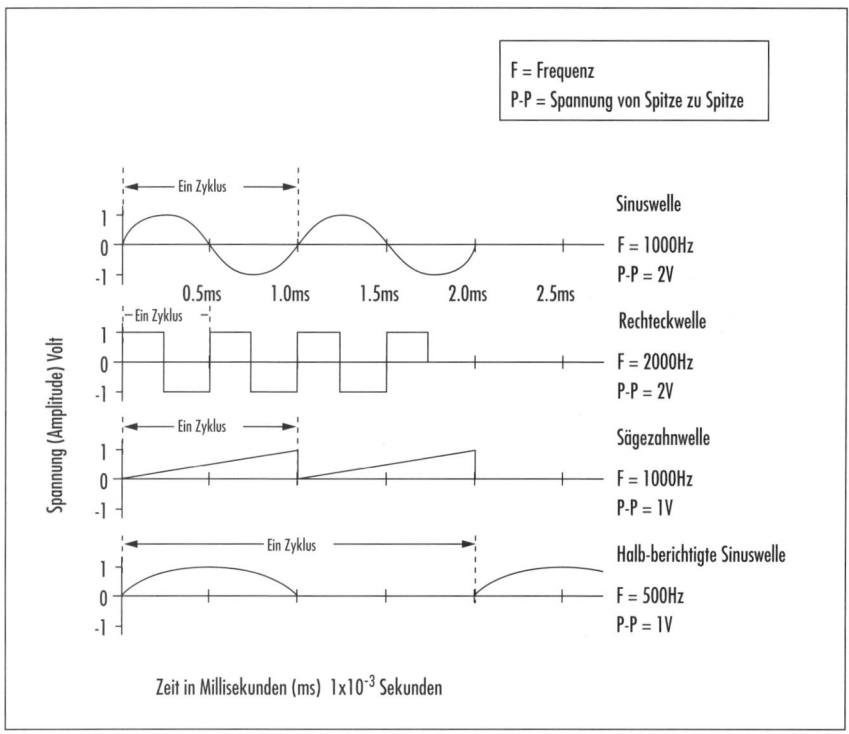

*Abbildung 11.2: Verschiedene Wellenformen*

Ein einziger reiner Ton hat immer die Form einer Sinuswelle, aber kann eine beliebige Frequenz und Amplitude haben. Einzelne Töne hören sich wie elektronische Spielzeuge an. Eine Anmerkung: Die meisten Klänge, wie beispielsweise Stimme und Musik, setzen sich aus Hunderten oder Tausenden reiner Töne zusammen, die alle kombiniert werden. Deshalb haben Sounds auch ein Spektrum.

 Die grundlegendste Wellenform in unserem Universum ist die Sinuswelle – mathematisch ausgedrückt durch *SIN(t)*. Alle anderen Wellenformen setzen sich aus einer oder mehreren Sinuswellen zusammen. Diese Tatsache kann mathematisch mit Hilfe der Fourier-Transformation bewiesen werden, einer Methode, mit der eine Wellenform in ihre sinusförmigen Komponenten zerlegt wird.

Das Spektrum eines Sounds ist seine *Frequenzverteilung*. Abbildung 11.3 zeigt die Frequenzverteilung für meine Stimme.

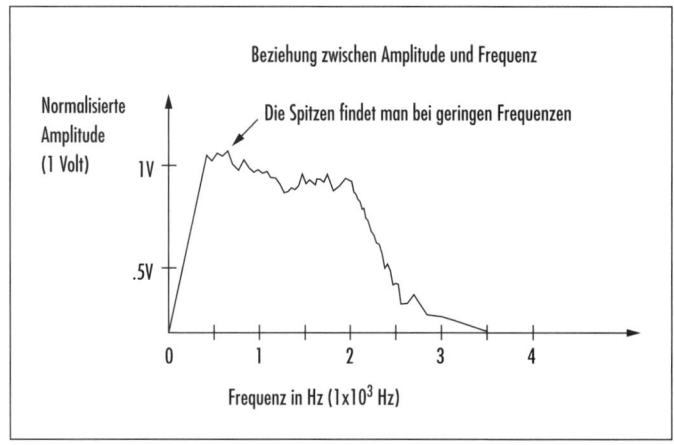

*Abbildung 11.3: Das Frequenzspektrum für eine typische männliche Stimme*

Wie Sie sehen, umfasst meine Stimme viele verschiedene Frequenzen, und die meisten davon sind niedrig. Um wirklich realistische Sounds zu erzeugen, müssen Sie wissen, dass sich Sounds aus vielen einfachen reinen Tönen zusammensetzen, alle mit unterschiedlichen Frequenzen und Amplituden, die zu dem zusammengemischt werden, was Sie letztendlich hören.

Das hört sich alles gut an, aber unser Ziel ist, mit dem Computer Sound zu erzeugen. Kein Problem: Der Computer kann einen Lautsprecher mit elektrischen Signalen steuern und ihn zwingen, jeden beliebigen Ton in jeder beliebigen Lautstärke (im sinnvollen Bereich) auszugeben. Sie können also mit Hilfe des Computers Sound erzeugen. Lesen Sie weiter, um zu erfahren, wie das geht.

## Digital oder MIDI? Die Föderation und das Römische Reich ...

Ein Computer kann zwei Arten von Sound erzeugen: *digital* und *synthetisiert*. Digitale Sounds sind Aufzeichnungen von Sound, synthetisierte Sounds sind Reproduktionen von Sounds, die mit Hilfe von Algorithmen und Hardware erzeugt werden. Digitale Sounds werden normalerweise für Sound-Effekte wie beispielsweise Explosionen und Unterhaltungen verwendet; synthetisierte Sounds werden für Musik verwendet (heute fast ausschließlich).

### Digitaler Sound

Digitaler Sound stammt aus der *Digitalisierung*, d.h. die Codierung von Daten in digitaler Form unter Verwendung von 0 und 1. Genau wie ein elektrisches Signal bewirken kann, dass sich ein Lautsprecher bewegt, passiert das Gegenteil, wenn Sie in einen Lautsprecher sprechen; das bedeutet, der Lautsprecher erzeugt ein elektrisches Signal, das auf den Vibrationen Ihrer Stimme basiert. In diesem Signal ist die Sound-Information codiert, und zwar als analoge oder lineare Spannung (wie in Abbildung 11.4 gezeigt).

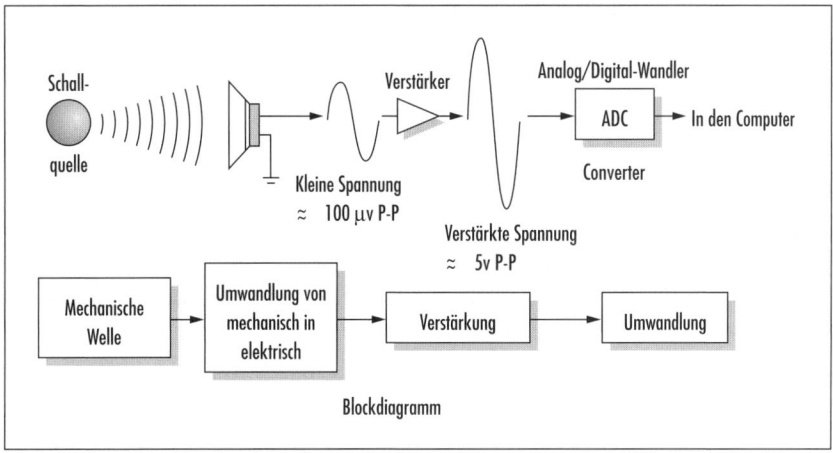

*Abbildung 11.4: Die Umwandlung von Schall*

Durch Verwendung der richtigen Hardware kann diese lineare Spannung (als die die Sound-Information codiert ist) gesampelt und digitalisiert werden. Dieser Prozess stellt genau die Arbeitsweise Ihres CD-Players dar. Die Information auf einer CD wird in der digitalen Form aus 0 und 1 dargestellt, während Informationen auf Kassettenbändern usw. in analoger Form gespeichert werden. Digitale Informationen sind viel einfacher zu verarbeiten (und tatsächlich handelt es sich dabei um die einzige Information, die digitale Computer verarbeiten *können*). Damit ein Computer Sound verarbeiten kann, muss dieser unter Verwendung eines Analog/Digital-Wandlers in einen digitalen Datenstrom umgewandelt werden, wie in Abbildung 11.5 gezeigt.

Nachdem der Sound im Speicher des Computers aufgezeichnet ist, kann er verarbeitet oder unter Verwendung eines Digital/Analog-Wandlers (siehe Abbildung 11.5) abgespielt werden. Die Sound-Information muss vor der Verarbeitung in digitalem Format vorliegen, und Sie müssen sie in dieses Format bringen, bevor Sie in Ihrem Programm damit arbeiten können.

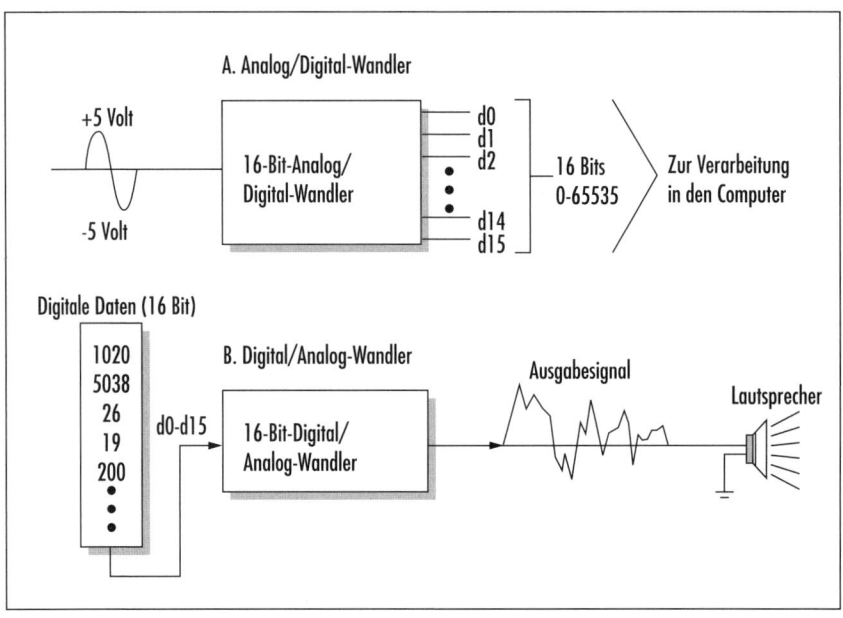

*Abbildung 11.5: 16-Bit-Analog/Digital- (oben) und Digital/Analog- (unten) Umwandlungen*

Die Aufzeichnung von digitalem Sound ist jedoch ein wenig kompliziert. Sound enthält zahlreiche Informationen. Wenn Sie einen Sound realistisch samplen wollen, müssen Sie zwei Faktoren berücksichtigen: Frequenz und Amplitude.

Die Anzahl der Samples pro Sekunde eines Eingabe-Sounds wird auch als *Sample-Geschwindigkeit* bezeichnet. Das Sample muss die doppelte Frequenz des ursprünglichen Sounds haben. Wenn Sie beispielsweise eine menschliche Stimme samplen, die einen Bereich von 20 bis 2.000 Hz aufweist, müssen Sie den Sound mit 4.000 Hz sampeln. (Der mathematische Grund für diese Forderung – Shannon's Theorem – basiert darauf, dass es möglich sein muss, aus den Samples die ursprüngliche Wellenform wiederherzustellen, vertrauen Sie mir also einfach.)

Der zweite Sampling-Parameter ist die *Amplitudenauflösung* – das ist die Anzahl der verschiedenen Werte für die Amplitude. Wenn Sie nur 8 Bit pro Sample haben, erhalten Sie nur 256 verschiedene Amplituden. Diese Zahl ist ausreichend für Spiele. Für die Reproduktion professioneller Sounds und Musik brauchen Sie jedoch 16 Bit (so dass Sie 65.536 unterschiedliche Werte erhalten).

## Synthetisierter Sound und MIDI

Obwohl der digitale Sound momentan die bestmögliche Qualität darstellt, gibt es den synthetisierten Sound schon sehr lange, und er wird immer besser. Synthetisierter Sound wurde nicht digital aufgezeichnet; es handelt sich dabei mehr um eine mathematische Reproduktion eines Sounds aus einer Beschreibung. Synthesizer verwenden Hardware und Algorithmen, um Sounds zu erzeugen, abhängig von dem Ergebnis der Beschreibung des gewünschten Sounds. Nehmen Sie beispielsweise an, Sie wollen 440 Hz hören, den Kammerton A. Sie könnten eine Hardware entwerfen, die eine reine analoge Sinuswelle beliebiger Frequenzen zwischen 0 und 20.000 Hz erzeugen kann, und diese anweisen, einen Ton mit 440 Hz zu erzeugen. Dieser Prozess ist die Grundlage der Synthese.

Das einzige Problem ist, dass die meisten Menschen mehr als nur einen einzigen Ton hören wollen (es sei denn, sie bekommen eine musikalische Geburtstagskarte), deshalb müssen Sie Hardware erzeugen, die etwa 16 bis 32 unterschiedliche Töne gleichzeitig unterstützt, wie in Abbildung 11.6 gezeigt.

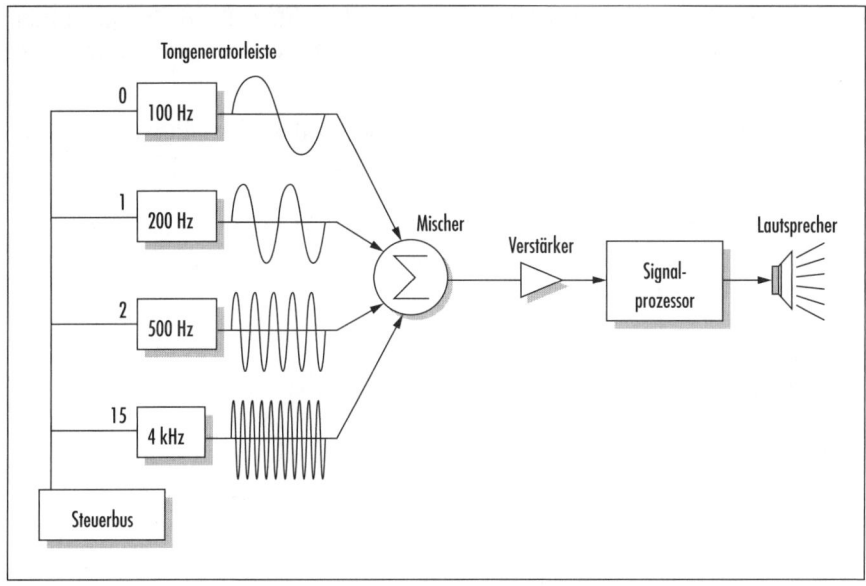

*Abbildung 11.6: Skizze der Sound-Synthese mit mehreren Kanälen*

Um die Aufgabe zu erfüllen, wurde die *FM-Synthese* erfunden. Erinnern Sie sich an die alte Ad-Lib-Soundkarte? Sie war der Vorgänger der Sound Blaster und die erste PC-Karte, die die Mehrkanal-FM-Synthese unterstützte. FM steht für *Frequenz-Modulation*. Ein FM-Synthesizer verändert sowohl die Amplitude als auch die Frequenz des Sounds. Die FM-Synthese arbeitet auf der mathematischen Grundlage des Feedbacks. FM-Synthesizer erzeugen ein Feedback der Signalausgabe an sich selbst, und damit wird das Signal moduliert und es entstehen harmonische und phasenverschobene Töne. Die daraus resultierenden Sounds wirken sehr realistisch.

## MIDI tritt auf den Plan

Fast gleichzeitig mit der Einführung der FM-Synthese wurde ein Dateiformat für Musiksynthese entwickelt – *MIDI* (Musical Instrument Digital Interface). MIDI ist eine Sprache, die musikalische Kompositionen als Funktion der Zeit beschreibt. Statt Sound zu digitalisieren, beschreibt ein MIDI-Stück ihn. Beispielsweise könnte eine MIDI-Datei wie folgt aussehen:

```
Auf Kanal 1 ein A spielen.
Auf Kanal 2 ein Cis spielen.
Kanal 1 deaktivieren.
Alle Kanäle ausschalten.
```

Die Information ist natürlich in einem binären seriellen Strom codiert, aber Sie können sich das Ganze schon vorstellen. Darüber hinaus ist jeder Kanal der MIDI-Spezifikation einem anderen Instrument oder Sound zugeordnet. Beispielsweise könnten Sie 16 verschiedene Kanäle verwenden, die jeweils unterschiedliche Instrumente darstellen, wie etwa Klavier, Schlagzeug, Gitarre, Bass, Flöte, Trompete usw. MIDI ist eine indirekte Codierungsmethode. Es überlässt die Synthese der Hardware und zeichnet nur die eigentlichen Musiknoten auf, die abgespielt werden sollen, und wann sie abgespielt werden sollen. Eine MIDI-Datei für eine Stunde Musik belegt also vielleicht nur ein paar Hundert Kilobyte, und nicht ein paar Hundert Megabyte, wie es für dasselbe digitale Stück der Fall wäre!

Das einzige Problem bei MIDI und der FM-Synthese ist, dass diese Prozesse gut für Musik geeignet sind – aber für sonst nichts. Natürlich könnten Sie FM-Synthesizer so entwerfen, dass sie weißes Rauschen für Explosionen oder Laserfeuer erzeugen, aber der Sound ist immer ganz einfach und bietet nicht die Vielfalt oder den organischen Eindruck digitalisierter Sounds. Es wurden komplexere Methoden für die Synthese erzeugt, wie beispielsweise Wave-Table- und Wave-Guide-Technologie.

## Sound-Hardware

Gibt es heute noch andere Soundkarten als Creative Lab Sound Blasters auf dem Markt? Falls es noch andere gibt, dann sind ihre Tage mit Sicherheit gezählt. Die Sound Blaster sind die vorherrschenden Soundkarten – zumindest für 2D-Sound. Außerdem erzeugt Creative Labs sowohl Wave-Table- als auch Wave-Guide-Modelle, die ich in den nächsten Abschnitten beschreiben werde.

## Wave-Table-Synthese

Die Wave-Table-Synthese ist eine Mischung zwischen Synthese und digitaler Aufzeichnung. Sie funktioniert wie folgt: Die Wave-Table enthält mehrere real-gesampelte digitale Sounds. Die Daten werden dann von einem DSP (Digital Signal Processor) verarbeitet, der das Real-Sample nimmt und es in einer Frequenz und Amplitude zurückspielt, in der Sie es brauchen. Sie können also ein reales Klavier sampeln und dann jede Note auf diesem Klavier unter Verwendung der Wave-Table-Synthese abspielen. Das Ergebnis hört sich fast so gut wie digital an, aber Sie müssen dafür immer noch die Originalquellen sampeln – und das ist speicheraufwändig.

## Wave-Guide-Synthese

Die Wave-Guide-Synthese ist die ultimative Synthesetechnologie. Mit Hilfe von DSP-Chips und sehr spezieller Hardware kann der Sound-Synthesizer ein mathematisches Modell eines virtuellen Instruments erzeugen und es dann spielen! Dieses Konzept hört sich an wie Science Fiction, ist aber die reine Realität. Mit Hilfe dieser Technologie ist es *nicht* möglich, den Unterschied zwischen einem gesampelten Instrument, dem realen und dem Wave-Guide-simulierten Instrument wahrzunehmen. Sie können also MIDI-Dateien erzeugen, die einen Wave-Table- oder Wave-Guide-Synthesizer steuern, und damit die besten Ergebnisse erzielen.

Letztlich unterstützt jedoch DirectSound nur digitalen Sound, deshalb wird MIDI ohnehin irrelevant.

## Digitale Aufzeichnung: Werkzeuge und Techniken

Bevor ich meine Ausführungen zu Sound und Musik beende, will ich Ihnen noch einige Tipps geben, wie Sie Sound und Musik für Ihre Spiele aufzeichnen. Es gibt drei Möglichkeiten, digitale Samples zu erzeugen:

- ✔ Sampling aus der realen Welt mit Hilfe eines Mikrofons oder einer Eingabe von außen
- ✔ Kaufen gesampelter Sounds in digitalem oder analogem Format und für die Verwendung herunterladen oder aufzeichnen
- ✔ Synthetisierung digitaler Sounds mit Hilfe eines Wellenform-Synthesizers wie beispielsweise Sound Forge

Die dritte Methode scheint ein wenig altmodisch zu sein, aber sie ist praktisch, wenn Sie reine Töne mit digitaler Hardware erzeugen wollen und keine praktische Quelle für den Sound besitzen. Die beiden ersten Methoden aus der Liste sind die wichtigeren für die Beispiele in diesem Buch.

Wenn in Ihrem Spiel viel Sprache verwendet wird, müssen Sie vielleicht Ihre eigene Stimme sampeln (oder auch die eines Freundes), sie mit Hilfe von Software ein wenig verändern und sie dann in Ihrem Spiel einsetzen. Für Spiele, die Standardexplosionen, Türknallen oder Knurren einsetzen, können Sie vielleicht mit generischen Sound-Clips auskommen; fast jeder im Spielegeschäft hat eine Kopie der Sound-Bibliothek Sound Ideas General 6000. Sie beinhaltet etwa 40 CDs mit Sound-Effekten – Tausende. Diese Bibliothek wird für Filme verwendet, deshalb enthält sie sehr wahrscheinlich alles, was Sie brauchen.

Weil ich so nett bin, stelle ich Ihnen einen kompletten Satz cooler Sounds aus meinen eigenen Spielen zur Verfügung. Sie finden sie auf der CD zum Buch im Ordner SOUNDS. Diese Sounds liegen alle im .VOC-Format vor, aber sie können Sie in Sound Forge oder ein anderes Sound-Programm laden und in ein beliebiges Dateiformat umwandeln.

## Sounds aufzeichnen

Wenn Sie Ihre eigenen Sounds aufzeichnen, sollten Sie die nachfolgend beschriebenen Einstellungen dafür verwenden. Erzeugen Sie Ihre Originale mit 16 Bit pro Sample in 22 kHz, mono. Verwenden Sie *kein* Stereo. DirectSound funktioniert am besten mit Mono-Sound, eine Aufzeichnung in Stereo macht also keinen Sinn. Weil die meisten Sounds, die Sie erzeugen oder aufzeichnen, ohnehin Mono sind, ist die Aufzeichnung in Stereo eine Speicherverschwendung.

Wenn Sie von einem Mikrofon aus aufzeichnen wollen, das an Ihre Soundkarte angeschlossen ist, kaufen Sie ein gutes (ein gutes Mikrofon ist schwer). Nehmen Sie Ihre Aufzeichnungen in einem geschlossenen Raum ohne Hintergrundlärm und Unterbrechungen auf. Wenn Sie direkt von einem Gerät aufzeichnen (wie beispielsweise CD-Player oder Radio), achten Sie auf gute Verbindungen und verwenden Sie hoch qualitative Audio-Stecker.

Geben Sie Ihren Sound-Dateien sprechende Namen: Seien Sie nicht kryptisch. Sie können sich sonst nie merken, wo Sie was abgespeichert haben!

## Sounds verarbeiten

Nachdem Sie Ihre Sounds mit Sound Forge oder einer anderen Software gesampelt haben, müssen Sie sie möglicherweise nachbearbeiten. Sound Forge und ähnliche Pakete unterstützen vielfältige Verarbeitung. Während der Verarbeitung entfernen Sie die gesamte tote Luft, normalisieren die Lautstärken, entfernen Rauschen, fügen Echos ein usw.

Ich empfehle Ihnen, Sicherungskopien von Ihren Sounds anzulegen, wenn Sie diese Schritte durchführen: *Arbeiten Sie nicht mit den Originalen*! Verwenden Sie einen Ansatz wie beispielsweise, die verarbeiteten Sounds unter Verwendung von Nummern am Ende des Dateinamens umzubenennen. Wenn die Originaldatei weg ist, ist sie weg.

Während Sie Sound verarbeiten, versuchen Sie, mit Frequenzverschiebungen, Echos, Verzerrung und verschiedenen anderen Effekten zu experimentieren. Wenn Sie einen coolen Effekt finden, schreiben Sie sich die Formel auf Papier auf, so dass Sie den Effekt reproduzieren können. Ich weiß nicht, wie oft ich die perfekte Frauenstimme auf dem Computer hatte (synthetisiert aus meiner eigenen Stimme), um dann festzustellen, dass ich die Formel vergessen hatte.

Wenn Sie mit Ihrem Sound zufrieden sind, speichern Sie die Datendateien alle im selben Format (wie beispielsweise 22 oder 11 kHz, Mono mit 8-Bit). Diese Methode hilft DirectSound ganz wesentlich, wenn es Ihre Sounds verarbeitet. Wenn Sie Sounds mit unterschiedlichen Sampling-Geschwindigkeiten und Bits pro Sample haben, muss DirectSound immer in seine ursprüngliche Geschwindigkeit mit 22 kHz, 8 Bit umwandeln.

Technisch betrachtet, ist das eigene Format von DirectSound 22 kHz, 8-Bit-Stereo. Die meisten Sounds sind jedoch in der Natur Mono, und die Übergabe von Stereo-Daten an DirectSound ist eine Datenverschwendung.

## DirectSound-Ouvertüre

DirectSound und DirectMusic sind die digitalen Sound- und Musikkomponenten des so genannten *DirectAudio*. Sie können jedoch diese Komponenten weiterhin separat für die Arbeit mit Sounds und Musik verwenden. In diesem Buch beschreibe ich nur DirectSound, aber wenn Sie DirectSound beherrschen, können Sie auch im DirectX SDK nachsehen, wie DirectMusic arbeitet, falls Sie daran interessiert sind, MIDI-Musik abzuspielen. In jedem Fall setzt sich DirectSound aus Komponenten oder Schnittstellen zusammen, wie beispielsweise DirectDraw. Weil dies jedoch ein Buch über die Spieleprogrammierung ist, werde ich nicht auf alle eingehen – nur auf die wichtigsten. Ich beschreibe die 3D-Sound-Komponente (DirectSound3D) nicht, und auch nicht die neue Sound aufzeichnende Schnittstelle (DirectSound-Capture). Ich konzentriere mich auf die primären Schnittstellen von DirectSound, das ist alles. Glauben Sie mir, das ist genug, Ihre grauen Zellen zu verwirren.

Abbildung 11.7 zeigt die Beziehung von DirectSound zum restlichen Windows-System.

Beachten Sie, dass DirectSound DirectDraw sehr ähnlich ist. DirectSound besitzt jedoch ein wirklich praktisches Funktionsmerkmal, das DirectDraw nicht unterstützt: Wenn Sie keinen DirectSound-Treiber für Ihre Soundkarte haben, funktioniert DirectSound dennoch, verwendet aber stattdessen die Emulation und das Windows-DDI (Device Driver Interface). Solange Sie also Ihr Produkt mit den DirectSound-.DLLs ausliefern, funktioniert Ihr Code, auch wenn der Benutzer keine DirectSound-Treiber hat. Das ist nicht so schnell, funktioniert aber.

DirectSound hat zur Laufzeit grundsätzlich drei Komponenten: eine Laufzeit-.DLL, die bei der Verwendung von DirectSound geladen wird, eine Compilezeit-Bibliothek namens DSOUND.LIB und einen Header namens DSOUND.H. Um eine DirectSound-Applikation zu erzeugen, binden Sie diese Dateien einfach in Ihre Applikation ein.

Um DirectSound zu verwenden, müssen Sie ein DirectSound-COM-Objekt (Component Object Model) erzeugen und dann die verschiedenen Schnittstellen vom Hauptobjekt anfordern. (Mehr über das COM finden Sie in Kapitel 5.) Abbildung 11.8 zeigt die wichtigsten Schnittstellen von DirectSound.

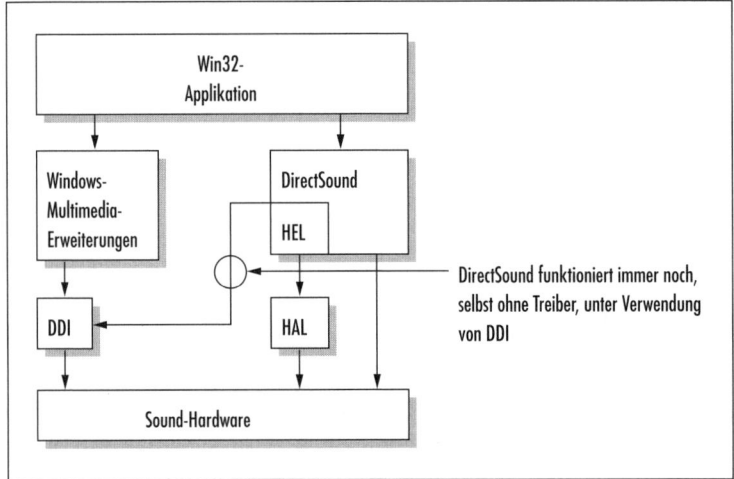

*Abbildung 11.7: Hier ist DirectSound in Windows angeordnet.*

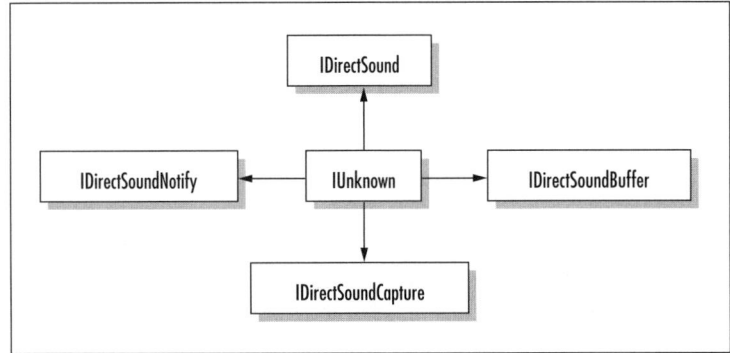

*Abbildung 11.8: Die Schnittstellen von DirectSound*

Nachfolgend die wichtigsten Schnittstellen von DirectSound:

✔ IUnknown: Das grundlegende COM-Objekt aller COM-Objekte

✔ IDirectSound: Das Haupt-COM-Objekt von DirectSound, das die eigentliche Audio-Hardware darstellt. Möglicherweise haben Sie eine oder mehrere Soundkarten in Ihrem Computer. Wenn dies der Fall ist, brauchen Sie für jede davon ein DirectSound-Objekt.

✔ IDirectSoundBuffer: Die Mischhardware und die eigentlichen Sounds. DirectSound hat zwei Arten von Puffern: primäre und sekundäre (genau wie DirectDraw). Der einzige primäre Puffer stellt den aktuell abgespielten Sound dar, der entweder durch Hardware (hoffentlich) oder durch Software gemischt wird. Sekundäre Puffer stellen Sounds dar, die für das Playback gespeichert werden. Sie existieren im Systemspeicher oder SRAM (Sound RAM) auf der Soundkarte. In jedem Fall können Sie so viele sekundäre Puffer-Sounds abspielen, wie Sie wollen, solange Sie genügend Rechenleistung und Speicher dafür besitzen. Abbildung 11.9 zeigt die Beziehung zwischen dem primären Sound-Puffer und den sekundären Sound-Puffern.

✔ IDirectSoundCapture: Diese Schnittstelle werden Sie in diesem Buch nicht benötigen; sie wird verwendet, um Sounds aufzuzeichnen. Sie verwenden sie, um dem Spieler beispielsweise zu erlauben, seinen Namen aufzuzeichnen. Wenn Sie ein Techno-Superfreak sind, könnten Sie sie verwenden, um Sprache in Echtzeit für die Spracherkennung aufzuzeichnen.

✔ IDirectSoundNotify: Sendet Nachrichten zurück an DirectSound. In einem Spiel mit komplexem Sound-System benötigen Sie diese Schnittstelle möglicherweise, aber Sie kommen auch sehr gut ohne sie aus.

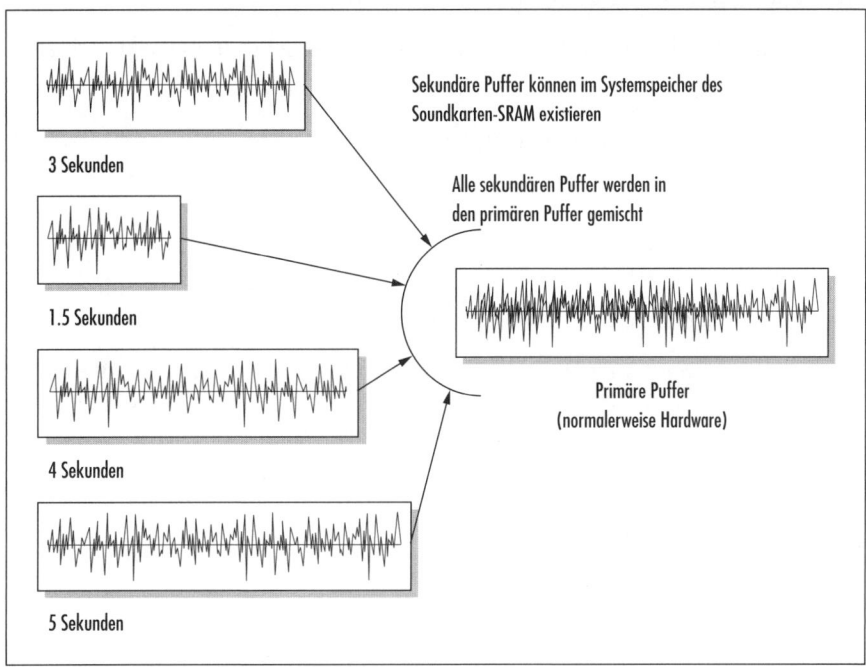

*Abbildung 11.9: Sound-Puffer*

# DirectSound verwenden

Um DirectSound zu verwenden, erzeugen Sie zunächst ein DirectSound-Objekt, mehrere sekundäre Sound-Buffer, laden diese mit Sounds und spielen dann beliebige Sounds ab. DirectSound kümmert sich um den Rest. Ich werde die einzelnen Phasen im restlichen Kapitel beschreiben.

## Ein DirectSound-Objekt anlegen

Das DirectSound-Hauptobjekt stellt die eigentliche Soundkarte dar. Wenn Sie mehrere Soundkarten haben, müssen Sie sie ermitteln und ihre GUIDs (Globally Unique Identifiers) anfordern. Wenn Sie nur eine Verbindung zum Standard-Soundgerät herstellen wollen, brauchen Sie sich damit jedoch nicht zu belasten; Sie erzeugen einfach ein DirectSound-Objekt, das die Haupt-Soundkarte darstellt.

### Ein DirectSound-Objekt erzeugen

Nachfolgend sehen Sie den Schnittstellenzeiger, der ein DirectSound-Objekt darstellt:

```
LPDIRECTSOUND    lpds;     // DirectSound-Schnittstellenzeiger
```

Um ein DirectSound-Objekt zu erzeugen, rufen Sie `DirectSoundCreate()` auf. Hier der Prototyp:

```
HRESULT DirectSoundCreate(
    LPGUID lpGuid,  // GUID der Soundkarte
                    // NULL für Standardgerät
    LPDIRECTSOUND *lpDS,    // Schnittstellenzeiger auf Objekt
    IUnknown FAR *pUnkOuter) // immer NULL
```

Kommt Ihnen das bekannt vor? DirectX-Dinge sehen alle ganz ähnlich aus. Wenn Sie einen Teil von DirectX kennen, kennen Sie alles. Das Problem ist, dass Microsoft ständig neue Komponenten erzeugt, so dass Sie mit dem Lernen kaum nachkommen!

Um ein DirectSound-Objekt zu erzeugen, gehen Sie wie folgt vor:

```
LPDIRECTSOUND lpds; // Zeiger auf DirectSound-Objekt
// DirectSound-Objekt erzeugen
if (DirectSoundCreate(NULL, &lpds, NULL)!=DS_OK )
    { /* Fehler */ }
```

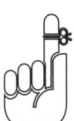 Beachten Sie, dass bei der erfolgreichen Ausführung der Funktion jetzt `DS_OK` (DirectSound OK) zurückgegeben wird, nicht mehr `DD_OK` (DirectDraw OK).

Wenn Sie mit der Arbeit mit Ihrem DirectSound-Objekt fertig sind, müssen Sie es natürlich auch freigeben:

```
lpds->Release();
```

## Die Kooperationsebene festlegen

Sobald Sie das DirectSound-Hauptobjekt erzeugt haben, legen Sie die Kooperationsebene von DirectSound fest. DirectSound ist etwas pingeliger als DirectDraw, was die Kooperationsebene betrifft. Sie können bei der Übernahme des Soundsystems nicht einfach so brutal sein wie bei der Grafik. (Sie können natürlich, aber Microsoft empfiehlt, davon abzusehen. Dort wurde das Produkt entwickelt, deshalb sollten Sie diese Empfehlung annehmen.)

Sie können DirectSound auf verschiedenen Kooperationsebenen festlegen. Sie sind in zwei Gruppen unterteilt: Einstellungen, die Ihnen die Kontrolle über den primären Soundpuffer geben, und Einstellungen, für die das nicht der Fall ist.

 Der primäre Soundpuffer stellt die eigentliche Misch-Hardware (oder -Software) dar, die die Sounds ständig mischt und auf die Lautsprecher ausgibt. Wenn Sie Probleme mit dem primären Puffer haben, fordert DirectSound Sie auf, genau zu überlegen, was Sie tun, weil Sie damit nicht einfach nur den Sound Ihrer Applikation verlieren, sondern möglicherweise auch den anderer Applikationen.

Die nachfolgende Auflistung bietet eine kurze Beschreibung der einzelnen Kooperationsebenen.

✔ **Normale Kooperation**: Die kooperativste Einstellung. Während Ihre Applikation den Fokus besitzt, kann sie Sounds abspielen, aber auch alle anderen Applikationen können das. Darüber hinaus brauchen Sie keine Schreibberechtigung für den primären Puffer, und DirectSound erzeugt einen primären Standardpuffer für Sie, mit 22 kHz, Stereo, 8 Bit. Ich empfehle Ihnen, größtenteils diese Einstellung zu verwenden.

✔ **Prioritätskooperation**: Mit dieser Einstellung haben Sie immer vorrangigen Zugriff auf die gesamte Hardware. Sie können die Einstellung des primären Mischers ändern, und Sie können die Sound-Hardware auffordern, komplexere Speicheroperationen auszuführen (wie beispielsweise Komprimierung). Diese Einstellung ist nur erforderlich, wenn Sie das Datenformat des primären Puffers ändern müssen – das ist selten der Fall.

✔ **Exklusive Operation**: Wie die Prioritätskooperation, außer dass Ihre Applikation nur dann hörbar ist, wenn sie sich im Vordergrund befindet.

✔ `Write_Primary`-**Kooperation**: Die höchste Priorität. Sie haben die totale Kontrolle und müssen den primären Puffer selbst kontrollieren, um überhaupt etwas zu hören. Verwenden Sie diesen Modus nur, wenn Sie einen eigenen Sound-Mischer oder eine Sound-Engine schreiben wollen.

Fazit: Verwenden Sie die normale Priorität, bis Sie DirectSound wirklich beherrschen. Damit ist die Arbeit am einfachsten und Sie haben die reibungsloseste Operation.

Um die Kooperationsebene festzulegen, rufen Sie die Funktion SetCooperativeLevel() der Schnittstelle des DirectSound-Hauptobjekts auf. Hier der Prototyp:

```
HRESULT SetCooperativeLevel(HWND hwnd, // Fenster-Handle
    DWORD dwLevel); // Einstellung der Kooperationsebene
```

Die Funktion gibt DS_OK zurück, wenn sie erfolgreich ausgeführt werden konnte, andernfalls mehrere andere Konstanten (Sie finden diese und andere Fehlerkonstanten in der DirectX-SDK-Hilfe). Achten Sie jedoch auf die Fehlerüberprüfung, weil es häufig vorkommt, dass eine andere Applikation die Kontrolle über die Soundkarte übernommen hat. Tabelle 11.1 listet die Flag-Einstellungen für die verschiedenen Kooperationsebenen auf.

| Wert | Beschreibung |
| --- | --- |
| DSSCL_NORMAL | Legt eine normale Kooperation fest. |
| DSSCL_PRIORITY | Legt die Prioritäts-Kooperationsebene fest und ermöglicht Ihnen damit, das Datenformat des primären Puffers festzulegen. |
| DSSCL_EXCLUSIVE | Bietet Ihnen Prioritäts-Kooperation neben exklusiver Kontrolle, wenn sich Ihre Applikation im Vordergrund befindet. |
| DSSCL_WRITEPRIMARY | Erteilt Ihnen vollständige Kontrolle über den primären Puffer. |

*Tabelle 11.1: Einstellungen für DirectSound-SetCooperativeLevel()*

Nachfolgend sehen Sie, wie Sie eine normale Kooperationsebene festlegen, nachdem Sie das DirectSound-Objekt erzeugt haben:

```
if (lpds->SetCooperativeLevel(main_window_handle,
            DSSCL_NORMAL)!=DS_OK)
    { /* Fehler bei der Einstellung der Kooperationsebene */ }
```

Cool, was? Sehen Sie sich PROG13_1.CPP auf der CD an. Es erzeugt ein DirectSound-Objekt, legt die Kooperationsebene fest und gibt das Objekt nach dem Beenden frei. Es macht jedoch noch keinerlei Sound; das ist der nächste Schritt!

## Primäre und sekundäre Sound-Puffer

Das DirectSound-Objekt, das die eigentliche Soundkarte darstellt, hat einen einzigen primären Puffer. Der primäre Puffer stellt die Misch-Hardware (oder -Software) auf der Karte dar und ist ständig aktiv. Das Mischen im primären Puffer ist sehr komplex, und glücklicherweise brauchen Sie sich nicht darum zu kümmern. DirectSound kümmert sich um den primären Puffer, solange Sie die Kooperationsebene nicht auf die höchste Priorität setzen. Darüber hinaus brauchen Sie keinen primären Puffer zu erzeugen; DirectSound erzeugt einen für Sie,

wenn Sie die Kooperationsebene auf eine der niedrigeren Ebenen setzen, wie beispielsweise
DSSCL_NORMAL.

 Der einzige Nachteil ist, dass der primäre Puffer auf 22 kHz Stereo mit 8 Bit gesetzt wird. Wenn Sie 16-Bit-Sound oder eine höhere Abspielgeschwindigkeit brauchen, müssen Sie die Kooperationsebene mindestens auf DSSCL_PRIORITY setzen und dann ein neues Datenformat für den primären Puffer festlegen. Momentan verwenden Sie den Standard, weil er Ihnen das Leben wesentlich einfacher macht.

## Die Arbeit mit sekundären Puffern

Sekundäre Puffer stellen die eigentlichen Sounds dar, die Sie abspielen wollen. Sie können beliebige Größe haben, wenn Sie genügend Speicher dafür besitzen. Das SRAM auf der Soundkarte kann jedoch nur eine bestimme Menge an Sound aufnehmen, seien Sie also vorsichtig, wenn Sie anfordern, dass Sounds auf der eigentlichen Soundkarte gespeichert werden, weil Speicher knapp ist. Nachdem Sie dies wissen, beachten Sie bitte auch, dass auf Soundkarte gespeicherte Sounds sehr viel weniger Rechenleistung zum Abspielen benötigen.

Es gibt zwei Arten von Sound-Puffern:

✔ **Statische Sound-Puffer**: Sounds, die Sie längere Zeit beibehalten und immer wieder abspielen wollen. Gute Kandidaten für SRAM.

✔ **Streaming Sound-Puffer**: Wenn Sie eine ganze CD mit DirectSound abspielen wollen, haben Sie sehr wahrscheinlich nicht genug System-RAM oder SRAM, um die gesamten 650 MB Audiodaten im Speicher abzulegen, deshalb müssen Sie die Daten stückweise lesen und sie ausgeben – das ist die Aufgabe der Streaming-Puffer. Hört sich kompliziert an? Betrachten Sie Abbildung 11.10. Dort sehen Sie die Schreibzeiger und ihre Beziehung zu den Daten.

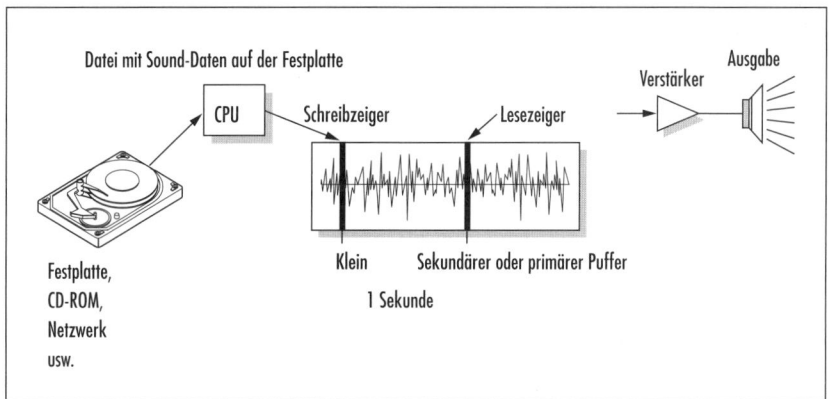

*Abbildung 11.10: Streaming-Audio-Daten*

Im Allgemeinen ist es möglich, in alle sekundären Sound-Buffer statisch oder streaming zu schreiben. Es kann jedoch sein, dass der Sound gerade abgespielt wird, wenn Sie versuchen, zu schreiben. Aber DirectSound bietet ein Schema, das dieses Problem berücksichtigt: *zirkuläres Puffern*. Beim zirkulären Puffern wird jeder Sound in einem Daten-Array abgelegt, das ständig an einem Punkt gelesen wird, nämlich durch den *Abspiel-Zeiger*, und in das an einem anderen (etwas dahinter liegenden) Punkt geschrieben wird, mit dem so genannten *Schreibzeiger*. Wenn Sie nicht in Ihre Sound-Puffer schreiben müssen, während diese abgespielt werden, müssen Sie sich nicht damit beschäftigen; wenn Sie jedoch Audio-Streaming durchführen, müssen Sie das zirkuläre Puffern kennen.

Um diese komplexe gepufferte Echtzeit-Schreibmöglichkeit zu vereinfachen, können die Datenzugriffsfunktionen für Sound-Puffer einen Speicherbereich zurückgeben, der in zwei Teile zerlegt ist, weil der Datenblock, den Sie zu schreiben versuchen, möglicherweise am Ende des Puffers liegt und an den Anfang des Puffers überläuft. Sie sollten sich dieser Tatsache bewusst sein, wenn Sie Audio streamen wollen. In den meisten Spielen passt jedoch normalerweise alles in ein paar Megabyte RAM, wenn Sie die Sound-Effekte auf ein paar Sekunden beschränken und die Musik-Tracks nach Bedarf geladen werden (und diese Erklärung ist rein akademisch). Die Verwendung von zwei bis vier MB Speicher für Sound in einem Computer mit 32 bis 64 MB RAM ist kein größeres Problem.

### Einen sekundären Sound-Puffer anlegen

Um einen sekundären Sound-Puffer anzulegen, rufen Sie `CreateSoundBuffer()` mit den richtigen Parametern auf. Wenn die Funktion erfolgreich ausgeführt werden kann, erzeugt sie den Sound-Puffer, initialisiert ihn und gibt einen Schnittstellenzeiger dieses Typs zurück:

```
LPDIRECTSOUNDBUFFER lpdsbuffer;    // ein DirectSound-Puffer
```

Bevor Sie jedoch `CreateSoundBuffer()` aufrufen, müssen Sie eine `DirectSoundBuffer`-Beschreibungsstruktur einrichten, ähnlich einer `DirectSoundSurface`-Beschreibung. Die Beschreibungsstruktur hat den Typ `DSBUFFERDESC`, nämlich wie folgt:

```
typedef struct {
    DWORD           dwSize;
    DWORD           dwFlags;
    DWORD           dwBufferBytes;
    DWORD           dwReserved;
    LPWAVEFORMATEX  lpwfxFormat;
    GUID            guid3DAlgorithm;
} DSBUFFERDESC, *LPDSBUFFERDESC;
```

Das Feld `dwSize` gibt die `DirectSound`-Standardstrukturgröße an, `dwBufferBytes` gibt an, wie groß der Puffer sein soll, und `dwReserved` ist noch nicht genutzt. Die einzigen Felder, die ein gelbes Blinklicht tragen sollten, sind `dwFlags` und `lpwfxFormat`. `dwFlags` enthält die Erstellungs-Flags des Sound-Buffers. Tabelle 11.2 listet die gebräuchlichsten Flag-Einstellungen auf.

# 11 ➤ Machen wir Lärm: DirectSound!

| Wert | Beschreibung |
|---|---|
| DSBCAPS_CTRLALL | Der Puffer muss alle Steuermöglichkeiten besitzen. |
| DSBCAPS_CTRLDEFAULT | Der Puffer sollte Standard-Steueroptionen besitzen. Dieser Wert ist derselbe wie die Angabe von DSBCAPS_CTRLPAN, DSBCAPS_CTRLVOLUME und DSBCAPS_CTRLFREQUENCY. |
| DSBCAPS_CTRLFREQUENCY | Der Puffer muss Frequenzsteuermöglichkeit besitzen. |
| DSBCAPS_CTRLPAN | Der Puffer muss Panorama-Steuermöglichkeit besitzen. |
| DSBCAPS_CTRLVOLUME | Der Puffer muss Lautstärke-Steuermöglichkeit besitzen. |
| DSBCAPS_STATIC | Der Puffer wird für statische Sound-Daten verwendet. Größtenteils erzeugen Sie diese Puffer im Hardware-Speicher (wenn möglich). |
| DSBCAPS_LOCHARDWARE | Verwendet Hardware-Mischen und Speicher für diesen Sound-Puffer, falls Speicher zur Verfügung steht. |
| DSBCAPS_LOCSOFTWARE | Erzwingt, dass der Puffer im Software-Speicher abgelegt wird und das Software-seitige Mischen verwendet, selbst wenn DSBCAPS_STATIC angegeben wurde und Hardware-Ressourcen zur Verfügung stehen. |
| DSBCAPS_PRIMARYBUFFER | Der Puffer ist ein primärer Sound-Puffer. Setzen Sie diesen Wert nur dann, wenn Sie einen primären Puffer erzeugen wollen und Sound-Profi sind. |

*Tabelle 11.2: Flags für das Erstellen sekundärer Puffer mit DirectSound*

Seit DirectSound 6.0 unterstützt Microsoft DSCAPS_CTRLDEFAULT nicht mehr als vordefinierte Konstante. Ich verwende sie jedoch immer noch, indem ich meiner Sound-Headerdatei Folgendes hinzufüge:

```
#ifndef DSBCAPS_CTRLDEFAULT
#define DSBCAPS_CTRLDEFAULT (DSBCAPS_CTRLFREQUENCY | DSBCAPS_CTRLPAN |
                DSBCAPS_CTRLVOLUME )
#endif
```

Größtenteils setzen Sie die Flags auf DSBCAPS_CTRLDEFAULT | DSBCAPS_STATIC | DSBCAPS_LOCSOFTWARE – für Standardsteuerelemente, statischen Sound und die Verwendung von Systemspeicher. Um Hardware-Speicher zu verwenden, geben Sie DSBCAPS_LOCHARDWARE statt DSBCAPS_LOCSOFTWARE an.

Jetzt betrachten wir die WAVEFORMATEX-Struktur. Sie enthält eine Beschreibung des Sounds, den der Puffer darstellen soll. In dieser Struktur werden Parameter wie beispielsweise Abspielgeschwindigkeit, Anzahl der Kanäle (Mono oder Stereo), Bits pro Sample usw. aufgezeichnet. Hier die Struktur:

```
typedef struct {
  WORD  wFormatTag;       // immer WAVE_FORMAT_PCM
  WORD  nChannels;        // Anzahl der Audio-Kanäle (1 oder 2)
  DWORD nSamplesPerSec;   // Samples pro Sekunde
  DWORD nAvgBytesPerSec;  // mittleres Datenaufkommen
  WORD  nBlockAlign;      // nchannels * bytespersample
```

```
  WORD  wBitsPerSample;    // Bits pro Sample
  WORD  cbSize;             // komplex; setzen Sie diesen Wert auf 0
} WAVEFORMATEX;
```

Ganz einfach: Diese Struktur enthält die grundlegende Beschreibung des Sounds.

Genug geredet – wir wollen Taten sehen. Nachfolgend der Prototyp für die Funktion `CreateSoundBuffer()` (ptr steht für *Pointer*, also Zeiger):

```
HRESULT CreateSoundBuffer(
  LPCDSBUFFERDESC lpcDSBuffDesc,    // Zeiger auf DSBUFFERDESC
  LPLPDIRECTSOUNDBUFFER lplpDSBuff,// Zeiger auf Sound-Puffer
  IUnknown FAR *pUnkOuter);         // immer NULL
```

Und hier ein Beispiel, das einen sekundären DirectSound-Puffer mit 11 kHz Mono, 8 Bit mit Speicher für zwei Sekunden erzeugt:

```
// Zeiger auf DirectSound
LPDIRECTSOUNDBUFFER lpdsbuffer; // Sound-Puffer
DSBUFFERDESC dsbd;     // DirectSound-Pufferbeschreibung
WAVEFORMATEX pcmwf; // nimmt die Formatbeschreibung auf
// Formatdatenstruktur einrichten
memset(&pcmwf, 0, sizeof(WAVEFORMATEX));
pcmwf.wFormatTag = WAVE_FORMAT_PCM; // dies brauchen Sie immer
pcmwf.nChannels  = 1; // MONO, also channels = 1
pcmwf.nSamplesPerSec = 11025; // Sample-Frequenz 11 kHz
pcmwf.nBlockAlign    = 1; // auf die Gesamtdaten pro Block
// setzen, in unserem Fall 1 Kanal mal 1 Byte pro Sample,
// also insgesamt 1 Byte; für Stereo wären es 2, und für
// Stereo und 16 Bit wären es 4.
pcmwf.nAvgBytesPerSec =
           pcmwf.nSamplesPerSec * pcmwf.nBlockAlign;
pcmwf.wBitsPerSample = 8; // 8 Bit pro Sample
pcmwf.cbSize         = 0; // immer 0
// DirectSound-Pufferbeschreibung einrichten
memset(&dsbd,0,sizeof(DSBUFFERDESC));
dsbd.dwSize = sizeof(DSBUFFERDESC);
dsbd.dwFlags= DSBCAPS_CTRLDEFAULT | DSBCAPS_STATIC |
              DSBCAPS_LOCSOFTWARE ;
dsbd.dwBufferBytes   = 22050; // genügend für 2 Sekunden mit
// einer Sample-Frequenz von 11025
dsbd.lpwfxFormat     = &pcmwf; // die WAVEFORMATEX-Struktur
// Puffer erzeugen
if (lpds->CreateSoundBuffer(&dsbd,&lpdsbuffer,NULL)!=DS_OK)
    { /* Fehler */ }
```

Wenn der Funktionsaufruf erfolgreich war, kann `lpdsbuffer` abgespielt werden. Das einzige Problem ist, dass nichts darin enthalten ist. Sie müssen den Sound-Puffer selbst mit Daten füllen. Dazu können Sie eine Sound-Datei einlesen, wie beispielsweise eine .VOC- oder .WAV-Datei, und die Daten dann parsen und den Puffer füllen. Sie können aber auch einfach selbst algorithmisch Daten in den Puffer schreiben (wie beispielsweise eine Sinuswelle), um einen Test damit durchzuführen. Im nächsten Abschnitt lernen Sie, wie Sie die Daten in den Puffer schreiben. Im Abschnitt *Die Jams von der Festplatte lesen* später in diesem Kapitel zeige ich Ihnen, wie Sie Sound-Dateien von der Festplatte lesen.

## Daten in sekundäre Puffer schreiben

Sekundäre Sound-Puffer sind naturgemäß zirkulär und etwas komplexer zu behandeln als ein lineares Standard-Daten-Array. Bei DirectDraw-Oberflächen beispielsweise können Sie einfach den Oberflächenspeicher sperren und in ihn schreiben. DirectSound arbeitet auf ähnliche Weise. Sie sperren es, aber statt einen Zeiger zurückzuerhalten, erhalten Sie zwei! Deshalb müssen Sie einige Ihrer Daten am ersten Zeiger, den Rest am zweiten schreiben. Betrachten Sie den Prototyp für Lock(), um zu verstehen, was ich meine:

```
HRESULT Lock(
  DWORD dwWriteCursor,       // Position des Schreibzeigers
  DWORD dwWriteBytes,        // Größe des zu sperrenden Puffers
  LPVOID lplpvAudioPtr1,     // Zeiger auf den ersten Abschnitt
  LPDWORD lpdwAudioBytes1,   // Anzahl der Bytes im ersten Abschnitt
  LPVOID lplpvAudioPtr2,     // Zeiger auf den zweiten Abschnitt
  LPDWORD lpdwAudioBytes2,   // Anzahl der Bytes im zweiten Abschnitt
  DWORD dwFlags);            // Sperr-Flags
```

Wenn Sie dwFlags auf DSBLOCK_FROMWRITECURSOR schreiben, wird der Puffer vom aktuellen Schreibzeiger des Puffers an gesperrt. Wenn Sie dwFlags auf DSBLOCK_ENTIREBUFFER setzen, wird der gesamte Puffer gesperrt. Und genau so geht es. Man muss die Dinge nur einfach halten.

Angenommen, Sie erzeugen einen Sound-Puffer, der 1.000 Byte groß ist. Wenn Sie den Puffer zum Schreiben sperren, erhalten Sie zwei Zeiger zurück – zusammen mit der Länge jedes Speichersegments, in das Sie schreiben. Der erste Abschnitt kann 900 Byte lang sein, der zweite vielleicht 100 Byte. Sie müssen Ihre ersten 900 Byte in den ersten Speicherbereich und die zweiten 100 Byte in den zweiten Speicherbereich schreiben. Abbildung 11.11 wird das Konzept erklären.

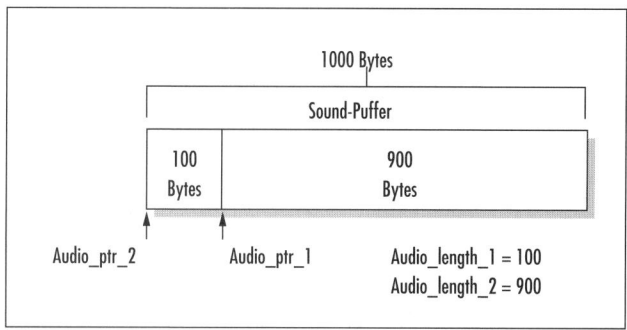

*Abbildung 11.11: Einen Sound-Puffer sperren*

Das nachfolgende Beispiel sperrt den 100 Byte großen Sound-Puffer:

```
UCHAR *audio_ptr_1,  // für die Reservierung von Pufferspeicher
      *audio_ptr_2;
ULONG audio_length_1, // Länge jedes Pufferabschnitts
      audio_length_2;
// Puffer sperren
if (lpdsbuffer->Lock(0,1000,
     (void **)&audio_ptr_1, &audio_length_1,
     (void **)&audio_ptr_2, &audio_length_2,
     DSBLOCK_ENTIREBUFFER )!=DS_OK)
   { /* Fehler */ }
```

Wenn Sie den Puffer gesperrt haben, können Sie in den Speicher schreiben. Die Daten können aus einer Datei stammen oder algorithmisch erzeugt werden. Wenn Sie mit der Arbeit mit dem Sound-Puffer fertig sind, heben Sie die Sperre mit `Unlock()` auf. `Unlock()` nimmt die beiden Zeiger und die beiden Längen entgegen, etwa wie folgt:

```
if (lpdsbuffer->Unlock(audio_ptr_1, audio_length_1,
       audio_ptr_2, audio_length_2)!=DS_OK)
   { /* Problem beim Aufheben der Sperre */}
```

Wenn Sie mit der Arbeit mit dem Sound-Puffer fertig sind, müssen Sie ihn (wie üblich) mit `Release()` freigeben:

```
lpdsbuffer->Release();
```

## Sounds manipulieren, zerstückeln und beherrschen

Nachdem Sie alle Ihre Sound-Puffer erzeugt und mit Sounds geladen haben, können Sie es krachen lassen. DirectSound unterstützt mehrere Steuerfunktionen, die Ihnen ermöglichen, Sounds abzuspielen und ihre Parameter während des Abspielens zu verändern. Sie können Lautstärke, Frequenz, Stereoklang usw. abwandeln.

### Einen Sound abspielen

Um einen Sound aus dem Puffer abzuspielen, rufen Sie die Funktion `Play()` auf, deren Prototyp Sie hier sehen:

```
HRESULT Play(
   DWORD dwReserved1, DWORD dwReserved2,   // beide 0
   DWORD dwFlags); // Steuer-Flags für das Abspielen
```

Das einzige hier definierte Flag ist `DSBPLAY_LOOPING`. Wenn dieser Wert gesetzt ist, wird der Sound in einer Schleife abgespielt. Wenn Sie wollen, dass der Sound nur einmal abgespielt wird, setzen Sie `dwFlags` auf 0. Nachfolgend ein Beispiel, in dem der Sound immer wieder abgespielt wird:

```
if (!lpdsbuffer->Play(0,0,DSBPLAY_LOOPING))
     { /* Fehler */ }
```

Verwenden Sie diese Schleifen für Musik und andere Dinge, die immer wieder abgespielt werden sollen.

## Einen Sound abbrechen

Wenn Sie das Abspielen eines Sounds begonnen haben, wollen Sie diesen möglicherweise wieder abbrechen, bevor er vollständig abgespielt ist. Dazu verwenden Sie die Funktion Stop(). Hier der Prototyp:

```
HRESULT Stop(); // das ist ziemlich einfach
```

Und so unterbrechen Sie den Sound, den Sie im vorigen Beispiel gestartet haben:

```
if (!lpdsbuffer->Stop())
   { /* Fehler */ }
```

Damit haben Sie ausreichend viel Code für eine vollständige Demo von DirectSound. Probieren Sie PROG13_2.CPP von der CD zum Buch aus. Es erzeugt ein DirectSound-Objekt und einen einzigen sekundären Sound-Puffer. Anschließend lädt es den Puffer mit einer synthetisierten Sinuswelle und spielt den Sound ab. Das ist ein ganz einfaches Beispiel, aber der Code zeigt Ihnen fast alles, was Sie über das Abspielen von Sounds wissen müssen.

## Lautstärkensteuerung

DirectSound bietet Ihnen die Möglichkeit, die Lautstärke oder die Amplitude eines Sounds zu manipulieren. Diese Möglichkeit ist jedoch nicht ganz ressourcenfreundlich. Wenn Ihre Hardware keine Lautstärkenänderungen unterstützt, muss DirectSound den Sound mit neuer Amplitude neu mischen. Dafür ist möglicherweise mehr Rechenleistung erforderlich. Hier der Prototyp:

```
HRESULT SetVolume(LONG lVolume); // Dämpfung in Dezibel
```

SetVolume() verhält sich etwas seltsam. Statt DirectSound anzuweisen, die Amplitude zu erhöhen oder zu verringern, steuert es die Dämpfung (Lautstärkenminderung). Wenn Sie eine 0 übergeben (das ist gleich DSBVOLUME_MAX), wird der Sound ohne Dämpfung abgespielt. Der Wert -10000 oder DSBVOLUME_MIN setzt die Dämpfung auf ihren Maximalwert, -100dB (Dezibel), und Sie hören nichts mehr.

Am besten erzeugen Sie eine Hüllfunktion um SetVolume(), so dass Sie einen Wert zwischen 0 und 100 oder einen anderen intuitiven Wert übergeben können. Beispielsweise könnte das die folgende Makrotransformation erledigen:

```
#define DSVOLUME_TO_DB(volume) \
                    ((DWORD)(-30*(100 - volume)))
```

Im obigen Codeausschnitt wird die Lautstärke mit einem Wert zwischen 0 und 100 angegeben – 100 ist die volle Lautstärke, 0 ist die völlige Ruhe. Nachfolgend ein Beispiel, das einen Sound mit 50 % der Gesamtlautstärke abspielt:

```
if (!lpdsbuffer->SetVolume(DSVOLUME_TO_DB(volume)))
    { /* Fehler */ }
```

Fragen Sie sich, was ein *Dezibel* (dB) ist? Es ist ein Maß für Lautstärke oder Leistung. In der Elektronik werden viele Dinge in Zehnteln oder anderen Skalen gemessen, mit anderen Worten, logarithmisch. Die Dezibel-Skala ist eine dieser Skalen. 0 dB bedeutet keine Dämpfung, -1 dB bedeutet, dass der Sound 1/10 seines Originalwerts hat, -2 dB bedeutet 1/100 usw. Ein Sound, der mit -100 dB gedämpft wird, kann also nicht einmal mehr von einer Ameise gehört werden. Beachten Sie, dass dB auf einigen Skalen auch mit dem Faktor 10 skaliert wird. -10 dB ist also 1/10, und -20 dB ist 1/100. Diese Skala ist auch eines der Dinge, die jeder aus einer anderen Perspektive betrachtet.

## Frequenzänderung

Die Abspielfrequenz bietet eine der coolsten Möglichkeiten, einen Sound zu verändern. Diese Änderung wirkt sich (irgendwie) auf die Tonhöhe aus, und Sie können Sounds langsam und bedrohlich oder schnell und fröhlich machen. Diese Methode hilft, Ihre eigene Stimme in Echtzeit zu der eines Eichhörnchens oder von Darth Vader zu machen. Um die Frequenz des Playbacks zu ändern, verwenden Sie die Funktion `SetFrequency()`, wie nachfolgend gezeigt:

```
HRESULT SetFrequency(
    DWORD dwFrequency); // neue Frequenz von  100-100,000 Hz
```

Und so spielen Sie einen Sound schneller ab:

```
if (!lpdsbuffer->SetFrequency(22050))
    { /* Fehler */ }
```

Wenn der Originalsound mit 11,025 Hz (11 kHz) gesampelt würde, würde der Sound doppelt so schnell abgespielt, hätte die doppelte Tonhöhe und würde genau halb so lange abgespielt. Verstanden?

## Panorama in 3D

Was Sie mit einem Sound noch anstellen können, ist die Änderung des Stereopanoramas oder der Leistung, die aus den einzelnen Lautsprechern kommt. Wenn Sie beispielsweise einen Sound in beiden Lautsprechern (oder Kopfhörern) mit derselben Lautstärke abspielen, erhalten Sie den Eindruck, die Schallquelle befände sich unmittelbar vor Ihnen; wenn Sie die Lautstärke auf dem rechten Lautsprecher erhöhen, erhalten Sie den Eindruck, die Schallquelle würde sich nach rechts bewegen. Diese Technik wird auch als *Panoramabildung* bezeichnet und kann Ihnen helfen, lokalisierte 3D-Sounds zu erzeugen (ganz grob gesagt).

Die Funktion für die Festlegung des Stereopanoramas heißt SetPan(). Hier der Prototyp:

```
HRESULT SetPan(
        LONG lPan);   // der Panoramawert -10,000 bis 10,000
```

Der Pan-Wert ist ebenfalls logarithmisch, ein Wert von 0 ist also der tote Punkt, ein Wert von -10000 bedeutet, der rechte Kanal wird um -100 Dezibel (dB) gedämpft, und 10000 bedeutet, der linke Kanal wird um -100 dB gedämpft. (Blöd, was?) So dämpfen Sie den rechten Kanal um -5 dB:

```
if (!lpdsbuffer->SetPan(-500))
    { /* Fehler */ }
```

## DirectSound abfragen

Sie fragen sich vielleicht, ob es eine Möglichkeit gibt, Informationen von DirectSound über das Soundsystem und/oder einen abgespielten Sound zu erhalten. Beispielsweise könnten Sie fragen, ob ein Sound vollständig abgespielt ist. Und das geht! DirectSound enthält mehrere Funktionen für solche Abfragen. Nachfolgend sehen Sie die allgemeine DirectSound-Funktion für die Ermittlung der Hardware-Eigenschaften:

```
HRESULT GetCaps(LPDSCAPS lpDSCaps);// Zeiger auf DSCAPS-Struktur
```

Die Funktion nimmt einfach einen Zeiger auf eine DSCAPS-Struktur entgegen und füllt diese aus. Eine vollständige Beschreibung der einzelnen Felder finden Sie im DirectX SDK unter dem Abschnitt zu DSCAPS. Die meisten davon haben jedoch ohnehin sprechende Namen.

Sie rufen die Funktion wie folgt auf:

```
DSCAPS dscaps; // nimmt die Funktionsmerkmale auf
if (!lpds->GetCaps(&dscaps))
    { /* Fehler */ }
```

Anschließend werten Sie die gewünschten Felder aus und stellen fest, welche Eigenschaften Ihre Sound-Hardware hat.

Es gibt auch eine ähnliche Funktion für einen DirectSound-Puffer, die eine DSBCAPS-Struktur zurückgibt:

```
HRESULT GetCaps(LPDSBCAPS lpDSBCaps); // Zeiger auf DSBCAPS-Struktur
```

Der oben gezeigte Code nimmt eine DSBCAPS-Struktur entgegen, die wie folgt aussieht:

```
typedef struct {
  DWORD dwSize;                 // Größe der Struktur (muss von Ihnen
                                // gesetzt werden
  DWORD dwFlags;                // Flags-Puffer
  DWORD dwBufferBytes;          // Größe des Puffers
  DWORD dwUnlockTransferRate;   // Sample-Frequenz
  DWORD dwPlayCpuOverhead;      // Prozentsatz Rechenleistung (Prozessor),
                                // die für das Mischen dieses Sounds benötigt wird
} DSBCAPS, *LPDSBCAPS;
```

Und so überprüfen Sie den Sound-Puffer lpdsbuffer aus den Beispielen:

```
DSBCAPS dsbcaps;                    // nimmt die Ergebnisse auf
// Struktur einrichten
dsbcaps.dwSize = sizeof(DSBCAPS); // ultra-wichtig
// Funktionsmerkmale ermitteln
if (!lpdsbuffer->GetCaps(&dsbcaps))
   { /* Fehler */ }
```

Das ist alles. Natürlich gibt es auch Funktionen, um für jeden Sound-Puffer die Lautstärke zu ermitteln, das Panorama einzustellen, die Frequenz festzulegen usw., aber diese Optionen können Sie nachschlagen.

Die letzte Funktion, mit der Sie Informationen abfragen können und die ich Ihnen hier vorstellen will, ermittelt den Status eines abgespielten Sound-Puffers:

```
HRESULT GetStatus(LPDWORD lpdwStatus); // Zeiger auf das Ergebnis
```

Rufen Sie die Funktion einfach vom Schnittstellenzeiger des betreffenden Sound-Puffers aus auf und übergeben Sie ein DWORD, in dem der Status abgelegt werden soll, etwa wie folgt:

```
DWORD status; // nimmt den Status auf
if (!lpdsbuffer->GetStatus(&status))
   { /* Fehler */ }
```

Die Daten in status können einen der folgenden Werte annehmen:

- ✔ DSBSTATUS_BUFFERLOST: Mit dem Puffer ist irgendetwas passiert – das ist weniger gut.
- ✔ DSBSTATUS_LOOPING: Der Sound wird im Schleifenmodus abgespielt.
- ✔ DSBSTATUS_PLAYING: Der Sound wird gerade abgespielt. Wenn dieses Bit nicht gesetzt ist, wird der Sound überhaupt nicht abgespielt.

## Die Jams von der Festplatte lesen

Ich habe dieses Thema bis zum Schluss aufgehoben, weil es eines der Dinge ist, für die Sie sich am meisten einen Funktionsaufruf wünschen. Leider unterstützt DirectSound keine Möglichkeit, Sound-Dateien zu laden. Keine Unterstützung. Keinen .VOC-Loader, keinen .WAV-Loader, nichts! Es ist ein Drama. Die Programmierer müssen also ihre eigenen Loader schreiben. Das Problem: Sound-Dateien sind extrem komplex und es würde ein halbes Kapitel füllen, zu erklären, wie man eine Sound-Datei lädt, um es richtig zu machen, deshalb stelle ich Ihnen hier einen .VOC-Loader bereit und erkläre kurz, wie er funktioniert. In Teil II der GPCUMB-Bibliothek in Kapitel 14 erhalten Sie einen .WAV-Loader.

Machen Sie sich keine Gedanken, wenn Sie noch nie vom .VOC-Format gehört haben. Alle guten Sound-Programme können das Format lesen und schreiben; Sie können weiterhin mit .WAV-Dateien arbeiten, aber wenn Sie meine Funktion nutzen wollen, müssen Sie Ihre .WAV-Dateien vor dem Laden in .VOC-Dateien umwandeln. Bevor ich Ihnen die Vorteile des .VOC-

**11 ➤ Machen wir Lärm: DirectSound!**

Loaders zeige, betrachten wir schnell das .WAV-Format, damit Sie verstehen, warum es so schwierig zu lesen ist.

## Das .WAV-Format verwenden

Das .WAV-Format ist ein Windows-Sound-Format, das auf dem .IFF-Format basiert, das ursprünglich von Electronic Arts entwickelt wurde. IFF steht für Interchange File Format und ist ein Standard, der die Codierung vieler verschiedener Dateitypen erlaubt – unter Verwendung von allgemeinen Header/Daten-Strukturen mit Verschachtelung. Das .WAV-Format verwendet diese Codierung, und obwohl es sehr sauber und logisch ist, ist es eine Strafe, diese Dateien in ein Programm einzulesen. Sie müssen sehr viele Header-Informationen auswerten, wofür Sie sehr viel Code brauchen, und schließlich müssen Sie die Sound-Daten extrahieren.

Diese Auswertung ist so schwierig, dass Microsoft mehrere Funktionen entwickelt hat, die so genannte *Multimedia-I/O-Schnittstelle*, um Ihnen zu helfen. Diese Funktionen haben alle das Präfix mmio*. Die Moral von der Geschichte: Die Entwicklung eines .WAV-Dateireaders ist nicht ganz einfach, und es ist eine mühsame Programmierung, die nichts mit Spieleprogrammierung zu tun hat. Ich werde Ihnen in Kapitel 14 einen .WAV-Loader zur Verfügung stellen, aber jetzt wissen Sie, was auf Sie zukommt, falls Sie einen eigenen programmieren wollen.

## .VOC-Dateien lesen

Das .VOC-Dateiformat wurde von Creative Labs entwickelt und kann Sound-Dateien aufnehmen, die genau so komplex wie .WAV-Dateien sind. Weil jedoch .VOC-Dateien nur verwendet werden, um Sound-Daten aufzunehmen, gibt es hier nicht diese ganze Datenabstraktion wie bei .IFF-Wave-Dateien. Eine .VOC-Datei kann 8-Bit- oder 16-Bit-Samples in Mono oder Stereo aufnehmen. Jedes Sample liegt in einem Block vor. Abbildung 11.12 zeigt einige verschiedene Datenformate mit Blöcken unterschiedlicher Datengrößen.

Die Eleganz bei .VOC-Dateien ist, dass sie einfach zu lesen sind. Eine .VOC-Datei hat einen Header-Abschnitt gefolgt von den Datenblöcken. Jeder Datenblock hat außerdem einen kleinen Header, der den Sound beschreibt (siehe Abbildung 11.13).

.VOC-Dateien können Mono- oder Stereo-Dateien unterstützen, aber Stereo verwendet das erweiterte Format, mit dem ich mich hier nicht beschäftigen will. Um das Ganze so einfach wie möglich zu halten, verwenden Sie das grundlegende 8-Bit-Monoformat, das 1 Byte pro Sample enthält. So mögen wir es!

In Abbildung 11.13 sehen Sie, dass der Header-Block eine variable Länge haben kann (obwohl er etwa zehn Jahre lang 26 Bytes lang war). Diese variable Länge sollte helfen, die Dinge für zukünftige Erweiterungen offen zu halten. Die einzige Möglichkeit, wie Sie die Länge des Headers ermitteln können, ist es, diese aus ihm zu lesen. Diese Information wird in Byte-Indexpositionen (20,21) des Header-Abschnitts gespeichert. Verwirrend? Der Header enthält in den ersten 25 Bytes die folgenden Daten:

✔ **Bytes 0 bis 19**: Die Wörter »Creative Voice File«. Lesen Sie diesen Abschnitt aus, um sicherzustellen, dass eine .VOC-Datei vorliegt.

✔ **Bytes 20 bis 21**: Die Länge des Headers, wie bereits erklärt. Das High-Byte an Position 21 wird selten benötigt.

✔ **Bytes 22 bis 23**: Versionsnummer im Major/Minor-Byte-codierten Format.

✔ **Bytes 24 bis 25**: Weitere Informationen über die Versionsnummer, größtenteils nicht verwendet.

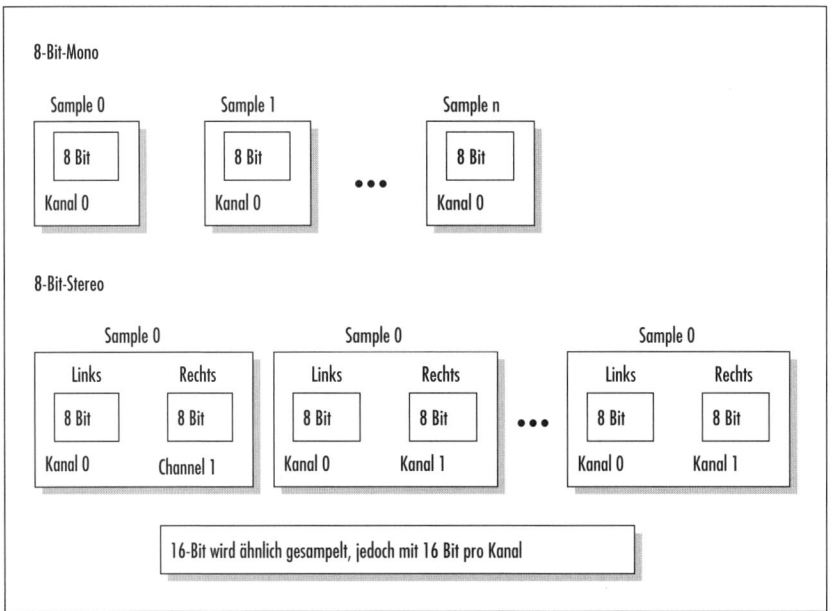

*Abbildung 11.12:* .VOC-*Audiodatenpaket-Format*

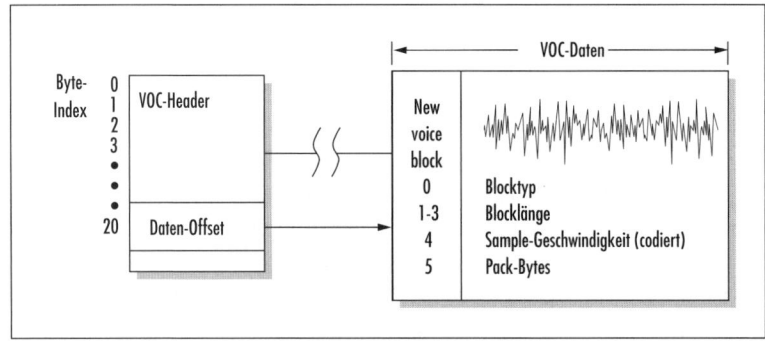

*Abbildung 11.13:* .VOC-*Dateiformat*

Wenn Sie eine Datenstrukturschablone erzeugen wollen, die die Daten aufnimmt, verwenden Sie folgenden Ansatz:

```
typedef VOC_HEADER_TYP
    {
    char name[20];       // "Creative Voice File"
USHORT header_length;    // Länge dieses Headers
USHORT version1;         // Versions-Info
USHORT version2;         // Versions-Info
    } VOC_HEADER, *VOC_HEADER_PTR;
```

Das ist alles. Um eine .VOC-Datei zu lesen, gehen Sie wie folgt vor:

1. **Öffnen Sie die .VOC-Datei.**
2. **Lesen Sie die ersten 25 Bytes der Datei in eine Schablone ein (wie etwa** VOC_HEADER**).**
3. **Überprüfen Sie, ob das Feld** name **die Wörter** Creative Voice File **enthält.**
4. **Greifen Sie auf das Feld** header_length **zu und verwenden Sie es als Offset von dem Dateianfang, um den Anfang der .VOC-Daten herauszufinden.**

Wenn Sie den Datenabschnitt erreicht haben, finden Sie einen weiteren Header, den *New Voice Block* (NVB). Er ist genau sechs Byte lang und hat das folgende Format:

```
typedef struct VOC_NVB_TYP
    {
UCHAR block_type;     // Blocktyp (1 ist New Voice Block)
UCHAR block_length[3]; // 3-Byte-Wort, das die Länge des
                       // Sounds in Byte angibt
UCHAR sample_rate;    // Sample-Frequenz der Daten im codierten Format
UCHAR compression;    // Komprimierung (0 bedeutet keine Komprimierung)
UCHAR data[];         // hier stehen die Daten
    } VOC_NVB, *VOC_NVB_PTR;
```

Lesen Sie die sechs Byte in VOC_NVB ein, dann können Sie loslegen. Der block_type sollte immer gleich 1 sein, die block_length wird nicht verwendet, und die Komprimierung sollte gleich 0 (keine Komprimierung) sein. Das einzige Feld, das verschlüsselt ist, ist sample_rate. Sie sehen, dass es sich hier um ein einziges Byte handelt, es kann also keine Sample-Frequenzen größer 255 darstellen, oder? Die tatsächliche Sample-Geschwindigkeit wird unter Verwendung der folgenden Formel berechnet:

```
DWORD actual_sample_rate = -1000000/(sample_rate - 256);
```

Die Entwicklung eines .VOC-Readers ist von diesem Punkt aus ganz einfach. Sie lesen einfach die Daten und werten sie abhängig von Header und Datenstruktur aus. Ich habe hier nicht den Platz, Ihnen einen kompletten .VOC-Reader zu zeigen, aber die CD enthält einen solchen im fertigen Demo-Programm PROG13_3.CPP. Die .VOC-Loader-Funktion heißt Load_VOC(), die eine .VOC-Datei von der Festplatte liest und einen Sound-Puffer erzeugt, der diese aufnimmt. Hier der Prototyp:

```
LPDIRECTSOUNDBUFFER int Load_VOC(
    char *voc_file,  // Name der .VOC-Datei auf der Festplatte
    VOC_FILE_PTR voc_data); // Zeiger auf die Struktur, die die
                            // Daten aufnimmt
```

Im obigen Prototyp ist `VOC_FILE` wie folgt definiert:

```
typedef struct VOC_FILE_TYP
    {
    int sample_rate; // Sample-Frequenz des Sounds
    int length;      // Länge der Sound-Daten
    LPDIRECTSOUNDBUFFER lpdsbuffer; // Zeiger auf Sound-Puffer
    } VOC_FILE, *VOC_FILE_PTR;
```

Um die Funktion verwenden zu können, übergeben Sie ihr den Namen der zu ladenden Datei sowie eine leere `VOC_FILE`-Struktur. Wenn die angeforderte .VOC-Datei auf der Festplatte vorhanden ist, lädt die Funktion `Load_VOC()` sie, reserviert den dafür erforderlichen Speicher, lädt die Daten, erzeugt einen DirectSound-Puffer, der die Sound-Daten aufnimmt, lädt die Daten in den Puffer und füllt schließlich die verschiedenen Felder der `VOC_FILE`-Struktur und kehrt mit `TRUE` zurück. Befindet sich die Datei nicht auf der Festplatte, gibt die Funktion `FALSE` zurück. Hier ein Beispiel:

```
VOC_FILE voc_file; // nimmt .VOC-Daten auf
// .VOC-Datei mit einem Explosionsgeräusch laden
if (!Load_VOC("EXPLOS.VOC",&voc_file))
    { /* Datei nicht gefunden */ }
// jetzt wird voc_file ausgeführt und
// voc_file.lpdsbuffer ist gültig und kann
// genutzt werden...
// um den Sound abzuspielen, schreiben Sie
voc_file.lpdsbuffer->Play(0,0,DSBPLAY_LOOPING);
```

Probieren Sie unbedingt `PROG13_3.CPP` auf der CD zum Buch aus. Es ist eine vollständige Demo von DirectSound und der Funktion `Load_VOC()`. Das Programm ermöglicht Ihnen, den Sound mit Hilfe von Schiebereglern in Echtzeit zu manipulieren; es ist cool, und Sie sehen, wie man Applikationen Schieberegler hinzufügt!

In Kapitel 14, das den zweiten Teil der GPDUMB-Bibliothek enthält, erzeugen Sie eine komplette Sound-Bibliothek, die verschiedene Aufgaben erledigt, wie beispielsweise die Freigabe des Sound-Puffers oder die Verwaltung mehrerer Sounds.

# Was Sie schon immer über DirectInput wissen wollten

## In diesem Kapitel

▶ Lernen Sie DirectInput kennen

▶ Erzeugen und verwenden Sie ein Tastatur-Gerät

▶ Spielen Sie mit einer Maus

▶ Richten Sie einen Joystick ein

---

In diesem Kapitel geht es um DirectInput – die Eingabekomponente von DirectX. Mit Hilfe von DirectInput können Sie auf einheitliche Weise auf Tastatur, Maus, Joystick und alle anderen Formen von Eingabegeräten zugreifen.

Als Microsoft DirectInput schließlich zum Laufen brachte (es war in DirectX 3.0), fiel mir ein Stein vom Herzen – endlich frei! Die Arbeit mit dem Windows-Messaging, um Eingaben von Tastatur, Maus und Joystick entgegenzunehmen, war nicht selten eine grauenhafte und wahrlich unverhältnismäßige Strafe für Programmierer. Glücklicherweise sind diese schrecklichen Zeiten vorbei. DirectX 8.0+ bietet volle Unterstützung für alle Eingabegeräte, die Sie sich vorstellen können – in der bekannten DirectX-COM-Vorgehensweise. Die nachfolgende Liste zeigt einige der Eingabegeräte auf, die DirectX unterstützt:

✔ Tastaturen: Die Standard-QWERTY-Tastatur

✔ Mäuse: Zwei- und Drei-Tasten-Mäuse

✔ Joysticks und Flight Yokes: Unterstützung analoger und digitaler Joysticks/Flight Yokes mit sechs Freiheitsgraden und bis zu 32 Tasten

✔ Fahrsimulatorgeräte: Analoge und digitale Einrichtungen für Fahrsimulationen

✔ Paddles: Verschiedene Rotations-Geräte

✔ Force-Feedback-Geräte: Joysticks oder andere Geräte, die mechanische Sensoren haben, die dem Computer ermöglichen, dass sie vibrieren und/oder ihre Form ändern

✔ Helmsysteme für virtuelle Realitäten: Unterstützung von Positionierung und Orientierung für Helmausrüstungen für virtuelle Realitäten, die den Kopfstatus des Trägers zurückmelden

Damit ist fast jedes Eingabegerät abgedeckt, das Sie an Ihren Computer anschließen können. Ich glaube, wenn ganze VR-Anzüge auf den Markt kommen, wird DirectInput auch diese unterstützen!

Dieses Kapitel beschreibt die Verwendung von DirectInput in Ihrem Spielprogramm. Ich beginne mit einer Beschreibung, wie DirectInput überhaupt funktioniert. Die weiteren Abschnitte zeigen, wie Sie DirectInput für Ihre Arbeit einsetzen.

## *Das Innenleben von DirectInput*

DirectInput verwendet für seine Arbeit das Standard-COM-Modell; ein COM-Objekt stellt DirectInput dar, und mehrere andere Objekte stellen die an den PC angeschlossenen Eingabegeräte dar, wie in Abbildung 12.1 gezeigt. (Weitere Informationen über COM-Modelle usw. finden Sie in Kapitel 5.)

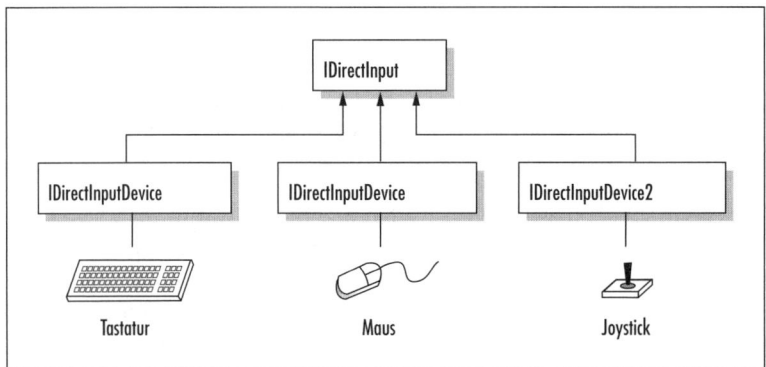

*Abbildung 12.1: Die Struktur der DirectInput-Schnittstellen*

Im Wesentlichen verwaltet das DirectInput-Hauptobjekt alle Eingabegeräte, die als `IDirect-InputDevice`s ausgelegt sind.

Obwohl DirectInput extrem komplex ist, wenn Sie alle seine Funktionsmerkmale nutzen wollen, kann es durchaus überschaubar sein, wenn Sie nur die einfachste Funktionalität nutzen – und so werden Sie es in diesem Buch kennen lernen. Sie brauchen zwei Schnittstellen:

✔ `IDIRECTINPUT8`: Das DirectInput-Hauptobjekt, das das gesamte Eingabesystem darstellt, an das Geräte angeschlossen werden können

✔ `IDIRECTINPUTDEVICE8`: Ein beliebiges Eingabegerät, wie beispielsweise ein Joystick oder ein Force-Feedback-Gerät

Es gibt zu viele verschiedene Eingabegeräte, um für jedes davon eine andere Schnittstelle unterstützen zu können. Stattdessen verwendet DirectInput ein einziges, generisches Eingabegerät – `IDIRECTINPUTDEVICE8` –, das Sie einrichten, indem Sie zusammen mit den gewünschten Eigenschaften eine GUID übergeben. (Diese Anordnungen werden Ihnen im Laufe des Kapitels verständlich werden.)

## DirectInput verwenden

DirectInput 8.0+ besteht aus Laufzeit-DLLs (um die Sie sich nicht kümmern müssen) und drei Compilezeit-Dateien: DINPUT.LIB, DINPUT8.LIB und DINPUT.H, die die Bibliotheken bzw. den Header importieren. Achten Sie darauf, diese Dateien in Ihr Projekt einzubinden, dann gibt es keine Probleme.

Die Verwendung von DirectInput ist ganz einfach:

1. **Erzeugen Sie mit** DirectInput8Create() **ein DirectInput-Hauptobjekt.**
2. **Erzeugen Sie mit** CreateDevice() **ein oder mehrere Eingabegeräte.**

   Sie brauchen für jedes dieser Geräte eine GUID, fordern Sie also DirectInput auf, alle Eingabegeräte zu nummerieren.

3. **Legen Sie mit** SetCooperativeLevel() **die Kooperationsebene für jedes Gerät fest.**
4. **Legen Sie mit** SetDataFormat() **das Datenformat für jedes Gerät fest, spezielle Eigenschaften mit** SetProperty().
5. **Fordern Sie die einzelnen Eingabegeräte mit** Acquire() **an.**

   In diesem Schritt werden Eingabegeräte dem Hauptobjekt DirectInputDevice8 zugeordnet.

6. **Nehmen Sie mit** GetDeviceState() **Eingaben entgegen.**

   Rufen Sie Poll() auf, wenn das Gerät manuell abgefragt werden muss.

Lesen Sie die Eingabe für jedes Gerät als Datensatz und werten Sie diesen auf die gesuchten Informationen hin aus. Jeder einzelne Gerätetyp hat leicht unterschiedliche Datensatzformate, aber erstaunlicherweise sind sich diese auch sehr ähnlich. (Offensichtlich hat man sich eine Menge Gedanken über die Verallgemeinerung von Eingabedaten gemacht.)

Es gibt zwei Möglichkeiten, Eingaben von DirectInput anzufordern:

✔ **Unmittelbare Eingabe**: Stellt den aktuellen Status des Geräts dar.

✔ **Gepufferte Eingabe**: Verwaltet eine Datenbank oder Liste von Ereignissen, die seit der letzten angeforderten Eingabe aufgetreten sind.

 Für die Beispiele in diesem Buch verwende ich das unmittelbare Format, weil es einfacher einzurichten ist und die intuitivere Möglichkeit darstellt, Eingabedaten zu lesen.

Bei Verwendung von DirectInput brauchen Sie sich keine Gedanken über Nachrichten, Staus, langsame Antwortzeiten usw. mehr zu machen. DirectInput arbeitet direkt mit den Hardware-Treibern zusammen. Es funktioniert tatsächlich so gut, dass es Windows völlig aus der Arbeit ausschließen kann.

 In fensterorientierten Applikationen kann es ein Problem darstellen, dass DirectInput in der Lage ist, völlig ohne Windows zu arbeiten. Wenn Sie die Prioritätsebene in Ihrer DirectInput-Applikation hoch genug setzen, erhält Windows keinerlei Tastatur- oder Maus-Nachrichten. Wenn Sie nicht wollen, dass Windows diese Nachrichten erhält, ist alles in Ordnung. Wenn Sie jedoch Windows-Steuerelemente oder -Menüs in Ihrer Applikation verwenden wollen, sollten Sie diese Einschränkung berücksichtigen, wenn Sie die DirectInput-Kooperationsebene festlegen.

Glücklicherweise ist DirectInput intelligent genug, die Kooperationsebenen für jedes Eingabegerät separat festzulegen, was sehr praktisch ist, aber Sie sollten mit der Kooperation dennoch großzügig sein, weil viele andere Applikationen Probleme bekommen können, wenn Sie die ausschließliche Kontrolle über das Gerät übernehmen.

Die folgenden Abschnitte erklären die einzelnen Schritte detailliert. Wiederholen Sie die Liste dreimal und nehmen Sie Haltung an, bevor Sie weiterlesen!

## DirectInput aktivieren

Der erste Schritt bei der Verwendung von DirectInput ist, das Haupt-COM-Objekt zu erzeugen, das letztlich als DirectInput-Gerätemanager dient. Das DirectInput-COM-Hauptobjekt wird durch den folgenden Prototyp angesprochen:

```
LPDIRECTINPUT8 lpdi;    // DirectInput-Hauptobjekt
```

Um ein DirectInput-Objekt zu erzeugen, verwenden Sie den folgenden Funktionsprototyp für `DirectInputCreate()`:

```
HRESULT WINAPI DirectInput8Create(
  HINSTANCE hinst,      // Instanz der Applikation
  DWORD dwVersion,      // Abwärtskompatibilität
  REFIID riidltf,       // Schnittstellen-ID
  LPVOID* ppvOut,       // Zeiger auf die Schnittstelle
  LPUNKNOWN punkOuter); // COM-Dinge; Null
```

Die Funktion gibt `DI_OK` zurück (DirectInput OK), falls sie erfolgreich ausgeführt werden kann, andernfalls eine andere Konstante (weitere Informationen finden Sie im DirectX SDK). Die Parameter für `DirectInput8Create()` unterscheiden sich etwas von den Dingen, die ich in früheren Kapiteln erklärt habe. Insbesondere können Sie `dwVersion` und `hinst.dwVersion` verwenden, um ältere Versionen von DirectInput anzufordern, falls Sie Abwärtskompatibilität sicherstellen wollen. Hier übergeben Sie immer `DIRECTINPUT_VERSION`, das bedeutet, es soll *immer die neueste Version* verwendet werden.

`hinst` dagegen ist etwas ungewöhnlich. Es stellt die *Instanz* Ihrer Applikation dar, was seltsam ist, weil Sie selten genug ein Instanz-Handle verwenden, um ein DirectX-COM-Objekt zu erzeugen. Im Fall von `hinst` sollten Sie dafür sorgen, dass Sie die Applikationsinstanz in der Funktion `WinMain()` speichern und das Instanz-Handle der Funktion `DirectInputCreate()` übergeben, wenn Sie (*räusper*) ein DirectInput-Objekt erzeugen, wie im folgenden Beispiel gezeigt:

```
// Sicherstellen, dass dies und die Bib. DINPUT.LIB
// eingebunden werden
#include "DINPUT.H"
// weitere includes, defines usw. ...
LPDIRECTINPUT8 lpdi; // Zeiger auf DirectInput-Objekt
// DirectInput-Objekt erzeugen
if (DirectInput8Create(main_instance, DIRECTINPUT_VERSION, IID_IDirectInput8,
            (void **)&lpdi,NULL)!=DI_OK)
  { /* Fehler */ }
```

Das ist alles. Wenn Sie mit der Arbeit mit dem DirectInput-Objekt fertig sind, geben Sie es mit einem Aufruf von `Release()` frei:

`lpdi->Release();`

Ebenso wie DirectSound unabhängig von DirectDraw eingesetzt werden kann, gilt dies auch für DirectInput. Jede DirectX-Komponente kann unabhängig von den anderen ausgeführt werden. Sie brauchen nur ein Fenster, in dem Sie die einzelnen Komponenten verankern. Sie brauchen DirectDraw nicht zu starten, damit DirectInput funktioniert. Diese Flexibilität ist ausgezeichnet, wenn Sie ausprobieren wollen, wie DirectX-Komponenten funktionieren.

## Tastatureingaben mit der Geschwindigkeit X

Die Tastatur ist definitiv das einfachste aller DirectInput-Geräte. Ich hatte nur eine oder zwei kleinere Kopfschmerzattacken, um eine Tastatur in Kombination mit DirectX einzusetzen, und das ist extrem wenig. (Keine Sorge: Nachdem ich die Kopfschmerzen hatte, kann ich Ihnen jetzt sagen, wie Sie sie vermeiden!)

Weil die Tastatur so einfach ist, werde ich alle Schritte für die Einrichtung zur Nutzung von DirectInput detailliert beschreiben. Die Abschnitte dieses Kapitels, die die Verwendung von Maus und Joysticks beschreiben, gehen weniger ins Detail; ich werde nur die für diese Geräte spezifischen Aspekte genauer beschreiben. Allgemeine Informationen entnehmen Sie bitte diesem Abschnitt über die Arbeit mit der Tastatur.

1. Erzeugen Sie das Tastatur-Gerät.
2. Legen Sie die Kooperationsebene für die Tastatur fest.
3. Legen Sie das Datenformat für das Tastatur-Gerät fest.
4. Fordern Sie das Tastatur-Gerät an.

### Ein Tastatur-Gerät erzeugen

Der erste Schritt für die Verwendung der Tastatur ist, mit Hilfe der Funktion `CreateDevice()` ein Tastatur-Gerät zu erzeugen, das verwendet wird, um alle DirectInput-Geräte zu erzeugen.

Bevor ich Ihnen jedoch zeige, wie das geht, will ich etwaige Verwirrungen aufklären, die durch die Geräte/Objekt-Metapher von DirectInput möglicherweise entstanden sind. Ein Gerät stellt normalerweise ein einzelnes physisches Eingabegerät dar, wie beispielsweise eine Tastatur, eine Maus, ein Joystick usw., aber nicht unbedingt. Manchmal setzt sich ein Gerät auch aus anderen Geräten zusammen.

 Einige Eingabegeräte, wie beispielsweise Steuerkombinationen für Autorennspiele, benötigen möglicherweise ein Gerät für das Lenkrad, eines für die Pedale und eines für alle Bedienelemente (siehe Abbildung 12.2).

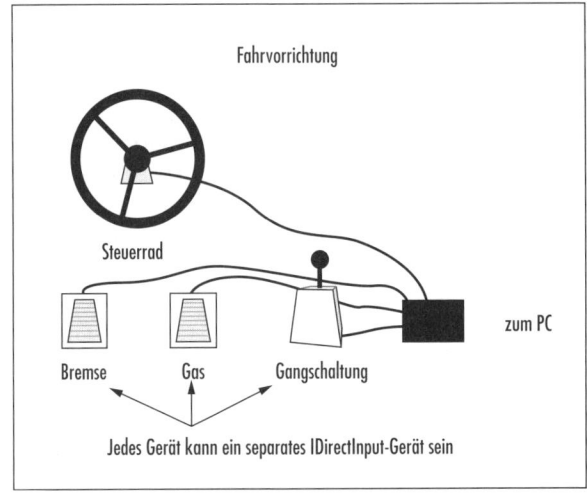

*Abbildung 12.2: Einige Eingabegeräte bestehen aus mehreren Geräten.*

Darüber hinaus betrachtet DirectInput ein Objekt nicht als vollständiges Eingabegerät, sondern als einzelnen Eingabesensor. Ein Joystick beispielsweise ist ein Eingabe*gerät*, das mehrere Eingabe*objekte* umfasst – den Joystick-Yoke sowie die einzelnen Tasten (siehe Abbildung 12.3).

Ich bin nicht immer ganz konsistent im Gebrauch dieser Begriffe und hoffe, Sie lassen sich nicht durch meinen Sprachmischmasch verwirren. Sie sollten Abbildung 12.3 mit einem Post-it markieren, so dass Sie später schnell nachblättern können, wenn Sie spicken müssen.

Nachdem all dies gesagt ist, sehen Sie nachfolgend die Funktion, mit der ein Gerät erzeugt wird (ptr steht für *Pointer*, also *Zeiger*):

```
HRESULT CreateDevice(
  REFGUID rguid,    // GUID des zu erzeugenden Geräts
  LPDIRECTINPUTDEVICE *lplpDIDev,// Zeiger auf die Geräteschnittstelle
  LPUNKNOWN pUnkOuter); // immer NULL
```

Der erste Parameter der Funktion ist die *GUID* (Global Unique Identifier), die das Gerät identifiziert, das Sie erzeugen wollen. Normalerweise müssen Sie Geräte mit EnumDevices() auflisten, um die GUIDs für alle seltsamen, nicht standardmäßigen Geräte zu erhalten, wie beispielsweise Joysticks, Flight-Sticks usw. DirectInput hat jedoch spezielle GUIDs für Tastatur und Maus vordefiniert:

✔ `GUID_SysKeyboard`: Die Standard-Systemtastatur

✔ `GUID_SysMouse`: Die Standard-Systemmaus

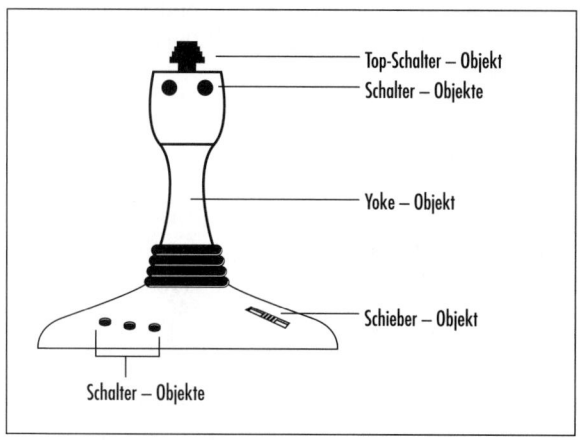

*Abbildung 12.3: Das Konzept der DirectInput-Objekte*

Um diese GUIDs nutzen zu können, müssen Sie sie mit Hilfe von `#define INITGUID` ganz oben in Ihre C/C++-Datei aufnehmen – und die Header-Datei `OBJBASE.H` in Ihr Programm einbinden. Diese Methode bewirkt, dass der Compiler alle COM-Dinge berücksichtigt, auch diese vordefinierten GUIDs.

Der nächste Parameter für `CreateDevice()` ist die Adresse des Schnittstellenzeigers, den das Gerät erhalten soll. Es gibt keine Unterscheidung zwischen den Geräten, verwenden Sie deshalb immer denselben Zeigertyp – diesen:

```
LPDIRECTINPUTDEVICE8 lpdikey; // Tastatur-Gerät
```

Jetzt verwenden wir all dieses neue Wissen, um ein Tastaturgerät zu erzeugen. Nehmen Sie unbedingt Folgendes oben in Ihre Datei auf:

```
#define INITGUID      // benötigt, um die GUIDs zu erhalten
#include <OBJBASE.H>  // COM-Dinge
#include "DINPUT.H"   // das brauchen Sie!
```

Anschließend erzeugen Sie ein DirectInput-Objekt:

```
LPDIRECTINPUT8 lpdi; // DirectInput-Hauptobjekt
// DirectInput-Objekt erzeugen
if (DirectInput8Create(main_instance, DIRECTINPUT_VERSION, IID_IDirectInput8, (void
**)&lpdi,NULL)!=DI_OK)
    { /* Fehler */ }
```

Und jetzt erzeugen Sie das Tastatur-Gerät:

```
LPDIRECTINPUTDEVICE8 lpdikey; // das Tastatur-Gerät
// das Tastatur-Gerät erzeugen
if (lpdi->CreateDevice(GUID_SysKeyboard, &lpdikey,NULL)!=DI_OK)
   { /* Fehler */ }
```

Beachten Sie, dass `CreateDevice()` eine Schnittstellenfunktion des `DirectInput`-Hauptobjekts ist; das sollte keine Überraschung darstellen. Nachdem das obige Codefragment ausgeführt wurde, sollte `lpdikey` auf das Tastatur-Gerät verweisen – jetzt können Sie die Kooperationsebene festlegen.

## Die Kooperationsebene festlegen

Jedes DirectInput-Gerät hat eine eigene Kooperationsebene, obwohl es nicht viele davon gibt. Um die Kooperationsebene für ein Gerät festzulegen, rufen Sie die Funktion `SetCooperativeLevel()` von der Geräteschnittstelle auf, wie im folgenden Prototyp:

```
HRESULT SetCooperativeLevel(HWND hwnd,  // Fenster-Handle
   DWORD dwFlags); // Kooperations-Flags
```

Die Funktion gibt `DI_OK` zurück, wenn sie erfolgreich ausgeführt werden kann.

Die Kooperationsebene hat eigentlich nur vier Einstellungen: *Hintergrund, Vordergrund, exklusiv* und *nicht exklusiv*. Die Namen sind etwas irreführend, deshalb finden Sie in Tabelle 12.1 einige wichtige Details.

| Wert | Beschreibung |
|---|---|
| DISCL_BACKGROUND | Ihre Applikation kann ein DirectInput-Gerät verwenden, egal ob die Applikation im Hintergrund untätig oder im Vordergrund aktiv ist. |
| DISCL_FOREGROUND | Diese Applikation benötigt Vordergrundzugriff. Falls Vordergrundzugriff erteilt ist, wird das Gerät automatisch deaktiviert, wenn das entsprechende Fenster in den Hintergrund gelangt. |
| DISCL_EXCLUSIVE | Nachdem Sie das Gerät angefordert haben, kann keine andere Applikation exklusiven Zugriff darauf anfordern; andere Applikationen können jedoch nicht exklusiven Zugriff anfordern. |
| DISCL_NONEXCLUSIVE | Die Applikation benötigt nicht exklusiven Zugriff. Zugriff auf das Gerät stört keine anderen Applikationen, die auf dasselbe Gerät zugreifen. |

*Tabelle 12.1: Allgemeine `SetCooperativeLevel()`-Einstellungen für alle DirectInput-Geräte*

Ich bin mir nicht einmal sicher, ob Microsoft weiß, was diese Einstellungen wirklich bedeuten, aber Sie sollten `DISCL_BACKGROUND | DISCL_NONEXCLUSIVE` für die Kooperationseinstellung verwenden. Dieser Ansatz bietet die beste allgemeine Leistung. Und weil Ihre Spiele größtenteils im Vollbildmodus ausgeführt werden, stellt die nicht exklusive Einstellung kein Problem dar. Die Verwendung von exklusivem Zugriff kann Windows verwirren und es völlig aus der Eingabeschleife werfen, was Sie ja nicht wollen.

Nach diesem Mini-Briefing in Hinblick auf Kooperationsebenen legen Sie die Kooperationsebene Ihres neuen Tastatur-Eingabegeräts wie folgt fest:

```
if (lpdikey->SetCooperativeLevel(main_window_handle,
    DISCL_BACKGROUND | DISCL_NONEXCLUSIVE)!=DI_OK)
{ /* Fehler */ }
```

## Das Datenformat festlegen

Der nächste Schritt, Ihre Tastatur auf die Kommunikation mit Ihrem Programm vorzubereiten, ist die Festlegung des Datenformats – damit teilen Sie Ihrem System mit, wie die Daten von dem Gerät formatiert und präsentiert werden sollen. Diese Initialisierungsphase kann sehr kompliziert sein, wenn Sie sie selbst ausführen. Sie müssen `SetDataFormat()` aufrufen, wie im folgenden Prototyp:

```
HRESULT SetDataFormat(LPCDIDATAFORMAT lpdf); // Zeiger auf Datenformat
```

Der einzige Parameter für `SetDataFormat()` ist eine `DIDATAFORMAT`-Struktur, wie nachfolgend gezeigt:

```
typedef struct {
  DWORD dwSize;         // Größe dieser Struktur in Byte
  DWORD dwObjSize;      // Größe von DIOBJECTDATAFORMAT in Byte
  DWORD dwFlags;        // Flags: DIDF_ABSAXIS oder
                        // DIDF_RELAXIS für absolute oder
                        // relative Angabe
  DWORD dwDataSize;     // Größe der Datenpakete
  DWORD dwNumObjs;      // Anzahl der Objekte, die im folgenden Array
                        // mit Objekten definiert sind
  LPDIOBJECTDATAFORMAT rgodf; // Zeiger auf ein Array mit Objekten
} DIDATAFORMAT, *LPDIDATAFORMAT;
```

Wie Sie sehen, ist diese Datenstruktur ein Alptraum – sie ist nicht nur extrem kryptisch, sondern auch grundsätzlich der Header für ein Array mit »Objekt«-Datensätzen (einzelnen Eingaben), die alle Eingabesteuerelemente für das Gerät definieren. Die Entwickler von DirectInput erkannten zum Glück, dass es für die Benutzer eine Zumutung wäre, alle diese komplexen Datenstrukturen auszufüllen. In ihrer unendlichen Weisheit und Güte erzeugten sie die vordefinierten Datenformate (Halleluja!), wie in Tabelle 12.2 gezeigt.

| Wert | Verwendung |
| --- | --- |
| c_dfDIKeyboard | Vordefiniertes Datenformat für die Tastatur |
| c_dfDIMouse | Vordefiniertes Datenformat für die Maus |
| c_dfDIJoystick | Vordefiniertes Datenformat für einen Standard-Joystick |

*Tabelle 12.2: Vordefinierte Datenformate*

Diese vordefinierten Datenformate sind eigentlich globale Variablen, verwenden Sie sie also genau wie die von Ihnen erzeugten Variablen. So legen Sie das Datenformat fest:

```
// Format festlegen; beachten Sie die Verwendung des Adressoperators
if (lpdikey->SetDataFormat(&c_dfDIKeyboard )!=DI_OK)
    { /* error */ }
```

Wenn Sie das Datenformat festgelegt haben, fordern Sie das Eingabegerät im letzten Schritt (zumindest bei der Tastatur) an, d.h., Sie ordnen es dem Eingabestrom zu und machen seine Daten verfügbar – durch Aufruf von `Acquire()`. Nachfolgend der Prototyp für den Befehl:

`HRESULT Acquire();`

Wenn die Funktion erfolgreich ausgeführt wurde, gibt sie `DI_OK` oder `S_FALSE` zurück, eine zusätzliche Fehlerüberprüfung kann also sinnvoll sein, wenn Ihr Code wasserdicht sein soll.

So aktivieren Sie das von Ihnen erzeugte Tastaturgerät:

```
if (lpdikey->Acquire()!=DI_OK)
    { /* Fehler */ }
```

Das ist alles! Jetzt können Sie Daten von der Tastatur einlesen.

## Daten von der Tastatur lesen

Beachten Sie, dass es sich bei dem Datenformat der DirectInput-Standardtastatur um *Statusdaten* handelt. Mit anderen Worten, wenn Sie die Daten lesen, erhalten Sie den aktuellen Status der Tastatur, als handelte es sich dabei um eine Menge momentan gesetzter Schalter. Es ist möglich, eine gepufferte Eingabe zu erhalten, aber größtenteils will man einfache On/Off-Statusdaten, deshalb behalten Sie das Datenformat unverändert bei.

Um die Tastaturdaten zu lesen – oder beliebige andere Daten von einem beliebigen Gerät –, rufen Sie die Funktion `GetDeviceState()` auf. Diese Funktion liest den momentan Datenstatus des Geräts, oder was das Gerät im letzten Eingabezyklus gemacht hat. Hier der Prototyp:

```
HRESULT GetDeviceState(
    DWORD cbData,     // Größe des Datensatzes
    LPVOID lpvData);  // Zeiger auf den Datenspeicherbereich
```

Wie üblich, gibt die Funktion `DI_OK` zurück, wenn sie erfolgreich war, und verschiedene andere DirectInput-Fehlercodes (siehe DirectX-SDK-Hilfe), falls ein Fehler auftritt.

 Was interessant (und äußerst praktisch) bei `GetDeviceState()` ist, ist, dass es so allgemein gehalten ist. Sie verwenden diese Funktion immer dann, wenn Sie von der Tastatur, der Maus, dem Joystick oder einem anderen Gerät lesen. Es ändern sich nur zwei Werte: `cbSize` (die Größe des empfangenen Datensatzes in Byte) und `lpvData` (ein Zeiger auf die Position, an der die Daten im Speicher abgelegt werden sollen).

Beispielsweise besteht der Tastaturstatus aus einem Array mit 256 `BYTE`-Elementen. Jedes Element steht für eine der Tasten. Diese Anordnung ist identisch mit der Arbeitsweise der Win32-Funktion `GetAsyncKeyState()`, wenn Sie also mit der Windows-API-Programmierung vertraut sind, sollten Sie sich hier wie zu Hause fühlen. Um mit der Funktion Get-

DeviceState()den gesamten Tastaturstatus zu ermitteln, übergeben Sie ihr die Größe des BYTE-Datenarrays (in diesem Fall 256) sowie einen Zeiger auf das Array. Hier ein Beispiel:

```
// Speicher für die Tastaturdaten
UCHAR keystate[256];
// ...
// dies soll in Ihrer Hauptschleife stehen
if (lpdikey->GetDeviceState(256, keystate)!=DI_OK)
    { /* irgendetwas */ }
// Dateneinträge überprüfen ...
```

Ganz einfach, aber sehen Sie, wie ich diesen kleinen Kommentar Dateneinträge überprüfen eingefügt habe? DirectInput hat eine Konstante für jede Taste, so wie Win32 auch bei GetAsyncKeyState() vorgeht. Die Konstanten beginnen alle mit dem Präfix DIK_ und stellen den Namen der Taste dar. Tabelle 12.3 ist eine extrem knappe Version aller Tastencodes. Eine vollständige Referenz finden Sie im DirectX SDK oder Sie sehen einfach in DINPUT.H im DirectX-SKD-Verzeichnis nach.

| Wert | Beschreibung |
| --- | --- |
| DIK_ESCAPE | Esc-Taste |
| DIK_0 - DIK_9 | 0 bis 9 auf der Haupttastatur |
| DIK_A - DIK_Z | A bis Z |
| DIK_RETURN | Eingabetaste auf der Haupttastatur |
| DIK_LCONTROL | Linke Strg-Taste |
| DIK_RCONTROL | Rechte Strg-Taste |
| DIK_SPACE | Leer -Taste |
| DIK_F1 - DIK_F12 | Funktionstasten F1 bis F12 |
| DIK_UP | Pfeil nach oben ↑ |
| DIK_DOWN | Pfeil nach unten ↓ |
| DIK_LEFT | Pfeil nach links ← |
| DIK_RIGHT | Pfeil nach rechts → |
| DIK_PRIOR | Seite nach oben Seite ↑ |
| DIK_NEXT | Seite nach unten Seite ↓ |

*Tabelle 12.3: Virtuelle Tastencodes in DirectInput*

Wenn Sie den Gerätestatus der Tastatur ermittelt haben, können Sie das Daten-Array abfragen. Ist eine Taste ON (gedrückt), ist das Bit 0x80 gleich 1. Ist eine Taste OFF (losgelassen), ist das Bit 0x80 gleich 0. Nachfolgend sehen Sie, wie Sie die Pfeiltasten für die Bewegung eines Raumschiffs überprüfen:

```
int ship_x = 100, ship_y = 100; // Ausgangsposition des Raumschiffs
// Speicher für die Tastaturdaten
UCHAR keystate[256];
// ...
// in Ihrer Hauptschleife würde Folgendes stehen:
if (lpdikey->GetDeviceState(256, keystate)!=DI_OK)
```

```
                 { /* irgendetwas */ }
// prüfen, ob der Spieler das Schiff bewegt
if (keystate[DIK_RIGHT]  & 0x80)   ship_x++;
if (keystate[DIK_LEFT]   & 0x80)   ship_x--;
if (keystate[DIK_DOWN]   & 0x80)   ship_y++;
if (keystate[DIK_UP]     & 0x80)   ship_y--;
```

Natürlich könnten Sie ein Makro um den Aufruf schreiben, dann brauchen Sie den AND-Bitvergleich nicht explizit auszuführen.

Wenn Sie mit Ihrem Spielzeug fertig sind, räumen Sie es auf. Für jedes Eingabegerät, das Sie erzeugen und aktivieren, erledigen Sie Folgendes:

```
// zuerst deaktivieren
lpdikey->Unacquire();
// dann das Objekt freigeben
lpdikey->Release();
```

Dieser Code ist im Wesentlichen der Prototyp für Unacquire(). Außer einem Aufruf ist dafür nichts erforderlich.

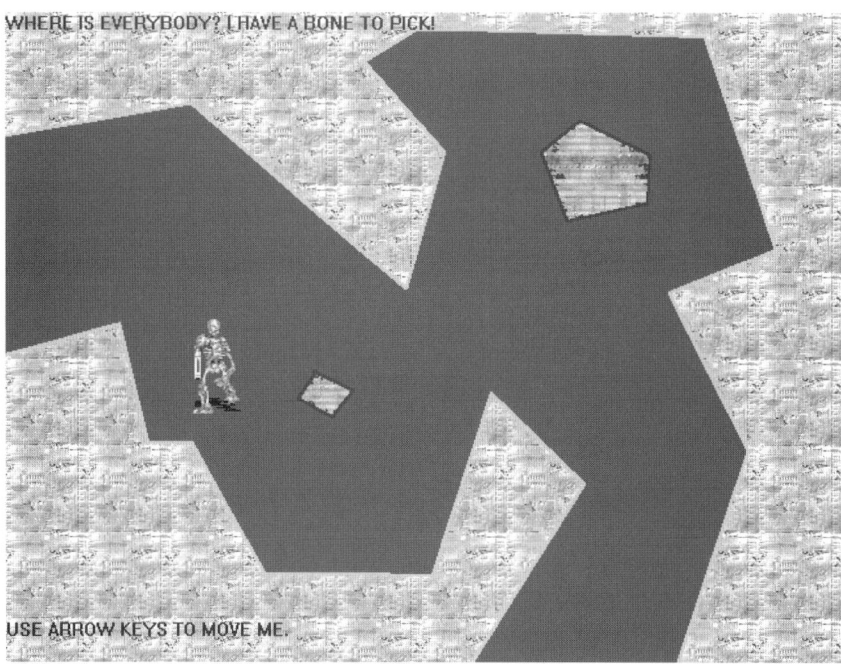

*Abbildung 12.4: Die Tastatur-Demo*

Ich hoffe, Sie wissen jetzt, wie Sie mit DirectInput von der Tastatur lesen, und haben darüber hinaus verstanden, dass die dafür erforderlichen Schritte für die anderen Eingabegeräte ganz ähnlich sind. Probieren Sie PROG14_1.CPP (PROG14_1_16b.CPP ist die 16-Bit-Version) auf der CD zum Buch aus. Es handelt sich dabei um eine Demo der Tastatur unter DirectInput. Im Programm steuern Sie ein dämonisches Skelett, wie in Abbildung 12.4 gezeigt.

Sie steuern diese Figur mit Hilfe der Pfeiltasten. Sehen Sie sich unbedingt auch alle anderen Funktionsmerkmale des Demo-Programms und den Einsatz der Engine an. Diese Demo verwendet die Spiele-Engine GPDUMB1, wenn Sie sie also neu kompilieren wollen, binden Sie GPDUMB1.CPP sowie die Bibliotheksdateien DDRAW.LIB, DINPUT.LIB und DINPUT8.LIB ein.

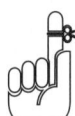

Wenn Sie die Demo selbst kompilieren wollen, binden Sie DDRAW.LIB, DINPUT.LIB und DINPUT8.LIB aus dem DirectX SDK in Ihr Projekt ein!

## Eine Mausefalle

Die Kommunikation mit der Maus ist fast identisch mit der Vorgehensweise für die Tastatur. Der einzige Unterschied ist das Lesen der Mausposition.

Ich habe alle Funktionen und ihre Prototypen im Abschnitt über die Tastatur erklärt. In diesem Abschnitt zeige ich nur noch die tatsächlichen Aufrufe und die Software, statt noch einmal alle Setup-Details aufzuführen.

Erzeugen Sie zunächst das Mauseingabegerät:

1. Erzeugen Sie das Maus-Gerät.
2. Legen Sie die Kooperationsebene fest.
3. Legen Sie das Datenformat fest.
4. Aktivieren Sie die Maus.

### Das Maus-Gerät erzeugen

Um das Maus-Gerät zu erzeugen, rufen Sie CreateDevice() mit dem vordefinierten GUID für die Maus auf, GUID_SysMouse:

```
LPDIRECTINPUTDEVICE8 lpdimouse; // das Maus-Gerät
// das Maus-Gerät erzeugen
if (lpdi->CreateDevice(GUID_SysMouse, &lpdimouse,NULL)!=DI_OK)
   { /* Fehler */ }
```

### Zusammenarbeit ist alles!

Vorausgesetzt, CreateDevice() war erfolgreich, wird im nächsten Schritt die Kooperationsebene des Geräts festgelegt. Auch hier sollten Sie fair sein, deshalb verwenden Sie nicht exklusiven Zugriff mit Hintergrundverarbeitung:

```
if (lpdimouse->SetCooperativeLevel(main_window_handle,
    DISCL_BACKGROUND | DISCL_NONEXCLUSIVE)!=DI_OK)
    { /* Fehler */ }
```

## Das Datenformat festlegen

Im nächsten Schritt legen Sie das Datenformat fest. Ähnlich zu der Vorgehensweise für die Tastatur können Sie ein vordefiniertes Datenformat verwenden, `c_dfDIMouse` (wie in Tabelle 12.2 beschrieben). Dieser vordefinierte Datentyp befindet sich jedoch im *relativen Modus*, d.h., immer wenn Sie einen Datensatz mit Mausdaten anfordern, wird die Mausposition im Delta-Format (Änderung gegenüber der vorhergehenden Position) statt im absoluten Format angegeben. Abbildung 12.5 zeigt diese Anordnung.

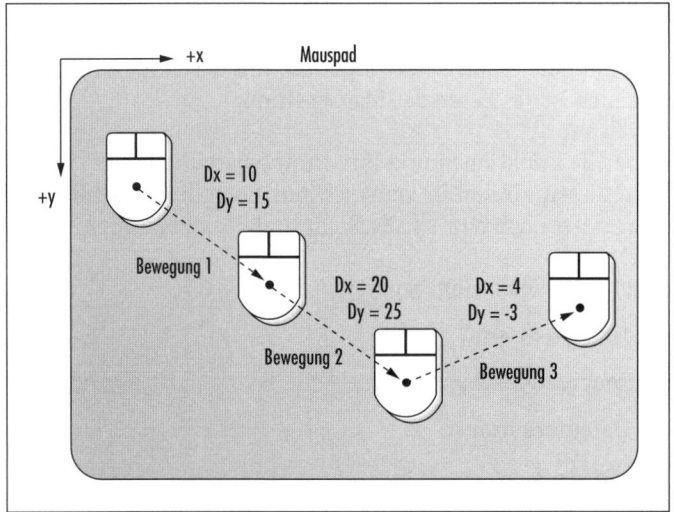

*Abbildung 12.5: Relative Mausbewegung*

Beispielsweise könnten Sie etwas wie `dx=5, dy=-4` erhalten. Dieses Ergebnis bedeutet, dass die Maus 5 *Mickeys* nach rechts und 4 *Mickeys* nach oben bewegt wurde.

 DirectInput überschreibt die Einstellungen aus der Systemsteuerung sowohl für die Maus als auch für die Tastatur, machen Sie sich also keine Gedanken, wenn Sie eine Einstellung ändern und dies keine Wirkung auf Ihre DirectInput-Applikation hat. Andererseits berücksichtigt DirectInput die Joystick-Einstellungen und Kalibrierung, Sie können also hier Änderungen vornehmen.

Wenn Sie die Kooperationsebene festgelegt haben, legen Sie im nächsten Schritt das Datenformat fest. Glücklicherweise können Sie ein vordefiniertes Datenformat verwenden. Wie ich im Einschub *Was ist ein Mickey?* bereits erwähnt habe, stellen die zurückgesendeten Datenpakete relative Deltas und keine absoluten Koordinaten dar. Diese Formatierung scheint zunächst schrecklich zu sein, aber eigentlich ist sie die beste. Wenn Sie absolute Koordinaten brauchen, beobachten Sie eine laufende (x,y)-Position der Maus und simulieren sie, so dass das Ganze wirklich kein Problem ist.

Wenn Sie das Datenformat selbst festlegen, können Sie ein absolutes Positionsformat anfordern, aber weil die Positionsdaten dann relativ zu einem zufälligen Ursprung wären, wäre das nicht besonders sinnvoll.

Um das Datenformat für die Maus festzulegen, verwenden Sie die Funktion `SetDataFormat()` wie zuvor, aber mit dem vordefinierten Datenformat:

```
if (lpdimouse->SetCooperativeLevel(main_window_handle,
    DISCL_BACKGROUND | DISCL_NONEXCLUSIVE)!=DI_OK)
    { /* Fehler */ }
```

Kein Problem! Im nächsten Schritt aktivieren wir die Maus.

### Was ist ein Mickey?

Ein *Mickey* ist eine virtuelle Bewegungseinheit, die der Maustreiber verwendet, um den kleinstmöglichen Bewegungsbetrag darzustellen. Mickeys wurden erfunden, um den Minnies eine Freude zu machen.

Nur ein Scherz! Man braucht die Mickeys, weil einige Leute ein größeres Maus-Pad haben, einige ein kleineres, einige einen großen Bildschirm, andere einen winzigen. Grundsätzlich gibt es keine Korrelation zwischen der Mausbewegung auf dem Mauspad und der Bewegung auf dem Bildschirm. Aus diesem Grund wurden die Mickeys erfunden, um die Beziehung künstlich zu kontrollieren.

## Fang die Maus!

Die *Aktivierung* der Maus bedeutet, dass sie der DirectInput-Haupt-Eingabeverarbeitungsroutine zugeordnet wird und ihre Daten bereitgestellt werden. Diese Aufgabe wird mit einem einzigen Aufruf von `Acquire()` von dem Schnittstellenzeiger des Maus-Geräts `IDIRECTINPUTDEVICE8` aus erledigt:

```
// die Maus aktivieren
if (lpdimouse->Acquire()!=DI_OK)
    { /* Fehler */ }
```

DirectInput ist genial. Damit haben Sie die Maus eingerichtet! Wenn Sie sich den Code genauer ansehen, sehen Sie nur 10 bis 20 Zeilen (wenn überhaupt, aber zählen Sie selbst!).

Und jetzt werden Sie lernen, wie Sie Daten von der Maus entgegennehmen.

## Da quietscht die Maus!

Die Abfrage von Daten von der Maus erfolgt mit Hilfe von `GetDeviceState()`; die dabei zurückgegebenen Daten unterscheiden sich natürlich von denen, die von der Tastatur zurückgegeben werden. Weil die Beschreibung der Tastatur nicht als Erklärung für die Verwendung der Maus ausreicht, will ich Ihnen hier die Daten erklären, die von der Maus zurückgegeben werden.

Die Maus gibt eine `DIMOUSESTATE`-Struktur zurück:

```
typedef struct {
    LONG lX; // x-Achse der Maus
    LONG lY; // y-Achse der Maus
    LONG lZ; // z-Achse der Maus, häufig ein Rad
    BYTE rgbButtons[4]; // Tasten der Maus
                        // High-Bit = gedrückt
} DIMOUSESTATE, *LPDIMOUSESTATE;
```

Ist das nicht eine wunderbare Struktur? Die x-, y- und Radpositionen der Maus werden in `lX`, `lY` und `lZ` übergeben, und die Tasteninformationen als vier Bytes in `rgbButtons[]`. Ich weiß nicht, warum die Tasten in einem Array namens `rgbButtons[]` abgelegt sind, aber ich frage einfach nicht weiter nach (solange es funktioniert ...).

Um den Datenstatus der Maus zu ermitteln, brauchen Sie nur ein wenig Speicherplatz für die Daten und einen Aufruf von `GetDeviceState()`. Und hier der Code:

```
// nimmt die Mausdaten auf
DIMOUSESTATE mouse_state;
// Mausdaten ermitteln
if (lpdimouse->GetDeviceState(sizeof(DIMOUSESTATE), (LPVOID)&mouse_state)!=DI_OK)
    { /* Problem */ }
```

Jetzt können Sie die Daten auswerten. Um beispielsweise zu überprüfen, ob die Maustasten gedrückt sind, schreiben Sie:

```
// linke Taste überprüfen
if (mouse_state.rgbButtons[0])
    { /* irgendetwas tun */ }
else // rechte Maustaste überprüfen
if (mouse_state.rgbButtons[1])
    { /* irgendetwas tun */ }
```

Die Überprüfung der Mausposition kann mit Ihrem aktuellen Datenformat nicht realisiert werden. Sie könnten Code schreiben, um eine beliebige (x,y)-Koordinate zu verfolgen, aber größtenteils will man das (dx,dy) der Maus gegenüber ihrer vorhergehenden Position wissen. Als Formatinformationen werden immer absolute Koordinaten zurückgegeben.

Angenommen, Sie wollen wissen, ob die Maus nach rechts, links, oben oder unten bewegt wurde:

```
// bewegt sich die Maus nach rechts?
if (mouse_state.lX > 0 )
    { /* rechts */}
else // bewegt sich die Maus nach links?
```

```
if (mouse_state.lX < 0)
    { /* links */ }
// bewegt sich die Maus nach unten?
if (mouse_state.lY > 0 )
    { /* unten */ }
else // bewegt sich die Maus nach oben?
if (mouse_state.lY < 0)
    { /* oben */ }
```

Das ist alles. Damit werden die Daten von der Maus gelesen.

Wenn Sie die Maus aktiviert haben, erhält Windows keinerlei Maus-Nachrichten mehr, berücksichtigen Sie das! Sobald Ihre Applikation abgeschlossen ist, müssen Sie die Maus freigeben, ebenso wie das Maus-Gerät:

```
// zuerst deaktivieren
lpdimouse->Unacquire();
// dann Objekt freigeben
lpdimouse->Release();
```

Als Beispiel für die Verwendung der Maus finden Sie auf der CD zum Buch ein ganz einfaches Malprogramm, `PROG14_2.CPP` (es gibt keine 16-Bit-Version, weil die Demo auf die Verwendung von 256-Farben-Paletten ausgelegt ist). Die Programmdatei heißt natürlich `PROG14_2.EXE`. Abbildung 12.6 ist ein charakteristischer Screenshot.

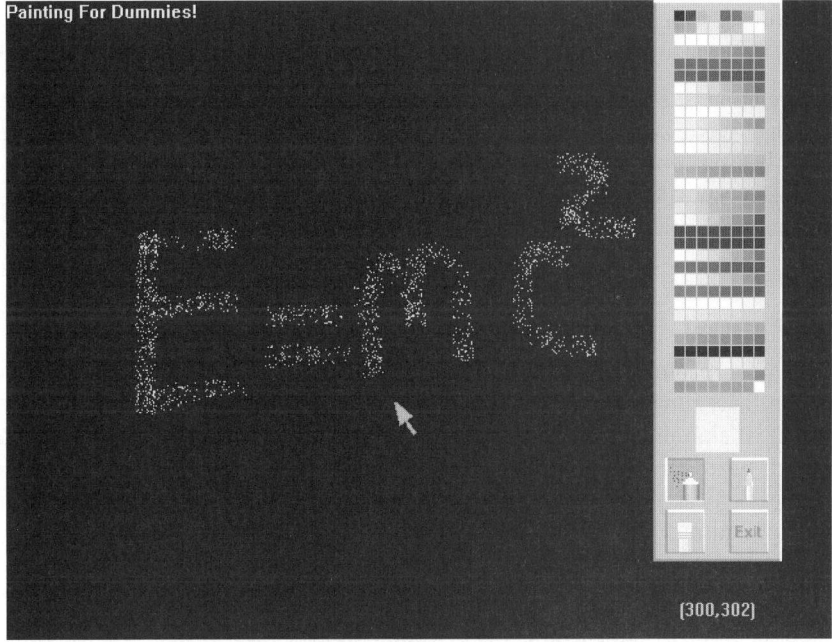

*Abbildung 12.6: Die Maus-Demo*

Für die Bedienung des Programms werden Icons verwendet, Sie werden also schnell lernen, es zu verwenden. Außerdem verwendet diese Demo die Spiele-Engine, wenn Sie sie also neu kompilieren wollen, binden Sie unbedingt `GPDUMB1.CPP` sowie die Bibliotheksdateien `DDRAW.LIB`, `DINPUT.LIB` und `DINPUT8.LIB` ein.

## Joysticks, Yokes und andere Freud'sche Eingabegeräte

Vor ein paar Jahren noch war ein Joystick ein Joystick, und das war alles. Heute wird fast alles als Joystick bezeichnet, was keine Tastatur oder Maus ist. Ursprünglich gab es nur eine Art Joystick für den PC, bestehend aus zwei rechtwinkligen X-Y-Achsen und zwei Tasten (siehe Abbildung 12.3). Der PC-Joystick war analog, d.h., wenn der Schaft bewegt wurde, erhielt man lineare Positionsinformationen innerhalb eines relativ begrenzten Bereichs.

Die Probleme bei analogen Joysticks waren ihre Leistung, die Kalibrierung und der fehlende Konstruktionsstandard. Die Grundlage der Datenermittlung für analoge Joysticks war eine Zeitschleife mit einem variablen Widerstand oder Potentiometer in einer Hardware-Zeitschleife. Wenn der Joystick bewegt wurde, änderten sich die Werte zweier interner Potentiometer, die wiederum an Timing-Schaltkreise in der Joystick-Karte des PCs angeschlossen waren.

Um eine Joystick-Position abzulesen, erzeugte ein Software-Programm eine Zeitschleife um den variablen Widerstand im Joystick herum, und zwar via I/O-Port-Steuerung. Weil durch die Höhe des Widerstands die vollständige Ausführung der Timing-Schleife länger oder kürzer dauerte, konnte diese Zeitvariation genutzt werden, um die physische Position des Joysticks in eine digitale Zahl umzuwandeln, die dann der CPU zur Verarbeitung übergeben werden konnte.

Diese Beschreibung ist stark vereinfacht, und Hunderte von Details können dazu führen, dass Joysticks andere Werte zurückmelden – selbst wenn sie vom selben Hersteller stammen. Diese Variation ist bedingt durch die verschiedenen Prozessorgeschwindigkeiten, interne Schaltungstoleranzen usw. Die Moral von der Geschichte ist also, dass Joysticks keine sehr zuverlässigen Eingabegeräte sind, deshalb sollten Sie sie immer kalibrieren.

### Joysticks unter DirectInput

Auch heute findet man noch analoge Joysticks, aber es gibt mittlerweile digitale Joysticks, die ihre analogen Bewegungen in digitale Werte umwandeln. Der Microsoft SideWinder 3D Pro beispielsweise ist ein rein digitaler Joystick. Der SideWinder kann auch mit einer älteren analogen Joystick-Karte zusammenarbeiten und einen alten analogen Joystick simulieren, mit Hilfe spezieller Software-Treiber kann man jedoch diese Hardware wirklich vollständig nutzen. DirectInput übernimmt die Unterscheidung zwischen digitalen und analogen Joysticks für Sie. Darüber hinaus versteht DirectInput wirklich alle Joysticks und Joystick-ähnlichen Geräte – Joypads, Flightsticks mit mehreren Achsen und Space Balls mit sechs Freiheitsgraden.

Um diesen Prozess zu vereinfachen, hat DirectInput einen generischen virtuellen Joystick eingeführt, der die folgenden Datenfelder verwendet:

```
typedef struct DIJOYSTATE {
  LONG lX;   // x-Achse des Joysticks
  LONG lY;   // y-Achse des Joysticks
  LONG lZ;   // z-Achse des Joysticks
  LONG lRx;  // x-Rotation des Joysticks (kontextabhängig)
  LONG lRy;  // y-Rotation des Joysticks (kontextabhängig)
  LONG lRz;  // z-Rotation des Joysticks (kontextabhängig)
  LONG rglSlider[2];// Schieber-ähnliche Steuerelemente (Pedale usw.)
  DWORD rgdwPOV[4]; // Perspektivische Steuerelemente (bis zu 4)
  BYTE  rgbButtons[32]; // 32 Standardtasten
} DIJOYSTATE, *LPDIJOYSTATE;
```

*Das* ist ein Joystick! Wie Sie sehen, hat `DIJOYSTATE` mehr als genug Felder, um jede Art Joystick-ähnliches Gerät zu verwalten, das angeschlossen werden kann. Beispielsweise könnte ein Autosimulator die x-Achse nutzen, einen der Schieberegler sowie mehrere Tasten für Anlasser, Lichter, Scheibenwischer usw.

Was machen Sie jedoch, wenn Ihr Joystick zwölf Freiheitsgrade unterstützt? Kein Problem: Dann verwenden Sie zwei Joystick-Geräte, um es zu verwalten, das ist alles. Größtenteils müssen Sie sich jedoch nur um die Steuerelemente für x- und y-Achse sowie einige Tasten kümmern.

## Joysticks einrichten

Die Einrichtung eines Joysticks ist ganz ähnlich der Vorgehensweise für Tastatur und Maus, wie in diesem Kapitel bereits beschrieben, allerdings sind einige zusätzliche Schritte dafür erforderlich. Weil es so viele unterschiedliche Joystick-Typen gibt, steht keine generische Joystick-GUID zur Verfügung wie für Tastatur und Maus. Sie müssen den Computer abfragen, ob ein oder mehrere Joysticks angeschlossen sind, und eine der IDs verwenden. Sie müssen also eine Funktion zur Geräteauflistung (Bummer) schreiben, um alle Joystick-ähnlichen Geräte aufzulisten und auszuwerten, die an das System angeschlossen sind.

Angenommen, Sie haben erfolgreich die richtige GUID für den Joystick Megablaster 3D gefunden, oder eben für das Gerät, das an Ihren Computer angeschlossen ist, dann sind die restlichen Schritte dieselben wie bei der Einrichtung von Maus und Tastatur – ebenso wie die eigentliche Abfrage der Daten, mit der einfachen Ergänzung eines Aufrufs von `Poll()`.

Um Sie zu beruhigen, wenn Sie sich ein wenig Sorgen um die Verwendung von Joysticks machen, hier der Spielplan:

1. **Suchen Sie mit `EnumDevices()` nach allen an das System angeschlossenen Joysticks und zeichnen Sie die GUIDs auf.**
2. **Mit einer GUID aus Schritt 1 erzeugen Sie mit `CreateDevice()` das Joystick-Gerät.**
3. **Jetzt legen Sie mit `SetCooperativeLevel()` die Kooperationsebene fest.**
4. **Mit `SetDataFormat()` legen Sie das Datenformat, mit `SetProperty()` die Eigenschaften fest.**

5. Sie aktivieren den Joystick mit `Acquire()`.
6. Lesen Sie die Daten vom Joystick in Ihrer Hauptschleife durch Aufruf des Funktionspaars `Poll()` und `GetDeviceState()`.

## Suche nach Joysticks

Ich hoffte, ich müsste Ihnen nie zeigen, wie Sie irgendetwas auflisten. Die von DirectX verwendete Technik ist in meinen Augen leichter Overkill, aber DirectX ist älterer Microsoft-Software nachempfunden, und viele Systeme in Windows verwenden »Callback«-Funktionen, wie unter anderem eben die Auflistung.

Um DirectInput aufzufordern, alle Eingabegeräte zu erkennen und aufzulisten, führen Sie die folgende `EnumDevices()`-Funktion aus (beachten Sie, dass *func* für *Funktion* steht):

```
HRESULT EnumDevices(
  DWORD dwDevType,           // Typ des Geräts, nach dem gesucht wird
  LPDIENUMCALLBACK lpCallback, // Zeiger auf Callback-Funktion
  LPVOID pvRef,              // 32-Bit-Wert, der zurückgegeben wird
  DWORD dwFlags);            // Art der durchzuführenden Suche
```

Zunächst erkläre ich Ihnen, was die Parameter bewirken. `dwDevType` gibt an, nach welchem Gerätetyp Sie suchen wollen. Die verschiedenen Möglichkeiten sind in Tabelle 12.4 gezeigt.

| Wert | Beschreibung |
| --- | --- |
| DIDEVTYPE_MOUSE | Eine Maus oder ein Maus-ähnliches Gerät (wie z.B. ein Trackball) |
| DIDEVTYPE_KEYBOARD | Eine Tastatur oder ein Tastatur-ähnliches Gerät |
| DIDEVTYPE_JOYSTICK | Ein Joystick oder ein ähnliches Gerät, wie beispielsweise ein Fahrsimulator |
| DIDEVTYPE_DEVICE | Ein Gerät, das nicht in eine der oben genannten Kategorien gehört |

*Tabelle 12.4: Die grundlegenden Gerätetypen für DirectInput*

Wenn Sie wollen, dass `EnumDevices()` spezifischer vorgeht, können Sie einen Untertyp angeben, den Sie mit dem oben beschriebenen Haupttyp logisch ODER-verknüpfen. Tabelle 12.5 enthält eine Liste der wichtigsten Untertypen für Maus und Joystick. Es gibt zwei oder drei Dutzend Typen, die ich hier nicht aufgelistet habe.

| Wert | Beschreibung |
| --- | --- |
| DIDEVTYPEMOUSE_TOUCHPAD | Standard-Touchpad |
| DIDEVTYPEMOUSE_TRACKBALL | Standard-Trackball |
| DIDEVTYPEJOYSTICK_FLIGHTSTICK | Allgemeiner Flightstick |
| DIDEVTYPEJOYSTICK_GAMEPAD | Nintendo-ähnliches Gamepad |

| Wert | Beschreibung |
|---|---|
| DIDEVTYPEJOYSTICK_RUDDER | Einfaches Ruder-Steuerelement |
| DIDEVTYPEJOYSTICK_WHEEL | Steuerrad |
| DIDEVTYPEJOYSTICK_HEADTRACKER | Headset für VR-Applikationen |

*Tabelle 12.5: Untergeordnete Typen in DirectInput (Auszug).*

Beachten Sie, dass DirectInput so allgemein oder spezifisch bei der Suche sein kann, wie Sie ihm vorgeben. In dem Beispiel für diesen Abschnitt werden Sie einfach nur den guten alten DIDEVTYPE_JOYSTICK als Wert für dwDevType verwenden.

Der nächste Parameter in EnumDevices() ist ein Zeiger auf die Callback-Funktion, die DirectInput für jedes Gerät aufruft, das es erkennt. Dieser Ansatz erscheint etwas seltsam. Statt einfach eine Liste der Geräte zurückzugeben, haben die Entwickler von DirectInput gedacht, es sei sinnvoller, eine Funktion (die Sie bereitstellen) zu verwenden, die jedes Mal aufgerufen wird, wenn es ein Gerät findet – vermutlich, damit Sie jedes Gerät initialisieren können, wenn es gefunden wird, oder aus irgendeinem ähnlich fadenscheinigen Grund. Sie müssen jedenfalls Ihre eigene Callback-Funktion bereitstellen.

Der nächste Parameter, pvRef, ist ein 32-Bit-Zeiger, der auf einen Wert verweist, der der Callback-Funktion übergeben wird. Sie können den Wert in der Callback-Funktion abwandeln oder ihn verwenden, um Daten explizit statt global zu übergeben.

dwFlags schließlich steuert, wie die Auflistungsfunktion sucht. Soll die Funktion nach allen Geräten suchen, oder nur nach Geräten, die angeschlossen sind, oder nur nach Force-Feedback-Geräten? Nachfolgend die Konstanten für die Auflistung:

✔ DIEDFL_ALLDEVICES: Sucht nach allen Geräten, die installiert wurden, selbst wenn sie momentan nicht angeschlossen sind.

✔ DIEDFL_ATTACHEDONLY: Sucht nach Geräten, die installiert *und* angeschlossen sind.

✔ DIEDFL_FORCEFEEDBACK: Sucht nur nach Force-Feedback-Geräten.

Verwenden Sie den Wert DIEDFL_ATTACHEDONLY, weil es nicht sinnvoll ist, dem Spieler zu erlauben, ein Gerät zu verwenden, das er nicht an seinen Computer angeschlossen hat. (Wenn Sie natürlich ein Programm für die Systemanalyse schreiben, sind Sie durchaus an allen Geräten interessiert, selbst wenn diese momentan nicht angeschlossen sind.)

## Callback-Funktion

Ich möchte die Callback-Funktion hier genauer beschreiben. EnumDevices() arbeitet, indem es in einer Schleife ausgeführt wird und für jedes gefundene Gerät immer wieder Ihre Callback-Funktion aufruft. Ihr Callback könnte 20-mal aufgerufen werden, wenn sehr viele

Geräte installiert oder an den PC angeschlossen sind. Es bleibt Ihnen (und der von Ihnen bereitgestellten Callback-Funktion) überlassen, alle diese Geräte in einer Tabelle oder in einer ähnlichen Datenstruktur aufzuzeichnen, so dass Sie sie auswerten können, nachdem die Funktion EnumDevices() ausgeführt ist.

Nachfolgend der generische Prototyp für die Callback-Funktion, um sie mit DirectInput kompatibel zu machen:

```
BOOL CALLBACK EnumDevsCallback(
   LPDIDEVICEINSTANCE lpddi, // ein Zeiger von DirectInput,
                   // der Informationen über das Gerät enthält,
                   // die bei dieser Iteration festgestellt wurden
   LPVOID data);   // der Zeiger, der in
                   // pvRef an EnumDevices() übergeben wurde
```

Sie schreiben einfach eine Funktion mit dem obigen Prototyp (und füllen die Dinge in der Mitte aus) und übergeben sie EnumDevices() als lpCallback, und gut. Natürlich können Sie einen beliebigen Namen verwenden.

Darüber hinaus erlaubt Ihnen DirectInput, die Auflistung fortzusetzen oder zu unterbrechen. Dieser Prozess wird mit Hilfe des Werts gesteuert, den Sie von der Callback-Funktion zurückgeben. Nach Ausführung der Funktion können Sie eine von zwei Konstanten zurückgeben:

✔ DIENUM_CONTINUE: Setzt die Auflistung fort.

✔ DIENUM_STOP: Beendet die Auflistung.

Wenn Sie einfach DIENUM_STOP als Rückgabewert der Funktion zurückgeben, listet EnumDevsCallback() nur ein Gerät auf, selbst wenn mehrere vorhanden sind.

Diese einfache Version listet nur die erste Geräte-GUID auf und wird dann beendet.

Bevor ich Ihnen diese Funktion zeige, betrachten Sie die Datenstruktur DIDEVICEINSTANCE, die Ihrer Callback-Funktion mit jeder Auflistung übergeben wird:

```
typedef struct {
  DWORD dwSize;       // Größe der Struktur
  GUID guidInstance;  // Instanz-GUID des Gerätes
                      // dies ist die GUID, die wir brauchen
  GUID guidProduct;   // Produkt-GUID des Geräts, allgemein
  DWORD dwDevType;    // Gerätetyp, wie in den Tabellen 12.4, 12.5 gezeigt
  TCHAR tszInstanceName[MAX_PATH]; // generischer Instanzname des
                      // Joystick-Geräts, etwa "joystick 1"
  TCHAR tszProductName[MAX_PATH]; // Produktname des Geräts,
                      // etwa "Microsoft SideWinder 3D Pro"
  GUID guidFFDriver;  // GUID für den Force-Feedback-Treiber
  WORD wUsagePage;    // komplex; ignorieren Sie diesen Wert
  WORD wUsage;        // komplex; ignorieren Sie diesen Wert
} DIDEVICEINSTANCE, *LPDIDEVICEINSTANCE;
```

Die interessanten Felder sind tszProductName und guidInstance.

Während das alles jetzt in Ihrem Hirn brodelt, betrachten Sie die nachfolgende Auflistungsfunktion, die Sie verwenden können, um die GUID des ersten aufgelisteten Joystick-Geräts zu ermitteln:

```
BOOL CALLBACK DI_Enum_Joysticks(
LPCDIDEVICEINSTANCE lpddi, LPVOID guid_ptr)
{
// dieses Funktion listet die Joysticks auf, hört jedoch nach
// dem ersten auf und gibt die Instanz-GUID zurück, so dass
// wir das Gerät erzeugen können
*(GUID*)guid_ptr = lpddi->guidInstance;
// Produktnamen in globale Variable kopieren
strcpy(joyname, (char *)lpddi->tszProductName);
// Auflistung nach einem Durchlauf beenden
return(DIENUM_STOP);
} // end DI_Enum_Joysticks
```

Um die Funktion zur Auflistung Ihres ersten Joysticks zu verwenden, gehen Sie wie folgt vor:

```
char joyname[80]; // Speicherplatz für den Namen des Joysticks
GUID joystickGUID; // nimmt die GUID des Joysticks auf
// angeschlossene Joystick-Geräte nur mit
// DI_Enum_Joysticks() als Callback-Funktion auflisten
if (lpdi->EnumDevices(
           DI8DEVTYPE_JOYSTICK, // nur Joysticks
           DI_Enum_Joysticks, // Auflistungsfunktion
           &joystickGUID, // GUID in dieser Variablen zurückgeben
           DIEDFL_ATTACHEDONLY)!=DI_OK)
    { /* Fehler */ }
```

Beachten Sie, dass die Funktion `EnumDevices()` vom DirectInput-Hauptobjekt aufgerufen wird.

An dieser Stelle sollte `joystickGUID` die GUID des Joystick-Geräts enthalten, und `joyname` sollte den beschreibenden Text enthalten.

## Das Gerät erzeugen

Mit der Callback-Funktion und der Auflistung erzeugen Sie das Gerät wie folgt:

```
LPDIRECTINPUTDEVICE8 lpdijoy; // Joystick-Geräteschnittstelle
// den Joystick mit GUID erzeugen
if (lpdi->CreateDevice(joystickGUID, &lpdijoy, NULL)!=DI_OK)
    { /* Fehler */ }
```

Mit dem Schnittstellenzeiger setzen Sie die Kooperationsebene und das Datenformat und aktivieren dann den Joystick. Hier die Festlegung der Kooperationsebene:

```
if (lpdijoy->SetCooperativeLevel(hwnd,
       DISCL_NONEXCLUSIVE | DISCL_BACKGROUND)!=DI_OK)
{ /* Fehler */ }
```

Anschließend legen Sie das Datenformat fest. Verwenden Sie eine vordefinierte Formateinstellung, `c_dfDIJoystick`:

```
if (lpdijoy->SetDataFormat(&c_dfDIJoystick)!=DI_OK)
   { /* Fehler */ }
```

Im nächsten Schritt würden Sie normalerweise den Joystick aktivieren, aber zuerst müssen Sie noch ein winziges Problem lösen: die Eigenschaften des Joysticks.

## Die Eigenschaften richtig setzen

Weil der Joystick inhärent ein analoges Gerät ist, hat die Bewegung des Schafts eine begrenzte Reichweite. Aufgrund dieser Begrenzung müssen Sie den Joystick auf begrenzte Werte setzen, so dass Sie ihn interpretieren können. Mit anderen Worten, wenn Sie die Position des Joysticks abfragen und er `1X = 2000, 1Y = -3445` zurückgibt, was bedeutet das dann? Sie können die Daten nicht interpretieren, weil Sie keinen Referenzrahmen haben.

Sie müssen die Bereiche jeder analogen Achse festlegen, die gelesen werden soll. Beispielsweise könnten Sie die X- und die Y-Achse auf (-1000 bis 1000) bzw. (-2000 bis 2000) setzen, oder für beide auf (-128 bis 128), so dass sie in ein `BYTE` passen. Egal, wofür Sie sich entscheiden, Sie müssen es im Code implementieren; Sie können die Daten nicht interpretieren, wenn Sie sie abfragen, es sei denn, Sie haben den Bereich zuvor selbst festgelegt.

Mit der Funktion `SetProperty()` realisieren Sie die Bereichseinstellung für den Joystick:

```
HRESULT SetProperty(
  REFGUID rguidProp,       // GUID der zu ändernden Eigenschaft
  LPCDIPROPHEADER pdiph); // Zeiger auf Eigenschafts-Header-Struktur
  // mit detaillierten Informationen zur Änderung
```

`SetProperty()` legt solche Eigenschaften als relatives oder absolutes Datenformat, Achsenbereiche und toten Winkel (neutralen Bereich) fest. Die Verwendung der Funktion `SetProperty()` ist extrem kompliziert, weil sie so viele Konstanten und verschachtelte Datenstrukturen benutzt. Rufen Sie `SetProperty()` nicht auf, es sei denn, es ist wirklich unumgänglich!

Weil Sie nur den Bereich der X- und Y-Achsen festlegen müssen, damit das Ganze funktioniert, werde ich Ihnen auch nur das zeigen. Weitere Informationen darüber finden Sie im DirectX SDK. Der folgende Code zeigt ansatzweise, wie die verschiedenen anderen Eigenschaften gesetzt werden:

```
// Diese Struktur nimmt die Daten für die Eigenschaftsänderung auf
DIPROPRANGE joy_axis_range;
// zuerst x-Achse auf -1024 bis 1024 setzen
joy_axis_range.lMin = -1024;
joy_axis_range.lMax = 1024;
```

```
joy_axis_range.diph.dwSize       = sizeof(DIPROPRANGE);
joy_axis_range.diph.dwHeaderSize = sizeof(DIPROPHEADER);
// nimmt das Objekt auf, das Sie ändern wollen
joy_axis_range.diph.dwObj   = DIJOFS_X;
// X kann eines der Folgenden sein:
//DIJOFS_BUTTON(n) - für Tasten
//DIJOFS_POV(n)    - für Perspektive-Indikatoren
//DIJOFS_RX - für x-Achsen-Rotation
//DIJOFS_RY - für y-Achsen-Rotation
//DIJOFS_RZ - für z-Achsen-Rotation (Rudder)
//DIJOFS_X - für die x-Achse
//DIJOFS_Y - für die y-Achse
//DIJOFS_Z - für die z-Achse
//DIJOFS_SLIDER(n) - für einen beliebigen Schieber
// Objektzugriffsmethode; immer auf diese Weise nutzen
joy_axis_range.diph.dwHow = DIPH_BYOFFSET;
// jetzt die Eigenschaft setzen
lpdijoy->SetProperty(DIPROP_RANGE,&joy_axis_range.diph);
// jetzt die y-Achse
joy_axis_range.lMin = -1024;
joy_axis_range.lMax = 1024;
joy_axis_range.diph.dwSize       = sizeof(DIPROPRANGE);
joy_axis_range.diph.dwHeaderSize = sizeof(DIPROPHEADER);
joy_axis_range.diph.dwObj        = DIJOFS_Y;
joy_axis_range.diph.dwHow        = DIPH_BYOFFSET;
lpdijoy->SetProperty(DIPROP_RANGE,&joy_axis_range.diph);
```

An dieser Stelle sind die X- und die Y-Achse des Joysticks auf je einen Bereich von (-1024 bis 1024) festgelegt. Dieser Bereich ist zufällig gewählt, aber er gefällt mir.

## Die 1834. Regel der Joystick-Aktivierung

Nachdem der Bereich festgelegt wurde, können Sie den Joystick aktivieren (obwohl Sie technisch gesehen natürlich den Bereich auch nach der Aktivierung hätten setzen können – *selbstverständlich*!). Um den Joystick zu aktivieren, verwenden Sie Acquire() von der Geräteschnittstelle aus, wie üblich:

```
if (lpdijoy->Acquire()!=DI_OK)
   { /* Fehler */ }
```

Jetzt können Sie Eingaben vom Joystick entgegennehmen, wie im nächsten Abschnitt beschrieben.

## Den Stick abfragen

Das Ablesen eines Joystick-Geräts erfolgt mit einem Aufruf der Funktion GetDeviceState() – derselben wie bei Maus und Tastatur. Bevor Sie jedoch den Aufruf ausführen, müssen Sie von der Geräteschnittstelle des Joysticks Poll() aufrufen:

```
lpdijoy->Poll();
```

Damit werden die Daten in der Hardware aufgezeichnet und können ausgelesen werden. Wenn die Daten bereits zur Verfügung stehen, wirkt sich der Aufruf nicht negativ aus – zögern Sie also nicht.

Nach der Abfrage des Joysticks können Sie mit `GetDeviceState()` einen Datensatz anfordern. Der zurückgegebene Datensatz hat das Format `DIJOYSTAT`, wie im Abschnitt *Joysticks unter DirectInput* beschrieben. Für das Lesen der Daten vom Joystick brauchen Sie ihn also nur zu pollen und die Daten dann wie folgt zu lesen:

```
DIJOYSTATE joy_state; // nimmt die Daten auf
lpdijoy->Poll(); // wird nur für Joysticks benötigt
// die Daten lesen
lpdijoy->GetDeviceState(sizeof(DIJOYSTATE), (LPVOID)&joy_state);
```

Anschließend können Sie auf die Datenfelder zugreifen und sie verwenden. Alle Achsen befinden sich in einem relativen Modus, Sie erhalten also positive und negative Delta-Werte. Die Tasten sind ON/OFF-Schalter und können wie Boolesche Werte behandelt werden. Um beispielsweise zu überprüfen, ob sich die x-Achse an einer Position größer 500 befindet und Taste 0 gedrückt ist, führen Sie den folgenden Code aus:

```
if (joy_state.lX > 500 && joy_state.rgbButtons[0])
    { /* Photonen-Torpedo abfeuern! */ }
```

Nachdem Sie mit der Arbeit mit dem Joystick fertig sind, deaktivieren Sie ihn und geben ihn frei:

```
lpdijoy->Unacquire();
lpdijoy->Release();
```

Ich habe eine Insektensimulation entwickelt – der Bug Blaster wird mit Hilfe des Joysticks gesteuert. Das Programm heißt `PROG14_3.CPP` (die 16-Bit-Version heißt `PROG14_3_16b.CPP`). (Achten Sie darauf, vor dem Ausprobieren einen Joystick anzuschließen.) Die Demo gibt unten links den Namen Ihres Joysticks aus. Um das Programm zu kompilieren, brauchen Sie `GPDUMB1.CPP` sowie die Bibliotheksdateien `DDRAW.LIB`, `DINPUT.LIB` und `DINPUT8.LIB`.

# Zur Installation klicken Sie auf OK: DirectSetup & AutoPlay

## In diesem Kapitel

▶ Bekämpfen Sie den Installations-Blues

▶ Verwenden Sie DirectSetup

▶ Lernen Sie AutoPlay kennen

---

Sie haben soeben das unglaublichste Spiel aller Zeiten fertig gestellt, und jetzt brauchen Sie nur noch ein Installationsprogramm zu schreiben. Hört sich einfach an. Mitnichten! Installationsprogramme sind die zeitaufwändigsten und mühsamsten Software-Komponenten, die geschrieben werden können. Sie sind nicht besonders kompliziert oder technisch anspruchsvoll, aber sie *müssen* absolut reibungslos laufen und völlig wasserdicht sein. Dieses Kapitel will Ihnen zeigen, wie Sie das eingebaute DirectSetup-System für die Installation von DirectX verwenden. Darüber hinaus finden Sie einige Ideen, wie Sie ein Installationsprogramm entwickeln.

## Der Installations-Blues

Abbildung 13.1 zeigt einen Screenshot eines typischen Installationsprogramms für Spiele. Beachten Sie, wie elegant und professionell es aussieht. Die grundlegende Aufgabe eines Spiele-Installers ist, das Spiel von einer CD oder einer Diskette auf die Festplatte zu laden. Dieser Prozess kann relativ komplex sein, weil die Benutzer die unterschiedlichsten Hardware-Plattformen einsetzen. In der Vergangenheit war die Entwicklung von Installationsprogrammen immer eine der Aufgaben, die die Entwickler so lange wie möglich aufgeschoben haben.

Bei der Entwicklung eines Installers geht es eigentlich um Systemprogrammierung. Kurz gesagt, muss der Installer die folgenden Aufgaben ausführen:

✔ Ermittlung der Systemmerkmale (optional)

✔ Dem Benutzer ermöglichen, das Spiel in einen von ihm angegebenen Ordner auf der Festplatte zu laden

✔ Konfiguration der Spieleoptionen und des Sounds

✔ Kalibrierung der Eingabegeräte

Obwohl diese Aufgaben recht trivial erscheinen, sind sie es nicht. Die Methode, alle Systemmerkmale zu ermitteln, ist keineswegs intuitiv, und die Erstellung eines sauberen und funktionalen Dialogfelds zur Dateinavigation ist mühselig. Und auch die Entwicklung von Dialogfeldern und GUIs für die Konfiguration ist nicht von schlechten Eltern.

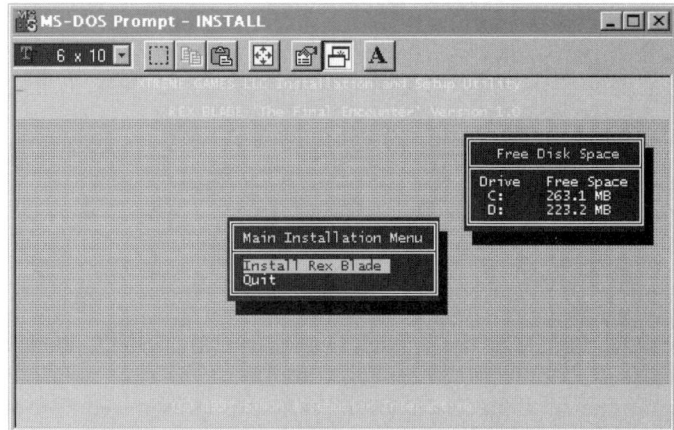

*Abbildung 13.1: Ein professionelles Setup-Programm*

Das Fazit: Die Entwicklung eigener Installationsprogramme ist sehr arbeitsaufwändig, und es ist sinnvoller, einen Installationsgenerator zu verwenden, um die Umgebung für Ihren Installer zu erzeugen. Sie können ihn mit Grafik, Sounds und kleinen Applets ausstatten, die bei der Installation ausgeführt werden. Durch Verwendung des Generators brauchen Sie nicht alle müßigen Funktionen selbst zu schreiben, wie in Festplattenlaufwerken navigieren, Dialogfelder zeichnen usw.

Es gibt verschiedene kommerzielle Programme, die Ihnen erlauben, ein »Installationsskript« zu schreiben, nur durch ein wenig Zeigen und Klicken. Die beiden wichtigsten Programme sind:

- ✔ **Wise Installer:** Weitere Informationen finden Sie auf der Website www.wise.com.
- ✔ **InstallShield:** Weitere Informationen finden Sie auf der Website www.installshield.com.

Beide Programme sind ausgezeichnet, und fast jedes Windows-Programm und/oder Spiel verwendet eines von ihnen. Ich kann hier nur kurz darauf eingehen. Die Programme ermöglichen Ihnen, ein Skript mit Befehlen einer Skriptingsprache zu erzeugen. Diese Skriptingsprache beinhaltet Befehle, die Ihnen erlauben, die Spielesoftware irgendwo auf die Festplatte zu laden, Bitmap-Hintergründe zu zeichnen, Musik abzuspielen, andere Applikationen zu starten, dem Benutzer Fragen zu stellen usw.

Wenn Sie das Installationsskript geschrieben haben, verwendet der Installationsgenerator alle Ihre Dateien sowie das von Ihnen geschriebenen Skript, um eine oder mehrere komprimierte Dateien sowie eine Programmdatei zu schreiben, normalerweise als SETUP.EXE bezeichnet (wie in Abbildung 13.2 gezeigt). Sie kopieren die Datei(en) auf die CD oder Diskette und versenden diese oder laden sie auf Ihre Website, abhängig davon, wie Sie Ihr Produkt veröffentlichen wollen. Egal, welchen Datenträger Sie für die Veröffentlichung verwenden, ist das gesamte Spiel in einer oder zwei Dateien enthalten, inklusive der Installations-Engine (die sehr klein ist), die ausgeführt wird und dem Benutzer ermöglicht, das Spiel zu laden.

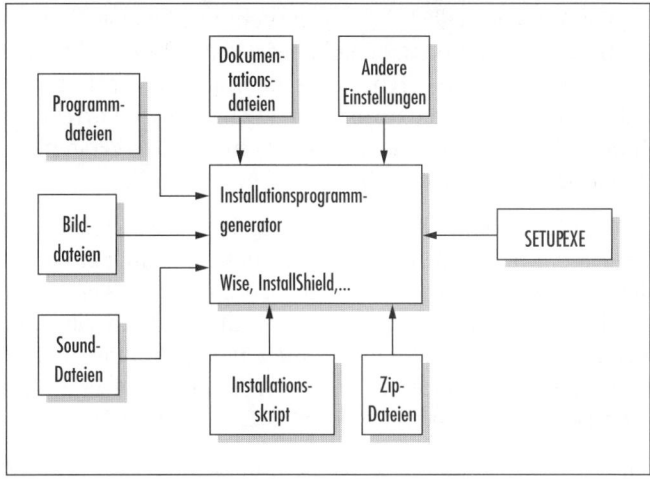

*Abbildung 13.2: Software für den Installationsprogrammgenerator*

Sie können ein Installationsprogramm verwenden, um den Installer zu erzeugen, oder Sie können ihn selbst schreiben. Wenn Sie wirklich zu den ganz Harten gehören, können Sie die gesamte Verzeichnisstruktur aber auch einfach archivieren (beispielsweise mit einem Archivierungsprogramm wie WinZip) und es dem Benutzer überlassen, diese auf ihren Festplatten anzulegen. Dieser Ansatz ist gut für die Veröffentlichung über das Internet geeignet. Aber selbst nachdem die Dateien dekomprimiert und auf die Festplatte des Benutzers geladen wurden, müssen verschiedene Konfigurations- und Installationsmaßnahmen durchgeführt werden, beispielsweise für Sound, Grafik und DirectX.

Egal was Sie machen, Sie müssen DirectX auf dem Computer des Benutzers installieren (falls Sie ein DirectX-Spiel erzeugen), und das ist ohne DirectSetup fast unmöglich.

Als schnelle Checkliste hier die Schritte, wie Sie Ihr Spiel auf die Veröffentlichung vorbereiten:

1. **Schreiben und testen Sie das Spiel!**
2. **Schreiben Sie ein Installationsprogramm (oder verwenden Sie einen kommerziellen Installer).**
3. **Erzeugen Sie alle README-Dateien sowie die Dateien mit etwaigen rechtlichen Hinweisen.**
4. **Legen Sie alle Dateien (inklusive aller Dateien von Drittanbietern, wie beispielsweise DirectX) in einer einzigen komprimierten Datei ab, um sie im Internet zu veröffentlichen, oder in einem geeigneten Format für die Veröffentlichung auf Datenträgern.**

## DirectSetup - Grundlagen

Die vollständigen DirectX-Laufzeitdateien umfassen in Version 8.0 etwa 150 MB, und ich glaube, sie werden mit jeder Version größer. Natürlich wird auf jeder Maschine immer nur eine Teilmenge davon installiert, aber selbst diese belegt sehr viel Platz auf der Festplatte! Seit der Veröffentlichung von DirectX Version 3.0 beinhaltet das Programm ein sehr sauberes Setup-API. Dieses API – DirectXSetup() – steht zur Verfügung, um DirectX für Sie zu installieren. Sie brauchen nur die API-Funktion aufzurufen, und DirectX wird korrekt installiert. Zahlreiche weitere API-Supportfunktionen erkennen bereits installierte Versionen von DirectX und ändern gegebenenfalls das Standardverhalten von DirectXSetup().

DirectSetup kann keine DirectX-COM-Objekte nutzen, weil diese möglicherweise auf der Maschine des Benutzers noch nicht installiert sind. Das DirectSetup-Installer-Verzeichnis muss also mehrere spezielle .DLLs enthalten, um korrekt zu funktionieren. Um eine DirectSetup-Applikation zu schreiben, brauchen Sie eine minimale Windows-Applikation (Sie brauchen nicht einmal ein Fenster; Sie können die Setup-Aufrufe auch aus WinMain() heraus aufrufen, ohne überhaupt ein Fenster zu erzeugen), und Sie müssen DSETUP.H und DSETUP.LIB einbinden.

Neben den Dateien DSETUP.H und DSETUP.LIB brauchen Sie die eigentlichen DirectX-Dateien auf Ihrer Distributions-CD. (Ich sage »auf Ihrer Distributions-CD« und spreche nicht mehr von *Disketten*, weil alleine DirectX mehr als 150 MB groß ist.) Glücklicherweise müssen Sie diese Dateien nicht verpacken, das hat Microsoft für Sie gemacht.

Auf der DirectX-SDK-CD (oder im Verzeichnis) gibt es normalerweise einen Ordner namens REDIST\ im Stammverzeichnis oder im Ordner SDK\. In jedem Fall enthält dieser Ordner alle Dateien, die Sie brauchen, sowie die korrekte Verzeichnisstruktur, die DirectSetup erwartet. Die nachfolgende Liste beschreibt, was Sie im REDIST\-Ordner finden: DSETUP.DLL, DSETUP32.DLL und den Ordner DIRECTX\.

Sie müssen den REDIST\-Ordner auf Ihre Spiele-CD kopieren, wenn Sie DirectX einbinden wollen. Wenn Ihr DirectX-Installationsprogramm DirectXSetup() aufruft, teilen Sie ihm den genauen Pfad auf der CD mit, wo Sie den REDIST\-Ordner finden, und alles funktioniert korrekt und wird reibungslos geladen.

Darüber hinaus müssen Sie sicherstellen, dass sich die obige Liste der .DLL-Dateien in dem Ordner mit Ihrer DirectSetup-Applikation befindet. Sie werden benötigt, um DirectXSetup() auszuführen, sowie als Link zu DSETUP.LIB. Der DIRECTX\-Ordner kann sich an beliebiger Stelle befinden, aber Sie brauchen eine Kopie der DSETUP*.DLL-Dateien im Arbeitsverzeichnis Ihres Setups. Abbildung 13.3 zeigt die Beziehung zwischen allen Dateien und dem DirectX-Setup-Programm.

Jetzt wissen Sie ganz allgemein, was passiert, und können sich der Master-Setup-Funktion widmen, DirectSetup().

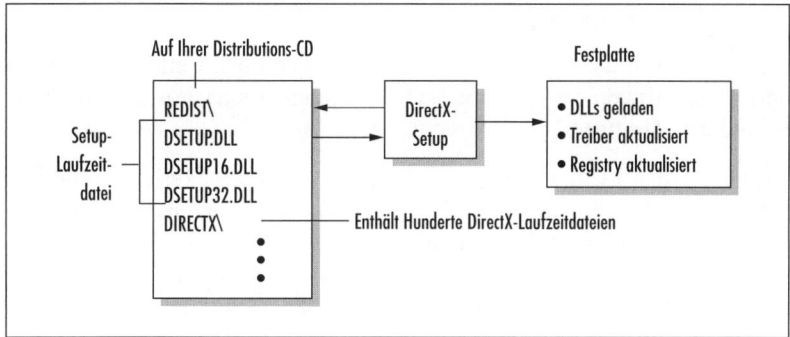

*Abbildung 13.3: Was das Laufzeit-*`DirectXSetup`* benötigt*

## Der Aufruf

Das gesamte DirectX-System kann mit einem einzigen Aufruf von `DirectXSetup()` installiert werden. Hier der Prototyp:

```
int WINAPI DirectXSetup(HWND hWnd,   // übergeordn. Fenster
LPSTR lpszRootPath,                  // Pfad zu den REDIST-Dateien
    DWORD dwFlags);                  // Steuer-Flags
```

Die Funktion kann mehrere Rückgabewerte haben, die angeben, was bei der Installation passiert ist. Die Liste möglicher Rückgabewerte ist zu lang, als dass sie hier gezeigt werden könnte, Sie finden sie in der DirectX-SDK-Hilfedatei. Größtenteils müssen Sie jedoch nur auf `DSETUPERR_SUCCESS` abfragen. Andernfalls ist die Installation fehlgeschlagen.

Ein Blick auf die Parameter: `hWnd` wird benötigt, weil `DirectXSetup()` Dialogfelder und Nachrichten erzeugt und deshalb ein Fenster-Handle braucht, um sie zu verankern. `lpszRootPath` ist der vollständige Pfad zu der Position, wo der Inhalt der DirectX-Laufzeitdateien `REDIST\` enthalten ist. Angenommen, Ihre Spiele-CD hat `REDIST\` im Stammverzeichnis, dann ist `lpszRootPath` gleich

`"CDROM:\\REDIST"`

Wenn Sie Pfadnamen deklarieren, die das Zeichen »\« verwenden, müssen Sie stattdessen einen Doppel-Slash (\\) angeben, sonst wird das nächste Zeichen als Escape-Zeichen interpretiert. Sie können auch einen einzelnen Schrägstrich (/) verwenden, um Pfadnamen darzustellen. Das ist ein Geheimnis!

Als weiteres Beispiel nehmen wir an, Sie haben alles aus `REDIST\` in den Hauptordner Ihres Spiels kopiert, `RAPTORX\`. Jetzt enthält `RAPTORX\` alle Ihre Dateien plus

```
RAPTORX\
   DIRECTX\
   DSETUP.DLL
   DSETUP32.DLL
   (Ihre Dateien)
```

In diesem Fall ist der vollständige Pfad "CDROM:\\RAPTORX".

Beachten Sie, dass ich in diesem Fall REDIST\ nicht benötige, weil ich den Inhalt in mein Spiele-Hauptverzeichnis kopiert habe und lpszRootPath auf die Position mit den drei benötigten .DLLs und dem Ordner DIRECTX\ verweist.

Jetzt betrachten wir den Flags-Parameter dwFlags. Größtenteils können Sie DirectX vollständig installieren, indem Sie das Flag DSETUP_DIRECTX verwenden, aber Tabelle 13.1 enthält alle gültigen Werte für diesen Parameter.

| Wert | Beschreibung |
| --- | --- |
| DSETUP_DIRECTX | Installiert DirectX-Laufzeitkomponenten sowie DirectX-kompatible Bildschirm- und Audio-Treiber. |
| DSETUP_DDRAWDRV | Installiert die von Microsoft bereitgestellten Bildschirm-Treiber. |
| DSETUP_DSOUNDDRV | Installiert die von Microsoft bereitgestellten Audio-Treiber. |
| DSETUP_DXCORE | Installiert DirectX-Laufzeitkomponenten. Installiert keine DirectX-kompatiblen Bildschirm- und Audio-Treiber. |
| DSETUP_TESTINSTALL | Nimmt Testinstallationen vor. Installiert keine neuen Komponenten. |

*Tabelle 13.1: Gültige DirectXSetup()-Flags*

Nachfolgend ein vollständiges Beispiel für das Laden von DirectX:

```
if (DirectXSetup(main_window_handle,
            "CDROM:\\REDIST",
            DSETUP_DIRECTX)!=DSERR_SUCCESS)
  { /* Fehler */}
```

Als Beispiel für die Verwendung der Funktion DirectXSetup() betrachten Sie PROG15_1.CPP und die ausführbare Datei PROG15_1.EXE auf der CD zum Buch. Sie müssen das Programm jedoch von der CD aus ausführen, weil der Pfadname relativ zur Position des REDIST\-Ordners auf der CD ist. Wenn Sie das Programm neu kompilieren wollen, binden Sie DSETUP.LIB ein.

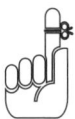

Achten Sie unbedingt auf den Unterschied zwischen dem SDK-Installer, den Sie ausführen, um das DirectX SDK zu installieren, und dem Installer, der einfach die Laufzeitdateien installiert. Der SDK installiert alle Dateien, die man benötigt, um DirectX-Spiele zu *schreiben*; der Laufzeit-Installer installiert nur die Dateien, die benötigt werden, um DirectX-Spiele *auszuführen*.

## DirectSetup spricht mit Ihnen!

Obwohl das DirectX-Setup-Programm relativ reibungslos läuft, wünschen Sie sich vielleicht ein wenig mehr Kontrolle. DirectSetup erlaubt Ihnen diese Kontrolle, indem Sie eine Callback-Funktion für DirectXSetup() bereitstellen können. Bei der Installation von DirectX treten mehrere Nachrichten und Ereignisse auf, die Sie nicht sehen. Wenn Sie jedoch

## 13 ➤ DirectSetup & AutoPlay

eine Callback-Funktion eingerichtet haben, wird Ihr Callback aufgerufen, und Sie können bessere Entscheidungen treffen, oder es Ihrem Benutzer überlassen, bessere Entscheidungen zu treffen.

Die Arbeitsweise der Callback-Funktion ist etwas komplex, deshalb werde ich Ihnen hier zeigen, wie man eine solche einrichtet und emuliert, was im Standardfall passiert (ohne den Callback). Später können Sie mehr Code einfügen und die Fälle hervorheben, an denen Sie interessiert sind, um den Benutzer nach mehr Details abzufragen.

Die Funktion für die Einrichtung der Callback-Funktion nimmt einen einzigen Parameter entgegen – die Callback-Funktion – und heißt `DirectXSetupSetCallback()`. Hier der Prototyp:

```
INT WINAPI DirectXSetupSetCallback(
 DSETUP_CALLBACK Callback);   // Zeiger auf Callback-Funktion
```

Und hier die generische Callback-Funktion mit dem korrekten Prototyp:

```
DWORD DirectXSetupCallbackFunction(
    DWORD Reason,       // Ursache für das Callback
    DWORD MsgType,      // wie der MessageBox-Parameter
    char *szMessage,    // Nachrichten-String
    char *szName        // von der Ursache abhängig
    void *pInfo);       // Upgrade-Information
```

Die meisten Felder können ganz einfach abgeleitet werden, aber grundsätzlich sollte der Rückgabewert, den Sie in Ihrer Callback-Funktion zurückgeben müssen, die Aktion des Standardaufrufs von `MessageBox()` emulieren, d.h. die Windows-Konstante `IDOK` zurückgeben, wenn alles in Ordnung ist usw. Nachfolgend eine vollständige, funktionierende Callback-Funktion:

```
DWORD WINAPI DSetupCallback(DWORD Reason,
                DWORD MsgType,
                char *szMessage,
                char *szName,
                void *pUpgradeInfo)
{
// dies ist die generischste Callback-Funktion, die Sie haben
// können; sie gibt einfach IDOK für Statusaufrufe zurück
// und zeigt andernfalls ein Nachrichtenfeld an und erlaubt
// Ihnen, die Entscheidung zu treffen
if (MsgType==0)
   return(IDOK);
// Nachrichtenfeld-Funktion aufrufen und ihren Wert zurückgeben;
// beachten Sie, dass DirectSetup darauf ausgelegt ist, auf die
// Rückgabewerte von MessageBox zu reagieren
return(MessageBox(main_window_handle, szMessage,
     "DirectX Setup Demo -- Running", MsgType));
} // end DSetupCallback
```

Für die Installation des Callbacks schreiben Sie:

```
DirectXSetupSetCallback(DSetupCallback);
```

Das ist alles. Wenn Sie den Aufruf von `DirectXSetup()` ausführen, wird `DSetupCallback()` aufgerufen, sobald eine Nachricht oder andere Probleme während der Installation von DirectX auftreten.

Als Beispiel für die Callback-Funktion betrachten Sie `PROG15_2.CPP` und die ausführbare Datei `PROG15_2.EXE`. Das Programm ist grundsätzlich eine Variante von `PROG15_1.CPP`, wobei der Callback-Funktionszeiger gesetzt ist. Um sie zu kompilieren und auszuführen, gehen Sie wie für `PROG15_1.CPP` vor.

## Informationen direkt ermitteln

Der letzte Teil von DirectSetup, den ich Ihnen hier vorstellen will, ist die Funktion zur Versionsermittlung, `DirectXSetupGetVersion()`. Damit werden die Versionsnummer und die Revisionsnummer von DirectX ermittelt, jeweils als 32-Bit-Zahl codiert. Hier der Prototyp:

```
INT WINAPI DirectXSetupGetVersion(
 DWORD *pdwVersion    // ermittelt die Version im 16.16-Format
 DWORD *pdwRevision); // ermittelt die Revision im 16.16-Format
```

Hier ein Beispiel für die Ausgabe der Versions- und Revisionsnummer von DirectX:

```
DWORD version;    // nimmt Versionsinformation auf
DWORD revision;   // nimmt Revisionsinformation auf
char buffer[256]; // nimmt Nachrichten auf
// prüft, ob DirectX installiert ist; in diesem Fall werden
// Version und Revision ausgegeben; andernfalls eine Fehlermeldung
if (DirectXSetupGetVersion(&version, &revision))
    {
    // Nachricht erzeugen
    sprintf(buffer,"DirectX version is %d.%d.%d.%d\n",
                HIWORD(version), LOWORD(version),
                HIWORD(revision), LOWORD(revision));
    // Nachrichtenfeld mit der Info erzeugen
    MessageBox(NULL,buffer,
            "DirectX Setup Version Demo",MB_OK);
    } // end if
else
    MessageBox(NULL,"Previous Versions of DirectX not Installed!",
            "DirectX Setup Version Demo",MB_OK);
```

Ein Beispiel für die Arbeitsweise des Codes finden Sie in `PROG15_3.CPP` mit der ausführbaren Datei `PROG15_3.EXE` auf der CD zum Buch. Sie wird in einem beliebigen Arbeitsverzeichnis ausgeführt und prüft Versions- und Revisionsnummer von DirectX. Wenn Sie sie neu kompilieren wollen, binden Sie `DSETUP.LIB` in Ihr Projekt ein – wie immer.

## AutoPlay

AutoPlay ist ein relativ altes Funktionsmerkmal von Windows 95 (und nicht von DirectX), das Ihnen erlaubt, eine CD-ROM zu erzeugen, die automatisch gestartet wird, wenn sie in das CD-ROM-Laufwerk eingelegt wird, ähnlich der Vorgehensweise der Spielekonsolen, wie beispielsweise Sony PlayStation 2, Microsoft XBox und Nintendo GameCube. AutoPlay liest dafür eine spezielle Datei – AUTORUN.INF – aus dem Stammverzeichnis der CD. Wenn die Datei existiert, wird sie geladen und als AutoPlay-Datei interpretiert.

Eine AUTORUN.INF-Datei kann mehrere Befehle enthalten, aber Sie müssen nur zwei davon kennen: open und icon. open wird verwendet, um eine ausführbare Datei zu starten, normalerweise mit Ihrem Setup oder Installer, und icon wird verwendet, um das Symbol festzulegen, das die CD-ROM darstellt. Die folgenden Schritte erzeugen eine AutoPlay-CD-ROM:

1. **Erzeugen Sie eine Datei namens AUTORUN.INF.**
2. **Schreiben Sie die folgenden Zeilen in die Datei AUTORUN.INF:**

    ```
    [autorun]
    open=ihrsetup.exe
    icon=ihricon.ico
    ```

3. **Kopieren Sie die Datei AUTORUN.INF in das Stammverzeichnis Ihrer Master-CD-ROM.**

Jetzt brennen Sie etwa 500.000 Kopien Ihres Spiels und versenden sie! (Sie glauben, Sie können nicht 500.000 verkaufen? Think big!)

CD-ROM-Brenner sind relativ billig, deshalb ist es keine größere Aktion, eigene CD-ROMs zu brennen. Wenn Sie darüber hinaus ein tolles Spiel entwickelt haben und eine große Firma es für Sie vermarktet, sollten Sie vermutlich eine AutoPlay-CD erstellen, deshalb ist es praktisch, wenn Sie wissen, wie das geht.

# GPDUMB Teil II – Der endgültige Konflikt

## In diesem Kapitel

▶ Finden Sie heraus, was in Teil II neu ist

▶ Machen Sie es sich mit DirectSound leicht

▶ Nutzen Sie das verallgemeinerte DirectInput-System

▶ Klonen Sie BOBs

▶ Praktizieren Sie die Kunst der Kollisionserkennung

▶ Verwenden Sie die Bibliothek für Star Ferret Deluxe

---

Die letzten paar Kapitel waren wie Urlaub – das wollen wir in den nächsten Kapiteln wieder aufholen! Bevor ich Ihnen jedoch neuronale Netzwerke und Reibungskoeffizienten näher bringe, werde ich den letzten Schliff der Spiele-Engine GPDUMB aufzeigen, die in Kapitel 10 entwickelt wurde, so dass Sie sie nutzen können, um noch mehr Demos mit coolen Grafiken und Sounds zu erzeugen. Ich habe Unterstützung für DirectInput und DirectSound hinzugefügt, und die BOB-Engine auf die nächste Stufe gehoben. Mit all diesen neuen Funktionsmerkmalen werden Sie schließlich in der Lage sein, eigene Spiele zu erstellen.

## Was ist neu in GPDUMB2?

Version II der Spiele-Engine GPDUMB – hier als GPDUMB2 bezeichnet – ergänzt die Spiele-Engine um die vollständige Unterstützung für DirectSound (siehe Kapitel 11) und DirectInput (siehe Kapitel 12) – in einem sehr einfachen und knappen API. Immer wenn Sie etwas vereinfachen und ein Hüll-API erzeugen, verlieren Sie natürlich ein wenig an Kontrolle, aber die Funktionen, die ich hier bereitstelle, ermöglichen Ihnen, mit Hilfe ein paar weniger Codezeilen mit diesen Systemen zusammenzuarbeiten, was eine kleine Einbuße an Kontrolle wert ist. Offensichtlich müssen Sie diese neuen APIs nicht verwenden, aber ich habe unzählige *Star Trek*-Folgen versäumt, als ich sie für Sie geschrieben habe, deshalb sollten Sie sie zumindest ausprobieren!

Neben den Neuerungen zu Sound und Eingaben habe ich ein paar zusätzliche Funktionen für ein gutes Maß eingebaut, inklusive einiger hoch optimierter Funktionen zum Zeichnen horizontaler und vertikaler Linien, sowie ein Bildschirmübergangsprogramm. Ich unterstütze ein paar weitere Funktionen für die Kollisionserkennung und habe dem BOB-System zusätzliche Funktionalität gegeben (siehe Kapitel 9), um mehrere Objekte mit denselben visuellen

Bitmaps zu verarbeiten, ohne Speicher zu vergeuden. Alles in allem runden die neuen Dinge die Engine gut ab, und die Entwicklung eines Spiels sollte ein Kinderspiel sein. Abbildung 14.1 zeigt, in welcher Beziehung die einzelnen Komponenten stehen.

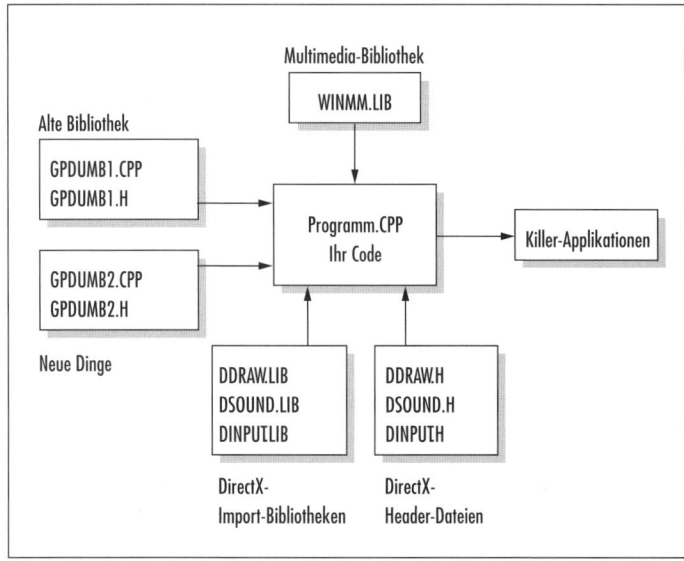

*Abbildung 14.1: Die Spiele-Engine GPDUMB2*

Sie beginnen mit den folgenden neuen Dateien:

✔ GPDUMB2.H: Die Header-Datei für das C/C++-Modul

✔ GPDUMB2.CPP: Die C/C++-Hauptdatei mit dem gesamten neuen Bibliothekscode

Das sind alle neuen Dateien. Natürlich bauen die hinzugefügten Funktionsmerkmale auf den alten Bibliotheksdateien GPDUMB1.CPP/H auf, so dass Sie sie in Ihre Applikationen einbinden müssen. (Weitere Informationen darüber finden Sie in Kapitel 13.) Außerdem müssen Sie alle Ihre primären DirectX-Bibliotheken in Ihre Applikation aufnehmen: DirectDraw, DirectSound und DirectInput. Nehmen Sie also die folgenden Header in Ihre Quelle auf:

✔ DDRAW.H

✔ DSOUND.H

✔ DINPUT.H

Außerdem müssen Sie die folgenden Bibliotheksdateien in Ihr Projekt aufnehmen, damit alles besser kompiliert:

✔ DDRAW.LIB

✔ DSOUND.LIB

- ✔ DINPUT.LIB
- ✔ DINPUT8.LIB
- ✔ WINMM.LIB – die Multimedia-Dinge

Ich stelle eine Schablonenapplikation für Sie bereit, GTEMP2.CPP, die alle Quell-Includes für Sie übernimmt und die Sie als Ausgangspunkt für Ihre Applikationen nutzen können, die die GPDUMB-Bibliotheken verwenden. Der folgende Abschnitt stellt die wichtigsten Elemente der Header-Datei GPDUMB2.H vor.

## Der Header

Die Header-Datei GPDUMB2.H ist etwas kürzer als ihr älterer Bruder GPDUMB.H, und größtenteils besteht die neue Datei aus Funktionsprototypen. GPDUMB2.H wurden jedoch einige neue Konstanten hinzufügt (hauptsächlich für das Bildschirmübergangssystem), und für das Sound-System wurde eine Datenstruktur eingefügt. (Ich markiere die Konstanten, mit denen Sie möglicherweise zu tun bekommen.)

Die folgenden Konstanten haben mit dem neuen Sound-System der überarbeiteten Spiele-Engine zu tun; in den Kommentaren werden sie ausreichend erklärt:

```
#define MAX_SOUNDS     64 // max. gleichzeitige Sounds in einem System
#define SOUND_NULL     0  // Sound nicht geladen
#define SOUND_LOADED   1  // Sound wurde geladen
#define SOUND_PLAYING  2  // Sound wird gerade abgespielt
#define SOUND_STOPPED  3  // Sound wurde angehalten
#define NVB_SIZE       6  // Größe des New-Voice-Blocks in Byte
```

Die neue Engine besitzt eine Bildschirmübergangsfunktion, so dass Sie Fades, Swipes, Dissolves usw. realisieren können. Sie funktionieren natürlich nur für 8-Bit-Modi. Die folgenden Konstanten steuern diese Funktion:

```
#define SCREEN_DARKNESS   0   // in Schwarz überblenden
#define SCREEN_WHITENESS  1   // in Weiß überblenden
#define SCREEN_SWIPE_X    2   // horizontaler Swipe
#define SCREEN_SWIPE_Y    3   // vertikaler Swipe
#define SCREEN_DISSOLVE   4   // Pixel-Auflösung
#define SCREEN_SCRUNCH    5   // Quadratkomprimierung
#define SCREEN_BLUENESS   6   // in Blau überblenden
#define SCREEN_REDNESS    7   // in Rot überblenden
#define SCREEN_GREENNESS  8   // in Grün überblenden
```

Eine einzige BOB-Funktion *klont* ein BOB – eine Duplizierungsmethode, die ich später in diesem Kapitel im Abschnitt *Das Sechs-Millionen-Dollar-BOB* erkläre. Ich codiere einen Klon in den folgenden Attributen:

```
#define BOB_ATTR_CLONE   256 // das BOB ist ein Klon
```

Die neue Engine enthält nicht viele neue Makros. Ich habe eine einzige Funktion eingefügt, die helfen soll, 0 bis 100 in die Dezibel-Skalen von Microsoft umzuwandeln, die in Direct-Sound verwendet werden. Auf diese Weise müssen Sie nicht logarithmisch denken:

```
#define DSVOLUME_TO_DB(volume) ((DWORD)(-30*(100 - volume)))
```

Und schließlich stelle ich einen Sound-Objekt-Datensatz bereit. Dieser Sound-Datensatz ist ganz ähnlich dem in Kapitel 11 entwickelten.

```
typedef struct pcm_sound_typ
    {
    LPDIRECTSOUNDBUFFER dsbuffer;   // DirectSound-Puffer mit dem Sound
    int state;      // Status des Sounds
    int rate;       // Playback-Frequenz
    int size;       // Größe des Sounds
    int id;         // ID des Sounds
    } pcm_sound, *pcm_sound_ptr;
```

Im Hinblick auf Defines, Datenstrukturen und Makros hat sich nicht viel geändert. Jetzt betrachten wir die globalen Variablen.

## Globales Bewusstsein

Die GPDUMB2-Engine verwendet mehrere globale Variablen. Die meisten davon haben mit den DirectSound- und DirectInput-Systemen zu tun.

Nachfolgend die globalen Variablen für das Sound-System:

```
LPDIRECTSOUND   lpds;       // DirectSound-Schnittstellenzeiger
DSBUFFERDESC    dsbd;       // DirectSound-Beschreibung
DSCAPS          dscaps;     // DirectSound-Funktionsmerkmale
HRESULT         dsresult;   // allgem. DirectSound-Ergebnis
DSBCAPS         dsbcaps;    // DirectSound-Puffer-Funktionsmerkmale
pcm_sound       sound_fx[MAX_SOUNDS]; // Array mit Sound-Puffern
WAVEFORMATEX    pcmwf;      // generische Wellenform-Struktur
```

Und hier die globalen Variablen für DirectInput. Beachten Sie die zusätzlichen Joystick-Variablen:

```
LPDIRECTINPUT8      lpdi;       // dinput-Objekt
LPDIRECTINPUTDEVICE8 lpdikey;   // dinput-Tastatur
LPDIRECTINPUTDEVICE8 lpdimouse; // dinput-Maus
LPDIRECTINPUTDEVICE8 lpdijoy;   // dinput-Joystick
GUID            joystickGUID;   // GUID für Haupt-Joystick
char            joyname[80];    // Name des Joysticks
// enthalten die Zieldatensätze für alle DirectInput-Eingabepakete
UCHAR keyboard_state[256];// enthält Tastaturstatustabelle
DIMOUSESTATE mouse_state;   // enthält den Mausstatus
DIJOYSTATE joy_state;       // enthält den Joystick-Status
int joystick_found;         // überprüft, ob der Joystick angeschlossen ist
```

Sie sollten diese globalen Variablen nicht verändern, außer für den Zugriff auf die Daten, die vom Eingabegerät gelesen wurden. Dieser Zugriff erfolgt über mouse_state, keyboard_state und joy_state für Maus, Tastatur bzw. Joystick.

Das waren die Vorbemerkungen zu dem neuen Code in der Engine. Die nächsten Abschnitte bieten detailliertere Informationen über die neuen Funktionsmerkmale der GPDUMB2-Spiele-Engine.

## Sound - leicht gemacht

DirectSound kann ganz kompliziert oder sehr einfach sein, abhängig davon, wie Sie es verwenden. Wenn Sie ein »Alleskönner«-API wollen, werden Sie die meisten DirectSound-Funktionen verwenden müssen. Wenn Sie jedoch mit einem einfacheren API auskommen, das Ihnen ermöglicht, DirectSound zu initialisieren und Sounds eines bestimmten Formats zu laden und abzuspielen, dann ist das sehr viel einfacher in ein paar wenigen Funktionen zu lösen.

Ich habe einen Großteil der Arbeit bereits im Kapitel über DirectSound (Kapitel 11) in Funktionen für Sie verpackt. Darüber hinaus habe ich eine Abstraktion um das Sound-System herum gelegt, so dass Ihr System einen Sound mit der ID anspricht, die er beim Laden erhalten hat. Sie können diese ID also nutzen, um den Sound abzuspielen, seinen Status zu überprüfen oder ihn zu beenden. Auf diese Weise brauchen Sie sich nicht mit hässlichen Schnittstellenzeigern zu beschäftigen.

Das neue API unterstützt die folgende Funktionalität (weitere Informationen darüber, warum diese Attribute so praktisch sind, finden Sie in Kapitel 11):

✔ Initialisierung und Herunterfahren von DirectSound mit einfachen Aufrufen

✔ Laden von .VOC- und .WAV-Dateien im 11-kHz-8-Bit-Mono-Format

✔ Abspielen einer geladenen Sound-Datei

✔ Beenden eines Sounds

✔ Überprüfen des Abspielstatus eines Sounds

✔ Ändern der Lautstärke, der Abspielgeschwindigkeit oder des Stereo-Panoramas eines Sounds

✔ Löschen von Sounds aus dem Speicher

Sehen Sie sich die Funktionen in den nachfolgenden Abschnitten an.

 Wenn nicht anders angegeben, geben alle Funktionen TRUE (1) zurück, wenn sie erfolgreich waren, FALSE (0) andernfalls.

### Funktionsprototyp DSound_Init(...)

```
int DSound_Init(void);
```

**Aufgabe**: `DSound_Init()` initialisiert das gesamte DirectSound-System. Sie erzeugt das DirectSound-COM-Objekt, legt die Prioritätsstufe fest usw. Rufen Sie die Funktion einfach am Anfang Ihrer Applikation auf, wenn Sie Sound verwenden wollen. Hier ein Beispiel:

```
if (!DSound_Init(void))
   { /* Fehler */ }
```

### Funktionsprototyp DSound_Shutdown(...)

```
int DSound_Shutdown(void);
```

**Aufgabe**: `DSound_Shutdown()` beendet alle COM-Schnittstellen, die von `DSound_Init()` geöffnet wurden, und gibt sie frei. `DSound_Shutdown()` gibt jedoch nicht den gesamten Speicher frei, der für den gesamten Sound reserviert wurde. Diese Aufgabe erledigen Sie selbst mit einer anderen Funktion. So fahren Sie DirectSound herunter:

```
if (!DSound_Shutdown())
   { /* Fehler */ }
```

### Funktionsprototypen Load_VOC(...) und Load_WAV(...)

```
int Load_VOC(char *filename);
int Load_WAV(char *filename);
```

**Aufgabe**: Sowohl `Load_VOC()` als auch `Load_WAV()` erzeugen einen DirectSound-Puffer, laden die Sound-Datendatei in den Speicher und bereiten den Sound auf das Abspielen vor. Die Funktion nimmt den vollständigen Pfad und den Dateinamen der zu ladenden Sounddatei entgegen (inklusive der Erweiterungen .VOC und .WAV) und lädt die Datei von der Festplatte. Falls die Funktionen erfolgreich ausgeführt werden, geben sie eine nicht negative ID zurück. Sie müssen diese ID speichern, weil sie als Handle verwendet wird, mit dem später auf den Sound verwiesen werden kann. Wenn die Funktion die Datei nicht findet oder wenn zu viele Sounds geladen werden, gibt sie -1 zurück.

Nachfolgend ein Beispiel, das die .VOC-Datei BOOM.VOC lädt:

```
int boom_id = Load_VOC("BOOM.VOC");
// auf Fehler überprüfen
if (boom_id==-1)
   { /* Fehler */}
```

Und so wird die .WAV-Datei FIRE.WAV geladen:

```
int fire_id = Load_WAV("FIRE.WAV");
// auf Fehler überprüfen
if (fire_id==-1)
   { /* Fehler */}
```

Natürlich bleibt es Ihnen überlassen, wie Sie die IDs speichern. Sie können ein Array oder irgendetwas anderes verwenden. Sie könnten die beiden Funktionen sogar in eine einzige

Funktion einhüllen – `Load_Sound()` –, die prüft, ob die Sound-Datei die Dateinamenerweiterung `.VOC` oder `.WAV` hat, und dann die entsprechende Funktion aufruft.

Sie fragen sich vielleicht, wo sich die Sound-Daten befinden und wie sie manipuliert werden. Wenn Sie das wirklich wollen, können Sie im `pcm_sound`-Array `sound_fx[]` auf die Daten zugreifen, wobei Sie die ID, die Sie von der Ladefunktion zurückerhalten, als Index verwenden. Nachfolgend sehen Sie, wie Sie auf den DirectSound-Puffer für den Sound mit der ID `sound_id` zugreifen:

```
sound_fx[sound_id].dsbuffer
```

**Funktionsprototyp Replicate_Sound(...)**

```
int Replicate_Sound(int source_id); // ID des zu kopierenden Sounds
```

**Aufgabe:** `Replicate_Sound()` kopiert einen Sound, ohne den Speicher zu kopieren, in dem er abgelegt ist. Angenommen, Sie haben einen Gewehrschuss-Sound und wollen drei Schüsse damit darstellen, einen nach dem anderen. Mit der ursprünglichen GPDUMB-Engine mussten Sie dafür drei Kopien des Sounds in drei unterschiedliche DirectSound-Speicherpuffer laden, was die reine Speichervergeudung ist.

Glücklicherweise habe ich mit Hilfe der Funktion `Replicate_Sound()` eine Lösung vorbereitet. Sie können ein *Duplikat* (oder einen *Replikanten*, falls Sie Fan von *Blade Runner* sind) des Sound-Puffers anlegen, außer für die eigentlichen Sound-Daten. Statt ihn zu kopieren, setzen Sie einfach einen Zeiger darauf, und DirectSound ist intelligent genug, ihn als Quelle für mehrere Sounds mit denselben Daten zu verwenden.

Wenn Sie also beispielsweise einen Schuss achtmal abspielen wollen, laden Sie den Sound einmal, legen sieben Kopien davon an und fordern insgesamt acht eindeutige IDs an. Replizierte Sounds verhalten sich genau wie normale Sounds; statt sie jedoch mit `Load_WAV()` oder `Load_VOC()` zu laden und zu erzeugen, kopieren Sie sie mit `Replicate_Sound()`. Verstanden? Mir wird schon ganz schwindelig!

Nachfolgend ein Beispiel, das acht Schüsse erzeugt:

```
int gunshot_ids[8]; // nimmt alle IDs auf
// den Master-Sound laden
gunshot_ids[0] = Load_WAV("GUNSHOT.WAV");
// jetzt Kopien anlegen
for (int index=1; index<8; index++)
    gunshot_ids[index] = Replicate_Sound(gunshot_ids[0]);
// mit gunshot_ids[0..7] knallts!
```

**Funktionsprototyp Play_Sound(...)**

```
int Play_Sound(int id,        // ID des abzuspielenden Sounds
               int flags=0,   // 0 oder DSBPLAY_LOOPING
               int volume=0,  // nicht genutzt
               int rate=0,    // nicht genutzt
               int pan=0);    // nicht genutzt
```

**Aufgabe**: `Play_Sound()` spielt einen zuvor geladenen Sound ab. Übergeben Sie die ID des Sounds sowie die Flags für das Abspielen – 0 für einfaches Abspielen, `DSBPLAY_LOOPING` für eine Schleife –, dann beginnt das Abspielen des Sounds. Wenn der Sound bereits abgespielt wird, beginnt das Abspielen am Anfang neu. Nachfolgend ein Beispiel dafür, wie ein Sound geladen und abgespielt wird:

```
int fire_id = Load_WAV("FIRE.WAV");
Play_Sound(fire_id,0);
```

Beachten Sie, dass Sie die Angabe von 0 für Flags völlig weglassen können, weil der Standardparameter gleich 0 ist, wie nachfolgend gezeigt:

```
int fire_id = Load_WAV("FIRE.WAV");
Play_Sound(fire_id);
```

In jedem Fall wird der Sound `FIRE.WAV` einmal abgespielt und dann beendet. Um die Datei in einer Schleife abzuspielen, übergeben Sie als Flag-Parameter `DSBPLAY_LOOPING`.

### Funktionsprototypen Stop_Sound(...) und Stop_All_Sounds(...)

```
int Stop_Sound(int id);
int Stop_All_Sounds(void);
```

**Aufgabe**: `Stop_Sound()` beendet das Abspielen eines einzigen Sounds (falls er gerade abgespielt wird). Übergeben Sie der Funktion dazu einfach die ID des Sounds. `Stop_All_Sounds()` beendet alle aktuell abgespielten Sounds. Nachfolgend ein Beispiel, wie der Sound `fire_id` beendet wird:

```
Stop_Sound(fire_id);
```

Am Ende Ihres Programms fügen Sie einen Code ein, um das Abspielen aller Sounds zu beenden. Dazu können Sie für jeden Sound `Stop_Sound()` aufrufen, oder einmal `Stop_All_Sounds()`, wie nachfolgend gezeigt:

```
// hier steht der Code für den System-Shutdown
Stop_All_Sounds();
```

### Funktionsprototypen Delete_Sound(...) und Delete_All_Sounds(...)

```
int Delete_Sound(int id); // ID des zu löschenden Sounds
int Delete_All_Sounds(void);
```

**Aufgabe**: `Delete_Sound()` löscht einen Sound aus dem Speicher und gibt den ihm zugeordneten DirectSound-Puffer frei. Wenn der Sound gerade abgespielt wird, beendet ihn die Funktion zuvor. `Delete_All_Sounds()` löscht alle zuvor geladenen Sounds. Das nachfolgende Beispiel löscht den Sound `boom_id`:

```
Delete_Sound(boom_id);
```

### Funktionsprototyp Status_Sound(...)

```
int Status_Sound(int id);
```

**Aufgabe:** Status_Sound() überprüft den Status eines geladenen Sounds abhängig von seiner ID. Dazu übergeben Sie der Funktion die ID des Sounds. Die Funktion gibt einen der folgenden Werte zurück:

✔ DSBSTATUS_LOOPING: Der Sound wird gerade abgespielt und befindet sich im Schleifenmodus.

✔ DSBSTATUS_PLAYING: Der Sound wird gerade abgespielt und befindet sich im Einzelabspielmodus.

Wenn Status_Sound() keine dieser Konstanten zurückgibt, wird der Sound gerade nicht abgespielt. Nachfolgend ein vollständiges Beispiel, das wartet, bis ein Sound vollständig abgespielt wurde, und ihn dann löscht:

```
// DirectSound initialisieren
DSound_Init();
// einen Sound laden
int fire_id = Load_WAV("FIRE.WAV");
// Sound im Einzelmodus abspielen
Play_Sound(fire_id);
// warten, bis der Sound abgespielt ist
// (Die folgende Eingabe soll in einer Zeile stehen!)
while(Sound_Status(fire_id) &
            (DSBSTATUS_LOOPING | DSBSTATUS_PLAYING));
// Sound löschen
Delete_Sound(fire_id);
// DirectSound herunterfahren
DSound_Shutdown();
```

Ziemlich cool. Sehr viel besser als die mindestens 100 Codezeilen, dasselbe manuell mit DirectSound auszuführen!

### Funktionsprototyp Set_Sound_Volume(...)

```
int Set_Sound_Volume(int id,   // ID des Sounds
                     int vol); // Lautstärke von 0 bis 100
```

**Aufgabe:** Set_Sound_Volume() ändert die Lautstärke eines Sounds in Echtzeit. Sie übergeben der Funktion die ID des Sounds sowie einen Wert zwischen 0 und 100, und die Lautstärke ändert sich unmittelbar. Das nachfolgende Beispiel reduziert die Lautstärke eines Sounds um 50 %.

```
Set_Sound_Volume(fire_id, 50);
```

Sie können die Lautstärke immer auf 100 % zurücksetzen:

```
Set_Sound_Volume(fire_id, 100);
```

### Funktionsprototyp Set_Sound_Freq(...)

```
int Set_Sound_Freq(
    int id,    // Sound-ID
    int freq); // neue Playback-Frequenz 0-100000
```

**Aufgabe:** Set_Sound_Freq() ändert die Abspielfrequenz des Sounds. Weil alle Sounds mit 11 kHz Mono geladen werden müssen, können Sie die wahrgenommene Abspielgeschwindigkeit wie folgt ändern:

```
Set_Sound_Freq(fire_id, 22050);
```

Wenn Sie wollen, dass sich die Ausgabe einer Sound-Datei mit Ihrer Stimme wie Darth Vader anhört, verwenden Sie Folgendes:

```
Set_Sound_Freq(fire_id, 6000);
```

### Funktionsprototyp Set_Sound_Pan(...)

```
int Set_Sound_Pan(
    int id,    // Sound-ID
    int pan); // Panoramawert von -10000 bis 10000
```

**Aufgabe:** Set_Sound_Pan() setzt die relative Intensität des Sounds im linken und im rechten Lautsprecher. Ein Wert von -10000 bedeutet ganz links, 10000 bedeutet ganz rechts. Wenn Sie in beiden Lautsprechern dieselbe Intensität brauchen, setzen Sie Pan auf 0. Das folgende Beispiel zeigt, wie Pan ganz nach rechts gesetzt wird:

```
Set_Sound_Pan(fire_id, 10000);
```

## *Ein verallgemeinertes DirectInput-System*

Ich kann nicht warten, bis Videospiele telepathisch zu steuern sind – und erst dann müssen sich die Programmierer keine Gedanken mehr über die verschiedenen Eingabegeräte machen! Leider wird diese Neuerung noch ein paar Jahre auf sich warten lassen (wenn auch nicht mehr viele). Nichtsdestotrotz erledigt DirectInput gute Arbeit, die verschiedenen Eingabegeräte für Sie zu *normalisieren* oder zu abstrahieren, Sie können also mit Hilfe von DirectInput mit relativ wenig Aufwand ein gutes Eingabesystem einrichten.

Ursprünglich wollte ich alle Eingaben von allen Geräten in einem Eingabeereignis kombinieren. Nachdem ich jedoch längere Zeit über die Situation nachgedacht hatte, habe ich beschlossen, ein einziges Eingabeereignis sei keine gute Idee, weil man in einigen Situationen mehr Kontrolle braucht.

Leider ist das endgültige Eingabesystem eher eine Hausmeister-Funktion als alles andere. Das System führt die folgenden Funktionen für Sie aus:

- ✔ Initialisieren des DirectInput-Systems
- ✔ Einrichten und Aktivieren von Tastatur, Maus und Joystick – oder einer beliebigen Untermenge
- ✔ Abfragen von Daten von beliebigen Eingabegeräten
- ✔ Herunterfahren und alles freigeben

Im Wesentlichen habe ich Hüllfunktionen um die paar Zeilen Code gelegt, die man benötigt, um die einzelnen Eingabegeräte einzurichten und zu lesen. Sie erhalten die Eingabe immer noch als Gerätestatus und müssen die verschiedenen Felder der einzelnen Gerätestatusstrukturen verarbeiten (für Tastatur, Maus und Joystick), wie in Kapitel 12 bereits beschrieben. Die Methode in der GPDUMB-Engine bietet Ihnen jedoch größere Freiheit.

Bevor wir die Funktionen betrachten, sehen Sie sich Abbildung 14.2 an, die die Beziehung zwischen den einzelnen Geräten und dem Datenfluss darstellt.

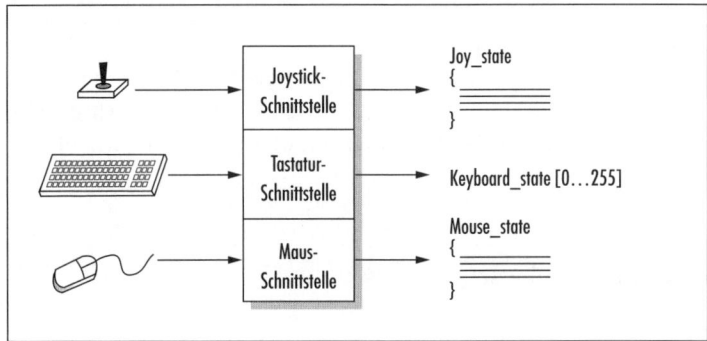

*Abbildung 14.2: Das DirectInput-System*

Eingaben von der Tastatur werden vom Eingabesystem in `keyboard_state[]` abgelegt, das als Array mit 256 Werten definiert ist, die jeweils eine bestimmte Taste auf der Tastatur darstellen. Die Mausdaten werden in `mouse_state` abgelegt, und die Joystick-Daten werden in `joy_state` abgelegt. Die Struktur jedes dieser Datensätze ist die Standard-DirectInput-Gerätestatusstruktur. Im Allgemeinen sind Maus und Joystick hinsichtlich der (x,y)-Position jedoch fast gleich; das bedeutet, Sie greifen über die Felder `lX`, `lY` zu, und die Tasten sind Boolesche Werte in `rgbButtons[]`.

**Funktionsprototyp DInput_Init(...)**

`int DInput_Init(void);`

**Aufgabe:** `DInput_Init()` initialisiert das DirectInput-Eingabesystem. Sie erzeugt das COM-Hauptobjekt und gibt im Erfolgsfall `TRUE` zurück, andernfalls `FALSE`. Natürlich ist die globale Variable `lpdi` gültig (definiert in `GPDUMB2.CPP`). Die Funktion erzeugt jedoch keine Geräte. Nachfolgend ein Beispiel für die Initialisierung des Eingabesystems:

```
if (!DInput_Init())
   { /* Fehler */ }
```

**Funktionsprototyp DInput_Shutdown(...)**

`void DInput_Shutdown(void);`

**Aufgabe:** `DInput_Shutdown()` gibt alle COM-Objekte frei, ebenso wie alle Ressourcen, die beim Aufruf von `DInput_Init()` reserviert wurden. Normalerweise rufen Sie `DInput_Shutdown()` am Ende Ihrer Applikation auf, nachdem Sie alle Eingabegeräte freigegeben haben – was ich nach den Initialisierungsfunktionen beschreibe. Das nachfolgende Beispiel zeigt, wie das Eingabesystem geschlossen wird:

```
DInput_Shutdown();
```

### Funktionsprototyp DI_Init_Keyboard(...)

```
DI_Init_Keyboard(void);
```

**Aufgabe:** `DI_Init_Keyboard()` initialisiert und aktiviert die Tastatur. Diese Funktion sollte immer funktionieren und gibt `TRUE` zurück, es sei denn, eine andere DirectX-Applikation hat auf recht unkooperative Weise die Tastatur übernommen. Hier ein Beispiel:

```
if (!DI_Init_Keyboard())
    { /* Fehler */ }
```

### Funktionsprototyp DI_Init_Mouse(...)

```
int DI_Init_Mouse(void);
```

**Aufgabe:** `DI_Init_Mouse()` initialisiert und aktiviert die Maus. Die Funktion nimmt keine Parameter entgegen und gibt im Erfolgsfall `TRUE` zurück, andernfalls `FALSE`. Sie funktioniert jedoch immer, es sei denn, es ist keine Maus angeschlossen oder eine andere DirectX-Applikation hat sie komplett übernommen! Wenn alles klappt, wird `lpdimouse` zum gültigen Schnittstellenzeiger, wie nachfolgend gezeigt:

```
if (!DI_Init_Mouse()) { /* Fehler */ }
```

### Funktionsprototyp DI_Init_Joystick(...)

```
int DI_Init_Joystick(int min_x=-256,  // min. x-Bereich
                     int max_x=256,   // max. x-Bereich
                     int min_y=-256,  // min. y-Bereich
                     int max_y=256);  // max. y-Bereich
```

**Aufgabe:** `DI_Init_Joystick()` initialisiert das Joystick-Gerät für die Verwendung. Die Funktion nimmt vier Parameter entgegen, die den X-Y-Bereich der Bewegung der vom Joystick zurückgegebenen Daten definieren. Wenn Sie die Standardwerte -256 bis 256 für jede Achse verwenden wollen, brauchen Sie keine Parameter zu übergeben (weil sie als Standardwerte definiert sind – aus C++ übernommen).

Wenn der Aufruf `TRUE` zurückgibt, wurde ein Joystick gefunden und eingerichtet, initialisiert und aktiviert. Nach dem Aufruf ist der Schnittstellenzeiger `lpdijoy2` gültig, falls Sie ihn für irgendetwas brauchen. Darüber hinaus enthält der String `joyname[]` den benutzerfreundlichen Namen des Joystick-Geräts, wie beispielsweise Microsoft SideWinder oder wie auch immer.

Das nachfolgende Beispiel initialisiert den Joystick und legt seinen X-Y-Bereich mit -1024 bis 1024 fest:

```
if (!DI_Init_Joystick(-1024, 1024, -1024, 1024))
    { /* Fehler */ }
```

**Funktionsprototypen DI_Release_Joystick(...), DI_Release_Mouse(...) und DI_Release_Keyboard(...)**

```
void DI_Release_Joystick(void);
void DI_Release_Mouse(void);
void DI_Release_Keyboard(void);
```

**Aufgabe:** `DI_Release_Joystick()`, `DI_Release_Mouse()` und `DI_Release_Keyboard()` geben die betreffenden Eingabegeräte frei, wenn Sie sie nicht mehr brauchen. Eine Funktion kann auch dann problemlos aufgerufen werden, wenn Sie das Gerät nicht initialisiert haben, so dass Sie sie einfach alle am Ende Ihrer Applikation aufrufen können, wenn Sie das wollen. Nachfolgend finden Sie ein vollständiges Beispiel, wie Sie das DirectInput-System starten, alle Geräte initialisieren, sie dann freigeben und das System beenden:

```
// das DirectInput-System initialisieren
DInput_Init();
// alle Eingabegeräte initialisieren und aktivieren
DI_Init_Joystick();
DI_Init_Mouse();
DI_Init_Keyboard();
// Eingabeschleife: Hier steht der Programmcode
// ... jetzt soll das Programm beendet werden
// zuerst alle Geräte freigeben (die Reihenfolge
// spielt keine Rolle)
void DI_Release_Joystick(void);
void DI_Release_Mouse(void);
void DI_Release_Keyboard(void);
// DirectInput herunterfahren
DInput_Shutdown();
```

**Funktionsprototyp DI_Read_Keyboard(...)**

```
int DI_Read_Keyboard(void);
```

**Aufgabe:** `DI_Read_Keyboard()` wertet den Tastaturstatus aus und platziert die Daten in `keyboard_state[]`, einem Array mit 256 Byte. Dies ist das Standardarray für den DirectInput-Tastaturstatus, Sie müssen also die DirectInput-Tastenkonstanten `DIK_*` verwenden, wenn Sie es sinnvoll nutzen wollen. Wird eine Taste gedrückt, ist der Array-Wert gleich 0x80. Das nachfolgende Beispiel prüft, ob die Tasten ← und → gedrückt wurden. Dazu werden die betreffenden Konstanten aus DirectInput verwendet (die Sie in der DirectX-SDK-Hilfedatei oder in der gekürzten Tabelle in Kapitel 12 zu DirectInput nachlesen können):

```
// Tastatur lesen
if (!DI_Read_Keyboard())
    { /* Fehler */ }
```

```
// jetzt die Statusdaten überprüfen
if (keyboard_state[DIK_RIGHT])
    { /* Schiff nach rechts bewegen */ }
else
if (keyboard_state[DIK_LEFT])
    { /* Schiff nach links bewegen */ }
```

### Funktionsprototyp DI_Read_Mouse(...)

```
int DI_Read_Mouse(void);
```

**Aufgabe**: DI_Read_Mouse() liest den Mausstatus und speichert das Ergebnis in mouse_state, einer DIMOUSESTATE-Struktur. Die Daten liegen in relativen Änderungen (Delta) vor. Größtenteils brauchen Sie nur mouse_state.lX und mouse_state.lY auszuwerten, sowie rgbButtons[0...2], die Booleschen Werte für die drei Maustasten. Das nachfolgende Beispiel liest die Maus und bewegt unter Verwendung der Daten einen Zeiger und zeichnet:

```
// Maus lesen
if (!DI_Read_Mouse())
    { /* Fehler */ }
// Cursor bewegen
cx+=mouse_state.lX;
cy+=mouse_state.lY;
// prüfen, ob die linke Taste gedrückt ist
if (mouse_state.rgbButtons[0])
    Draw_Pixel(cx,cy,col,buffer,pitch);
```

### Funktionsprototyp DI_Read_Joystick(...)

```
int DI_Read_Joystick(void);
```

**Aufgabe**: DI_Read_Joystick() fragt den Joystick ab und liest die Daten dann in joy_state ein, eine DIJOYSTATE-Struktur. Falls kein Joystick angeschlossen ist, gibt die Funktion FALSE zurück und joy_state ist ungültig – verstanden? Ist die Funktion erfolgreich, enthält joys_state die Statusinformation des Joysticks. Die zurückgegebenen Daten bewegen sich innerhalb des Bereichs, den Sie zuvor für jede Achse gesetzt haben, und die Tastenwerte sind Boolesche Werte in rgbButtons[]. Als Beispiel sehen Sie nachfolgend, wie Sie den Joystick verwenden, um ein Raumschiff nach rechts oder links zu bewegen und mit der ersten Taste zu feuern:

```
// Joystick-Daten lesen
if (!DI_Read_Joystick())
    { /* Fehler */ }
// Schiff bewegen
ship_x+=joy_state.lX;
ship_y+=joy_state.lY;
// auf Trigger überprüfen
if (joy_state.rgbButtons[0])
    { // Waffe abfeuern // }
```

Natürlich kann Ihr Joystick zahlreiche Tasten und Achsen haben. Für solche Fälle verwenden Sie die anderen Felder von `joy_state`, wie in der `DIJOYSTATE`-Struktur von DirectInput definiert (siehe Kapitel 12).

## Ein Hauch von Grafik

Teil I der GPDUMB-Engine war mehr oder weniger vollständig, aber es fehlte ihm an Finesse. Deshalb habe ich beschlossen, ein paar weitere Funktionen einzuführen, um ihm diesen letzten Schliff zu geben. Zwei der neuen Funktionen sind spezielle Funktionen zum Zeichnen von Linien (wobei sowohl 8-Bit- als auch 16-Bit-Modus unterstützt werden), weil die Verwendung eines allgemeinen Algorithmus zum Zeichnen von horizontalen und vertikalen Linien (was stark optimiert werden kann) ein Sakrileg ist. Die letzte Funktion ist ein 8-Bit-Bildschirmübergangssystem. Bildschirmübergänge sind coole Effekte, die Sie für den Start eines Spiels, einen Level-Wechsel, Menüänderungen usw. verwenden können. Probieren Sie sie aus!

### Funktionsprototypen HLine(...) und HLine16(...)

```
void HLine*(int x1,   // Anfangs-x-Position von HLine
            int x2,   // End-x-Position von HLine
            int y,    // Zeile oder vertikale Position von HLine
            int color, // Farbe von HLine 0-255
            UCHAR *vbuffer, // Zielspeicherpuffer
            int lpitch); // Speicher-Pitch des Puffers
```

**Aufgabe**: `HLine*()` zeichnet eine horizontale Linie auf die Speicheroberfläche, auf die `vbuffer` zeigt. Die Linie wird mit Hilfe einer `memset()`-Funktion gezeichnet, was sehr schnell ist. Darüber hinaus wird die Linie im Clipping-Bereich `min_clip_x`, `min_clip_y`, `max_clip_x`, `max_clip_y` abgeschnitten. Das nachfolgende Beispiel zeichnet auf der primären Oberfläche eine Linie von (20,30) nach (100,30):

```
// Oberfläche immer sperren bzw. die Sperre aufheben!
DD_Lock_Primary_Surface();
HLine(20,100,30,color, primary_buffer, primary_lpitch);
DD_Unlock_Primary_Surface();
```

### Funktionsprototypen VLine(...) und VLine16(...)

```
void VLine(int y1,   // Anfangs-y-Position von VLine
           int y2,   // End-y-Position von VLine
           int x,    // Spalte oder horiz. Pos. von VLine
           int color, // Farbe von VLine 0-255
           UCHAR *vbuffer, // Zielspeicherpuffer
           int lpitch); // Speicher-Pitch des Puffers
```

**Aufgabe**: `VLine()` zeichnet eine vertikale Linie auf die Speicheroberfläche, auf die `vbuffer` zeigt. Die Linie wird mit Hilfe einer `for`-Schleife gezeichnet, sie ist also schnell, aber nicht so schnell wie `HLine()`. Darüber hinaus wird die Linie im Clipping-Bereich `min_clip_x`, min_clip_y, max_clip_x, max_clip_y abgeschnitten. Das nachfolgende Beispiel zeichnet auf der primären Oberfläche eine Linie von (100,150) bis (100,200):

```
// Oberfläche immer sperren bzw. die Sperre aufheben!
DD_Lock_Primary_Surface();
VLine(150,200,100,color, primary_buffer, primary_lpitch);
DD_Unlock_Primary_Surface();
```

**Funktionsprototyp Screen_Transitions(...)**

```
void Screen_Transitions(
        int effect,      // vorzunehmender Übergang
        UCHAR *vbuffer,  // Zielspeicherpuffer
        int lpitch);     // Speicher-Pitch des Puffers
```

**Aufgabe:** Screen_Transitions() ist die coolste der neuen Funktionen. Mit einem einzigen Aufruf und ein paar Parametern kann das Bild auf dem Bildschirm manipuliert und gemorpht werden, um auf einen neuen Level vorzubereiten oder Ähnliches. Die Befehle sind in den früheren Header-Abschnitt-Definitionen aufgelistet. Im Allgemeinen können Sie drei Effektarten erzielen:

✔ **Farbübergänge**: Die Farben des Bildes werden langsam in eine andere Farbe übergeblendet, wie beispielsweise Schwarz, Weiß, Rot, Grün oder Blau.

✔ **Auflösungen**: Das Bild auf dem Bildschirm wird durch eine Zufallsfunktion langsam entfernt.

✔ **Wipes**: Das Bild wird von oben, unten, links, rechts oder von allen Seiten gleichzeitig entfernt.

 Bei Verwendung dieser Funktion müssen Sie einige Regeln beachten:

✔ Wenn Sie einen Farbübergangseffekt wollen, müssen Sie die primäre und die sekundäre Oberfläche sperren! Diese Regel bedeutet, dass Sie DD_Unlock_Primary_Surface() und DD_Unlock_Back_Surface() aufrufen müssen. Sie müssen die Palette speichern, bevor Sie die Funktion aufrufen, und sie anschließend wiederherstellen, weil die Funktion die Paletteneinträge abändert.

✔ Wenn Sie eine Auflösung oder einen Wipe anfordern, sollten Sie sicherstellen, dass der Speicherpuffer und der Pitch gültig und korrekt sind. Andernfalls stürzt das System ab, weil die Übergangsfunktion versucht, in den Bereich zu schreiben.

Um eine Auflösung für den primären Puffer auszuführen, nachdem er bereits gesperrt ist, gehen Sie wie folgt vor:

```
Screen_Transitions(SCREEN_DISSOLVE,
                primary_buffer, primary_lpitch);
```

Und hier blenden Sie auf der primären Oberfläche langsam in Schwarz über:

```
// sicherstellen, dass der primäre Puffer nicht gesperrt ist
DD_Unlock_Primary_Surface();
// Übergang vornehmen; beachten Sie, dass Puffer und Pitch
// irrelevant sind, weil dies ein Farbeffekt ist
Screen_Transitions(SCREEN_BLACKNESS,NULL,0);
```

Und jetzt ein Swipe wie aus den *Star Wars*-Filmen:

```
Screen_Transitions(SCREEN_SWIPE_X,
                primary_buffer,primary_lpitch);
```

## *Das Sechs-Millionen-Dollar-BOB*

Nachdem ich die BOB-Engine schon anhand von *Star Ferret* zur Genüge erklärt habe (siehe Kapitel 10 und den Code auf der CD), will ich hier noch einmal darauf zurückkommen und eine Änderung daran vornehmen: eine Möglichkeit, das in ein BOB geladene Bitmap-Bild wiederzuverwenden.

Angenommen, Sie haben mehrere Objekte mit jeweils demselben Bild, wie beispielsweise Asteroiden oder irgendwelche Figuren, allerdings in unterschiedlichen Haltungen, Positionen usw. Sie brauchen für jedes davon ein BOB, denn momentan enthält jedes BOB sein eigenes Bitmap-Bild. Wenn Sie also ein BOB mit dem Bild eines Asteroiden erzeugen, und dann noch eines, müssen Sie zweimal denselben Speicherbetrag im Oberflächen-Bitmap-Speicher belegen.

Der Trick ist, ein *Master-Image-BOB* zu verwenden. Mit anderen Worten, Sie erzeugen ein BOB, laden das Bild hinein und erstellen dann Aliase für alle Bildzeiger Ihrer restlichen BOBs, verwenden aber die anderen Felder der BOB-Struktur ganz normal (siehe Abbildung 14.3). Diese Technik wird auch als *Cloning* bezeichnet.

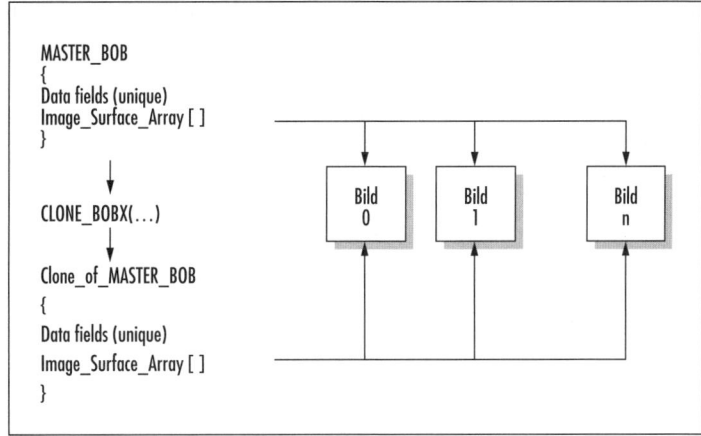

*Abbildung 14.3: Das Cloning*

 Das Problem beim Klonen ist, dass Sie extrem sorgfältig vorgehen müssen, was das Löschen von Speicher und Ressourcen für Klone betrifft. Sie können beispielsweise ein Master-Image-BOB eines Asteroiden erzeugen und dann 100 Kopien davon anlegen. Kein Problem. Angenommen, Sie rufen für einen der Klone `Destroy_BOB()` auf. In diesem Fall werden (whammmmmmmmmm!) das Master-BOB und alle Klone einfach gelöscht!

Es gibt mehrere Lösungsmöglichkeiten: eine komplexere Menge von Funktionen zum Erzeugen und Löschen, Referenzzähler (wie bei COM) oder einfach eine umsichtige Verwaltung des BOB. Ich habe mich für den gesunden Menschenverstand und eine neue Lösch- und Klon-Funktion entschieden, um das Ganze auf zivilisierte Weise durchzuziehen. Sie können also ein BOB klonen und löschen, aber Sie müssen ganz zum Schluss das Master-Image-BOB löschen. Die Klone werden mit einer neuen Funktion gelöscht, `Destroy_BOBX()`. Sie kann sowohl mit normalen BOBs als auch mit Klonen umgehen. Sie stellen einfach nur sicher, dass Sie das Master-BOB als letztes zerstören, und alles wird gut. Sehen Sie sich jetzt die neuen Cloning- und Löschfunktionen an.

### Funktionsprototyp Clone_BOBX(...)

```
int Clone_BOBX(BOB_PTR source, // zu klonendes Quell-BOB
               BOB_PTR dest);  // Ziel-BOB
```

**Aufgabe**: `Clone_BOBX()` erzeugt einen Speicher-Klon des Quell-Master-Image-BOBs im Speicherbereich des Ziel-BOBs. Für 8-Bit- und 16-Bit-BOBs kann dieselbe Funktion eingesetzt werden. Das Ergebnis ist eine Wiederverwendung der Bilder und Animationen des Master-Image-BOBs. Nach dem Cloning müssen Sie:

✔ Alle Felder ausfüllen, die geändert werden sollen, wie beispielsweise Position, Status, Geschwindigkeit usw.; sie nehmen unmittelbar nach dem Cloning-Aufruf den Wert des Quell-BOBs an.

✔ Alle Klone mit `Destroy_BOBX()` löschen; andernfalls entstehen ernsthafte Speicherprobleme.

Das nachfolgende Beispiel erzeugt 64 Klone:

```
BOB master_bob,    // das Master-BOB
    clone_bobs[64]; // die Klone des Masters
// zuerst das Master-BOB erzeugen (Single Frame, Multi usw.)
Create_BOB(&master_bob, 0,0,
           64,64,1,BOB_ATTR_SINGLE_FRAME);
// Bild in das BOB laden
Load_Frame(&master_bob,
           &bitmap8bit,0,0,0,BITMAP_EXTRACT_CELL_MODE);
// Klone erzeugen
for (int clone=0; clone<64; clone++)
    {
    // Klone erzeugen
    // das Bild wird nicht geladen; nur geklont
    Create_BOB(&clone_bobs[clone], 0,0,
```

```
                   64,64,1,BOB_ATTR_SINGLE_FRAME);
    Clone_BOBX(&master_bob, &clone_bobs[clone]);
    // Felder zurücksetzen, die geändert werden sollen (    // (Code nicht gezeigt)
    } // end for clone
// jetzt können Sie alle Klone nutzen
```

**Funktionsprototyp Destroy_BOBX(...)**

```
int Destroy_BOBX(BOB_PTR bob);    // zu zerstörendes BOB
```

**Aufgabe**: Destroy_BOBX() zerstört ein normales 8-Bit- oder 16-Bit-BOB oder einen Klon. Die Funktion erkennt den Unterschied abhängig vom internen Flag BOB_ATTR_CLONE, das beim Cloning gesetzt wird. Wenn es sich bei dem BOB um einen Klon handelt, wird der Speicher mit Nullen gefüllt und die Bild-Links werden auf NULL gesetzt, aber die Original-Bitmaps der DirectDraw-Oberflächen werden nicht geändert. Handelt es sich bei dem BOB um ein Master-BOB und nicht um einen Klon, werden die BOBs mit Nullen gelöscht und die Direct-Draw-Oberflächen werden freigegeben. So zerstören Sie die BOBs aus dem vorherigen Beispiel:

```
// zuerst alle Klone zerstören
for (int clone=0; clone<64; clone++)
    Destroy_BOBX(&clone_bobs[clone]);
// jetzt die Master
Destroy_BOBX(&master_bob);
```

## *But when worlds collide ...*

Schließlich habe ich der Bibliothek noch ein paar Kollisionsfunktionen hinzugefügt. Diese Funktionen werden von den Programmierern immer wieder neu geschrieben, weil sie so einfach sind, aber ich will sie nicht mehr für jede Demo neu erfinden. Deshalb habe ich zwei neue Kollisionsfunktionen eingeführt, mit deren Hilfe Sie erkennen sollen, wenn sich zwei Rechtecke überlappen und wenn ein Rechteck eine oder mehrere bestimmte Farben enthält – eine Art Pixel-Scanner (wie in Abbildung 14.4 gezeigt). Beide Funktionen helfen Ihnen ganz wesentlich, wenn Sie versuchen zu erkennen, ob Objekte sich getroffen haben.

**Funktionsprototyp Collision_Test(...)**

```
int Collision_Test(
    int x1, int y1,  // Startposition von Testrechteck 1
    int w1, int h1,  // Breite und Höhe von Testrechteck 1
    int x2, int y2,  // Startposition von Testrechteck 2
    int w2, int h2);// Breite und Höhe von Testrechteck 2
```

**Aufgabe**: Collision_Test() prüft, ob sich die übergebenen Rechtecke im 2D-Raum überlappen. Diese Funktion ist praktisch für die einfache Kollisionserkennung, wenn die Testobjekte relativ rechteckige Umrisse haben. Die Funktion gibt TRUE zurück, wenn eine Überlappung oder Kollision stattfindet, andernfalls FALSE. (Collision_Test() wurde vom BOB-Kollisionscode abgeleitet, aber ich habe die Rechtecke einfach parametrisiert, statt sie von den eigentlichen BOBs zu extrahieren.)

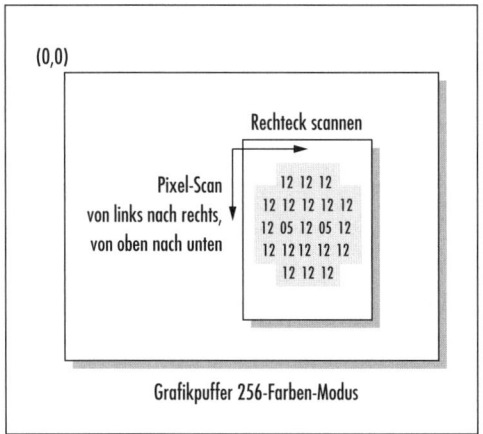

*Abbildung 14.4: Der Pixel-Scanner*

Das nachfolgende Beispiel testet, ob zwei Objekte kollidieren. Beide Rechtecke sind 64 x 64 Pixel groß und befinden sich an (x1,y1) und (x2,y2):

```
if (Collision_Test(x1,y1,64,64,x2,y2,64,64))
   { /* Bumm! */ }
```

**Funktionsprototypen Color_Scan(...) und Color_Scan16(...)**

```
int Color_Scan(
    int x1, int y1,   // linke obere Ecke des Rechtecks
    int x2, int y2,   // untere rechte Ecke des Rechtecks
    UCHAR scan_start,// Startfarbe im auszuwertenden Bereich
    UCHAR scan_end,  // Endfarbe im auszuwertenden Bereich
    UCHAR *scan_buffer, // zu durchsuchender Speicherpuffer
    int scan_lpitch);   // Speicher-Pitch des Puffers
int Color_Scan16(
    int x1, int y1,   // linke obere Ecke des Rechtecks
    int x2, int y2,   // untere rechte Ecke des Rechtecks
    USHORT scan_start,// erste zu suchende RGB-Farbe
    USHORT scan_end,  // zweite zu suchende RGB-Farbe
    UCHAR *scan_buffer, // zu durchsuchender Speicherpuffer
    int scan_lpitch);   // Speicher-Pitch des Puffers
```

**Aufgabe:** Color_Scan*() sucht nach einer bestimmten Farbe oder nach einem Farbbereich in einem rechteckigen Bereich mit 8-Bit- oder 16-Bit-Bitmap-Oberfläche und gibt TRUE zurück, falls sie ein oder mehrere Vorkommen der Farbe feststellt. Diese Funktion ist praktisch, um Kollisionen mit Objekten zu erkennen, die eine extrem irreguläre Form haben oder sehr klein sind. Beispielsweise habe ich eine ähnliche Technik angewendet, um in der DirectInput-Tastaturdemo (siehe Kapitel 12) das Skelett mit den Wänden kollidieren zu lassen. Die 8-Bit-Version verwendet einen Anfangs- und End-Farbindex, während die 16-Bit-Version auf exakte RGB-Werte überprüft.

## Die schwarze Kunst der Kollisionserkennung

Im Allgemeinen kann die Kollisionserkennung als die schwarze Kunst der Spieleprogrammierung bezeichnet werden. Die meisten Programmierer führen sie unter Anwendung von Tricks aus, weil die echte Pixel/Pixel-Kollisionserkennung teuer ist (ein Vergleich einer 64x64-Pixel-Bitmap mit einer anderen 64x64-Pixel-Bitmap benötigt bis zu $64^4$, also 16,7 Millionen Berechnungen!) Die Rechtecks-Kollisionsmethode wird von Spieleprogrammierern allgemein eingesetzt, aber statt die umschließenden Rechtecke der betreffenden Objekte zu verwenden, verkleinern die Programmierer die Rechtecke häufig um 30 bis 50 % und zentrieren sie auf die Masse des Objekts, um die Kollisionen bei Vernichtungsschlägen realistischer zu machen. Diese Technik hat unzählige Spieler aufgeregt. Man hat den Alien getroffen, aber keine Punkte dafür bekommen! Weil? Das umschließende Rechteck der Alien-Grafik war so klein gewählt, dass der Treffer nicht erkannt wurde.

Die Methode hat einen Nachteil – die Geschwindigkeit. Der Algorithmus durchsucht den rechteckigen Bereich, bis eine Farbe im Bereich zwischen `scan_start` bis `scan_end` gefunden wurde. Diese Methode ist ausgezeichnet, wenn Sie damit nur Kollisionen zwischen Spieler und Objekt erkennen wollen, wenn Sie jedoch Scans auf Objekt/Objekt-Pixelebene ausführen – wie hier –, würden Sie Ihre Maschine damit schnell in die Knie zwingen. Das gefällt Ihnen nicht? Sobald Sie dieses Kapitel zu Ende gelesen haben, wird Intel schon einen neuen Prozessor erfunden haben, der doppelt so schnell wie die heutigen ist, und dann spielt Geschwindigkeit keine Rolle mehr!

Als Beispiel für die Farbkollisionserkennung sehen Sie nachfolgend, wie geprüft wird, ob ein BOB innerhalb seines umschließenden Rechtecks auf die Farben 10 bis 20 trifft:

```
// Test auf Backbuffer-Oberfl. ausführen, also sicherstellen,
// dass diese gesperrt ist!
if (Color_Scan(master_bob->x, master_bob->y,
               master_bob->x+master_bob->width-1,
               master_bob->y+master_bob->height-1,
               10,20,
               back_buffer, back_lpitch))
{ /* Kollision stattgefunden */ }
else
   { /* keine Kollision */ }
```

Die Kollisionserkennung ist im schlimmsten Fall ein Problem der Ordnung $O(n^2)$. Mit anderen Worten, die Berechnungen sind durch eine Quadratfunktion nach oben begrenzt. Wenn Sie beispielsweise zehn Objekte haben, müssen Sie jedes Objekt mit jedem anderen Objekt vergleichen. Das sind 10 x 10 = 100 Vergleiche. Sie können diese Aufgabe natürlich leicht optimieren, wenn Sie erkennen, dass Sie nicht jedes Objekt mit jedem anderen Objekt per se vergleichen müssen, sondern nur jedes Objektpaar. In diesem Fall sehen Sie, dass die Anzahl der Berechnungen »2 aus *n*« ist, also 10!(10-2)!* 2! = 45.

## Star Ferret Deluxe

Als Beispiel für diese neue Technologie habe ich *Star Ferret* aktualisiert (das ursprünglich die in Kapitel 10 entwickelte Spiele-Engine verwendete), und ihm Sound, Musik, Joystick-Eingaben und viele der neuen Bibliotheksfunktionen hinzugefügt. Die neue Quelle ist STARFERR2.CPP (STARFERR2_16b.CPP ist die 16-Bit-Version). Die ausführbare Datei heißt STARFERR2.EXE (STARFERR2_16b.EXE ist die 16-Bit-Version).

Wenn Sie das Programm neu kompilieren, nehmen Sie die folgenden Dateien in Ihr Projekt auf: GPDUMB1.CPP/H, GPDUMB2.CPP/H, DDRAW.LIB, DSOUND.LIB, DINPUT.LIB, DINPUT8.LIB, WINMM.LIB und STARFERR2.CPP (STARFERR2_16B.CPP ist die 16-Bit-Version). Natürlich müssen Sie alle Bitmaps (inklusive DPAINT.PAL) und Sound-Dateien aus dem Ordner CHAP16\ auf der CD zum Buch kopieren, die das Programm versorgen.

Das Ziel des Spieles ist einfach: Bleiben Sie am Leben! Für die Steuerung von *Star Ferret Deluxe* können Sie beliebige Eingabegeräte verwenden. Die Maus und der Joystick bewegen *Star Ferret*, und die Tasten feuern die Waffen ab. Wenn Sie die Tastatur bevorzugen, verwenden Sie die Pfeiltasten für die Bewegung und die Strg-Taste zum Feuern. Mit Esc verlassen Sie das Programm.

Das war alles. Möge die Macht mit euch sein!

# Teil IV

# *Wie sich alles zusammenfügt*

»Komm schon, Herbert - wir brauchen dich als physisches Modell für unser Bungee-Spiel!«

## In diesem Teil ...

Fertig mit den Vorbereitungen für Windows und DirectX? Dann sind Sie bereit für die hohen Weihen der Spieleprogrammierung. In den folgenden Kapiteln werden Sie die vielen Verwendungszwecke der künstlichen Intelligenz kennen lernen oder wie Sie Ihre Spielfiguren intelligent aussehen lassen. Sie erhalten einen Crash-Kurs in Spielphysik und werden beobachten, wie man Objekte fallen, schleudern, kollidieren lässt – und vieles andere mehr. Anschließend beschreibe ich Datenstrukturen und wie man ein ganzes Spiel zusammensetzt. Nachdem Sie diesen Teil gelesen haben, wissen Sie alles, was Sie brauchen, um ein vollständiges, kommerzielles Spiel zu erstellen!

# Herunter kommen sie alle: Physische Modellierung

## In diesem Kapitel

▶ Lernen Sie die grundlegenden Gesetze der Physik verstehen

▶ Geht es um Kollisionen

▶ Beschäftigen Sie sich mit Schwerkraft

▶ Werden Sie es mit Reibung zu tun bekommen

In den 70er und 80er Jahren ging es in den Videospielen nicht großartig um Physik. Hauptsächlich gab es Ballerspiele, Suchen/Zerstören-Missionen, Adventures usw. In der aktuellen 3D-Ära ist die physische Modellierung jedoch sehr viel wichtiger geworden. Sie kommen einfach nicht darum herum, die Objekte im Spiel so zu bewegen, dass die Bewegung konsistent mit der vom Spieler erwarteten Realität ist – oder zumindest eine sinnvolle Annäherung daran. Dieses Kapitel will Ihnen diese Annäherung an die Realität näher bringen.

Wenn das Universum nur eine Simulation in einem gigantisch komplexen Computer ist, ist dann Gott vielleicht nur ein Programmierer? Die Gesetze der Physik funktionieren auf allen Ebenen perfekt, vom Kosmos bis hin zum Quanten-Level. Die Eleganz der Physik ist, dass nur ein paar wenige Gesetze das ganze Universum abdecken. Sicher steckt das gesamte Wissen der Menschheit über Physik und Mathematik noch in den Kinderschuhen, aber es ist fortgeschritten genug, um Computersimulationen zu erzeugen, die fast jeden täuschen.

Die meisten Computersimulationen und Spiele, die der Physik treu sind, verwenden Modelle, die auf dem Standard der *Newtonschen Physik* basieren, die ausgezeichnet für Bewegung und Objekte innerhalb von Geschwindigkeiten weit unter Lichtgeschwindigkeit und Größen, die größer als ein einzelnes Atom, aber sehr viel kleiner als eine ganze Galaxie sind, funktionieren. Aber selbst wenn man nur die grundlegendsten Modelle Newtonscher Physik anwendet, um die Realität zu simulieren, braucht man dafür immer noch extrem viel Rechenleistung. Eine einfache Simulation eines echten Regenschauers oder eines Billardtisches (wenn sie korrekt ist) würde den neuesten Pentium-Prozessor in die Knie zwingen.

Nichtsdestotrotz gibt es Spiele auf Rechnern vom Apple II bis zum Pentium-PC, die Regenschauer und Billardspiele simulieren, weil die Programmierer dieser Spiele die Physik verstanden haben, die sie modellieren. Innerhalb ihrer Budgets und Rechenleistung erzeugen sie Modelle, die eng an dem liegen, was der Spieler im realen Leben erwartet. Dazu braucht man Tricks, Optimierungen und Voraussetzungen für die zu modellierenden Systeme. Beispielsweise ist es viel einfacher, herauszufinden, wie sich zwei Kugeln nach einer Kollision verhalten, als sich dasselbe für irreguläre Asteroiden vorzustellen; ein Programmierer könnte für die physischen Berechnungen aller Asteroiden in einem Spiel gleich die einfacher Kugeln verwenden.

Ein Buch über die aktuellste Spielephysik müsste 10.000 Seiten umfassen, deshalb werde ich hier nur die grundlegenden Physikmodelle vorstellen, die Ihnen erlauben, alles zu modellieren, was Sie für Ihre ersten 2D-Spiele brauchen. Ein Großteil dieser Dinge sollte Ihnen schon aus den Physikstunden aus der Schule bekannt sein.

Physikprofessoren würden bei einigen Formulierungen in dieser Beschreibung vielleicht erschaudern. Nicht alle Aussagen sind wirklich bis auf Quanten- oder Kosmosebene gültig; ich habe sie vereinfacht ausgedrückt, damit Sie mir besser folgen können, und für die Spieleprogrammierung sind sie ausreichend. Außerdem behalte ich das metrische System bei, weil es einfacher ist als das englische System (das seit etwa 200 Jahren veraltet ist).

### Funktionierende Physikmodelle

Der Schlüssel zur Physikmodellierung in Ihren Spielen ist die Verwendung von Konzepten und höherer Mathematik, um funktionierende Modelle zu erzielen, die gut aussehen. Die Spieler Ihrer Spiele wissen nicht, ob die Modelle zu 100 Prozent korrekt sind, und es ist ihnen auch mehr oder weniger egal. Wenn Sie Annäherungen verwenden, dann denken Sie darüber nach, wie nah an der Realität Ihre Annäherungen liegen müssen.

Wenn Sie beispielsweise versuchen, ein Autorennen zu programmieren, das auf Asphalt, Eis und Schlamm stattfindet, sollten Sie einige Reibungseffekte einbauen, sonst sehen Ihre Autos aus, als führen sie auf Schienen, und nicht auf der Straße.

Wenn Sie dagegen ein Asteroidenfeld haben, auf das der Spieler schießt, und jeder Asteroid in zwei oder mehr kleinere Asteroiden zerschmettert wird, wird es dem Spieler recht egal sein, ob der kleinere Asteroid genau die korrekte Flugbahn einhält. Verwenden Sie einfach Flugbahnen, die gut aussehen.

## Grundlegende Gesetze und Konzepte

Um Ihnen ein Vokabular zu verschaffen, mit dessen Hilfe Sie die komplexeren Themen verstehen können, stellt Ihnen dieser Abschnitt die grundlegenden Konzepte der Physik und der Eigenschaften von Zeit, Raum und Materie vor. (In Klammern werden in den nachfolgenden Absatzüberschriften jeweils die Standardabkürzungen angegeben, die ich im gesamten Kapitel für diese Dinge verwende.)

## Masse (m)

Masse ist das Maß dafür, aus wie viel Materie ein Objekt besteht, und sie wird im metrischen System in Kilogramm, im englischen System als *slugs* angegeben. Jede Materie hat eine Masse; Masse ist ein Maß für Materie.

Masse hat nichts mit Gewicht zu tun, obwohl viele Leute die beiden Dinge gerne verwechseln. Beispielsweise könnten Sie sagen, dass ich 131 Kilogramm (kg) wiege, und auf der Erde 210 Pound. Was ist falsch an der Aussage: Erstens, Kilogramm sind ein metrisches Massenmaß – d.h. wie viel Materie –, während Pound ein Maß für die Kraft, vereinfacht gesagt, das Gewicht sind. Darüber hinaus hat Materie als solche kein Gewicht; man kann nur durch ein Gravitationsfeld darauf einwirken, um das zu erzeugen, was wir als *Gewicht* bezeichnen. Das Konzept der Masse ist ein viel reineres Konzept als das des Gewichts (das von Planet zu Planet unterschiedlich ist).

In Spielen wird das Konzept der Masse größtenteils nur abstrakt verwendet, als relative Menge. Beispielsweise könnten Sie ein Raumschiff auf 100 Masseeinheiten setzen, einen Asteroiden auf 10.000. Sie könnten Kilogramm verwenden, aber wenn Sie keine reale physische Simulation durchführen, brauchen Sie die Maßeinheit nicht anzugeben. Sie müssen nur wissen, dass ein Objekt mit 100 Masseeinheiten doppelt so viel Materie hat wie ein Objekt mit 50 Masseeinheiten. Im Abschnitt über die Kraft (F) kommen wir noch einmal auf die Masse zurück.

## Zeit (t)

Die Zeit ist eines der abstraktesten Konzepte, und sicher schwierig zu erklären. Glücklicherweise wissen Sie, was Zeit ist, ich muss also nur beschreiben, wie sie sich auf Spiele auswirkt.

Im echten Leben wird die Zeit in Stunden, Minuten und Sekunden gemessen (Millisekunden, Mikrosekunden, Nanosekunden usw., wenn Sie *wirklich* genau sein wollen). Die meisten Spiele haben keine enge Beziehung zur Echtzeit. Algorithmen werden eher an der Frame-Geschwindigkeit als an der Echtzeit ausgerichtet. Beispielsweise betrachten die meisten Spiele einen Frame als eine virtuelle Sekunde – mit anderen Worten, das kleinste Zeitintervall, das vergehen kann. Größtenteils verwenden Sie also in Ihren Spielen und physischen Modellen keine *echten* Sekunden, sondern *virtuelle* Sekunden, die auf einem einzelnen Frame als grundlegenden Zeitschritt basieren.

Andererseits verwenden komplexe 3D-Spiele häufig Echtzeit. Alle Algorithmen im Spiel verfolgen die Echtzeit und passen die Bewegung der Objekte entsprechend an. Beispielsweise bewegt sich ein Panzer in der Sekunde 20 m, selbst wenn die Einzelbildgeschwindigkeit nur 2 Einzelbilder pro Sekunde (fps, Frames per seconds) beträgt oder wenn sie mit 60 fps läuft. Die Modellierung von Zeit auf dieser Genauigkeitsebene ist herausfordernd, aber notwendig, wenn Sie ultra-realistische Bewegung und physische Ereignisse darstellen wollen.

Meine Beispiele messen die Zeit in Sekunden (s) oder in virtuellen Sekunden (wobei es sich um einzelne Frames handelt).

## Position (s)

Jedes Objekt hat eine (x,y,z)-Position im 3D-Raum oder eine (x,y)-Position im 2D-Raum oder eine (x)-Position im 1D- oder linearen Raum (der lineare Raum wird manchmal auch als *s* bezeichnet, für *space*). Abbildung 15.1 zeigt Beispiele für diese Dimensionen.

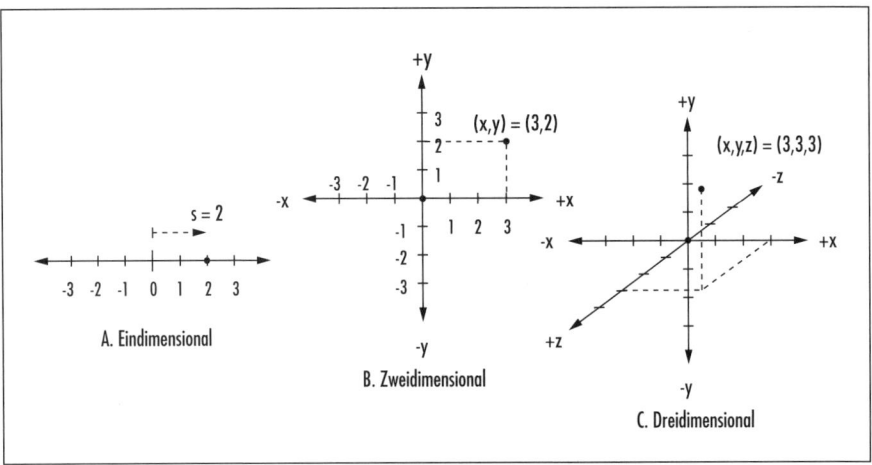

*Abbildung 15.1: Das Positionskonzept*

Manchmal ist die Position eines Objekts nicht deutlich erkennbar, selbst wenn Sie wissen, wo sich das Objekt befindet. Wenn Sie einen Punkt auswählen müssen, der die Position einer Kugel festlegt, werden Sie sehr wahrscheinlich ihren Mittelpunkt auswählen, wie in Abbildung 15.2 gezeigt. Aber wie ist es bei einem Hammer? Ein Hammer weist eine unregelmäßige Form auf, deshalb verwenden die meisten Physiker sein *Massezentrum* oder seinen Gleichgewichtspunkt als Position, um den Hammer zu orten, wie in Abbildung 15.3 gezeigt.

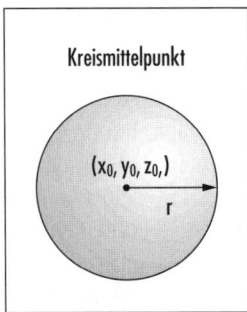

*Abbildung 15.2: Auswahl des Mittelpunkts eines Kreises*

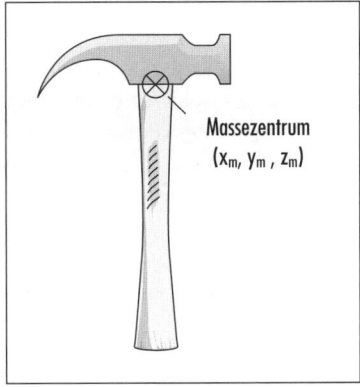

*Abbildung 15.3: Auswahl des Mittelpunkts eines unregelmäßigen Objekts*

Das Konzept der Position ist in Spielen normalerweise eher undeutlich. Die meisten Spieleprogrammierer platzieren ein umschließendes Rechteck, einen umschließenden Kreis oder eine umschließende Kugel um alle Spieleobjekte, wie in Abbildung 15.4 gezeigt, und verwenden den Mittelpunkt der umschließenden Einheit als Mittelpunkt des Objekts. Diese Technik funktioniert, wenn sich ein Großteil der Masse des Objekts in dessen Mittelpunkt befindet. Ist dies nicht der Fall, sind physische Berechnungen, die diesen künstlichen Mittelpunkt verwenden, falsch, weil die Masse nicht gleichmäßig verteilt ist.

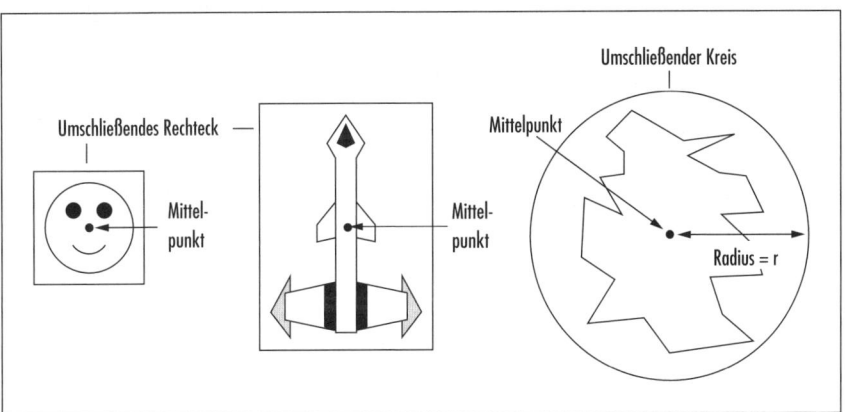

*Abbildung 15.4: Umschließende Rechtecke werden als Kollisionsrechtecke verwendet.*

Die einzige Lösung ist, einen besseren Mittelpunkt zu wählen – der die virtuelle Masse des Objekts besser definiert. Beispielsweise können Sie einen Algorithmus erzeugen, der die Pixel des Objekts auswertet und den Mittelpunkt dort ansiedelt, wo sich die meisten Pixel befinden.

## Geschwindigkeit (v)

*Geschwindigkeit* ist die unmittelbare Bewegungsrate eines Objekts und wird normalerweise in Metern pro Sekunde (m/s) angegeben, oder bei Autos in Amerika und einigen anderen Ländern auch als Meilen pro Stunde (mph) oder Kilometer in der Stunde (km/h). Egal welche Einheit Sie verwenden, beschreibt die Geschwindigkeit den Positionswechsel (*ds*) pro Zeitintervall (*dt*). Nachfolgend der mathematische Ausdruck für einen eindimensionalen Fall:

v = ds/dt

Stellen Sie sich beispielsweise vor, ein Rennauto ist 100 Kilometer in einer Stunde gefahren. Die Geschwindigkeit ist

v = ds/dt = 100 Kilometer/1 Stunde = 100 km/h

### Geschwindigkeit in der Spieleprogrammierung

Videospiele verwenden ständig das Konzept der Geschwindigkeit, aber die Einheiten sind zufällig und relativ. In mehreren der Demos auf der CD beispielsweise bewege ich Objekte mit einer Geschwindigkeit von 4 Einheiten auf der x-Achse (oder auf der y-Achse) pro Einzelbild und verwende dazu etwa den folgenden Code:

```
x_position = x_position + x_velocity;
y_position = y_position + y_velocity;
```

Das ergibt 4 Pixel pro Einzelbild. Sie glauben vielleicht, dass Einzelbilder (Frames) kein Maß für die Zeit darstellen, aber dennoch trifft das zu, wenn die Framerate konstant bleibt. Ist die Framerate 30 Frames pro Sekunde (fps), also 1/30 Sekunden pro Frame, ergeben die 4 Pixel/Frame:

virtuelle Geschwindigkeit = 4 Pixel ÷ 1/30 Sekunde = 120 Pixel/Sekunde

Die Objekte in den CD-Spieldemos wurden mit Geschwindigkeiten bewegt, die in Pixel pro Sekunde angegeben sind. Machen Sie sich ruhig verrückt und schätzen Sie, wie viele virtuelle Meter in einem Pixel in Ihrer Spielewelt liegen, und nehmen Sie die Berechnungen im Cyberspace in Metern pro Sekunde vor!

Jetzt wissen Sie, wie Sie abschätzen, wo sich ein Objekt zu jedem beliebigen Zeitpunkt oder in jedem beliebigen Frame befindet, wenn Sie die Geschwindigkeit kennen. Befindet sich ein Objekt beispielsweise an der Position $x_0$, befindet sich das Objekt nach einem Verschieben um 4 Pixel/Frame und nach 30 Frames an der Stelle

neue Position = $x_0$ + (4× 30) = $x_0$ + 120 Pixel

### Geschwindigkeit und Zeit

Die Information aus dem letzten Abschnitt führt zu dem ersten wichtigen grundlegenden Gesetz: Ein Objekt, das sich mit der Geschwindigkeit *v* bewegt, beginnend an der Position $x_0$ und *t* Sekunden lang, bewegt sich an eine Position, die gleich der Ausgangsposition plus der Geschwindigkeit multipliziert mit der Zeit ist. Abbildung 15.5 verdeutlicht dieses Konzept. Nachfolgend die Gleichung:

neue Position = alte Position + Geschwindigkeit x Zeit

$x_t = v_0 + (v \times t)$

Als Beispiel für eine konstante Geschwindigkeit finden Sie auf der CD zum Buch die Demo `PROG17_1.CPP` (`PROG17_1_16b.CPP` ist die 16-Bit-Version), und die ausführbare Programmdatei ist `PROG17_1.EXE`. Das Programm schiebt ein Objekt auf dem Bildschirm von links nach rechts. Die Demo zeigt die virtuelle Geschwindigkeit in Pixel pro Frame und in Pixel pro Sekunde. Mit Hilfe der Pfeiltasten ← und → verlangsamen bzw. beschleunigen Sie das Objekt. Wenn Sie die Demo selbst neu kompilieren wollen, brauchen Sie dafür alle Dateien aus der GPDUMB-Spiele-Engine (siehe Kapitel 10 und 14).

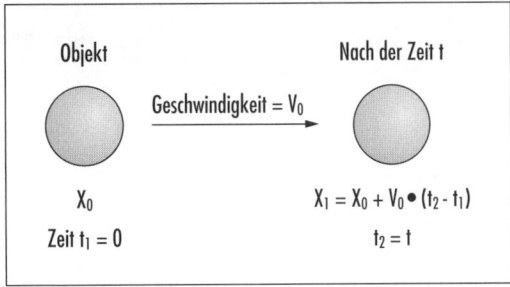

*Abbildung 15.5: Bewegung bei konstanter Geschwindigkeit*

## Beschleunigung (a)

*Beschleunigung* ist der Geschwindigkeit sehr ähnlich, es handelt sich dabei jedoch um das Maß für die Änderung der Geschwindigkeit, und nicht um die eigentliche Geschwindigkeit. Abbildung 15.6 zeigt ein Objekt, das sich mit konstanter Geschwindigkeit bewegt, und eines, das sich mit variabler Geschwindigkeit bewegt. Das Objekt, das sich mit konstanter Geschwindigkeit bewegt, hat eine flache Linie (Steigung 0) für seine Geschwindigkeit als Funktion der Zeit; das beschleunigte Objekt hat eine Steigung ungleich 0 (positiv oder negativ), weil sich seine Geschwindigkeit als Funktion der Zeit ändert.

Abbildung 15.6 verdeutlicht konstante und nicht konstante Beschleunigung. Im letzteren Fall ist die Linie eine Kurve, wie im Element C der Abbildung gezeigt. Wenn Sie in Ihrem Auto auf das Gas drücken, um zu beschleunigen, erhalten Sie damit ein Gefühl für die nicht konstante Beschleunigung; wenn Sie von einer Klippe springen, erhalten Sie das Gefühl für eine konstante Beschleunigung.

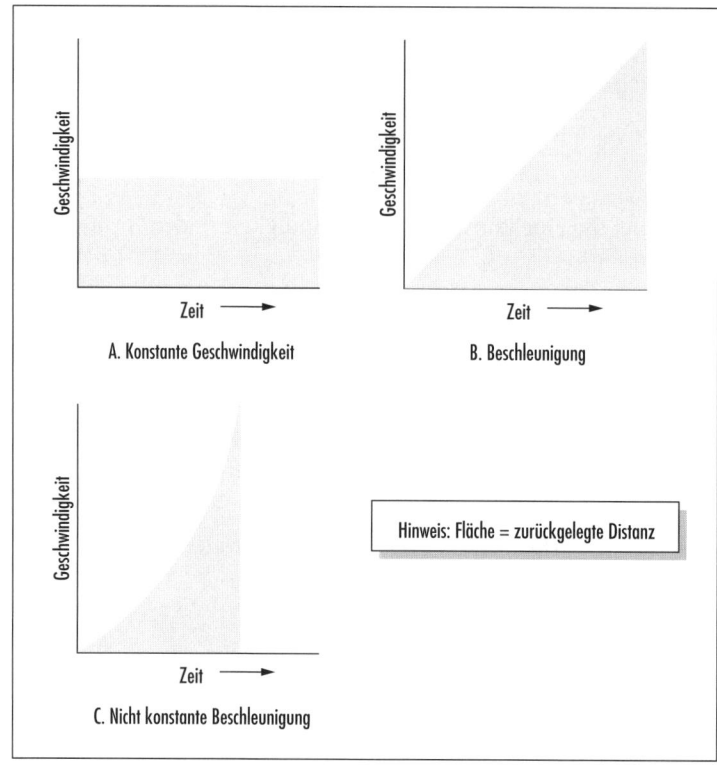

*Abbildung 15.6: Konstante Geschwindigkeit im Vergleich zur Beschleunigung*

*Beschleunigung* (oder *a* für Acceleration) ist der Betrag der Geschwindigkeitsänderung relativ zur Zeit:

a = dv/dt

Die Einheiten für die Beschleunigung sind *eigenartig*. Geschwindigkeit wird bereits in Einheiten von Abstand pro Sekunde angegeben, und die Beschleunigung in Einheiten des Abstands pro Sekunde × Sekunde, oder (im metrischen System) $m/s^2$. Beschleunigung ist die Änderung der Geschwindigkeit (m/s) pro Sekunde.

Das zweite Beschleunigungsgesetz setzt Geschwindigkeit, Zeit und Beschleunigung zueinander in ein Verhältnis: Die neue Geschwindigkeit zu einem in der Zukunft gelegenen Zeitpunkt *t* ist gleich der Ausgangsgeschwindigkeit plus der Beschleunigung multipliziert mit dem Zeitbetrag, wie lange das Objekt beschleunigt wurde. Hier die Gleichung:

neue Geschwindigkeit = alte Geschwindigkeit + Beschleunigung x Zeit

$v_t = v_0 + (a \times t)$

## Beschleunigung modellieren

Beschleunigung ist ein relativ einfaches Konzept und kann auf unterschiedliche Weise modelliert werden. Stellen Sie sich als einfaches Beispiel vor, dass sich ein Objekt an der Position (0,0) befindet und dass es eine Ausgangsgeschwindigkeit von 0 hat. Wenn Sie es mit einer konstanten Geschwindigkeit von 2 m/s beschleunigen, können Sie die neue Geschwindigkeit zu jeder Sekunde ausrechnen, indem Sie die Beschleunigung zur vorhergehenden Geschwindigkeit addieren, wie in Tabelle 15.1 gezeigt.

| Zeit (t = s) | Beschleunigung (a = m/s²) | Geschwindigkeit (v = m/s) |
|---|---|---|
| 0 | 2 | 0 |
| 1 | 2 | 2 |
| 2 | 2 | 4 |
| 3 | 2 | 6 |
| 4 | 2 | 8 |
| 5 | 2 | 10 |

*Tabelle 15.1: Geschwindigkeit als Funktion der Zeit für die Beschleunigung 2 m/s²*

Unter Berücksichtigung der Daten in der Tabelle ist der nächste Schritt, die Beziehung zwischen Position, Geschwindigkeit, Beschleunigung und Zeit zu ermitteln. Leider ist diese Berechnung etwas aufwändig. Nachfolgend das Ergebnis in Hinblick auf die Position zu einem Zeitpunkt $t$:

$x_t = x_0 + v_0 \times t + \frac{1}{2} \times a \times t^2$

Diese Gleichung sagt aus, dass die Position eines Objekts zu einem Zeitpunkt $t$ gleich der Ausgangsposition des Objekts plus der Ausgangsgeschwindigkeit multipliziert mit der Zeit plus der halben Beschleunigung multipliziert mit der quadrierten Zeit ist. Der Term $\frac{1}{2} \times a \times t^2$ ist grundsätzlich das Zeitintegral der Geschwindigkeit.

## Konstante Geschwindigkeit in Ihrem Spiel

Abbildung 15.7 zeigt ein Beispiel dafür, wie Sie die Gleichung aus dem vorigen Abschnitt in der Spielewelt aus Pixeln und Frames einsetzen können. Betrachten Sie die Abbildung und gehen Sie von den folgenden Ausgangsbedingungen für Frame 0 aus: Das Objekt befindet sich an $x$ = 50 Pixel, die Ausgangsgeschwindigkeit beträgt 4 Pixel/Frame und die Beschleunigung beträgt 2 Pixel/Frame².

Um die Position des Objekts zu jedem Zeitpunkt in C/C++ zu ermitteln, schreiben Sie:

```
x = 50 + 4*t + (0.5) *2*t*t
```

In dieser Gleichung, die in einem Format dargestellt ist, das C/C++ erkennt, ist $t$ die Frame-Nummer. Tabelle 15.2 zeigt einige Beispiele für $t$. In der Tabelle ist die Änderung der Position in jedem Zeit-Frame konstant gleich 2. Das bedeutet nicht, dass sich das Objekt 2 Pixel pro Frame bewegt; es bedeutet, dass die Änderung in der Bewegung in jedem Frame um 2 Pixel größer wird. Im ersten Frame bewegt sich das Objekt also um 5 Pixel, im nächsten Frame um 7, dann um 9, um 11 usw. Das Delta zwischen jeder Bewegungsänderung beträgt 2 Pixel, nämlich die Beschleunigung!

| Zeit/Frame (t) | Position (x) | $\Delta x = x_t - x_{t-1}$ |
|---|---|---|
| 0 | 50 | 0 |
| 1 | $50 + 4 * 1 + 0{,}5 * 2 * 1^2 = 55$ | 5 |
| 2 | $50 + 4 * 2 + 0{,}5 * 2 * 2^2 = 62$ | 7 |
| 3 | $50 + 4 * 3 + 0{,}5 * 2 * 3^2 = 71$ | 9 |
| 4 | $50 + 4 * 4 + 0{,}5 * 2 * 4^2 = 82$ | 11 |
| 5 | $50 + 4 * 5 + 0{,}5 * 2 * 5^2 = 95$ | 13 |

Tabelle 15.2: Objekt, das sich mit konstanter Beschleunigung bewegt

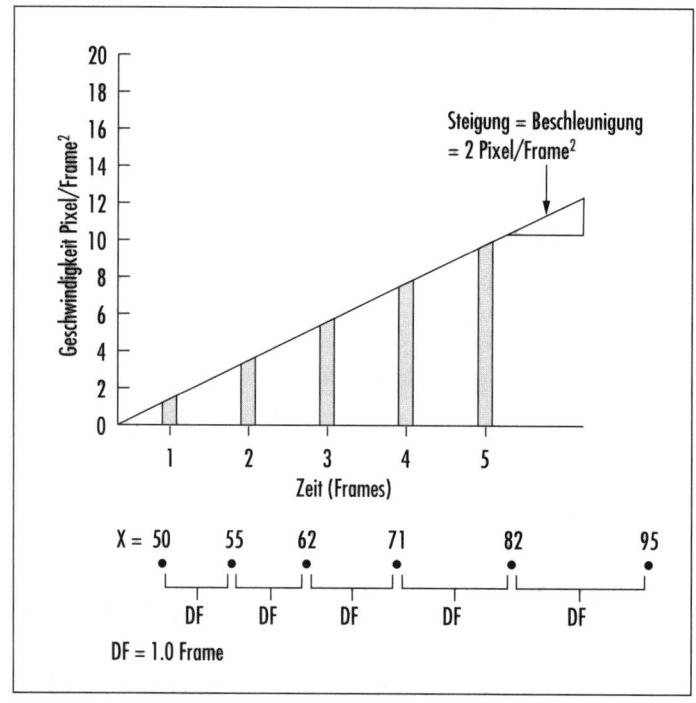

Abbildung 15.7: Eine Beschleunigung in Pixel/Frame$^2$

Im nächsten Schritt modellieren Sie die Beschleunigung im C/C++-Code. Und genau hier liegt der Trick: Sie legen eine Beschleunigungskonstante fest und addieren sie für jeden Frame

## 15 ▶ Herunter kommen sie alle: Physische Modellierung

zu Ihrer Geschwindigkeit. Auf diese Weise brauchen Sie die lange Beschleunigungsgleichung nicht zu verwenden. Anschließend übersetzen Sie einfach Ihr Objekt mit der gegebenen Geschwindigkeit. Hier ein Beispiel:

```
int acceleration = 2, // 2 Pixel pro Frame
    velocity     = 0, // Geschwindigkeit beginnt mit 0
    x            = 0; // Anfangs-x-Position ebenfalls bei 0
// hier steht weiterer Spielecode ...
// Sie können diesen Code nach jedem Takt ausführen, um Ihr
// Objekt mit konstanter Beschleunigung zu bewegen
// Geschwindigkeit aktualisieren
velocity+=acceleration;
// Position aktualisieren
x+=velocity;
```

Dieses Beispiel ist eindimensional. Sie rüsten auf zwei Dimensionen auf, indem Sie einfach eine y-Position (und gegebenenfalls y-Geschwindigkeit und Beschleunigung) einführen.

Um die Beschleunigung in der Praxis zu sehen, habe ich die Demo `PROG17_2.CPP` (`PROG_17_2_16b.CPP` ist die 16-Bit-Version) entwickelt, mit der ausführbaren Datei `PROG17_2.EXE`. Das Programm erlaubt Ihnen, eine Rakete abzufeuern, die während ihrer Vorwärtsbewegung beschleunigt wird. Drücken Sie die Leertaste, um die Rakete abzufeuern, und dann die Pfeiltasten ↑ und ↓, um den Beschleunigungsfaktor zu erhöhen bzw. zu verringern, und die A-Taste, um die Beschleunigung zu aktivieren oder zu deaktivieren. Sehen Sie sich an, wie sich die Beschleunigung auf die Bewegung auswirkt und der Rakete eine Art Masse verleiht.

## Kraft (F)

Kraft ist ein sehr abstraktes Konzept; es handelt sich dabei um die Eigenschaft, durch die sich eine Masse beschleunigt (oder bremst). Abbildung 15.8 zeigt eine Möglichkeit, sich die Kraft vorzustellen. Ein Objekt mit einer Masse $m$ steht auf einem Tisch, und die Schwerkraft zieht das Objekt in Richtung Erdmittelpunkt. Die Beschleunigung ist gleich der Schwerkraft ($a = g$). Diese Schwerkraft gibt der Masse $m$ ein Gewicht, und wenn Sie versuchen, das Objekt aufzuheben, spüren Sie das deutlich in Ihrem Rücken!

Die Beziehung zwischen Kraft, Masse und Beschleunigung ist in Newtons Gesetz formuliert: Die Kraft, die auf ein Objekt ausgeübt wird, ist gleich seiner Masse multipliziert mit der Beschleunigung des Objekts. Und hier die Gleichung:

$F = m \times a$

Wenn Sie die Terme anders anordnen, wird ein Objekt um den Betrag beschleunigt, der gleich der Kraft ist, die Sie darauf ausüben, dividiert durch seine Masse:

$a = F \div m$

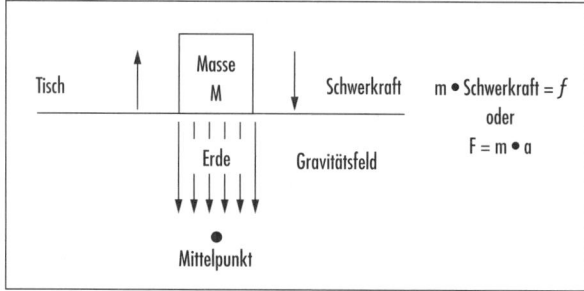

*Abbildung 15.8: Kraft und Gewicht*

Um die Maßeinheit zu ermitteln, stellen Sie sich vor, die Kraft ist gleich der Masse multipliziert mit der Beschleunigung, d.h. $kg \times m/s^2$. Damit ist die Einheit für die Kraft gleich

$F = kg \times m/s^2$

Das ist etwas lang für eine Maßeinheit, deshalb hat Newton es einfach ... ein *Newton* (N) genannt. Stellen Sie sich beispielsweise vor, dass eine Masse $m$ gleich 100 kg sich mit 2 m/s² beschleunigt; die auf die Masse angewendete Kraft ist gleich

$F = m \times a = 160 \text{ kg} \times 2 \text{ m/s}^2 = 320 \text{ N}$

Eine Masse von 100 kg entspricht auf der Erde etwa 220 Pound, und 1 m/s² ist eine sinnvolle Beschleunigung.

Ein Videospiel verwendet das Massenkonzept aus vielen Gründen. Hier nur einige davon:

- ✔ Sie wollen künstliche Kräfte auf ein Objekt anwenden, wie beispielsweise Explosionen, und die resultierende Beschleunigung berechnen.

- ✔ Zwei Objekte kollidieren und Sie wollen die Kräfte berechnen, die darauf wirken.

- ✔ Eine Waffe hat im Spiel nur eine bestimmte Kraft, aber sie kann unterschiedliche virtuelle Massenschilder abfeuern; Sie wollen die Beschleunigung berechnen, mit der die Schilder abgefeuert werden.

## Einfache Kollisionen (und ich meine einfach ...)

Die Welt der Physik kennt zwei Arten von Kollisionen:

- ✔ **Elastische Kollisionen**: Sowohl die kinetische Energie (die durch Bewegung entsteht) als auch der Impuls (Produkt aus Masse und Geschwindigkeit) bleiben in den kollidierenden Objekten erhalten.

- ✔ **Nicht elastische Kollisionen**: Kinetische Energie und Impuls bleiben nicht erhalten, und die Energie wird in Hitze umgewandelt und/oder für mechanische Deformationen verwendet.

## 15 ➤ Herunter kommen sie alle: Physische Modellierung

Die meisten Programmierer von Videospielen versuchen nicht einmal, sich an nicht elastischen Kollisionen zu erproben, sondern bleiben stattdessen bei den vereinfachten elastischen Kollisionen, die schwer genug zu berechnen sind. Die Mathematik, die Sie für diese Berechnungen brauchen, kann in diesem Buch nicht erklärt werden, aber Spieleprogrammierer, die auch zuvor nichts über elastische oder nicht elastische Kollisionen wussten, haben diese jahrelang simuliert, ohne die Mathematik zu verstehen – und Sie können das auch.

Abbildung 15.9 zeigt eine allgemein übliche Kollision in Spielen: Ein Objekt prallt an den Bildschirmgrenzen ab. Berücksichtigt man, dass das Objekt eine Ausgangsgeschwindigkeit in zwei Dimensionen hat (xv, yv), kann es jede der vier Seiten des Bildschirms treffen. Kollidiert ein Objekt mit einem anderen Objekt, das eine sehr viel größere Masse als das erste Objekt hat, wird die Kollision wesentlich vereinfacht, weil Sie sich nur darüber Gedanken machen müssen, was mit dem einen Objekt passiert, das die Kollision verursacht, nicht um beide.

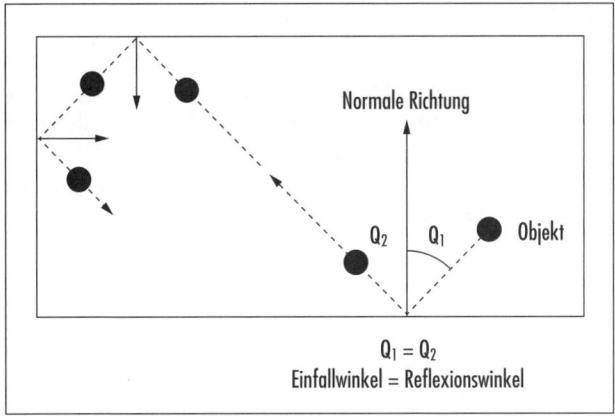

*Abbildung 15.9: Ein abprallender Ball*

Ein Billardtisch ist ein gutes Beispiel für dieses Konzept. Wenn ein Ball eine der Seiten trifft, wird der Ball immer mit einem gleichen, entgegengesetzten Winkel reflektiert, wie seine ursprüngliche Rollbahn hatte, wie in Abbildung 15.9 gezeigt. Alles, was Sie brauchen, um ein Objekt in einer Umgebung mit harten, massereichen Kanten abprallen zu lassen, wie etwa bei einem Billardtisch, ist die Berechnung der Richtung des Normal*vektors* – der Richtung, in die das Objekt gestoßen wurde. Anschließend können Sie das Objekt im selben Winkel reflektieren. Abbildung 15.10 zeigt, dass der Winkel, in dem ein Objekt eine flache Ebene trifft (Einfallwinkel), gleich dem Winkel ist, in dem das Objekt zurückprallt (Reflexionswinkel).

Diese Situation ist zwar nicht so komplex wie eine allgemeine elastische Kollision, aber sie bedingt dennoch einen winzigen Teil an Trigonometrie. Eine einfachere Methode ist das Verständnis für das physische Modell. Weil Sie die Umgebung erstellen, besitzen Sie ein exaktes Wissen über alle Bedingungen, Sie sollten also dieses Wissen nutzen, um das Problem zu lösen, ohne diese ganze Mathematik zu brauchen.

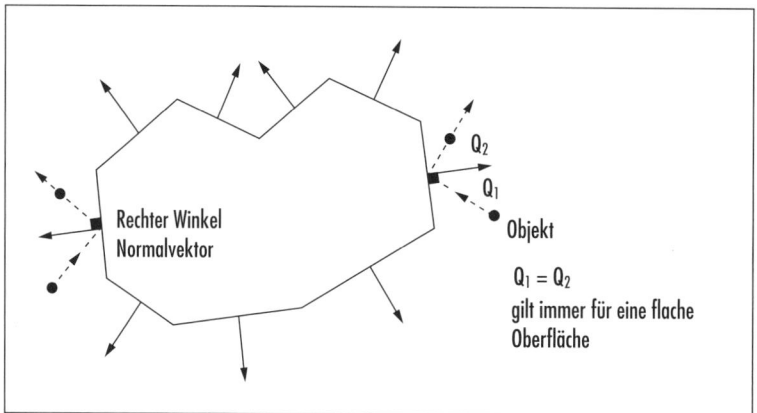

*Abbildung 15.10: Kollision mit einem irregulären Objekt auf einer der flachen Facetten*

 Statt über Winkel nachzudenken, denken Sie über Ergebnisse nach. Wenn das Objekt auf eine Mauer im Osten oder Westen trifft, soll die x-Geschwindigkeit des Objekts umgekehrt werden, während die v-Geschwindigkeit beibehalten werden soll. Für Nord- und Südwände kehren Sie die y-Geschwindigkeit um und behalten die x-Geschwindigkeit bei. Hier der Code:

```
// das Objekt befindet sich an der Position x,y mit der
// Geschwindigkeit xv,yv; es wird auf Kollisionen mit der
// östlichen und westlichen Wand geprüft
if (x > EAST_EDGE || x < WEST_EDGE)
    xv=-xv; // x-Geschwindigkeit umkehren
// jetzt auf Kollisionen mit der südlichen und nördlichen Wand prüfen
if (y > SOUTH_EDGE || y < NORTH_EDGE)
    yv=-yv; // y-Geschwindigkeit umkehren
```

Und erstaunlicherweise prallt das Objekt von den Wänden ab. Diese Vereinfachung funktioniert natürlich nur für horizontale und vertikale Grenzen (seitlich bewegliche Gebirgsketten sind nicht ganz so einfach). Sie müssen die allgemeinere Winkelberechnung für Wände oder Grenzen verwenden, die nicht kolinear zu den x- und y-Achsen sind.

 Wenn Sie die oben beschriebene vereinfachte Technik anwenden wollen, um irregulär geformte Spielobjekte voneinander abprallen zu lassen, setzen Sie einfach voraus, dass jedes Objekt in dem relevanten Moment ein umschließendes Rechteck besitzt. Realisieren Sie die Kollision und berechnen Sie dann die Geschwindigkeiten neu. Abbildung 15.11 zeigt diesen einfachen Trick.

 Als Beispiel für diese Techniken habe ich die Demo PROG17_3.CPP (PROG17_3_16b.CPP ist die 16-Bit-Version) entwickelt. Die ausführbare Programmdatei ist PROG17_3.EXE. Das Programm modelliert einen Billardtisch mit Kugeln, die ständig von den Rändern abprallen.

# 15 ➤ Herunter kommen sie alle: Physische Modellierung

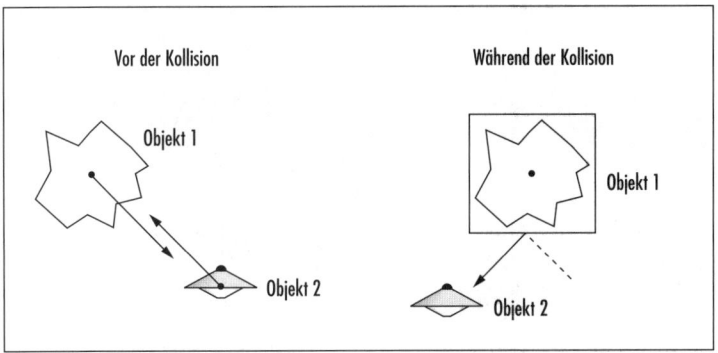

*Abbildung 15.11: Einfacher Trick für Kollisionen zwischen Objekten*

## Schwerkraft: Ein schwarzes Loch!

Einer der gebräuchlichsten Effekte, die in einem Spiel modelliert werden müssen, ist die *Schwerkraft*. Das ist die Kraft, mit der jedes Objekt im Universum an ein anderes Objekt angezogen wird. Es ist eine unsichtbare Kraft und kann, anders als Magnetfelder, nicht blockiert werden.

 Schwerkraft ist keine Kraft. Die Schwerkraft wird eigentlich durch die Raumkrümmung verursacht. Ein Objekt, das im Raum positioniert wird, verursacht eine Krümmung des umgebenden Raums, wie in Abbildung 15.12 gezeigt. Diese Krümmung erzeugt eine potenzielle Energiedifferenz; die Objekte »fallen« also dank der Schwerkraft aufeinander zu. Und genau das ist die Schwerkraft: eine Manifestierung der Krümmung des Raum/Zeit-Gebildes.

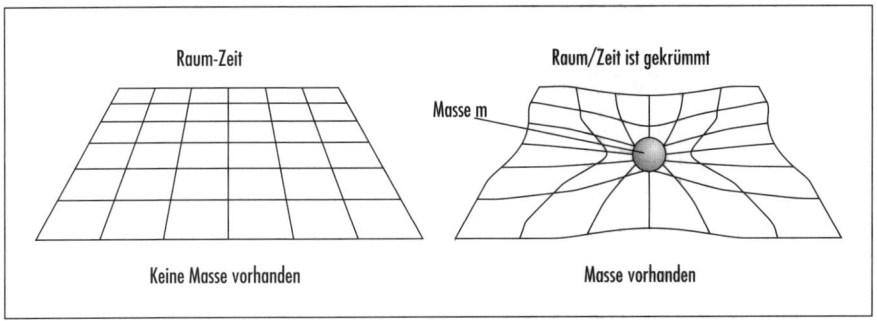

*Abbildung 15.12: Schwerkraft und die Raum/Zeit-Kurve*

Für dieses Buch müssen Sie sich nicht mit der Raum/Zeit-Krümmung und der Schwerkraft beschäftigen. Abbildung 15.13 zeigt die beiden Fälle, die bei der Modellierung von Schwerkraft zu berücksichtigen sind:

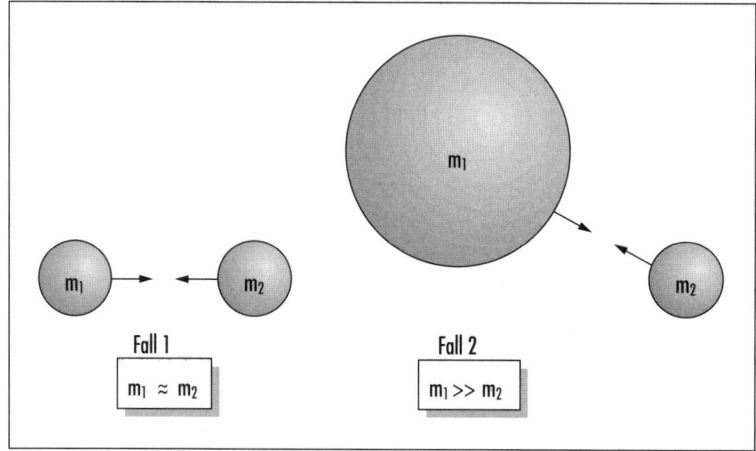

*Abbildung 15.13: Fallbeispiele zur Schwerkraft*

✔ **Fall 1**: Zwei oder mehr Objekte mit relativ derselben Masse

✔ **Fall 2**: Zwei Objekte, wobei die Masse des einen Objekts sehr viel größer ist als die Masse des anderen

Fall 2 ist eigentlich ein Sonderfall von Fall 1. Wenn Sie beispielsweise einen Fußball und einen Kühlschrank von einem Gebäude werfen, dann fallen diese mit derselben Geschwindigkeit. Das tun sie natürlich nicht, aber die Differenz ist so klein (in der Größenordnung von etwa $10^{-24}$), dass Sie diese nicht erkennen. Natürlich können auch andere Kräfte eine große Rolle spielen, wie beispielsweise Luftwiderstand und Reibung; ein Fußball fällt schneller als ein Stück Papier, weil das Papier mit großem Luftwiderstand zu kämpfen hat.

## Die Mathematik der Schwerkraft

Und jetzt kommt die Mathematik hinter der Schwerkraft. Die Anziehungskraft zwischen zwei Objekten mit den Massen *m1* und *m2* errechnet sich wie folgt, wobei G die Gravitationskonstante des Universums ist (gleich $6{,}67 \times 10^{-11}$ N $\times$ m$^2$ $\times$ kg$^{-2}$), und *r* die Distanz zwischen den Objekten:

$$F = (G \times m1 \times m2) \div r^2$$

Für die Form der Gleichung liegen die Massen in kg und die Distanz r in Metern vor. Beachten Sie außerdem, dass sich das große *G* (Gravitationskonstante des Universums) vom kleinen *g* (Anziehungskraft der Erde) unterscheidet. Um beispielsweise die Anziehungskraft zwischen zwei Teenagern mit je 70 kg bei einer Distanz von 1 Meter auszurechnen, gehen Sie wie folgt vor:

$$F = 6{,}67 \times 10^{-11} \times 70 \text{ kg} \times 70 \text{ kg} \div (1 \text{ m})^2 = 3{,}26 \times 10^{-7} \text{ N}$$

## 15 ▶ Herunter kommen sie alle: Physische Modellierung

Das ist nicht viel, oder? Nachfolgend dasselbe Experiment mit einer 70-kg-Person und dem Planeten Erde ($5{,}98 \times 10^{24}$ kg) bei 1 Meter:

$F = 6{,}67 \times 10^{-11} \times 70$ kg $\times 5{,}98 \times 10^{24}$ kg $\div (1$ m$)^2 = 2{,}79 \times 10^{16}$ N

Offensichtlich würden $10^{16}$ Newton eine Person mit 70 kg zu einem Pfannkuchen plätten – oder irgendetwas stimmt nicht. Das Problem ist, dass ich angenommen habe, die Erde sei eine Punktmasse, und die andere Masse sei 1 m davon entfernt. Eine bessere Annäherung wäre, als Distanz den Radius der Erde zu verwenden, $6{,}36 \times 10^6$ m. (Sie können voraussetzen, dass jede kugelförmige Masse eines Radius $r$ eine Punktmasse ist, so lange die Materie der Kugel homogen ist, und die Rechnungen müssen das andere Objekt nicht mit einer Distanz größer oder gleich $r$ annehmen.)

$F = 6{,}67 \times 10^{-11} \times 70$ kg $\times 5{,}98 \times 10^{24}$ kg $\div (6{,}38 \times 10^6$ m$)^2 = 2{,}79 \times 10^{16}$ N

Das scheint vernünftiger zu sein. Wir wissen, dass auf der Erde 1 Pound gleich 4,45 N ist, die Umwandlung der Kraft in Pound würde also lauten:

685,93 N ÷ (4,45 N ÷ 1 Pound) = 155 Pound

Das war das Ausgangsgewicht. Und nachdem Sie wissen, wie man die Kraft zwischen zwei Objekten berechnet, können Sie dieses einfache Modell in Spielen einsetzen. Natürlich müssen Sie nicht die reale G-Konstante verwenden; wichtig ist die Form der Gleichung, die angibt, dass die Anziehungskraft zwischen zwei Objekten proportional zu einer Konstanten multipliziert mit dem Produkt ihrer Massen dividiert durch das Quadrat der Distanz zwischen den Objektmittelpunkten ist.

Und genau so modellieren Sie ein schwarzes Loch im Spieleuniversum. Wenn Sie beispielsweise ein Raumschiff und ein schwarzes Loch auf dem Bildschirm haben, und das Schiff soll angesaugt werden, wenn es in die Nähe des schwarzen Lochs gelangt, gehen Sie wie folgt vor:

1. **Richten Sie eine künstliche Gravitätskonstante G ein, die in der virtuellen Spielewelt ausreichend funktioniert.**

2. **Weisen Sie eine beliebige Masse für das Raumschiff und eine sehr viel größere Masse für das schwarze Loch zu.**

3. **Berechnen Sie die Kraft zwischen dem Raumschiff und dem schwarzen Loch und wandeln Sie sie in eine Beschleunigung mit F = ma um.**

4. **Schieben Sie das Raumschiff in jedem Frame in Richtung des schwarzen Lochs. Wenn das Raumschiff dem schwarzen Loch näher kommt, wird die Kraft immer stärker, bis sich der Spieler überhaupt nicht mehr bewegen kann!**

PROG17_4.CPP (PROG17_4_16b.CPP ist die 16-Bit-Version) und die ausführbare Datei PROG17_4.EXE zeigen ein Beispiel für die Simulation eines schwarzen Lochs. Sie fliegen mit einem Raumschiff und müssen das schwarze Loch in der Mitte des Bildschirms meiden. Für die Steuerung des Schiffs verwenden Sie die Pfeiltasten. Probieren Sie, ob Sie in den Orbit gelangen können!

## Die Mathematik fallender Objekte

»Schwerkraft« in Spielen simuliert auch, wie Dinge vom Himmel oder von Hochhäusern fallen. In dieser Situation hat ein Objekt eine sehr viel größere Masse als das andere. Es gibt jedoch noch eine Beschränkung, die Sie berücksichtigen müssen: Ein Objekt ist feststehend – der Boden. Abbildung 15.14 zeigt diese Situation.

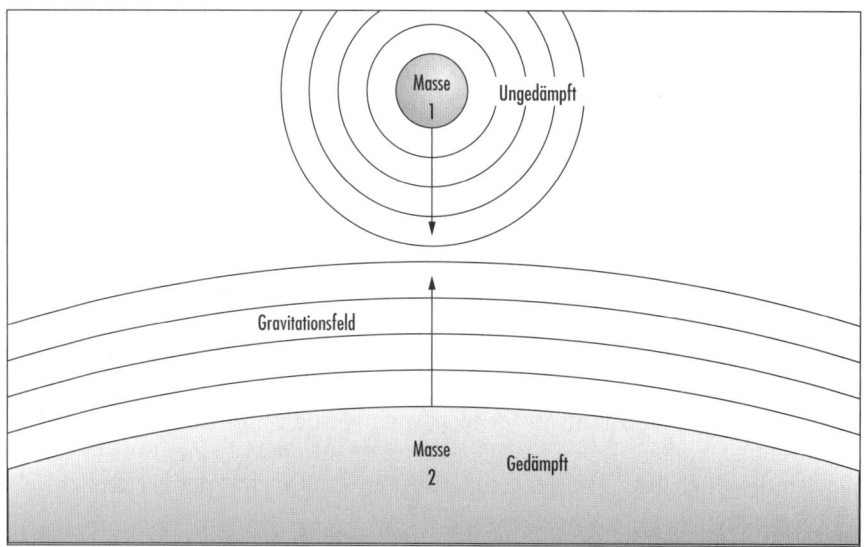

*Abbildung 15.14: Anziehungskraft*

Mehrere Annahmen können die Mathematik vereinfachen. Die erste ist, dass die Beschleunigung aufgrund der Schwerkraft konstant für die Masse ist, die fallen gelassen wird, das sind auf der Erde gleich 9,8 m/s² (Meter pro Sekundenquadrat) oder 32 ft/s² (Fuß pro Sekundenquadrat). (Das entspricht etwa 23 Dezimalstellen.) Wenn Sie annehmen, dass die Beschleunigung eines fallenden Objekts gleich 9,8 m/s² ist, dann können Sie das in die Bewegungsgleichung für die Geschwindigkeit oder Position einfügen. Die Formel für die Geschwindigkeit eines fallenden Objekts als Funktion der Zeit basiert also auf der allgemeinen Beschleunigungsgleichung mit einer festen Beschleunigungskonstanten, wie in der nachfolgenden Gleichung gezeigt:

$v(t) = v_0 + 9{,}8 \text{ m/s}^2 \times t$

Die Position ist

$y(t) = y_0 + v_0 \times t + \frac{1}{2} \times 9{,}8 \text{ m/s}^2 \times t^2$

Wenn ein Ball von einem Gebäude fällt, können Sie die Ausgangsposition $x_0$ gleich 0 setzen und die Ausgangsgeschwindigkeit $v_0$ gleich 0, wodurch das Modell des fallenden Objekts vereinfacht wird zu:

$y(t) = \frac{1}{2} \times 9{,}8 \text{ m/s}^2 \times t^2$

## 15 ► Herunter kommen sie alle: Physische Modellierung

Darüber hinaus können Sie die Konstante 9,8 m/s² auf einen beliebigen Wert setzen, und $t$ stellt die Frame-Nummer in einem Spiel dar. Berücksichtigt man all dies, könnte ein Ball wie folgt oben vom Bildschirm herabfallen:

```
int y_pos     = 0, // obere Bildschirmkante
    y_velocity = 0, // Ausgangsgeschwindigkeit y
    gravity    = 1; // es soll nicht zu schnell gefallen werden
// Schwerkraftschleife, bis das Objekt an der Stelle
// SCREEN_BOTTOM den Boden trifft
while(y_pos < SCREEN_BOTTOM)
    {
    // Position aktualisieren
    y_pos+=y_velocity;
    // Geschwindigkeit aktualisieren
    y_velocity+=gravity;
    } // end while
```

**Hinweis**: Um das Ganze zu vereinfachen, habe ich die Geschwindigkeit verwendet, um die Position zu verändern, statt die Position direkt mit der Positionsformel zu verändern, was schwieriger zu behandeln ist, weil es sich um eine Funktion der Zeit (oder in diesem Fall der Frame-Nummer) handelt.

Wie kann das Objekt mit einer gekrümmten Flugbahn fallen? Sie verschieben einfach die x-Position in jedem Durchgang um einen konstanten Betrag, dann scheint es eher, als würde das Objekt geworfen, als einfach nur zu fallen. Der Code dafür sieht wie folgt aus:

```
int x_pos     = 0, // linker Bildschirmrand
    y_pos     = 0, // oberer Bildschirmrand
    y_velocity = 0, // Ausgangsgeschwindigkeit y
    x_velocity = 2, // konstante Geschwindigkeit x
    gravity    = 1; // es soll nicht zu schnell gefallen werden
// Schwerkraftschleife, bis das Objekt an der Stelle
// SCREEN_BOTTOM den Boden trifft
while(y_pos < SCREEN_BOTTOM)
    {
    // Position aktualisieren
    x_pos+=x_velocity;
    y_pos+=y_velocity;
    // Geschwindigkeit aktualisieren
    y_velocity+=gravity;
    } // end while
```

Fallende Objekte sind wie Objekte, die nach oben beschleunigt werden, nur in der entgegengesetzten Richtung. Kehren Sie die Beschleunigungskonstante aus `PROG17_2.CPP` (ausführbare Datei `PROG17_2.EXE`) um, um ein fallendes Objekt zu simulieren.

Ich habe für alle Demos ganze Zahlen verwendet, um sie so einfach wie möglich zu halten. Sie können in Ihrem Code auch Fließkommazahlen verwenden, damit das Ganze exakter wird. Bei Verwendung von Pentium-Prozessoren ist die Fließkomma-Mathematik mindestens so schnell wie die Verwendung ganzer Zahlen.

## Reibung bremst!

*Reibung* ist eine Kraft, die Energie eines anderen Systems verbraucht. Automobile verwenden interne Verbrennung; 30 bis 40 Prozent der erzeugten Energie wird jedoch durch die thermische Umwandlung oder mechanische Reibung gefressen (indem die Teile aneinander reiben). Ein Fahrrad ist zu etwa 80 bis 90 Prozent effizient und stellt vielleicht den Energie-effizientesten Modus existierender Transportmittel dar.

Reibung ist grundsätzlich ein Widerstand und kann damit mit Hilfe einer Kraft modelliert werden, die normalerweise als *Reibungskraft* bezeichnet wird. Abbildung 15.15 zeigt das Standardreibungsmodell einer Masse $m$ auf einer flachen Ebene.

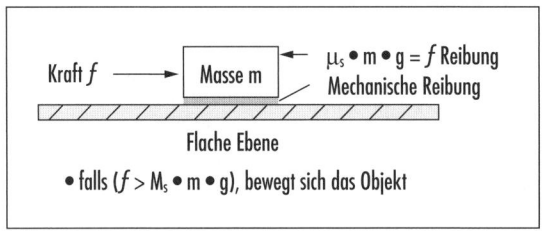

*Abbildung 15.15: Reibungsmodell*

Wenn Sie versuchen, die in Abbildung 15.15 gezeigte Masse in eine Richtung parallel zur Ebene zu verschieben, erfahren Sie Widerstand – Reibungskraft, die Sie zurückdrückt. Diese Kraft ist mathematisch als $F_f$ definiert, wie nachfolgend gezeigt, wobei $m$ die Masse des Objekts ist, $g$ die Gravitationskonstante der Erde (9,8 m/s²), und $\mu_s$ der statische Reibungskoeffizient des Systems, der von den Bedingungen und den Materialien der Masse und der Ebene abhängig ist:

$F_f = m \times g \times \mu_s$

Wenn die Kraft F, die Sie auf das Objekt anwenden, größer als $F_f$ ist, bewegt sich das Objekt. Sobald sich das Objekt bewegt, sinkt sein Reibungskoeffizient normalerweise auf einen anderen Wert, die so genannte kinetische Reibung $\mu_k$. Wenn Sie die Kraft aufheben, verlangsamt sich das Objekt langsam und hält schließlich an, weil die Reibung immer vorhanden ist.

Um die Reibung zu modellieren, wenden Sie auf alle Ihre Objekte eine konstante negative Geschwindigkeit an, die proportional zur gewünschten Reibung ist. Mathematisch ausgedrückt bedeutet das:

neue Geschwindigkeit = alte Geschwindigkeit - Reibung

Damit erhalten Sie Objekte, die sich mit konstanter Geschwindigkeit verlangsamen, wenn Sie sie nicht mehr bewegen. Sie müssen natürlich aufpassen, dass das Vorzeichen der Geschwindigkeit negativ ist oder in die andere Richtung geht, aber das ist nur ein Detail. (Es ist jedoch wichtig genug, dass es berücksichtigt wird, wie ich im nächsten Beispiel zeige.)

# 15 ➤ Herunter kommen sie alle: Physische Modellierung

Das nachfolgende Beispiel zeigt ein Objekt, das mit einer Ausgangsgeschwindigkeit von 16 Pixel pro Frame beschleunigt wird und dann aufgrund virtueller Reibung mit 1 Pixel pro Frame gebremst wird:

```
int x_pos      = 0,  // Ausgangsposition
    x_velocity = 16, // Ausgangsgeschwindigkeit
    friction   = -1; // Reibungswert
// Objekt bewegen, bis Geschwindigkeit <= 0
while(x_velocity > 0)
    {
    // Objekt bewegen
    x_pos+=x_velocity;
    // Reibung anwenden
    x_velocity+=friction;
    } // end while
```

Das Reibungsmodell entspricht dem Gravitationsmodell. Sie sind fast identisch. Gravitationskräfte und Reibungskräfte gehorchen denselben Gesetzen. Alle Kräfte können auf dieselbe Weise modelliert werden. Sie können auf ein Objekt beliebig viele Kräfte anwenden: sie werden einfach addiert. Das ist das Gesetz der *Überlagerung*.

Als Beispiel für die Reibung habe ich eine Luft-Hockey-Demo geschrieben, `PROG17_5.CPP` (`PROG17_5_16b.CPP` ist die 16-Bit-Version, `PROG17_5.EXE` die ausführbare Datei). Das Programm feuert einen Hockey-Puck auf einem virtuellen Luft-Hockey-Feld in eine zufällige Richtung, wenn Sie die Leertaste drücken.

# Die Spiele-Engine in der Praxis: Underworld

## In diesem Kapitel

- Spielen Sie *Underworld*
- Erfahren Sie mehr über das Design
- Werden Sie die Elemente des Spiels kennen lernen
- Verwenden Sie Artwork und Sound
- Nehmen Sie Änderungen vor und kompilieren das Spiel neu

*Star Ferret* ist ein gutes Beispiel für ein funktionierendes Spiel, aber ich will Ihnen noch ein Spiel vorstellen, das weniger ein Ballerspiel ist und auch einige weitere Elemente eines vollständigen Spiels enthält, wie beispielsweise verschiedene Levels und komplexere KI (Künstliche Intelligenz). Ich habe also *Underworld* entwickelt, ein unterirdisches Labyrinth, das die Spiele-Engine GPDUMB verwendet, die Sie bereits kennen. In diesem Kapitel beschreibe ich einige Design-Aspekte und zeige Ihnen, wie Sie Änderungen an dem Spiel vornehmen können.

## Das Spiel möge beginnen!

Das Ziel von *Underworld* ist ganz einfach: Man will am Leben bleiben und so viele Punkte wie möglich sammeln.

Underworlder ist ein Bergarbeiter, der sich durch potenzielle Schächte gräbt, während er versucht, sich von Aliens und Monstern zu befreien, wie in Abbildung 16.1 gezeigt. Underworlder hat eine einzige Waffe – eine Pump-Gun. Damit wird ein Projektil abgefeuert, das komprimierte Luft in den Gegner presst. Wenn Sie genügend Projektile auf eine Kreatur abfeuern, explodiert sie irgendwann!

Die Kreaturen des Spiels sitzen jedoch nicht einfach nur herum und warten darauf, dass Sie Waffen auf sie abfeuern! Puff Dragons sind fiese Reptilien, die nicht nur schnell sind, sondern auch Feuerbälle durch ihre Nüstern ausblasen, was für die Underworlder natürlich tödlich sein kann. Die Dyklopen sind die zweite Gefahr. Sie sehen aus wie Wesen aus einem fehlgeschlagenen genetischen Experiment, aber lassen Sie sich von ihrem niedlichen Aussehen nicht täuschen: Sie sind tödlich! Allein ihre Berührung versetzt den Underworlder in einen anaphylaktischen Schock und er stirbt!

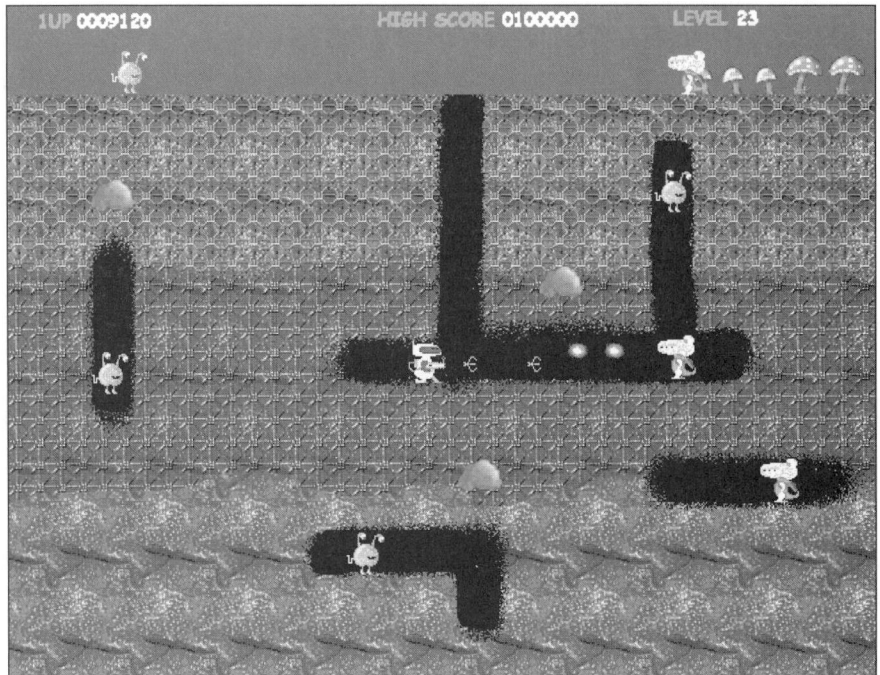

*Abbildung 16.1: Underworlder in Aktion*

Ihr Ziel in *Underworld* ist, herumzulaufen, Tunnel zu bohren und diese von Puff Dragons und Dyklopen zu befreien. Seien Sie aber wachsam: Es liegen immer wieder absturzgefährdete Steinhaufen herum. Wenn Sie sich unter ihnen befinden, können sie sich lockern und auf Sie stürzen – oder auf eine der Kreaturen –, seien Sie also vorsichtig! Um einen Level zu schaffen, müssen Sie alle nicht erwünschten Lebensformen beseitigen. Im Laufe des Spiels gelangen Sie in unterschiedliche Arbeitsbereiche für Ihre schmutzige Arbeit.

Um das Spiel zu spielen, führen Sie die Datei UNDERWLD.EXE aus. Hier die Steuerelemente:

- ✔ **Pfeiltasten**: Geben die Richtung an
- ✔ Strg : Feuern
- ✔ Esc : Spiel verlassen
- ✔ P : Pause

## Design macht Spaß!

Ich wollte ein außergewöhnliches Spiel schaffen, das ein Labyrinth und interessante Cartoon-Wesen zeigt, und das ausreichend friedlich zu spielen ist. Damit bin ich zu *Underworld* gelangt. Das Spiel enthält viele Elemente, die ich im Laufe des Buchs beschrieben habe, unter anderem: BOBs für Grafik (für die Figuren und Waffen), Künstliche Intelligenz (die die Figuren antreibt), DirectInput (das die einfachen Tastatureingaben verarbeitet) und DirectSound (das die coolen Sound-Effekte steuert).

Der andere Grund, warum ich mich gerade für dieses Spiel entschieden habe, ist, dass *Underworld* auf einem einzigen Bildschirm ausgeführt wird, so dass einfacher zu schreiben und zu verstehen ist, wo unterschiedliche Levels präsentiert werden. Ich wollte Ihnen mindestens ein Beispiel dafür zeigen, wie eine Spiele-Engine eine Datendatei liest und diese dann verwendet, um den Spiel-Level zu erzeugen. Diese Möglichkeit stellt ein Schlüsselelement von *Underworld* dar. Darüber hinaus habe ich das Datei-Format ASCII gewählt, das vom Menschen gut lesbar ist, so dass Sie Levels einfügen und die Grafik selbst ändern können. Im Abschnitt *Die Datei für Level-Informationen* später in diesem Kapitel ist das Format genauer beschrieben.

## Die fünf Elemente des Spiels

*Underworld* beinhaltet fünf Hauptelemente. Ich werde sie kurz auf neo-technische Weise beschreiben, so dass Sie verstehen, wie diese Elemente funktionieren, und später selbst Änderungen vornehmen können:

- ✔ **Underworlder**: Die Hauptfigur, die Sie steuern. Grundsätzlich ist er nicht übermäßig intelligent, was die Funktionalität betrifft, und er ist auf Ihre Leitung angewiesen. Das größte Problem bei der Entwicklung dieser Figur war, sicherzustellen, dass die jeweils richtige Animation angezeigt wird, wenn die Figur läuft, gräbt, feuert oder stirbt. Dieser Codeabschnitt beinhaltet eine Menge bedingter Logik, um alle subtilen Fälle zu berücksichtigen.

- ✔ **Puff Dragons**: Der Feind, den Sie töten wollen. Puff Dragons sind etwas komplexer als Underworlder, weil sie durch die KI des Spiels gesteuert werden. Sie verwenden eine Standard-FSM (Finite Status Machine, endlicher Automat). Das Feuern der Puff Dragons erfolgt zufallsgesteuert, abhängig vom Abstand zum Spieler. (Weitere Informationen über FSMs finden Sie in Kapitel 2; Verwaltung in Kapitel 13 und Informationen zur Wahrscheinlichkeit in Kapitel 18.)

- ✔ **Dyklopen**: Der andere Feind, den Sie zerstören wollen. Dyklopen sind fast identisch mit den Puff Dragons, aber sie können nicht feuern. Weil sie nicht feuern können, habe ich ihre KI ein wenig aufgebrezelt, so dass sie etwas aggressiver als die Puff Dragons sind: (Kapitel 18 erzählt mehr über KI.)

- ✔ **Felsen**: Ein Objekt, das auf die Figuren fallen und sie töten kann. Felsen sind schwierig zu implementieren. Ich musste Code schreiben, so dass sie auf jedes der Spielobjekte fallen und diese zerstören können. Aber sie mussten sich ein wenig wie ein Magnet verhalten, wenn sie auf ein Objekt fallen; das bedeutet, das Objekt muss am Felsen verharren, wenn dieser auf sie fällt. Meine Lösung war ein Algorithmus für den Domino-Effekt, der das erste Objekt am Felsen befestigte; dann können andere Objekte am ersten Objekt befestigt werden usw.

- ✔ **Preise:** Eine Belohnung für den Spieler. Die Preise sind die einfachsten Objekte des Spiels. Sie erscheinen, nachdem der Spieler zwei oder mehr Felsen geworfen hat. Der Preis erscheint etwa 10 bis 15 Sekunden lang und verschwindet dann. Kann der Spieler ihn berühren, erhält er einen großen Bonus.

## Die Datei mit den Level-Informationen

Cool bei *Underworld* ist, dass jeder Level nicht durch fest codierte Programmierung definiert ist, sondern durch eine allgemeine Level-Datei, die die Definitionen für alle Levels in einem einfach verständlichen ASCII-Format enthält. Der Name der Datei, die *Underworld* lädt, ist UNDLEV.DAT. Das Dateiformat besteht aus einer Zahl, die die Gesamtzahl der Levels angibt, gefolgt von den einzelnen Level-Datensätzen. Ich kann das Format hier nicht genauer beschreiben, aber der Header der Datei enthält alle Informationen, die Sie brauchen, öffnen Sie die Datei also einfach in Ihrem bevorzugten ASCII-Texteditor und lesen Sie sie.

Ihr Spiel kann bis zu 64 Levels annehmen. Nachdem Sie den letzten Level im Spiel geschafft haben, wählt das Spiel die Levels zufällig aus.

## Artwork und Sound

Ich habe die gesamte Grafik manuell gezeichnet, außer den Preisen, die ich mit Caligari's trueSpace modelliert habe. Außer den Preisen wurden alle Spielobjekte (Underworlder, Puff Dragons, Dyklopen, Felsen, Waffen usw.) pixelweise mit Paint Shop Pro von Jasc gezeichnet. Daran erkennen Sie die Leistung dieses Malprogramms. Viele der Objekte sind leicht beleuchtet, was durch die Option »Light Touch-up« erzeugt wurde. Die gesamte Grafik ist unter den Namen UND*.BMP abgelegt.

Mein Freund Todd Masten hat die Musik zu Underworld geschrieben. Er ist ein unglaublicher Musiker, der Musik für Spiele- und Multimedia-Titel geschrieben hat. Er kann wirklich jede Musik schaffen, von Dunklem und Düsterem (was ich am liebsten mag) bis hin zu Jazz, Rock und allem anderen. Wenn Sie ihm schreiben wollen: tmasten@ns.net.

Die meisten Sound-Effekte habe ich mit meiner eigenen Stimme erzeugt, die ich mit Sound Forge von Sonic Foundry nachbearbeitet habe. Einige Sounds stammen aus der Sound-Bibliothek Sound Ideas General Series 6000, die Sie kaufen sollten, wenn Sie ernsthaft Spiele programmieren wollen. Sounds und Musik sind unter den Namen UND*.WAV abgelegt.

## Änderungen und Neukompilierung

Underworld wird mit denselben Dateien wie Star Ferret kompiliert, Sie brauchen also die Bibliotheksdateien `GPDUMB1.CPP|H` und `CPDUMB2.CPP|H`, die DirectX-Bibliotheken `WINMM.LIB` und natürlich die C/C++-Quelldatei `UNDERWLD.CPP`. Kompilieren Sie einfach wie gewohnt, dann haben Sie keine Probleme.

# Spiele vermarkten

## In diesem Kapitel

▶ Veröffentlichen Sie Ihre eigenen Spiele

▶ Arbeiten Sie mit Verlegern

▶ Machen Sie Geschäfte

In den dunklen Zeiten der Spieleprogrammierung – Mitte der 80er – konnten Sie fast jede Art Videospiel erzeugen und Geld damit machen. Damals war nicht die Technologie die treibende Kraft der Spiele, der Tummelplatz für die Spieleprogrammierer war also relativ unkompliziert. Einige Entwickler hatten Sprite-Scaler, und andere wussten mehr über die physische Modellierung, aber letztlich waren die Spiele alle 2D und man musste einfach nur Programmierer, Künstler und vielleicht Musiker sein – leicht in einer Person zu realisieren.

Seit Ende der 90er sind die Dinge komplexer geworden. 3D hat sich durchgesetzt. Die Entwicklung eines Spiels, mit dem man wirklich Geld machen kann, ist schwierig geworden, weil so viele Leute mitarbeiten müssen. Das durchschnittliche Team für die Spieleentwicklung besteht aus fünf bis sieben Leuten, und es gibt Teams, die bis zu 50 Leute beschäftigen. Heute können Sie nicht einfach alleine ein Spiel aus dem Ärmel schütteln und damit das große Geld machen.

Dennoch mögen immer noch Millionen von Menschen ihre 2D-Spiele. Diesen Leuten ist es egal, ob ein Spiel 2D, 3D oder virtuelle Realität ist; wenn es Spaß macht, spielen sie es. Und das ist die Moral von der Geschichte: Wenn Sie ernsthafte Spiele schreiben und eine Chance für ihre Vermarktung haben wollen, müssen Sie die Konkurrenz kennen und sicherstellen, dass Sie ein Genre auswählen, in dem Sie auch als Anfänger eine Chance haben. Einfach ausgedrückt: Versuchen Sie erst gar nicht, es id Software gleich zu tun. Erstellen Sie stattdessen 2D-Spiele mit Side-Scrolling-Effekt oder ein Genre, in dem Sie realistisch konkurrenzfähig sind.

Dieses Kapitel erklärt, wie Sie Ihre Spiele verkaufen können, nachdem Sie sie entwickelt haben. Ich zeige Ihnen drei Methoden, der Öffentlichkeit Ihre Spiele näher zu bringen:

✔ Eigene Veröffentlichung des Spiels: Sie vermarkten und verteilen es selbst.

✔ Nutzung eines kommerziellen Shareware/Valueware-Publishers, der das Spiel für Sie vermarktet und verteilt.

✔ Verkauf Ihres Spiels an einen professionellen Publisher.

## Eigene Veröffentlichung

Jetzt haben Sie also Ihr erstes Spiel geschrieben und wollen es selbst veröffentlichen. Das ist nicht besonders kompliziert. Stellen Sie sicher, dass Ihr Spiel fehlerfrei und einfach zu installieren und einzurichten ist. Anschließend komprimieren Sie alle Spieledateien mit WinZip (oder einem ähnlichen Produkt) in eine Archivdatei oder in eine selbstextrahierende .EXE. In Ihre Spieledateien nehmen Sie die folgenden Dokumente (in einfachem ASCII-Format) auf:

- ✔ VENDOR.DOC. Diese Datei beschreiben Ihre Bedingungen, unter denen andere Leute Ihr Spiel weitergeben dürfen. Beispielsweise könnte jemand in einem anderen Land es auf ein CD-Bundle aufnehmen. Legen Sie in diesem Dokument die Bedingungen fest, die dabei zu berücksichtigen sind.

- ✔ FILEID.DIZ: Diese Datei wird von BBSen (Bulletin Board Systemen) gelesen und enthält eine Kurzbeschreibung Ihres Spiels. Schreiben Sie nur ein paar Zeilen mit Informationen in diese Datei, die Ihr Spiel und Sie selbst beschreiben.

- ✔ ORDER.DOC: Wenn Sie Ihr Spiel verkaufen und Geld dafür erhalten wollen, verwenden Sie diese Datei, um Bestellinformationen bereitzustellen.

- ✔ README.TXT: Diese Standard-README-Datei enthält Informationen, die Ihr Benutzer lesen soll, bevor er Ihr Programm verwendet. Normalerweise nehme ich in diese Datei Informationen über Änderungen auf, die in letzter Minute erfolgt sind, Fehlerkorrekturen und ähnliche Hinweise.

Nachdem Ihr Spiel fertig ist, bringen Sie es am schnellsten an den Mann, indem Sie es auf so viele BBSe wie möglich hochladen und eine Webseite dafür anlegen (falls Sie eine eigene Website besitzen). Auf diese Weise erhalten die Menschen Zugriff auf Ihr Spiel. Darüber hinaus können Sie ein paar Shareware-CDs kaufen und die Produzenten dieser CDs anrufen, um zu fragen, ob sie Ihr Spiel auf die nächste CD aufnehmen.

Anschließend legen Sie einen Preis für Ihr Spiel fest: Seien Sie nicht zu teuer, aber auch nicht zu billig. Ein sinnvoller Preis sind 39 bis 49 Euro, was vergleichbar mit anderen Spielen ist. Verkaufen Sie Ihr Spiel nicht für 5 Euro. Ich garantiere Ihnen, jeder wird denken, es sei minderwertig; wie kann etwas gut sein, was nur 5 Euro kostet?

Das nächste Problem ist, wie Sie zu dem Geld gelangen. Wahrscheinlich können Sie nur Schecks oder Überweisungen verarbeiten, es sei denn, Sie haben ein Händlerkonto für Kreditkartenzahlungen. Wenn Sie wollen, dass man Ihnen Schecks schickt, geben Sie ein Postfach an, so dass Sie Ihre eigene Adresse nicht preisgeben müssen. Darüber hinaus können Sie auch PayPal oder Yahoo! PayDirect verwenden, um einfachen E-Commerce zu nutzen.

Sie können jedoch auch ein Unternehmen beauftragen, den E-Commerce für Sie zu verarbeiten. Dieses Unternehmen kümmert sich um Kreditkartenaufträge, erlaubt den Leuten, Ihr Produkt von Ihrer Site herunterzuladen, und überweist Ihnen einmal im Monat Geld. Die Kosten für diese Dienste reichen bis zu einer 50%igen Provision auf den Gewinn, sehen Sie sich also um! Nachfolgend einige der Unternehmen, mit denen ich zusammenarbeite:

- ✔ **RegNow:** www.regnow.com
- ✔ **Softwrap:** www.softwrap.com

 Wenn Sie einen Internet-Account haben, legen Sie eine Website für Ihr Unternehmen an und bieten Sie Ihr Produkt dort zum Download an. Machen Sie sich keine Sorgen, wenn Sie sich keinen vollständigen Domänennamen mit 50 MB Website mit CGI-Skripten und FrontPage-Erweiterungen leisten können. Die meisten Internet-Accounts beinhalten 2 MB bis 5 MB für eine kostenlose persönliche Website, auf der Sie Ihr Spiel anbieten können. Die Adresse kann etwa wie www.provider.com/~ihrname aussehen, aber so ist es nun mal. Natürlich können Sie auch kostenlose Web-Hosting-Dienste verwenden, wie beispielsweise von Providern wie Yahoo!, GeoCities usw., aber die Anzeigen, die den Besuchern hier angezeigt werden, sind lästig, ich empfehle Ihnen also eine echte Website.

Erkundigen Sie sich unbedingt, welche Gesetze in Ihrem Land für den Verkauf von Software gelten. Weitere Informationen erhalten Sie beispielsweise auch bei der Association of Shareware Professionals unter www.asp-shareware.org.

Das ist alles. Sie schreiben ein Spiel, legen eine .ZIP-Datei mit den zusätzlichen Informationen und Bestelldokumenten an und laden Ihr Spiel dann auf alle Sites hoch, die dies erlauben (suchen Sie dazu zunächst nach Spiele-Sites im Web und hangeln Sie sich von dort aus weiter). Ich empfehlen Ihnen die folgenden Websites:

- ✔ **Happy Puppy:** www.happypuppy.com
- ✔ **CNET und Download.com:** www.cnet.com und www.download.com
- ✔ **The Adrenaline Vault:** www.avault.com

Darüber hinaus können Sie einen eigenen Web-Spider oder Bot herunterladen oder kaufen, der die Informationen für Sie auf Hunderte von Websites hochlädt! Sie finden mehrere Spider oder Bots, indem Sie einfach nur **bot** oder **spider** in Ihre bevorzugte Suchmaschine eingeben, oder auch in den Shareware-Bereichen der Windows-9x-Site unter www.winfiles.com oder www.download.com. Das ist die coolste Site für Windows-Benutzer und -Programmierer – den Link müssen Sie haben!

## *Kommerzielle Shareware/Valueware*

Der nächste Schritt zur Veröffentlichung Ihrer Spiele ist die Shareware/Valueware-Veröffentlichung durch professionelle Kanäle, wie beispielsweise eGames, Global Star Software oder Cosmi, statt die Spiele einfach selbst an den Mann zu bringen. Diese Unternehmen haben alle mit kleinen Spielen begonnen; heute sind sie so mächtig wie kommerzielle AAA-Publisher. Nachfolgend einige Tipps für den Umgang mit Shareware/Valueware-Publishern:

- ✔ Am besten verkaufen Sie Ihr Programm an eines dieser Unternehmen, indem Sie dort anrufen oder eine E-Mail hinschicken, um den Ansprechpartner herauszufinden, an den

Sie eine Testversion schicken können. Die Unternehmen berücksichtigen fertige Spiele und in Entwicklung befindliche Arbeiten, aber achten Sie unbedingt darauf, bei Ihrem Anruf oder in Ihrer E-Mail einen guten Eindruck zu hinterlassen.

- ✔ Beachten Sie, dass die meisten Unternehmen Verträge anbieten, die Sie und sich schützen, um Handelsgeheimnisse zu bewahren und Technologiediebstahl zu verhindern. Viele legen in ihren Verträgen auch fest, dass Sie nur mit ihnen und nicht mit anderen Unternehmen gleichzeitig arbeiten dürfen (was Sie natürlich nicht wollen, weil Sie ja vielleicht ein besseres Angebot erhalten).

- ✔ Wenn Sie mit einem professionellen Shareware-Publisher arbeiten, beauftragen Sie einen Rechtsanwalt (falls Sie sich das leisten können), um den Vertrag durchzusehen und Ihnen zu einem fairen Geschäft zu verhelfen. Shareware-Publisher sollten Ihnen 30 bis 50 Prozent der Tantiemen abtreten; andernfalls sollten Sie sich einen anderen Publisher suchen!

- ✔ Die meisten Shareware-Publisher bieten keinerlei finanziellen Support, wenn Ihr Spiel nicht wirklich fantastisch ist. Viele davon bieten Ihnen jedoch Ressourcen, wie beispielsweise Künstler und zusätzliche Programmierer.

## Professionelle Veröffentlichung

Die ultimative Veröffentlichung erfolgt auf professioneller Ebene – Sie verkaufen Ihr Spiel an ein Unternehmen wie beispielsweise EA.com, Inc. oder LucasArts Entertainment Company, LLC. Dieser Ansatz entspricht der Arbeit mit einem Shareware-Publisher, ist aber sehr viel intensiver und schwieriger zu erzielen. Wenn Ihr Spiel so gut ist, dass Sie sich an einen großen Publisher wenden wollen, sammeln Sie die Reaktionen auf Ihr Spiel und machen Sie sich darauf gefasst, viel Zeit mit Rechtsanwälten und Verhandlungen verbringen zu müssen.

Ich kann Ihnen aus eigener Erfahrung mitteilen, dass Sie den Vertrag aushandeln müssen, den Sie wirklich wollen. Andernfalls fühlen Sie sich schrecklich. Viele Spieleprogrammierer haben einen großartigen Prototyp und brauchen dann finanzielle Unterstützung oder andere Hilfe, was in den Vertrag aufgenommen wird. Die Publisher versuchen immer, für sich selbst die besten Konditionen festzulegen, was für Sie oder Ihr Projekt nicht immer das Beste ist. Sie müssen dem Publisher sehr deutlich gegenübertreten und jedes Detail des Spiels und der benötigten Ressourcen erklären, so dass man Ihr Ziel besser versteht.

Die Entwicklung eines Spiels ist nicht deterministisch. Fordern Sie so viel Zeit und Geld, wie Sie brauchen, oder unterschreiben Sie den Vertrag nicht. Die Forderungen sind schwierig, aber Sie können sich nicht leisten, ein schlechtes Spiel zu schreiben, nur weil Sie nicht genügend Geld oder genügend Zeit dafür hatten.

# Künstliche Intelligenz – die ganze Wahrheit!

## In diesem Kapitel

- Erfahren Sie, was künstliche Intelligenz ist
- Lernen Sie einfache deterministische Algorithmen kennen
- Sorgen Sie dafür, dass ihre Spielfigur einem Muster oder Skript folgt
- Verschaffen Sie sich einen Überblick über Verhaltensstatussysteme
- Nutzen Sie Gedächtnis und Lernfähigkeit, um die künstliche Intelligenz Ihres Spiels zu verbessern
- Entdecken Sie neuronale Netze und genetische Algorithmen

In diesem Kapitel erfahren Sie viel über die Kunst, Spielfiguren und Objekte so agieren zu lassen, als wären sie wirklich denkfähig. Abhängig von der jeweiligen Perspektive ist künstliche Intelligenz nämlich gar nicht so künstlich. Sie basiert auf Logik, Mathematik, Wahrscheinlichkeit und Gedächtnis. Wenn Sie dieses Kapitel gelesen haben, können Sie Code und Algorithmen entwickeln, die dafür sorgen, dass sich Ihre Spielfiguren rational verhalten und fast alles tun, was auch »professionelle« Spiele tun.

## Künstliche Intelligenz – Einführung

Künstliche Intelligenz (KI) (auch AI, Artificial Intelligence) bezeichnet in der akademischen Bedeutung des Wortes die Erstellung einer Hardware oder die Entwicklung von Computer-Software, die einer Maschine erlaubt, zu »denken« oder Informationen so zu verarbeiten, wie es mit dem Denken von Menschen vergleichbar ist. Noch vor wenigen Jahren berührten die damals entwickelten KI-Applikationen gerade die Oberfläche – heute entwickeln sich KI und verwandte Bereiche, wie beispielsweise künstliche Lebensformen und intelligente Agenten, in exponentieller Geschwindigkeit.

Heute gibt es Systeme, die tatsächlich »leben«, wenn man Leben überhaupt definieren kann. Mehrere Unternehmen haben künstliche Lebensformen geschaffen, die leben, sterben, forschen, krank werden, sich fortpflanzen, sich entwickeln, depressiv werden, Hunger bekommen usw. – alles innerhalb der virtuellen Welt des Computers. Diese Technologie hat die folgenden Entwicklungen möglich gemacht:

✔ **Künstliche neuronale Netze**: Grobe Annäherungen an das Netzwerk eines menschlichen Gehirns

✔ **Genetische Algorithmen**: Techniken und Voraussetzungen, die für die Evolution von Software-Systemen nach biologischen Mustern verwendet werden

Hört sich abgehoben an? Es ist abgehoben, aber es gibt diese Technologie, und sie entwickelt sich ständig weiter. Noch vor einigen Jahren hielt man menschliche Klone für Science Fiction – heute weiß man, dass sie möglich sind.

Zurück auf den Boden. Sie werden natürlich nicht die komplexe aktuelle KI in Ihre Spiele einbauen. Dieses Kapitel zeigt die einfachsten und grundlegendsten Techniken, die Spieleprogrammierer für die Entwicklung intelligenter Kreaturen einsetzen können – die zumindest den Eindruck erwecken, sie *seien* intelligent. Viele Spieleprogrammierer beschäftigen sich überhaupt nicht mit KI und haben noch nicht einmal begonnen, all die Möglichkeiten in Betracht zu ziehen, die sich in diesem Bereich bieten. Ich nehme an, KI und die verwandten Techniken werden in etwa denselben Einfluss auf die Spielewelt haben wie vor ein paar Jahren die Grafiktechnologie von *Doom*.

Im Vertrauen: Mit 3D wird es auf die Dauer nicht getan sein. Die Spielfiguren sehen heute schon verdammt real aus, aber sie verhalten sich immer noch recht dumm. Die nächsten supercoolen Spiele werden die sein, die nicht nur faszinierende Bilder liefern, sondern Figuren präsentieren, die denken und die genau so gerissen und verschlagen sind wie die Besten von uns.

Wenn Sie die nachfolgenden Seiten lesen und ein wenig mit den bereitgestellten Programmen experimentieren, denken Sie immer daran, dass es sich bei diesen Techniken genau darum handelt: Techniken. Es gibt keine richtige oder falsche Vorgehensweise – Hauptsache, sie funktioniert. Wenn der Computer Ihrem Spieler in den Hintern treten kann, dann ist das genau, was Sie brauchen. Kann er es nicht, sollten Sie etwas tun.

Egal wie primitiv die zugrunde liegenden KI-Techniken sind – die menschlichen Spieler stellen sich immer mehr Details vor und projizieren ihre eigene Persönlichkeiten auf ihre virtuellen Gegner. Und genau das ist der Schlüssel: Der Spieler glaubt, die Objekte im Spiel überlegen, planen und denken, solange sie den Anschein erwecken, sie täten das. Verstanden?

Ich werde in diesem Kapitel drei Arten praktischer Spiele-KI für Spielfiguren (wie beispielsweise Aliens) oder Elemente (wie etwa Asteroiden) vorstellen:

✔ **Deterministische Algorithmen**: Vordefiniertes Verhalten, zufallsgesteuert oder auf andere Weise realisiert

✔ **Muster und Skripten**: Aktionsfolgen, die von verschiedenen Eingaben abhängig sind, egal ob von Ihnen oder (unbewusst) vom Spieler

✔ **Automaten**: Verhalten, die abhängig von Bedingungen und Ergebnissen des Spiels auftreten

✔ **Neuronale Netze**: Programmiermodelle, die auf Funktionen des biologischen Gehirns basieren

 Von jetzt an werde ich in diesem Kapitel alles, wodurch Spielfiguren intelligenter gemacht werden – Software, Algorithmen und Techniken – als *KI* bezeichnen.

## Einfache deterministische Algorithmen

Deterministische Algorithmen sind Verhaltensweisen, die vordefiniert oder programmiert sind. Betrachten Sie beispielsweise die KI für die Asteroiden in Star Ferret (siehe Abbildung 18.1).

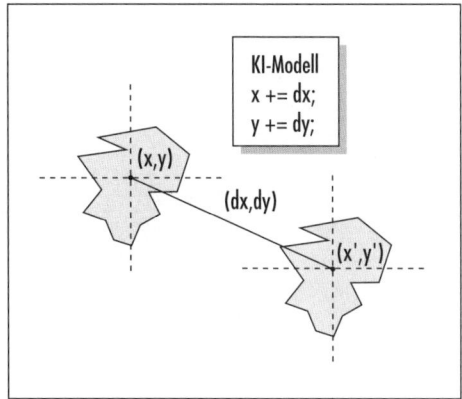

*Abbildung 18.1: Die KI des Asteroiden.*

Der Prozess ist ganz einfach. Die KI erzeugt einen Asteroiden und sendet ihn dann mit zufälliger Geschwindigkeit in eine zufällige Richtung (größtenteils jedoch abwärts). Der folgende Code zeigt diese Art Intelligenz:

```
asteroid_x += asteroid_x_velocity;
asteroid_y += asteroid_y_velocity;
```

Die Asteroiden haben eine Mission: Sie sollen auf ihrem Kurs bleiben. Natürlich ist die KI einfach – Asteroiden verarbeiten keine Eingaben von außen, machen keine Kursänderungen usw. Aber Asteroiden »wissen«, wie sie explodieren können, sind also in gewisser Weise intelligent. Ihre Intelligenz ist jedoch relativ deterministisch oder vorhersehbar.

Diese deterministische Intelligenz ist die erste Form der KI, die ich hier erklären will – die einfache, vorhersehbare, programmierbare Form. In diesem Bereich der KI wurden viele Techniken der *Pong/Pac Man*-Ära geschaffen.

## Zufällige Bewegung

Nur ein Schritt weiter als ein Objekt in gerader Linie oder auf einer Kurvenbahn zu bewegen, ist die zufällige Bewegung eines Objekts oder die zufällige Änderung seiner Eigenschaften (siehe Abbildung 18.2). Angenommen, Sie wollen ein Atom, eine Fliege oder etwas Ähnliches modellieren, das nicht sehr viel Hirn besitzt, aber ein relativ vorhersehbares Verhalten aufweist – hektisch herumspringt, ohne viel darüber nachzudenken. (Zumindest sieht es so aus.)

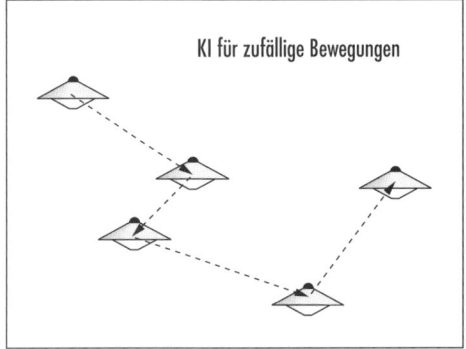

*Abbildung 18.2: KI für zufällige Bewegung*

Als erstes KI-Modell probieren Sie den folgenden Code aus, um ein Fliegenhirn zu modellieren:

```
fly_x_velocity = -8 + rand()%16;
fly_y_velocity ? -8 + rand()%16;
```

Jetzt lassen Sie die Fliege ein bisschen herumfliegen:

```
int fly_count = 0; // "Neuer Gedanke"-Zähler der Fliege
// 10 Zeit-Ticks in dieselbe Richtung fliegen
while(++fly_count < 10)
{
fly_x+=fly_x_velocity;
fly_y+=fly+y_velocity;
} // end while
// ähnlichen Code für die Auswahl einer neuen Richtung
// einfügen und in einer Schleife ausführen
```

In diesem Beispiel fliegt die Fliege mit zufälliger Geschwindigkeit in eine zufällige Richtung, fliegt einen Moment in diese Richtung und wechselt diese dann schnell wieder. Das ist genau das Verhalten einer Fliege. Natürlich könnten Sie noch mehr Zufälligkeiten einbauen, wie beispielsweise eine Änderung, wie lange die Bewegung konstant bleiben soll, statt sie auf zehn Schleifendurchgänge festzulegen. Darüber hinaus könnten Sie bestimmte Richtungen höher gewichten. Wenn Sie die neue Richtung auswählen, könnten Sie beispielsweise westliche Richtungen gegenüber östlichen Richtungen verstärken, um den Wind zu simulieren.

 In jedem Fall sehen Sie, dass es möglich ist, scheinbar intelligente Korrekturen mit sehr wenig Code vorzunehmen. Als funktionierendes Beispiel probieren Sie PROG23_1.CPP und die ausführbare Programmdatei PROG23_1.EXE auf der CD zum Buch aus. Sie finden dort ein Beispiel für ein Fliegengehirn in Aktion.

Zufällige Bewegung ist ein sehr wichtiger Bestandteil des Verhaltensmodells intelligenter Kreaturen. Ich lebe in Silicon Valley, und ich kann bescheinigen, dass die Menschen auf den Straßen zufällige Richtungswechsel machen und manchmal sogar in die falsche Richtung fahren – vermutlich simulieren sie das Gehirn einer Fliege.

## Tracking - Verfolgungen

Obwohl eine zufällige Bewegung interessant und völlig unvorhersehbar sein kann, ist sie relativ langweilig, weil sie immer auf dieselbe Weise passiert: zufällig. Wenn Sie Ihren Spielen etwas Aufregendes geben wollen, gehen Sie den nächsten Schritt auf der KI-Leiter: Algorithmen, die irgendetwas in der Umgebung wahrnehmen und entsprechend reagieren. Als Beispiel dafür habe ich *Tracking*-Algorithmen ausgewählt. Die Tracking-KI erkennt die Position des beobachteten Objekts und ändert die Flugbahn des KI-Objekts dann so, dass es sich in Richtung dieses beobachteten Objekts bewegt.

Das Tracking kann »auf die harte Tour« erfolgen, indem wirklich auf das betreffende Objekt gezielt wird, oder unter Anwendung eines realistischeren Modells, indem das Objekt verfolgt wird, ähnlich wie bei einem Torpedo mit Wärmesensor (siehe Abbildung 18.3).

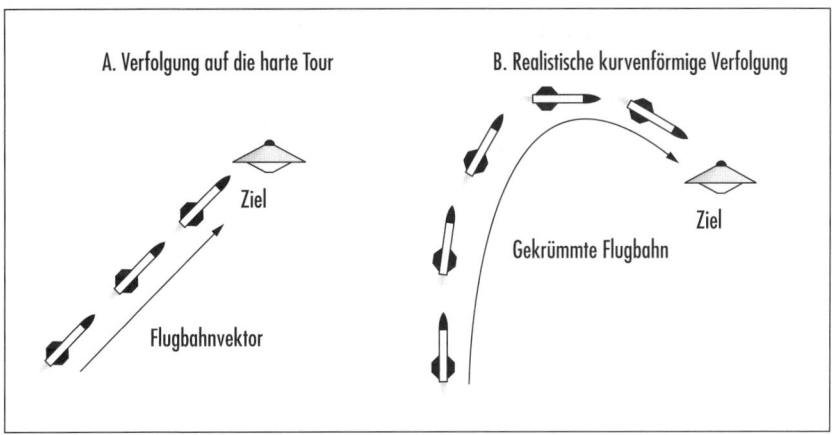

*Abbildung 18.2: Tracking-Methoden*

Der folgende Algorithmus zeigt ein Beispiel für die harte Methode (weil die Methode für die Wärmesuche etwas mehr physische Modellierung erforderlich ist, als ich Ihnen hier zeigen kann):

```
// Vorgabe: Spieler befindet sich an der Position
// player_x, player_y, die Spielkreatur an der Position
// monster_x, monster_y
// zuerst x-Achse überprüfen
if (player_x > monster_x)
monster_x++;
if (player_x < monster_x)
monster_x--;
// jetzt die y-Achse
if (player_y > monster_y)
monster_y++;
if (player_y < monster_y)
monster_y--;
```

Wenn Sie diese KI in eine einfache Demo einfügen, wird der Spieler verfolgt, als wäre das Monster der Terminator! Der Code ist einfach, aber wirkungsvoll. Die Vorgehensweise ist ähnlich wie bei *Pac Man*. Natürlich konnte *Pac Man* nur Drehungen nach rechts machen und in gerader Linie laufen, um Hindernisse zu vermeiden, aber diese KI ist im selben Bereich einzuordnen.

Probieren Sie als Beispiel PROG23_2.CPP bzw. die ausführbare Programmdatei PROG23_2.EXE auf der CD zum Buch aus. Damit steuern Sie per Tastatur einen Geist, und eine Fledermaus versucht, diesen Geist zu erwischen.

## *Flucht*

Und, haben Sie schon ein paar kleine Quanten-Turbulenzen in Ihrem Hirn? Neue Ideen? Gut! Die nächste KI-Technik bietet eine Möglichkeit für die Spielfiguren, vor Ihnen davonzulaufen. Es ist ganz einfach, eine Flucht-KI zu entwickeln, die die Aktion eines aufgerüsteten *Pac Man* simuliert, der Geister jagt. Sie haben den Code schon! Der oben gezeigte Tracking-Code ist genau das Gegenteil von dem, was Sie brauchen; Sie kehren also einfach die Zuweisungen im Code um, und fertig! Schon haben Sie einen Flucht-Algorithmus! Hier der Code nach der Umkehrung:

```
// Vorgabe: Spieler befindet sich an der Position
// player_x, player_y, die Spielkreatur an der Position
// monster_x, monster_y
// zuerst x-Achse überprüfen
if (player_x < monster_x)
monster_x++;
if (player_x > monster_x)
monster_x--;
// jetzt die y-Achse
if (player_y < monster_y)
monster_y++;
if (player_y > monster_y)
monster_y--;
```

Vielleicht haben Sie bemerkt, dass in dem oben gezeigten Code keine Bedingung für den Vergleich auf Gleichheit (==) vorgesehen ist. Sie wurde weggelassen, weil sich das Objekt in diesem Fall nicht bewegen soll: Es soll auf dem Spieler sitzen bleiben. Wenn Sie wollen, können Sie den Fall der Gleichheit auf irgendeine andere Weise verarbeiten.

Jetzt können Sie ein recht beeindruckendes KI-System mit zufälliger Bewegung, Jagden und Flucht erzeugen. Sie haben genügend Informationen, um ein *Pac Man*-Hirn zu simulieren. Vielleicht wären nicht alle KI-Forscher gleich davon überwältigt, aber immerhin war es gut genug, um über mehr als 100 Millionen Kopien zu verkaufen, also auch nicht schlecht. Um die Flucht in der Praxis zu erleben, führen Sie `PROG23_3.CPP` bzw. die ausführbare Datei `PROG23_3.EXE` von der CD zum Buch aus. Dabei handelt es sich im Grunde genommen um dasselbe Programm wie `PROG23_2.CPP`, aber hier nicht mit Jagd-KI, sondern mit Flucht-KI.

## *Muster und Skripten*

Algorithmische und deterministische Algorithmen, wie im letzten Abschnitt beschrieben, sind wirklich etwas Wunderbares, aber manchmal will man auch, dass eine Spielfigur einer Schrittfolge oder irgendeiner in einem Skript vorgegebenen Handlung folgt.

Wenn Sie beispielsweise Ihr Auto anlassen, gehen Sie auf ganz bestimmte Weise vor:

1. **Sie nehmen den Schlüssel aus Ihrer Tasche.**
2. **Sie stecken den Schlüssel in das Türschloss des Autos.**
3. **Sie öffnen die Türe.**
4. **Sie steigen ein.**
5. **Sie schließen die Türe.**
6. **Sie stecken den Schlüssel in das Zündschloss.**
7. **Sie drehen den Schlüssel, um den Wagen zu starten.**

Und wenn Sie zufällig Bill Gates sind, sagen Sie jetzt: »Zur Oper, bitte, James.«

Was ich sagen will: Es passiert eine Abfolge, über die Sie nicht viel nachdenken; Sie wiederholen sie jedes Mal ganz automatisch. Sie ändern diese Abfolge nur ab, wenn irgendetwas schief läuft (wenn Sie beispielsweise das Gaspedal drücken oder das Auto fremd starten müssen, weil Sie gestern Abend das Licht haben brennen lassen).

Muster sind ein wichtiger Bestandteil intelligenten Verhaltens, und sogar die allerintelligentesten Kreaturen auf dieser Erde benutzen sie – die Menschen. Sollte eine außerirdische Lebensform dies lesen – es war nicht als Beleidigung gedacht.

## Grundlegende Muster

Wie schwierig es ist, Muster für Spielfiguren zu erzeugen, ist von den jeweiligen Spielfiguren abhängig. Beispielsweise sind Muster für die Bewegungskontrolle ganz einfach zu implementieren. Angenommen, Sie wollen ein Ballerspiel wie *Phoenix* oder *Galaxian* entwickeln. Die Angreifer aus dem All müssen ein Links/Rechts-Muster verfolgen, und irgendwann greifen sie Sie mit einem speziellen Angriffsmuster an. Diese Art Muster oder Skript-KI kann mit Hilfe der unterschiedlichsten Techniken realisiert werden, aber ich glaube, die einfachste Technik basiert auf interpretierten Bewegungsanweisungen (siehe Abbildung 18.4).

Jedes Bewegungsmuster wird als Folge von Richtungen oder Anweisungen gespeichert, wie in Tabelle 18.1 gezeigt.

| Beschreibung | Wert |
| --- | --- |
| GO_FORWARD | 1 |
| GO_BACKWARD | 2 |
| TURN_RIGHT_90 | 3 |
| TURN_LEFT_90 | 4 |
| SELECT_RANDOM_DIRECTION | 5 |
| STOP | 6 |

*Tabelle 18.1: Eine hypothetische Anweisungsmenge einer Mustersprache*

Zusammen mit jeder Richtungsanweisung können ein bestimmter *Operand* oder ein Datenabschnitt bereitgestellt werden, die die Anweisung weiter qualifizieren, wie beispielsweise, wie lange die Aufgabe ausgeführt werden soll. Das Anweisungsformat der Mustersprache könnte also wie folgt aussehen:

[ANWEISUNG], [OPERAND]

ANWEISUNG steht für eine der in Tabelle 18.1 aufgelisteten Zahlen, OPERAND für eine weitere Zahl, die hilft, das Verhalten der Anweisung weiter zu definieren oder zu verändern. Mit diesem einfachen Anführungsformat können Sie ein Programm (eine Anweisungsfolge) erstellen, das das Muster definiert. Anschließend können Sie einen Interpreter schreiben, der aus einem Quellmuster gespeist wird und die Spielfigur entsprechend steuert.

Angenommen, Ihre Mustersprache gibt mit der ersten Zahl die eigentliche Anweisung an, mit der zweiten Zahl, wie lang die Bewegung dauern soll (angegeben in Schleifendurchgängen). Die Erstellung eines einfachen quadratischen Musters mit Dreh- und Stopp-Bewegung (siehe Abbildung 18.5) wäre also ganz einfach.

Nachfolgend ein Beispiel für das detaillierte Quadrat-Muster im [ANWEISUNG, OPERAND]-Format:

```
int num_instructions = 6; // Anzahl Anweisungen im Skriptmuster
// nachfolgend das eigentliche Musterskript
int square_stop_spin[
```

```
1,30, 4,1, // vorwärts und dann nach rechts drehen
1,30, 4,1, // vorwärts und dann nach rechts drehen
1,30, 4,1, // vorwärts und dann nach rechts drehen
1,30, // vorwärts und Quadrat schließen
6,60, // 60 Iterationen lang Stopp
4,8, }; //8 Iterationen lang drehen
```

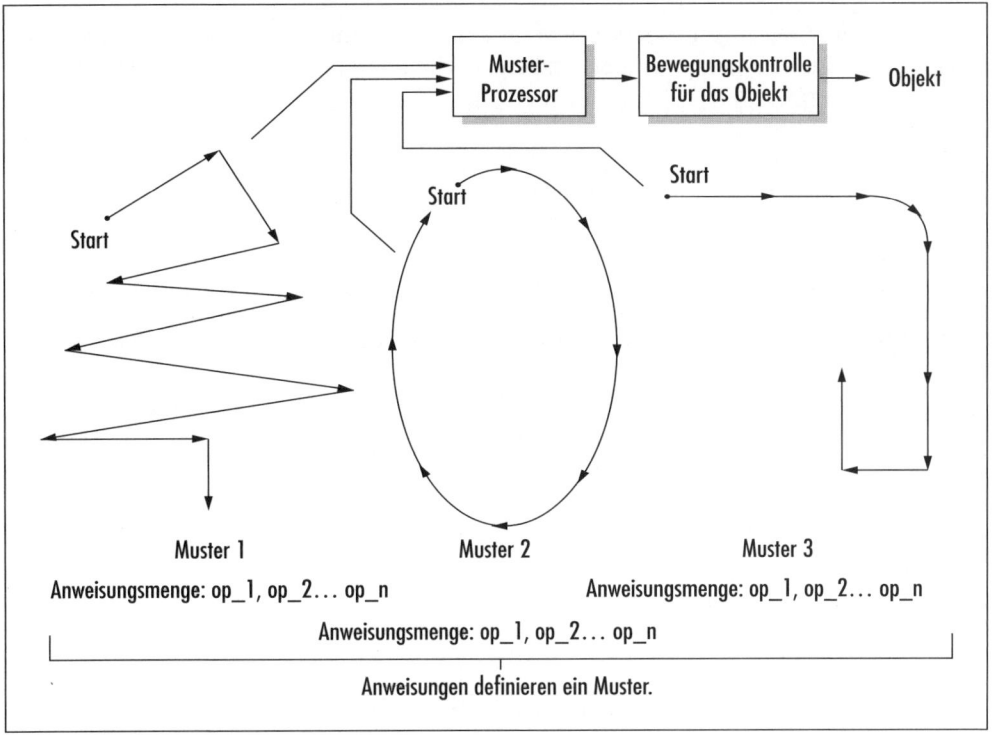

*Abbildung 18.4: Die Muster-Engine*

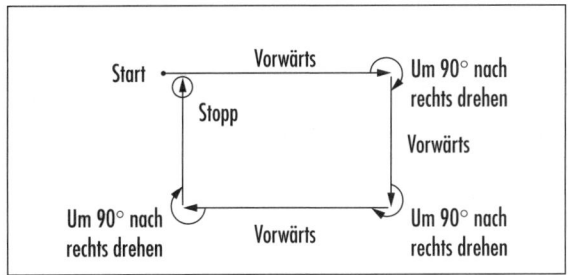

*Abbildung 18.5: Detailliertes Quadrat-Muster*

 Natürlich könnten Sie auch eine bessere Datenstruktur als ein Array verwenden. Beispielsweise könnten Sie eine Klasse oder Struktur mit einer Liste von Datensätzen im ANWEISUNG, OPERAND-Format verwenden, zusammen mit der Anzahl der Anweisungen. Auf diese Weise können Sie ganz einfach ein Array mit diesen Strukturen anlegen, die jeweils ein unterschiedliches Muster enthalten, und dann sehr effizient ein Muster auswählen und es dem Muster-Prozessor übergeben.

Um die Musteranweisungen zu verarbeiten, brauchen Sie nur eine große switch()-Anweisung, die jede Anweisung interpretiert und die Spielfigur anweist, was sie tun soll:

```
// zeigt auf die erste Anweisung (2 Wörter pro Anweisung)
int instruction_ptr = 0;
// Anzahl der Durchgänge extrahieren
int cycles = square_stop_spin[instruction_ptr+1];
// Anweisung verarbeiten
switch(square_stop_spin[instruction_ptr])
{
case GO_FORWARD: // Kreatur vorwärts bewegen…
break;
case GO_BACKWARD: // Kreatur rückwärts bewegen…
break;
case TURN_RIGHT_90: // Kreatur 90 Grad nach rechts drehen ...
break;
case TURN_LEFT_90: // Kreatur 90 Grad nach rechts drehen ...
break;
case SELECT_RANDOM_DIRECTION: // Richtung zufällig auswählen ...
break;
case STOP: // Kreatur anhalten
break;
} // end switch
// Anweisungszeiger weiterschalten (2 Wörter pro Anweisung)
instruction_ptr+=2;
// prüfen, ob das Ende der Folge erreicht ist ...
if (instruction_ptr > num_instructions*2)
{ /* Folge verarbeitet */ }
```

Natürlich müssen Sie noch die Logik einfügen, um den Schleifenzähler zu verwalten und die Bewegung stattfinden zu lassen.

 Diese Muster-Dinge haben alle einen Haken: *sinnvolle Bewegung*. Weil das Spielobjekt aus einem Muster gespeist wird, kann es unter Umständen ein Muster auswählen, das das Objekt zwingt, irgendwo hineinzukrachen. Wenn die Muster-KI dies nicht berücksichtigt, werden die Muster blind befolgt. Sie brauchen also eine Feedback-Schleife für Ihre Muster-KI (wie übrigens für jede KI), die die KI darauf aufmerksam macht, wenn sie etwas Unerlaubtes, Unmögliches oder Sinnloses macht, und es in ein anderes Muster oder eine andere Strategie zurücksetzt (siehe Abbildung 18.6).

Denken Sie jetzt einen Moment über die Leistungsfähigkeit von Mustern nach. Sie können damit Hunderte von Bewegungen und Flugmustern aufzeichnen. Sie können innerhalb von

Minuten Muster erzeugen und abspielen, die unter Verwendung anderer KI-Techniken so gut wie unmöglich wären. Mit Hilfe von Mustern können Sie dafür sorgen, dass eine Spielfigur extrem intelligent aussieht. Dies ist eine der KI-Techniken, die fast von allen Spielen verwendet wird, wie beispielsweise von den meisten Kampfspielen wie etwa *TeKeN*, *Soul Blade* oder *Mortal Kombat*.

Darüber hinaus gibt es nicht nur Bewegungsmuster. Sie können diese Muster auch verwenden, um Waffen auszuwählen, die Animation zu steuern usw. Es gibt keinerlei Begrenzung für die Anwendung von Mustern.

 Als Beispiel für die Verwendung von Mustern betrachten Sie PROG23_4.CPP und die ausführbare Datei PROG23_4.EXE auf der CD zum Buch. Das Programm zeigt ein Monster, das sich mit Hilfe verschiedener Muster bewegt und dabei zufällig neue Muster auswählt.

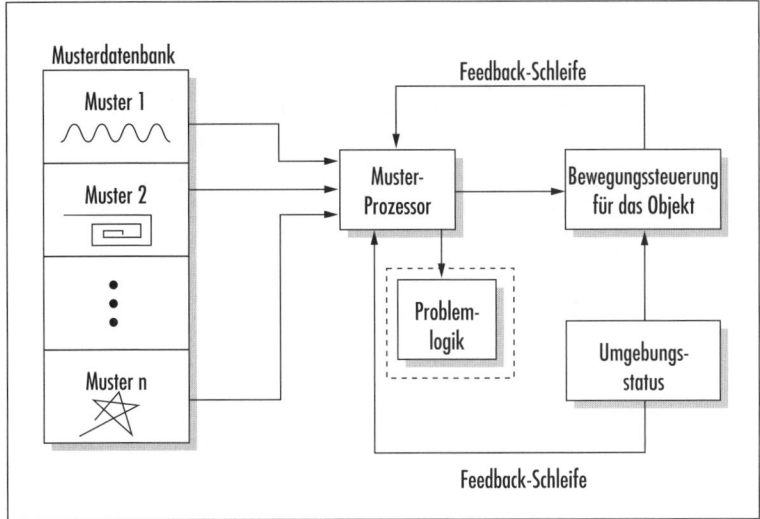

*Abbildung 18.6: Muster-Engine mit Feedback-Kontrolle*

## Muster mit bedingter Logik

Muster sind cool, aber sie sind extrem deterministisch. Das bedeutet, wenn sich der Spieler ein Muster erst einmal gemerkt hat, ist die Herausforderung vorbei. Der Spieler wird Ihre KI immer besiegen, weil er schon weiß, was als Nächstes passiert.

Die Lösung für dieses und andere Probleme mit Mustern ist die Verwendung einer bedingten Logik, die Muster nicht nur gemäß einer Zufallsauswahl erscheinen lässt – sondern abhängig von den in der Spielewelt vorherrschenden Bedingungen und natürlich von dem Spieler selbst. Abbildung 18.7 verdeutlicht dieses Konzept.

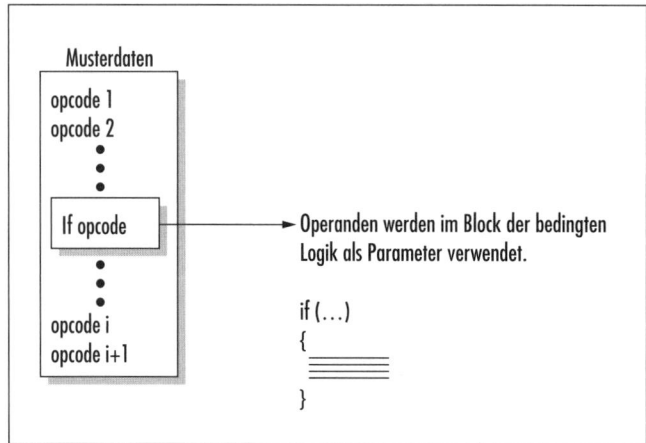

*Abbildung 18.7: Muster mit bedingter Logik*

Muster mit bedingter Logik erweitern Ihr KI-Modell um eine weitere Abstraktionsebene. Sie können Muster auswählen, die bedingte Verzweigungen enthalten, und die Muster können abhängig von einer bedingten Logik ausgewählt werden. Beispielsweise könnten Sie der Mustersprache eine neue Anweisung hinzufügen, die die folgende Bedingung darstellt:

```
TEST_DISTANCE       7
```

Die Bedingung `TEST_DISTANCE` könnte den Abstand überprüfen, den der Spieler zu dem Objekt hat, das das Muster ausführt. Ist dieser Abstand zu gering oder zu hoch, könnte die Muster-KI-Engine die Vorgehensweise des Objekts ändern, um einen scheinbar intelligenteren Gegner zu erzeugen.

Beispielsweise könnten Sie innerhalb eines Standardmusters alle paar Anweisungen eine `TEST_DISTANCE`-Anweisung einfügen:

```
TURN_RIGHT_90, GO_FORWARD, STOP, ...TEST_DISTANCE,
...TURN_LEFT_90,...TEST_DISTANCE, ... GO_BACKWARD
```

Das Muster erledigt seine Arbeit, aber immer wenn eine `TEST_DISTANCE`-Anweisung angetroffen wird, verwendet die Muster-KI den der Anweisung `TEST_DISTANCE` folgenden Operanden, um die Position des Spielers zu überprüfen. Ist der Spieler zu weit weg, beendet die Muster-KI das aktuelle Muster und verzweigt zu einem anderen Muster oder wechselt zu einem deterministischen Tracking-Algorithmus, um wieder in die Nähe des Spielers zu gelangen. Betrachten Sie den folgenden Code:

```
if (instruction_stream[instruction_ptr] == TEST_DISTANCE)
{
// Distanz ermitteln; beachten Sie, dass es sich
// bei dem Operanden nicht mehr um einen Zeit-
// oder Durchgangszähler handelt, sondern dass
// er jetzt kontextabhängig ist
```

```
int min_distance = instruction_stream[instruction_ptr];
// if-Anweisung, um zu prüfen, ob der Spieler zu
// weit entfernt ist
if (Distance(player, object) > min_distance)
{
// Systemstatus auf Verfolgung setzen
ai_state = TRACK_PLAYER;
// oder Code einfügen, der zu einem anderen Muster
// wechselt, und darauf wartet, bis das Objekt
// irgendwann wieder näher kommt
} // end if
} // end if
```

Sie können in dem Musterskript natürlich bedingte Überprüfungen beliebiger Komplexität ausführen. Überdies könnten Sie Muster dynamisch erzeugen und anwenden, um beispielsweise die Bewegung des Spielers nachzubilden. Sie können aufzeichnen, was der Spieler macht, wenn er eine Ihrer Spielfiguren getötet hat, und dann dieselbe Taktik gegen ihn selbst anwenden!

Aus diesem Grund wird eine ähnliche (aber natürlich sehr viel komplexere) Technologie in vielen Sportspielen angewendet, wie beispielsweise Fußball, Baseball oder Hockey, ebenso wie in Action- und Strategiespielen. Sie ermöglicht den Spielobjekten, vorhersehbare Züge zu machen, aber wenn sie es sich anders überlegen wollen, ist das durchaus möglich.

Betrachten Sie als Beispiel PROG23_5.CPP bzw. die ausführbare Programmdatei PROG23_5.EXE auf der CD zum Buch. Sie steuern eine Fledermaus mit Hilfe der Pfeiltasten, und auf dem Bildschirm befindet sich ein KI-Skelett. Das Skelett führt zufällig ausgewählte Bewegungsmuster aus, bis Sie zu weit weg gelangen. Jetzt fühlt es sich einsam und es jagt Sie, weil es Ihre Aufmerksamkeit zurückerhalten will. Denken Sie daran, was ich Ihnen gesagt habe ... ich beschreibe ein co-abhängiges Skelett. In Wirklichkeit habe ich ein emotionales Motiv in 100 Zeilen Computercode festgehalten. Aber macht es aus der Perspektive des Betrachters nicht den Eindruck, das Skelett hängt an ihm?

## Verhaltensstatussysteme

Wenn Sie dieses Buch von vorne bis hinten gelesen haben, sind Ihnen Automaten (FSMs, Finite State Machines) in den verschiedensten Formen begegnet – ein Blinklicht, die Hauptereignisschleifen-FSM usw. Jetzt will ich formalisieren, wie FMSs KIs erzeugen, die Intelligenz beweisen.

Um eine wirklich robuste FSM zu erzeugen, brauchen Sie zwei Eigenschaften:

✔ Eine sinnvolle Anzahl von Statuszuständen, die jeweils ein anderes Ziel oder Motiv darstellen

✔ Viele Eingabe für die FSM, wie beispielsweise den Status der Umgebung oder anderer Objekte

Es ist leicht nachvollziehbar, warum man eine ausreichende Anzahl an Statuszuständen benötigt. Menschen haben Hunderte, wenn nicht Tausende emotionaler Zustände, die unsere Motivation und Ziele steuern. Und innerhalb jedes dieser emotionalen Zustände kann es weitere, untergeordnete Statuszustände geben. Wichtig ist, dass eine Spielfigur so agieren soll, als sei sie gefühlsmäßig gesteuert. Und außerdem sollte sich die Figur frei bewegen. Beispielsweise könnten Sie die folgenden Statuszustände einrichten:

- Status 1: Vorwärts bewegen
- Status 2: Rückwärts bewegen
- Status 3: Umdrehen
- Status 4: Stopp
- Status 5: Waffe abfeuern
- Status 6: Spieler jagen
- Status 7: Vor dem Spieler flüchten

Die Statuszustände 1 bis 4 sind einfach, aber für die Statuszustände 5, 6 und 7 braucht man untergeordnete Status, damit sie korrekt modelliert werden können; ich will damit sagen, die Status 5, 6 und 7 brauchen mehrere *Phasen*. Beispielsweise könnte es für die Jagd des Spielers erforderlich sein, sich umzudrehen und sich dann nach vorne zu bewegen. (Abbildung 18.8 verdeutlicht das Konzept der untergeordneten Statuszustände.)

Glauben Sie jedoch nicht, dass untergeordnete Statuszustände auf den bereits existierenden Statuszuständen basieren müssen; sie können für den betreffenden Status völlig künstlich sein. Sie sollen anhand dieser Beschreibung verstehen, dass das Spielobjekt genügend Statuszustände besitzen muss, um intelligent zu handeln. Wenn die beiden einzigen Statuszustände Stopp und Vorwärts sind, dann gibt es nicht viele Möglichkeiten. (Haben Sie je mit einem dieser schrecklichen fernsteuerbaren Autos gespielt, die nur zwei Richtungen hatten: vorwärts und rückwärts in einer Linkskurve?)

Jetzt betrachten wir die zweite Eigenschaft robuster FSM-KIs. Sie brauchen Feedback oder Eingaben von den anderen Objekten in der Spielewelt sowie von dem Spieler und der Umgebung. Es ist relativ dumm, in einen Status einzutreten und in diesem zu verbleiben, bis das Spiel zu Ende ist. Der Status wurde möglicherweise vor 100 ms durch eine intelligente Entscheidung ausgewählt, aber jetzt hat sich die Situation geändert und das KI-Objekt muss auf die neueste Aktion des Spielers reagieren. Die FSM muss also den Spielestatus überwachen und gegebenenfalls von dem aktuellen Status in einen anderen wechseln.

Wenn Sie diese Dinge in Betracht ziehen, können Sie eine FSM erzeugen, die allgemein bekannte Verhaltensweisen modelliert, wie beispielsweise Aggression, Neugier usw. In den nachfolgenden Abschnitten werden Sie sehen, wie dieser Ansatz funktioniert. Dazu lernen Sie einige konkrete Beispiele kennen, beginnend mit einfachen Automaten, gefolgt von komplexeren, auf Persönlichkeit basierenden FSMs.

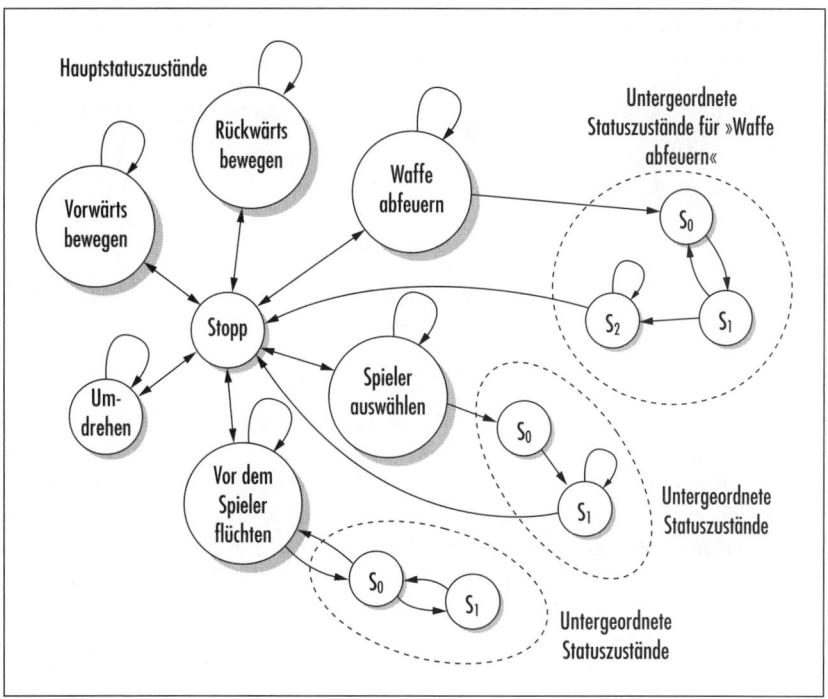

*Abbildung 18.8: Eine Master-FSM mit untergeordneten Statuszuständen*

## Verwendung einfacher Automaten

Jetzt erkennen Sie zahlreiche Überlappungen in den KI-Techniken. Beispielsweise basieren die Mustertechniken auf Automaten auf der niedrigsten Ebene, die die tatsächliche Bewegung ausführen. Diese Automaten will ich jetzt auf eine neue Ebene bringen und über Statuszustände auf höherer Ebene berichten, die mit Hilfe einer einfachen bedingten Logik, Zufallsentscheidungen und Mustern implementiert werden kann. Im Wesentlichen will ich dabei das Modell eines virtuellen Gehirns schaffen, das das Verhalten der »Kreatur« bestimmt, die es steuert.

Sie werden besser verstehen, wovon ich schreibe, wenn Sie ein paar Verhaltensweisen mit Hilfe der oben beschriebenen Techniken modellieren. Auf diesen Verhalten können Sie eine Master-FSM aufsetzen lassen, die die Show steuert und die allgemeine Richtung von Ereignissen und Zielen vorgibt.

Die meisten Spiele drehen sich um irgendwelche Konflikte. Egal ob der Konflikt das Hauptthema des Spiels ist oder ob er eine untergeordnete Rolle spielt, in vielen Spielen läuft der Spieler umher, tötet Feinde und sprengt Dinge in die Luft. Sie können also ein paar Verhalten definieren, die die Spielfigur überleben muss, wenn sie dem konstanten Angriff des menschlichen Gegners gegenübersteht. Abbildung 18.9 zeigt die Beziehungen auf, in denen die folgenden Statuszustände zueinander stehen:

✔ Masterstatus 1: Angreifen

✔ Masterstatus 2: Rückzug

✔ Masterstatus 3: Zufällig bewegen

✔ Masterstatus 4: Stopp oder vorübergehende Pause

✔ Masterstatus 5: Nach etwas suchen, wie beispielsweise Nahrung, Energie, Licht, Dunkelheit oder anderen vom Computer gesteuerten Kreaturen

✔ Masterstatus 6: Auswahl und Ausführung eines Musters

Sie sehen sofort den Unterschied dieser Statuszustände im Vergleich zu den vorherigen Beispielen (in der Einführung zu diesem Abschnitt). Diese Statuszustände befinden sich auf viel höheren Ebenen und enthalten mit Sicherheit mögliche untergeordnete Statuszustände und/oder weitere Logik, damit sie stattfinden können. Analysieren wir die Statuszustände vom einfachsten zum kompliziertesten: Die Statuszustände 1 und 2 können unter Anwendung eines deterministischen Algorithmus erzielt werden. Die Statuszustände 3 und 4 sind nichts weiter als ein paar Zeilen Code. Status 6 ist sehr komplex, weil die Kreatur in der Lage sein muss, komplexe Muster auszuführen, die von der Master-FSM gesteuert werden. Status 5 schließlich könnte ein weiterer deterministischer Algorithmus sein oder auch eine Mischung aus deterministischen Algorithmen und programmierten Suchmustern, die erfolgreich sind.

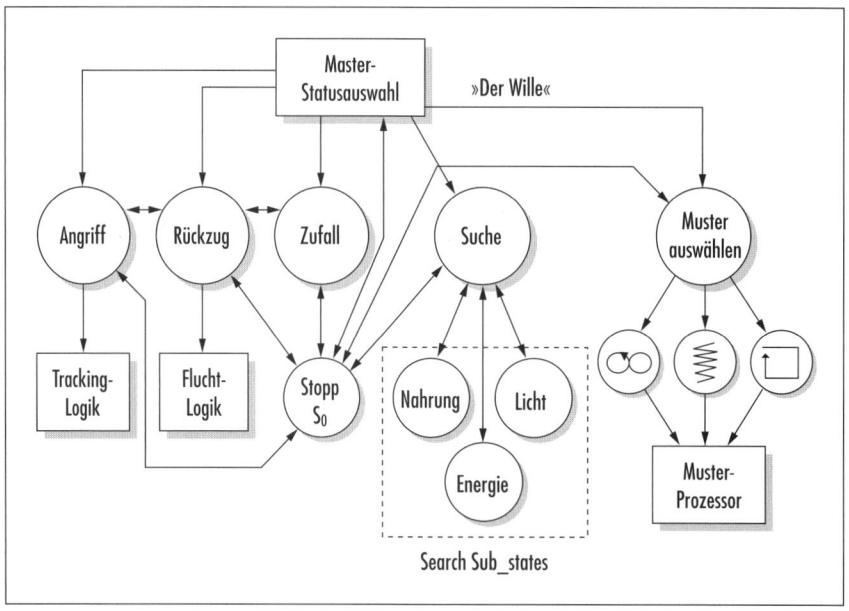

*Abbildung 18.9: Aufbau eines besseren Gehirns*

## 18 ➤ Künstliche Intelligenz - die ganze Wahrheit!

 Wie Sie sehen, ist die KI relativ komplex. Sie wollen eine Kreatur von oben nach unten modellieren – zuerst überlegen Sie, wie kompliziert die KI der Kreatur sein darf, und implementieren dann die einzelnen Statuszustände und Algorithmen.

In Abbildung 18.9 sehen Sie, dass neben der Master-FSM, die die eigentlichen Statuszustände auswählt, ein weiterer Teil des KI-Modells für die Auswahl verantwortlich ist. Dieser Teil stellt den »Willen« der Kreatur dar. Sie können dieses Modul auf unterschiedliche Weise implementieren, wie beispielsweise durch zufällige Auswahl, bedingte Logik usw. Hier reicht es zu wissen, dass die Statuszustände abhängig vom aktuellen Spielstatus auf intelligente Weise ausgewählt werden müssen.

Der folgende Codeausschnitt implementiert eine einfache Version der Master-FSM, die ich zuvor beschrieben habe. Der Code ist natürlich nur zum Teil funktional, weil eine vollständige KI über viele Seiten ginge. Die wichtigsten Strukturelemente sind jedoch gezeigt. Füllen Sie die Lücken und Details, verallgemeinern Sie und übernehmen Sie das Ganze in Ihren eigenen Code. Hier wollen wir davon ausgehen, dass die Welt des Spiels aus der KI-Kreatur und dem Spieler besteht. Und hier der Code:

```c
// Die Master-Statuszustände:
#define STATE_ATTACK  0 // Spieler angreifen
#define STATE_RETREAT 1 // vom Spieler zurückziehen
#define STATE_RANDOM  2 // zufällig bewegen
#define STATE_STOP    3 // kurze Pause
#define STATE_SEARCH  4 // Suche nach Energie
#define STATE_PATTERN 5 // Muster auswählen und ausführen
// Variablen für die Kreatur
int creature_state = STATE_STOP, // Status der Kreatur
    creature_counter = 0, // für das Timing von Statuszuständen
    creature_x = 320, // Position der Kreatur
    creature_y = 200,
    creature_dx = 0, // aktuelle Flugbahn
    creature_dy = 0;
// Variablen für den Spieler
int player_x = 10,
    player_y = 20;
// Hauptlogik für die Kreatur
// Aktuellen Status verarbeiten
switch(creature_state)
{
case STATE_ATTACK:
{
// Schritt 1: sich auf den Spieler zu bewegen
if (player_x > creature_x) creature_x++;
if (player_x < creature_x) creature_x--;
if (player_y > creature_y) creature_y++;
if (player_y < creature_y) creature_y--;
// Schritt 2: Kanone abfeuern, mit 20 %
// Trefferwahrscheinlichkeit
if ((rand()%5)==1)
   Fire_Cannon();
```

```
} break;
case STATE_RETREAT:
{
// Vom Spieler weg gehen
if (player_x > creature_x) creature_x--;
if (player_x < creature_x) creature_x++;
if (player_y > creature_y) creature_y--;
if (player_y < creature_y) creature_y++;
} break;
case STATE_RANDOM:
{
// Kreatur in zufällige Richtung bewegen, die beim
// Eintritt in diesen Status festgelegt wurde
creature_x+=creature_dx;
creature_y+=creature_dy;
} break;
case STATE_STOP:
{
// nichts tun!
} break;
case STATE_SEARCH:
{
// Gesuchtes Objekt aufnehmen, beispielsweise eine
// Energiepille, und dann verfolgen, ebenso
// wie den Spieler
if (energy_x > creature_x) creature_x--;
if (energy_x < creature_x) creature_x++;
if (energy_y > creature_y) creature_y--;
if (energy_y < creature_y) creature_y++;
} break;
case STATE_PATTERN:
{
// Musterverarbeitung fortsetzen
Process_Pattern();
} break;
default: break;
} // end switch
// Statuszähler aktualisieren, und prüfen, ob ein
// Statusübergang korrekt ist
if (--creature_counter <= 0)
{
// Neuen Status annehmen, mit Logik, Zufall, Skript usw.
// hier nur Zufall:
creature_state = rand()%6;
// abhängig vom Status brauchen wir hier möglicherweise
// Hier steht der Setup-Code
if (creature_state == STATE_RANDOM)
{
// zufällige Flugbahn auswählen
creature_dx = -4+rand()%8;
creature_dy = -4+rand()%8;
} // end if
// ggf. Setups für andere Statuszustände einrichten
```

```
// Zeit für einen Status festlegen, geeignete Methode ...
// mit 30 fps, 1 bis 5 Sekunden für den Status
creature_counter = 30 + 30*rand()5;
} // end if
```

Am Anfang dieses Codeblocks wird der aktuelle Status verarbeitet. Diese Aufgabe bedingt eine lokale Logik, Algorithmen und sogar Funktionsaufrufe für andere KIs, wie beispielsweise eine Musterverarbeitung. Nachdem der Status verarbeitet wurde, wird der Statuszähler aktualisiert und der Code prüft, ob der Status abgeschlossen ist. Ist dies der Fall, wird ein neuer Status ausgewählt. Schließlich wird ein neuer Statuszähler unter Verwendung einer Zufallszahl ausgewählt, und das Ganze beginnt von neuem.

Es können zahlreiche Verbesserungen vorgenommen werden. Beispielsweise könnten Sie die Statusübergänge mit der Statusverarbeitung kombinieren. Und Sie könnten sehr viel mehr Logik verwenden, um Statusübergänge vorzunehmen und Entscheidungen zu treffen.

## *Mehr Persönlichkeit!*

Persönlichkeit ist nichts weiter als eine Menge vorhersehbarer Verhalten. Ich habe einen Freund, der eine sehr ausgeprägte »Ganzer Kerl«-Persönlichkeit aufweist. Wenn man etwas sagt, was ihm nicht gefällt, dann tut er dies mit einem gezielten Schlag kund. Darüber hinaus ist er sehr ungeduldig und denkt nicht viel nach. Ein anderer Freund dagegen ist sehr klein und schmächtig. Er hat gelernt, dass er aufgrund seiner Größe nicht immer sagen kann, was er denkt. Er hat eine sehr viel passivere Persönlichkeit entwickelt.

Natürlich sind die Menschen sehr viel komplexer als in den obigen Beispielen, aber dennoch sind dies gute Beschreibungen für diese beiden Freunde. Sie können Persönlichkeitstypen modellieren, indem Sie Logik und Wahrscheinlichkeitsverteilungen heranziehen, die sich auf verschiedene Verhaltensweisen konzentrieren und ihnen je eine Wahrscheinlichkeit zuordnen. Dieser Wahrscheinlichkeitsgraph kann dann für die Findung von Statusübergängen herangezogen werden. Abbildung 18.10 zeigt, was ich meine.

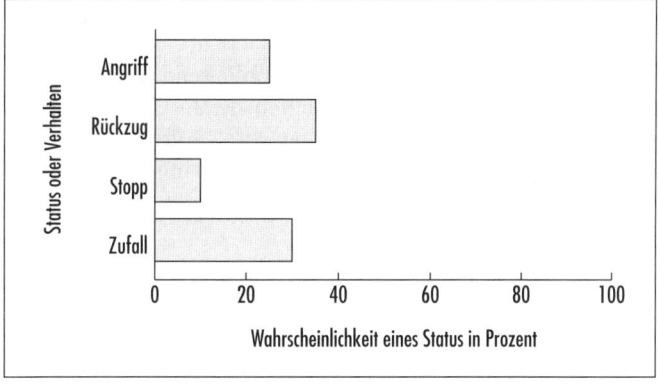

*Abbildung 18.10: Persönlichkeitsverteilung für Statuszustände*

Dieses Modell enthält die folgenden vier Statuszustände oder Verhaltensweisen:

✔ Status 1: Angriff

✔ Status 2: Rückzug

✔ Status 3: Stopp

✔ Status 4: Zufall

Statt zufällig einen neuen Status auszuwählen, erzeugen Sie eine Wahrscheinlichkeitsverteilung, die die »Persönlichkeit« jeder Kreatur basierend auf diesen Statuszuständen definiert. Beispielsweise beschreibt Tabelle 18.2 meine Freunde Rex (den Kerl) und Joel (den Schmächtigen).

| Status | Rex p(x) | Joel p(x) |
|---|---|---|
| Angriff | 50 % | 15 % |
| Rückzug | 20 % | 40 % |
| Stopp | 5 % | 30 % |
| Zufall | 25 % | 15 % |

*Tabelle 18.2: Persönlichkeitswahrscheinlichkeitsverteilung*

Die hypothetischen Daten erscheinen sinnvoll. Rex greift gerne ohne nachzudenken an, und Joel läuft davon, wann immer dies möglich ist, und denkt dafür mehr nach. Darüber hinaus ist Rex kein großer Planer, deshalb handelt er oft zufällig – geht mit dem Kopf durch die Wand und beißt auch schon mal auf Granit. Joel dagegen weiß größtenteils, was er tut.

Das gesamte Beispiel war natürlich rein fiktiv, aber ich wette, Sie können sich Rex und Joel gut vorstellen – oder kennen sogar vergleichbare Leute. Meine Annahme traf also zu: Das äußere Verhalten einer Person definiert zumindest ganz allgemein, wie ihre Persönlichkeit von anderen wahrgenommen wird. Eine Verhaltenssimulation ist also ein wichtiger Bestandteil Ihrer KI-Modellierung und Statusauswahl.

Um diese Technik nutzen zu können, richten Sie einfach eine Tabelle mit 20 bis 50 Einträgen ein, wobei jeder Eintrag einen Status darstellt. Anschließend füllen Sie die Tabelle mit den gewünschten Wahrscheinlichkeiten. Wenn Sie einen neuen Status auswählen, erhalten Sie einen, der ein wenig Persönlichkeit in sich trägt. Nachfolgend beispielsweise die Wahrscheinlichkeitstabelle von Rex in Form eines Arrays mit 20 Elementen, d.h., jedes Element hat eine Gewichtung von 5 %:

```
int rex_pers[20] =
{1,1,1,1,1,1,1,1,1,1,2,2,2,2,3,4,4,4,4,4}
```

Neben dieser Technik könnten Sie auch einen *Einflussradius* einführen. Dieser Begriff bedeutet, dass im Programm abhängig von einer bestimmten Variablen, wie beispielsweise der Distanz zum Spieler oder einem anderen Objekt, eine andere Wahrscheinlichkeitsverteilung verwendet wird (siehe Abbildung 18.11). Wie die Abbildung zeigt, wechselt die Kreatur in einen nicht aggressiven Suchmodus, sobald sie zu weit vom Spieler entfernt ist, statt den aggressiven Schlagmodus beizubehalten, den sie annimmt, wenn sie sich in greifbarer Nähe des Spielers befindet.

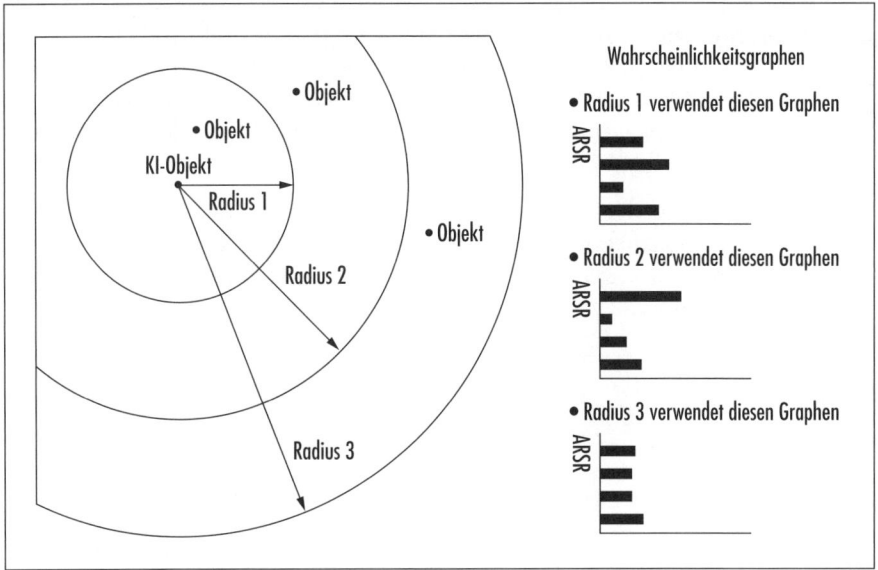

*Abbildung 18.11: Wechsel der Persönlichkeitswahrscheinlichkeiten abhängig von der Distanz*

## Gedächtnis und Lernen

Die letzten Elemente einer guten KI sind *Gedächtnis* und *Lernen*. Wenn die KI-gesteuerten Kreaturen in Ihrem Spiel herumlaufen, werden sie von Automaten, bedingter Logik, Mustern, Zufallszahlen, Wahrscheinlichkeitsverteilungen usw. gesteuert. Die Kreaturen können jedoch immer dynamisch »denken«. Sie betrachten nie ihre Vergangenheit, um eine Entscheidung zu treffen.

Stellen Sie sich vor, eine Kreatur befindet sich im Angriffsmodus und der Spieler hüpft immer nach rechts und die Kreatur schlägt daneben. Die Kreatur sollte die Bewegungen des Spielers aufzeichnen und sich irgendwann merken, dass der Spieler bei jedem Angriff nach rechts springt, und dann sein Ziel etwas verändern.

Als weiteres Beispiel stellen Sie sich vor, Ihr Spiel verlangt von den Kreaturen, dass sie Munition finden, ebenso wie auch vom Spieler, damit das Spiel realistischer wird. Immer wenn die Kreatur Munition braucht, muss sie zufällig herumsuchen (möglicherweise nach einem Muster). Wäre es nicht realistischer, wenn sich die KI-gesteuerte Kreatur die Stellen »merken« könnte, an denen sie zuletzt Munition gefunden hat, und es dort zuerst versuchen würde?

Dies sind nur ein paar Beispiele für die Verwendung von Gedächtnis und Lernen, um eine Spiele-KI realistischer aussehen zu lassen. Die Implementierung eines Gedächtnisses ist ganz einfach, aber nur wenige Programmierer verwenden es, weil sie keine Zeit haben, oder weil sie glauben, die Ergebnisse wären den Aufwand nicht wert. Unsinn!

Gedächtnis und Lernen in einem Spieleprogramm sind wirklich cool, und Ihre Spieler werden den Unterschied schnell erkennen. Versuchen Sie also, Bereiche zu finden, in denen ein einfaches Gedächtnis sowie Lernstrukturen implementiert werden können – einfach und mit sichtbarem Effekt auf die Entscheidungstreffung der KI.

Das war also die allgemeine Motivation für die Verwendung eines Gedächtnisses, aber wie bewerkstelligen Sie die Implementierung? Die verwendete Methode ist von der Situation abhängig. Betrachten Sie beispielsweise Abbildung 18.12, die eine Skizze einer Spielewelt zeigt, wobei jedem Raum ein Datensatz zugeordnet ist.

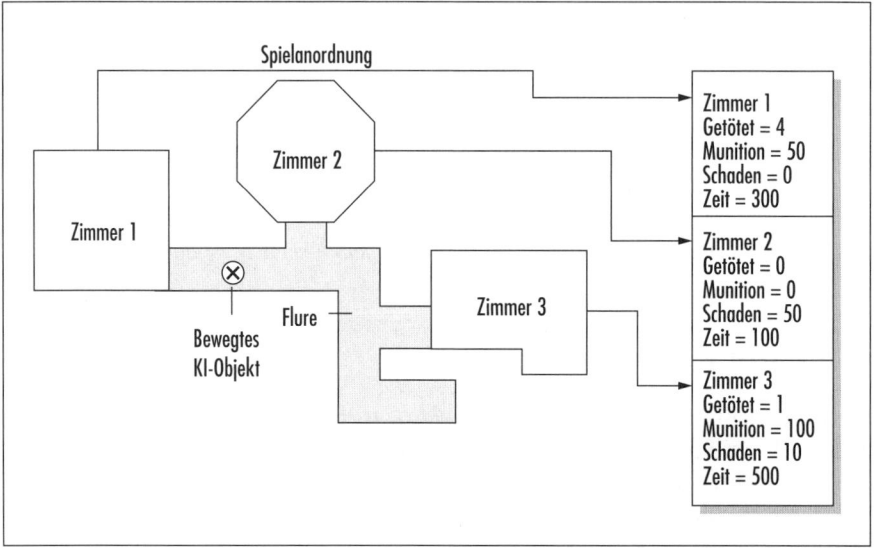

*Abbildung 18.12: Geografisch-temporäres Gedächtnis*

Die Datensätze in der Abbildung speichern die folgenden Informationen:

✔ Getötete Gegner

✔ Vom Spieler erlittener Schaden

✔ Gefundene Munition

✔ Im Raum verbrachte Zeit

Immer wenn die Kreatur ihre KI verarbeitet, um einen robusteren Auswahlprozess zu erzielen (der auf Gedächtnis und Lernverhalten basiert), ziehen Sie den Datensatz mit den Ereignissen heran, der sich im Gedächtnis der Kreatur für diesen Raum befindet. Betritt die Kreatur beispielsweise einen Raum, könnten Sie schnell überprüfen, ob sie in diesem Raum schon viel Schaden erlitten hat. Ist dies der Fall, können Sie sie zurückziehen und einen anderen Raum ausprobieren.

Der Kreatur könnte die Munition ausgehen; statt zufällig danach zu jagen, könnte die Kreatur ihr Gedächtnis für alle Räume durchforsten, die sie besucht hat, und prüfen, wo die meiste Munition herumlag. Damit das Gedächtnis funktioniert, muss die KI den Speicher ständig mit neuen Informationen aktualisieren, aber dieser Teil ist eher einfach.

Darüber hinaus können die Kreaturen Informationen austauschen! Angenommen, eine Kreatur trifft in einem der Gänge auf eine andere; die beiden können ihr Gedächtnis kombinieren, so dass sie beide die Erfahrung des jeweils anderen ebenfalls besitzen. Sie könnten aber auch veranlassen, dass die stärkere Kreatur ihr Wissen in die schwächere lädt, weil sie offensichtlich mehr Möglichkeiten und Erfahrung besitzt.

Die Möglichkeiten, die Sie mit Gedächtnis und Lernfähigkeit in einem Spiel erhalten, sind nahezu unbegrenzt. Wichtig dabei ist, sie fair in die KI einzubauen. Beispielsweise wäre es nicht fair, wenn die Spiele-KI die ganze Spielewelt überblicken und sich merken könnte. Die KI sollte die Spielewelt genau wie der Spieler erkunden müssen.

 Viele Spieleprogrammierer verwenden Bit-Strings oder Vektoren, um sich Daten zu merken. Diese Methode ist sehr viel kompakter, und es ist ganz einfach, einzelne Bits umzuschalten, um einen Gedächtnisverlust oder eine Degradierung zu simulieren.

## *Ihr ganz eigener Frankenstein*

Frühere Abschnitte in diesem Kapitel haben Ihnen Techniken gezeigt, wie Sie in die KI einsteigen können, aber Sie wissen vielleicht nicht, welche Technik in einer bestimmten Situation genutzt werden kann oder wie unterschiedliche Techniken kombiniert werden, um neue Modelle zu schaffen. Nachfolgend einige allgemeine Richtlinien:

- ✔ Verwenden Sie einfache deterministische KIs für Objekte, die einfache Verhaltensweisen aufweisen, wie beispielsweise Felsen, Waffen usw.
- ✔ Für Objekte, die intelligent sein sollen, aber dennoch mehr ein Teil der Umgebung und weniger der eigentlichen Aktion sein sollen (wie beispielsweise Vögel, die herumfliegen, oder ein Raumschiff, das immer wieder vorbeifliegt), verwenden Sie deterministische KI in Kombination mit Mustern und ein wenig Zufälligkeit.
- ✔ Für Ihre wichtigen Spielfiguren, mit denen der Spieler kommuniziert, brauchen Sie auf alle Fälle FSMs kombiniert mit anderen, unterstützenden Techniken. Es müssen jedoch

nicht alle Kreaturen gleich intelligent sein; die FSMs für Ihre grundlegenden Kreaturen brauchen keine Wahrscheinlichkeitsverteilungen für die Persönlichkeit kombiniert mit einem lernenden Gedächtnis.

✔ Die wichtigsten vom Computer gesteuerten Figuren im Spiel schließlich sollten sehr intelligent sein. Nutzen Sie alles! Die KI sollte statusgesteuert sein und eine Menge bedingter Logik, Wahrscheinlichkeit und Gedächtnis für die Steuerung von Statusübergängen aufweisen. Darüber hinaus sollte die KI in der Lage sein, von einem Status in einen anderen zu wechseln, selbst wenn der Status noch nicht abgeschlossen ist – falls es Situationen gibt, für die ein sofortiger Wechsel erforderlich ist.

Im Grunde genommen brauchen Sie keine KI für einen zufällig bewegten Felsen; aber für einen Panzer, gegen den der Spieler kämpft, sollten Sie Zeit und Mühe aufwenden. Ich wende gerne folgendes Modell an:

✔ Ich mag eine KI, die auf oberster Ebene mehrere Bedingungen und Wahrscheinlichkeiten aufweist, mit deren Hilfe Statuszustände ausgewählt werden. Die Statuszustände emulieren unterschiedliche Verhalten, in der Regel fünf bis zehn.

✔ Ich verwende den Speicher, um die Schlüsselelemente im Spiel zu verfolgen und bessere Entscheidungen treffen zu können. Außerdem verwende ich gerne Zufallszahlengeneratoren in vielen der Entscheidungen, auch wenn diese Entscheidungen ganz einfach sind. Dieser Ansatz fügt der KI ein wenig Unsicherheit hinzu.

✔ Vor allem mag ich vordefinierte Muster, um die Illusion komplexer Denkvorgänge zu schaffen. Aber auch hier verwende ich Zufallsereignisse innerhalb der Muster. Beispielsweise bewege ich meine KI in einen Musterstatus und wähle dabei einen Kreis aus, aber manchmal entsteht bei der Realisierung des Kreises ein Oval! Diese Zufälligkeit berücksichtigt die Tatsache, dass Menschen nicht perfekt sind und dass wir manchmal Fehler machen. Diese Zufälligkeit ist in einer Spiele-KI sehr wichtig, und ein paar virtuelle Münzwürfe im Code helfen, das Ganze in Bewegung zu halten.

Aus sehr einfachen Komponenten kann ein sehr komplexes System entstehen. Mit anderen Worten, auch wenn die KI für jede einzelne Kreatur vielleicht nicht so komplex ist, erzeugt ihre Interaktion ein höchst interessantes Verhaltenssystem, das über seine Programmierung hinauszuwachsen scheint. Es ist also wichtig, diese Evolution zu unterstützen, indem Informationen oder Statuszustände zwischen Kreaturen ausgetauscht oder verschmolzen werden, wenn sich diese von Zeit zu Zeit nah genug kommen.

## Neuronale Netze, genetische Algorithmen und andere esoterische Leckerbissen für 1000 Euro

Wir befinden uns am Anfang des 21. Jahrhunderts, und es ist langsam an der Zeit, dass die Computer zu *denken* anfangen. Die dafür erforderlichen Technologien haben wir schon: neuronale Netze, genetische Algorithmen und Fuzzy-Logik. Möglicherweise werden uns die Ergebnisse nicht gefallen – Sky Net, Cylons oder vielleicht noch schlimmer –, aber jeder Informatiker der Welt weiß, dass alles nur eine Frage der Zeit ist. Und womöglich wird die komplexe KI zuerst in Videospielen verwendet, lesen Sie also weiter.

## Künstliche neuronale Netze

Künstliche neuronale Netze waren jahrelang ein beliebtes Thema für Theorie und Spekulation, aber die Realität schien dafür noch nicht reif zu sein. Diese Tage sind vorbei. Ich kann Ihnen garantieren, dass in den nächsten drei bis fünf Jahren bahnbrechende Fortschritte im Bereich der neuronalen Netze geschaffen werden. Und das Ganze passiert nicht, weil irgendwelche Durchbrüche stattfinden würden, sondern weil man sich ernsthaft dafür interessiert, mit ihnen experimentiert und sie nutzt. Es gibt sogar schon viele Spiele, die exzessiv komplexe neuronale Netze einsetzen: *Creatures*, *Dogz*, *Fin Fin* und andere.

Ein neuronales Netz ist ein Modell unseres Gehirns. Unser Gehirn besteht aus 10 bis 100 Milliarden Gehirnzellen. Jede dieser Zellen kann Informationen verarbeiten und Informationen weitergeben. Abbildung 18.13 zeigt ein biologisches Modell einer menschlichen Gehirnzelle, die aus drei Hauptkomponenten besteht: Soma, Axon und Dendriten. Das Soma ist der Zellkörper und führt die Verarbeitung aus. Das Axon überträgt das Signal an die Dendriten, die das Signal an andere Neuronen weitergeben.

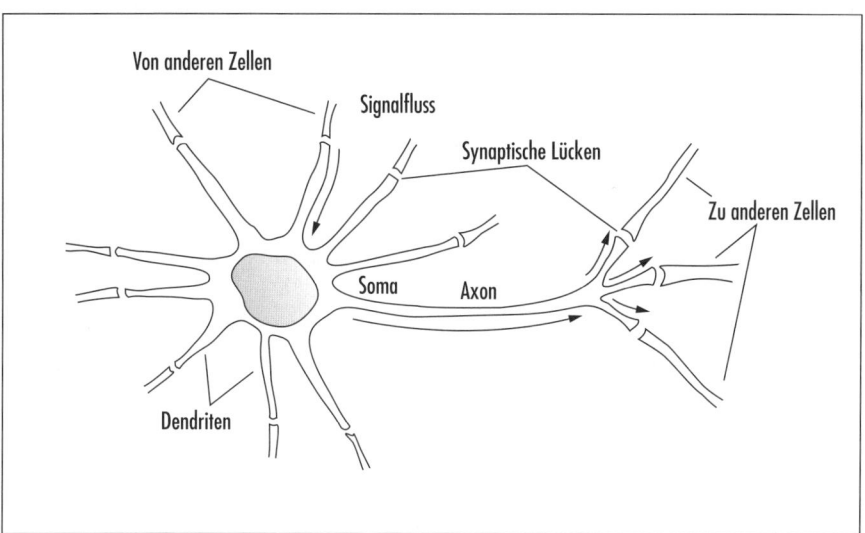

*Abbildung 18.13: Ein biologisches Neuron*

Jedes Neuron hat eine relativ einfache Aufgabe: Eingaben verarbeiten und entscheiden, ob ein elektrochemisches Signal gesendet werden kann. Grundsätzlich haben Neuronen also mehrere Eingaben, eine Ausgabe (die möglicherweise verteilt ist), und eine Regel, nach der die Eingaben verarbeitet und die Ausgabe erzeugt wird. Die Regeln für die Verarbeitung sind extrem kompliziert und können in diesem Buch nicht erklärt werden. Es soll nur gesagt werden, dass die einzelnen Signale addiert werden und die Ergebnisse dieser Addition festlegen, ob das Neuron Signale aussendet, also »feuert«.

Das ist alles wunderbar, aber wie können wir diese Information nutzen, um unsere Spiele denkfähig zu machen? Statt zu versuchen, etwas so Kompliziertes wie Verstand oder Bewusstsein zu schaffen, könnten wir auch mit Computermodellen für einfaches Gedächtnis, Mustererkennung und Lernen beginnen. Ich empfehle diesen Ansatz, weil unser organisches Gehirn gut für diese Aufgaben geeignet ist, ihre digitalen Gegenstücke dagegen schlecht. Es ist also faszinierend, einen biologischen Computer zu beobachten, wie er diese Aufgaben erledigt. Die Implementierungen einfacher biologischer Rechenmodelle zeigen genau, was künstliche neuronale Netze eigentlich sind. Es handelt sich dabei um einfache digitale Modelle, die Informationen parallel verarbeiten können, ähnlich der Arbeitsweise unseres Gehirns.

Betrachten Sie die grundlegendste Form eine künstlichen *Neurons*. Die ersten künstlichen neuronalen Netze wurden 1943 von Elektroingenieuren geschaffen, W. McCulloch und W. Pitts, die elektronische Hardware nach dem Vorbild des menschlichen Gehirns modellieren wollten. Sie schufen ein MCP-Neuron (McCulloch-Pitts-Neuron). Die Form des MCP-Neurons hat sich seither nicht wesentlich geändert, wie in Abbildung 18.14 gezeigt.

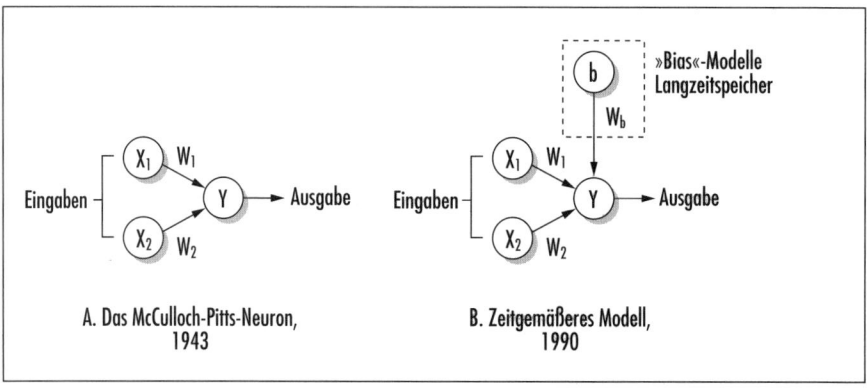

*Abbildung 18.14: Grundlegende künstliche Neuronen*

Echte neuronale Netze sind natürlich sehr kompliziert. Neuronale Netze können aus mehreren Schichten, komplizierten Aktivierungsfunktionen und Hunderten oder Tausenden von Neuronen bestehen. Wenn Sie jedoch den Einschub gelesen haben, verstehen Sie den grundlegenden Baustein. Neuronale Netze werden eine unvorhergesehene neue Konkurrenzfähigkeit mit sich bringen. Bald werden Spiele in der Lage sein, Entscheidungen zu treffen, zu lernen und sogar basierend auf pseudo-zufälligen Versuchen kreative Lösungen schaffen.

 Weil es sich hier um ein so wichtiges Thema handelt und ich nicht genügend Zeit habe, um es wirklich ausführlich zu beschreiben, habe ich auf der CD einen Artikel über neuronale Netze bereitgestellt, den ich vor einiger Zeit geschrieben haben. Diese Information bietet Ihnen eine bessere Grundlage. Sie beschreibt die ver-

schiedenen Arten von Netzwerken, stellt Lernalgorithmen vor und zeigt, wofür sie gut sein können. Die Datei heißt NETWARE.ZIP und liegt im Microsoft-Word-95-Format vor. Darüber hinaus enthält NETWARE.ZIP mehrere Programme, die Ihnen erlauben, einige einfache neuronale Netze aufzubauen.

### MCP-Neuronen genauer betrachtet

Ein MCP-Neuron besteht aus mehreren Eingaben X(i), die mit Gewichtungen w(i) belegt, addiert und dann von einer Aktivierungsfunktion verarbeitet werden. Bei dieser Aktivierungsfunktion kann es sich um eine einfache Schwellwertberechnung handeln, wie im MCP-Modell (McCulloch-Pitts), oder aber um eine komplexere Stufen-, Linear- oder Exponentialfunktion. Im Fall des MCP-Modells wird die Summe mit dem Schwellwert Θ (Theta) verglichen. Ist die Summe größer als Θ, wird das Neuron abgefeuert, andernfalls nicht. Mathematisch betrachtet ergibt sich damit:

McCulloch-Pitts Neuronen-Summenfunktion:

$$\text{Output } Y = \sum_{i=1}^{n} X_i * w_i$$

Allgemeine Neurone mit Bias:

$$\text{Output } Y = B * b + \sum_{i=1}^{n} X_i * w_i$$

Um nachvollziehen zu können, wie eine grundlegende Neurone funktioniert, nehmen wir an, dass die beiden Eingaben, $X_1$ und $X_2$ nur die binären Werte 0 und 1 annehmen können. Jetzt setzen wir den Schwellenwert auf 2 und $w_1 = 1$ und $w_2 = 1$. Die Summenfunktion sieht wie folgt aus:

$$Y = X_1 * w_1 + X_2 * w_2$$

Jetzt vergleichen wir das Ergebnis mit dem Schwellenwert Θ von 2. Ist Y größer oder gleich 2, wird das Neuron abgefeuert und gibt 1.0 aus; andernfalls gibt sie 0 aus. Die folgende Wahrheitstabelle zeigt, was dieses einfache Neuronen-Netzwerk macht.

| X1 | X2 | Summe Y | Ausgabe |
|----|----|---------|---------|
| 0  | 0  | 0       | 0       |
| 0  | 1  | 1       | 0       |
| 1  | 0  | 1       | 0       |
| 1  | 1  | 2       | 1       |

Betrachten Sie diese Tabelle einen Moment lang. Sie erkennen, dass sie im Grunde genommen eine UND-Schaltung darstellt. Cool! Ein einfaches kleines Neuron kann eine UND-Operation ausführen. Mit Hilfe von Neuronen können Sie beliebige logische Schaltungen aufbauen. Beispielsweise zeigt die folgende Abbildung ODER und XODER.

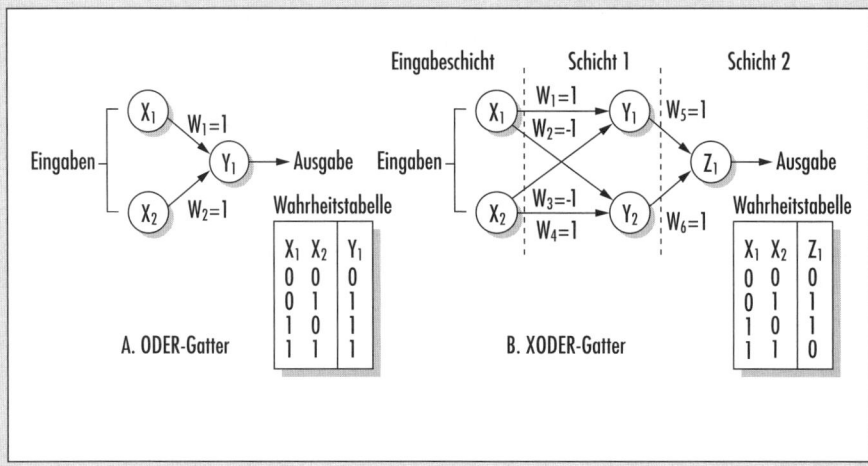

## Genetische Algorithmen

Genetische Algorithmen sind eine Programmiermethode, die auf biologischen Modellen basiert, um Lösungen zu entwickeln (falls Sie das lesen, Dr. Koza, fallen Sie bitte nicht tot um!). Die Natur beherrscht die Evolution aufs trefflichste, und genetische Algorithmen versuchen, das Wesen der natürlichen Selektion und genetischen Evolution in Computermodellen nachzubilden, um Probleme zu lösen, die durch eine standardmäßige Programmierung nicht gelöst werden können.

Grundsätzlich funktionieren genetische Algorithmen wie folgt. Sie setzen mehrere Informationsindikatoren in einem Bit-Vektor zusammen, wie einen Strang DNA (siehe Abbildung 18.15). Dieser Bit-Vektor stellt die Strategie oder Codierung eines Algorithmus oder einer Lösung dar. Sie brauchen ein paar solcher Bit-Vektoren. Anschließend verarbeiten Sie den Bit-String, und was immer er darstellen mag, durch irgendeine objektive Funktion. Die Ergebnisse führen zu einer bestimmten Bewertung. Diese Bewertung wird genutzt, um die verschiedenen Strategien miteinander zu vergleichen.

Ein Bit-Vektor ist eigentlich eine Verknüpfung aus verschiedenen Steuervariablen oder Einstellungen für einige Algorithmen. Sie müssen einige Experimente machen, um Startwerte festzulegen. Anschließend führen Sie die einzelnen Mengen aus und erhalten jeweils Bewertungen dafür. Sie stellen vielleicht fest, dass von den fünf manuell erzeugten Mengen zwei ein gutes Ergebnis erzielt haben, während die anderen drei eher schlecht waren. Und jetzt kommen die genetischen Algorithmen ins Spiel.

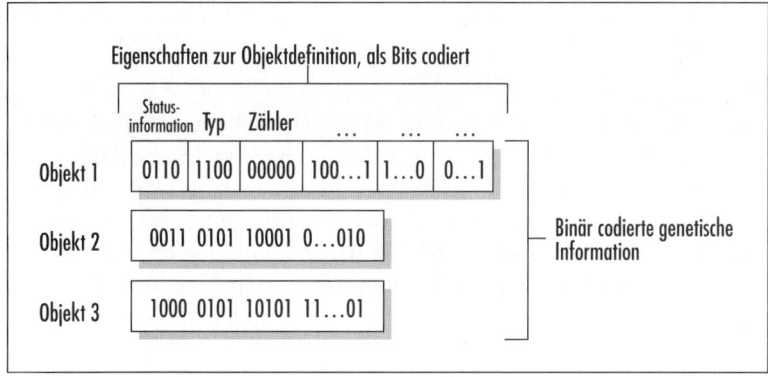

*Abbildung 18.15: Binäre Codierung genetischer Information*

Von jetzt an könnten Sie einfach ein wenig herumprobieren, weil Sie wissen, dass Sie auf der richtigen Spur sind. Sie können diese Arbeit aber auch genetischen Algorithmen überlassen. Sie kombinieren einfach die beiden Lösungen oder Steuervektoren miteinander, um zwei neue Nachkommen zu schaffen (siehe Abbildung 18.16). Um ein wenig Unsicherheit einzuführen, tauschen Sie während der Kreuzung hier und da ein Bit aus, um eine Mutation zu simulieren. Anschließend probieren Sie Ihre neuen Lösungen zusammen mit den besten Lösungen der vorherigen Generation aus und beobachten die Bewertungen. Sie wählen die besten Ergebnisse dieses Durchgangs aus und wiederholen den Vorgang. Dies ist die *genetische Evolution*. Auf wunderbare Weise entwickelt sich langsam die bestmögliche Lösung, und das Ergebnis ist etwas, was Sie sich nie hätten träumen lassen.

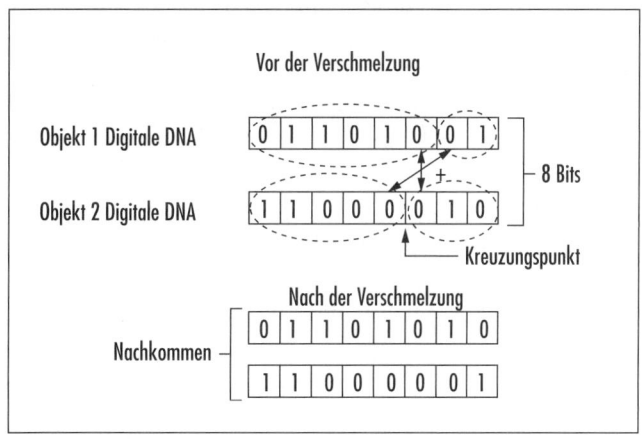

*Abbildung 18.16: Digitale Reproduktion*

Das Schlüsselkonzept bei genetischen Algorithmen ist, dass sie neue Ideen ausprobieren, und dass sie einen sehr großen Suchraum abdecken können, den man manuell nicht auswerten könnte. Diese vollständige Abdeckung des Suchraums begründet sich in der Tatsache, dass Mutationen auftreten, die völlig zufällige evolutionäre Ereignisse darstellen. Diese Mutationen können akzeptiert oder verworfen werden.

Wie nutzen Sie diese Information in einem Spiel? Es gibt Millionen Möglichkeiten, die ich mir auf Anhieb vorstellen könnte, aber ich will nur eine einzige beschreiben, um Sie auf den richtigen Weg zu bringen. Sie können die Wahrscheinlichkeitseinstellungen Ihrer KI als genetische Quelle für die digitale DNA verwenden. Anschließend können Sie die Wahrscheinlichkeiten der Spielkreaturen, die am längsten überlebt haben, kombinieren und evolutionieren, um die besten Ausgangspunkte für kommende Generationen zu haben. Natürlich ist das nur dann sinnvoll, wenn Sie eine neue Kreatur erzeugen müssen, aber Sie haben schon verstanden, worum es geht.

## Fuzzy-Logik

Fuzzy-Logik ist die letzte Technologie, die ich hier erwähnen werde, und vielleicht gleichzeitig eine der interessantesten. Fuzzy-Logik sollte eigentlich als Fuzzy-Mengentheorie bezeichnet werden. Mit anderen Worten, Fuzzy-Logik ist eine Methode, Datenmengen zu analysieren, wobei die Elemente in den Mengen partiell berücksichtigt werden können.

Die meisten Leute sind an die feste Logik gewöhnt, wo etwas entweder berücksichtigt wird oder nicht. Müsste ich beispielsweise die Mengen *Kind* und *Erwachsener* erzeugen, würde ich in die Kategorie *Erwachsener* fallen, während mein dreijähriger Neffe in die Kategorie *Kind* fallen würde.

Die Fuzzy-Logik erlaubt, dass Objekte in eine Menge aufgenommen werden, auch wenn sie nicht vollständig in diese Menge passen. Ich könnte beispielsweise sagen, dass ich 10 Prozent der Kind-Menge angehöre, und 100 Prozent der Erwachsenen-Menge. Analog könnte mein Neffe 2 Prozent der Erwachsenen-Menge und 100 Prozent der Kind-Menge angehören. Das sind Fuzzy-Werte. Außerdem werden Sie bemerken, dass die Gesamtwerte nicht 100 Prozent ergeben; sie können kleiner oder größer sein.

Cool bei der Fuzzy-Logik ist, dass sie ermöglicht, Entscheidungen zu treffen, die auf Fuzzy- oder fehlerbehafteten Daten basieren, und dass die Entscheidungen normalerweise korrekt sind. Bei einem festen Logiksystem ist das nicht möglich. Wenn eine Variable oder Eingabe fehlt, dann funktioniert die Analyse nicht. Ein Fuzzy-System dagegen kann auch in diesem Fall sinnvoll arbeiten, ähnlich einem menschlichen Gehirn.

Wie viele Entscheidungen treffen Sie täglich, für die Ihnen nicht alle Ausgangswerte zur Verfügung stehen? Sie kennen vielleicht nicht alle Tatsachen, aber Sie vertrauen Ihrer Entscheidung dennoch. Das ist Fuzzy-Logik, und ihre Anwendung in der Spiele-KI liegt offensichtlich in der Entscheidungstreffung, Verhaltensauswahlen und der Filterung von Eingaben/Ausgaben.

# Teil V

# Der Top-Ten-Teil

*In diesem Teil ...*

Kein *Dummies*-Buch wäre vollständig ohne den Top-Ten-Teil. Ich werde meine geheimsten Xtreme-Games-Dateien öffnen und Ihnen ein paar dieser superwichtigen Tipps zukommen lassen, ohne die es einfach nicht geht. Sie werden die Geheimnisse der Spieleprogrammierung kennen lernen, die nur die Meister kennen, die häufigsten Fehler, die ein Spieleprogrammierer macht, und schließlich noch die heißesten Spiele-Ressourcen im Web.

# Zehn Grundregeln des Spiele-Designs

## In diesem Kapitel

- Entwickeln Sie Story-Lines
- Erstellen Sie Entwurfsdokumente
- Beginnen Sie mit einem einfachen Spiel
- Wenden Sie sich an ein Publikum
- Entdecken Sie ein kreatives Konzept
- Verstehen Sie diese Inhaltsregeln

---

Es ist schwierig, ein gutes Spiel zu schreiben. Eines ist klar: Von den Tausenden von Spielen, die jedes Jahr geschrieben werden, gibt es nur vielleicht eine Hand voll, die wirklich gut sind. Es ist schwer zu definieren, was ein gutes und ein schlechtes Spiel ausmacht. Wenn ein Spiel eine coole Grafik hat und einen beeindruckenden Sound, ist das vielleicht schon ein guter Ausgangspunkt. Aber viele schreckliche Spiele haben gute Grafiken und rattenscharfen Sound. Ich glaube, der Schlüssel zu einem guten Spiel ist ein gutes Design, deshalb zeige ich Ihnen hier einige Grundregeln, die für mich und andere Spieleprogrammierer schon funktioniert haben.

## Sie brauchen eine gute Story und eine gute Idee

Die Entwicklung eines guten Spiels ist schon schwer genug, wenn Sie eine großartige Idee und eine Story-Line haben, aber ein Spiel, das auf einer schlechten Idee und einer dürftigen Story-Line basiert, führt zu einem schnellen Tod des Projekts. Durchdenken Sie Ihr Spiel, bevor Sie die erste Codezeile schreiben. Brainstorming ist alles! Selbst wenn Sie nur ein Ballerspiel oder einen Seiten-Scroller schreiben und dem Spieler keine großartige Story präsentiert wird, sollten Sie eine Story-Line einrichten, so dass Sie sicherstellen können, dass Ihr Spiel kohärent und logisch ist.

Sprechen Sie Ihre Idee mit anderen Spielern durch und fragen Sie, was sie davon halten. Sie wissen vielleicht nicht, dass es bereits 5.000 *PacMan*-Klone gibt oder dass Ihre Idee einfach fad ist! Holen Sie sich also Feedback. Lassen Sie sich von anderen Leuten keine Meinung aufdrängen, aber lassen Sie sich mit Ideen oder Kritik helfen. Jeder ist ein Kritiker! Das kann wirklich jeder.

## Bringen Sie Ihren Entwurf zu Papier!

Einer der größten Fehler, den Sie bei der Entwicklung eines Spiels machen können, ist, es planlos zu schreiben. Sie haben vielleicht eine großartige Idee, und eine Story-Line, aber schreiben Sie sie unbedingt auf! Machen Sie Aufzeichnungen, mit Skizzen, Namen, Schlüsselelementen des Spiels und zeichnen Sie den allgemeinen Spielablauf auf. Dieser schriftliche Plan (häufig auch als *Entwurfsdokument* oder *Design-Dokument* bezeichnet) hilft Ihnen, sich auf das Ziel zu konzentrieren, und sich später an alle Ihre coolen Ideen zu erinnern.

Wenn Sie Ideen aufschreiben und sie später wieder lesen, können Sie besser erkennen, ob ein Konzept gut oder dumm, von höchster Qualität oder ungeeignet für weitere Entwicklungen ist. Wenn Sie einen reichen Freund oder ein großes Unternehmen hinter sich haben, wollen diese schließlich ein Entwurfsdokument sehen, gewöhnen Sie sich also an, ein Entwurfsdokument anzulegen.

## Nehmen Sie den Mund nicht zu voll!

Der größte Fehler, den Neulinge in der Spieleprogrammierung machen können, ist der Versuch, ein Spiel zu schaffen, das für ihre aktuellen Fähigkeiten nicht geeignet ist. Ich bekomme ständig Mails von Leuten, die mich fragen, wie man eine *Quake*-Engine anlegt und wie man den Computer zum Denken bringt. Jemand, der mir solche Fragen stellt, hat wahrscheinlich keine Ahnung, dass für die Beantwortung 5.000 oder 10.000 Seiten erforderlich wären. Offensichtlich wissen sie nicht, was sie da fragen. Die Moral von der Geschichte ist: Wenn Sie Anfänger in der Spieleprogrammierung sind und nicht wissen, was Sie tun, schreiben Sie zuerst ein einfaches Spiel. Andernfalls werden Sie es nie fertig stellen!

 Erstellen Sie anfangs einfache Spiele, wie beispielsweise *Pong*, *Asteroids* oder *Centipede*, und schließen Sie Ihre Projekte ab, statt ein zu komplexes Spiel in Angriff zu nehmen, das Sie nicht fertig stellen können und von dem Sie auch nichts lernen. Sie wissen, dass es nicht möglich ist, dass eine einzige Person ein Spiel wie *WarCraft III: Reign of Chaos* schreibt; damit ist ein ganzes Programmierteam mehrere Monate oder Jahre beschäftigt, bevor Sie es in Ihrem Computerladen kaufen können.

Damit komme ich zu einer kleinen Geschichte über diesen Mike. Ich habe Mike getroffen, als ich etwa 13 Jahre alt war. Er erzählte mir, er entwickle gerade ein 3D-Spiel, *Escundar*, oder etwas in der Art. Ich bin noch nicht *so* alt, aber das ist schon eine ganze Weile her, und ein 3D-Spiel lag weit über dem Horizont von Mike. Statt einen einfacheren Entwurf zu wählen, hat er sein Spiel nie fertig gestellt. Aber er *sprach* dauernd davon, dass er Spiele entwickelt.

Mein Rat: Fangen Sie mit einem einfachen Entwurf an, sonst werden Sie Ihr Spiel nie fertig stellen.

## Sprechen Sie ein Publikum an – und bleiben Sie dabei!

In einem Zeitalter, in dem absolut alles »political correct« sein muss, springe ich nicht auf diesen Zug auf. *Wir sind nicht alle gleich.* Ob ich will oder nicht, ich spiele nicht besser Basketball als Michael Jordan, und ich kann auch keinen RISC-Prozessor aus TTL-Chips bauen. Ich will damit sagen: Spiele sind Kunst. Wenn der Inhalt eines Spiels jemanden nervt – dumm gelaufen. Mich nervt die Werbung im TV, Schweinefleisch, Vertreter und vieles andere mehr, aber ich mag es, genervt zu werden – es bringt mich zum Denken.

Wenn Sie Ihr Spiel entwerfen, denken Sie dabei an die Leute, die damit spielen sollen. Wenn Ihr Zielpublikum aus Leuten besteht, die Ballerspiele lieben, dann schreiben Sie eines für sie. Verwenden Sie viele Explosionen, Monster, Blut, Waffen, Roboter und andere nicht gerade politisch korrekte Elemente. Machen Sie sich keine Sorgen, dass Sie von einer Gruppe übervorsichtiger Videospiel-Beurteiler ertappt werden könnten; einige dieser Leute haben sogar Probleme mit *Space Invaders*.

Ein Spiel ist wie Musik, ein Bild oder ein Film. Es sollte so entwickelt werden, dass es Gedanken weckt, Gefühle verursacht oder ganz allgemein etwas in Ihnen anspricht. Versuchen Sie nicht, es jedem recht zu machen; schreiben Sie einfach das Spiel, das Sie für Ihre Zielgruppe schreiben wollen. Sie brauchen dazu natürlich nicht unbedingt sexistisch, rassistisch oder andernfalls extremistisch zu werden, was Ihre Programmelemente und die Spieltaktik betrifft. Verwenden Sie einfach ausreichend viele interessante Bitmap-Figuren und NC-17-Situationen, damit Ihr Spiel das ausdrückt, was Sie sagen wollen.

## Sie brauchen eine neue Idee

Wenn Sie mit dem Entwurf eines Spiels beginnen, können Sie tun, was Ihnen gefällt. Es gibt keine Gesetze, Regeln oder andere Einschränkungen. Denken Sie ruhig darüber nach – Sie haben die Chance, das nächste *Tetris, Doom, Quake, HALO* usw. zu schaffen. Lassen Sie sich also nicht durch irgendwelche Konventionen einschränken. Seien Sie offen gegenüber allen Arten von Spielen. Es gibt so viele Spiele, dass Sie nicht unbedingt hirnloses Morden und Gemetzel brauchen. (Wenngleich das ein guter Ausgangspunkt ist.) Sie brauchen etwas – Ta-ta! – *Kreatives*!

Die Entwicklung einer einzigartigen Idee kann schwieriger sein, als Sie glauben, aber denken Sie daran, dass die dümmsten Ideen zu den besten Spielen führen. Wenn Sie andererseits scheinbar überhaupt nicht vorwärts kommen, sollten Sie ein Spiel spielen, das Ihnen gefällt, und es vielleicht als Vorlage verwenden. Nehmen Sie einfach die besten Dinge aus dem ganzen Spiel und fügen Sie ihnen Ihre ganz persönliche Note hinzu.

 Die Verwendung eines anderen Spiels als Vorlage bedeutet *nicht, dass Sie die Spielelemente kopieren sollen* (also die Figuren oder den Hintergrund), und Sie sollten auch nicht dasselbe Spielziel haben (wie beispielsweise die Einstellungen oder sogar die Spieltaktik). Die Verletzung eines Copyrights ist etwas ganz anderes als die genaue Betrachtung eines Spiels, um daraus für Ihre eigenen Entwürfe zu lernen.

## Seien Sie flexibel!

Wenn Sie Ihr Spiel von Ihrem Entwurf ausgehend schreiben, erkennen Sie vielleicht, dass es vielleicht nicht ganz so hinhaut wie geplant. Ihre Grafik-Engine kommt nicht damit zurecht, Sie haben nicht genug Zeit oder was auch immer. Dieses Dilemma passiert ständig. Lassen Sie sich nicht nervös machen; gehen Sie einen Schritt zurück und nehmen Sie Änderungen vor, die Ihre Probleme verringern können. Stellen Sie sicher, dass Ihre Änderungen nicht das gesamte Thema zunichte machen – oder das ganze Spiel. Schließlich gibt es kein Grafik-Adventure ohne Grafik!

## Entwerfen Sie für die Zukunft!

Selbst für ein einfaches Shareware-Spiel brauchen Sie drei bis zwölf Monate, Sie sollten also ein wenig vorausplanen und versuchen, alle Technologien und Trends zu berücksichtigen, die zum Zeitpunkt der Veröffentlichung des Spiels aktuell sein werden.

Angenommen, Sie schreiben ein Dinosaurier-Spiel und wissen, dass in sechs Monaten ein Dinosaurier-Film anlaufen wird. Wenn Sie Ihr Spiel gleichzeitig veröffentlichen können, ist das bestimmt eine ausgezeichnete Verkaufsstrategie.

Wenn ein neuer Prozessor entwickelt wird und fast jeder diesen nutzen wird, sollten Sie sich nicht umbringen, um Ihr Spiel zu schreiben, dass es auf einem Pentium III läuft. Das Spiel, mit dem ich jetzt gerade angefangen habe, verwendet Hardware, die es jetzt noch gar nicht gibt, aber ich weiß, dass die Hardware in zwei Jahren auf dem Markt sein wird.

## Fortsetzung folgt!

Wenn Sie ein wirklich gutes Spiel schreiben, sollten Sie darauf achten, dass Sie noch genügend gute Ideen für eine Fortsetzung haben. Noch besser – planen Sie eine ganze Serie! Einige Spiele sind natürlich komplett in sich abgeschlossen, und eine Fortsetzung ist nicht denkbar, aber das hat die Entwickler von *Nightmare on Elm Street* nicht abhalten können – und es sollte auch Sie nicht abhalten! Wenn Sie also Ihr Spiel entwerfen und entwickeln, denken Sie zumindest über eine zweite Version nach. Dieser Ansatz hilft Ihnen vielleicht auch, sich darauf vorzubereiten, einen Teil des Codes und der Werkzeuge *wiederzuverwenden*.

## Inhalt ist alles!

Wenn ich ein oder mehrere Spiele mit schrecklicher Grafik und ohne gute Spieltaktik sehe, sträuben sich meine Nackenhaare! Spiele sind aus zwei Gründen erfolgreich: Grafik und Technologie sind so geil, dass jeder sie sehen muss, oder das Spiel macht so viel Spaß und bietet interessanten Inhalt, dass jeder es spielen will. Inhalt ist so flüchtig wie Ihr bester Freund bei einem Umzug, aber nichtsdestotrotz wissen Sie, dass er da ist, wenn er da ist. Am besten erzeugen Sie Inhalt wie in Schichten, wie in einem Musik-Track. Zuerst erzeugen Sie die Hauptfiguren und dann die Hintergrundfiguren usw. Gehen Sie langsam vor, so dass Sie nicht überfordert werden.

Eines der vielleicht erfolgreichsten Spiele – *Duke Nukem* – ist nichts weiter als Inhalt. Natürlich war die Grafik toll, aber die 3D-Engine war fast zwei Jahre alt, als das Spiel veröffentlicht wurde. Der Inhalt machte *Duke* zu einem Killer-Spiel. Die Entwickler haben kleine Akzente gesetzt, die das Spiel zum Lustigsten der Welt machten – ich glaube, die Fähigkeit der Spielfigur, ins Badezimmer zu gehen, war einer der wichtigsten Verkaufsaspekte, den ich mir vorstellen kann. Dieser Tuning-Prozess dauerte fast ein Jahr, bis das Spiel veröffentlicht wurde!

## *Setzen Sie den Spielern Ziele!*

Ich hasse es, Spiele zu spielen, die keine Ziele haben. Einer der wichtigsten Entwurfsaspekte für ein Spiel ist, dem Spieler das Gefühl zu geben, dass er mit seinem Spiel irgendwie weitergelangt. Wenn der Spieler den Eindruck hat, er mache keinen Fortschritt, wird er sich fragen, was dieses Spiel überhaupt soll. Ein klassisches Beispiel für Ziele und Fortschritt ist *Out Of This World* von Interplay (falls Sie eine Kopie davon finden). Es handelt sich dabei um ein Side-Scrolling-Action/Puzzle-Spiel, dem ich beim Erscheinen fast so verfallen wie *Doom* war, Sie sollten also einen Blick darauf werfen. (Wenn Sie *Out Of This World* nicht finden, probieren Sie das neuere *Metal Gear Solid*, ein weiteres Spiel, das den Spieler für Fortschritte belohnt.) Wenn der Spieler ein Problem löst, wird er mit dem nächsten Level belohnt, mit einem coolen Effekt oder einem Stück der Gesamtstory.

## *Seien Sie nicht dumm!*

Stellen Sie sicher, dass Ihr Spielentwurf völlig cool ist. Planen Sie kein Spiel, das nur Sie und zwei peruanische Physiker kapieren. Planen Sie Ihr Spiel so, dass es auch Durchschnittsmenschen mit Spaß spielen können.

# Die zehn größten Fehler, die Spieleprogrammierer machen können

## In diesem Kapitel

- Vermeiden Sie schlechte Geschäfte
- Denken Sie daran, Ihre Arbeit zu sichern
- Veröffentlichen Sie Ihr Spiel zum besten Zeitpunkt
- Testen Sie Ihre Betas
- Verwenden Sie die neueste Technologie
- Sagen Sie NEIN zu DOS
- Sind Sie ehrlich zur Öffentlichkeit
- Werben Sie effektiv
- Halten Sie Ihr Entwicklerteam klein
- Kommentieren Sie Ihren Code

Man kann etwas 10 Milliarden allgemeine Fehler machen, während man ein Spiel programmiert, und weitere 100 Milliarden technische Fehler. In diesem Kapitel spreche ich die Favoriten der Spieleprogrammierung an.

## Ein schlechtes Geschäft

Wenn Sie Entwicklung, Finanzierung, Verteilung, Marketing, Verkauf und Tests selbst vornehmen, gilt dieser Rat nicht für Sie. Andernfalls lesen Sie weiter. Es ist sehr wahrscheinlich, dass Sie ein oder mehrere Parteien in die Entwicklung Ihres Spiels einbeziehen müssen. Vielleicht ist ein Dritter an der Finanzierung beteiligt oder verteilt es. Lassen Sie sich nicht ausbeuten! Das ist einfacher gesagt als getan, aber letztlich macht ein schlechtes Geschäft jeden unglücklich.

Wenn Ihr Spiel 15 Monate Entwicklungszeit aufweist, brauchen Sie 15 Monate – daran ist nicht zu rütteln. Wenn Sie 50.000 Euro oder 1,5 Millionen Euro brauchen, dann brauchen Sie das – auch daran ist nicht zu rütteln. Wenn Sie das Spiel innerhalb kürzerer Zeit oder mit geringerem Aufwand entwickeln, wird das Spiel sicher schrecklich, es verkauft sich nicht und jeder zeigt mit Fingern auf Sie! Wenn Sie also ein finanzielles Geschäft machen, Marketing, Verkauf oder Verteilung, dann handeln Sie die besten Konditionen für sich aus, sonst wird Ihnen das Leid tun!

 Als Faustregel gilt, dass man für die Entwicklung eines 2D-Spiels zwischen sechs und neun Monaten braucht und dass es für kommerzielle Qualität etwa 100.000 Euro kostet. Ein 3D-Spiel hat eine nach oben offene Obergrenze, aber 15 Monate und 750,000 Euro sind das absolute Minimum, wenn das Spiel Qualität haben soll.

## Nicht gesicherte Arbeit!

Sie haben 1 Million Zeilen C++-Code in 50 Modulen auf einer einzigen Festplatte. Sie haben ein halbes Jahr daran gearbeitet, und – peng! – durch ein Feuer, einen Einbruch, einen bewusstlosen Moment oder einen Festplattencrash wird alles zerstört. Die Wahrscheinlichkeit dieser Ereignisse ist gering (außer vielleicht für die bewusstlosen Momente), aber 1:1.000.000 ist immer noch zu wahrscheinlich, als dass ich ruhig schlafen könnte. Stellen Sie also sicher, dass Sie Ihre Arbeit täglich sichern, auf Iomega-ZIP-Platte, CD-ROM oder einen externen Server.

Mir ist es tatsächlich schon einmal passiert. Ich habe in den 80er Jahren ein 3.500 Zeilen umfassendes 8-Bit-Spiel verloren – ein 3D-Schach. Ich hatte es gerade auf Thermopapier ausgedruckt (40 Spalten), und plötzlich stürzte meine Festplatte ab und ich verlor es. Ich musste alle 3.500 Zeilen Code vom Ausdruck abtippen. 3.500 Zeilen scheinen nicht viel zu sein, aber der Gedanke daran, dass ich so dumm war, nicht zu sichern, machte jede Zeile zur Qual!

## Verpassen Sie nicht Weihnachten!

Wenn Sie ein Spiel schreiben, das irgendwann Ende des Jahres veröffentlicht werden soll, sollten Sie darauf achten, nicht Weihnachten zu vergessen. Am besten machen Sie Ihr Spiel spätestens im Oktober oder November fertig. Wenn das Spiel Shareware ist, ist der Zeitpunkt der Veröffentlichung nicht wichtig. Die Leute scheinen jedoch um die Feiertage lieber Geld auszugeben, warten Sie also nicht auf den 1. Mai oder ein anderes unprofitables Datum.

## Schlechte Testphasen

Sie haben gerade ein Killer-Spiel geschrieben und es funktioniert auf Ihrem Computer ganz ausgezeichnet. Ja, und? Sie hätten es besser auf unterschiedlichen Maschinen testen sollen – und diese Tests vielleicht auch von anderen Leuten durchführen lassen sollen –, weil Sie beim Testen Ihres eigenen Spiels wahrscheinlich (unbeabsichtigt) zu nachsichtig sind.

Wenn Sie ein Spiel entwickeln, das auch nur ein einziges Problem aufweist, werden die Benutzer aus dieser Mücke einen Elefanten machen. Ein einziges Pixel, das nicht an der dafür vorgesehenen Stelle ist, wird im Internet innerhalb von 24 Stunden als »schlechter Grafiktreiber« quittiert. Führen Sie Ihre Beta-Tests also auf mehreren Maschinen mit unterschiedlichen Konfigurationen durch. Wenn Sie keinen Zugang zu 20 oder 30 Computern haben, dann bringen Sie Ihr Spiel auf CD oder Diskette zum nächsten Computerladen und probieren Sie es dort aus. Wenn Sie jemand fragt, was Sie da machen, sagen Sie einfach, Sie denken darüber nach, einen solchen Computer zu kaufen, und wollen ausprobieren, ob er zu diesem Spiel kompatibel ist – Sie könnten aber auch meine Antwort verwenden: »Ich bin ein Testkäufer. Überlegen Sie sich also gut, was Sie sagen!«

Wenn Sie nicht gerne James Bond spielen, erlaubt Ihnen vielleicht auch die Informatikabteilung der Universität, Ihr Spiel während wenig ausgelasteter Zeiten zu testen. Aber es macht sehr viel mehr Spaß, zu behaupten, man sei James – oder Jane – Bond.

## Alte Technologie

Wir sind keine Millionäre, aber der Einsatz alter Technologien und alter Methoden zahlt sich nicht aus. Versuchen Sie, immer so aktuell wie möglich zu sein. Selbst wenn Sie sich nicht den neuesten C/C++-Compiler oder den besten 3D-Modeller leisten können, wissen Sie zumindest, dass diese existieren. Vielleicht fragen Sie in dem betreffenden Unternehmen nach einer Demo-Version oder einer Testeinheit. Die Spieleentwicklung ist ein Hightech-Unternehmen und Sie sollten immer so aktuell wie möglich sein.

## Entwicklung für DOS

DOS ist tot – schon seit ein paar Jahren. Spieleprogrammierer haben es verwendet, weil es keine bessere Alternative gab. Wenn Sie dieses Buch lesen, wissen Sie, dass Win32 mit DirectX viel besser ist. Wenn Sie ein professionelles Spiel entwickeln, belasten Sie sich gar nicht erst mit DOS. Wenn Sie dagegen ein Shareware-Spiel schreiben und ein einfaches Design verwenden wollen, sollte DOS ausreichend sein. DOS ist gut für Lernzwecke, aber wenn möglich, sollten Sie für Windows entwickeln. Wenn Sie eine DOS-Version für ältere Computer bereitstellen wollen, dann tun Sie das – aber seit es DirectX gibt, ist Windows einfach besser für die Spieleprogrammierung geeignet.

## Unehrlichkeit gegenüber der Öffentlichkeit

Die Öffentlichkeit ist brutal. In einer Minute liebt man Sie und sieht alle Ihre Filme – in der nächsten Minute werden Sie höchstens noch für Kaugummireklame engagiert. Mein Vorschlag: Lügen Sie nicht – übertreiben Sie, aber lügen Sie nicht. Besser Sie halten sich zurück, so dass die Kritiker und die Öffentlichkeit nicht zu viel von Ihrem Spiel erwarten – wer hoch steigt, fällt tief.

## Versäumte Werbung

Wenn Sie früherer Angestellter von Atari waren, lesen Sie dies sorgfältig: *Produkte verkaufen sich nicht von selbst*. Ich wiederhole: *Produkte verkaufen sich nicht von selbst*. Wenn Sie Ihr Spiel verkaufen wollen, müssen Sie irgendwie werben. Wenn Sie das Spiel selbst vermarkten, richten Sie eine einfache Website ein und sorgen dafür, dass diese besucht wird. Ein oder zwei Monate vor der Veröffentlichung senden Sie Betas auf ein paar Sites. Wenn Sie zur Veröffentlichung des Spiels bereit sind, tun Sie, was immer möglich ist. Laden Sie es manuell oder mit Hilfe eines Internet-Spiders oder -Bots auf so viele Sites wie möglich, um es überall zu präsentieren, so dass die Menschen zumindest wissen, dass es das Spiel gibt!

## Viele Köche verderben den Brei!

Für einige Jobs ist mehr nicht besser. Wenn Sie Hilfe von anderen brauchen, beziehen Sie nicht zu viele Leute ein. Nehmen Sie nicht Leute in Ihr Projekt auf, nur weil es sich um Freunde handelt oder weil sie Ihre Spieleprogrammierung cool finden. Engagieren Sie nur talentierte, dedizierte Leute, denen Sie vertrauen und die an dem Projekt mitarbeiten wollen. Je weniger Leute am Code arbeiten, desto besser wird das Spiel.

## Fehlende Kommentare in Ihrem Code

Die Arbeit mit nicht ausreichend kommentiertem Code ist mein schlimmster Alptraum (deshalb hasse ich die Arbeit als Software-Ingenieur in anderen Unternehmen). Kommentieren Sie Ihren Spielecode mit mindestens einem Kommentar pro Zeile. Ich kenne niemanden, der ständig produktiv programmieren kann, d.h., Sie haben immer Zeit, Kommentare einzufügen. Wenn Sie Ihr Spiel lizenzieren oder eine neue Version davon erstellen wollen, brauchen Sie dann auch keinen Interpreter vom Vulcan, um herauszufinden, was Sie im ursprünglichen Code beabsichtigt hatten.

# Die zehn besten Ressourcen für die Spieleprogrammierung im Web

## In diesem Kapitel

▶ Lernen Sie die heißesten Sites für die Spieleprogrammierung kennen

▶ Laden Sie Spiele, Tools und Utilities herunter

▶ Entdecken Sie die besten Grafik-Engines

▶ Erhalten Sie die besten Tipps zu Büchern über die Spieleprogrammierung

▶ Besuchen Sie die DirectX Multimedia Expo

▶ Erhalten Sie Neuigkeiten aus der Industrie

▶ Besuchen Sie meine Site

---

In diesem Kapitel, dem letzten des Top-Ten-Teils, will ich Ihnen Informationen darüber bereitstellen, wo Sie im Web nach den verschiedenen Ressourcen für die Spieleprogrammierung suchen können.

## Sites zur Spieleprogrammierung

Das Web enthält Hunderte coole Sites zur Spieleprogrammierung, die ich unmöglich hier alle auflisten kann; nachfolgend einige der besten:

✔ Artificial Intelligence Depot: http://ai-depot.com

✔ FlipCode: www.flipcode.com

✔ Gamasutra: www.gamasutra.com

✔ The Game Institute: https://www.gameinstitute.com/gi

✔ The Computer Game Developers Conference: www.gdconf.com

✔ The Xtreme Game Developers' Conference: www.xgdc.com

## Heiße Downloads

Ein Spieleprogrammierer braucht Zugriff auf coole Spiele, Tools und Utilities. Nachfolgend eine Liste heißer Downloads:

- Download.com: www.download.com
- Madmonkey.net: www.madmonkey.net
- Planet Quake: www.quakeworld.com

## 3D-Engines

Das Zentrum der Entwicklung einer 3D-Engine im Web ist die 3D Engine List. Diese Site enthält 3D-Engines unterschiedlicher Technologieniveaus. Erstaunlich ist, dass die Autoren Ihnen erlauben, die Engines kostenlos zu nutzen! Hier die Adresse:

http://cg.cs.tu-berlin.de/~ki/engines.html

## Coole Bücher

Es gibt viele Bücher über Grafik, Sound, Multimedia und Spieleentwicklung, aber sie zu kaufen, um sie einfach nur auszuprobieren, ist zu teuer. Die Site Games Domain enthält Rezensionen von Büchern über die Spieleprogrammierung und hilft Ihnen sparen:

www.gamesdomain.com/gamedev/gdevbook.html

## Microsoft DirectX Multimedia Expo

Microsoft hat zweifellos die größte Website der Welt. Die Site enthält unzählige Seiten, Abschnitte, FTP-Sites usw. Weitere Informationen über DirectX finden Sie auf der DirectX-Homepage unter

www.microsoft.com/directx/default.asp

Beachten Sie die Startseite default.asp. Dies ist eine Active Server Page, d.h., die Seite kann wirklich coole Dinge. Hier finden Sie die neuesten News und können sich die neuesten Versionen von DirectX, DirectMedia und beliebige Patches zu früheren Versionen herunterladen. Ich könnte mich vier bis acht Stunden pro Woche in mein Zimmer einsperren und alles lesen, was dort geboten ist. Es ist praktisch, damit die ständig neue Welt von DirectX zu verfolgen. Darüber hinaus beinhaltet die Microsoft-Seite mehrere Links zu DirectX-verbundenen Sites, so dass Sie von dieser URL aus zu vielen anderen Sites gelangen können.

## Usenet Newsgroups

Ich habe mich nie für Internet-Newsgroups interessiert, weil sie so eine langsame Kommunikationsart darstellen, aber einige davon sind wirklich einen Blick wert:

- ✔ alt.games.programming
- ✔ comp.graphics.algorithms (meine Lieblings-Newsgroup)
- ✔ comp.graphics.animation
- ✔ compi.ai.games
- ✔ rec.games.programmer

Wenn Sie noch nie etwas über Newsgroups gelesen haben, passen Sie auf. Sie brauchen einen News Reader, der die Information herunterladen kann und Ihnen erlaubt, die Threads (d.h. die Nachrichten) zu lesen. Die meisten Webbrowser (wie beispielsweise Netscape Navigator und Internet Explorer) beinhalten einen News Reader. Sehen Sie einfach in der Hilfe nach und informieren Sie sich, wie Sie Ihren Browser einstellen, um News zu lesen. Anschließend melden Sie sich bei einer der Newsgroups an (wie beispielsweise alt.games.programming) und laden alle Nachrichten herunter.

## Was passiert - Blue's News

Fast 99,9 Prozent des Internets stellt völlige Verschwendung der Bandbreite dar – unzählige Leute tauschen seltsame Nachrichten aus und die Kommunikation ist extrem überflüssig. Blue's News ist jedoch einen Besuch wert – hier posten die verschiedenen Industriegrößen und Macher ihre Gedanken zum Tage:

www.bluesnews.com

## Zeitschriften zur Spieleprogrammierung

Meines Wissens nach wird die einzige Zeitschrift zur Spieleprogrammierung immer noch in englischer Sprache publiziert: *Game Developer*. Sie erscheint monatlich und enthält Artikel über Spieleprogrammierung, Kunst, 3D-Modellierung, Markttrends und vieles andere mehr. Die zugehörige Website finden Sie unter:

www.gdmag.com

## Meine Site!

Mein Unternehmen heißt Xtreme Games LLC. Wir entwickeln und veröffentlichen 3D-Spiele für die 3D-Plattform. Sie finden uns und unsere Tochterfirmen im Web unter:

```
www.xgames3d.com
www.egamezone.net
www.nurve.net
```

Auf der Xtreme-Games-Site finden Sie Artikel zu 3D-Grafik, künstlicher Intelligenz, Physik, DirectX und vielem anderem mehr. Darüber hinaus poste ich alle Änderungen oder Ergänzungen zu diesem Buch auf meiner primären Site: `www.xgames3d.com`. Xtreme Games LLC veröffentlicht Spiele und entwickelt sie, wenn Sie also glauben, Sie hätten ein gutes Spiel, besuchen Sie uns und informieren Sie sich über die Veröffentlichung von Spielen über Xtreme. Darüber hinaus bieten wir technische Unterstützung für Entwickler.

# Die CD-ROM zum Buch

Auf der CD-ROM zu diesem Buch finden Sie wichtige Software, die Sie brauchen, um die Beispiele nachvollziehen zu können, und die Sie auch für die Entwicklung eigener Spiele nutzen können.

## Systemanforderungen

Stellen Sie sicher, dass Ihr Computer den hier beschriebenen Mindestsystemanforderungen entspricht. Falls Ihr Computer nicht die meisten dieser Anforderungen erfüllt, werden Sie Probleme haben, den Inhalt der CD-ROM zu nutzen. Für Windows 9$x$, Windows 2000, Windows NT 4 (mit SP 4 oder höher), Windows Me oder Windows XP:

- PC mit Pentium-Prozessor mit mindestens 120 MHz
- Mindestens 32 MB RAM, wir empfehlen 64 MB
- Ethernet-Netzwerkkarte oder Modem mit mindestens 28.800 bps
- CD-ROM-Laufwerk

## Die CD unter Windows nutzen

Die CD ist in einer allgemeinen Verzeichnisstruktur organisiert. Jedes Verzeichnis enthält eine Readme-Datei mit speziellen Anweisungen zur Installation seines Inhalts.

Damit Sie mit den Demos aus dem Buch arbeiten können, gehen Sie wie folgt vor, um DirectX und den Quellcode für *Windows Spieleprogrammierung für Dummies* zu installieren:

1. Legen Sie die CD in das CD-ROM-Laufwerk Ihres Computers und öffnen Sie es im Windows-Explorer oder im Arbeitsplatz.

2. Installieren Sie den DirectX SDK und die Laufzeitumgebung, falls diese sich noch nicht auf Ihrem Computer befinden. DirectX befindet sich auf der CD-ROM im Ordner \DirectX SDK. Gehen Sie nach den Anweisungen der Readme-Datei vor, um DirectX und die Laufzeitumgebung zu installieren.

3. Kopieren Sie den Code und die Programmdateien für alle Kapitel auf Ihre Festplatte. Am einfachsten ziehen Sie dazu den Ordner \Source von der CD auf Ihre Festplatte.

4. Installieren Sie spezielle Applikationen und Spiele aus dem Ordner \Source nach Bedarf auf Ihrer Festplatte. (Selbst wenn Sie die Beispiele aus den Kapiteln nicht schrittweise nachvollziehen wollen, brauchen Sie die DirectX-Laufzeitumgebung, um die fertigen Demos ansehen zu können.) Detaillierte Informationen über diese Vorgehensweise finden Sie in den untergeordneten Ordnern \Software und \Games. Abhängig von den jeweiligen Dateien müssen diese entweder durch ein Installationsprogramm, ein Setup oder durch Dekomprimierung installiert werden.

## Auf der CD

Die CD-ROM enthält Applikationen, coole Shareware-Spiele, den DirectX SDK, Kunst- und Sound-Effekte sowie den Quellcode für alle Programme und Demos aus dem Buch. Außerdem gibt es zwei Bonuskapitel.

Die folgenden praktischen Applikationen sind ebenfalls auf der CD enthalten:

- **Paint Shop Pro.** Dieses Produkt von Jasc, Inc. ist ein Shareware-Grafikwerkzeug.
- **DirectX.** Sie sparen sich tagelange Download-Zeit (falls Sie über ein Modem mit dem Internet verbunden sind), wenn Sie DirectX von der CD installieren! Lesen Sie dazu unbedingt die Readme-Dateien! Sie informieren Sie über Installationsdetails sowie die neuesten Änderungen des DirectX-Systems.
- **Sound Forge.** Das ist die beste Sound-Verarbeitungsapplikation für Spieleprogrammierer und Musiker auf der ganzen Welt.
- **Adobe Acrobat Reader.** Installieren Sie dieses Programm, um die Bonuskapitel von der CD lesen zu können, falls Sie den Acrobat noch nicht auf Ihrem PC installiert haben.
- **WinACE.** Dieses zu WinZip kompatible Produkt extrahiert Archive.

Das Verzeichnis \Artwork enthält jede Menge Grafik, die Sie gebührenfrei nutzen und anpassen können: Oberflächenstrukturen, Monster, Explosionen, Mechanismen, Hintergründe und vieles mehr.

Der untergeordnete Ordner \Games enthält coole Beispiele, die Sie wirklich ausprobieren sollten. (Wenn Sie jemand beim Spielen erwischt, sagen Sie einfach, es diene der Forschung!) Es handelt sich dabei um ausgezeichnete Beispiele für die Arbeit anderer Programmierer. Jedes Spiel hat seine eigene Installationsmethode. Lesen Sie dafür jeweils die Readme-Datei aus \Games, um Zeit bei der Installation zu sparen.

Der gesamte Quellcode für das Buch sowie alle ausführbaren Programmdateien und Daten befinden sich im Ordner \Source auf der CD. Die einzelnen Kapitel von *Windows Spieleprogrammierung für Dummies* werden als Ordner im Ordner \Source repräsentiert. Beispielsweise finden Sie den Quellcode für Kapitel 12 im untergeordneten Ordner GPCHAP12\.

Kapitel 21 (*Künstliche Intelligenz*) und Kapitel 22 (*Potpourri der Spieleprogrammierung*) sind auf der CD als Adobe Acrobat-Dateien in den untergeordneten Ordnern `GPCHAP23\` und `GPCHAP24\` des Ordners `\Source` enthalten. Wenn auf Ihrem Computer kein Adobe Acrobat Reader installiert ist, installieren Sie ihn von der CD.

## Probleme?

Die komplexe Welt der Hardware, Spiele und DirectX führt dazu, dass einige Installationen möglicherweise nicht korrekt funktionieren. Nachfolgend einige Lösungsansätze.

 Wenn Sie Probleme mit der CD oder Fragen zum Buch haben, dann rufen Sie uns bitte unter der Nummer 0049-(0)228-970 24-0 an oder schicken uns einfach eine E-Mail: info@vmi-buch.de

## Installation

Die wahrscheinlichsten Installationsprobleme sind auf zu wenig RAM zurückzuführen oder darauf, dass andere Programme verhindern, dass Ihr Programm nicht installiert oder ausgeführt werden kann. Falls Sie Fehlermeldungen erhalten, die besagen, dass nicht genügend Speicher vorhanden ist oder dass das Setup nicht fortgesetzt werden kann, probieren Sie eine der folgenden Lösungen und führen Sie Ihre Software erneut aus:

- ✔ Deaktivieren Sie die Antivirus-Software.
- ✔ Schließen Sie alle geöffneten Programme (auch Instant Messenger).
- ✔ Bauen Sie mehr RAM in Ihren Computer ein (das ist die komplizierteste und teuerste Lösung).

## Allgemeine Probleme bei der Ausführung

Nach dem Starten Ihres Programms können einige DirectX-Probleme auftreten.

Probleme mit dem *DirectX-Treiber* treten auf, wenn es keinen DirectX-Treiber für Ihre Soundkarte oder Grafikkarte gibt. Sehen Sie auf der Website des Kartenherstellers oder auf der DirectX-Site von Microsoft nach, ob Sie dort einen aktuellen Treiber finden. DirectX kann auch ohne speziellen Treiber ausgeführt werden, bietet aber in diesem Fall nur eine schlechte Leistung.

Probleme bei der *Kompilierung* können entstehen, wenn Sie Ihren Compiler und die Umgebung nicht korrekt einrichten. Stellen Sie sicher, dass Sie ein einfaches Programm erfolgreich kompilieren können, bevor Sie Ihr komplexes Spiel kompilieren. Gehen Sie dabei immer wie folgt vor:

- ✔ Richten Sie die DirectX-Bibliothek und ihre Header-Pfade im Compiler ein.

✔ Stellen Sie sicher, dass Sie eine standardmäßige Win32-.EXE erstellen, wenn Sie eine DirectX-Applikation erzeugen wollen.

Möglicherweise muss das *Setup Ihrer Grafikkarte verändert werden*. Wenn Sie einen schwarzen oder weißen Blitz sehen, während Sie Demos ausführen, klicken Sie in der Systemsteuerung auf die Anzeigeeigenschaften und setzen Ihre Graphikeinstellungen auf 640 x 256 Farben.

*Schreibschutzfehler* treten auf, wenn Sie versuchen, eine Datei zu bearbeiten, für die das Schreibschutz-Flag gesetzt ist. Das passiert häufig, nachdem Dateien von der CD-ROM auf die Festplatte kopiert wurden. Sie können das Schreibschutz-Flag für Dateien mit Hilfe einer der beiden folgenden Methoden *löschen*:

✔ *Eine Datei* im Windows-Explorer oder im Arbeitsplatz ändern. Klicken Sie im Windows-Explorer oder im Arbeitsplatz mit der rechten Maustaste auf die Datei und wählen Sie im Kontextmenü den Eintrag EIGENSCHAFTEN aus. Löschen Sie im Abschnitt ATTRIBUTE das Kontrollkästchen SCHREIBGESCHÜTZT und klicken Sie auf die Schaltfläche ÜBERNEHMEN. (Um mehrere Dateien gleichzeitig zu ändern, markieren Sie alle diese Dateien, bevor Sie mit der rechten Maustaste klicken.)

✔ *Sie ändern alle Dateien in einem Verzeichnis und den untergeordneten Verzeichnissen*, indem Sie an der DOS-Eingabeaufforderung den Befehl ATTRIB ausführen. Wenn Sie das Schreibschutz-Flag für alle Dateien im Festplattenverzeichnis C:\SOURCE\APPS und allen untergeordneten Verzeichnissen löschen wollen, geben Sie an einer DOS-Eingabeaufforderung den folgenden ATTRIB-Befehl ein:

ATTRIB - R C:\SOURCE\APPS\*.* /S

Wenn Sie Probleme mit der CD oder Fragen zum Buch haben, dann rufen Sie uns bitte unter der Nummer 0049-(0)228-970 24-0 an oder schicken uns einfach eine E-Mail: info@vmi-buch.de

# Stichwortverzeichnis

## Symbole

.BMP 162
.IFF-Format 269
.PAL 224
.RC 77
.RES 77
.VOC-Loader 268
.WAV-Format 269
.WAV-Loader 268
3D-Hardware 100
3D-Modeller 31

## A

Abspielfrequenz 318
Acquire() 275, 282
Addref() 106
AI 365
Algorithmen 54
    genetische 392
Animate_BOB*(...) 236
Animation 147
Animationsgeschwindigkeit 235
Anzeigeoberfläche
    primäre 124
    sekundäre 124
Artificial Intelligence 365
ASCII 65
Auflistung 292
Auflösungen 324
Automaten 47, 377
AutoPlay 105, 307
AUTORUN.INF 307

## B

Backbuffer 124, 137, 138, 170
    Sperre aufheben 217
    sperren 217
BeginPaint() 62
Beschleunigung 339
Bewegungsmuster 372

Bibliotheksdateien 30
Bild-Clipping 190
Bit-Blitter 154
Bitmap 158
    erzeugen 160
    laden 162
Bitmap-Bild
    zeichnen 229
Bitmap-Datei
    laden 226
Bitmap-Dateiformat 162
Bitmap-Grafik 227
Bitmap-Grafik-Engine 173
Bitmap-Objekte 179
BITMAP_IMAGE 227
BITMAP_IMAGE-Objekt 227
BITMAPFILEHEADER 163
BITMAPINFO 163
BITMAPINFOHEADER 163
Blitter 141, 154, 169
Blitter-Objekt 180
Block Image Transfer 141
Blt() 154, 170
BltFast() 154
BMP 226
BOB 180, 230
    erzeugen 181, 231
    Geschwindigkeit 235
    Kollision 237
    verbergen 236
    zeichnen 183, 233
    zerstören 185, 233
BOB-Engine 230
BOB_ATTR_ 232
BOB_ATTR_CLONE 327
Bresenham-Algorithmus 218

## C

c_dfDIJoystick 281
c_dfDIKeyboard 281
c_dfDIMouse 281
Callback-Funktion 293

Client-Bereich 61
Clipper 115
Clipping 190
Clipping-Liste 193
Clone_BOBX(...) 326
Cloning 325
CLUT 133
Collision_BOBS(...) 237
Collision_Test(...) 327
Color Keys 172
Color Lookup Up Table 133
Color_Scan(...) 328
Color_Scan16(...) 328
COM 93, 95
COM-Objekte
 freigeben 320
Compiler 29
Component Object Model 95
Create_Bitmap*(...) 227
Create_BOB*() 182
Create_BOB*(...) 231
CreateDevice() 275, 277
CreatePalette() 144
CreateSoundBuffer() 262
CreateSurface() 125, 129

## D

Datenstrukturen 54, 208
 DirectX 116
DCOM 98
DD_Attach_Clipper(...) 214
DD_Create_Surface(...) 213
DD_FillSurface(...) 214
DD_Flip(...) 213
DD_INIT(...) 212
DD_Lock_Back_Surface(...) 217
DD_Lock_Primary_Surface(...) 216
DD_Lock_Surface(...) 217
DD_Shutdown(...) 213
DD_Unlock_Primary_Surface(...) 216
DD_Unlock_Surface(...) 218
DD_Wait_For_Vsync(...) 215
DDBLT_ 155
DDBLTFX 155
DDCAPS 201
DDCKEY_DESTBLT 178

DDCOLORKEY 178
DDLOCK_ 134
DDPCAPS_ 144
DDRAW.H 30, 113
DDRAW.LIB 30, 113
DDSCAPS_ 128
DDSCAPS2 129, 202
DDSCL_ALLOWMODEX 121
DDSURFACEDESC 125, 126
DDSURFACEDESC2
 Flags 127
Delete_All_Sounds(...) 316
Delete_Sound(...) 316
Design-Dokument 38
Destroy_Bitmap*(...) 227
Destroy_BOB() 185
Destroy_BOB*(...) 232
Destroy_BOBX(...) 327
DI_Init_Joystick(...) 320
DI_Init_Keyboard(...) 320
DI_Init_Mouse(...) 320
DI_Read_Joystick(...) 322
DI_Read_Keyboard(...) 321
DI_Read_Mouse(...) 322
DI_Release_Joystick(...) 321
DI_Release_Keyboard(...) 321
DI_Release_Mouse(...) 321
DIDATAFORMAT 281
DIDEVICEINSTANCE 294
DIDEVTYPE_ 292
DIDEVTYPEMOUSE_ 292
DIEDFL_ 293
Digitalisierung 247
DIK_ 283
DIMOUSESTATE 288
DINPUT.H 30, 275
DINPUT.LIB 30, 275
DInput_Init(...) 319
DInput_Shutdown(...) 319
DINPUT8.LIB 30, 275
Direct3D 100
DirectAudio 104
DirectDraw 100, 113
 GDI 196
 initialisieren 212
 Paletten 143
 schließen 213

Schnittstellen 114
Zeichnen 123
DirectDraw-Oberflächendeskriptor 126
DirectDraw-Objekt 116
DirectDraw-Schnittstelle 203
DirectDraw7-COM-Objekt 116
DirectDrawClipper 192
DirectDrawCreateEx() 109, 116
DirectGL 110
DirectGraphics 103
DirectInput 57, 65, 104, 273, 318
DirectInput-Gerätemanager 276
DirectInput8Create() 275
DirectInputCreate() 276
DirectPlay 104
DirectSetup 105, 299
DirectShow 103
DirectSound 83, 103, 253, 313
    Kooperationsebene 257
DirectSound-System 314
DirectSound3D 103
DirectX 28, 93
    Datenstrukturen 116
    Win32 111
DirectX-Bibliotheken 30
DirectXSetup() 302
DirectXSetupGetVersion() 306
DirectXSetupSetCallback() 305
DISCL_ 280
Distributed COM 98
DLL 94
Doom 35
Doppel-Puffern 147, 149
Draw_Bitmap*(...) 229
Draw_BOB() 183
Draw_BOB*(...) 233
Draw_Clip_Line*(...) 220
Draw_Line*(...) 220
Draw_Pixel*(...) 219
Draw_Rectangle(...) 221
Draw_Scaled_BOB*(...) 233
Draw_Text_GDI(...) 225
DSBCAPS_ 261
DSBSTATUS_ 317
DSBUFFERDESC 260
DSETUP_ 304
DSOUND.H 30

DSOUND.LIB 30
DSound_Init(...) 314
DSound_Shutdown(...) 314
DSSCL_ 258

## E

Eingabegerät 274
Eingaben 57, 65
Eingabesystem 274
EndPaint() 63
EnumDevices() 278, 292, 293
Ereignisverarbeitung 60

## F

FAILED() 117
Farben 186
Farbrotation 188, 224
Farbschlüssel 173, 177
Farbsuchtabelle 133
Farbübergänge 324
Fehlercodes 121
Fenster 60
    neu zeichnen 61
Fenstermodi 199
Finite State Machines 47, 377
Flip() 140, 152
Flip_Bitmap() 166
Flipping 128, 138, 147, 151
Flucht 370
Frontbuffer 128
FSMs 47, 377
Funktionen
    überladen 225
Fuzzy-Logik 394

## G

Game_Init() 89
Game_Main() 89
Game_Shutdown() 89
GDC 62, 197, 198, 224
GDI 62, 196, 224
Gedächtnis 385
Geschwindigkeit 338
Get-Funktionen 86

Get_ 201
Get_Clock(...) 239
Get_Palette_Entry(...) 222
GetAsyncKeyState() 68
GetAttachedSurface() 138
GetCaps() 201
GetClientRect() 199
GetDeviceState() 275, 282, 297
GetEntries() 146
GetSystemMetrics() 87, 122
GetTickCount() 76, 238
GetWindowRect() 199
GPDUMB 203
   #defines 205
GPDUMB II 309
GPDUMB2.CPP 310
GPDUMB2.H 310
Grafik 62, 218
Grafikgerätekontext 62
Grafikkarte 123
Grafikmodus 120
Graphics Device Context 62, 224
Graphics Device Interface 62
GUID 105
GUID_SysKeyboard 279
GUID_SysMouse 279
GUIDGEN.EXE 105

# H

HAL 99
Hardware 27
Hardware Abstraction Layer 99
Hardware Emulation Layer 99
Hardware-Abstraktionsschicht 99
Hardware-Beschleunigung 147
Hardware-Blitter 141
Hardware-Emulationsschicht 100
HDC 197
HDMs 110
Header 30
HEL 99
Hide_BOB*(...) 236
HLine(...) 323
HLine16(...) 323

# I

IDirectDraw7 115
IDirectDraw7::SetCooperativeLevel(...) 120
IDirectDrawClipper 115
IDirectDrawPalette 115, 143
IDirectDrawSurface 133
IDirectDrawSurface7 115
IDIRECTINPUT8 274
IDirectInputDevice 274
IDIRECTINPUTDEVICE8 274
IDirectSound 254
IDirectSoundBuffer 254
IDirectSoundCapture 255
IDirectSoundNotify 255
IID 105
Installationsskript 300
Interchange File Format 269
IUnknown 105, 115, 254

# J

joyGetDevCaps 71
joySetCapture 71
joySetThreshold 71
Joystick 71, 104, 320, 322

# K

KI 365
KillTimer() 76
Kollisionserkennung 237
Kooperationsebene 118, 280
Kraft 343
Künstliche Intelligenz 365

# L

Lautstärke 265, 317
Leinwand 123
Lernen 385
Linie 323
   zeichnen 220
Linien 218
Load_Animation_BOB*(...) 234
Load_Bitmap_File() 165
Load_Bitmap_File(...) 226

Load_BOB*()  182
Load_Frame_BOB*()  233
Load_Image_Bitmap*(...)  228
Load_Palette_From_File(...)  223
Load_VOC()  272
Load_VOC(...)  314
Load_WAV(...)  314
LoadBitmap()  163
Lock()  133
   Flags  134
lParam  61
lpDDBltFx  155
lpDDSrcSurf  154
lpDDSurfaceDesc  126
lpDestRect  154
lplpDDSurface  126
lpSrcRect  154

## M

Makros  207
Malprogramme  31
Maschinensprache  33
Masse  335
Maus  69, 285, 320
Mausbewegung  286
Mauskoordinatensystem  69
Mausstatus  322
Maustasten
   Status  70
Menü  77
Messaging  57
Mickey  287
Microsoft Visual C++  29
MIDI  103, 249
MK_CONTROL  70
MK_LBUTTON  70
MK_MBUTTON  70
MK_RBUTTON  70
MK_SHIFT  70
mmio*  269
Mode-X-Oberfläche  128
Move_BOB*(...)  236
Multimedia-I/O-Schnittstelle  269
Muster  371

## N

Nachrichten
   senden  63
Nachrichtenübergabe  61
Neuronale Netze  388
New Voice Block  271
NVB  271

## O

Oberfläche  123
   mit Farbe füllen  214
   primäre  123, 125, 129
   primäre, sperren  216
   primäre, zeichnen  136
   sekundäre  124, 137
   Sperre aufheben  216
   vertauschen  214
Oberflächendeskriptor  126
Object Linking and Embedding  96
Objekt
   Attribut  206
   Status  206
Objekt-Clipping  191
Offscreen-Oberfläche
   erzeugen  213
Offscreen-Oberflächen  141
OLE  96
Optimierung  54

## P

PAINTSTRUCT  63
Palette  142
   aus Datei laden  223
   dynamisch ändern  145
   Eintrag ändern  222
   erstellen  143
   Format  224
   RGB-Komponenten ermitteln  222
   setzen  223
   speichern  223, 224
PALETTEENTRY  143
Palettenanimation  186
Paletteneintrag
   abfragen  146

Palettenmodus  133
Palettenstruktur  143
Panorama  266
PC_NOCOLLAPSE  144
Physik  333
Pitch  128
Pixel  218
   zeichnen  219
Pixel-Pitch
   horizontal  130
Play()  264
Play_Sound(...)  315
PlaySound()  84
Poll()  275, 297
Position  336
PostMessage()  63
pUnkOuter  126

## Q

Quellschlüssel  177
QueryInterface()  106

## R

Rätsel  39
RC.EXE  77
RCPP.EXE  77
RDTSC  74
Rechtecke  218
   zeichnen  221
RECT  154
Reibung  352
Release()  106
Replicate_Sound(...)  315
Ressourcen  77
Ressourcen-Compiler  77
Ressourceneditoren  77
RGB-Komponente  222
RGB-Modus
   zeichnen  135
RGBQUAD  164
RGNDATA  193
RGNDATAHEADER  193
Rotate_Colors(...)  224

## S

Save_Palette(...)  222
Save_Palette_To_File(...)  224
Scancode  65
Schall  244
Schnittstellen  105
Schwerkraft  347
Screen_Transitions(...)  324
Seiten-Flipping  138, 147, 151
SendMessage()  63
Set_Anim_Speed_BOB*(...)  235
Set_Animation_BOB*(...)  235
Set_Palette(...)  223
Set_Palette_Entry(...)  222
Set_Pos_BOB*(...)  235
Set_Sound_Freq(...)  317
Set_Sound_Pan(...)  318
Set_Sound_Volume(...)  317
Set_Vel_BOB*(...)  235
SetClipList()  193
SetClipper()  194
SetColorKey()  177
SetCooperativeLevel()  118, 120, 275, 280
SetDataFormat()  275, 281, 287
SetDisplayMode()  110, 121, 122
SetEntries()  145
SetFrequency()  266
SetPalette()  145
SetPan()  267
SetProperty()  296
SetTimer()  74
SetVolume()  265
Shiften  176
Show_BOB*(...)  236
Skripten  371
Sleep  237
SM_  87
Software  27
Sound  83, 313
   digitaler  247
   kopieren  315
Sound-Engine  103
Sound-Format  269
Sound-Hardware  250
Soundprogramme  31
Speicher, nicht linearer  130

## Stichwortverzeichnis

Speicher-Pitch 128
   horizontal 130
Speicheroberflächen
   heterogene 131
Sperre
   aufheben 216
Sperren 216
Spielekonsole 87
Spielschleifen 41
Sprite 141
Standardfenstermodus 199
Standardparameter 89
Star Ferret 231
Start_Clock(...) 238
Status_Sound(...) 316
Stop() 265
Stop_All_Sounds(...) 316
Stop_Sound(...) 316
Storyboarding 37
Systemanforderungen 27

## T

Tastatur 65, 277, 320
Tastaturnachricht 67
Tastaturstatus 321
Tastencodes
   virtuelle 66
Text
   ausgeben 225
Timer 74, 238
Tracking 369
Transparenz 173
Typen 208

## U

Überladen 225
Uhr 74
Unacquire() 284
Underworld 355
Unload_Bitmap_File() 165
Unload_Bitmap_File(...) 227
Unlock() 133
Unlock_Back_Surface(...) 217

## V

Variablendefinition
   dynamische 61
Verfolgung 369
Verhaltensstatus 377
Versionsermittlung 306
Videos 103
Videospiel-Design 36
Visual C++ 29
VK_Taste 66
VLine(...) 323
VLine16(...) 323
VRMA 123
VTABLE 109

## W

Wait_Clock(...) 238
Wave Guide 103
Wave Table 103
Wave-Guide-Synthese 251
Wave-Table-Synthese 250
Win32, DirectX 111
Windows Multimedia Library 30
Windows-Messaging 57
Windows-Programm 57
WINMM.LIB 30
WinX-Spielekonsole 87
WINX.CPP 89
Wipes 324
WM_CHAR 67
WM_COMMAND 83
WM_CREATE 60
WM_DESTROY 60, 61
WM_KEYDOWN 67
WM_KEYUP 67
WM_LBUTTONDBLCLK 70
WM_LBUTTONDOWN 70
WM_LBUTTONUP 70
WM_MBUTTONDBLCLK 70
WM_MBUTTONDOWN 70
WM_MBUTTONUP 70
WM_MOUSEMOVE 69
WM_PAINT 60, 61

WM_RBUTTONDBLCLK 70
WM_RBUTTONDOWN 70
WM_RBUTTONUP 70
WM_TIMER 75
WM_USER 64
Wolfenstein 3D 34
wParam 61
WS_OVERLAPPEDWINDOW 122
WS_POPUP 122

## X

x 127

## Z

Zähler 76
Zeit 73, 237, 335
Zielschlüssel 178

ISBN 3-8266-0920-4
www.mitp.de

Peter J. Dobrovka u.a.

# Computerspiele – Design und Programmierung

Wer hat nicht schon davon geträumt, eigene Computerspiele zu programmieren? Mit diesem Buch erhältst du das komplette Wissen, das notwendig ist, um Computerspiele selbst zu entwerfen und zu entwickeln. Du erfährst, wie du mit Hilfe von so genannten Game-Engines Computerspiele programmieren kannst, aber auch, wie du mit DirectX und OpenGL eigene Spiele erstellen kannst.

Das Buch läßt kein Thema aus: 2D-Grafikprogrammierung, 3-D-Spieleerstellung, Sound und Musik in Computerspielen, Team-Management, mathematische Grundlagen, Hardware-Voraussetzungen und jede Menge supertoller Programmier-Code. Alles wird in diesem Buch behandelt!

»Computerspiele – Design und Programmierung« wendet sich sowohl an den Einsteiger, der erste Schritte in die Spieleprogrammierung wagen möchte wie auch an den bereits erfahrenen Programmierer, der sich an die Computerspiel-Erstellung heran trauen möchte.

Mit diesem Buch lernst du Spiele zu erstellen, von denen du immer geträumt hast.

### Auf der CD:

- ✔ Game-Engines zur Erstellung eigener Spiele
- ✔ Tutorials zum Erlernen von C/C++
- ✔ Alle im Buch verwendeten Abbildungen
- ✔ Entwicklerwerkzeuge für Programmierung, Sound und Grafik

3-8266-0837-2
www.mitp.de

Hans-Georg Schumann

# Game Programming für Kids

Hat dir »3D-Programmierung mit Delphi für Kids« gefallen? Und hast du vielleicht im letzten Teil des Buches über die Spieleprogrammierung gedacht »Oh, schon zu Ende?«

Im Frühjahr 2002 erscheint ein neues Buch mit dem Titel »Game Programming für Kids«.

Dieses Buch beschäftigt sich mit der Spieleprogrammierung mit Delphi. Mit Hilfe der Game Engine Genesis3D lassen sich nach einer Art Baukastensystem selbst für den ungeübten Programmierer sehr rasch Spiele entwickeln. Du lernst zunächst mit Genesis3D umzugehen und erstellst dann Schritt für Schritt Welten, Objekte, Entities und Akteure, die du dann zu einem Spiel zusammenfügen kannst.

**Aus dem Inhalt:**

- ✔ Kleiner Crash-Kurs in Delphi
- ✔ Einstieg in Genesis3D
- ✔ Eigene Welten erstellen und diese mit Objekten füllen (mit GEdit)
- ✔ Umgang mit Kollisionen, Soundeffekte
- ✔ Indoor und Outdoor
- ✔ Eigene Akteure erstellen und animieren (mit Milkshape)
- ✔ Feindliche Begegnung
- ✔ Künstliche Intelligenz (AI)

**Auf der CD-ROM**

- ✔ Eine Vollversion von Delphi 3 Professional
- ✔ Die Game Engine Genesis 3, Milkshape und Gedit
- ✔ Alle Beispiele aus dem Buch

ISBN 3-8266-3023-8
www. mitp.de

Marc Hyman, Bob Arnson

# Visual C++ .NET für Dummies

Visual C++ geht in die nächste Runde! Die Programmiersprache Visual C++.NET macht dem Programmierer das Leben leichter. Diese neue Generation von Visual C++ enthält viele Verbesserungen wie zum Beispiel schnellere Compilierung und besseres Debugging.

Die beiden Programmierprofis Michael Hyman und Bob Arnson zeigen dem Programmierneuling, wie man überzeugende Anwendungen entwickelt, und dem Programmierveteran einen Überblick, was die neue Version Visual C++.NET zu bieten hat.

**Sie erfahren:**

- ✔ Wie Sie Konstanten von Variablen unterscheiden
- ✔ Wozu so eine Schleife denn gut ist
- ✔ Wann Sie selber am »Syntax Error« schuld sind
- ✔ Wie man Objekte und Klassen definiert und nachher auch wieder erkennt
- ✔ Was es eigentlich so mit einem Zeiger auf sich hat
- ✔ Dass Sie alle Skripte auch einfach von der Buch-CD kopieren können

ISBN 3-8266-2897-7
www.mitp.de

Stephen R. Davis

# C++ für Dummies, 3. Auflage

Gegen den täglichen Frust mit C++

Dieses Buch beweist es: Sie müssen kein Informatik-Diplom besitzen, um mit C++ wunderschöne und sogar funktionierende Programme zu schreiben. Hier erfahren Sie endlich all das, was Sie schon immer über C++ wissen wollten – doch bei abgedrehten Programmierern nie erfahren konnten.

Wenn Stephen R. Davis Sie in seine Programmierkünste einführt, haben Sie schnelle Lernerfolge und außerdem noch Spaß – mit schrägen Cartoons und lockeren Sprüchen.

**Sie erfahren:**

✔ Welche Programmier-Mysterien sich hinter Begriffen wie Klasse und Vererbung verbergen
✔ Welche nicht-objektorientierten Features es bei C++ gibt
✔ Was objektorientierte Programmierung ist und wie sie funktioniert
✔ Wie Sie schon nach kurzer Zeit selbst lauf-fähige Programme schreiben können
✔ Wie Sie Ihre Zeiger dazu bringen, dahin zu zeigen, wo sie hinzeigen sollen

**Auf der CD für PC und Mac:**

✔ Alle Quellcode-Beispiele aus dem Buch
✔ Test mit Fragen und Antworten zu den ersten fünf Kapiteln

Systemvoraussetzungen: ein installierter C++-Compiler

Dirk Sutro
# Jazz für Dummies
Aus dem Amerikanischen übersetzt von Harriet Gehring

**Aus dem Inhalt:**

✔ Stile und Geschichte des Jazz erkunden
✔ Legendäre Jazz-Größen kennen lernen
✔ »Besser hören« lernen
✔ Neue Lieblingsplatten entdecken

ISBN 3-8266-2836-5
www.mitp.de

Aber nicht nur Jazz-Freunde kommen bei uns auf den Geschmack!
Schauen Sie doch auch hier mal rein: